GABRIEL SIRA SANTANA

LA GACETA OFICIAL VENEZOLANA DURANTE EL PERÍODO 2015-2024

cidep
Centro para la Integración y el Derecho Público

Cita sugerida:
Gabriel Sira Santana, *La Gaceta Oficial venezolana durante el período* 2015-2024 (Caracas: Centro para la Integración y el Derecho Público, 2026)

Primera publicación: Centro para la Integración y el Derecho Público (CIDEP), Venezuela, 2025.

ISBN: 979-8-90529-002-2

Publicado por
CENTRO PARA LA INTEGRACIÓN Y EL DERECHO PÚBLICO
Un sello editorial de CIDEP LLC
www.editorial.cidep.online
editorial@cidep.online

Centro para la Integración y el Derecho Público

Fundado en enero de 2005, en la ciudad de Caracas, el Centro para la Integración y el Derecho Público (CIDEP) es una sociedad civil dedicada al estudio del derecho público y los aspectos jurídicos de los procesos de integración regional. El CIDEP desarrolla principalmente actividades de investigación y divulgación.

La Dirección General del CIDEP corresponde a Jorge Luis Suárez Mejías y la Dirección Ejecutiva a Antonio Silva Aranguren. La Subdirección recae en Samantha Sánchez Miralles.

Gabriel Sira Santana

Abogado mención *summa cum laude* y especialista en Derecho Administrativo, mención honorífica, por la Universidad Central de Venezuela. Magíster en Derecho Constitucional mención *summa cum laude* por la Universidad Católica Andrés Bello.

Profesor de postgrado en la Universidad Central de Venezuela y de pregrado en la Universidad Monteávila. Investigador del Centro para la Integración y el Derecho Público (CIDEP). Investigador invitado del Instituto de Derecho Público de la Facultad de Ciencias Jurídicas y Políticas de la Universidad Central de Venezuela.

Subdirector de la Revista de Derecho Funcionarial, Secretario de la Revista Electrónica de Derecho Administrativo Venezolano, Miembro del Consejo de Redacción de la Revista de Derecho Público y de la Coordinación del Anuario de Derecho Aeronáutico.

Ganador del Premio Academia de Ciencias Políticas y Sociales para Profesionales 2017-2018, Dr. Ángel Francisco Brice, y del Concurso Internacional en Derecho Aeronáutico y Espacial "Dra. Ángela Marina Donato" 2022 de la Asociación Latino Americana de Derecho Aeronáutico y Espacial y Aeropuertos Argentina 2000 S.A.

ÍNDICE

ABREVIATURAS

BCV: Banco Central de Venezuela
CEOFANB: Comando Estratégico Operacional de la Fuerza Armada Nacional Bolivariana
CICPC: Cuerpo de Investigaciones Científicas, Penales y Criminalísticas
CGR: Contraloría General de la República
CNE: Consejo Nacional Electoral
CNU: Consejo Nacional de Universidades
CONATEL: Comisión Nacional de Telecomunicaciones
CRBV: Constitución de la República Bolivariana de Venezuela
CVG: Corporación Venezolana de Guayana
DRVF-LOAP: Decreto con Rango, Valor y Fuerza de Ley Orgánica de la Administración Pública
G.O.: Gaceta Oficial de la República Bolivariana de Venezuela
INAC: Instituto Nacional de Aeronáutica Civil
INEA: Instituto Nacional de los Espacios Acuáticos
INPSASEL: Instituto Nacional de Prevención, Salud y Seguridad Laborales
INSAI: Instituto Nacional de Salud Agrícola Integral
INSOPESCA: Instituto Socialista de la Pesca y Acuicultura
INTI: Instituto Nacional de Tierras
INTT: Instituto Nacional de Transporte Terrestre
IPC: Instituto del Patrimonio Cultural
IPOSTEL: Instituto Postal Telegráfico
ISLR: Impuesto sobre la renta
IVA: Impuesto al valor agregado
IVSS: Instituto Venezolano de los Seguros Sociales
MPP: Ministerio del Poder Popular
ONA: Oficina Nacional Antidrogas
ONAPRE: Oficina Nacional de Presupuesto
ONCOP: Oficina Nacional de Contabilidad Pública
PGR: Procuraduría General de la República
SAREN: Servicio Autónomo de Registros y Notarías
SENCAMER: Servicio Desconcentrado de Normalización, Calidad, Metrología y Reglamentos Técnicos

SENIAT: Servicio Nacional Integrado de Administración Aduanera y Tributaria
SUDEASEG: Superintendencia de la Actividad Aseguradora
SUDEBAN: Superintendencia de las Instituciones del Sector Bancario
SUDEBIP: Superintendencia de Bienes Públicos
SUNACOOP: Superintendencia Nacional de Cooperativas
SUNACRIP: Superintendencia Nacional de Criptoactivos y Actividades Conexas
SUNAGRO: Superintendencia Nacional de Gestión Agroalimentaria
SUNAI: Superintendencia Nacional de Auditoría Interna
SUNAVAL: Superintendencia Nacional de Valores
SUNDDE: Superintendencia Nacional para la Defensa de los Derechos Socioeconómicos
TSJ: Tribunal Supremo de Justicia
TSJ/SP: Sala Plena del Tribunal Supremo de Justicia
UCAU: Unidad para el Cálculo Aritmético del Umbral Máximo y Mínimo

PRESENTACIÓN

I. El origen de esta obra

Como parte de las labores del Centro para la Integración y el Derecho Público (CIDEP) relacionadas con el seguimiento de la actividad del Poder Público venezolano, en 2015 se nos asignó la revisión de los sumarios de la Gaceta Oficial de la República para seleccionar sus actos más relevantes y elaborar el Boletín Legislativo CIDEP.

Esta iniciativa surgió en el marco del décimo aniversario del Centro, como una evolución de las fichas y compendios originalmente llevados para su consumo interno. El propósito, así, era ofrecer a través del sitio web www.cidep.com.ve una publicación semestral que presentara la información sistematizada, facilitándose su comprensión, lo que resultaba especialmente relevante dada la cantidad de actos que son publicados en la Gaceta Oficial y los problemas asociados a su circulación, como abordaremos más adelante.

En 2018, el Boletín Legislativo CIDEP adoptó una periodicidad cuatrimestral para presentar los hallazgos del Centro con mayor rapidez, habiéndose publicado a la fecha veintisiete números que abarcan el período enero de 2015 a diciembre de 2024[1].

Durante estos diez años, el boletín ha recopilado leyes, decretos con fuerza de ley, reglamentos, decretos, resoluciones, providencias y otros actos de carácter general publicados en la Gaceta Oficial de la República, en lo que constituye una parte fundamental del ordenamiento jurídico vigente en el país, más allá de las consideraciones que la doctrina ha efectuado sobre la legitimidad de algunas de sus autoridades[2].

En este sentido, hemos de recordar que las publicaciones en la Gaceta Oficial responden a disposiciones como el artículo 215 de la CRBV[3], que establece que "[l]a Ley quedará promulgada al publicarse con el correspondiente 'Cúmplase' en la Gaceta Oficial de la República

---

1 Disponibles en https://www.cidep.com.ve/blcidep.

2 *Cfr.* José Ignacio Hernández G., "La usurpación de la Presidencia de la República a partir del 10 de enero de 2019: Consecuencias en el Derecho Constitucional y en el Derecho Internacional", *Revista de Derecho Público*, nº 157-158 (2019): 281-92; Allan R. Brewer-Carías y Carlos García Soto, eds., *Estudios sobre la Asamblea Nacional Constituyente y su inconstitucional convocatoria en 2017* (Caracas: ACIENPOL y EJV, 2017).

3 G.O. nº 36.860 del 30-12-1999, reimpresión en G.O. nº 5.453 Extraordinario del 24-03-2000 y enmienda en G.O. nº 5.908 Extraordinario del 19-02-2009.

Bolivariana de Venezuela". Asimismo, se fundamentan en normas previas y posteriores a la CRBV, entre las que encontramos el artículo 1 del Código Civil[4], el artículo 72 de la Ley Orgánica de Procedimientos Administrativos[5], y el artículo 12 del DRVF-LOAP[6].

De este modo, el deber de publicar en la Gaceta Oficial responde a la necesidad de garantizar que las decisiones del Estado sean accesibles para todos los interesados o involucrados en las mismas, aunado a los principios de igualdad, seguridad jurídica, transparencia y responsabilidad en el ejercicio del Poder Público, al evitarse que los actos dictados por este sean conocidos únicamente por sectores de la población que –por ejemplo– compaginan con la fuerza política dominante, dejándose el resto de la sociedad en la incertidumbre.

De ahí que la Gaceta Oficial de la República sea entonces el medio idóneo –a nivel nacional– para lograr estos objetivos, correspondiéndole hoy en día su edición, difusión y comercialización al Servicio Autónomo Imprenta Nacional y Gaceta Oficial, adscrito al Ministerio del Poder Popular para la Comunicación y la Información.

La Gaceta Oficial es, como dijo su decreto de creación en el año 1872 y con el perdón de la cacofonía, el "periódico oficial" del Estado venezolano[7]. Como tal, ella ha estado regulada por leyes como la Ley de Imprenta Nacional y Gaceta Oficial de 1928[8] y la Ley de Publicacio-

---

[4] G.O. n° 2.990 Extraordinario del 26-07-1982. "La Ley es obligatoria desde su publicación en la Gaceta Oficial o desde la fecha a posterior que ella misma indique".

[5] G.O. n° 2.818 Extraordinario del 01-07-1981. "Los actos administrativos de carácter general o que interesen a un número indeterminado de personas, deberán ser publicados en la Gaceta Oficial que corresponda al organismo que tome la decisión. // Se exceptúan aquellos actos administrativos referentes a asuntos internos de la administración. // También serán publicados en igual forma los actos administrativos de carácter particular cuando así lo exija la Ley".

[6] G.O. n° 6.147 Extraordinario del 17-11-2014. "Los reglamentos, resoluciones y demás actos administrativos de carácter general dictados por los órganos y entes de la Administración Pública deberán ser publicados sin excepción en la Gaceta Oficial de la República Bolivariana de Venezuela o, según el caso, en el medio de publicación oficial correspondiente". Nótese que este decreto con fuerza de ley alude en múltiples oportunidades a la necesidad de publicar en la Gaceta Oficial los actos de la Administración, como se constata en los artículos 40 (delegaciones y encomiendas), 90 (reglamentos), 104 y 105 (empresas del Estado), 111 y 112 (fundaciones del Estado), 121 (adscripciones), 127 (intervención de entes descentralizados) y 138 (compromisos de gestión).

[7] *Cfr.* Gabriel Sira Santana, "La Gaceta Oficial de la República como fuente de inseguridad jurídica", *Revista de Derecho Público*, n° 163-164 (2020): 424.

[8] G.O. n° 16.520 del 31-05-1928.

nes Oficiales de 1941[9], esta última vigente hasta febrero de 2022 cuando se publicó una nueva Ley de Publicaciones Oficiales[10].

En este sentido, correspondiéndose el período que cubre esta obra a años en los que las dos últimas leyes mencionadas estuvieron vigentes, estimamos pertinente acotar brevemente su contenido para tener una mejor visión de la fuente de esta investigación: la Gaceta Oficial de la República.

Así, por lo que respecta a la ley de 1941, se tiene que de acuerdo con sus artículos 1 y 2, respectivamente, "[l]as leyes deberán publicarse en la Gaceta Oficial" y "[l]as Leyes entrarán en vigor desde la fecha que ellas mismas señalen; y, en su defecto, desde que aparezcan en la Gaceta Oficial" –lo que coincide con lo dicho hasta el momento– calificándose a dicha gaceta como un "documento público" (artículo 14).

Adicionalmente, la ley previó como disposiciones de interés que:

a. Entre los actos publicables en la Gaceta Oficial, además de las leyes, se tenían los acuerdos y actos del Parlamento cuya publicación dictaminara el ordenamiento jurídico o resolviera el Legislativo (artículo 7), reglamentos legislativos y orgánicos (artículo 8), decretos, resoluciones y actos del Poder Ejecutivo por mandato legal o su propio juicio (artículo 9), y los fallos y actas de la Corte Federal y de Casación (artículo 10).

b. En caso de discrepancias entre el original y la impresión en la Gaceta Oficial debía procederse con la reimpresión del texto, dejándose constancia expresa de "en que consistió el error de la publicación primitiva" y, "[e]n este caso, la Ley se tendrá por promulgada desde su primera publicación, pero no podrá darse efecto retroactivo a la corrección" (artículo 4)[11].

---

9 G.O. n° 20.546 del 22-07-1941.

10 G.O. n° 6.688 Extraordinario del 25-02-2022.

11 Nótese que la obligación de dejar constancia de en qué consistió el error solía ser ignorada, indicándose en el sumario de la Gaceta Oficial, a lo sumo, que se reimprimía "por fallas en los originales" (véase como ejemplo el Decreto con Rango, Valor y Fuerza de Ley de la Actividad Aseguradora, originalmente publicado en G.O. n° 6.211 Extraordinario del 30-12-2015 con reimpresión en G.O. n° 6.220 Extraordinario del 15-03-2016), "por falla de Imprenta" (caso del Aviso Oficial del Banco Central de Venezuela sobre el estudio comparativo de tarjetas de crédito y débito de enero 2019, originalmente en G.O. n° 41.635 del 17-05-2019 con reimpresión en G.O. n° 41.642 del 28-05-2019) o "por error material" (caso de la Resolución n° 71 del MPP para la Salud, mediante la cual se establecen los lineamientos para la prohibición total de la publicidad, promoción y patrocinio y regulación de la venta de los productos del tabaco en el territorio nacional, originalmente en G.O. n° 41.678 del 19-07-2019 con reimpresión en G.O. n° 41.684 del 31-07-2019). Lo anterior, si bien en otras oportunidades sí se precisaron los cambios bajo la fórmula "donde dice X debe decir Y" (véase

c. En caso de reformas legislativas debía publicarse tanto el texto donde consta la aprobación de dichos cambios como el texto íntegro de la ley con esas incorporaciones, sustituciones o supresiones (artículo 5), a diferencia de como ocurre en buena parte de la región que ello no es necesario y se dificulta conocer cuál es el texto vigente, lo que da lugar a la posterior emisión de textos refundidos o únicos[12].

d. La Gaceta Oficial "se publicará todos los días hábiles, sin perjuicio de que se editen números extraordinarios, siempre que fuere necesario; y deberán insertarse en ella sin retardo los actos oficiales que hayan de publicarse" (artículo 12).

Por lo que respecta a la ley del año 2022, esta partió de que la publicación oficial de los actos jurídicos del Estado responde a los principios de seguridad jurídica, transparencia de la actuación pública y el libre acceso a la información oficial (artículo 1), y tal publicación debe ocurrir de forma diaria, célere, sencilla, segura, uniforme, eficaz, eficiente, oportuna, veraz, transparente y honesta (artículos 2 y 3), lo que está en consonancia con la tendencia de las últimas legislaturas del Estado venezolano de impregnar las leyes de principios de dudables implicaciones o aplicación práctica, si bien ello será objeto de estudio en otra ocasión.

Sobre los actos publicables, la ley del 2022 agregó en su artículo 7 a aquellos del Consejo Moral Republicano, el Consejo Nacional Electoral, el Ministerio Público, la Defensoría del Pueblo, la Contraloría General de la República y la Defensa Pública que "requieren publicación de conformidad con la Constitución de la República (...) y la Ley", producto del cambio constitucional de 1999, reiterándose que tal publicación les otorga "carácter público y con fuerza de documento público" (artículo 8).

Entre las disposiciones que no experimentaron mayor variación en relación con la ley de 1941 se tiene que la Gaceta Oficial "se publicará de forma ordinaria todos los días hábiles, sin perjuicio que se publiquen números extraordinarios cuando sea necesario" (artículo 6); los actos "jurídicos del Estado de efectos generales entrarán en vigencia a partir de su publicación en la Gaceta Oficial (...) o, en su defecto, a partir de la fecha que en ellos establezcan" (artículo 10); y lo ya visto de la reforma de las leyes (artículo 11).

---

por ejemplo la Providencia n° PRE-CJU-GDA-434-19 del INAC, mediante la cual se corrige la Providencia n° PRE-CJU-401-19 del 09-08-2019, publicada en G.O. n° 41.709 del 04-09-2019).

12 Véase como ejemplo el Decreto n° 2421 que fija el texto refundido de la Ley de Organización y Atribuciones de la Contraloría General de la República en Chile, consultado en https://www.bcn.cl/leychile/navegar?idNorma=18995.

En cuanto a las novedades, la ley del 2022 previó que la Oficina de la Secretaría del Consejo de Ministros es la encargada de recibir los actos para su publicación y de ordenar esta última (artículos 5 y 13); las reimpresiones ya no requieren precisar cuáles fueron los errores de la publicación original (artículo 12); y, el que parece haber sido uno de los dos motivos principales de la nueva ley, la adopción de un "sistema mixto" de publicación en formato digital y físico, en consonancia con el desarrollo de los últimos tiempos de las tecnologías de la información y la comunicación dentro del Estado[13], precisándose al respecto que "[l]a publicación física deberá contener todo el contenido publicado en la versión digital y automatizada y generará los mismos efectos establecidos en esta Ley, con inclusión de su carácter público y de documento público" (artículo 9).

Lo anterior, más para formalizar una situación preexistente que crearla, pues desde el año 2013 la Gaceta Oficial puede ser consultada en su versión digital en el sitio web de la Imprenta Nacional[14], respecto al cual advertimos que la veracidad e inmutabilidad de la información ahí publicada puede estar en entredicho[15]. Antes de este portal, la consulta de las gacetas podía hacerse en los sitios web del Tribunal Supremo de Justicia[16] con un inventario parcial, y de la Procuraduría

---

13 *Cfr.* Gabriel Sira Santana, "Algunas notas sobre la Ley de Infogobierno y el Gobierno electrónico en Venezuela", *Revista Electrónica de Derecho Administrativo Venezolano*, n° 6 (2015): 259–98; Gabriel Sira Santana, "El tratamiento de datos personales y las COVID-19 apps como caso de estudio", en *Derecho Público en tiempos de pandemia. Reflexiones jurídicas sobre la* COVID-19 (Caracas: AVEDA y CIDEP, 2020), 259–325.

14 http://spgoin.imprentanacional.gob.ve/cgi-win/be_alex.cgi.

15 A modo de ejemplo, véase la Gaceta Oficial n° 6.503 Extraordinario del 14-01-2020 cuyo nombre del archivo de descarga incluye la frase "nueva versión", sin que se haga constar en qué consistió el cambio. De mayor gravedad resulta el caso de la Gaceta Oficial n° 41.839 del 13-03-2020 al existir dos versiones de la misma: una disponible en el sitio web de Microjuris –que dicha empresa afirma coincide con el texto impreso– que cuenta con tres decretos con fecha del 13-03-2020 en los que se designan a los presidentes de tres entes del Estado (Decretos n° 4.160, 4.162 y 4.163), y otra disponible en los sitios web de la Imprenta Nacional y el Tribunal Supremo de Justicia, en donde estos decretos fueron suprimidos, aunque se mantuvo el mismo número de páginas gracias a la expansión –por no decir deformación– de otros actos para que estos ocuparan más espacio en las páginas. El motivo de esta variación –presumimos, ya que no hay información oficial al respecto– se debe a que ese mismo día fue declarado el primer estado de excepción con motivo de la COVID-19 mediante Decreto n° 4.160 que sería publicado en la Gaceta Oficial n° 6.159 Extraordinario de la misma fecha (es decir, un decreto cuya numeración ya se había empleado para una designación), optándose por motivos que desconocemos por suprimirse las designaciones de la gaceta ya publicada para insertarlas en el número siguiente (41.840 del 16-03-2020) con un cambio de numeración (la designación del Decreto n° 4.160 pasó a estar en el n° 4.161) y fecha, en vez de simplemente proceder a su reimpresión para la corrección del error.

16 http://www.tsj.gob.ve/es/gaceta-oficial.

General de la República[17], que tenía prácticamente todas las gacetas de nuestra historia republicana con libre acceso, pero por motivos desconocidos fueron dadas de baja a mediados del año 2012 y desde entonces la sección dice estar "en construcción".

En cuanto al otro motivo principal para la sanción de la nueva Ley de Publicaciones Oficiales, hemos de remitirnos a su artículo 16 conforme con el cual "[q]uienes difundan con fines comerciales el contenido de la Gaceta Oficial (...) deberán obtener una autorización previa del Servicio Autónomo Imprenta Nacional y Gaceta Oficial y pagar el precio público que sea establecido por este servicio", prohibiéndoseles a estos sujetos "la alteración y modificación de la edición original de la Gaceta Oficial (...); en tal sentido no se podrá incluir logos, nombres, identificación de particulares, ni menciones de cualquier otra naturaleza".

De este modo, la ley pasó a regular una actividad económica que resulta común en el foro –a saber, la difusión de la Gaceta Oficial por medios físicos o digitales– derivada en parte de las propias carencias del Ejecutivo Nacional al momento de garantizar la circulación de los mencionados documentos públicos, al punto que el sitio web de la Imprenta Nacional no cuenta con las gacetas anteriores al año 2013 y el del Tribunal Supremo de Justicia solo posee números aislados de los años previos a este, mientras que en portales comerciales por subscripción puede accederse a las gacetas desde mediados del siglo pasado, y en algunos casos hasta a transcripciones de los actos ahí publicados.

Por último, llama la atención que, de acuerdo con el artículo 14 de la ley del año 2022:

> Cada cierre del primer período de sesiones de la Asamblea Nacional y al cierre del segundo período de sesiones deberá publicarse en un número extraordinario de la Gaceta Oficial de la República (...) que contenga un índice de todas las leyes y actos jurídicos de efectos generales publicados durante ese período. Este índice deberá contener el nombre del acto jurídico, junto al número y fecha de su publicación y serán ordenadas según su jerarquía.
>
> Así mismo, la Asamblea Nacional en coordinación con la Oficina de la Secretaría del Consejo de Ministros deberá publicar durante los primeros quince días de cada año un número extraordinario de la Gaceta Oficial de la República (...) que contenga el Índice de Leyes Vigentes ordenadas según su jerarquía. Esta publicación deberá indicar las leyes y actos con rango de Ley vigentes en la República (...) con carácter meramente informativo.

Este artículo profundizó la obligación del Ejecutivo Nacional prevista en el artículo 21 de la ley de 1941, según el cual dicha autoridad

[17] https://www.pgr.gob.ve/index.php/ediciones-digitales/gaceta.

debía publicar en el primer semestre de cada año "un Índice de Leyes vigentes con carácter meramente informativo".

No obstante, como en su momento lo fue la norma derogada, se trata de un artículo que no ha encontrado aplicación práctica pues, a la fecha, no ha circulado ninguno de esos números extraordinarios con el "índice de todas las leyes y actos jurídicos de efectos generales publicados durante ese período" ni el "Índice de Leyes Vigentes ordenadas según su jerarquía".

De ahí que obras como la que ahora presentamos en el vigésimo aniversario del CIDEP –junto con el Boletín Legislativo en que se basa– tengan especial importancia en el contexto venezolano al permitir a los estudiantes y profesionales del Derecho, así como al público en general, conocer de manera sencilla y sistemática los datos del ordenamiento jurídico vigente, facilitándose en definitiva su identificación y posterior consulta en los repositorios de la Gaceta Oficial a los que tenga acceso.

II. Una nota metodológica y la gran irregularidad constatada

La recopilación de los datos de las leyes, decretos con fuerza de ley, reglamentos, decretos, resoluciones, providencias y otros actos de carácter general que conforman esta obra parte de la revisión de los sumarios de los números de la Gaceta Oficial de la República Bolivariana de Venezuela correspondientes al período 01-01-2015 al 31-12-2024, revisándose en ocasiones también su contenido para completar la data[18].

La información analizada atañe a la edición digital de la Gaceta Oficial publicada en formato PDF por el Servicio Autónomo Imprenta Nacional y Gaceta Oficial en su sistema "Alejandría"[19]. Adicionalmente, se consultaron los PDF de los sumarios de la Gaceta Oficial publicados por tres servicios por suscripción[20], para subsanar en la medida de lo posible los baches constatados en el portal de la Imprenta Nacional.

Producto de esta labor se tuvo acceso a 3.098 números de la Gaceta Oficial, arrojándose una media de 309,8 números por año, entre ediciones ordinarias y extraordinarias. 2.464 del total de los ejemplares revisados fueron ordinarios y 634 extraordinarios.

---

[18] A modo de ejemplo, el sumario de la G.O. n° 6.835 Extraordinario del 03-09-2024 solo alude a "Providencias mediante las cuales se dictan las Normas Prudenciales de la Superintendencia de la Actividad Aseguradora", y no es sino en el texto de la gaceta que se precisa el número de providencias publicadas (sesenta) y sus títulos.

[19] http://spgoin.imprentanacional.gob.ve/cgi-win/be_alex.cgi.

[20] A saber: Microjuris.com, Lexcomp (www.bibliotecalegalvenezolana.com) y Pandectas Digital (www.pandectasdigital.blogspot.com).

A pesar de ser una cifra elevada, hemos de acotar que ella no se corresponde con la totalidad de los números de la Gaceta Oficial que, teóricamente, han sido publicados en Venezuela en los últimos diez años.

La afirmación anterior responde al hecho que, al menos hasta el 05-02-2025 cuando cerró esta investigación, existen cinco números ordinarios y sesenta y nueve números extraordinarios de la Gaceta Oficial que no han circulado y, por lo tanto, se desconoce su contenido[21]. Estas gacetas son las siguientes:

a. *Números ordinarios*: 41.916 del 07-07-2020, 41.939 del 10-08-2020, 42.002 del 06-11-2020, 42.010 del 18-11-2020 y 42.253 del 11-11-2021.

b. *Números extraordinarios*: Año 2015: 6.204[22], 6.205[23] y 6.212[24]. Año 2016: 6.263 y 6.265[25]. Año 2017: 6.308[26], 6.347[27], 6.353[28] y 6.355. Año 2018: 6.378[29], 6.380[30] y 6.416[31]. Año 2019: 6.426, 6.476, 6.495 y 6.499. Año 2020: 6.543, 6.588[32] y 6.609. Año 2021: 6.621, 6.631, 6.632, 6.662, 6.670[33], 6.671[34] y 6.679. Año 2022: 6.681, 6.682, 6.694, 6.706, 6.707, 6.708, 6.715, 6.720, 6.725, 6.726, 6.728 y 6.729. Año 2023: 6.734, 6.743, 6.749, 6.757, 6.767, 6.771, 6.772, 6.773, 6.774, 6.775, 6.776, 6.777, 6.778, 6.779,

---

21 Nótese que, a pesar de que para nuestra investigación nos valimos de la versión digital de la gaceta, organizaciones no gubernamentales han reportado que estos números tampoco pueden ser consultados en su versión impresa, ya que se "hizo una visita a la Imprenta Nacional para adquirir las gacetas que previamente había determinado como no publicadas en la página web. Ninguno de los ejemplares solicitados estaba disponible para la venta". Acceso a la Justicia, "Venezuela: En busca de las gacetas perdidas", 2019, https://www.accesoalajusticia.org/venezuela-en-busca-de-las-gacetas-perdidas.

22 El número no está disponible para su consulta, pero se menciona en el sumario de la G.O. n° 40.800 del 01-12-2015. Al respecto, anotamos que esta práctica de anunciar los números extraordinarios en el sumario de los ordinarios, que brindaba al menos cierta guía sobre su contenido, se dejó de lado en el año 2019 salvo para algunos pocos casos.

23 Ibid.

24 El número se menciona en el sumario de la G.O. n° 40.819 del 30-12-2015.

25 Ambos números se mencionan en el sumario de la G.O. n° 41.009 del 14-10-2016.

26 El número se menciona en el sumario de la G.O. n° 41.178 del 22-06-2017.

27 El número se menciona en el sumario de la G.O. n° 41.301 del 15-12-2017.

28 El número se menciona en el sumario de la G.O. n° 41.309 del 28-12-2017.

29 El número se menciona en el sumario de la G.O. n° 41.410 del 01-06-2018.

30 El número se menciona en el sumario de la G.O. n° 41.416 del 08-06-2018.

31 El número se menciona en el sumario de la G.O. n° 41.550 del 20-12-2018.

32 El número se menciona en el sumario de la G.O. n° 41.997 del 30-10-2020.

33 El número se menciona en el sumario de la G.O. n° 42.280 del 20-12-2021.

34 Ibid.

6.786 y 6.787. Año 2024: 6.790, 6.795, 6.800, 6.816, 6.827, 6.828, 6.829, 6.841, 6.848, 6.849, 6.860, 6.861, 6.864, 6.865, 6.866 y 6.871.

Podría pensarse que 74 ejemplares de un total de 3.172 (sumatoria de las gacetas circuladas y no circuladas) es un porcentaje mínimo –para ser precisos, del 2,33 %– y por ende insignificante. No obstante, la realidad es que tal porcentaje debería ser cero, por lo que cualquier número superior a este resulta una anomalía que atenta contra la seguridad jurídica y debe ser subsanada.

Como sostuvimos en otra ocasión[35], una de las bases sobre las que se cimienta todo Estado de Derecho es el principio de seguridad jurídica, entendido como la posibilidad de que toda persona tenga conocimiento cierto y previo de las consecuencias jurídicas que el ordenamiento acuerda para determinados supuestos de hecho.

Así, como expone la doctrina, los derechos que se derivan de la seguridad jurídica "son tal vez los que más clara relación guardan con el concepto de Estado de derecho en sentido formal", y este principio presenta dos dimensiones: "una que tiene que ver con la previsibilidad de nuestras acciones en cuanto a sus consecuencias jurídicas, y otra que está referida al funcionamiento de los poderes públicos"[36].

De este modo, sigue el autor, la primera de estas dimensiones exige que la norma jurídica cumpla con los principios de **(i)** *lege promulgata*, o que esté "adecuadamente promulgada" y haya "sido dada a conocer a sus destinatarios mediante las formalidades que se establezcan en cada caso", con la particularidad que "en los Estados modernos [ello] presupone el carácter escrito del derecho, lo que permite la inclusión de las normas en publicaciones oficiales"[37]; **(ii)** *lege manifiesta*, o que la norma sea clara y comprensible[38]; **(iii)** *lege plena*, o que las consecuencias jurídicas estén debidamente tipificadas, so pena de que el comportamiento quede libre de sanción[39]; **(iv)** *lege stricta*, o que la norma se adecue a la llamada reserva legal conforme

---

35 *Cfr.* Sira Santana, "La Gaceta Oficial de la República como fuente de inseguridad jurídica", 427-29.

36 Miguel Carbonell, *Los derechos fundamentales en México* (México D.F.: UNAM, 2004), 585-87.

37 *Cfr.* Artículo 215 de la CRBV, ya citado.

38 Nótese que aun cuando no hay una mención expresa a este principio en la CRBV –lo que no equivale a decir que el mismo no resulte aplicable, ya que los principios jurídicos impregnan a los ordenamientos estén o no positivizados– resulta de valor el artículo 13 de la Constitución de 1811, conforme con el cual la ley, al ser promulgada, "saldrá entonces redactada clara, sencilla, precisa y uniformemente".

39 Este principio, que responde a la máxima de que todo lo que no esté expresamente prohibido queda permitido, formaría parte del debido proceso previsto en el artículo 49 de la CRBV.

con la cual determinados derechos pueden ser regulados únicamente mediante leyes formales[40]; **(v)** *lege previa*, dado que las normas solo rigen hacia el futuro y ello "hace posible que las consecuencias jurídicas de nuestra conducta sean previsibles en la medida en que podamos saber que estarán regidas bajo las actuales reglas del juego y no bajo las reglas que en un momento posterior pudieran dictarse", proscribiéndose en consecuencia la irretroactividad de la ley[41]; y **(vi)** *lege perpetua*, al tender los dispositivos normativos a su estabilidad en el tiempo, "a fin de que las personas puedan conocerlos y ajustar su conducta a lo que establezcan"[42].

En otras palabras, la seguridad jurídica gira sobre la idea de que el sujeto pueda ser efectivamente motivado por la norma para decidir, con base en su derecho al libre desenvolvimiento de la personalidad, si la acata –en cuyo caso se abstraería del ejercicio del *ius puniendi* por parte del Estado– o viola, lo que da pie a la imposición de sanciones luego de que las autoridades competentes sustancien conforme con Derecho los procedimientos respectivos[43]; todo lo cual se vería reforzado por la segunda dimensión de Carbonell que plantea la presunción del conocimiento del Derecho[44] y el principio de legalidad que rige al ejercicio del Poder Público[45].

---

40 *Cfr.* Artículos 202 ("[l]a ley es el acto sancionado por la Asamblea Nacional como cuerpo legislador"), 187.1 ("[c]orresponde a la Asamblea Nacional: 1. Legislar en las materias de la competencia nacional y sobre el funcionamiento de las distintas ramas del Poder Nacional") y 156.32 ([e]s de la competencia del Poder Público Nacional: 32. La legislación en materia de derechos, deberes y garantías constitucionales; la civil, mercantil, penal, penitenciaria, de procedimientos y de derecho internacional privado; la de elecciones; la de expropiación por causa de utilidad pública o social; la de crédito público; la de propiedad intelectual, artística e industrial; la del patrimonio cultural y arqueológico; la agraria; la de inmigración y poblamiento; la de pueblos indígenas y territorios ocupados por ellos; la del trabajo, previsión y seguridad sociales; la de sanidad animal y vegetal; la de notarías y registro público; la de bancos y la de seguros; la de loterías, hipódromos y apuestas en general; la de organización y funcionamiento de los órganos del Poder Público Nacional y demás órganos e instituciones nacionales del Estado; y la relativa a todas las materias de la competencia nacional") de la CRBV.

41 *Cfr.* Artículo 24 de la CRBV. "Ninguna disposición legislativa tendrá efecto retroactivo, excepto cuando imponga menor pena".

42 Carbonell, *Los derechos fundamentales en México*, 587–88.

43 Nótese que se recurre al ejemplo de la imposición de una sanción por parte del Estado por ser el que permite apreciar con más claridad la importancia del principio al que hacemos referencia, si bien se conoce que no todos los actos a ser publicados en la Gaceta Oficial responden al binomio infracción – sanción.

44 *Cfr.* Artículo 2 del Código Civil. "La ignorancia de la ley no excusa de su cumplimiento".

45 *Cfr.* Antonio Moles Caubet, "Implicaciones del principio de legalidad", *Archivo de Derecho Público y Ciencias de la Administración*, nº 2 (1972): 137–73; Gonzalo Pérez Luciani, *El principio de legalidad* (Caracas: ACIENPOL, 2009).

De lo hasta aquí dicho puede apreciarse que hay vulneraciones a la seguridad jurídica que escapan del margen de acción de la Gaceta Oficial pues, al ser esta solo un medio por donde se dan a conocer algunas de las actuaciones del Poder Público Nacional, a la misma no le resultan imputables violaciones que deriven del contenido de dichos actos como ocurriría en caso de leyes, reglamentos, resoluciones, providencias o demás que pequen de ambiguos o incomprensibles, estén inmersos en amplias lagunas jurídicas que permitan cualquier solución a criterio del intérprete, transgredan la reserva legal, o sean modificadas con frecuencia. En todos estos casos, la responsabilidad recaería en cabeza de las autoridades competentes: el Poder Ejecutivo, Legislativo, Judicial, Ciudadano o Electoral, según corresponda.

No obstante, hay dos supuestos donde sí consideramos que la violación deviene del Servicio Autónomo Imprenta Nacional y Gaceta Oficial y su principal producto: la Gaceta Oficial de la República.

Estos supuestos van relacionados con los principios de la *lege promulgata* y *lege previa*, en el entendido que la deficiente gestión y administración de la gaceta –al por ejemplo, no poner en circulación los números identificados *supra*– deriva en que los particulares y el propio Poder Público desconozca cuál es la normativa vigente –ya que esta no ha sido publicada en Gaceta Oficial, o esta última no ha circulado ni está a disposición de los interesados– por una parte, y, por la otra, que en un futuro cercano, cuando la norma sea efectivamente publicada o circule, se pretenda su aplicación a hechos ocurridos en el pasado a pesar de que, para ese entonces, la ley, reglamento, resolución u otro acto era desconocido, vulnerándose en consecuencia el principio de irretroactividad de la ley *lato sensu*[46].

---

[46] El planteamiento puede entenderse mejor con el siguiente ejemplo: **(i)** En fecha 07-09-2020 el sujeto "A" –dueño de una cantina escolar y fiel lector de la Gaceta Oficial– vende al sujeto "B" –menor de edad– una bolsa de caramelos, ya que no existía alguna ley que le impidiera hacerlo; **(ii)** En fecha 08-09-2020 circula la Gaceta Oficial N° 123 con fecha del 02-09-2020 (es decir, de una semana antes de que se produjese la venta), donde se incluye una ley que sanciona con el cierre del establecimiento a aquellos comerciantes que vendan productos altos en azúcares a menores de edad como parte de una campaña del Estado en contra de la obesidad infantil. Esta ley indica en su disposición final única que entrará en vigencia "desde la fecha de su publicación en Gaceta Oficial"; **(iii)** En fecha 09-09-2020 se apersonan en el local del sujeto "A" dos funcionarios de la Superintendencia contra la Obesidad y le comunican al comerciante que iniciarán un procedimiento sancionatorio en su contra, ya que tuvieron conocimiento que "A" infringió el día 07-09-2020 la ley publicada en Gaceta Oficial el día 02-09-2020 y vigente desde entonces; **(iv)** El sujeto "A" alega que él desconocía esa ley y que cuando se produjo la venta la Gaceta Oficial no había circulado, por lo que su consulta era materialmente imposible y, en consecuencia, mal podía exigírsele el comportamiento por ella demandado;

Se trata de una anomalía que no se circunscribe únicamente al período bajo estudio, pero que como vemos en el listado de páginas más arriba no ha hecho sino agravarse con el paso del tiempo, pasándose de tres gacetas sin circular del año 2015 a dieciséis en cada uno de los dos últimos años estudiados (2023 y 2024).

Lo anterior, a pesar de que las leyes de publicaciones oficiales de 1941 y de 2022 previeron que la gaceta se publica todos los días hábiles, y es claro que este verbo implica más que editar el ejemplar y ponerle una fecha pues, para que se considere que este ha sido publicado, se requiere que su contenido se haga notorio, patente y manifiesto al público[47], lo que solo se logra a través de su efectiva difusión y circulación.

Así, cuando la Ley de Publicaciones Oficiales indica que la Gaceta Oficial debe publicarse todos los días hábiles, no dudamos que la fecha de la gaceta debe coincidir con el día en que se hizo pública (es decir, que circuló). De lo contrario, su contenido no sería conocido y su exigencia atentaría contra la seguridad jurídica en los términos ya desarrollados en esta presentación.

Se trata, no obstante, de una precisión ignorada por la Administración Pública desde otrora, pues la práctica impuesta por la Gaceta Oficial durante años fue que ella circulara al día siguiente de la fecha impresa en su texto. Esta situación, por si sola, ya constituía una afrenta en contra del principio de seguridad jurídica al haber un día de diferencia entre la fecha de publicación impresa –y desde cuando se tomarían a los actos insertos en la gaceta como eficaces– y la fecha de publicación efectiva, o cuando los particulares y el Estado tendrían posibilidad de conocer el contenido –y la propia existencia– del acto, a fin de ajustar su conducta al mismo.

Estas diferencia entre la fecha de publicación impresa en la gaceta y la fecha de su efectiva circulación se empezó a hacer más palpable con ocasión de la Ley que autoriza al Presidente de la República para dictar Decretos con Rango, Valor y Fuerza de Ley en las materias que se delegan de 2013[48], producto de la cual quien ejercía la Presi-

(v) Los funcionarios, al tener como cierto el contenido y la fecha de la Gaceta Oficial con independencia de si ella circuló o no efectivamente el día que ella indica, continúan con el procedimiento y, al no haber dudas de la violación –que para el momento en que ocurrió, repetimos, no era una conducta que la población conociese como antijurídica–, proceden con el cierre del local con base en la ley publicada en la Gaceta indicada.

[47] *Cfr.* Primera, segunda y quinta acepción del término “publicar” en Real Academia Española, “Publicar”, Diccionario de la Lengua Española, 2022, https://dle.rae.es/publicar.

[48] G.O. n° 6.112 Extraordinario del 19-11-2013.

dencia de la República dictó 57 decretos con fuerza de ley[49], siendo el caso que las gacetas con número extraordinario contentivas de 45 de estos tenían como fecha de publicación el 18 y 19-11-2014, pero en la práctica no circularon sino hasta quince días después por lo que, como en su momento advertimos:

> Teóricamente, por cerca de dos semanas en Venezuela estuvimos regidos por leyes cuyo texto nos era completamente desconocido –no por desinterés, sino porque no habían sido puesto a nuestro alcance– pero que se encontraba vigente por, supuestamente, haber sido publicado en el día en que se fechó la Gaceta Oficial. Dentro de estos decretos leyes se encuentran los relativos a la seguridad de la Nación, el Banco Central de Venezuela, aduanas, precios justos, Registros y Notariado, entre otros.
>
> Pero esta problemática no es simplemente teórica. Prueba de ello es que –entre las fechas de publicación y circulación– diversos medios de comunicación informaron sobre la implementación de las novísimas normas. Ejemplo de lo anterior fue la juramentación del Cuerpo Nacional Contra la Corrupción que se llevó a cabo el 25-11-2014, en aplicación del Decreto con Rango, Valor y Fuerza de Ley del Cuerpo Nacional Contra la Corrupción publicado en la Gaceta Oficial N° 6.156 Extraordinario del 19-11-2014, pero cuya circulación efectiva no ocurrió sino el 04-12-2014 (es decir, una semana después de celebrado dicho acto)[50].

La situación empeora cuando volteamos nuestra mirada a la legislación presupuestaria, ya que ninguno de los números extraordinarios de la Gaceta Oficial contentivos de las leyes de presupuesto anual o plurianual, ni de los decretos de distribución general del presupuesto de egresos anual del período 2015-2024, fue puesto en circulación, en tanto solo algunas de las leyes de endeudamiento han circulado a la fecha.

Los hechos narrados en el párrafo precedente atentan no solo contra la seguridad jurídica, sino también contra principios propios del ámbito presupuestario –como podrían ser la transparencia y la eficiencia– al ser prudente recordar que, de acuerdo con el artículo 314 de la CRBV, "[n]o se hará ningún tipo de gasto que no haya sido previsto en la ley de presupuesto"... y el único modo de conocer si tal gasto está o no previsto en dicha ley es garantizándose el acceso a la misma. De otra forma, difícilmente puede impedirse que el Poder Público actúe arbitrariamente en detrimento del erario público.

De este modo, si bien la implementación del Derecho de excepción en el país producto de la "emergencia económica" y la pandemia

---

[49] *Cfr.* Antonio Silva Aranguren y Gabriel Sira Santana, "Decretos-Leyes dictados por el Presidente de la República, con base en Ley Habilitante, en el período 2013-2014", *Revista de Derecho Público*, nº 140 (2014): 11–39.

[50] Ibid., 13.

de la COVID-19 agravó estas irregularidades[51], es un hecho cierto que el mal manejo de la Gaceta Oficial y su consecuencial afrenta a la seguridad jurídica menoscaba nuestro sistema jurídico desde hace al menos una década[52], al encontrarnos los particulares regidos por un Derecho que el Poder Público debe implementar y garantizar, sin que ninguna de las partes –salvo su autor y el editor de la Gaceta Oficial– conozca qué dicen estos actos, quién los dicta, en ejercicio de qué competencias, bajo qué circunstancias de hecho y a quién van dirigidos. Esto, si partimos de la propia existencia del acto y no de meras declaraciones con las que se pretende modificar al ordenamiento jurídico *de facto*, incluso en contra de lo previsto en actos efectivamente publicado en la Gaceta Oficial y cuya derogatoria no se ha producido por la misma vía, como otro ejemplo de irregularidades que también se han constatado en los últimos años[53].

No nos queda duda que el desprecio por la seguridad jurídica y la importancia de la certeza que debe ofrecer la publicación de la Gace-

---

51 *Cfr.* Sira Santana, "La Gaceta Oficial de la República como fuente de inseguridad jurídica", 436-38.

52 Agréguese por ejemplo que previo al Derecho de excepción, cuando ocurrió el "gran apagón nacional" en marzo del año 2019 producto del mal estado del servicio eléctrico y que trajo consigo la implementación de horarios laborales especiales para el sector público y privado así como la declaratoria de días no laborales (véanse los Decretos n° 3.818 y 3.822 en G.O. n° 41.614 del 10-04-2019 y n° 6.448 Extraordinario del 13-04-2019, respectivamente), la circulación de la gaceta oficial también se vio interrumpida. No se niega que un suceso de esta naturaleza pueda interrumpir la publicación de la gaceta. Lo que se rechaza, más bien, es que en dicho texto se obvie esta circunstancia y luego pretendan pasarse actos como publicados –y por ende conocidos, vigentes, eficaces y exigibles– cuando no fue el caso.

53 Véase lo vivido con el llamado cestaticket socialista (bono de alimentación de los trabajadores), cuyo último decreto publicado en la Gaceta Oficial fijó en la cantidad de Bs. 1.000 mensuales (G.O. n° 6.746 Extraordinario del 01-05-2023), pero la Sala de Casación Social del TSJ determinó en una demanda laboral que dicho monto en realidad eran USD 40 mensuales, por ser "un hecho público y comunicacional el ajuste que realizó el Presidente de la República (...) del referido beneficio respecto al decreto arriba mencionado, a la cantidad de cuarenta dólares de los Estados Unidos de Norteamérica (40,00 UDS), que deberá ser convertido y pagado en bolívares tomando como referencia el tipo de cambio oficial para la fecha efectiva de pago". Fallo n° 712 del 19-12-2024 de la mencionada Sala, http://historico.tsj.gob.ve/decisiones/scs/diciembre/340773-712-191224-2024-23-340.HTML. El "hecho público" en cuestión se refiere a un mensaje de Nicolás Maduro en la red social X (anteriormente Twitter), en el que indicó: "Amanecimos firmando el decreto de los aumentos del Cestaticket a 40$ y del Bono de Guerra Económica para que llegue a 30$ mensuales, bajo el concepto de la indexación". Véase MPP para la Salud, "Presidente Nicolás Maduro incrementa cestatickets y bono de guerra económica indexados para el bienestar de la Clase Obrera", 02-01-2023, https://mpps.gob.ve/presidente-nicolas-maduro-incrementa-cestatickets-y-bono-de-guerra-economica-indexados-para-el-bienestar-de-la-clase-obrera.

ta Oficial, utilizándose esta última a conveniencia y publicándose en ella –o dejándose de publicar– lo que quienes detentan el Poder creen conveniente para sus fines, que lejos ya quedaron de los fines del Estado, bien constituye un ejemplo de abuso del Poder que corresponde a los particulares y a las instituciones democráticas monitorear y dejar constancia de su realidad, en pro de la defensa y eventual restitución del Estado de Derecho.

III. La sistematización utilizada y algunos de los hallazgos

A diferencia del Boletín Legislativo CIDEP que emplea una clasificación orgánica o subjetiva (Poder Legislativo, Ejecutivo, Ciudadano, Electoral y Judicial) para organizar las publicaciones oficiales, y posteriormente las categoriza según su tipología (leyes, acuerdos, decretos, resoluciones, etc.), en esta obra hemos optado por un sistema de clasificación objetiva basado en el contenido de los actos.

Este enfoque se asemeja al de las recopilaciones de "leyes, decretos normativos, reglamentos y resoluciones de efectos generales" que hemos publicado semestralmente en la Revista de Derecho Público desde su n° 149-150 (2017), cuando se nos confió dicha sección de la Revista, anteriormente bajo la firma de profesionales como Ana María Ruggeri, Caterina Balasso, Marianella Villegas y Flavia Pesci Feltri.

En este contexto, los actos seleccionados de las gacetas oficiales del período 2015-2024 se han clasificado en ocho grandes grupos: **(i)** Derechos y garantías constitucionales; **(ii)** Organización del Estado; **(iii)** Administración general del Estado; **(iv)** Política, seguridad y defensa; **(v)** Economía; **(vi)** Desarrollo social; **(vii)** Ordenación del territorio y transporte; y **(viii)** Actos de la "Asamblea Nacional Constituyente".

Cabe destacar que la decisión de separar estos últimos actos del resto de las categorías responde a los evidentes vicios de inconstitucionalidad que caracterizaron a este cuerpo desde su supuesta convocatoria en el año 2017, y que analizamos en otra oportunidad[54]. Además, esta distinción busca ofrecer al lector una visión integral de la "Asamblea Nacional Constituyente" que favorezca la comprensión de las acciones llevadas a cabo por los representantes llamados a "decidir el futuro de la Patria"[55], así como la verdadera finalidad de la constituyente.

---

54 *Cfr.* Gabriel Sira Santana, "La asamblea nacional constituyente y la subversión del orden constitucional. El caso de Venezuela (2017-2020)", en *Estudios Constitucionales y Parlamentarios: Anuario* 2021-2022 (Caracas: CIDEP, IEPFT y UCAB, 2023), 449-66.

55 *Cfr.* Decreto n° 2.830, mediante el cual se "convocó" a la asamblea en cuestión, publicado en G.O. n° 6.295 Extraordinario del 01-05-2017.

Adicionalmente, la obra incluye un anexo que presenta, en orden cronológico, la totalidad de las leyes, decretos con fuerza de ley y reglamentos publicados en las gacetas del período estudiado. Esta sección, consideramos, aporta un valor agregado a las categorías previamente mencionados para apreciar cuáles fueron las prioridades del Estado en momentos determinados del acontecer sociopolítico.

Por último, mencionamos que cada grupo se estructura en hasta cuatro subniveles que el lector podrá precisar en el índice de la obra. Esta organización tiene como objetivo facilitar a los estudiantes y profesionales del Derecho la consulta de aspectos específicos de una materia que, por su naturaleza, suela ser objeto de publicación en la Gaceta Oficial; a lo que se suma la inclusión como pie de páginas de referencias cruzadas o llamados a otras secciones en las que el lector podrá encontrar otros actos de interés para su investigación.

Hechas estas acotaciones, pasamos a comentar a modo meramente introductorio algunos de los hallazgos más relevantes de cada grupo. En esta exposición prescindiremos de la identificación de los actos y de la mención del número y fecha de la Gaceta Oficial correspondiente, por ser información que puede consultarse en el cuerpo de la obra.

Así, en materia de derechos y garantías constitucionales, la Asamblea Nacional publicó algunas leyes que –en principio– eran beneficiosas para los ciudadanos, como la Ley Orgánica de Amparo a la Libertad y Seguridad Personal y la Ley para el Respeto de los Derechos Humanos en el Ejercicio de la Función Pública.

Otras tantas, sin embargo, no fueron más que instrumentos del Poder Legislativo para respaldar la represión estatal. Tal es el caso de: **(i)** la Ley Orgánica de Extinción de Dominio; **(ii)** la Ley para la Protección de los Activos, Derechos e Intereses de la República y sus Entidades en el Extranjero; **(iii)** la Ley de Fiscalización, Regularización, Actuación y Financiamiento de las Organizaciones no Gubernamentales y Organizaciones Sociales sin Fines de Lucro; y **(iv)** la Ley Orgánica Libertador Simón Bolívar contra el Bloqueo Imperialista y en Defensa de la República Bolivariana de Venezuela.

Durante este período, también se publicaron disposiciones legales y sublegales dirigidas a fomentar el principio de igualdad y la no discriminación de grupos históricamente vulnerables o minoritarios, como mujeres, afrodescendientes y personas con discapacidad[56].

---

[56] *Cfr.* Artículo 21 de la CRBV. "Todas las personas son iguales ante la ley, y en consecuencia: 1. No se permitirán discriminaciones fundadas en la raza, el sexo, el credo, la condición social o aquellas que, en general, tengan por objeto o por resultado anular o menoscabar el reconocimiento, goce o ejercicio en condiciones de igualdad, de los derechos y libertades de toda persona. 2. La

Asimismo, se reformó una parte significativa de la legislación del proceso penal y el sistema penitenciario.

Finalmente, se incluyeron en este primer capítulo los decretos de estados de excepción y acuerdos vinculados a la emergencia económica declarada en la frontera colombo-venezolana (2015-2016) y en todo el territorio nacional (2016-2021)[57], así como el estado de alarma decretado durante la pandemia de la COVID-19 (2020-2021)[58]. En este último caso, se consideró pertinente reseñar también los actos de rango sublegal dictados en el contexto de la crisis sanitaria, debido a la naturaleza temporal de las medidas adoptadas en materia de organización, sanidad, libre tránsito y economía.

En cuanto a la organización del Estado[59], que constituye el segundo capítulo de nuestra sistematización, los actos se han clasificado en tres secciones: **(i)** Poder Público Nacional, **(ii)** Poder Público Estadal y Poder Público Municipal, y **(iii)** Consejo Federal de Gobierno, con un claro predominio del primero.

Dentro del Poder Público Nacional –que a su vez se subdivide en este trabajo en sus cinco ramas– destaca la reforma del Reglamento Interior y de Debates de la Asamblea Nacional en 2021, así como la habilitación otorgada al Presidente de la República para dictar decretos con fuerza de ley en 2015[60].

En el ámbito del Poder Ejecutivo, se encuentran actos relacionados con su ordenación, como lo son tres versiones del Decreto sobre Organización General de la Administración Pública Nacional, el Reglamento Interno del Consejo de Ministros y el Reglamento Orgánico de la Vicepresidencia de la República.

---

ley garantizará las condiciones jurídicas y administrativas para que la igualdad ante la ley sea real y efectiva; adoptará medidas positivas a favor de personas o grupos que puedan ser discriminados, marginados o vulnerables; protegerá especialmente a aquellas personas que por alguna de las condiciones antes especificadas, se encuentren en circunstancia de debilidad manifiesta y sancionará los abusos o maltratos que contra ellas se cometan (...)".

57 *Cfr.* Gabriel Sira Santana, *El estado de excepción a partir de la Constitución de 1999* (Caracas: CIDEP y EJV, 2017); Gabriel Sira Santana, *El Derecho de excepción y la emergencia económica* (Caracas: CIDEP, 2024).

58 *Cfr.* Gabriel Sira Santana, "Venezuela y el estado de alarma por el COVID-19", en *Estudios jurídicos sobre la pandemia del COVID-19* (Caracas: ACIENPOL, 2020), 55-70.

59 *Cfr.* Gabriel Sira Santana, "Introducción al estudio del Estado", *Revista de Derecho Público*, nº 157-158 (2019): 124-54.

60 *Cfr.* Antonio Silva Aranguren y Gabriel Sira Santana, "Decretos-Leyes dictados por el Presidente de la República, con base en Ley Habilitante, en el año 2015", *Revista de Derecho Público*, nº 143-144 (2015): 191-204.

Cabe resaltar que los ministerios para relaciones interiores y para la energía eléctrica fueron los únicos que cumplieron –y solo en algunos años– con el artículo 121 del DRVF-LOAP, según el cual:

> En el mes de enero de cada año, los ministerios y órganos de adscripción nacionales, estadales, de los distritos metropolitanos o municipales publicarán en la Gaceta Oficial de la República Bolivariana de Venezuela o en el medio oficial que corresponda, la lista de los entes descentralizados adscritos o bajo su tutela, con indicación del monto de la participación, si se tratare de una empresa del Estado, y de la conformación de su patrimonio si se tratare de un instituto público, instituto autónomo o una fundación del Estado. Igualmente indicarán los entes que se hallen en proceso de privatización o de liquidación.

En cuanto a las vicepresidencias sectoriales[61], en 2015 se publicaron los reglamentos orgánicos de seis de ellas: **(i)** Desarrollo Social y la Revolución de las Misiones; **(ii)** de Desarrollo del Socialismo Territorial; **(iii)** para la Planificación y el Conocimiento; **(iv)** para la Seguridad, Soberanía Agroalimentaria y Abastecimiento Económico; **(v)** de Soberanía Política, Seguridad y Paz; y **(vi)** para la Economía y Finanzas.

Posteriormente, se crearon cuatro más: **(i)** Obras Públicas y Servicios; **(ii)** Comunicación y Cultura; **(iii)** Seguridad Ciudadana y Paz; y **(iv)** Ciencia, Tecnología, Educación y Salud.

Una dinámica similar se observó en el tren ministerial, ya que en la última década se suprimieron ocho de ellos: **(i)** para Ecosocialismo, Hábitat y Vivienda; **(ii)** para Industrias; **(iii)** para el Comercio; **(iv)** para Transporte y Obras Públicas; **(v)** para la Banca y Finanzas; **(vi)** para la Industria y Comercio; **(vii)** para la Juventud y el Deporte; y **(viii)** de Agricultura Urbana.

Sin embargo, se crearon otros tantos: **(i)** para Hábitat y Vivienda; **(ii)** para Ecosocialismo y Aguas; **(iii)** para Industria y Comercio; **(iv)** para el Comercio Exterior e Inversión Internacional; **(v)** de Desarrollo Minero Ecológico; **(vi)** de Industrias Básicas, Estratégicas y Socialistas; **(vii)** para el Transporte; **(viii)** de Obras Públicas; **(ix)** de Eco-

---

[61] *Cfr.* Artículo 49 del DRVF-LOAP. "Las Vicepresidencias Sectoriales son órganos superiores del nivel central de la Administración Pública Nacional, encargados de la supervisión y control funcional, administrativo y presupuestario de los ministerios del poder popular que determine el Presidente o Presidenta de la República, quien fijará además el número, denominación, organización, funcionamiento y competencias de éstas. // Cada Vicepresidencia Sectorial estará a cargo de una Vicepresidenta Sectorial o un Vicepresidente Sectorial designado por la Presidenta o Presidente de la República. Cuando un ministro o ministra del Poder Popular sea designado como Vicepresidenta o Vicepresidente Sectorial, este último cargo tendrá carácter no remunerado mientras coexista con el de ministra o ministro del Poder Popular".

nomía y Finanzas; **(x)** de Atención de las Aguas; **(xi)** de Comercio Nacional; **(xii)** para la Ciencia y Tecnología; **(xiii)** para el Turismo y Comercio Exterior; **(xiv)** para los Adultos y Adultas Mayores, Abuelos y Abuelas de la Patria; **(xv)** para la Juventud; y **(xvi)** para el Deporte. Como resultado, el número de ministerios "operativos" a la fecha asciende a 32.

Asimismo, se registraron 37 publicaciones de reglamentos orgánicos ministeriales –la mayoría en 2015– y 11 reglamentos internos, algunos de los cuales fueron reemplazados en menos de un año[62]. En menor medida, los ministerios emitieron normativas sobre temas presupuestarios y de ética pública[63]. Por último, se constató la creación de trece viceministerios[64] y la supresión de otros dos.

En las Gacetas Oficiales del período 2015-2024 se publicó la creación de 24 comisiones presidenciales[65], destinadas a temas como la seguridad ciudadana, alimentación, comercio, ambiente, prestación de servicios públicos y la conmemoración de sucesos históricos. En contraste, los actos relacionados con la organización de las superintendencias fueron menos frecuentes, apreciándose la publicación de los códigos de ética de la SUDEBAN y la SUDEASEG.

Por otro lado, se emitieron numerosos actos sobre empresas del Estado[66].

---

62 Es el caso, por ejemplo, del reglamento interno del MPP de Atención de las Aguas dictado en diciembre de 2020 y sustituido en septiembre de 2021.

63 *Cfr.* Gabriel Sira Santana, "Los códigos de ética pública en Venezuela", *Revista Venezolana de Legislación y Jurisprudencia*, nº 16 (2020): 905-32.

64 *Cfr.* Artículo 84 del DRVF-LOAP. "Las viceministras o viceministros serán los órganos inmediatos de la ministra o ministro, supervisarán las actividades de sus respectivas dependencias de acuerdo con las instrucciones de la ministra o ministro, tendrán a su cargo las funciones que les otorgue el presente Decreto con Rango, Valor y Fuerza de Ley Orgánica, el Decreto que desarrolle la organización y funcionamiento de la Administración Pública Nacional y el Reglamento orgánico del ministerio, así como el conocimiento y la decisión de los asuntos que les delegue la ministra o ministro".

65 *Cfr.* Artículo 73 del DRVF-LOAP. "La Presidenta o Presidente de la República podrá designar comisionados y crear comisiones presidenciales o interministeriales, permanentes o temporales, integradas por funcionarias o funcionarios públicos y personas especializadas, para el examen y consideración en la materia que se determine en el Decreto de creación. // Las comisiones presidenciales o interministeriales también podrán tener por objeto la coordinación de criterios y el examen conjunto de materias asignadas a diversos ministerios. El Decreto de creación determinará quién habrá de presidir las comisiones presidenciales. Sus conclusiones y recomendaciones serán adoptadas por mayoría absoluta de votos".

66 *Cfr.* Artículo 103 del DRVF-LOAP. "Las Empresas del Estado son personas jurídicas de derecho público constituidas de acuerdo a las normas de derecho privado, en las cuales la República, los estados, los distritos metropolitanos y los municipios, o alguno de los entes descentralizados funcionalmente a los que

Así, se autorizó la creación de 38 nuevas empresas del Estado[67], algunas de ellas destinadas a asumir competencias y recursos de autoridades estadales adversas al Gobierno central[68], mientras que otras ocho empresas fueron suprimidas y liquidadas[69], y dos más fueron intervenidas[70]. Adicionalmente se crearon catorce empresas mixtas del Estado[71].

---

se refiere el presente Decreto con Rango, Valor y Fuerza de Ley Orgánica, solos o conjuntamente, tengan una participación mayor al cincuenta por ciento del capital social".

67 Empresa Socialista de Producción y Desarrollo Agropecuario Maisanta, S.A.; Servicio Urbano de Procesamiento, Recaudación, Recolección y Aseo Miranda, S.A.; Corporación de Desarrollo del Municipio Caroní Eje San Félix, S.A.; Corporación Socialista del Sector Automotor, C.A.; Corporación Socialista del Sector Electrodomésticos, C.A.; Corporación Socialista del Sector Vidrio y Envases, C.A.; Corporación Socialista de Economía Forestal, C.A.; Compañía Anónima Militar de Industrias Mineras, Petrolíferas y de Gas; Banco de Insumos para la Pequeña y Mediana Industria, S.A.; Corporación de Desarrollo Agrícola, S.A.; Corporación Única de Servicios Productivos y Alimentarios, C.A.; Corporación de Servicios Pesqueros y Acuícolas de Venezuela, S.A.; Fibras de Venezuela, S.A.; Bolivariana de Tecnologías, C.A.; Neumáticos del Alba, S.A.; Imprenta de la Fuerza Armada Nacional Bolivariana, S.A.; Corporación Ecosocialista Ezequiel Zamora, S.A.; Tesorería de Criptoactivos de Venezuela, S.A.; Carabobo Oro, C.A.; Industria Nacional del Agua, S.A.; Corporación Socialista de las Telecomunicaciones y Servicios Postales, C.A. (en dos ocasiones);; Empresa Nacional de Sistemas de Silos y Almacenaje, S.A.; Empresa CVG Logística, C.A.; Empresa CVGNaviera del Orinoco C.A.; Empresa Aeronáutica Nacional, S.A.; PDV-Puertos, S.A.; Empresa de Transporte Aéreocargo del Sur, S.A.; Centro Nacional de Mantenimiento Aeronáutico, S.A.; Industria Ferroviaria y Sistema por Cable de Venezuela, S.A.; Empresa Militar para el Aprovechamiento Sustentable de Productos Forestales y Recursos Naturales, S.A.; Fondo Nacional para los Emprendimientos, S.A.; Parque Científico Tecnológico de Venezuela Más Ciencia, S.A.; Logística Pequiven, S.A.; y Agencia de Promoción de Exportaciones, S.A.

68 Corporación para la Protección del Pueblo del Estado Anzoátegui, S.A.; Corporación para la Protección del Pueblo del Estado Mérida, S.A.; Corporación para la Protección del Pueblo del Estado Nueva Esparta, S.A.; Corporación para la Protección del Pueblo del Estado Táchira, S.A.

69 Empresa Socialista de Riego Planicie de Maracaibo, S.A.; Empresa Mixta Ruso-Venezolana Orquídea, S.A.; Venezolana de Alimentos La Casa, S.A.; Venalcasa S.A.; Empresa Nacional de Almacenes, C.A.; Empresa Mixta Socialista Arroz del Alba, S.A.; Empresa Mixta Socialista Leguminosa del Alba, S.A.; y CVG Tecmin.

70 CVG; y Bolivariana de Puertos, S.A.

71 Planta de Autobuses Yutong Venezuela, S.A.; Complejo Industrial Tiuna I, C.A.; Complejo Agroindustrial Tiuna II, C.A.; Empresa Mixta Minera Ecosocialista Parguaza, S.A.; Empresa Mixta Minera Ecosocialista Metales del Sur, S.A.; Empresa Mixta Minera Ecosocialista Oro Azul, S.A.; Empresa Mixta Ecosocialista Siembra Minera, S.A.; Petrosur, S.A.; Empresa Mixta Al Quds, S.A.; Empresa Mixta Biet Lahem, S.A.; Empresa Mixta Sociedad Anónima Minería Binacional Turquía-Venezuela, S.A.; Sociedad Anónima Carbones de Turquía-Venezuela, S.A.; Empresa Mixta Petrolera Roraima; y Empresa Mixta Maderas de Venezuela y Turquía, S.A.

En cuanto a las actividades de estas empresas, se subraya el derecho especial de preferencia concedido por el Ejecutivo Nacional a algunas de ellas para la adquisición de residuos sólidos metálicos y chatarra de aluminio, cobre y hierro.

Los decretos sobre la creación de fundaciones del Estado[72] fueron menos frecuentes, registrándose veintinueve publicaciones[73], de las cuales cinco estuvieron relacionadas con la creación de misiones[74]. Sin embargo, anotamos que no en todos los casos los decretos sobre las misiones aludieron explícitamente a la figura fundacional en su título[75].

---

72 *Cfr.* Artículo 110 del DRVF-LOAP. "Son fundaciones del Estado aquéllas cuyo patrimonio está afectado a un objeto de utilidad general, artístico, científico, literario, benéfico, o social, en cuyo acto de constitución participe la República, los estados, los distritos metropolitanos, los municipios o alguno de los entes descentralizados funcionalmente a los que se refiere el presente Decreto con Rango, Valor y Fuerza de Ley Orgánica, siempre que su patrimonio inicial se realice con aportes del Estado en un porcentaje mayor al cincuenta por ciento (...)".

73 Fundación Movimiento por la Paz y la Vida; Fundación Escuela para el Fortalecimiento del Poder Popular; Fundación Movimiento Bolivariano Revolucionario de la Reserva Activa General en Jefe Félix Antonio Velásquez; Fundación Jóvenes del Barrio Antonio Cermeño; Escuela Feminista del Sur Argelia Laya; Fundación Patria; Centro Internacional de Estudios para la Descolonización Luis Antonio Bigott; Fundación Venezolana de Investigación, Desarrollo e Innovación para el Transporte; Fundación para la Unificación Técnica de la Investigación, Capacitación y Extensionismo en el Fortalecimiento del Sector Agroalimentario Nacional; Fundación Centro Nacional de Genética Médica Dr. José Gregorio Hernández; Fundación Instituto Simón Bolívar para la Paz y la Solidaridad entre los Pueblos; Centro Científico Nacional del Ozono; Centro de Estudios Simón Bolívar; Instituto Marca País; Fundación Aristóbulo Isturiz; Instituto de Estudios Económicos y Tecnológicos; Centro de Investigaciones Científicas para la Medicina Tradicional y Ancestral; Centro Nacional de Investigación, Desarrollo e Innovación del Cacao; Fundación Cultural de Miranda; Fundación Fondo Intergubernamental del Servicio de Policía; Fundación Fondo para la Prevención y Administración de Desastres; Fondo Autoadministrado de Salud para el MPP para la Energía Eléctrica, sus Órganos Integrados y Entes Adscritos; Fundación Servicio de Alimentación para los Trabajadores y Trabajadoras del Sector Eléctrico Nacional; y Fundación Estadio Monumental de Caracas Simón Bolívar.

74 *Cfr.* Artículo 132 del DRVF-LOAP. "La Presidenta o Presidente de la República en Consejo de Ministros, cuando circunstancias especiales lo ameriten, podrá crear misiones destinadas a atender a la satisfacción de las necesidades fundamentales y urgentes de la población, las cuales estarán bajo la rectoría de las políticas aprobadas conforme a la planificación centralizada. // El instrumento jurídico de creación de la respectiva misión determinará el órgano o ente de adscripción o dependencia, formas de financiamiento, funciones y conformación del nivel directivo encargado de dirigir la ejecución de las actividades encomendadas".

75 Véase el caso de la Misión Socialista Nueva Frontera de Paz; Gran Misión Abastecimiento Soberano; Gran Misión Chamba Juvenil; Gran Misión Transporte Venezuela; y Gran Misión Cuadrantes de Paz.

En este período solo se ordenó la liquidación de la Fundación Vicente Emilio Sojo, destacándose que, en 2024, se reactivaron dos fundaciones dedicadas al desarrollo tecnológico en el estado Vargas (hoy La Guaira) y la ciudad de Caracas.

Por su parte, en 2021, se publicó la Ley Orgánica de Reforma del Decreto con Rango, Valor y Fuerza de Ley Orgánica de Misiones, Grandes Misiones y Micromisiones, así como la Ley de la Gran Misión Chamba Juvenil. Previamente, en 2016, se había publicado el Reglamento Parcial del Decreto con Rango, Valor y Fuerza de Ley Orgánica de Misiones, Grandes Misiones y Micro Misiones, sobre el Fondo Nacional de Misiones.

También sobresale el decreto presidencial que reguló los procedimientos para la elaboración, inscripción registral y protocolización de los documentos relacionados con la constitución, modificación, extinción o transmisión de derechos sobre los terrenos y viviendas construidos en el marco de la Gran Misión Vivienda Venezuela.

Finalmente, en lo referente al Poder Ejecutivo, se publicó el Decreto con Rango, Valor y Fuerza de Ley Orgánica de la Procuraduría General de la República. Además, la Procuraduría publicó en tres oportunidades su reglamento sobre el régimen de jubilaciones de su personal y en dos ocasiones su reglamento interno.

En cuanto al Poder Judicial, las publicaciones en la Gaceta Oficial durante el período 2015-2024 se enfocaron en cuatro áreas: **(i)** Normas como la reforma de la Ley Orgánica del Tribunal Supremo de Justicia, el Código de Ética del Juez Venezolano y Jueza Venezolana y las disposiciones sobre el uso de tecnologías de la información y comunicación en los procesos judiciales; **(ii)** la creación, modificación y supresión de competencias de diversos juzgados, tribunales, cortes y circuitos judiciales; **(iii)** las resoluciones de la TSJ/SP sobre vacaciones judiciales; y **(iv)** la organización y funcionamiento de la Defensa Pública, cuya Ley Orgánica fue reformada en 2015 y 2022.

Los actos del Poder Ciudadano fueron menos frecuentes en la Gaceta Oficial y estuvieron principalmente centrados en la regulación de su personal, con publicaciones de estatutos y reglamentos sobre jubilaciones y pensiones en el Consejo Moral Republicano, la Defensoría del Pueblo, el Ministerio Público y la Contraloría General de la República. Sin embargo, también se dictaron algunas normas sobre el ejercicio de sus funciones en el caso de la Defensoría del Pueblo y la

Contraloría General de la República, con inclusión de la presentación de la declaración jurada de patrimonio[76].

Por su parte, el Poder Electoral publicó regulaciones relacionadas con el uso de sus espacios internos y mobiliario, además de anunciar la creación del Museo del Poder Electoral.

En lo que respecta al Poder Público Estadal y Municipal, se enfatizan las reformas de las leyes de los Consejos Locales de Planificación Pública y los Consejos Estadales de Planificación y Coordinación de Políticas Públicas, así como la derogación de la Ley de Regularización de los Períodos Constitucionales y Legales de los Poderes Públicos Estadales y Municipales.

Finalmente, el Consejo Federal de Gobierno[77] cierra esta sección de la investigación con la publicación del Reglamento Orgánico de la Secretaría del Consejo Federal de Gobierno y el Fondo de Compensación Interterritorial en enero de 2016, el cual fue posteriormente modificado en agosto del mismo año.

El tercer capítulo de esta obra trata sobre la administración general del Estado y se divide en cuatro secciones.

La primera sección, dedicada a las finanzas públicas, es una de las más extensas. Comienza con aspectos relacionados con el presupuesto y la contabilidad del Estado, con inclusión de las normas dictadas por la ONAPRE y la ONCOP. Luego, en la subsección sobre la deuda pública, se detallan las distintas leyes de endeudamiento anual, así

---

[76] *Cfr.* Gabriel Sira Santana, "La declaración jurada de patrimonio y la prevención de la corrupción", en *Cincuenta artículos de Derecho Público* (Caracas: CIDEP, 2023), 535-58.

[77] *Cfr.* Artículo 185 de la CRBV. "El Consejo Federal de Gobierno es el órgano encargado de la planificación y coordinación de políticas y acciones para el desarrollo del proceso de descentralización y transferencia de competencias del Poder Nacional a los Estados y Municipios. Estará presidido por el Vicepresidente Ejecutivo o Vicepresidenta Ejecutiva e integrado por los Ministros y Ministras, los Gobernadores y Gobernadoras, un Alcalde o Alcaldesa por cada Estado y representantes de la sociedad organizada, de acuerdo con la ley. // El Consejo Federal de Gobierno contará con una Secretaría, integrada por el Vicepresidente Ejecutivo o Vicepresidenta Ejecutiva, dos Ministros o Ministras, tres Gobernadores o Gobernadoras y tres Alcaldes o Alcaldesas. Del Consejo Federal de Gobierno dependerá el Fondo de Compensación Interterritorial, destinado al financiamiento de inversiones públicas dirigidas a promover el desarrollo equilibrado de las regiones, la cooperación y complementación de las políticas e iniciativas de desarrollo de las distintas entidades públicas territoriales, y a apoyar especialmente la dotación de obras y servicios esenciales en las regiones y comunidades de menor desarrollo relativo. El Consejo Federal de Gobierno, con base en los desequilibrios regionales, discutirá y aprobará anualmente los recursos que se destinarán al Fondo de Compensación Interterritorial y las áreas de inversión prioritaria a las cuales se aplicarán dichos recursos".

como la emisión de 42 bonos de la Deuda Pública Nacional y 9 Letras del Tesoro, basadas en dichas leyes.

A continuación, se aborda el tema de la auditoría y control interno, constatándose que diversos órganos y entes del Poder Público Nacional reglamentaron sus unidades de auditoría interna[78]. En este sentido, la Contraloría General de la República también resolvió que las unidades de auditoría interna de las contralorías estadales, distritales, metropolitanas y municipales debían realizar el examen de la cuenta de los órganos de control fiscal.

En el ámbito tributario, se registraron las providencias del SENIAT sobre el aumento de la Unidad Tributaria, que pasó de Bs. 150 en 2015 al equivalente a Bs. 900.000.000.000 en 2023. Sin embargo, tras las reconversiones monetarias de 2018 y 2021 que retomaremos más adelante, esta cantidad se reduce a Bs. 9.

El SENIAT, regulado por un decreto con fuerza de ley en 2015, publicó en 2019 su código de ética y dictó diversas providencias sobre administración tributaria. Entre ellas, las que regulan al Registro Nacional de Exportadores, la emisión de facturas, los ajustes contables de los contribuyentes, las bandas de garantías para el tabaco y la declaración informativa de patrimonio.

En cuanto a los impuestos, tasas y contribuciones especiales, se publicaron los decretos con fuerza de ley del impuesto a las grandes transacciones financieras –complementado con normativas sobre alícuotas, agentes de percepción y procedimientos de declaración– y de reforma de la ley del impuesto sobre la renta, conjuntamente con la Ley de Protección de las Pensiones de Seguridad Social Frente al Bloqueo Imperialista.

Adicionalmente, desde agosto de 2018 la alícuota general del IVA se fijó en 16 %, en contraste con el 12 % que se aplicaba anteriormente. Se registran y enlistan variaciones previas, como la reducción al 10 % en 2016 para operaciones pagadas mediante medios electrónicos y la aplicación en 2017 de una rebaja del 3 % por el mismo motivo.

Los aranceles de aduanas fueron modificados en varias ocasiones y se establecieron nuevos terminales para la entrada y salida de mer-

---

[78] *Cfr.* Artículo 41 de la Ley Orgánica de la Contraloría General de la República y del Sistema Nacional de Control Fiscal, publica en G.O. n° 6.013 Extraordinario del 23-12-2010. "Las unidades de auditoría interna, en el ámbito de sus competencias, podrán realizar auditorías, inspecciones, fiscalizaciones, exámenes, estudios, análisis e investigaciones de todo tipo y de cualquier naturaleza en el ente sujeto a su control para verificar la legalidad, exactitud, sinceridad y corrección de sus operaciones, así como para evaluar el cumplimiento y los resultados de los planes y las acciones administrativas, la eficacia, eficiencia, economía, calidad e impacto de su gestión".

cancía en el país. También fueron frecuentes los decretos, resoluciones y providencias sobre exoneraciones tributarias, contabilizándose un total de 136 medidas. La mayoría de estas exoneraciones beneficiaron a la Administración Pública Nacional en la adquisición de bienes para proyectos gubernamentales y procesos electorales. No obstante, algunas exoneraciones del ISLR estuvieron dirigidas a personas con un enriquecimiento neto anual inferior al establecido por el Ejecutivo Nacional, así como a la importación de ciertos productos.

Finalmente, dentro de la materia tributaria, se publicaron anualmente los calendarios fiscales para sujetos pasivos especiales y sujetos pasivos no calificados como especiales en actividades de juegos de envite o azar. Asimismo, se incorporaron y desincorporaron múltiples formularios y bandas de garantías para licores y productos del tabaco.

La segunda sección de este capítulo aborda las contrataciones públicas, con la creación del Sistema Centralizado y Estandarizado de Compras Públicas para los órganos y entes de la Administración Pública Nacional, y las resoluciones conjuntas de los Ministerios del Poder Popular de Planificación y de Economía y Finanzas mediante las cuales se fijó el valor de la UCAU[79], que varió desde Bs. 10.850 en enero de 2018 hasta Bs. 4.000.000.000.000 en 2023, lo que equivale a Bs. 40 tras la eliminación de once ceros a la moneda debido a las reconversiones monetarias de 2018 y 2021.

Asimismo, se publicaron normas sobre el Registro Nacional de Contratistas, la promoción del "Poder Popular" y el impulso de la pequeña y mediana industria dentro del sistema de contrataciones públicas. Además, se establecieron regímenes especiales para la adquisición de bienes y servicios considerados como esenciales.

La tercera sección del capítulo está dedicada a los bienes públicos, e incluye principalmente providencias de la SUDEBIP. Entre ellas, las normas sobre el Sistema de Información del Registro de Bienes Públicos y de las Unidad de Bienes Públicos y el Responsable Patrimonial de los Órganos y Entes del Sector Público, y las normas sobre adquisición, inspección, desincorporación y enajenación de bienes públicos.

---

79 *Cfr.* Artículo 6 de la Ley Constitucional Contra la Guerra Económica para la Racionalidad y Uniformidad en la Adquisición de Bienes, Servicios y Obras Públicas. “Se establece una unidad de determinación objetiva y simple aplicación aritmética, la cual se denominará Unidad para el Cálculo Aritmético del Umbral Máximo y Mínimo (UCAU), que será utilizada como multiplicador único a los fines de obtener el monto en moneda que corresponde a los umbrales máximos y mínimos establecidos por el ordenamiento jurídico para delimitar rangos de elegibilidad en los procesos de contratación pública, o para el cumplimiento de condiciones o requisitos relacionados con estas (...)”.

El capítulo concluye con la cuarta sección, centrada en la función pública. En esta parte, se incluye el sistema de viáticos de los funcionarios y las leyes de juramento público y contra la corrupción[80]. También se mencionan los decretos relacionados con el sistema de remuneraciones de los funcionarios de la Administración Pública Nacional –cuya publicación cesó en 2019– y normas sobre el régimen de jubilaciones de los funcionarios de los Ministerios del Poder Popular para las Relaciones Exteriores y el Ministerio de Economía y Finanzas.

El cuarto capítulo de esta obra abarca la política, seguridad y defensa del Estado, dividiéndose los actos en cinco subsecciones que comienzan con las relaciones internacionales.

En este sentido, la Asamblea Nacional publicó 47 leyes aprobatorias de tratados y convenios internacionales[81], suscritos con Antigua y Barbuda, Arabia Saudita, China, Colombia, Granada, Grecia, Guinea-Bisáu, Irán, Kuwait, Líbano, Mali, Palestina, Qatar, Rusia, San Cristóbal y Nieves, Serbia, Turquía, y Vietnam, además de acuerdos con organizaciones internacionales, como las Naciones Unidas y el Mercosur.

Es justamente en relación con este último que, entre 2015 y 2017, la Gaceta Oficial registró más de 470 resoluciones de los Ministerios del Poder Popular para Agricultura y Tierras; Alimentación; Cultura; Ecosocialismo y Aguas; Industria y Comercio; Relaciones Exteriores; Relaciones Interiores, Justicia y Paz; Salud; y Transporte, además de providencias del INTTT, el SENIAT y la SUNDDE, por medio de las cuales se incorporaron al ordenamiento jurídico nacional múltiples resoluciones y decisiones del Mercosur de la más variada naturaleza, en pro de la integración latinoamericana y lo dispuesto en el artículo 3 del Protocolo de Adhesión de la República Bolivariana de Venezuela al Mercosur[82].

---

[80] *Cfr.* Gabriel Sira Santana, "La hipertrofia del ordenamiento jurídico venezolano como incentivo a la corrupción", en *Libro homenaje a la Especialización en Derecho Administrativo de la Universidad Central de Venezuela. A propósito de su cuadragésimo aniversario* (Caracas: CEP-FCJP-UCV y CIDEP, 2022), 337-61.

[81] *Cfr.* Artículo 154 de la CRBV. "Los tratados celebrados por la República deben ser aprobados por la Asamblea Nacional antes de su ratificación por el Presidente o Presidenta de la República, a excepción de aquellos mediante los cuales se trate de ejecutar o perfeccionar obligaciones preexistentes de la República, aplicar principios expresamente reconocidos por ella, ejecutar actos ordinarios en las relaciones internacionales o ejercer facultades que la ley atribuya expresamente al Ejecutivo Nacional".

[82] De acuerdo con este artículo, "[l]a República Bolivariana de Venezuela adoptará el acervo normativo vigente del Mercosur, en forma gradual, a más tardar cuatro años contados a partir de la fecha de entrada en vigencia del presente instrumento. A estos efectos, el Grupo de Trabajo creado en el Artículo 11 de este Protocolo, establecerá el cronograma de adopción de dicha normativa. // Las normas Mercosur que a la fecha de entrada en vigencia del presente instrumento estén en trámite de incorporación, entrarán en vigencia con la in-

Adicionalmente, entre 2017 y 2020, el Ministerio del Poder Popular para Relaciones Exteriores publicó diversas resoluciones relacionadas con la suscripción de tratados, acuerdos y protocolos internacionales. Este comportamiento parece vincularse a la llamada "teoría del desacato de la Asamblea Nacional", surgida tras las elecciones parlamentarias de 2015, aunque su análisis escapa al objeto de este estudio[83].

Para finalizar con esta sección hallamos los actos referidos a los cuerpos diplomáticos, creándose embajadas de Venezuela en Azerbaiyán, Congo, Corea, Fiyi, Guinea-Bisáu, Kazajistán, Omán, Tailandia, Tanzania, Túnez y Uganda, y se otorgó consentimiento para el establecimiento de la embajada de Corea en Venezuela.

Asimismo, se crearon y suprimieron diversos consulados generales y honorarios, a la par que se publicaron las normas relativas **(i)** al alquiler de bienes inmuebles destinados a la sede de misiones, misiones permanentes, oficinas comerciales, centros culturales, residencias de Embajadores y locales para depósitos; **(ii)** los trámites administrativos que deben efectuar los Jefes de Misiones Diplomáticas, Consulares, Misiones Permanentes, entre otras Dependencias de Representación de la República en el exterior; y **(iii)** la relación laboral entre las Misiones Diplomáticas, Representaciones Permanentes y Consulares, con el personal contratado localmente.

La sección de seguridad y defensa se organizó en cuatro renglones, e inicia con la policía, investigación científica y protección civil.

En este ámbito se registraron diversas reformas principalmente en el área laboral, con inclusión de la escala de sueldos para los funcionarios del sector, así como modificaciones al Decreto con Rango, Valor y Fuerza de Ley del Estatuto de la Función de la Policía de Investigación y al Decreto con Rango, Valor y Fuerza de Ley del Estatuto de la Función Policial. Además, se dictaron reglamentos relacionados con el régimen disciplinario del Estatuto de la Función Policial, la administración de personal y desarrollo de la carrera policial, y la Ley Orgánica del Servicio de Policía y del Cuerpo de Policía Nacional Bolivariana.

---

corporación al ordenamiento jurídico interno de los Estados Partes originales del Mercosur. La adopción por parte de la República Bolivariana de Venezuela de tales normas, se realizará en los términos del párrafo anterior". *Cfr.* Jorge Luis Suárez Mejías, *Constitución, integración y Mercosur en Venezuela* (Caracas: CIDEP y EJV, 2016).

83 *Cfr.* Gabriel Sira Santana, "La Asamblea Nacional según el Tribunal Supremo de Justicia, luego de las elecciones parlamentarias del año 2015", *Revista de Derecho Público*, nº 145-146 (2016): 267-84.

En cuanto a los operativos y planes de seguridad ciudadana, la mayoría estuvo relacionada con feriados y días festivos. Sin embargo, también se implementaron planes de mayor alcance, como el Sistema Popular de Protección para la Paz (SP3), el Plan Nacional Antisecuestro y el Plan Nacional Antidrogas. Otro aspecto relevante fue la suspensión del porte de armas en más de diez ocasiones, junto con jornadas especiales para su actualización.

Por último, en lo referente a terrorismo y legitimación de capitales, se dictaron diversas normativas sublegales enfocadas en la prevención y control dentro de sectores como las loterías, casinos y salas de bingo, turismo, banca, mercado de valores, aseguradoras y notarías públicas. Además, se regularon procedimientos para la incautación de bienes derivados de estos delitos y se establecieron normas para el Registro Unificado de Sujetos Obligados ante la Oficina Nacional Contra la Delincuencia Organizada y Financiamiento al Terrorismo.

La siguiente sección de este capítulo está dedicada a la identificación, migración y extranjería.

En este contexto, se publicaron acuerdos internacionales que versan sobre la supresión de visas en pasaportes diplomáticos, especiales, oficiales o de servicio de los nacionales de Angola, Azerbaiyán, Benín, Burkina Faso, Corea, Ghana, Guinea-Bisáu, Iraq, Jordania, Kazajistán, Kirguisa, Líbano, Mozambique, Omán, Qatar, Ruanda, Saharaui, San Vicente y las Granadinas, Singapur, Sri Lanka, Sudáfrica, Surinam, Tayikistán, Túnez, Uganda y Zimbabue. Además, se suprimieron las visas para turistas de los nacionales de Indonesia, Kuwait, Nicaragua, Omán, Qatar, Serbia y Sri Lanka, aunque comenzaron a exigirse para los ciudadanos de Canadá, Chile, Estados Unidos, Guatemala, Panamá y Perú.

Respecto a los nacionales de Venezuela, se publicaron actos relacionados con la prórroga de la vigencia del pasaporte, que posteriormente dieron lugar al Reglamento Parcial del Decreto con Rango, Valor y Fuerza de Ley de Reforma de la Ley Orgánica de Identificación, Relativo a la Expedición, Renovación y Prórroga de Pasaportes.

La cuarta sección de este capítulo está dedicada a la fe pública, donde se aprecian cambios en el número de registros y notarías en el país, junto con normas internas como el Código de Ética del SAREN y el uso de medios electrónicos y biométricos[84].

---

[84] *Cfr.* Sacha Rohán Fernández Cabrera, "Algunas notas sobre la providencia administrativa 525 del 17-10-2024, dictada por el Servicio Autónomo de Registros y Notarías sobre la implementación de medios electrónicos y biométri-

Así, se dictaron leyes sobre registros y notarías, publicaciones oficiales, intérpretes públicos, sellos y archivos nacionales, además de providencias que fijaron las tasas de los servicios prestados por el SAREN.

Este capítulo finaliza con la sección dedicada a las Fuerzas Armadas, en la que se recogen actos sobre su organización y funcionamiento, especialmente la Ley de Disciplina Militar y el Decreto con Rango, Valor y Fuerza de Ley Orgánica de Seguridad Social de la Fuerza Armada Nacional Bolivariana.

El quinto capítulo de esta obra se enfoca en la economía y es el que cuenta con más secciones, dado que la intervención estatal en este ámbito es uno de los temas más recurrentes en la Gaceta Oficial.

La primera sección está dedicada al cono monetario y las reconversiones de los años 2018 y 2021, mediante las cuales se eliminaron cinco y seis ceros a la moneda nacional, respectivamente. Un evento destacado fue el decreto de salida de circulación del billete de Bs. 100, el cual, después de ser publicado en la Gaceta Oficial en noviembre de 2016, pasó a ser prorrogado más de quince veces hasta mediados de 2018.

La segunda sección trata sobre el régimen cambiario, en la que se recogen los convenios cambiarios y normas relacionadas con actividades vinculadas a divisas. Esta normativa se basó en el Decreto con Rango, Valor y Fuerza de Ley del Régimen Cambiario y sus Ilícitos, publicado en 2015, y que dio paso a los modelos SICAD, SIMADI, DICOM y de mesas de cambio[85].

En la tercera sección del capítulo se aborda el tema de las criptomonedas y el Petro[86]. En este caso, se creó el Registro Integral de Servicios en Criptoactivos, y se regularon las actividades de envío y recepción de remesas en criptoactivos, las operaciones de estas en las casas de intercambio, la minería de criptoactivos, entre otras actividades.

Menos frecuentes fueron los actos relacionados con las cooperativas y cajas de ahorro. Para las cooperativas, se creó un registro junto con los deberes y requisitos de certificación, mientras que para las

---

cos", *Revista Electrónica de Derecho Administrativo Venezolano*, n° 28 (2025): 127-50.

85 *Cfr.* José Ignacio Hernández G., *Control de cambio y de precio en Venezuela. Auge y colapso institucional (2003-2020) Del modelo socialista a la dolarización de facto* (Caracas: EJVI, 2021).

86 *Cfr.* Luisa Lepervanche, "Consideraciones jurídicas sobre criptoactivos y Petros", *Revista Venezolana de Derecho Mercantil*, nº 1 (2018): 345-87; Juan Cristóbal Carmona Borjas, "Consideraciones jurídicas sobre el Petro", *Anuario de la Asociación Venezolana de Derecho Administrativo*, nº 1 (2020): 17-40.

cajas de ahorro se publicaron normas relacionadas con su contabilidad e inversiones.

En lo que respecta al correo, la actividad de IPOSTEL estuvo principalmente vinculada a autorizar la impresión de estampillas y establecer tarifas de los servicios postales, subrayándose una providencia que reguló el servicio de entregas a domicilio (*deliveries*), y fue rápidamente derogada por los vicios de inconstitucionalidad que presentaba[87].

Las siguientes secciones de este capítulo se enfocan en regulaciones sectoriales de actividades económicas de especial relevancia a nivel sociopolítico y económico.

En la sección de alimentación, agricultura, ganadería y pesca, aunque solo se promulgó la Ley de Semillas, se tienen más de cien actos de rango sublegal que regulan actividades, tales como las vedas y el aprovechamiento de la fauna nacional, el transporte de abonos e insumos estratégicos, los procedimientos fitosanitarios, el control de plagas y enfermedades, el registro y certificación de la producción, y la promoción de la agricultura urbana en terrenos ociosos.

En la sección de energía, minas e hidrocarburos, se tienen los decretos con fuerza de leyes orgánicas que reserva al Estado las actividades de exploración y explotación del oro y demás minerales estratégicos, y para el desarrollo de las actividades petroquímicas. Además, se estableció que el Estado también se reservaría las actividades de exploración y explotación del carbón, casiterita, cobre, diamante, feldespato, magnesita, niobio, níquel, plata, roca fosfática, rodio, tantalio, tierras raras y titanio.

Asimismo, se determinó que las personas que desarrollen actividades de exploración y explotación de oro deben vender todo el material aurífero al Banco Central de Venezuela, y se crearon las zonas de desarrollo estratégico de la Faja Petrolífera del Orinoco y el Arco Minero del Orinoco[88], junto con la determinación de las tarifas de los combustibles.

En la sección dedicada a la producción, mercado y servicios, se comienza con las certificaciones, teniéndose como ejemplo el certificado de origen ante el Ministerio del Poder Popular para el Comercio Exterior e Inversión Internacional, y la Marca Norven Sello Oficial de

---

[87] *Cfr.* Gabriel Sira Santana, "Irregularidades de la providencia de IPOSTEL sobre los servicios de entrega a domicilio", en *El Derecho Público a los treinta años de FUNEDA* (Caracas: AVEDA y CIDEP, 2024), 191-215.

[88] *Cfr.* Víctor Rafael Hernández-Mendible, "La nulidad del decreto del Arco Minero del Orinoco y de los actos jurídicos que los ejecuten", *Revista Tachirense de Derecho*, nº 3 (2017): 9-35.

Calidad Venezuela. Además, se publicaron más de 140 normas COVENIN y reglamentos técnicos que abarcan una amplia variedad de materias, tales como la mayonesa, los discos de frenos, el concreto, las etiquetas del calzado, los alojamientos turísticos, los estacionamientos y los ataúdes.

Las subsecciones de industrias y comercio, importaciones y exportaciones, y marcaje y control de precios presentan menos diversidad, pero son igualmente significativas. Se destacan acá la Ley para el Fomento y Desarrollo de Nuevos Emprendimientos de 2021, con su reforma en 2024, las normas para la optimización y dinamización de los procesos de exportación y la Ley de Fomento de las Exportaciones No Petroleras, y las normas para el marcaje del precio de venta al público en las etiquetas o impresiones de los envases, además del Decreto con Rango, Valor y Fuerza de Ley Orgánica de Precios Justos[89].

Uno de los sectores más regulados durante el período de estudio fue el de la banca, donde se dictaron actos con fuerza de ley y normas sublegales sobre aspectos como su contabilidad, el encaje legal[90], comisiones y tarifas, carteras de crédito, y créditos e intereses en general.

Entre las regulaciones se encuentra el Decreto con Rango, Valor y Fuerza de Ley Orgánica de Reforma de la Ley del Banco Central de Venezuela, así como las normas destinadas a la protección de los usuarios y usuarias de los servicios financieros, y las normas que regulan los servicios de tecnología financiera (Fintech).

Particular resulta la regulación de la actividad aseguradora durante los años que abarca esta investigación visto que, si bien del 2015 al 2021 se publicaron algunas normas al respecto con inclusión del Decreto con Rango, Valor y Fuerza de Ley de la Actividad Aseguradora, producto de la reforma de este último en el año 2023, la SUDEASEG publicó sesenta providencias en septiembre de 2024, en un mismo número extraordinario de la Gaceta Oficial. Estas regulaciones abarcaron temas clave como las condiciones generales de las pólizas,

---

89 *Cfr.* Juan Domingo Alfonzo Paradisi, "El fracaso del control de precios, propuesta de derogatoria y el establecimiento de la libre competencia para la determinación de los mismos en Venezuela. Alternativa de solución", en *Jornada anual de la Asociación Venezolana de Derecho Administrativo*. Año 2020 (Caracas: AVEDA y CIDEP, 2020), 273-312.

90 *Cfr.* José Antonio Muci Borjas, "La regulación del encaje legal bancario y la furtiva expropiación regulatoria de la banca venezolana", *Revista de Derecho Público*, nº 157-158 (2019): 66-95; José Antonio Muci Borjas, "Encaje legal bancario: Un caso de estudio sobre la regulación de la actividad bancaria en Venezuela", en *Jornada anual de la Asociación Venezolana de Derecho Administrativo*. Año 2020 (Caracas: AVEDA y CIDEP, 2020), 105-38.

contratos, publicidad, reservas, códigos de cuenta, patrimonio y operaciones de las aseguradoras.

La regulación del mercado de valores, en cambio, fue menos extensa y pasó a estar en el Decreto con Rango, Valor y Fuerza de Ley de Mercado de Valores, complementado por un par de providencias emitidas por la SUNAVAL.

En cuanto a otros sectores, la regulación de las telecomunicaciones incluyó importantes normas como el Reglamento para la Protección de los Derechos de los Usuarios en la Prestación de los Servicios de Telecomunicaciones, el Reglamento de Vías Generales de Telecomunicaciones, y las dos ediciones del Plan Nacional de Nombres de Dominio .ve. En el ámbito turístico, se estableció un procedimiento de categorización para los establecimientos de alojamiento turístico, agencias de turismo y guías turísticos, así como la validación de rutas turísticas. Finalmente, también se incluyeron regulaciones sobre las actividades de envite y azar.

El sexto capítulo de esta obra se dedica al desarrollo social y cuenta con diez secciones, algunas más nutridas que otras.

La primera sección, centrada en la ciencia y la tecnología, resalta la reforma del Decreto con Rango, Valor y Fuerza de Ley Orgánica de Ciencia, Tecnología e Innovación, publicada en 2022.

En el ámbito de la educación, se publicaron regulaciones relacionadas con la educación inicial, básica y media, abarcándose aspectos como el uniforme escolar, las cantinas, útiles escolares, educación integral, planes de estudio, epónimos, efemérides y horario de clases. También resalta la discutida Ley de Participación Estudiantil en el Subsistema de Educación Básica[91].

En materia de educación superior, se reguló el sistema de ingreso, el uso de tecnologías de la información y la comunicación, y la acreditación del aprendizaje por experiencia. Además, se crearon veinte universidades nacionales, experimentales y politécnicas –como la Universidad Bolivariana de las Comunas, la Universidad Nacional Experimental del Transporte y la Universidad Popular del Ambiente Fruto Vivas– además de más de setenta programas nacionales de formación avanzada en las áreas de salud, educación, seguridad, ciencias, entre otros.

La sección de cultura está dividida en seis categorías que abarcan el patrimonio, bienes de interés cultural, monumentos y sitios de interés, conmemoraciones, simbología y expresiones culturales. En

---

[91] *Cfr.* Carlos Eduardo Herrera, "Ley de participación estudiantil en el subsistema de educación básica: Análisis crítico", Revista de Derecho Público, n° 173-174 (2023): 271-277.

relación al patrimonio, se subraya la Ley para la Salvaguardia del Patrimonio Cultural Inmaterial y las normas sobre la exportación temporal o definitiva de bienes culturales patrimoniales. También se declararon más de treinta bienes de interés cultural, que van desde las semillas de papas nativas y el conuco hasta la vida y obra de sujetos como César Rengifo y manifestaciones como la burriquita.

En lo referente a los monumentos y sitios de interés, se publicó en 2015 el Decreto con Rango, Valor y Fuerza de Ley para la Preservación del Cuartel de la Montaña y su Memoria Histórica. Entre otros monumentos nacionales y zonas de interés cultural, se declaró la Sierra Falconiana, el Manto de María Divina Pastora, el Cuartel San Carlos y La Casona. Además, se establecieron días conmemorativos, como el 15 de enero (Día Nacional de las Pastoras y Pastores Evangélicos), el 2 de febrero (Día Nacional de las Muñecas y Muñecos de Trapo de Venezuela), el 27 de febrero (Día Nacional de los Derechos Humanos), el 12 de marzo (Día Nacional de los CLAP) y el 17 de mayo (Día Nacional de la Poesía).

En materia de simbología nacional, se publicó la Ley que Regula el Uso del Nombre, Títulos, Firma y Efigie de El Libertador y Padre de la Patria Simón Bolívar, y normas sobre el uso de la bandera nacional en el territorio de la República.

Finalmente, en cuanto a las expresiones culturales, se dictaron leyes como la Ley para el Desarrollo y la Creación Artesanal, la Ley Orgánica de Recreación y su reforma, y la Ley del Teatro, además de una norma técnica sobre la difusión de obras musicales en los servicios de radio y televisión.

En el ámbito de las actividades deportivas, se publicó la Ley para la Promoción del Ciclismo Urbano, con la creación de una comisión encargada de velar por el uso adecuado de los símbolos patrios en el desarrollo del deporte en general.

En cuanto a la familia, se observó un mayor desarrollo con la promulgación de tres leyes importantes: **(i)** la Ley de Reforma Parcial de la Ley Orgánica para la Protección de Niños, Niñas y Adolescentes; **(ii)** la Ley Orgánica para la Atención y Desarrollo Integral de las Personas Adultas Mayores; y **(iii)** la Ley de Reforma de la Ley para la Protección de las Familias, la Maternidad y la Paternidad. Además, el Ministerio del Poder Popular para la Salud publicó un par de resoluciones dirigidas a la protección de la maternidad y los neonatos.

Se enfatizan también las normas vinculadas al "Poder Popular", gracias a la publicación de: **(i)** la Ley de Comunicación del Poder Popular; **(ii)** el Decreto con Rango, Valor y Fuerza de Ley de los Consejos Presidenciales de Gobierno del Poder Popular; **(iii)** la Ley de Reforma de la Ley Orgánica de Contraloría Social; **(iv)** la Ley Orgánica de Reforma de la Ley Orgánica de los Consejos Comunales; **(v)** la Ley Orgánica de Reforma de la Ley Orgánica del Poder Popular; **(vi)** la Ley de Reforma Parcial de la Ley Orgánica de la Jurisdicción Especial de Justicia de Paz Comunal; y **(vii)** la Ley de Reforma de la Ley Orgánica de las Comunas. Estos cambios constituyeron una modificación significativa al régimen jurídico aplicable al "Poder Popular" desde el año 2010[92].

En la séptima sección -dedicada a la salud- se aprecia la actividad del Ministerio del Poder Popular para la Salud, que fue el único organismo que, al menos ocasionalmente, publicó proyectos de resoluciones antes de su adopción, como parte del proceso de consulta pública exigido por la ley en la materia[93]. Así, durante el período 2015-2024 se publicaron varios actos legales y sublegales relacionados con la atención médica, enfermedades y plagas, fármacos y otras sustancias, y productos alimenticios.

Entre las normas relevantes, se incluyen la Ley de Telesalud, la Ley del Sistema de Cuidados para la Vida, el Reglamento sobre Enfermedades o Eventos de Notificación Obligatoria, la Lista Nacional de Medicamentos Esenciales, y la supresión del empaque secundario y prospecto en la comercialización de medicamentos en el país. También se establecieron regulaciones sobre el etiquetado de productos con alto contenido de sodio, azúcar, grasas saturadas y trans, y la normativa para proteger a personas celíacas o sensibles al gluten. Además, se prohibió toda actividad relacionada con los cigarrillos electrónicos o *vapers*.

En el ámbito laboral, se publicaron numerosas normas, con inclusión de aquellas sobre el Registro Nacional de Entidades de Trabajo y seguridad por parte del INPSASEL. En este sentido, se estableció la inamovilidad laboral por la vía de decretos basados en el decreto con fuerza de ley que rige a esta institución desde 2015, encontrándose tal inamovilidad vigente a la fecha.

Asimismo, se publicaron veintitrés aumentos del salario mínimo, con el último en 2022 fijándolo en Bs. 130. Además, se emitieron diecisiete tabuladores para el cálculo del salario de los obreros de la Administración Pública y veinte decretos relacionados con bonificaciones, como el cestaticket socialista, el último publicado en mayo de 2023.

---

92 *Cfr*. Gabriel Sira Santana, *Poder Popular, descentralización y participación ciudadana* (Caracas: CIDEP y FUNEDA, 2018); Gabriel Sira Santana, "El 'Poder Popular' y su desvinculación con la política nacional de descentralización", *Revista Electrónica de Derecho Administrativo Venezolano*, nº 22 (2022): 85-95.

93 *Cfr*. Gabriel Sira Santana, "La obligación de consulta pública de normas: Ni tan obligatoria ni tan pública", *Revista de Derecho Público*, nº 142 (2015): 206-13.

La sección laboral también incluyó decretos que declararon días no laborables o redujeron la jornada laboral debido a situaciones socioeconómicas, como el "mega apagón nacional" de 2019.

Por último se publicaron resoluciones del Ministerio del Poder Popular para el Proceso Social de Trabajo que convocaron a reuniones normativas laborales u homologaron convenciones colectivas.

La sección dedicada a la vivienda y hábitat parte de la reforma del Decreto con Rango, Valor y Fuerza de Ley del Régimen Prestacional de Vivienda y Hábitat, aunque la mayoría de los actos en esta materia son de carácter sublegal. Entre los temas tratados se encuentran los requisitos técnicos para realizar inspecciones de riesgo en viviendas y terrenos, la regulación de los inmuebles de la Misión Vivienda y las condiciones de financiamiento que rigen el otorgamiento de créditos con recursos provenientes de los fondos establecidos en el decreto con fuerza de ley mencionado.

El capítulo finaliza con una sección dedicada a las condecoraciones y premios, donde se enlistan los honores otorgados a varias personalidades al ser incluidos en el Panteón Nacional. A saber: Armando Reverón, César Rengifo, Pedro Camejo, Fabricio Ojeda y Argimiro Enrique de La Santísima Trinidad Gabaldón Márquez –estos dos, por decreto presidencial y no por acuerdo de la Asamblea Nacional, como consecuencia de la aplicación de la "teoría del desacato" y el Derecho de excepción[94]–, Juan Germán Roscio Nieves, Manuel Piar, Navío Pedro Lucas Urribarrí Prieto, Ana María Campos, Domitila Flores, Domingo Antonio Sifontes, Josefa Joaquina Sánchez, Eulalia Buroz, y José Cristóbal Hurtado de Mendoza y Montilla.

Además, se crearon diversas condecoraciones por ley, tales como la Orden Fabricio Ojeda, la Orden Gran Cacique Guaicaipuro Guapotori Guaicaipuro, la Orden Darío Vivas, y la Orden Bicentenario Victoria de Ayacucho, y se derogó la ley de creación de la Orden Francisco Fajardo. También se establecieron reconocimientos mediante actos sublegales, como la Condecoración Luchador Fabricio Ojeda, la Condecoración Maestro José Antonio De Jesús Abreu Anselmi, la Orden Sable Victorioso de Carabobo, la Orden Espada del Libertador, la Medalla Padre Matías Camuñas, y la Orden al Mérito del Hombre Nuevo y la Mujer Nueva al Servicio del Sistema Penitenciario 26 de Julio.

Finalmente, se creó el Premio Nacional de Derechos Humanos, el Premio Internacional Hugo Chávez a la Paz y la Soberanía de los Pueblos, el Premio Nacional de Historia, el Premio al Heroísmo Obrero, el

---

94 *Cfr.* Sira Santana, "La Asamblea Nacional según el Tribunal Supremo de Justicia, luego de las elecciones parlamentarias del año 2015"; Sira Santana, *El estado de excepción a partir de la Constitución de 1999.*

Premio Nacional de Turismo, el Premio Nacional Ecosocialista Contra la Crisis Climática, y el Premio Nacional a la Investigación Educativa Simón Rodríguez.

El séptimo capítulo, sobre la ordenación del territorio y transporte, está compuesto por cuatro secciones, que cubren áreas relacionadas con la geografía, distribución territorial, el medio ambiente y el transporte.

La primera sección, dedicada a la geografía, es la menos extensa e incluye actos sublegales que regulan el huso horario y las normas técnicas para los nombres geográficos o topónimos. También se suma el Decreto con Rango, Valor y Fuerza de Ley para la Soberanía Territorial y la Paz, y la Ley Orgánica para la Defensa de la Guayana Esequiba[95].

En cuanto a la distribución territorial, la segunda sección abarca la regulación sobre las fronteras, con el Decreto con Rango, Valor y Fuerza de Ley Orgánica de Fronteras[96] y varias resoluciones que ordenaron su cierre, principalmente durante la celebración de comicios.

Asimismo, se mencionan las zonas estratégicas –como la REDAN, ZODIMAIN, ZODITE y ZOEDAN– además de las zonas económicas, reguladas por la Ley Orgánica de las Zonas Económicas Especiales. Ejemplos de estas últimas se dictaron en Aragua, la Isla la Tortuga, La Guaira, Lara y Nueva Esparta.

La tercera sección se centra en el medio ambiente, y es una de las más relevantes del capítulo. Aparte de las declaratorias de emergencia por fenómenos naturales como sequías y lluvias, se recalca la Ley de Calidad de las Aguas y del Aire, el Reglamento de la Ley de Aguas, y actos sublegales relacionados con los productos forestales, la cetrería y el reciclaje de materiales estratégicos.

La última sección está dedicada al transporte y tránsito, donde los actos se dividen según el tipo en acuático, aéreo y terrestre. Esta división permite un enfoque más detallado y especializado de cada modo de transporte y sus respectivas regulaciones.

Para el transporte acuático, la regulación se centró en la pesca, tarifas portuarias y el Reglamento de la Ley de Faros y Boyas y del Sistema Nacional de Ayudas a la Navegación Acuática.

---

95 *Cfr.* Rafael Badell Madrid, "La reclamación de Venezuela sobre el territorio esequibo", en *Estudios Constitucionales y Parlamentarios: Anuario 2021-2022* (Caracas: CIDEP, IEPFT y UCAB, 2023), 383–445.

96 *Cfr.* José Belandria García, "Comentarios al decreto ley de Ley Orgánica de Fronteras, de 30 de diciembre de 2015", *Revista de Derecho Público*, n° 143-144 (2015): 205–214.

En cuanto al transporte aéreo, la subsección cubre la publicación de los planes de seguridad de la aviación civil contra los actos de interferencia ilícita[97] y de facilitación, las normas sobre la protección y uso de la información sobre seguridad operacional y para la investigación de accidentes, incidentes graves e incidentes de aviación civil. Aparte de ello, se reguló el transporte aéreo en general[98], el uso de drones[99] y los derechos aeronáuticos, y se publicaron unas setenta Regulaciones Aeronáuticas Venezolanas (RAV), además de la reversión y transferencia de aeropuertos según los gobernadores de los estados respectivos fuesen o no partidarios de la fuerza política dominante[100].

La sección dedicada al transporte terrestre aborda la regulación en varias áreas clave. En primer lugar, se destaca el registro de vehículos, el cual fue prorrogado en siete ocasiones para aquellos que no pudieran demostrar de manera auténtica su propiedad.

Además, se impuso la exigencia de que el ensamblaje de vehículos en el país incluyera un porcentaje mínimo de materiales originarios de Venezuela, y se promovió la provisión de repuestos y componentes para los prestadores del servicio público de transporte, así como la fijación de tarifas para el transporte público y el cobro de peajes.

En cuanto al octavo y último capítulo de la investigación, este se dedica a los actos emitidos por la "Asamblea Nacional Constituyente".

Este capítulo se desglosa en once secciones que abarcan desde la "convocatoria" de la Asamblea hasta los más de ochenta pronunciamientos sobre el acontecer nacional e internacional que ella publicó, incluyéndose lo relativo a los aspectos internos de la "Asamblea Nacional Constituyente"; las quince leyes "constitucionales", dieciséis leyes y decretos "constituyentes" sobre presupuesto y veintitrés decretos "constituyentes" con contenido normativo que publicó en Gaceta Oficial; las siete convocatorias a participar en el debate constituyente; las ratificaciones, remociones, designaciones y aprobaciones; las autorizaciones de enjuiciamiento e investigaciones penales; y la convocatoria a elecciones y juramentaciones.

---

97 Al respecto se dio la curiosidad que su contenido fue declarado como "clasificado" en el artículo 3 del Decreto n° 2.341, para a renglón seguido fue publicado *in extenso* en la misma edición de la gaceta oficial como el Decreto n° 2.342.

98 *Cfr.* Gabriel Sira Santana, "Las condiciones generales del transporte aéreo venezolanas de 2016 y sus cambios respecto del régimen de 2010", en *Cincuenta artículos de Derecho Público* (Caracas: CIDEP, 2023), 693–97; Gabriel Sira Santana, "Notas sobre las condiciones generales del transporte aéreo en Venezuela", *Anuario de Derecho Aeronáutico*, n° 2016 (2018): 136–57.

99 *Cfr.* Antonio Silva Aranguren, "Introducción a la regulación legal de los drones en Venezuela", *Anuario de Derecho Aeronáutico*, n° 2021 (2022): 9–13.

100 *Cfr.* Gabriel Sira Santana, "Apuntes sobre la Administración Pública Aeronáutica", *Anuario de Derecho Aeronáutico*, n° 2017 (2018): 31–50.

El estudio de estos actos quedará para una próxima oportunidad, si bien algo ya hemos adelantado sobre su contrariedad a Derecho en esta y otras obras.

I
DERECHOS Y GARANTÍAS CONSTITUCIONALES

I. Derechos fundamentales[101]

Ley de Creación de la Comisión Nacional de Derecho Internacional Humanitario. G.O. n° 6.207 Extraordinario del 28-12-2015.

Decreto n° 2.254, mediante el cual se aprueba el Plan Nacional de Derechos Humanos 2016-2019, formulado por el Consejo Nacional de Derechos Humanos. G.O. n° 6.217 Extraordinario del 01-03-2016, reimpresión en G.O. n° 6.218 Extraordinario del 02-03-2016.

Decreto n° 3.792, mediante el cual se ordena la publicación del Congreso Diálogo Social por la Paz y la Vida. G.O. n° 6.435 Extraordinario del 22-03-2019.

Resolución conjunta n° 82 y 320 de los MPP para Relaciones Interiores, Justicia y Paz y para Relaciones Exteriores, mediante la cual se dictan las normas especiales para el reconocimiento y funcionamiento de las organizaciones asociativas no gubernamentales no domiciliadas en Venezuela. G.O. n° 41.994 del 27-10-2020.

Ley de Transparencia y Acceso a la Información de Interés Público. G.O. n° 6.649 Extraordinario del 20-09-2021.

Ley Orgánica de Amparo a la Libertad y Seguridad Personal. G.O. n° 6.651 Extraordinario del 22-09-2021.

Ley para el Respeto de los Derechos Humanos en el Ejercicio de la Función Pública. G.O. n° 6.658 Extraordinario del 28-10-2021.

Ley Orgánica de Extinción de Dominio. G.O. n° 6.745 Extraordinario del 28-04-2023.

Ley para la Protección de los Activos, Derechos e Intereses de la República y sus Entidades en el Extranjero. G.O. n° 6.747 Extraordinario del 22-05-2023.

Ley de Fiscalización, Regularización, Actuación y Financiamiento de las Organizaciones no Gubernamentales y Organizaciones Sociales sin Fines de Lucro. G.O. n° 6.855 Extraordinario del 15-11-2024.

Ley Orgánica Libertador Simón Bolívar contra el Bloqueo Imperialista y en Defensa de la República Bolivariana de Venezuela. G.O. n° 6.859 Extraordinario del 29-11-2024.

---

[101] Véase también: § Derecho de excepción.

II. Igualdad y no discriminación[102]

Resolución conjunta del MPP para la Juventud y el Deporte y para la Mujer y la Igualdad de Género, mediante la cual se crea la Comisión Nacional Mujer y Deporte, la cual tiene como objeto la defensa del deporte, las deportistas, así como la lucha en contra de la desigualdad, falta de equidad de género y discriminación hacia la mujer en el ejercicio de sus derechos, enmarcado en la garantía del servicio público del deporte, la actividad física y la educación física como un derecho constitucional. G.O. n° 40.942 del 12-07-2016.

Resolución n° 160 del MPP para Relaciones Interiores, Justicia y Paz, mediante la cual se dictan las normas relativas a los derechos de las mujeres, a la igualdad y la equidad de género en los cuerpos de policía en sus distintos ámbitos político territoriales, el CICPC, y el Servicio Nacional de Medicina y Ciencias Forenses. G.O. n° 41.080 del 23-01-2017.

Decreto n° 3.335, mediante el cual se declara como política pública el cumplimiento de los objetivos y metas establecidas en el programa de actividades del decenio internacional de los afrodescendientes, aprobado por la Asamblea General de las Naciones Unidas, mediante Resolución n° 69/16 del 18-11-2014; y que para la República Bolivariana de Venezuela llevará por lema: Reconocimiento, Justicia, Desarrollo, Inclusión y Paz, como principios transversales constitutivos. G.O. n° 41.368 del 02-04-2018.

Providencia n° PRE-CJ-001-2018 del Instituto Nacional Contra la Discriminación Racial, mediante la cual se dictan las normas para la publicación de los carteles contentivos de la prohibición de todo acto de discriminación racial en el territorio nacional. G.O. n° 41.491 del 27-09-2018.

Providencia n° CD-001-2019 del Instituto Nacional Contra la Discriminación Racial, mediante la cual se dictan los mecanismos para la conformación de los comités contra la discriminación racial. G.O. n° 41.701 del 23-08-2019.

Acuerdo de la Asamblea Nacional, mediante el cual se declara el 31 de agosto como el Día Internacional de las Personas Afro descendientes. G.O. n° 42.203 del 01-09-2021.

Ley para la Promoción y uso del Lenguaje con Enfoque de Género. G.O. n° 6.654 Extraordinario del 07-10-2021.

Ley Orgánica de Reforma Parcial de la Ley Orgánica contra la Discriminación Racial. G.O. n° 6.657 Extraordinario del 28-10-2021.

---

[102] Véase también: § Normativa del sistema de educación.

Ley Orgánica de Reforma a la Ley Orgánica sobre el Derecho de las Mujeres a una Vida Libre de Violencia. G.O. n° 6.667 Extraordinario del 16-12-2021.

Ley Especial para las Trabajadoras y Trabajadores con Discapacidad. G.O. n° 6.735 Extraordinario del 27-01-2023.

Ley para la Atención Integral a las Personas con Trastorno del Espectro Autista. G.O. n° 6.744 Extraordinario del 24-04-2023.

Ley Orgánica para la Inclusión, Igualdad y Desarrollo Integral de las Personas con Discapacidad. G.O. n° 6.817 Extraordinario del 27-06-2024.

III. Justicia penal[103]

Resolución n° 2014-40 de la TSJ/SP, mediante la cual se establece el Régimen Procesal Transitorio con Ocasión a la Inclusión de los Delitos de Femicidio, Femicidio Agravado e Inducción o Ayuda al Suicidio, en la Reforma de la Ley Orgánica sobre el Derecho de las Mujeres a una Vida Libre de Violencia. G.O. n° 40.639 del 14-04-2015.

Código Orgánico Penitenciario. G.O. n° 6.207 Extraordinario del 28-12-2015.

Ley que Regula el Uso de la Telefonía Celular y la Internet en el Interior de los Establecimientos Penitenciarios. G.O. n° 6.240 Extraordinario del 15-07-2016.

Decreto n° 2.531, mediante el cual se crea la Oficina Nacional para la Atención Integral a las Víctimas de la Violencia. G.O. n° 41.023 del 03-11-2016.

Resolución n° 349 del MPP para Relaciones Interiores, Justicia y Paz, mediante la cual se constituye un Equipo Técnico Especializado, para dirigir, organizar, acompañar, orientar y revisar el marco normativo que rige el sistema de justicia penal venezolano, así como elaborar propuestas para su transformación. G.O. n° 41.299 del 13-12-2017.

Decreto n° 4.610, mediante el cual la Dirección General de Contrainteligencia Militar (DGCIM), órgano desconcentrado del MPP para la Defensa, y el Servicio Bolivariano de Inteligencia Nacional (SEBIN), órgano desconcentrado del MPP para Relaciones Interiores, Justicia y Paz, deberán transferir al MPP para el Servicio Penitenciario el ejercicio de las funciones de custodia de personas privadas de libertad, en el plazo de treinta días contados a partir de la entrada en vigencia de este Decreto. G.O. n° 42.125 del 12-05-2021.

Decreto n° 4.528, mediante el cual se prorroga por un lapso de treinta días el plazo otorgado a la DGCIM y el SEBIN para efectuar la transfe-

[103] Véase también: § Exoneraciones; Policía, investigación científica y protección civil.

rencia del ejercicio de las funciones de custodia de personas privadas al MPP para el Servicio Penitenciario de libertad. G.O. n° 42.147 del 11-06-2021.

Decreto n° 4.534, mediante el cual se prorroga por un lapso de 60 días el plazo otorgado a la DGCIM y el SEBIN para efectuar la transferencia del ejercicio de las funciones de custodia de personas privadas de libertad al MPP para el Servicio Penitenciario. G.O. n° 42.165 del 09-07-2021.

Ley Orgánica de Reforma del Código Orgánico Procesal Penal. G.O. n° 6.644 Extraordinario del 17-09-2021.

Ley de Reforma de la Ley de Protección de Víctimas, Testigos y Demás Sujetos Procesales. G.O. n° 6.645 Extraordinario del 17-09-2021.

Ley Orgánica de Reforma Parcial del Código Orgánico de Justicia Militar. G.O. n° 6.646 Extraordinario del 17-09-2021.

Ley de Reforma del Código Orgánico Penitenciario. G.O. n° 6.647 Extraordinario del 17-09-2021.

Resolución conjunta n° 151, 24 y 42930 de los MPP para Relaciones Interiores, Justicia y Paz, para el Servicio Penitenciario y para la Defensa, mediante la cual se establecen las directrices para la ejecución de la transferencia al MPP para el Servicio Penitenciario de las funciones y responsabilidad inherentes a la custodia de personas privadas de libertad actualmente en establecimientos a cargo de la DGCIM y el SEBIN. G.O. n° 42.227 del 05-10-2021.

Ley para la Prevención y Erradicación del Abuso Sexual contra Niñas, Niños y Adolescentes. G.O. n° 6.655 Extraordinario del 07-10-2021.

Ley de la Comisión para la Garantía de Justicia y Reparación de las Víctimas de Delitos Contra los Derechos Humanos. G.O. n° 6.678 Extraordinario del 27-12-2021.

Ley de Registro de Antecedentes Penales. G.O. n° 6.712 Extraordinario del 20-07-2022.

Decreto n° 4.975, mediante el cual se crea el Consejo Nacional de Ciberseguridad, con carácter permanente, como órgano asesor y de consulta dependiente del Presidente de la República en materia de la prevención de los usos delictivos de las tecnologías de comunicación e información. G.O. n° 42.939 del 12-08-2024.

IV. Derecho de excepción

1. Emergencia económica[104]

A. Decretos de estado de excepción

Decreto n° 1.950, mediante el cual se declara el estado de excepción de los municipios Bolívar, Pedro María Ureña, Junín, Capacho Nuevo, Capacho Viejo y Rafael Urdaneta del estado Táchira. G.O. n° 6.194 Extraordinario del 21-08-2015.

Decreto n° 1.969, mediante el cual se dicta el estado de excepción en los municipios Lobatera, Panamericano, García de Hevia y Ayacucho del estado Táchira. G.O. n° 40.735 del 31-08-2015.

Decreto n° 1.989, mediante el cual se declara el estado de excepción en los municipios Indígena Bolivariano Guajira, Mara y Almirante Padilla del estado Zulia. G.O. n° 40.740 del 07-09-2015.

Decreto n° 2.013, mediante el cual se declara el estado de excepción en los municipios Machiques de Perijá, Rosario de Perijá, Jesús Enrique Lossada y la Cañada de Urdaneta del estado Zulia. G.O. n° 40.746 del 15-09-2015.

Decreto n° 2.014, mediante el cual se declara el estado de excepción en los municipios Catatumbo, Jesús María Semprún y Colón del Estado Zulia. G.O. n° 40.746 del 15-09-2015.

Decreto n° 2.015, mediante el cual se declara el estado de excepción en el municipio Páez del estado Apure. G.O. n° 40.746 del 15-09-2015, reimpresión en G.O. n° 40.747 del 16-09-2015.

Decreto n° 2.016, mediante el cual se declara el estado de excepción en los municipios Rómulo Gallegos y Pedro Camejo del estado Apure. G.O. n° 40.746 del 15-09-2015.

Decreto n° 2.054, mediante el cual se prorroga por 60 días el plazo establecido en el Decreto n° 1.950. G.O. n° 40.769 del 19-10-2015.

Decreto n° 2.071, mediante el cual se establece el estado de excepción en el municipio Atures del estado Amazonas. G.O. n° 40.773 del 23-10-2015.

Decreto n° 2.076, mediante el cual se prorroga por 60 días el plazo establecido en el Decreto n° 1.969. G.O. n° 40.777 del 29-10-2015.

Decreto n° 2.089, mediante el cual se prorroga por 60 días el plazo establecido en el Decreto n° 1.989. G.O. n° 40.782 del 05-11-2015.

---

[104] Véase también: § Sistema de pesos y contrapesos. *Cfr.* Gabriel Sira Santana, *El estado de excepción a partir de la Constitución de 1999* (Caracas: CIDEP y EJV, 2017); *El Derecho de excepción y la emergencia económica* (Caracas: CIDEP, 2024).

Decreto n° 2.095, mediante el cual se prorroga por 60 días el plazo establecido en el Decreto n° 2.013. G.O. n° 40.788 del 13-11-2015.

Decreto n° 2.096, mediante el cual se prorroga por 60 días el plazo establecido en el Decreto n° 2.014. G.O. n° 40.788 del 13-11-2015.

Decreto n° 2.097, mediante el cual se prorroga por 60 días el plazo establecido en el Decreto n° 2.015. G.O. n° 40.788 del 13-11-2015.

Decreto n° 2.098, mediante el cual se prorroga por 60 días el plazo establecido en el Decreto n° 2.016. G.O. n° 40.788 del 13-11-2015.

Decreto n° 2.157, mediante el cual se prorroga por 60 días el plazo establecido en el Decreto n° 2.071. G.O. n° 6.206 Extraordinario del 23-12-2015.

Decreto n° 2.184, mediante el cual se declara el estado de emergencia económica en todo el territorio nacional, por un lapso de 60 días. G.O. n° 6.214 Extraordinario del 14-01-2016.

Decreto n° 2.270, mediante el cual se establece la prórroga por 60 días del plazo establecido en el Decreto n° 2.184. G.O. n° 6.219 Extraordinario del 11-03-2016.

Decreto n° 2.323, mediante el cual se declara el estado de excepción y de la emergencia económica, dadas las circunstancias extraordinarias de orden social, económico, político, natural y ecológicas que afectan gravemente la economía nacional. G.O. n° 6.227 Extraordinario del 13-05-2016.

Decreto n° 2.371, mediante el cual se prorroga por 60 días el plazo establecido en el Decreto n° 2.323. G.O. n° 40.942 del 12-07-2016.

Decreto n° 2.452, mediante el cual se decreta el estado de excepción y emergencia económica en todo el territorio nacional. G.O. n° 6.256 Extraordinario del 13-09-2016.

Decreto n° 2.548, mediante el cual se prorroga por 60 días el plazo establecido en el Decreto n° 2.452. G.O. n° 6.272 Extraordinario del 13-11-2016.

Decreto n° 2.667, mediante el cual se decreta el estado de excepción y emergencia económica en todo el territorio nacional. G.O. n° 41.074 del 13-01-2017.

Decreto n° 2.742, mediante el cual se prorroga por 60 días el plazo establecido en el Decreto n° 2.667. G.O. n° 41.112 del 13-03-2017.

Decreto n° 2.849, mediante el cual se decreta el estado de excepción y emergencia económica en todo el territorio nacional. G.O. n° 6.298 Extraordinario del 13-05-2017.

Decreto n° 2.987, mediante el cual se prorroga por 60 días el plazo establecido en el Decreto n° 2.849. G.O. n° 41.192 del 13-07-2017.

Decreto n° 3.074, mediante el cual se decreta el estado de excepción y emergencia económica en todo el territorio nacional. G.O. n° 41.233 del 11-09-2017, reimpresión en G.O. n° 41.237 del 15-09-2017.

Decreto n° 3.157, mediante el cual se prorroga por 60 días el plazo establecido en el Decreto n° 3.074. G.O. n° 41.276 del 10-11-2017.

Decreto n° 3.239, mediante el cual se decreta el estado de excepción y emergencia económica en todo el territorio nacional. G.O. n° 6.356 Extraordinario del 09-01-2018.

Decreto n° 3.308, mediante el cual se prorroga por 60 días el plazo establecido en el Decreto n° 3.239. G.O. n° 41.357 del 09-03-2018.

Decreto n° 3.413, mediante el cual se decreta el estado de excepción y emergencia económica en todo el territorio nacional. G.O. n° 41.394 del 10-05-2018.

Decreto n° 3.503, mediante el cual se prorroga por 60 días el plazo establecido en el Decreto n° 3.413. G.O. n° 41.435 del 09-07-2018.

Decreto n° 3.610, mediante el cual se decreta el estado de excepción y emergencia económica en todo el territorio nacional. G.O. n° 41.478 del 10-09-2018, reimpresión en G.O. n° 41.484 del 18-09-2018 y n° 41.485 del 19-09-2018.

Decreto n° 3.655, mediante el cual se prorroga por 60 días el plazo establecido en el Decreto n° 3.610. G.O. n° 41.521 del 09-11-2018.

Decreto n° 3.736, mediante el cual se decreta el estado de excepción y emergencia económica en todo el territorio nacional. G.O. n° 6.424 Extraordinario del 11-01-2019.

Decreto n° 3.779, mediante el cual se prorroga por 60 días el plazo establecido en el Decreto n° 3.736. G.O. n° 6.433 Extraordinario del 12-03-2019.

Decreto n° 3.844, mediante el cual se decreta el estado de excepción y emergencia económica en todo el territorio nacional. G.O. n° 6.456 Extraordinario del 10-05-2019.

Decreto n° 3.906, mediante el cual se prorroga por 60 días el plazo establecido en el Decreto n° 3.844. G.O. n° 6.464 Extraordinario del 09-07-2019.

Decreto n° 3.980, mediante el cual se decreta el estado de excepción y emergencia económica en todo el territorio nacional. G.O. n° 6.478 Extraordinario del 07-09-2019.

Decreto n° 4.019, mediante el cual se prorroga por 60 días el plazo establecido en el Decreto n° 3.980. G.O. n° 6.487 Extraordinario del 06-11-2019.

Decreto n° 4.090, mediante el cual se decreta el estado de excepción y emergencia económica en todo el territorio nacional. G.O. n° 6.501 Extraordinario del 05-01-2020.

Decreto n° 4.145, mediante el cual se prorroga por 60 días el plazo establecido en el Decreto n° 4.090. G.O. n° 6.515 Extraordinario del 05-03-2020.

Decreto n° 4.194, mediante el cual se decreta el estado de excepción y emergencia económica en todo el territorio nacional. G.O. n° 6.534 Extraordinario del 04-05-2020.

Decreto n° 4.242, mediante el cual se prorroga por 60 días el plazo establecido en el Decreto n° 4.194. G.O. n° 6.551 Extraordinario del 02-07-2020.

Decreto n° 4.275, mediante el cual se decreta el estado de excepción y emergencia económica en todo el territorio nacional. G.O. n° 6.568 Extraordinario del 30-08-2020.

Decreto n° 4.358, mediante el cual se prorroga por 60 días el plazo establecido en el Decreto n° 4.275. G.O. n° 6.587 Extraordinario del 28-10-2020.

Decreto n° 4.396, mediante el cual se decreta el estado de excepción y emergencia económica en todo el territorio nacional. G.O. n° 6.606 Extraordinario del 26-12-2020.

Decreto n° 4.440, mediante el cual se prorroga por 60 días el plazo establecido en el Decreto n° 4.396. G.O. n° 6.615 Extraordinario del 23-02-2021.

B. Acuerdos

Acuerdo de la Asamblea Nacional, mediante el cual se aprueba en todas y cada una de sus partes el Decreto n° 1.950. G.O. n° 40.731 del 25-08-2015.

Acuerdo de la Asamblea Nacional, mediante el cual se aprueba en todas y cada una de sus partes el Decreto n° 1.969. G.O. n° 40.737 del 02-09-2015.

Acuerdo de la Asamblea Nacional, mediante el cual se aprueba, en todas y cada una de sus partes el Decreto n° 1.989. G.O. n° 40.742 del 09-09-2015.

Acuerdo de la Asamblea Nacional, mediante el cual se aprueba en todas y cada una de sus partes el Decreto n° 2.013. G.O. n° 40.748 del 17-09-2015.

Acuerdo de la Asamblea Nacional, mediante el cual se aprueba en todas y cada una de sus partes el Decreto n° 2.014. G.O. n° 40.748 del 17-09-2015.

Acuerdo de la Asamblea Nacional, mediante el cual se aprueba en todas y cada una de sus partes el Decreto n° 2.015. G.O. n° 40.748 del 17-09-2015.

Acuerdo de la Asamblea Nacional, mediante el cual se aprueba en todas y cada una de sus partes el Decreto n° 2.016. G.O. n° 40.748 del 17-09-2015.

Acuerdo de la Asamblea Nacional, mediante el cual se aprueba en todas y cada una de sus partes el Decreto n° 2.071. G.O. n° 40.776 del 28-10-2015.

Acuerdo de la Asamblea Nacional, mediante el cual se aprueba en todas y cada una de sus partes el Decreto n° 2.054. G.O. n° 40.776 del 28-10-2015.

Acuerdo de la Asamblea Nacional, mediante el cual se aprueba en todas y cada una de sus partes el Decreto n° 2.076. G.O. n° 40.781 del 04-11-2015.

2. Estado de alarma (COVID-19)[105]

A. Decretos de estado de excepción

Decreto n° 4.160, mediante el cual se decreta el estado de alarma en todo el territorio nacional, dadas las circunstancias de orden social que ponen gravemente en riesgo la salud pública y la seguridad de los ciudadanos y las ciudadanas habitantes de la República, a fin de que el Ejecutivo Nacional adopte las medidas urgentes, efectivas y necesarias, de protección y preservación de la salud de la población venezolana, a fin de mitigar y erradicar los riesgos de epidemia relacionados con el coronavirus (COVID-19) y sus posibles cepas, garantizando la atención oportuna, eficaz y eficiente de los casos que se originen. G.O. n° 6.519 Extraordinario del 13-03-2020.

Decreto n° 4.186, mediante el cual se prorroga por 30 días el plazo establecido en el Decreto n° 4.160. G.O. n° 6.528 Extraordinario del 12-04-2020.

Decreto n° 4.198, mediante el cual se declara el estado de alarma para atender la emergencia sanitaria del Coronavirus (COVID-19). G.O. n° 6.535 Extraordinario del 12-05-2020.

Decreto n° 4.230, mediante el cual se prorroga por 30 días el plazo establecido en el Decreto n° 4.198. G.O. n° 6.542 Extraordinario del 11-06-2020.

[105] Véase también: § Defensa Pública; Administración aeronáutica; Actividad aeronáutica. *Cfr.* Gabriel Sira Santana, La seguridad aerosanitaria y la COVID-19 en Latinoamérica (Santo Domingo: CENLAE y CIDEP, 2022); Venezuela y el estado de alarma por el COVID-19, en *Estudios jurídicos sobre la pandemia del* COVID-19 (Caracas: ACIENPOL y EJV, 2020), 55-70; El tratamiento de datos personales y las COVID-19 apps como caso de estudio, en *Derecho Público en tiempos de pandemia. Reflexiones jurídicas sobre la* COVID-19 (Caracas: AVEDA y CIDEP, 2020), 259-325.

Decreto n° 4.247, mediante el cual se declara el estado de alarma para atender la emergencia sanitaria del Coronavirus (COVID-19). G.O. n° 6.554 Extraordinario del 10-07-2020.

Decreto n° 4.260, mediante el cual se prorroga por 30 días el plazo establecido en el Decreto n° 4.247. G.O. n° 6.560 Extraordinario del 08-08-2020.

Decreto n° 4.286, mediante el cual se declara el estado de alarma para atender la emergencia sanitaria del Coronavirus (COVID-19). G.O. n° 6.570 Extraordinario del 06-09-2020.

Decreto n° 4.337, mediante el cual se prorroga por 30 días el plazo establecido en el Decreto n° 4.286. G.O. n° 6.579 Extraordinario del 05-10-2020.

Decreto n° 4.361, mediante el cual se declara el estado de alarma para atender la emergencia sanitaria del Coronavirus (COVID-19). G.O. n° 6.590 Extraordinario del 03-11-2020.

Decreto n° 4.382, mediante el cual se prorroga por 30 días, el plazo establecido en el Decreto n° 4.361. G.O. n° 6.602 Extraordinario del 02-12-2020.

Decreto n° 4.413, mediante el cual se declara el estado de alarma para atender la emergencia sanitaria del Coronavirus (COVID-19). G.O. n° 6.610 Extraordinario del 31-12-2020.

Decreto n° 4.428, mediante el cual se prorroga por 30 días el plazo establecido en el Decreto n° 4.413. G.O. n° 6.614 Extraordinario del 30-01-2021.

Decreto n° 4.448, mediante el cual se declara el estado de alarma para atender la emergencia sanitaria del Coronavirus (COVID-19). G.O. n° 6.618 Extraordinario del 28-02-2021.

B. Medidas de organización

Resolución conjunta n° 83 y 93 de los MPP para la Salud y para la Ciencia y Tecnología, mediante la cual se establecen los lineamientos generales para el desarrollo de las investigaciones relacionadas al COVID-19 en la República Bolivariana de Venezuela. G.O. n° 41.864 del 22-04-2020.

Resolución n° 82 del MPP para la Salud, mediante la cual se constituye el Equipo Multidisciplinario de Respuesta a la Emergencia Sanitaria COVID-19 (EMES/COVID-19) del estado Táchira. G.O. n° 41.866 del 24-04-2020.

Resolución conjunta n° 88 y 94 del MPP para la Salud y para la Ciencia y Tecnología, mediante la cual se constituye el Comité Nacional de Ética para la Investigación del COVID-19, como cuerpo colegiado autónomo, institucional, interdisciplinario, plural y de carácter consultivo, creado para evaluar, dictaminar, aprobar y asesorar sobre los protocolos de investigación en seres humanos, animales, cultivos y/o cualquier experimentación que se proponga trabajar con el virus vivo en su forma replicativa y muy especialmente frente a la pandemia mundial denominada COVID-19. G.O. n° 41.909 del 26-06-2020.

Resolución conjunta n° 114 y 98 de los MPP para la Salud y para la Ciencia y Tecnología, mediante la cual se constituye el Comité Nacional de Ética para la Investigación del COVID-19, como cuerpo colegiado autónomo, institucional, interdisciplinario, plural y de carácter consultivo, creado para evaluar, dictaminar y aprobar sobre los protocolos de investigación en seres humanos, animales o cultivos y/o cualquier experimentación que se proponga trabajar con el virus vivo en su forma replicativa y muy especialmente frente a la pandemia mundial denominada COVID-19. G.O. n° 41.961 del 09-09-2020, reimpresión en G.O. n° 41.962 del 10-09-2020.

Resolución n° 201001-039 del Consejo Nacional Electoral, mediante la cual se dictan las disposiciones especiales para la inscripción en el Registro Civil de la declaración extemporánea de nacimientos de niñas y niños ocurridos durante el estado excepción para la lucha contra la pandemia de Coronavirus COVID-19. G.O. n° 42.029 del 15-12-2020.

Resolución n° 3 del MPP para la Salud, mediante la cual se crea el Comité Nacional para la Introducción y Despliegue de las Vacunas contra COVID-19 y los subcomités técnicos correspondientes, cuyos integrantes lo conforman representantes de los viceministerios, direcciones generales y direcciones de línea incluyendo personal de: Epidemiología, Inmunizaciones, Enfermería, Red Comunal, Salud Indígena, Recursos, Tecnología y Regulación y la Autoridad Regulatoria que designe el Ministro. G.O. n° 42.046 del 13-01-2021.

C. Medidas sanitarias

Decreto n° 4.159, mediante el cual se suspenden las actividades educativas presenciales en todos los planteles educativos e instituciones de educación universitaria oficiales y de gestión privadas del país, a partir del día lunes 16-03-2020, a los fines de fortalecer las medidas de prevención y evitar la propagación del virus Coronavirus COVID-19, ante la llegada del mismo a nuestro país. G.O. n° 6.518 Extraordinario del 13-03-2020.

Resolución n° 90 del MPP para la Salud, mediante la cual se establece la normativa sanitaria de responsabilidad social ante la pandemia denominada Coronavirus (COVID-19), con el objeto de mitigar y erradicar los contagios del virus dentro del territorio nacional. G.O. n° 41.891 del 01-06-2020.

Resolución n° 24 del MPP para el Transporte, mediante la cual se dictan las condiciones especiales de distanciamiento social y bioseguridad para el uso de las unidades de transporte urbano terrestre durante la fase de normalidad relativa y supervisada frente al COVID-19. G.O. n° 41.893 del 03-06-2020.

Resolución n° 24 del MPP para Hábitat y Vivienda, mediante la cual se dicta el protocolo de actuación en las obras del sector vivienda (público y privado) para la prevención del COVID-19, como protección a los trabajadores y Poder Popular organizado para la construcción de vivienda. G.O. n° 41.901 del 15-06-2020.

Resolución n° 86 del MPP para Relaciones Interiores, Justicia y Paz, mediante la cual se implementan las normas de higiene y cuidado epidemiológico y protocolos de bioseguridad, establecidos en la Resolución n° 90 del 01-06-2020, contentiva de la normativa sanitaria de responsabilidad social ante la pandemia denominada coronavirus (COVID-19). G.O. n° 41.995 del 28-10-2020.

Providencia n° PRE-CJU-GDA-154-20 del INAC, mediante la cual se dicta la normativa técnica que dispone la aplicabilidad de protocolos de bioseguridad para mitigar, contener y evitar los efectos de la enfermedad por COVID-19 y la propagación de la misma como consecuencia del desarrollo de la actividad aeronáutica civil. G.O. n° 42.008 del 16-11-2020.

Resolución conjunta n° 187 y 163 de los MPP para la Cultura y para la Salud, mediante la cual se emite el presente protocolo de bioseguridad con la finalidad de establecer las responsabilidades que regirán la organización, planificación y ejecución de la incorporación del 40 % del público en las instalaciones culturales y de recreación, en el marco de las medidas de prevención que se deberán tomar en cuenta para evitar la propagación del COVID-19. G.O. n° 42.052 del 21-01-2021.

Resolución conjunta n° 158 y 158 de los MPP para la Juventud y el Deporte y para la Salud, mediante la cual se emite el presente protocolo con la finalidad de establecer las responsabilidades que regirán la organización, planificación y ejecución de la incorporación del 30 % del público en las instalaciones deportivas a utilizarse en los partidos del calendario competitivo de cada deporte profesional, en el marco de las medidas de prevención del método 7+7 perfecto que se deberán tomar en cuenta para evitar la propagación del COVID-19. G.O. n° 42.052 del 21-01-2021.

D. Medidas relacionadas con el libre tránsito

Resolución n° 87 del MPP para el Ecosocialismo, mediante la cual se suspende indefinidamente en todo el territorio nacional el acceso de personas no autorizadas a los parques nacionales, monumentos naturales, parques de recreación a campo abierto o de uso intensivo, bajo la administración del Instituto Nacional de Parques (INPARQUES), como medida de contención de la propagación del virus COVID-19 (Coronavirus). G.O. n° 41.840 del 16-03-2020.

Decreto n° 4.181, dictado en el marco del estado de alarma para atender la emergencia sanitaria del Coronavirus (COVID-19), por medio del cual se establece la restricción de la circulación y libre tránsito en jurisdicción de los municipios Simón Bolívar y Pedro María Ureña del estado Táchira. G.O. n° 6.525 Extraordinario del 06-04-2020.

Decreto n° 4.188, dictado en el marco del estado de alarma para atender la emergencia sanitaria del Coronavirus (COVID-19), por medio del cual se establece la restricción de la circulación y libre tránsito en jurisdicción del estado Nueva Esparta. G.O. n° 6.530 Extraordinario del 19-04-2020.

Decreto n° 4.205, dictado en el marco del estado de alarma para atender la emergencia sanitaria del Coronavirus (COVID-19), por medio del cual se establece la restricción de la circulación y libre tránsito en el municipio Páez del estado Apure. G.O. n° 6.537 Extraordinario del 18-05-2020.

Decreto n° 4.206, dictado en el marco del estado de alarma para atender la emergencia sanitaria del Coronavirus (COVID-19), por medio del cual se establece la restricción de la circulación y libre tránsito en los municipios Guajira y Jesús María Semprún del estado Zulia. G.O. n° 6.538 Extraordinario del 19-05-2020.

Decreto n° 4.207, dictado en el marco del estado de alarma para atender la emergencia sanitaria del Coronavirus (COVID-19), por medio del cual se establece la restricción de la circulación y libre tránsito en el municipio Gran Sabana del estado Bolívar. G.O. n° 6.538 Extraordinario del 19-05-2020.

Decreto n° 4.209, dictado en el marco del estado de alarma para atender la emergencia sanitaria del Coronavirus (COVID-19), por medio del cual se establece la restricción de la circulación y libre tránsito en jurisdicción de los municipios Simón Bolívar y Pedro María Ureña del estado Táchira. G.O. n° 6.539 Extraordinario del 21-05-2020.

Decreto n° 4.219, dictado en el marco del estado de alarma para atender la emergencia sanitaria del Coronavirus (COVID-19), por medio del cual se establece la restricción de la circulación y libre tránsito en el municipio Mara del estado Zulia. G.O. n° 6.540 Extraordinario del 29-05-2020.

Decreto n° 4.236, dictado en el marco del estado de alarma para atender la emergencia sanitaria del Coronavirus (COVID-19), por medio del cual se prorroga por 30 días el plazo establecido en el Decreto n° 4.205. G.O. n° 6.546 Extraordinario del 16-06-2020.

Decreto n° 4.237, dictado en el marco del estado de alarma para atender la emergencia sanitaria del Coronavirus (COVID-19), por medio del cual se prorroga por 30 días el plazo establecido en el Decreto n° 4.206. G.O. n° 6.547 Extraordinario del 17-06-2020.

Decreto n° 4.238, dictado en el marco del estado de alarma para atender la emergencia sanitaria del Coronavirus (COVID-19), por medio del cual se prorroga por 30 días el plazo establecido en el Decreto n° 4.207. G.O. n° 6.547 Extraordinario del 17-06-2020.

Decreto n° 4.239, dictado en el marco del estado de alarma para atender la emergencia sanitaria del Coronavirus (COVID-19), por medio del cual se prorroga por 30 días el plazo establecido en el Decreto n° 4.209. G.O. n° 6.548 Extraordinario del 19-06-2020.

Decreto n° 4.240, dictado en el marco del estado de alarma para atender la emergencia sanitaria del Coronavirus (COVID-19), por medio del cual se prorroga por 30 días el plazo establecido en el Decreto n° 4.219. G.O. n° 6.550 Extraordinario del 27-06-2020.

Decreto n° 4.248, dictado en el marco del estado de alarma para atender la emergencia sanitaria del Coronavirus (COVID-19), por medio del cual se prorroga por 30 días el plazo establecido en el Decreto n° 4.205. G.O. n° 6.555 Extraordinario del 15-07-2020.

Decreto n° 4.250, dictado en el marco del estado de alarma para atender la emergencia sanitaria del Coronavirus (COVID-19), por medio del cual se prorroga por 30 días el plazo establecido en el Decreto n° 4.206. G.O. n° 6.556 Extraordinario del 16-07-2020.

Decreto n° 4.251, dictado en el marco del estado de alarma para atender la emergencia sanitaria del Coronavirus (COVID-19), por medio del cual se prorroga por 30 días el plazo establecido en el Decreto n° 4.207. G.O. n° 6.556 Extraordinario del 16-07-2020.

Decreto n° 4.256, dictado en el marco del estado de alarma para atender la emergencia sanitaria del Coronavirus (COVID-19), por medio del cual se prorroga por 30 días el plazo establecido en el Decreto n° 4.209. G.O. n° 6.557 Extraordinario del 18-07-2020.

Decreto n° 4.258, dictado en el marco del estado de alarma para atender la emergencia sanitaria del Coronavirus (COVID-19), por medio del cual se prorroga por 30 días el plazo establecido en el Decreto n° 4.219. G.O. n° 6.558 Extraordinario del 26-07-2020.

Decreto n° 4.261, dictado en el marco del estado de alarma para atender la emergencia sanitaria del Coronavirus (COVID-19), por medio del cual se prorroga por 30 días el plazo establecido en el Decreto n° 4.205. G.O. n° 6.561 Extraordinario del 13-08-2020.

Decreto n° 4.263, dictado en el marco del estado de alarma para atender la emergencia sanitaria del Coronavirus (COVID-19), por medio del cual se prorroga por 30 días el plazo establecido en el Decreto n° 4.206. G.O. n° 6.563 Extraordinario del 14-08-2020.

Decreto n° 4.264, dictado en el marco del estado de alarma para atender la emergencia sanitaria del Coronavirus (COVID-19), por medio del cual se prorroga por 30 días el plazo establecido en el Decreto n° 4.207. G.O. n° 6.563 Extraordinario del 14-08-2020.

Decreto n° 4.265, dictado en el marco del estado de alarma para atender la emergencia sanitaria del Coronavirus (COVID-19), por medio del cual se prorroga por 30 días el plazo establecido en el Decreto n° 4.209. G.O. n° 6.564 Extraordinario del 16-08-2020.

Decreto n° 4.271, dictado en el marco del estado de alarma para atender la emergencia sanitaria del Coronavirus (COVID-19), por medio del cual se prorroga por 30 días el plazo establecido en el Decreto n° 4.219. G.O. n° 6.567 Extraordinario del 24-08-2020.

Decreto n° 4.293, dictado en el marco del estado de alarma para atender la emergencia sanitaria del Coronavirus (COVID-19), por medio del cual se prorroga por 30 días el plazo establecido en el Decreto n° 4.205. G.O. n° 6.573 Extraordinario del 11-09-2020.

Decreto n° 4.300, dictado en el marco del estado de alarma para atender la emergencia sanitaria del Coronavirus (COVID-19), por medio del cual se prorroga por 30 días el plazo establecido en el Decreto n° 4.206. G.O. n° 6.575 Extraordinario del 12-09-2020.

Decreto n° 4.301, dictado en el marco del estado de alarma para atender la emergencia sanitaria del Coronavirus (COVID-19), por medio del cual se prorroga por 30 días el plazo establecido en el Decreto n° 4.207. G.O. n° 6.575 Extraordinario del 12-09-2020.

Decreto n° 4.304, dictado en el marco del estado de alarma para atender la emergencia sanitaria del Coronavirus (COVID-19), por medio del cual se prorroga por 30 días el plazo establecido en el Decreto n° 4.209. G.O. n° 6.576 Extraordinario del 14-09-2020.

Decreto n° 4.329, dictado en el marco del estado de alarma para atender la emergencia sanitaria del Coronavirus (COVID-19), por medio del cual se prorroga por 30 días el plazo establecido en el Decreto n° 4.219. G.O. n° 6.577 Extraordinario del 22-09-2020.

Decreto n° 4.343, dictado en el marco del estado de alarma para atender la emergencia sanitaria del Coronavirus (COVID-19), por medio del cual se prorroga por 30 días el plazo establecido en el Decreto n° 4.205. G.O. n° 6.581 Extraordinario del 10-10-2020.

Decreto n° 4.344, dictado en el marco del estado de alarma para atender la emergencia sanitaria del Coronavirus (COVID-19), por medio del cual se prorroga por 30 días el plazo establecido en el Decreto n° 4.206. G.O. n° 6.582 Extraordinario del 11-10-2020.

Decreto n° 4.345, dictado en el marco del estado de alarma para atender la emergencia sanitaria del Coronavirus (COVID-19), por medio del cual se prorroga por 30 días el plazo establecido en el Decreto n° 4.207. G.O. n° 6.582 Extraordinario del 11-10-2020.

Decreto n° 4.346, dictado en el marco del estado de alarma para atender la emergencia sanitaria del Coronavirus (COVID-19), por medio del cual se prorroga por 30 días el plazo establecido en el Decreto n° 4.209. G.O. n° 6.584 Extraordinario del 13-10-2020.

Decreto n° 4.352, dictado en el marco del estado de alarma para atender la emergencia sanitaria del Coronavirus (COVID-19), por medio del cual se prorroga por 30 días el plazo establecido en el Decreto n° 4.219. G.O. n° 6.585 Extraordinario del 21-10-2020.

Decreto n° 4.366, dictado en el marco del estado de alarma para atender la emergencia sanitaria del Coronavirus (COVID-19), por medio del cual se prorroga por 30 días el plazo establecido en el Decreto n° 4.205. G.O. n° 6.592 Extraordinario del 08-11-2020.

Decreto n° 4.367, dictado en el marco del estado de alarma para atender la emergencia sanitaria del Coronavirus (COVID-19), por medio del cual se prorroga por 30 días el plazo establecido en el Decreto n° 4.206. G.O. n° 6.593 Extraordinario del 09-11-2020.

Decreto n° 4.368, dictado en el marco del estado de alarma para atender la emergencia sanitaria del Coronavirus (COVID-19), por medio del cual se prorroga por 30 días el plazo establecido en el Decreto n° 4.207. G.O. n° 6.593 Extraordinario del 09-11-2020.

Decreto n° 4.369, dictado en el marco del estado de alarma para atender la emergencia sanitaria del Coronavirus (COVID-19), por medio del cual se prorroga por 30 días el plazo establecido en el Decreto n° 4.209. G.O. n° 6.594 Extraordinario del 11-11-2020.

Decreto n° 4.378, dictado en el marco del estado de alarma para atender la emergencia sanitaria del Coronavirus (COVID-19), por medio del cual se prorroga por 30 días el plazo establecido en el Decreto n° 4.219. G.O. n° 6.598 Extraordinario del 19-11-2020.

Decreto n° 4.381, dictado en el marco del estado de excepción de alarma para atender la emergencia sanitaria del Coronavirus (COVID-19), por medio del cual se levanta la restricción de la circulación y libre tránsito en las jurisdicciones que en él se indican. G.O. n° 6.601 Extraordinario del 29-11-2020.

E. Medidas económicas

Decreto n° 4.166, mediante el cual se exonera del pago del IVA, impuesto de importación y tasa por determinación del régimen aduanero, así como cualquier otro impuesto o tasa aplicable de conformidad con el ordenamiento jurídico vigente, a las importaciones definitivas de bienes muebles corporales (mascarillas, tapabocas y otros insumos relacionados) realizadas por los órganos y entes de la Administración Pública Nacional, destinados a evitar la expansión de la pandemia coronavirus (COVID-19), que en él se señalan. G.O. n° 41.841 del 17-03-2020.

Decreto n° 4.168, dictado en el marco del estado de alarma para atender la emergencia sanitaria del coronavirus (COVID-19), por medio del cual se dictan las medidas de protección económica que en él se mencionan. G.O. n° 6.521 Extraordinario del 23-03-2020.

Decreto n° 4.169, dictado en el marco del estado de alarma para atender la emergencia sanitaria del coronavirus (COVID-19), por medio del cual se suspende el pago de los cánones de arrendamiento de inmuebles de uso comercial y de aquellos utilizados como vivienda principal. G.O. n° 6.522 Extraordinario del 23-03-2020.

Resolución n° 23 del MPP para Hábitat y Vivienda, mediante la cual se suspende de manera especial y excepcional el pago de los cánones de arrendamientos de inmuebles utilizados para vivienda principal hasta el 01-09-2020. G.O. n° 41.852 del 01-04-2020.

Decreto n° 4.171, mediante el cual se exonera del pago del ISLR, el enriquecimiento anual de fuente territorial, obtenido por las personas naturales residentes en el país, durante el periodo fiscal del año 2019, cuyo salario normal o ingreso proveniente del ejercicio de su actividad, al cierre de dicho periodo no supere el monto equivalente a tres salarios mínimos vigentes al 31-12-2019. G.O. n° 6.523 Extraordinario del 02-04-2020.

Resolución n° 79 del MPP para la Salud, mediante la cual se exonera del pago del IVA, impuesto de importación y tasa por determinación del régimen aduanero, así como cualquier otro impuesto o tasa aplicable de conformidad con el ordenamiento jurídico vigente, a las importaciones definitivas de bienes muebles corporales (mascarillas, tapabocas y otros insumos relacionados) realizadas por los órganos y entes de la Administración Pública Nacional, destinados a evitar la expansión de la pandemia Coronavirus (COVID-19). G.O. n° 41.854 del 03-04-2020.

Decreto n° 4.279, mediante el cual se suspende por un lapso de seis meses el pago de los cánones de arrendamiento de inmuebles de uso comercial y de aquellos utilizados como vivienda principal, a fin de aliviar la situación económica de los arrendatarios y arrendatarias por efecto de la pandemia mundial del coronavirus COVID-19. G.O. n° 41.956 del 02-09-2020.

Resolución conjunta n° 9 y 24-2020 de los MPP para la Educación y de Comercio Nacional, mediante la cual se establece la metodología especial a seguir para determinar el cálculo de las mensualidades en las instituciones educativas privadas en todo el territorio nacional, en aras de mejorar y sostener el poder adquisitivo del pueblo venezolano, el fortalecimiento del sistema de protección social educativa, la estabilidad de precios y la paz económica, durante las existencias de medidas extraordinarias en virtud del COVID-19. G.O. n° 41.956 del 02-09-2020.

Resolución n° 1-2021 del MPP de Comercio Nacional, mediante la cual se establece los baremos para la contabilidad, evaluación y análisis de costos de los cuidados médicos de salud en pacientes con COVID-19, a través de los cuales se evaluará el comportamiento de precios justos de los establecimientos de salud privada a nivel nacional. G.O. n° 42.053 del 22-01-2021.

Resolución n° 11 del MPP para Hábitat y Vivienda, mediante la cual se suspende de manera especial y excepcional el pago de los cánones de arrendamientos de inmuebles utilizados para vivienda principal hasta el 07-10-2021. G.O. n° 42.108 del 16-04-2021.

Decreto n° 4.577, mediante el cual se suspende por un lapso de seis meses el pago de los cánones de arrendamiento de inmuebles de uso comercial y de aquellos utilizados como vivienda principal, a fin de aliviar la situación económica de los arrendatarios y arrendatarias por efecto de la pandemia mundial del coronavirus COVID-19. G.O. n° 42.101 del 07-04-2021, reimpresión en G.O. n° 42.142 del 04-06-2021.

II
ORGANIZACIÓN DEL ESTADO

I. Poder Público Nacional

1. Poder Legislativo

A. Organización general

Reglamento mediante el cual se Reforma el Reglamento Interno y de Funcionamiento del Parlamento Indígena de América, Grupo Parlamentario Venezolano. G.O. n° 40.818 del 29-12-2015.

Reforma del Reglamento Interior y de Debates de la Asamblea Nacional. G.O. n° 42.064 del 08-02-2021, reimpresión en G.O. n° 42.068 del 12-02-2021.

Reglamento Orgánico Interno de la Asamblea Nacional. G.O. n° 6.700 Extraordinario del 06-04-2022, reimpresión en G.O. n° 6.792 Extraordinario del 18-01-2024.

Resolución de la Asamblea Nacional, mediante la cual se dictan las normas que rigen el sistema interno de modificaciones presupuestarias de la Asamblea Nacional para el ejercicio económico financiero 2022. G.O. n° 42.371 del 06-05-2022.

Resolución de la Asamblea Nacional, mediante la cual se dictan las normas que rigen el sistema interno de modificaciones presupuestarias de la asamblea nacional para el ejercicio económico financiero 2023. G.O. n° 42.581 del 03-03-2023.

Resolución de la Asamblea Nacional, mediante la cual se dictan las normas que rigen el sistema interno de modificaciones presupuestarias de la asamblea nacional para el ejercicio económico financiero 2024. G.O. n° 42.831 del 04-03-2024.

Resolución de la Asamblea Nacional, mediante la cual se autoriza la creación de la Fundación de Atención Integral a Niñas, Niños y Adolescentes de la Asamblea Nacional CUIDARÉ. G.O. n° 42.962 del 12-09-2024.

B. Sistema de pesos y contrapesos

Ley que Autoriza al Presidente de la República para Dictar Decretos con Rango, Valor y Fuerza de Ley en las Materias que se Delegan para la Garantía Reforzada de los Derechos de Soberanía y Protección del

Pueblo Venezolano y el Orden Constitucional de la República. G.O. n° 6.178 Extraordinario del 15-03-2015[106].

Acuerdo de la Asamblea Nacional, mediante el cual se aprueba en todas y cada una de sus partes la Estimación de Población General al 30-12-2015, realizada por el Instituto Nacional de Estadísticas. G.O. n° 40.644 del 21-04-2015.

Decreto n° 2.309, mediante el cual se restringe y difiere las mociones de censura que pudiera acordar la Asamblea Nacional contra los Ministros y Ministras del Poder Popular, o contra el Vicepresidente Ejecutivo, en las cuales solicitaren su remoción, hasta tanto cesen los efectos del decreto de emergencia económica dictado por el Presidente de la República. G.O. n° 6.225 Extraordinario del 02-05-2016[107].

Acuerdo de la Asamblea Nacional, mediante el cual se aprueba en todas y cada una de sus partes la Estimación de Población General al 30-11-2021, a nivel nacional, entidad, municipio y parroquia, realizada por el Instituto Nacional de Estadística. G.O. n° 42.134 del 25-05-2021.

Acuerdo de la Asamblea Nacional, que declara la inexistencia, ineficacia e invalidez de los acuerdos, decisiones y actos de la Asamblea Nacional durante el período de desacato continuado, contrarios a los intereses de la República y los derechos del pueblo. G.O. n° 42.162 del 06-07-2021[108].

2. Poder Ejecutivo

A. Organización general

Reglamento Interno del Consejo de Ministros. G.O. n° 40.580 del 14-01-2015.

Resolución n° 24 del MPP para Relaciones Interiores, Justicia y Paz, mediante la cual se publica el listado de los entes descentralizados de este Ministerio. G.O. n° 40.592 del 30-01-2015.

Decreto n° 1.612, mediante el cual se dicta el Decreto sobre Organización General de la Administración Pública Nacional. G.O. n° 6.173 Extraordinario del 18-02-2015.

Resolución conjunta de la Vicepresidencia Sectorial de Soberanía Política, Seguridad y Paz y MPP para Relaciones Interiores, Justicia y Paz, mediante la cual se ordena publicar los entes descentralizados

---

[106] *Cfr.* Antonio Silva Aranguren y Gabriel Sira Santana, Decretos-Leyes dictados por el Presidente de la República, con base en Ley Habilitante, en el año 2015, *Revista de Derecho Público*, n° 143-144 (2015): 191-204.

[107] Véase también: § Emergencia económica.

[108] *Cfr.* Gabriel Sira Santana, "La Asamblea Nacional según el Tribunal Supremo de Justicia, luego de las elecciones parlamentarias del año 2015", *Revista de Derecho Público*, n° 145-146 (2016): 267-84.

adscritos a la estructura organizativa del MPP para Relaciones Interiores, Justicia y Paz. G.O. n° 40.707 del 21-07-2015.

Decreto n° 2.269, mediante el cual se dicta el Decreto sobre Organización General de la Administración Pública Nacional. G.O. n° 40.865 del 09-03-2016.

Decreto n° 2.378, mediante el cual se dicta el Decreto Sobre Organización General de la Administración Pública Nacional. G.O. n° 6.238 Extraordinario del 13-07-2016.

Resolución n° 8 del MPP para Relaciones Interiores, Justicia y Paz, mediante la cual se ordena publicar el listado de los entes adscritos a este Ministerio. G.O. n° 41.082 del 25-01-2017.

Resolución n° 35 del MPP para Relaciones Interiores, Justicia y Paz, mediante la cual se ordena la publicación del listado de los entes adscritos a este Ministerio. G.O. n° 41.325 del 22-01-2018.

Resolución n° 3 del MPP para Relaciones Interiores, Justicia y Paz, mediante la cual se mencionan los entes adscritos a este Ministerio. G.O. n° 41.566 del 17-01-2019.

Proyecto Nacional Simón Bolívar, Tercer Plan Socialista de Desarrollo Económico y Social de la Nación 2019-2025. G.O. n° 6.446 Extraordinario del 08-04-2019.

Reglamento Orgánico de la Vicepresidencia de la República. G.O. n° 41.786 del 20-12-2019.

Resolución n° 1 del MPP para Relaciones Interiores, Justicia y Paz, mediante la cual se procede a la publicación del listado de los entes adscritos a este Ministerio. G.O. n° 41.805 del 22-01-2020.

Resolución n° 32 del MPP para Relaciones Interiores, Justicia y Paz, mediante la cual se ordena publicar el listado de los entes adscritos a este Ministerio. G.O. n° 42.064 del 08-02-2021.

Resolución n° 3 del MPP para la Energía Eléctrica, mediante la cual se ordena publicar el listado de los entes adscritos a este ministerio. G.O. n° 42.301 del 20-01-2022.

B. Vicepresidencias sectoriales[109]

Decreto n° 1.674, mediante el cual se establece que la Tercera Vicepresidencia Sectorial para la Seguridad y Soberanía Agroalimentaria, pasa a denominarse Tercera Vicepresidencia Sectorial para la Seguridad, Soberanía Agroalimentaria y Abastecimiento Económico. G.O. n° 40.627 del 24-03-2015.

[109] Véase también: § Ministerios.

Reglamento Orgánico de la Vicepresidencia Sectorial para el Desarrollo Social y la Revolución de las Misiones. G.O. n° 6.190 Extraordinario del 16-07-2015.

Reglamento Orgánico de la Vicepresidencia Sectorial de Desarrollo del Socialismo Territorial. G.O. n° 6.190 Extraordinario del 16-07-2015.

Reglamento Orgánico de la Vicepresidencia Sectorial para la Planificación y el Conocimiento. G.O. n° 6.191 Extraordinario del 16-07-2015.

Reglamento Orgánico de la Vicepresidencia Sectorial para la Seguridad, Soberanía Agroalimentaria y Abastecimiento Económico. G.O. n° 6.191 Extraordinario del 16-07-2015.

Reglamento Orgánico de la Vicepresidencia Sectorial de Soberanía Política, Seguridad y Paz. G.O. n° 6.191 Extraordinario del 16-07-2015.

Reglamento Orgánico de la Vicepresidencia Sectorial para la Economía y Finanzas. G.O. n° 6.191 Extraordinario del 16-07-2015.

Decreto n° 2.468, mediante el cual se crea la Vicepresidencia Sectorial de Obras Públicas y Servicios. G.O. n° 41.002 del 04-10-2016.

Decreto n° 3.153, mediante el cual se crea la Vicepresidencia Sectorial de Comunicación y Cultura. G.O. n° 41.274 del 08-11-2017.

Decreto n° 3.848, mediante el cual se modifica la denominación de la Vicepresidencia Sectorial para el Desarrollo Social y la Revolución de las Misiones, por Vicepresidencia Sectorial del Socialismo Social y Territorial. G.O. n° 41.632 del 15-05-2019.

Decreto n° 4.430, mediante el cual se crea la Vicepresidencia Sectorial para la Seguridad Ciudadana y la Paz, como órgano superior de dirección de la acción de gobierno, la coordinación de los Ministerios con competencia en las materias de Relaciones Interiores, Justicia y Paz, y Servicio Penitenciario; así como la definición de las líneas elementales en la formulación de políticas públicas afines con el ámbito de su actividad, su ejecución y control. G.O. n° 42.062 del 04-02-2021.

Decreto n° 4.703, mediante el cual se crea la Vicepresidencia Sectorial de Ciencia, Tecnología, Educación y Salud, como órgano superior de dirección de la acción de gobierno, al cual corresponderá la coordinación de los MPP con competencia en las materias de: para la Ciencia y Tecnología, para la Educación, para la Educación Universitaria, y para la Salud, así como la definición de las líneas elementales en la formulación de políticas públicas afines con el ámbito de su actividad, su ejecución y control. G.O. n° 42.402 del 20-06-2022.

C. Ministerios[110]

a. Creación, denominación y supresión

Decreto n° 1.701, mediante el cual se ordena la supresión del MPP para Ecosocialismo, Hábitat y Vivienda; y se crean los MPP para Hábitat y Vivienda y para Ecosocialismo y Aguas. G.O. n° 40.634 del 07-04-2015.

Decreto n° 2.073, mediante el cual se ordena la supresión del MPP para Industrias y del MPP para el Comercio y, se crea el MPP para Industria y Comercio. G.O. n° 40.774 del 26-10-2015.

Decreto n° 2.344, mediante el cual se crea el MPP para el Comercio Exterior e Inversión Internacional. G.O. n° 40.917 del 02-06-2016.

Decreto n° 2.350, mediante el cual se crea el MPP de Desarrollo Minero Ecológico. G.O. n° 40.922 del 09-06-2016.

Decreto n° 2.357, mediante el cual se crea el MPP de Industrias Básicas, Estratégicas y Socialistas. G.O. n° 40.931 del 22-06-2016.

Resolución n° 28 de la Vicepresidencia de la República, mediante la cual se nombra una Comisión Interministerial que se encargará de todo lo relacionado con la transferencia de bienes y recursos del anterior MPP de Planificación y Finanzas, a los MPP para la Banca y Finanzas y el MPP para la Planificación a los fines de garantizar la continuidad administrativa y de acuerdo al ámbito de competencias que le fueron asignadas a dichos ministerios. G.O. n° 40.949 del 21-07-2016.

Resolución n° 34 de la Vicepresidencia de la República, mediante la cual se declara concluido el proceso de supresión del MPP de Planificación y Finanzas, ordenado en el Decreto n° 1 del 22-04-2013, y por tanto se declara suprimido dicho organismo. G.O. n° 41.014 del 21-10-2016.

Decreto n° 2.650, mediante el cual se crean los MPP para el Transporte y del Poder Popular de Obras Públicas, y se ordena la supresión del MPP para Transporte y Obras Públicas, cuya competencia material queda transferida a los MPP creados que en él se indican. G.O. n° 41.067 del 04-01-2017.

Decreto n° 2.651, mediante el cual se ordena la supresión del MPP para la Banca y Finanzas y del MPP para la Industria y Comercio; y se crea el MPP de Economía y Finanzas. G.O. n° 41.067 del 04-01-2017.

Resolución n° 18 de la Vicepresidencia de la República, mediante la cual se nombra una Comisión Interministerial que se encargará de todo lo relacionado con la transferencia de bienes y recursos por concluir de los suprimidos MPP para la Juventud y del Poder Popular para el Deporte. G.O. n° 41.126 del 31-03-2017.

---

110 Véase también: § Organización general.

Decreto n° 3.466, mediante el cual se crea el MPP de Atención de las Aguas. G.O. n° 6.382 Extraordinario del 15-06-2018, reimpresión en G.O. n° 41.427 del 26-06-2018.

Decreto n° 3.467, mediante el cual se modifica la denominación del MPP para Industrias Básicas, Estratégicas y Socialistas, por la de MPP de Industrias y Producción Nacional. G.O. n° 6.382 Extraordinario del 15-06-2018.

Resolución conjunta n° 5 y 70 de los MPP de Industrias y Producción Nacional y de Economía y Finanzas, mediante la cual se establecen los mecanismos que garanticen de manera óptima la continuidad de la gestión administrativa; el funcionamiento de la estructura orgánica; el ejercicio de las competencias asignadas; la equitativa y transparente transferencia de los recursos, bienes y talento humano, así como los regímenes transitorios aplicables al proceso de reorganización administrativa ordenado en el Decreto n° 3.467 del 15-06-2018; y se crea una Comisión Interministerial, a fin de realizar los análisis y propuestas técnicas que correspondan a los fines del cumplimiento del objeto de esta Resolución conjunta. G.O. n° 41.438 del 12-07-2018.

Decreto n° 3.612, mediante el cual se crea el MPP de Comercio Nacional. G.O. n° 41.479 del 11-09-2018, reimpresión en G.O. n° 41.486 del 20-09-2018.

Resolución conjunta n° 35 y 1 de los MPP de Industrias y Producción Nacional y de Comercio Nacional, mediante la cual se constituyen los mecanismos que garanticen de manera efectiva la continuidad de la gestión administrativa, el funcionamiento de la estructura orgánica, el ejercicio de las competencias asignadas y la transparente transferencia de los recursos, bienes y talento humano del MPP de Industrias y Producción Nacional, al MPP de Comercio Nacional; y se crea una Comisión Interministerial. G.O. n° 41.515 del 01-11-2018.

Decreto n° 3.800, mediante el cual se crea el MPP para la Ciencia y Tecnología. G.O. n° 41.607 del 01-04-2019.

Decreto n° 3.945, mediante el cual se crea el MPP para el Turismo y Comercio Exterior. G.O. n° 41.692 del 12-08-2019.

Decreto n° 4.310, mediante el cual se modifica la denominación del MPP de Economía y Finanzas por la de MPP de Economía, Finanzas y Comercio Exterior; y se modifica la denominación del MPP para el Turismo y Comercio Exterior por la de MPP para el Turismo. G.O. n° 41.965 del 15-09-2020.

Decreto nº 4.641, mediante el cual se establece el cese de funciones del Ministro de Estado para la Nueva Frontera de Paz. G.O. n° 42.321 del 17-02-2022.

Decreto n° 4.968, mediante el cual se crea el MPP para los Adultos y Adultas Mayores, Abuelos y Abuelas de la Patria. G.O. n° 6.819 Extraordinario del 01-07-2024.

Decreto n° 4.980, mediante el cual se crean los MPP: para la Juventud y para el Deporte; se ordena la supresión del MPP para la Juventud y el Deporte; se ordena la supresión del MPP de Agricultura Urbana, cuyas competencias materiales serán transferidas al MPP para las Comunas y los Movimientos Sociales; que ahora pasará a denominarse MPP para las Comunas, Movimientos Sociales y Agricultura Urbana; y se cambia la denominación de las Vicepresidencias Sectoriales; de Soberanía Política, Seguridad y Paz, y para la Seguridad Ciudadana y la Paz, las cuales de ahora en adelante se denominarán: Vicepresidencia Sectorial de Defensa y Soberanía, y Vicepresidencia Sectorial de Política, Seguridad Ciudadana y Paz. G.O. n° 6.830 Extraordinario del 27-08-2024.

b. Reglamentos orgánicos e internos

Reglamento Orgánico del MPP para Industrias. G.O. n° 6.174 Extraordinario del 20-02-2015.

Reglamento Orgánico del MPP para Energía Eléctrica. G.O. n° 6.174 Extraordinario del 20-02-2015.

Reglamento Orgánico del MPP de Economía y Finanzas. G.O. n° 6.174 Extraordinario del 20-02-2015.

Reglamento Orgánico del MPP para el Proceso Social del Trabajo. G.O. n° 6.174 Extraordinario del 20-02-2015.

Reglamento Orgánico del MPP para las Comunas y los Movimientos Sociales. G.O. n° 6.174 Extraordinario del 20-02-2015.

Reglamento Orgánico del MPP de Planificación. G.O. n° 6.174 Extraordinario del 20-02-2015.

Reglamento Orgánico del MPP de Petróleo y Minería G.O. n° 6.175 Extraordinario del 20-02-2015, reimpresión en G.O. n° 40.627 del 24-03-2015.

Reglamento Orgánico del MPP para la Agricultura y Tierras. G.O. n° 6.175 Extraordinario del 20-02-2015.

Reglamento Orgánico del MPP para el Servicio Penitenciario. G.O. n° 6.175 Extraordinario del 20-02-2015.

Reglamento Orgánico del MPP para la Defensa. G.O. n° 6.175 Extraordinario del 20-02-2015.

Reglamento Orgánico del MPP para Relaciones Interiores, Justicia y Paz. G.O. n° 6.175 Extraordinario del 20-02-2015, reimpresión en G.O. n° 40.627 del 24-03-2015.

Reglamento Orgánico del MPP del Despacho de la Presidencia y Seguimiento de la Gestión de Gobierno. G.O. n° 6.176 Extraordinario del 20-02-2015.

Reglamento Orgánico del MPP para los Pueblos Indígenas. G.O. n° 6.176 Extraordinario del 20-02-2015.

Reglamento Orgánico del MPP para Educación Universitaria, Ciencia y Tecnología. G.O. n° 6.176 Extraordinario del 20-02-2015.

Reglamento Orgánico del MPP para la Mujer y la Igualdad de Género. G.O. n° 6.176 Extraordinario del 20-02-2015.

Reglamento Orgánico del MPP para la Cultura. G.O. n° 6.176 Extraordinario del 20-02-2015.

Resolución n° 24 del MPP de Planificación, mediante la cual se dicta el Reglamento Interno de este Ministerio. G.O. n° 40.690 del 26-06-2015, reimpresión en G.O. n° 40.691 del 29-06-2015 y n° 40.694 del 02-07-2015.

Reglamento Orgánico del MPP del Despacho de la Presidencia y Seguimiento de la Gestión de Gobierno. G.O. n° 6.189 Extraordinario del 16-07-2015.

Reglamento Orgánico del MPP de Economía y Finanzas. G.O. n° 6.189 Extraordinario del 16-07-2015.

Reglamento Orgánico del MPP para la Educación. G.O. n° 6.189 Extraordinario del 16-07-2015.

Reglamento Orgánico del MPP para la Salud. G.O. n° 6.189 Extraordinario del 16-07-2015.

Reglamento Orgánico del MPP para Hábitat y Vivienda. G.O. n° 6.189 Extraordinario del 16-07-2015.

Reglamento Orgánico del MPP para Ecosocialismo y Aguas. G.O. n° 6.189 Extraordinario del 16-07-2015.

Reglamento Orgánico del MPP para el Comercio. G.O. n° 6.190 Extraordinario del 16-07-2015.

Reglamento Orgánico del MPP para la Alimentación. G.O. n° 6.190 Extraordinario del 16-07-2015.

Reglamento Orgánico del MPP para Transporte Terrestre y Obras Públicas. G.O. n° 6.190 Extraordinario del 16-07-2015.

Resolución n° 180 del MPP para Relaciones Interiores, Justicia y Paz, mediante la cual se establece la figura de representantes delegados en cada uno de los estados del territorio nacional por este Ministerio, los cuales fungirán como enlaces, voceros y coordinadores directos del Ministro, ante las oficinas nacionales, órganos y servicios desconcentrados dependientes, y los entes descentralizados funcionalmente adscritos a dicho Ministerio, de conformidad con las instrucciones, órdenes y circulares que al efecto se emitan por la máxima autoridad. G.O. n° 40.775 del 27-10-2015.

Decreto n° 2.245, mediante el cual se ordena la reestructuración del MPP para la Alimentación y sus organismos adscritos. G.O. n° 40.852 del 19-02-2016.

Resolución n° 36 del MPP para la Educación, mediante la cual se dicta el Reglamento Interno de este Ministerio. G.O. n° 40.941 del 11-07-2016.

Reglamento Orgánico del MPP para la Educación Universitaria, Ciencia y Tecnología. G.O. n° 6.243 Extraordinario del 22-07-2016.

Reglamento Orgánico del MPP de Pesca y Acuicultura. G.O. n° 6.243 Extraordinario del 22-07-2016.

Reglamento Orgánico del MPP para el Ecosocialismo y Aguas. G.O. n° 6.243 Extraordinario del 22-07-2016.

Reglamento Orgánico del MPP para la Agricultura Productiva y Tierras. G.O. n° 6.243 Extraordinario del 22-07-2016.

Reglamento Orgánico del MPP para la Banca y Finanzas. G.O. n° 6.243 Extraordinario del 22-07-2016.

Reglamento Orgánico del MPP para Transporte y Obras Públicas. G.O. n° 6.243 Extraordinario del 22-07-2016.

Reglamento Orgánico del MPP para Hábitat y Vivienda. G.O. n° 6.243 Extraordinario del 22-07-2016.

Resolución n° 120 del MPP para la Banca y Finanzas, mediante la cual se dicta el Reglamento Interno de este Ministerio. G.O. n° 40.959 del 04-08-2016.

Resolución n° 25-16 del MPP del Despacho de la Presidencia y Seguimiento de la Gestión de Gobierno, mediante la cual se dicta el Reglamento Interno de este Ministerio. G.O. n° 40.993 del 21-09-2016.

Resolución n° 49 del MPP para la Educación, mediante la cual se dicta el Reglamento General de Créditos del Instituto de Previsión y Asistencia Social para el Personal de este Ministerio. G.O. n° 41.044 del 02-12-2016.

Resolución n° 34 del MPP para la Educación, mediante la cual se reforma el Reglamento Interno de este Ministerio. G.O. n° 41.239 del 19-09-2017.

Resolución n° 4 del MPP para la Alimentación, mediante la cual se crea el Consejo de Coordinación Jurídica del MPP para la Alimentación, a los fines de coordinar y unificar los criterios y actuaciones jurídicas de este Ministerio y de todos sus órganos y entes adscritos. G.O. n° 41.336 del 06-02-2018.

Resolución del MPP para la Educación, mediante la cual se dicta el Reglamento General de Créditos, del Instituto de Previsión y Asistencia Social para el Personal del Ministerio de Educación. G.O. n° 41.409 del 31-05-2018.

Resolución n° 8 del MPP para Industrias Básicas, Estratégicas y Socialistas, mediante la cual se establecen los lineamientos para el buen funcionamiento y administración de los recursos asignados al Fondo Auto Administrado de Salud del MPP para Industrias Básicas, Estratégicas y Socialistas. G.O. n° 41.415 del 08-06-2018.

Resolución n° 245 del MPP para la Cultura, mediante la cual se establecen los lineamientos para el buen funcionamiento y administración de los recursos asignados al Fondo Auto Administrado de Salud de este Ministerio y sus entes adscritos. G.O. n° 41.451 del 01-08-2018.

Resolución n° 14 del MPP para la Cultura, mediante la cual se establecen los lineamientos para el buen funcionamiento y administración de los recursos asignados al Fondo Auto Administrado de Salud de este Ministerio y sus entes adscritos. G.O. n° 41.589 del 19-02-2019.

Resolución n° 896 del MPP para el Ecosocialismo, mediante la cual se indica el ámbito territorial de las Unidades Territoriales del Ecosocialismo Apure y Táchira, de este Ministerio. G.O. n° 41.643 del 29-05-2019.

Resolución n° 897 del MPP para el Ecosocialismo, mediante la cual se indica el ámbito territorial de las Unidades Territoriales del Ecosocialismo Distrito Capital y Miranda, de este Ministerio. G.O. n° 41.643 del 29-05-2019.

Resolución n° 9 del MPP para el Servicio Penitenciario, mediante la cual se dicta el Reglamento Interno de este Ministerio. G.O. n° 41.765 del 21-11-2019, reimpresión en G.O. n° 41.779 del 11-12-2019.

Reglamento Orgánico del MPP para la Defensa. G.O. n° 41.786 del 20-12-2019.

Reglamento Orgánico del MPP de Planificación. G.O. n° 41.786 del 20-12-2019.

Resolución n° 5-2020 del MPP para la Alimentación, mediante la cual se crea la Comisión Multidisciplinaria Ministerial para evaluar las estructuras de costos que intervienen en el proceso productivo de las empresas adscritas a este Ministerio. G.O. n° 41.826 del 20-02-2020.

Reglamento Orgánico del MPP para el Turismo y Comercio Exterior. G.O. n° 41.877 del 12-05-2020.

Reglamento Orgánico del MPP de Atención de las Aguas. G.O. n° 41.877 del 12-05-2020, reimpresión en G.O. n° 42.187 del 10-08-2021.

Resolución n° 67 del MPP para el Ecosocialismo, mediante la cual se atribuye a la Unidad Territorial de Ecosocialismo Distrito Capital, como ámbito territorial de competencia, además del municipio Libertador del Distrito Capital, los municipios Chacao, Baruta, Sucre y el Hatillo del estado Miranda. G.O. n° 41.877 del 12-05-2020.

Resolución n° 181 del MPP de Atención de las Aguas, mediante la cual se dicta el Reglamento Interno de este Ministerio. G.O. n° 42.036 del 28-12-2020.

Resolución n° 3 del MPP de Atención de las Aguas, mediante la cual se dicta el Reglamento Interno de este Ministerio. G.O. n° 42.215 del 17-09-2021.

Resolución n° 170 del MPP para la Ciencia y Tecnología, mediante la cual se conforma el Gabinete Estadal de Gestión e Integración Territorial, como una instancia de articulación, impulso y seguimiento de los proyectos y actividades de este Ministerio. G.O. n° 42.367 del 02-05-2022.

Resolución n° 118 del MPP para el Ecosocialismo, mediante la cual se dicta el Código de Ética de las Servidoras y Servidores Públicos del MPP para el Ecosocialismo. G.O. n° 42.530 del 20-12-2022[111].

Decreto n° 4.786, mediante el cual se modifican las competencias del MPP para la Energía Eléctrica y del MPP para la Ciencia y Tecnología. G.O. n° 42.585 del 09-03-2023.

Resolución n° 3-2023 del MPP de Agricultura Urbana, mediante la cual se dicta el Reglamento Interno de este Ministerio. G.O. n° 42.626 del 11-05-2023, reimpresión en G.O. n° 42.664 del 04-07-2023.

Resolución n° 31 del MPP para Hábitat y Vivienda, mediante la cual se dicta el Reglamento Interno de este Ministerio. G.O. n° 42.664 del 04-07-2023.

Resolución n° 47 del MPP para el Ecosocialismo, mediante la cual se aprueba el Reglamento Interno de Funcionamiento de la Comisión Intraministerial de Acceso a los Recursos Genéticos, de este Ministerio. G.O. n° 42.686 del 07-08-2023.

Reglamento Orgánico del MPP de Economía, Finanzas y Comercio Exterior. G.O. n° 42.688 del 09-08-2023.

c. Viceministerios

Decreto n° 1.596, mediante el cual se crea el Despacho del Viceministro para la Comunicación Internacional, integrado a la estructura del MPP para Relaciones exteriores. G.O. n° 40.595 del 04-02-2015.

Decreto n° 1.784, mediante el cual se crea el Despacho del Viceministro o Viceministra de Asuntos para la Paz, integrado a la estructura

---

[111] *Cfr.* Gabriel Sira Santana, "Los códigos de ética pública en Venezuela", *Revista Venezolana de Legislación y Jurisprudencia*, n° 16 (2020): 905-32.

organizativa del MPP del Despacho de la Presidencia y Seguimiento de la Gestión de Gobierno. G.O. n° 40.680 del 11-06-2015.

Decreto n° 2.852, mediante el cual se crea el Despacho del Viceministro para América Latina, integrado a la estructura del MPP para Relaciones Exteriores. G.O. n° 41.151 del 16-05-2017.

Decreto n° 2.853, mediante el cual se crea el Despacho del Viceministro para el Caribe, integrado a la estructura del MPP para Relaciones Exteriores. G.O. n° 41.151 del 16-05-2017.

Resolución n° 221 del MPP para Relaciones Exteriores, mediante la cual el Despacho del Viceministro para América Latina, integrado a la estructura del MPP para Relaciones Exteriores, coordinará, promoverá y ejecutará las estrategias, así mismo realizará el seguimiento de las directrices emanadas del Ejecutivo Nacional en materia de cooperación con los países de América Latina que en ella se mencionan. G.O. n° 41.835 del 09-03-2020.

Decreto n° 4.192, mediante el cual se ordena la supresión del Despacho del Viceministro o de la Viceministra de Refinación y Petroquímica del MPP de Petróleo. G.O. n° 6.531 Extraordinario del 27-04-2020.

Decreto n° 4.449, mediante el cual se crea el Despacho del Viceministerio de Economía Digital, Banca, Seguros y Valores del MPP de Economía, Finanzas y Comercio Exterior. G.O. n° 42.079 del 03-03-2021.

Decreto n° 4.589, mediante el cual se crea el Despacho del Viceministro o de la Viceministra para la Pequeña y Mediana Industria y Nuevas Formas Productivas, en el MPP de Industrias y Producción Nacional. G.O. n° 42.223 del 29-09-2021.

Decreto n° 4.635, mediante el cual se crea el Despacho del Viceministro o de la Viceministra para la Preservación de la Vida y la Biodiversidad, en el MPP para el Ecosocialismo. G.O. n° 42.300 del 19-01-2022.

Decreto n° 4.739, mediante el cual se fusionan el Viceministerio para América Latina y el Viceministerio para el Caribe, en un sólo órgano denominado Viceministerio para América Latina y el Caribe, el cual será parte integrante de la estructura orgánica del MPP para Relaciones Exteriores. G.O. n° 42.473 del 29-09-2022.

Decreto n° 4.776, mediante el cual se suprime el Despacho del Viceministro o Viceministra para América Latina y el Caribe de la estructura orgánica del MPP para Relaciones Exteriores; y se crea el Despacho del Viceministro o Viceministra para América Latina, integrado a la estructura orgánica del MPP para Relaciones Exteriores. G.O. n° 42.561 del 01-02-2023.

Decreto n° 4.844, mediante el cual se modifica la denominación del Despacho del Viceministro o de la Viceministra de Comunas y Movimientos Sociales por Despacho del Viceministro o de la Viceministra de Movimientos Sociales, del MPP para las Comunas y los Movimientos Sociales. G.O. n° 42.695 del 18-08-2023.

Decreto n° 4.903, mediante el cual se ordena la creación del Despacho del Viceministerio de Comunicación e Información Presidencial, integrado a la estructura organizativa del MPP del Despacho de la Presidencia y Seguimiento de la Gestión de Gobierno, el cual ejercerá las funciones que venía desempeñando la Oficina de Prensa Presidencial del MPP para la Comunicación e Información. G.O. n° 42.782 del 20-12-2023.

Decreto n° 4.965, mediante el cual se crea el Despacho del Viceministerio de Atención Integral para la Migración Venezolana, integrado a la estructura del MPP para Relaciones Exteriores. G.O. n° 6.815 Extraordinario del 17-06-2024.

Decreto n° 4.992, mediante el cual se crean los Despachos del Viceministro o de la Viceministra de Refinación y Petroquímica; de Integración y Asuntos Internacionales, integrados a la estructura orgánica del MPP de Petróleo. G.O. n° 6.836 Extraordinario del 03-09-2024.

Decreto n° 4.997, mediante el cual se crea el Despacho del Viceministro o de la Viceministra para el Desarrollo Integral en los Urbanismos de la Gran Misión Vivienda Venezuela. G.O. n° 6.838 Extraordinario del 05-09-2024.

Decreto n° 5.028, mediante el cual se crea el Despacho del Viceministro o de la Viceministra de Agricultura Urbana, integrado a la estructura orgánica del MPP para las Comunas, Movimientos Sociales y Agricultura Urbana. G.O. n° 6.850 Extraordinario del 04-11-2024.

D. Comisiones presidenciales

Decreto n° 1.584, mediante el cual se crea la Comisión Presidencial denominada Centro Nacional de Balance de Alimentos. G.O. n° 40.574 del 06-01-2015.

Decreto n° 1.678, mediante el cual se crea la Comisión Presidencial, con carácter permanente, que se denominará Comisión Presidencial Agroalimentaria. G.O. n° 40.629 del 26-03-2015.

Decreto n° 1.942, mediante el cual se crea la Comisión Presidencial para celebrar el bicentenario de la Carta de Jamaica, escrita por el Libertador Simón Bolívar. G.O. n° 40.726 del 18-08-2015.

Decreto n° 1.943, mediante el cual se crea la Comisión Presidencial para celebrar el bicentenario del Natalicio del General del Pueblo Ezequiel Zamora. G.O. n° 40.726 del 18-08-2015.

Decreto n° 1.987, mediante el cual se crea la Comisión Presidencial del Gobierno Popular de las Comunas, con carácter permanente, que tiene por objeto implementar los mecanismos para el diseño del perfil del nuevo modelo de Policía Comunal e impulsar los Comités de Seguridad y Justicia Comunal de las Comunas interconectadas a la Red SP3, implementando así el Plan de Seguridad y Defensa Territorial (ADI, ZODI y REDI) con la participación del Poder Popular y el apoyo de los Consejos Comunales. G.O. n° 40.739 del 04-09-2015.

Decreto n° 1.988, mediante el cual se crea la Alta Comisión Presidencial para la Independencia Científica, Tecnológica y Económica, con carácter permanente, dependiente del MPP del Despacho de la Presidencia y Seguimiento de la Gestión de Gobierno. G.O. n° 40.739 del 04-09-2015.

Decreto n° 2.241, mediante el cual se activa la Comisión Presidencial del Estado Mayor Eléctrico. G.O. n° 40.855 del 24-02-2016.

Decreto n° 2.265, mediante el cual se crea la Comisión Presidencial de Desarrollo Ecosocialista y Salvaguarda de los Derechos de los Pueblos Indígenas en la Actividad Minera, con carácter permanente, como órgano consultivo y asesor, multidisciplinario e interinstitucional de alto nivel. G.O. n° 40.864 del 08-03-2016, reimpresión en G.O. n° 40.866 del 10-03-2016.

Decreto n° 2.458, mediante el cual se crea la Comisión Presidencial para la Reestructuración Integral del Cuerpo de Policía Nacional Bolivariana, con carácter temporal. G.O. n° 6.257 Extraordinario del 16-09-2016.

Decreto n° 2.674, mediante el cual se crea la Comisión Presidencial por la Paz y por la Vida, con la finalidad de impulsar el Movimiento por la Paz y la Vida a través del establecimiento de las políticas necesarias para asesorar, orientar y coordinar con todos los organismos públicos y privados del Estado, para que contribuyan a lograr la paz y la tranquilidad en el territorio venezolano. G.O. n° 41.076 del 17-01-2017.

Decreto n° 2.677, mediante el cual se crea la Comisión Presidencial para Homenajear a Fabricio Ojeda. G.O. n° 41.076 del 17-01-2017, reimpresión en G.O. n° 41.077 del 18-01-2017.

Decreto n° 2.971, mediante el cual se crea la Comisión Presidencial para Homenajear a Argimiro Enrique de La Santísima Trinidad Gabaldón Márquez, con el fin de realizar los preparativos de los actos históricos del día 15-07-2017, en conmemoración del natalicio de Argimiro Enrique de La Santísima Trinidad Gabaldón Márquez; igualmente para la exhumación y traslado de sus restos al Panteón Nacional. G.O. n° 41.185 del 03-07-2017.

Decreto n° 3.170, mediante el cual se crea la Comisión Presidencial para la revisión del marco normativo vigente que rige el Sistema de Justicia Penal Venezolano, como órgano coordinador y unificador de criterios, multidisciplinario e interinstitucional de alto nivel, que tendrá como finalidad revisar la legislación penal, así como elaborar propuestas para su transformación. G.O. n° 41.282 del 20-11-2017.

Decreto n° 3.240, mediante el cual se crea la Comisión Presidencial Órgano Superior de Edición e Imprentas Públicas. G.O. n° 41.351 del 01-03-2018, reimpresión en G.O. n° 41.360 del 14-03-2018.

Decreto n° 3.447, mediante el cual la Comisión Presidencial Permanente de Apoyo a la Ejecución del Plan de Ordenamiento y Reglamento de Uso del Sitio de Patrimonio Histórico Campo de Carabobo, creada mediante el Decreto n° 1.217 del 20-02-2001, impulsará los programas operativos del Sitio de Patrimonio Histórico Campo de Carabobo, previstos en el correspondiente Plan de Ordenamiento y Reglamento de Uso, con el objeto de garantizar la integridad del Sitio de Patrimonio Histórico en el marco del Bicentenario de la Batalla de Carabobo a conmemorarse el 24-06-2021. G.O. n° 41.412 del 05-06-2018.

Decreto n° 3.838, mediante el cual se crea la Comisión Presidencial Permanente denominada Comité de Planificación, Procura, Asignación y Distribución de Materia Prima para la Producción Nacional de Alimentos, Incluidos los Rubros Empaque, Consumibles y Rotables. G.O. n° 41.625 del 03-05-2019.

Resolución n° DPC/1 de la Comisión Presidencial Comité de Planificación, Procura, Asignación y Distribución de Materia Prima para la Producción Nacional de Alimentos, Incluidos los Rubros Empaque, Consumibles y Rotables, mediante la cual se dicta el Reglamento de Organización y Funcionamiento del Comité de Planificación, Procura, Asignación y Distribución de Materia Prima para la Producción Nacional de Alimentos, Incluidos los Rubros Empaque, Consumibles y Rotables. G.O. n° 41.630 del 10-05-2019.

Decreto n° 3.880, mediante el cual se crea, con carácter temporal, la Comisión Presidencial Bicentenaria de la Batalla y la Victoria de Carabobo, con el fin de realizar los preparativos y empezar a implementar desde este mismo año 2019, el Plan 2021 Bicentenario de la Victoria de Carabobo. G.O. n° 6.460 Extraordinario del 24-06-2019.

Decreto n° 4.110, mediante el cual se crea la comisión presidencial, con carácter permanente, denominado Comité de Comercio Exterior, la cual tendrá por objeto formular e implementar la política en materia de comercio exterior, fomento y promoción de las exportaciones, a fin de garantizar el bienestar de las venezolanas y los venezolanos y el incremento de la capacidad productiva nacional. G.O. n° 41.815 del 05-02-2020.

Decreto n° 4.131, mediante el cual se declara la emergencia energética de la industria de hidrocarburos, a los fines de adoptar las medidas necesarias para garantizar la seguridad energética nacional y proteger la industria ante la agresión multiforme, externa e interna, que se ejecuta para afectar la producción y comercialización petrolera del país; y se crea la Comisión Presidencial, con carácter temporal, denominada Comisión Presidencial para la Defensa, Reestructuración y Reorganización de la Industria Petrolera Nacional Alí Rodríguez Araque, la cual tendrá por objeto el diseño, supervisión, coordinación y reimpulso de todos los procesos productivos, jurídicos, administrativos, laborales y de comercialización de la industria petrolera pública nacional y sus actividades conexas, incluyendo a Petróleos de Venezuela, S.A., (PDVSA) y la Corporación Venezolana de Petróleo (CVP). G.O. n° 41.825 del 19-02-2020.

Decreto n° 4.386, mediante el cual se crea la Comisión Presidencial denominada Consejo Presidencial para la Ciencia, Tecnología e Innovación, con carácter permanente, la cual podrá denominarse en adelante Consejo Presidencial para la Ciencia, Tecnología e Innovación, que tiene como objeto asesorar, planificar, promocionar e implementar toda la labor científica, tecnológica, de innovación que tenga directa aplicación en la vida social, económica, cultural y militar para el desarrollo integral del país. G.O. n° 42.025 del 09-12-2020.

Decreto n° 4.394, mediante el cual se crea la Comisión Presidencial Consejo Militar Científico y Tecnológico de la Fuerza Armada Nacional Bolivariana, con carácter permanente, como órgano consultivo y asesor, multidisciplinario e interinstitucional de alto nivel, el cual estará bajo la dirección del MPP para la Defensa. G.O. n° 42.035 del 23-12-2020.

Decreto n° 4.586, mediante el cual se crea la Comisión Presidencial denominada Comité Nacional del Fondo Verde para el Clima, como órgano asesor del Presidente de la República, con carácter permanente. G.O. n° 42.217 del 21-09-2021, reimpresión en G.O. n° 42.246 del 02-11-2021.

Decreto n° 4.612, mediante el cual se crea con carácter permanente la Comisión Presidencial para el Cambio Climático, como órgano asesor del Presidente de la República, en materia de cambio climático. G.O. n° 42.247 del 03-11-2021.

Decreto n° 4.615, mediante el cual se crea la Comisión Presidencial denominada Polo Científico Tecnológico, con carácter permanente, dependiente del MPP para la Ciencia y Tecnología. G.O. n° 42.264 del 26-11-2021.

Decreto n° 4.792, mediante el cual se deroga el Decreto n° 4.681 publicado en la G.O. n° 42.364 del 27-04-2022, por medio del cual se mantuvo la vigencia del Decreto de creación de la Comisión Presidencial para la Defensa, Reestructuración y Reorganización de la Industria Petrolera Nacional Alí Rodríguez Araque. G.O. n° 42.594 del 22-03-2023.

Decreto n° 4.811, mediante el cual se reforma parcialmente el Decreto n° 4.110 sobre el Comité de Comercio Exterior. G.O. n° 42.652 del 16-06-2023.

Decreto n° 4.853, mediante el cual se crea con carácter permanente la Comisión Presidencial para la Conservación y Desarrollo Sostenible del Lago de Maracaibo, como órgano asesor del Presidente de la República. G.O. n° 42.701 del 28-08-2023.

Decreto n° 5.006, mediante el cual se dicta el decreto de supresión y liquidación del Centro Nacional de Comercio Exterior. G.O. n° 6.843 Extraordinario del 19-09-2024.

E. Superintendencias[112]

Resolución n° 549 del MPP para Educación Universitaria, Ciencia y Tecnología, mediante la cual se continúa con el Proceso de Reestructuración, Adecuación, Organización y Funcionamiento del Centro Nacional de Tecnologías de Información (CNTI) y la Superintendencia de Servicios de Certificación Electrónica (SUSCERTE). G.O. n° 40.723 del 13-08-2015.

Providencia n° 9 de la SUNAI, mediante la cual se dicta el Reglamento Interno sobre la Organización y Funcionamiento de esta Superintendencia. G.O. n° 40.989 del 15-09-2016.

Resolución n° 31.17 de la SUDEBAN, mediante la cual se crea la Escuela Nacional de Banca y Finanzas de la SUDEBAN. G.O. n° 41.141 del 02-05-2017.

Resolución n° 113.17 de la SUDEBAN, mediante la cual se dicta el Código de Ética de los Trabajadores y Trabajadoras de la SUDEBAN. G.O. n° 41.294 del 06-12-2017[113].

Decreto n° 4.432, mediante el cual la Oficina Nacional Antidrogas pasara a ser la Superintendencia Nacional Antidrogas, una Oficina Nacional con capacidad de Gestión Presupuestaria, Administrativa y Financiera, dependiente jerárquicamente del MPP para Relaciones Interiores, Justicia y Paz. G.O. n° 42.070 del 18-02-2021.

Resolución n° 11 de la Vicepresidencia de la República, mediante la cual se establecen las normas de gobierno del Consejo Directivo de la Superintendencia Nacional de las Zonas Económicas Especiales. G.O. n° 42.473 del 29-09-2022.

---

[112] Véase también: § Bienes públicos; Criptomonedas.

[113] *Cfr.* Gabriel Sira Santana, "Los códigos de ética pública en Venezuela", *Revista Venezolana de Legislación y Jurisprudencia*, n° 16 (2020): 905-32.

Providencia n° SAA-01-0780-2024 de la SUDEASEG, mediante la cual se dicta el Código de Ética y Conducta del Personal que Labora en la SUDEASEG. G.O. n° 43.015 del 26-11-2024[114].

F. Empresas del Estado

a. Creación, intervención y supresión

Decreto n° 1.672, mediante el cual se prorroga por un año, contado a partir del 10-10-2014 hasta el 10-10-2015, el lapso establecido en el artículo 3 del Decreto n° 474, de 10-10-2013, para la intervención, liquidación y supresión de la Empresa CVA Azúcar, S.A., y sus empresas filiales. G.O. n° 6.180 Extraordinario del 24-03-2015.

Decreto n° 1.680, mediante el cual se decide extender la intervención a la que se contrae el Decreto n° 1.071, del 25-06-2014, de la Empresa del Estado Compañía General de Minería de Venezuela, C.A. (Minerven). G.O. n° 40.631 del 30-03-2015.

Decreto n° 1.683, mediante el cual se ordena la transferencia gratuita del 100 % de las acciones de Minerven a la Empresa Nacional Aurífera, S.A. G.O. n° 40.631 del 30-03-2015.

Decreto n° 1.733, mediante el cual se ordena la supresión y liquidación de la Empresa Socialista de Riego Planicie de Maracaibo, S.A. G.O. n° 40.649 del 28-04-2015.

Resolución n° 106 del MPP para la Agricultura y Tierras, mediante la cual se prorroga por un lapso de 30 días continuos, contados a partir del 25-04-2015, el proceso de intervención de la Empresa del Estado Corporación Venezolana de Alimentos, S.A. G.O. n° 40.652 del 04-05-2015.

Decreto n° 1.776, mediante el cual se reforma el Decreto n° 8.832 del 06-03-2012, mediante el cual se constituye una empresa mixta entre PDVSA y Petrozamora C.A. G.O. n° 40.663 del 19-05-2015.

Resolución n° 21 del MPP para la Alimentación, mediante la cual se prorroga por un lapso de 90 días continuos, contados a partir del 26-05-2015, el proceso de intervención de la Empresa del Estado Corporación Venezolana de Alimentos, S.A. G.O. n° 40.673 del 02-06-2015.

Decreto n° 1.836, mediante el cual se autoriza la creación de una Empresa del Estado, bajo la forma de sociedad anónima, que se denominará Empresa Socialista de Producción y Desarrollo Agropecuario Maisanta, S.A. G.O. n° 40.689 del 25-06-2015.

Decreto n° 1.919, mediante el cual se autoriza la creación de una Empresa del Estado, bajo la forma de sociedad anónima, que se denomi-

[114] *Cfr.* Gabriel Sira Santana, "Los códigos de ética pública en Venezuela", *Revista Venezolana de Legislación y Jurisprudencia*, n° 16 (2020): 905-32.

nará Servicio Urbano de Procesamiento, Recaudación, Recolección y Aseo Miranda, S.A., pudiendo utilizar a todos los efectos la abreviatura Supramiranda, S.A. G.O. n° 40.730 del 24-08-2015.

Decreto n° 1.955, mediante el cual se autoriza la creación de una Empresa del Estado, bajo la forma de sociedad anónima, que se denominará Corporación de Desarrollo del Municipio Caroní Eje San Félix, S.A., Corposanfélix, S.A. G.O. n° 40.735 del 31-08-2015.

Decreto n° 2.044, mediante el cual se autoriza la creación de una Empresa del Estado, bajo la forma de compañía anónima, denominada Corporación Socialista del Sector Automotor, C.A., la cual funcionará como empresa matriz tenedora de las acciones de las empresas del Estado adscritas al MPP para Industrias, que operan en el sector automotor y de autopartes. G.O. n° 40.762 del 07-10-2015.

Decreto n° 2.045, mediante el cual se autoriza la creación de una Empresa del Estado, bajo la forma de compañía anónima, denominada Corporación Socialista del Sector Electrodomésticos, C.A., la cual funcionará como empresa matriz tenedora de las acciones de las empresas del Estado adscritas al MPP para Industrias, que operan en los sectores de informática, electrodomésticos y telecomunicaciones. G.O. n° 40.762 del 07-10-2015.

Decreto n° 2.046, mediante el cual se autoriza la creación de una Empresa del Estado, bajo la forma de compañía anónima, denominada Corporación Socialista del Sector Vidrio y Envases, C.A., la cual funcionará como empresa matriz tenedora de las acciones de las empresas del Estado adscritas al MPP para Industrias, que operan en los sectores de vidrio y envases. G.O. n° 40.762 del 07-10-2015.

Decreto n° 2.047, mediante el cual se autoriza la creación de una Empresa del Estado, bajo la forma de compañía anónima, denominada Corporación Socialista de Economía Forestal, C.A., la cual funcionará como empresa matriz tenedora de las acciones de las empresas del Estado adscritas al MPP para Industrias, que operan en el sector forestal. G.O. n° 40.762 del 07-10-2015.

Decreto n° 2.048, mediante el cual se autoriza la creación de una Empresa Mixta del Estado, bajo la forma de sociedad anónima, que se denominará Planta de Autobuses Yutong Venezuela, S.A. G.O. n° 40.763 del 08-10-2015.

Decreto n° 2.231, mediante el cual se autoriza la creación de una Empresa del Estado, bajo la forma de compañía anónima, que se denominará Compañía Anónima Militar de Industrias Mineras, Petrolíferas y de Gas. G.O. n° 40.845 del 10-02-2016.

Decreto n° 2.271, mediante el cual se autoriza la creación de una Empresa del Estado, bajo la forma de sociedad anónima, denominada

Banco de Insumos para la Pequeña y Mediana Industria, S.A. G.O. n° 40.866 del 10-03-2016.

Decreto n° 2.281, mediante el cual se autoriza el cambio de denominación de la Empresa Nacional de Proyectos Agrarios, S.A. por Corporación Venezolana para la Agricultura Urbana y Periurbana, S.A. G.O. n° 40.872 del 18-03-2016.

Decreto n° 2.293, mediante el cual se autoriza la creación de una Empresa Mixta del Estado, bajo la forma de compañía anónima, la cual se denominará Complejo Industrial Tiuna I, C.A. G.O. n° 40.881 del 07-04-2016.

Decreto n° 2.310, mediante el cual se autoriza la creación de una Empresa Matriz del Estado, bajo la forma de sociedad anónima, denominada Corporación de Desarrollo Agrícola, S.A. G.O. n° 40.895 del 03-05-2016.

Decreto n° 2.325, mediante el cual se autoriza la creación de una Sociedad Mercantil Pública, bajo la forma de compañía anónima, denominada Corporación Única de Servicios Productivos y Alimentarios, C.A. G.O. n° 40.907 del 19-05-2016.

Decreto n° 2.326, mediante el cual se autoriza la creación de una Empresa del Estado, bajo la forma de sociedad anónima, que se denominará Corporación de Servicios Pesqueros y Acuícolas de Venezuela, S.A. G.O. n° 40.907 del 19-05-2016.

Decreto n° 2.465, mediante el cual se autoriza la creación de una Empresa del Estado entre la Corporación Venezolana de Minería, S.A. y GR Mining (Barbados) Inc., la cual se denominará Empresa Mixta Ecosocialista Siembra Minera, S.A. G.O. n° 41.000 del 30-09-2016.

Decreto n° 2.486, mediante el cual se autoriza la creación de una Empresa Mixta del Estado, bajo la forma de compañía anónima, que se denominará Complejo Agroindustrial Tiuna II, C.A. G.O. n° 41.009 del 14-10-2016.

Decreto n° 2.487, mediante el cual se ordena la fusión por absorción de la Compañía Anónima Venezolana de Guías (Caveguías) con la Compañía Anónima Nacional Teléfonos de Venezuela (Cantv). G.O. n° 41.011 del 18-10-2016.

Decreto n° 2.492, mediante el cual se autoriza la creación de una Empresa del Estado, bajo la forma de sociedad anónima, denominada Fibras de Venezuela, S.A. G.O. n° 41.012 del 19-10-2016.

Decreto n° 2.539, mediante el cual se autoriza la creación de una Empresa Mixta entre la Corporación Venezolana de Minería, S.A. y Corporación Faoz, C.A., la cual se denominará Empresa Mixta Minera Ecosocialista Parguaza, S.A. G.O. n° 41.026 del 08-11-2016.

Decreto n° 2.538, mediante el cual se autoriza la creación de una Empresa Mixta entre la Corporación Venezolana de Minería, S.A. y Energold Mineral, Inc., la cual se denominará Empresa Mixta Minera Ecosocialista Metales del Sur, S.A. G.O. n° 41.026 del 08-11-2016, reimpresión en G.O. n° 41.028 del 10-11-2016.

Decreto n° 2.540, mediante el cual se autoriza la creación de una Empresa Mixta entre la Corporación Venezolana de Minería, S.A. y Supracal, C.A., la cual se denominará Empresa Mixta Minera Ecosocialista Oro Azul, S.A. G.O. n° 41.026 del 08-11-2016, reimpresión en G.O. n° 41.028 del 10-11-2016.

Decreto n° 2.554, mediante el cual se autoriza la constitución de un conglomerado de empresas públicas productoras de medicamentos, productos biológicos e insumos médico quirúrgicos, en la corporación de servicios del Estado Venezolana de Servicios Tecnológicos para Equipos de Salud, S.A. (Vensalud, S.A.). G.O. n° 41.032 del 16-11-2016.

Decreto n° 2.566, mediante el cual se autoriza la creación de una Empresa del Estado, bajo la forma de compañía anónima, la cual se denominará Bolivariana de Tecnologías. G.O. n° 41.045 del 05-12-2016.

Decreto n° 2.676, mediante el cual se autoriza la creación de una Empresa del Estado, bajo la forma de sociedad anónima, que se denominará Neumáticos del Alba, S.A. G.O. n° 41.076 del 17-01-2017.

Decreto n° 2.741, mediante el cual se ordena la supresión y liquidación de la Empresa Mixta Ruso-Venezolana Orquídea, S.A. G.O. n° 41.111 del 10-03-2017.

Decreto n° 2.747, mediante el cual se dicta la reforma del Decreto n° 8.430 publicado en G.O. n° 39.743 del 25-08-2011 sobre la Empresa Nacional de Obras Públicas, S.A. G.O. n° 41.113 del 14-03-2017.

Decreto n° 2.913, mediante el cual se autoriza la creación de una Empresa del Estado, bajo la forma de sociedad anónima, que se denominará Imprenta de la Fuerza Armada Nacional Bolivariana, S.A. G.O. n° 41.171 del 13-06-2017.

Decreto n° 3.022, mediante el cual se autoriza la creación de una Empresa del Estado, bajo la forma de sociedad anónima, que se denominará Corporación Ecosocialista Ezequiel Zamora, S.A. G.O. n° 41.210 del 09-08-2017.

Decreto n° 3.038, mediante el cual se autoriza la creación de una Empresa Mixta entre la Corporación Venezolana del Petróleo, S.A. y Stichting dministratiekantoor Inversiones Petroleras Iberoamericanas, bajo la forma de sociedad anónima, denominada Petrosur, S.A. G.O. n° 41.219 del 22-08-2017.

Resolución n° 43 del MPP para la Alimentación, mediante la cual se prorroga por un año el lapso establecido en el artículo 17 de la Resolución conjunta emanada de los ministerios que en ella se especifican, para la supresión y liquidación de la Corporación de Abastecimiento y Servicios Agrícolas S.A., hasta el 31-12-2018. G.O. n° 41.297 del 11-12-2017.

Decreto n° 3.212, mediante el cual se ordena la supresión y liquidación de las sociedades mercantiles Venezolana de Alimentos La Casa, S.A., Venalcasa S.A. (Venalcasa); Empresa Nacional de Almacenes, C.A. (Enaca); y las Empresa Mixta Socialista Arroz del Alba, S.A. y Empresa Mixta Socialista Leguminosa del Alba, S.A. G.O. n° 41.303 del 19-12-2017, reimpresión en G.O. n° 41.304 del 20-12-2017.

Decreto n° 3.337, mediante el cual se dicta la reforma del Decreto n° 501 publicado en G.O. n° 40.273 del 16-10-2013, donde se autoriza la creación de la empresa Fondo de Inversión Misión Negro Primero, S.A. G.O. n° 41.369 del 03-04-2018.

Decreto n° 3.353, mediante el cual se autoriza la creación de una Empresa del Estado, bajo la forma de sociedad anónima, que se denominará Tesorería de Criptoactivos de Venezuela, S.A. G.O. n° 6.371 Extraordinario del 09-04-2018.

Decreto n° 3.378, mediante el cual se autoriza la creación de una Empresa del Estado, bajo la forma de compañía anónima, denominada Carabobo Oro, C.A. G.O. n° 41.379 del 17-04-2018.

Decreto n° 3.416, mediante el cual se ordena al MPP para Ecosocialismo y Aguas, en ejercicio de sus funciones de regulación y control de la prestación del servicio de gestión integral de residuos y desechos sólidos, proceda a la intervención y apertura del correspondiente procedimiento administrativo sancionatorio a la empresa Sistema Ambiental Neoespartano de Aseo y Residuos, C.A. G.O. n° 6.374 Extraordinario del 11-05-2018.

Decreto n° 3.400, mediante el cual se autoriza la creación de una Empresa Mixta entre la Corporación Venezolana de Minería, S.A. y Sakan, C.A., la cual se denominará Empresa Mixta Al Quds, S.A. G.O. n° 41.391 del 07-05-2018, reimpresión en G.O. n° 41.403 del 23-05-2018.

Decreto n° 3.399, mediante el cual se autoriza la creación de una Empresa Mixta entre la Corporación Venezolana de Minería, S.A. y Comercializadora Orinoco River, C.A., la cual se denominará Empresa Mixta Biet Lahem, S.A. G.O. n° 41.391 del 07-05-2018, reimpresión en G.O. n° 41.403 del 23-05-2018.

Resolución n° 27/18 del MPP para la Alimentación, mediante la cual se prorroga por cuatro meses el lapso establecido en el artículo 2 del Decreto n° 3.212 del 19-12-2017, mediante el cual se ordena la supresión y liquidación de las sociedades mercantiles: Venezolana de Alimentos La Casa, S.A., Venalcasa S.A.; Enaca; Empresa Mixta Socialista Arroz del Alba, S.A.; y Empresa Mixta Socialista Leguminosa del Alba, S.A. G.O. n° 41.402 del 22-05-2018.

Providencia n° 1 de la Junta Liquidadora de la Corporación de Abastecimiento y Servicios Agrícolas, La Casa, S.A., mediante la cual se dicta el Reglamento Interno de Funcionamiento de la Junta Liquidadora de La Casa, S.A. G.O. n° 41.412 del 05-06-2018.

Decreto n° 3.462, mediante el cual se autoriza la creación de una Empresa del Estado, bajo la forma de sociedad anónima, que se denominará Industria Nacional del Agua, S.A. G.O. n° 41.418 del 13-06-2018.

Decreto n° 3.580, mediante el cual se revoca íntegramente el Decreto n° 2.486 del 14-10-2016, a través del cual se autorizó la creación de una Empresa Mixta del Estado, bajo la forma de compañía anónima, que se denominaría Complejo Agroindustrial Tiuna II, C.A. G.O. n° 41.461 del 15-08-2018.

Decreto n° 3.591, mediante el cual se autoriza la creación de la Empresa Mixta Petrosur, S.A. G.O. n° 6.398 Extraordinario del 24-08-2018.

Decreto n° 3.598, mediante el cual se autoriza la creación de una Empresa Mixta entre CVG Compañía General de Minería de Venezuela, C.A. y la Empresa Marilyns Proje Yatirim, S.A., bajo la forma de sociedad anónima, denominada Empresa Mixta Sociedad Anónima Minería Binacional Turquía-Venezuela (Mibiturven, S.A.). G.O. n° 41.472 del 31-08-2018.

Decreto n° 3.599, mediante el cual se autoriza la creación de una Empresa Mixta entre Carbones del Zulia, S.A., y la Empresa Glenmore Proje Insaat S.A., bajo la forma de sociedad anónima, denominada Sociedad Anónima Carbones de Turquía-Venezuela (Carboturven S.A.). G.O. n° 41.472 del 31-08-2018.

Decreto n° 3.767, mediante el cual se autoriza la creación de una Empresa Mixta entre la Empresa de Propiedad Social Maderas del Orinoco, C.A. y la Empresa Glenmore Proje Insaat, S.A., bajo la forma de sociedad anónima, denominada Empresa Mixta Maderas de Venezuela y Turquía (Mavetur, S.A.). G.O. n° 41.588 del 18-02-2019.

Decreto n° 3.781, mediante el cual se ordena la fusión por absorción de la Empresa de Producción Social Recuperadora de Materias Primas, C.A. con la Corporación Ecosocialista Ezequiel Zamora, S.A. G.O. n° 41.598 del 14-03-2019.

Decreto n° 3.854, mediante el cual se autoriza la creación de una Empresa del Estado, bajo la forma de compañía anónima, la cual se denominará Corporación Socialista de las Telecomunicaciones y Servicios Postales, C.A. G.O. n° 41.639 del 23-05-2019.

Decreto n° 3.874, mediante el cual se autoriza la creación de una Empresa del Estado, bajo la forma de compañía anónima, la cual se denominará Corporación Socialista de las Telecomunicaciones y Servicios Postales, C.A. G.O. n° 41.651 del 10-06-2019.

Decreto n° 4.003, mediante el cual se autoriza la creación de una Empresa del Estado, bajo la forma de sociedad anónima, que se denominará Corporación para la Protección del Pueblo del Estado Anzoátegui, S.A., pudiendo utilizar a todos los efectos la abreviatura Corpoanzoátegui, S.A. G.O. n° 41.739 del 16-10-2019.

Decreto n° 4.004, mediante el cual se autoriza la creación de una Empresa del Estado, bajo la forma de sociedad anónima, que se denominará Corporación para la Protección del Pueblo del Estado Mérida, S.A., pudiendo utilizar a todos los efectos la abreviatura Corpomérida, S.A. G.O. n° 41.739 del 16-10-2019.

Decreto n° 4.005, mediante el cual se autoriza la creación de una Empresa del Estado, bajo la forma de sociedad anónima, que se denominará Corporación para la Protección del Pueblo del Estado Nueva Esparta, S.A., pudiendo utilizar a todos los efectos la abreviatura Corponuevaesparta, S.A. G.O. n° 41.739 del 16-10-2019.

Decreto n° 4.006, mediante el cual se autoriza la creación de una Empresa del Estado, bajo la forma de sociedad anónima, que se denominará Corporación para la Protección del Pueblo del Estado Táchira, S.A., pudiendo utilizar a todos los efectos la abreviatura Corpotáchira, S.A. G.O. n° 41.739 del 16-10-2019.

Providencia n° 1 del Conglomerado Agrosur, S.A., mediante la cual se autoriza la creación de una Empresa del Estado, bajo la forma de sociedad anónima, denominada Empresa Nacional de Sistemas de Silos y Almacenaje, S.A. G.O. n° 41.802 del 17-01-2020.

Decreto n° 4.100, mediante el cual se autoriza la creación de una Empresa del Estado, bajo la forma de compañía anónima, que se denominará Empresa CVG Logística, C.A. G.O. n° 41.805 del 22-01-2020.

Decreto n° 4.101, mediante el cual se ordena a la CVG la creación bajo la forma de compañía anónima de la Empresa Complejo Industrial Fábrica de Fábricas Hugo Chávez Frías, C.A. G.O. n° 41.805 del 22-01-2020.

Decreto n° 4.103, mediante el cual se autoriza la creación de una Empresa del Estado, bajo la forma de compañía anónima, que se denominará Empresa CVGNaviera del Orinoco C.A. G.O. n° 41.805 del 22-01-2020.

Decreto n° 4.125, mediante el cual se autoriza la creación de una Empresa del Estado, bajo la forma de sociedad anónima, que se denominará Empresa Aeronáutica Nacional, S.A. G.O. n° 41.819 del 11-02-2020.

Decreto n° 4.196, mediante el cual se autoriza la creación de una Empresa del Estado, bajo la forma de sociedad anónima, que se denominará PDV-Puertos, S.A. G.O. n° 41.876 del 11-05-2020.

Decreto n° 4.226, mediante el cual se ordena la supresión y liquidación de la empresa CVG Tecmin, creada en fecha 17-02-1986 mediante Decreto n° 676, y la transferencia del talento humano, bienes, recursos, demás derechos y activos de la prenombrada empresa al Instituto Nacional de Geología y Minería. G.O. n° 41.894 del 04-06-2020.

Resolución n° 15 del MPP de Desarrollo Minero Ecológico, mediante la cual se establecen los mecanismos, lineamientos y demás normas relacionados con el proceso de supresión y liquidación de la empresa CVG Tecmin. G.O. n° 41.899 del 11-06-2020.

Decreto n° 4.379, mediante el cual se autoriza la creación de una Empresa del Estado, bajo la forma de sociedad anónima, que se denominará Empresa de Transporte Aéreocargo del Sur, S.A. (Emtrasur). G.O. n° 42.011 del 19-11-2020.

Decreto n° 4.380, mediante el cual se autoriza la creación de una Empresa del Estado, bajo la forma de sociedad anónima, que se denominará Centro Nacional de Mantenimiento Aeronáutico, S.A., pudiendo utilizar a todos los efectos la denominación de Cenma. G.O. n° 42.011 del 19-11-2020.

Decreto n° 4.381, mediante el cual se autoriza la creación de una Empresa del Estado, bajo la forma de sociedad anónima, que se denominará Industria Ferroviaria y Sistema por Cable de Venezuela, S.A.; pudiendo utilizar a todos los efectos la denominación de Ferroven. G.O. n° 42.011 del 19-11-2020.

Providencia n° 1 de la Junta Liquidadora de CVG Tecmin, mediante la cual se dicta el Reglamento Interno de Funcionamiento de la Junta Liquidadora de la empresa. G.O. n° 42.019 del 01-12-2020.

Decreto n° 4.393, mediante el cual se autoriza la creación de una Empresa del Estado, bajo la forma de sociedad anónima, la cual se denominará Empresa Militar para el Aprovechamiento Sustentable de Productos Forestales y Recursos Naturales, S.A. G.O. n° 42.034 del 22-12-2020.

Resolución n° 5 del MPP de Desarrollo Minero Ecológico, mediante la cual se declara concluido el proceso de supresión y liquidación de la empresa CVG Tecmin. G.O. n° 42.082 del 08-03-2021.

Decreto n° 4.626, mediante el cual se autoriza la modificación del objeto social de la Empresa del Estado Industria Canaima, C.A. G.O. n° 42.284 del 27-12-2021.

Decreto n° 4.680, mediante el cual se autoriza la creación de una Empresa del Estado, bajo la forma de sociedad anónima, que se denominará Fondo Nacional para los Emprendimientos, S.A. G.O. n° 42.361 del 22-04-2022.

Decreto n° 4.799, mediante el cual se ordena la intervención de la CVG. G.O. n° 6.741 Extraordinario del 31-03-2023.

Decreto n° 4.808, mediante el cual se autoriza la creación de una Empresa del Estado, bajo la forma de sociedad anónima, la cual se denominará Parque Científico Tecnológico de Venezuela Más Ciencia, S.A. G.O. n° 42.634 del 23-05-2023.

Decreto n° 4.842, mediante el cual se autoriza la creación de una Empresa del Estado, bajo la forma de sociedad anónima, que se denominará Logística Pequiven, S.A. G.O. n° 42.694 del 17-08-2023.

Decreto n° 4.933, mediante el cual se prorroga por un lapso de un año, contado a partir del 31-03-2024, el proceso de intervención de la CVG. G.O. n° 42.848 del 27-03-2024.

Decreto n° 4.939, mediante el cual se ordena la creación de la Empresa Mixta Petrolera Roraima. G.O. n° 6.801 Extraordinario del 17-04-2024.

Decreto n° 5.007, mediante el cual se autoriza la creación de una Empresa del Estado, bajo la forma de sociedad anónima, la cual se denominará Agencia de Promoción de Exportaciones, S.A. G.O. n° 6.843 Extraordinario del 19-09-2024.

Decreto n° 5.009, mediante el cual se ordena la intervención de Bolivariana de Puertos, S.A. (Bolipuertos). G.O. n° 6.843 Extraordinario del 19-09-2024.

Decreto n° 5.035, mediante el cual se declara terminado el proceso de intervención de la CVG. G.O. n° 43.000 del 05-11-2024.

b. Organización y actividad[115]

Resolución n° 107 del MPP para la Agricultura y Tierras, mediante la cual se dicta las funciones de los Administradores de las Unidades de Propiedad Social (UPS) y Unidades de Producción Social Agrícola (UPSA), adscritas o bajo administración de este ministerio y de sus entes. G.O. n° 40.650 del 29-04-2015.

Resolución n° 4 del MPP para Hábitat y Vivienda, mediante la cual se transfieren los bienes y derechos, propiedad del Instituto Nacional de la Vivienda (INAVI) al Instituto Nacional de Tierras Urbanas (INTU) y a la Empresa del Estado Inmobiliaria Nacional, S.A. G.O. n° 40.660 del 14-05-2015.

Resolución n° 11 de la Vicepresidencia de la República, mediante la cual se prorroga por un lapso de 180 días continuos, contados a partir

[115] Véase también: § Auditoría y control interno; Energía, minas e hidrocarburos.

del 28-12-2015, el plazo para la ejecución del Plan de Reestructuración y Reorganización Administrativa y Funcional de la Empresa del Estado Venezolana Teleféricos Ventel, C.A. G.O. n° 40.847 del 12-02-2016.

Decreto n° 2.258, mediante el cual se establece que el Ejecutivo Nacional, a través de las empresas del sector público designadas a tal efecto, ejercerá un derecho especial de preferencia para la adquisición de residuos sólidos metálicos y chatarra de aluminio, cobre y hierro, a los fines de su transformación e incorporación para su utilización prioritaria en obras de construcción en el territorio nacional, así como para el desarrollo de la Gran Misión Vivienda Venezuela. G.O. n° 40.861 del 03-03-2016.

Decreto n° 2.498, mediante el cual se incorpora a la Empresa de Propiedad Social Agropatria, S.A., adscrita al MPP para la Agricultura Productiva y Tierras, las Plantas de Silos de propiedad estatal a que refiere este Decreto, a los fines de su gestión, administración y operación. G.O. n° 41.015 del 24-10-2016.

Decreto n° 2.513, mediante el cual se ordena la reorganización administrativa y funcional de las empresas del Estado Empresa de Distribución de Productos e Insumos Venezuela Productiva, C.A., y la Corporación de Comercio y Suministro Socialista, S.A., así como los ajustes necesarios para la optimización de la ejecución del programa social sin fines de lucro denominado Mi Casa Bien Equipada. G.O. n° 41.019 del 28-10-2016.

Decreto n° 2.358, mediante el cual se transfiere a la Empresa del Estado Inmobiliaria Nacional, S.A., la titularidad de la propiedad a modo gratuito y de manera irrevocable, de los terrenos pertenecientes a la República o entes de la Administración Pública Nacional sobre los cuales se han construido desarrollos habitacionales, casas o apartamentos en el marco de la Gran Misión Vivienda Venezuela. G.O. n° 40.931 del 22-06-2016.

Resolución conjunta n° 157, 120, 374, 70 y 3 de los MPP para Hábitat y Vivienda, para la Industria y Comercio, para el Ecosocialismo y Aguas, de Petróleo y para Industrias Básicas, Estratégicas y Socialistas, mediante la cual se designa a las empresas del sector público que ejercerán el derecho de preferencia para la adquisición de residuos sólidos metálicos y chatarra de hierro, aluminio y cobre; se establecen las modalidades de la referida adquisición; la creación del Comité Interministerial; así como las regulaciones sobre el control y demás aspectos establecidos en el Decreto n° 2.258. G.O. n° 40.931 del 22-06-2016.

Resolución n° 1 del MPP para Hábitat y Vivienda, mediante la cual se ordena la transferencia de todos los inmuebles, propiedad de la extinta Fundación para el Equipamiento de Barrios (Fundabarrios), que no hayan sido transferidos a la fecha, constituidos por terrenos que se encuentren amparados en el marco de la Gran Misión Vivienda Venezuela, a la Inmobiliaria Nacional, S.A. G.O. n° 41.072 del 11-01-2017.

Decreto n° 2.712, mediante el cual se ordena incorporar a la Empresa del Estado Corporación de Desarrollo Agrícola, S.A., todas las Unidades de Producción Socialistas Agrícolas (UPSA) y Unidades de Propiedad Social (UPS), pertenecientes a la Empresa del Estado PDVSA Agrícola, S.A. G.O. n° 41.086 del 31-01-2017.

Decreto n° 2.777, mediante el cual se establece que las empresas públicas nacionales deberán tener sus cuentas en divisas en el BCV y/o en el Banco de Desarrollo Económico y Social de Venezuela (BANDES), por lo que dichas empresas no podrán mantener cuentas en moneda extranjera dentro o fuera del país, en entidades financieras distintas, salvo autorización expresa del Presidente de la República, y se crea el Fondo Productivo en Divisas, como apartado de recursos en moneda extranjera que se constituirá como cuenta de orden del tesoro para garantizar la continuidad, control y transparencia de la ejecución de los montos que lo conforman. G.O. n° 41.119 del 22-03-2017.

Resolución n° MINPPAU-030-2017 del MPP de Agricultura Urbana, mediante la cual se regulan las competencias del Vicepresidente de la Corporación Venezolana para la Agricultura Urbana y Periurbana, S.A. G.O. n° 41.207 del 04-08-2017.

Resolución n° 213/17 del MPP para la Juventud y el Deporte, mediante la cual se asume la administración y mantenimiento de las instalaciones deportivas de uso público de su propiedad que en ella se indican. G.O. n° 41.261 del 20-10-2017.

Resolución n° 214/17 del MPP para la Juventud y el Deporte, mediante la cual se establece que el Ejecutivo Nacional, por órgano del MPP para la Juventud y el Deporte, acepta las instalaciones deportivas y demás bienes, cuya propiedad es transferida por la Gobernación del estado Mérida a este ministerio. G.O. n° 41.261 del 20-10-2017.

Decreto n° 3.247, mediante el cual se autoriza a la Empresa Corporación Ecosocialista Ezequiel Zamora, S.A. para la comercialización nacional y exportación de chatarra ferrosa y no ferrosa, chatarra naval, aeronáutica, eléctrica y electrónica, en cualquier condición. G.O. n° 41.323 del 18-01-2018.

Decreto n° 3.189, mediante el cual se transfiere a la Corporación Venezolana de Minería, S.A. o a la filial que ésta designe, así como a la Empresa Nacional Aurífera, S.A., el derecho a desarrollar directamente o por intermedio de un ente del Estado, las actividades previstas en el artículo 1 del Decreto con Rango, Valor y Fuerza de Ley Orgánica que Reserva al Estado las actividades de Exploración y Explotación del Oro, y demás Minerales Estratégicos; e igualmente las actividades contempladas en el artículo 1 del Decreto con Rango y Fuerza de Ley de Minas, en el área geográfica determinada por el MPP de Desarrollo Minero Ecológico, mediante Resolución n° 13 del 01-11-2017. Asimismo se transfiere la propiedad u otros derechos sobre los bienes muebles o inmuebles existentes en el área determinada, los cuales son requeridos para el eficiente ejercicio de las actividades primarias, conexas y auxiliares relativas al aprovechamiento del mineral aurífero. G.O. n° 41.329 del 26-01-2018.

Decreto n° 3.320, mediante el cual se ordena la transferencia del Proyecto Complejo Electrodomésticos Haier, de la Corporación de Industrias Intermedias de Venezuela, S.A. a la Corporación Socialista del Sector Electrodomésticos C.A. G.O. n° 41.359 del 13-03-2018.

Resolución n° 16 del MPP para la Agricultura Productiva y Tierras, mediante la cual se integra al Conglomerado Agrosur, en calidad de asociado, la empresa privada denominada Productora y Distribuidora de Alimentos Cárnicos, C.A. G.O. n° 41.374 del 10-04-2018.

Decreto n° 3.388, mediante el cual se ordena a la C.A. Hidrológica de Venezuela (Hidroven) que, en ejercicio de sus funciones de regulación y control de la prestación de los servicios de agua potable y saneamiento, proceda a la apertura del correspondiente procedimiento administrativo sancionador a la empresa hidrológica Aguas de Mérida, C.A. G.O. n° 41.386 del 27-04-2018.

Decreto n° 3.415, mediante el cual se autoriza a la empresa PDVSA Industrial, S.A., para la comercialización nacional y exportación de chatarra ferrosa, proveniente de Petróleos de Venezuela, S.A., y sus filiales y empresas mixtas. G.O. n° 41.394 del 10-05-2018.

Resolución n° 17 del MPP de Industrias y Producción Nacional, mediante la cual se crea la Vicepresidencia de Planificación Estratégica y Comercialización de la CVG, a la cual le corresponderá establecer procesos centralizados aplicados a los entes del sector público vinculados con la industria del hierro, acero, aluminio y sus actividades conexas, adscritos a la CVG. G.O. n° 41.450 del 31-07-2018.

Resolución n° 22 del MPP de Industria y Producción Nacional, mediante la cual se establece una estructura organizativa con carácter temporal de la CVG, que coexista con la estructura actual, dinamizando sus procesos y permitiendo una planificación estratégica del sector hierro-acero y aluminio. G.O. n° 41.465 del 22-08-2018.

Resolución n° 115 del MPP de Petróleo, mediante la cual se crea la Comisión Técnica para la Reorganización de Petróleos de Venezuela, S.A., y sus empresas filiales, con carácter transitorio. G.O. n° 41.474 del 04-09-2018.

Resolución n° 38 del MPP de Industrias y Producción Nacional, mediante la cual se crea la Vicepresidencia de Asuntos para el Trabajo, las Trabajadoras y los Trabajadores de la CVG. G.O. n° 41.520 del 08-11-2018.

Decreto n° 3.741, mediante el cual se autoriza a la Compañía Anónima Nacional Teléfonos de Venezuela (Cantv) y sus filiales, a la desincorporación de bienes y al aprovechamiento de los residuos sólidos metálicos y no metálicos generados de esa desincorporación, a través de su comercialización o el intercambio por bienes y servicios requeridos para la optimización de la prestación del servicio público que presta, mediante la suscripción de alianzas estratégicas con empresas nacionales o extranjeras. G.O. n° 41.566 del 17-01-2019.

Decreto n° 3.870, mediante el cual se transfiere a la Corporación Venezolana de Minería, S.A., o la filial que este designe, el derecho al ejercicio de las actividades primarias de exploración y explotación de oro y demás minerales estratégicos, previstas en el artículo 1 del Decreto con Rango, Valor y Fuerza de Ley Orgánica que Reserva al Estado las Actividades de Exploración y Explotación del Oro y Demás Minerales Estratégicos, en las áreas geográficas determinadas por el MPP de Desarrollo Minero Ecológico. G.O. n° 41.650 del 07-06-2019.

Decreto n° 3.871, mediante el cual se transfiere a la Corporación Venezolana de Minería S.A., el derecho al ejercicio de las actividades primarias de exploración y explotación del carbón, previstas en el artículo 1 del Decreto con Rango, Valor y Fuerza de Ley Orgánica que Reserva al Estado las Actividades de Exploración y Explotación del Oro y Demás Minerales Estratégicos, en las áreas geográficas determinadas por el MPP de Desarrollo Minero Ecológico. G.O. n° 41.650 del 07-06-2019.

Decreto n° 3.907, mediante el cual se autoriza a la Empresa del Estado Conglomerado Agrosur, S.A., para suscribir contratos de crédito con el sector bancario nacional y para el endeudamiento hasta por la cantidad que en él se indica. G.O. n° 41.670 del 09-07-2019.

Decreto n° 4.098, mediante el cual se incorporan a la Empresa Nacional de Sistemas de Silos y Almacenaje, S.A., las plantas de silos propiedad estatal que en él se mencionan. G.O. n° 41.802 del 17-01-2020.

Resolución n° 10 del MPP de Desarrollo Minero Ecológico, mediante la cual se determina las áreas geográficas en las cuales la Corporación Venezolana de Minería S.A. o la filial que ésta designe, ejecute las actividades previstas en los artículos 1 y 4 del Decreto con Rango, Valor y Fuerza de Ley Orgánica que Reserva al Estado las actividades de Exploración y Explotación del Oro, y demás Minerales Estratégicos en los espacios fluviales determinados por la presente Resolución, los cuales están ubicados en el área geográfica de la Zona de Desarrollo Estratégico Nacional Arco Minero del Orinoco. G.O. n° 6.526 Extraordinario del 08-04-2020.

Decreto n° 4.222, mediante el cual se autoriza a la Empresa del Estado Conglomerado Agrosur, S.A., al endeudamiento hasta por la cantidad de Bs. 4.588.758.282.515,62, distribuido entre las instituciones que operan en el sector bancario venezolano, según lo acuerden el Comité Rector de la Cartera Única Productiva Nacional. G.O. n° 41.893 del 03-06-2020.

Resolución n° 23-20 del MPP de Industrias y Producción Nacional, mediante la cual se establece la Estructura Organizativa de la CVG, en el marco del Régimen Especial y Transitorio para la Gestión Operativa y Administrativa de la Industria Nacional Hierro, Acero y Aluminio y sus Actividades Conexas. G.O. n° 42.044 del 11-01-2021.

Resolución n° 6 del MPP para la Agricultura Productiva y Tierras, mediante la cual se instruye a los entes, con o sin fines empresariales, adscritos en cualquier grado a este ministerio, sujetarse a la rectoría productiva y financiera que se dicte, a través de la Empresa del Estado Conglomerado Agrosur, S.A., en el marco de los preceptos contenidos en la Ley Constituyente que crea el Conglomerado Agrosur. G.O. n° 42.306 del 27-01-2022.

Providencia n° 3 del Fondo de Inversión Misión Negro Primero, S.A., mediante la cual se dicta el Reglamento Interno del Fondo de Inversión Misión Negro Primero, S.A. G.O. n° 42.530 del 20-12-2022.

Providencia n° 14 del Conglomerado Agrosur, S.A., mediante la cual se establece el Reglamento Interno del Conglomerado Agrosur, S.A. G.O. n° 42.676 del 21-07-2023.

Resolución n° 22 del MPP de Petróleo, mediante la cual se transfiere a la empresa Petrosur, S.A., el derecho a desarrollar actividades primarias de exploración en busca de yacimientos de petróleo crudo pesado y extrapesado, la extracción de tales petróleos crudos en su estado natural, y su recolección, transporte y almacenamientos iniciales, de conformidad con el artículo 9 de la Ley Orgánica de Hidrocarburos, en el área geográfica delimitada por el MPP de Petróleo. G.O. n° 42.702 del 29-08-2023.

Decreto n° 4.937, mediante el cual se ordena la reforma del Decreto n° 6.986 publicado en la G.O. n° 39.289 de 21-10-2009 sobre la creación de la empresa mixta Petroquiriquire, S.A. G.O. n° 6.801 Extraordinario del 17-04-2024.

G. Fundaciones del Estado[116]

Decreto n° 1.684, mediante el cual se ordena a partir del 01-01-2015 la reestructuración y reorganización administrativa y funcional de la Fundación Teatro Teresa Carreño. G.O. n° 40.631 del 30-03-2015.

116 Véase también: § Misiones; Auditoría y control interno.

Providencia n° 1 de la Fundación Teatro Teresa Carreño, mediante la cual se dicta el Reglamento Interno de Funcionamiento de la Junta Reestructuradora. G.O. n° 40.667 del 25-05-2015.

Decreto n° 1.783, mediante el cual se autoriza la creación de una Fundación del Estado que se denominará Fundación Movimiento por la Paz y la Vida. G.O. n° 40.668 del 26-05-2015.

Decreto n° 1.718, mediante el cual se autoriza la creación de la fundación que se denominará Fundación Cultural de Miranda. G.O. n° 40.644 del 21-04-2015, reimpresión en G.O. n° 40.675 del 04-06-2015.

Providencia n° 25-2015 de la Fundación Barrio Nuevo Tricolor, mediante la cual se crean las Unidades Administrativas Desconcentradas de esta fundación, en las entidades territoriales que en ella se especifican. G.O. n° 40.709 del 23-07-2015.

Resolución n° 604 del MPP para Educación Universitaria, Ciencia y Tecnología, mediante la cual se continúa con el proceso de Liquidación y Supresión de la Fundación Centro Nacional de Innovación Tecnológica (CENIT). G.O. n° 40.779 del 02-11-2015.

Decreto n° 2.180, mediante el cual se suprime y se ordena la liquidación de la Fundación Vicente Emilio Sojo. G.O. n° 40.821 del 05-01-2016.

Decreto n° 2.211, mediante el cual se autoriza la creación de una Fundación del Estado, la cual se denominará Fundación Escuela para el Fortalecimiento del Poder Popular. G.O. n° 40.839 del 29-01-2016.

Providencia n° 1-2016 de la Junta Liquidadora de la Fundación Vicente Emilio Sojo, mediante la cual se dicta el Reglamento Interno de Funcionamiento de la Junta Liquidadora. G.O. n° 40.894 del 02-05-2016.

Decreto n° 2.338, mediante el cual se prorroga por un año la reestructuración de la Fundación Teatro Teresa Carreño. G.O. n° 40.913 del 27-05-2016.

Decreto n° 2.372, mediante el cual se cambia la denominación de la Fundación Escuela de Gerencia Social, creada mediante Decreto n° 552 en G.O. n° 34.329 del 19-10-1989, por la Fundación Instituto Venezolano de Planificación Aplicada. G.O. n° 40.942 del 12-07-2016, reimpresión en G.O. n° 40.943 del 13-07-2016.

Decreto n° 2.423, mediante el cual se autoriza la creación de una Fundación del Estado, la cual se denominará Fundación Movimiento Bolivariano Revolucionario de la Reserva Activa General en Jefe Félix Antonio Velásquez. G.O. n° 40.961 del 08-08-2016.

Decreto n° 2.470, mediante el cual se autoriza la creación de una Fundación del Estado, la cual se denominará Fundación Jóvenes del Barrio Antonio Cermeño. G.O. n° 41.003 del 05-10-2016.

Decreto n° 2.476, mediante el cual se ordena iniciar el proceso de reorganización de la Fundación de Capacitación e Innovación para Apoyar la Revolución Agraria (CIARA), con la finalidad de adecuar sus competencias y estructura organizacional a los nuevos lineamientos dictados por el Ejecutivo Nacional. G.O. n° 41.004 del 06-10-2016.

Decreto n° 2.876, mediante el cual se modifica la denominación de la Fundación Centro Nacional de Historia, quedando con la siguiente denominación Fundación Centro Nacional de Estudios Históricos. G.O. n° 41.154 del 19-05-2017.

Decreto n° 3.253, mediante el cual se autoriza la creación de una Fundación del Estado que se denominará Escuela Feminista del Sur Argelia Laya. G.O. n° 41.327 del 24-01-2018.

Decreto n° 3.254, mediante el cual se autoriza la creación de una Fundación del Estado, la cual se denominará Fundación Patria. G.O. n° 41.327 del 24-01-2018.

Decreto n° 3.511, mediante el cual se autoriza la creación de la Fundación Radio Miraflores. G.O. n° 41.432 del 03-07-2018.

Decreto n° 3.738, mediante el cual se autoriza la creación de una Fundación del Estado que se denominará Centro Internacional de Estudios para la Descolonización Luis Antonio Bigott. G.O. n° 41.563 del 14-01-2019.

Decreto n° 3.749, mediante el cual se autoriza el cambio de denominación de la Fundación Nacional de Parques Zoológicos y Acuarios, la cual pasa a denominarse Fundación Nacional de Parques Zoológicos, Zoocriaderos y Acuarios. G.O. n° 41.575 del 30-01-2019.

Decreto n° 3.758, mediante el cual se autoriza la creación de una Fundación del Estado, que se denominará Fundación Venezolana de Investigación, Desarrollo e Innovación para el Transporte (Fuvidit). G.O. n° 41.579 del 05-02-2019.

Decreto n° 3.851, mediante el cual se autoriza la creación de la Fundación Fondo Intergubernamental del Servicio de Policía. G.O. n° 41.635 del 17-05-2019.

Providencia n° 2 de la Fundación Escuela Venezolana de Planificación, mediante la cual se procede a la publicación del Reglamento Interno de la Fundación. G.O. n° 41.652 del 11-06-2019.

Decreto n° 3.943, mediante el cual se autoriza la creación de la Fundación Fondo para la Prevención y Administración de Desastres. G.O. n° 41.690 del 08-08-2019.

Decreto n° 3.960, mediante el cual se autoriza la creación de una Fundación del Estado, que se denominará Fundación para la Unificación Técnica de la Investigación, Capacitación y Extensionismo en el

Fortalecimiento del Sector Agroalimentario Nacional. G.O. n° 41.695 del 15-08-2019.

Resolución n° 49 del MPP para la Ciencia y Tecnología, mediante la cual se da por concluido el Proceso de Supresión y Liquidación de la Fundación Centro Nacional de Innovación Tecnológica (CENIT). G.O. n° 41.696 del 16-08-2019.

Providencia n° 1 de la Fundación Patria, mediante la cual se dicta el Reglamento Interno de Organización y Funcionamiento de la Fundación. G.O. n° 41.722 del 23-09-2019.

Providencia n° 3 de la Fundación Escuela Venezolana de Planificación, mediante la cual se procede a publicar el Proyecto Reglamento General de los Estudios de Post Grado de la Fundación. G.O. n° 41.722 del 23-09-2019, reimpresión en G.O. n° 41.723 del 24-09-2019.

Providencia n° 4 de la Fundación Escuela Venezolana de Planificación, mediante la cual se procede a publicar el Proyecto Reglamento de Ingresos del Personal Docente Investigador de la Fundación. G.O. n° 41.723 del 24-09-2019.

Decreto n° 4.210, mediante el cual se autoriza la creación de una Fundación del Estado, la cual se denominará Fundación Centro Nacional de Genética Médica Dr. José Gregorio Hernández. G.O. n° 41.885 del 22-05-2020.

Decreto n° 4.269, mediante el cual se autoriza la creación de una Fundación del Estado, la cual se denominará Fundación Instituto Simón Bolívar para la Paz y la Solidaridad entre los Pueblos. G.O. n° 41.946 del 19-08-2020.

Decreto n° 4.303, mediante el cual se autoriza la creación de una Fundación del Estado, la cual se denominará Centro Científico Nacional del Ozono. G.O. n° 41.964 del 14-09-2020.

Decreto n° 4.357, mediante el cual se autoriza la creación de una Fundación del Estado, denominada Centro de Estudios Simón Bolívar. G.O. n° 41.994 del 27-10-2020.

Decreto n° 4.382, mediante el cual se autoriza la creación de la Fundación del Estado denominada Fondo Autoadministrado de Salud para el MPP para la Energía Eléctrica, sus órganos integrados y entes Adscritos. G.O. n° 42.011 del 19-11-2020.

Decreto n° 4.427, mediante el cual se autoriza la creación de una Fundación del Estado, la cual se denominará Instituto Marca País. G.O. n° 42.058 del 29-01-2021.

Providencia n° 1-2021 de la FASMIJ, mediante la cual se dicta el Reglamento Interno de la Fundación Fondo Administrativo de Salud para el MPP para Relaciones Interiores, Justicia y Paz, de sus Órganos y Entes adscritos. G.O. n° 42.132 del 21-05-2021.

Providencia n° 2-2021 de la FUNDAPRET, mediante la cual se dicta el Reglamento Interno de la Fundación Venezolana para la Prevención y Tratamiento del Consumo de Drogas. G.O. n° 42.181 del 02-08-2021.

Decreto n° 4.691, mediante el cual se autoriza la creación de una Fundación del Estado, la cual se denominará Fundación Aristóbulo Isturiz. G.O. n° 42.383 del 24-05-2022.

Decreto n° 4.727, mediante el cual se autoriza la creación de la Fundación Servicio de Alimentación para los Trabajadores y Trabajadoras del Sector Eléctrico Nacional. G.O. n° 42.446 del 23-08-2022.

Decreto n° 4.745, mediante el cual se autoriza la creación de una Fundación del Estado, la cual se denominará Instituto de Estudios Económicos y Tecnológicos. G.O. n° 42.495 del 01-11-2022.

Decreto n° 4.772, mediante el cual se autoriza la creación de la Fundación Estadio Monumental de Caracas Simón Bolívar. G.O. n° 42.557 del 26-01-2023.

Decreto n° 4.869, mediante el cual se modifica la denominación de la Fundación Centro de Estudios Latinoamericanos Rómulo Gallegos, quedando en adelante como Fundación Centro de Estudios Latinoamericanos y del Caribe Rómulo Gallegos, pudiendo utilizar la abreviatura de CELARG. G.O. n° 42.722 del 26-09-2023.

Resolución n° 229 del MPP para la Ciencia y Tecnología, mediante la cual se reactiva el funcionamiento de la Fundación para el Desarrollo de la Ciencia y la Tecnología en el estado Vargas (Fundacite Vargas), ahora Fundación para el Desarrollo de la Ciencia y la Tecnología en el estado La Guaira (Fundacite La Guaira). G.O. n° 42.843 del 20-03-2024.

Resolución n° 244 del MPP para la Ciencia y Tecnología, mediante la cual se reactiva el funcionamiento de la Fundación para el Desarrollo de la Ciencia y la Tecnología del Distrito Metropolitano de Caracas (Fundacite Distrito Metropolitano de Caracas), ahora Fundación para el Desarrollo de la Ciencia y la Tecnología de Caracas (Fundacite Caracas). G.O. n° 42.847 del 26-03-2024.

Decreto n° 4.953, mediante el cual se cambia la denominación de la Fundación Dr. Alejandro Próspero Réverend, creada mediante Decreto n° 5.348 de 11-05-2007, a Fundación Dr. Salvador Allende. G.O. n° 42.883 del 21-05-2024.

Decreto n° 5.018, mediante el cual se autoriza la creación de una Fundación del Estado que se denominará Centro de Investigaciones Científicas para la Medicina Tradicional y Ancestral. G.O. n° 42.986 del 16-10-2024.

Decreto n° 5.019, mediante el cual se autoriza la creación de una Fundación del Estado que se denominará Centro Nacional de Investigación, Desarrollo e Innovación del Cacao. G.O. n° 42.986 del 16-10-2024.

H. Misiones[117]

Decreto n° 1.782, mediante el cual se autoriza la creación de una Fundación del Estado, la cual se denominará Fundación Misión Árbol. G.O. n° 40.668 del 26-05-2015.

Decreto n° 2.010, mediante el cual se crea la Misión Socialista Nueva Frontera de Paz. G.O. n° 40.744 del 11-09-2015.

Decreto n° 2.267, mediante el cual se crea la Tarjeta de las Misiones Socialistas para los Hogares de la Patria como instrumento de apoyo para garantizar el otorgamiento de subsidios destinados a la alimentación y la salud, con el fin de atender efectivamente a las familias en situación de pobreza, pobreza extrema y situaciones de vulnerabilidad. G.O. n° 40.864 del 08-03-2016.

Reglamento Parcial del Decreto con Rango, Valor y Fuerza de Ley Orgánica de Misiones, Grandes Misiones y Micro Misiones, sobre el Fondo Nacional de Misiones. G.O. n° 40.872 del 18-03-2016.

Decreto n° 2.367, mediante el cual se crea la Gran Misión Abastecimiento Soberano para el impulso, desde las bases del Poder Popular y la unión cívico militar, de los motores agroalimentario, de producción y distribución de fármacos y de la industria de productos para la higiene personal y aseo del hogar. G.O. n° 40.941 del 11-07-2016, reimpresión en G.O. n° 40.949 del 21-07-2016.

Decreto n° 2.502, mediante el cual se instrumentan los procedimientos que permitan realizar en forma adecuada y expedita la elaboración, inscripción registral o protocolización de los documentos donde conste la constitución, modificación, extinción o transmisión de derechos sobre los terrenos y las viviendas construidas en el marco de la Gran Misión Vivienda Venezuela y demás programas, planes o proyectos del Estado, que tengan como objetivo la satisfacción del derecho constitucional a la vivienda y a la propiedad. G.O. n° 41.018 del 27-10-2016.

Decreto n° 2.532, mediante el cual se reformula la estructura y contenidos de la Gran Misión A Toda Vida Venezuela y la Fundación Gran Misión A Toda Vida Venezuela. G.O. n° 41.023 del 03-11-2016.

Decreto n° 2.551, mediante el cual se crea el Órgano Superior de la Misión Transporte. G.O. n° 41.033 del 17-11-2016.

---

117 Véase también: § Exoneraciones; Operativos y planes de seguridad ciudadana; Encaje legal; Carteras de crédito; Universidades nacionales; Vivienda y hábitat; Transporte público.

Decreto n° 2.600, mediante el cual se autoriza la creación de una Fundación del Estado la cual se denominará Fundación Misión Jóvenes de la Patria Robert Serra. G.O. n° 41.051 del 13-12-2016.

Decreto n° 2.718, mediante el cual se autoriza la creación de la Misión Justicia Socialista, con personalidad jurídica, patrimonio propio y naturaleza fundacional. G.O. n° 41.090 del 07-02-2017.

Decreto n° 2.768, mediante el cual se autoriza el cambio de denominación de la Fundación Misión Madres del Barrio Josefa Joaquina Sánchez, pasando a denominarse Fundación Gran Misión Hogares de la Patria. G.O. n° 41.118 del 21-03-2017.

Decreto n° 2.779, mediante el cual se establece que la Misión Justicia Socialista, se denominará Gran Misión Justicia Socialista, con carácter de Consejo Nacional. G.O. n° 41.120 del 23-03-2017, reimpresión en G.O. n° 41.121 del 24-03-2017.

Decreto n° 3.338, mediante el cual se dicta la reforma del Decreto n° 194 publicado en la G.O. n° 40.272 del 15-10-2013, donde se crea la Gran Misión Negro Primero. G.O. n° 41.369 del 03-04-2018.

Decreto n° 3.485, mediante el cual se crea la Gran Misión Chamba Juvenil. G.O. n° 41.429 del 28-06-2018.

Decreto n° 3.745, mediante el cual se crea la Gran Misión Venezuela Bella. G.O. n° 41.570 del 23-01-2019.

Decreto n° 3.756, mediante el cual se crea la Gran Misión Transporte Venezuela. G.O. n° 41.579 del 05-02-2019.

Decreto n° 3.873, mediante el cual se crea la Misión Venezuela Bella. G.O. n° 41.650 del 07-06-2019.

Decreto n° 3.963, mediante el cual se autoriza la creación de una Fundación del Estado, la cual se denominará Fundación Misión Venezuela Bella. G.O. n° 41.696 del 16-08-2019.

Decreto n° 3.989, mediante el cual se autoriza la creación de una Fundación del Estado, la cual se denominará Fundación Bases de Misiones Socialistas. G.O. n° 41.722 del 23-09-2019.

Resolución n° 45 del MPP para el Transporte, mediante la cual se dicta el instructivo de funcionamiento del Órgano Estadal de la Gran Misión Transporte Venezuela. G.O. n° 41.766 del 22-11-2019.

Decreto n° 4.078, mediante el cual se crea la Gran Misión Cuadrantes de Paz, concebida como un conjunto concentrado de políticas públicas con alcance nacional y expresión focal en micro territorios denominados Cuadrantes de Paz. G.O. n° 41.786 del 20-12-2019.

Decreto n° 4.199, mediante el cual se reforma el Decreto n° 3.788 del 21-03-2019, mediante el cual se fortalece a la Corporación Socialista del Sector Automotor, C.A. (Corsoauto), en el Marco de la Gran Misión Transporte Venezuela. G.O. n° 41.877 del 12-05-2020.

Resolución n° 67 del MPP para Relaciones Interiores, Justicia y Paz, mediante la cual se crean e incorporan dos vértices de acción que integrarán la Gran Misión Cuadrantes de Paz. G.O. n° 42.109 del 20-04-2021.

Resolución n° 31 del MPP para la Educación Universitaria, mediante el cual se homóloga el trayecto inicial de los Programas Nacionales de Formación en el marco de la Misión Sucre y la Misión Alma Mater. G.O. n° 42.117 del 30-04-2021.

Ley de la Gran Misión Chamba Juvenil. G.O. n° 6.633 Extraordinario del 07-07-2021.

Ley Orgánica de Reforma del Decreto con Rango, Valor y Fuerza de Ley Orgánica de Misiones, Grandes Misiones y Micromisiones. G.O. n° 6.666 Extraordinario del 11-11-2021.

Providencia n° 3-2024 de la Fundación Misión Venezuela Bella, mediante la cual se dicta el Reglamento Interno de Organización y Funcionamiento de la Fundación. G.O. n° 42.845 del 22-03-2024.

I. Procuraduría General de la República[118]

Resolución n° 1 de la PGR, mediante la cual se establece que el Gerente General Administrativo, además de las competencias atribuidas en el Reglamento Interno, tendrá las competencias que en ella se especifican. G.O. n° 40.574 del 06-01-2015.

Resolución n° 4 de la PGR, mediante la cual se establece que el Gerente General de Asesoría Jurídica, además de las competencias atribuidas en el Reglamento Interno, tendrá la firma de los documentos y actos que en ella se indican. G.O. n° 40.605 del 20-02-2015.

Resolución n° 53 de la PGR, mediante la cual la Supervisora de Oficina Centro Occidental, además de las competencias atribuidas en el Reglamento Interno, tendrá la firma de los documentos y actos que en ella se mencionan. G.O. n° 40.706 del 20-07-2015.

Decreto con Rango Valor y Fuerza de Ley Orgánica de la PGR. G.O. n° 6.210 Extraordinario del 30-12-2015, reimpresión en G.O. n° 6.220 Extraordinario del 15-03-2016.

Resolución n° 11 de la PGR, mediante la cual se dicta el Reglamento sobre el Régimen de Jubilaciones del Personal de este Organismo. G.O. n° 41.056 del 20-12-2016.

Resolución n° 28 de la PGR, mediante la cual se reforma el Reglamento sobre el Régimen de Jubilaciones del Personal. G.O. n° 41.277 del 13-11-2017.

[118] Véase también: § Auditoría y control interno.

Resolución n° 31 de la PGR, mediante la cual se dicta el Reglamento Interno de la PGR. G.O. n° 41.301 del 15-12-2017.

Resolución n° 2 de la PGR, mediante la cual se dicta el Reglamento sobre el Régimen de Jubilaciones y Pensiones del Personal de la PGR. G.O. n° 41.572 del 25-01-2019.

Resolución n° 15 de la PGR, mediante la cual se dicta el Reglamento Interno de la PGR. G.O. n° 41.801 del 16-01-2020.

Resolución n° 1 del PGR, mediante la cual se crea y declara el cargo de Gerente Adjunto como cargo directivo de libre nombramiento y remoción, de esta Procuraduría. G.O. n° 41.835 del 09-03-2020.

3. Poder Judicial

A. Normativa

Acuerdo de la TSJ/SP, mediante el cual se dicta el Reglamento del Procedimiento Electrónico para la Solicitud de Datos al BCV. G.O. n° 40.616 del 09-03-2015.

Resolución n° 2-2015 de la Corte Disciplinaria Judicial, mediante la cual se acordó reiniciar las actividades del Despacho de esta Jurisdicción el día 03-11-2015. G.O. n° 40.778 del 30-10-2015.

Resolución conjunta n° 299, 682.1, 176, 11854 y 1030 de la TSJ/SP, Ministerio Público, Defensa Pública, MPP para Relaciones Interiores, Justicia y Paz, para la Defensa y para el Servicio Penitenciario, mediante la cual se implementan las políticas públicas pertinentes y necesarias, por parte de las instituciones que conforman el Sistema de Justicia, dentro del ámbito de sus competencias, para garantizar de forma oportuna la celebración de las audiencias judiciales, siempre y cuando las mismas no comprometan la correcta operatividad del módulo denominado agenda única. G.O. n° 40.780 del 03-11-2015.

Código de Ética del Juez Venezolano y Jueza Venezolana. G.O. n° 6.207 Extraordinario del 28-12-2015.

Acuerdo de la TSJ/SP, mediante el cual se dictan las normas de evaluación y concurso de oposición para el ingreso y ascenso a la función judicial. G.O. n° 40.972 del 23-08-2016.

Resolución n° 154 de la Dirección Ejecutiva de la Magistratura, mediante la cual se establece que las Direcciones Administrativas Regionales de este organismo contratarán la adquisición de bienes y la prestación de servicios, conforme a lo dispuesto en la modalidad de selección de consulta de precios regulada en la ley que en ella se indica. G.O. n° 41.039 del 25-11-2016.

Resolución n° 2016-17 de la TSJ/SP, mediante la cual se modifica el articulado de la Resolución n° 2014-0011, donde se implementa el Sistema integrado de Información Jurisdiccional de Niños, Niñas y Adolescentes del TSJ. G.O. n° 41.042 del 30-11-2016.

Resolución n° 2016-16 de la TSJ/SP, mediante la cual se dictan las normas que regulan la rotación de jueces y juezas de los Circuitos Judiciales Penales. G.O. n° 41.042 del 30-11-2016.

Resolución n° 2016-468 de la Comisión Judicial, mediante la cual se acuerda el llamado a concurso de oposición para el ingreso de jueces y juezas no titulares y en funciones actualmente, a los fines de regularizar progresivamente la titularidad de los mismos en las vacantes respectivas, según corresponda, en las materias jurisdiccionales penales, sociales y contencioso administrativo. G.O. n° 41.048 del 08-12-2016.

Resolución n° 2016-22 de la TSJ/SP, mediante la cual se dicta el Reglamento de Funcionamiento de la Inspectoría General de Tribunales. G.O. n° 41.092 del 09-02-2017.

Resolución de la TSJ/SP, mediante la cual se dicta el Reglamento General y de Funcionamiento de la Jurisdicción Especial de la Justicia de Paz Comunal. G.O. n° 41.092 del 09-02-2017.

Resolución n° 2016-21 de la TSJ/SP, mediante la cual se dictan las normas de adecuación administrativa y tecnológicas que regularán los copiadores de sentencia, y los libros de registros que lleven los Tribunales de los Circuitos en las Sedes Judiciales y de las copias certificadas que éstos expidan. G.O. n° 41.117 del 20-03-2017.

Comunicado Oficial del TSJ, mediante el cual apegado al principio constitucional de colaboración de las ramas del Poder Público en la realización de los fines del Estado, atiende el exhorto efectuado por el Consejo de Defensa Nacional. G.O. n° 41.127 del 03-04-2017.

Acuerdo n° 1 del Tribunal Disciplinario Judicial, mediante el cual se dictan las reglas para la expedición de copias simples en formato digital de los expedientes que cursen en el archivo del Tribunal Disciplinario Judicial y su oficina de sustanciación. G.O. n° 41.203 del 31-07-2017.

Resolución n° 2017-10 de la TSJ/SP, mediante la cual se crea la Coordinación Nacional del Sistema Penal de Responsabilidad del Adolescente, para desarrollar y diseñar políticas judiciales destinadas a mejorar y optimizar el Sistema de Administración de Justicia sobre la materia. G.O. n° 41.286 del 24-11-2017.

Reglamento del Sistema de Distinción y Reconocimiento Institucional del Poder Judicial Venezolano. G.O. n° 41.321 del 16-01-2018.

Reglamento Interno de la Comisión Nacional de Justicia de Género del Poder Judicial de la República Bolivariana de Venezuela. G.O. n° 41.321 del 16-01-2018.

Aviso Oficial de la TSJ/SP, mediante el cual se corrige por error material el Reglamento del Sistema de Distinción y Reconocimiento Institucional del Poder Judicial Venezolano. G.O. n° 41.351 del 01-03-2018.

Resolución n° 2017-24 de la TSJ/SP, mediante la cual se crean las condiciones socioculturales desde el Poder Judicial, a través del uso del lenguaje inclusivo en la palabra hablada, en los documentos y resoluciones emanadas de este Alto Tribunal con el propósito de visibilizar a las mujeres, las niñas y las adolescentes que acuden al Sistema de Justicia en ejercicio de sus derechos y en igualdad de condiciones. G.O. n° 41.421 del 18-06-2018.

Resolución n° 2017-19 de la TSJ/SP, mediante la cual se establece el procedimiento a seguir para la aplicación del Convenio de La Haya del 25-10-1980, sobre los aspectos civiles de la sustracción internacional de menores, en todos los Circuitos o Tribunales de Protección de Niños, Niñas y Adolescentes a nivel Nacional. G.O. n° 41.461 del 15-08-2018.

Acuerdo de la TSJ/SP, mediante el cual se institucionaliza la celebración en nuestro Poder Judicial a nivel nacional del 8 de marzo, Día Internacional de la Mujer. G.O. n° 41.461 del 15-08-2018.

Resolución n° 2018-14 de la TSJ/SP, mediante la cual se crea el expediente judicial electrónico, con el objeto de sustituir los expedientes actuales en papel de todos los tribunales con competencia en materia de delitos de violencia contra la mujer y tribunales del sistema penal de responsabilidad del adolescente. G.O. n° 41.620 del 25-04-2019.

Resolución n° 2020-7 de la TSJ/SP, mediante la cual se prorroga el plazo establecido en la Resolución n° 6-2020, dictada por la TSJ/SP el 12-08-2020. G.O. n° 42.001 del 05-11-2020.

Resolución n° 2020-8 de la TSJ/SP, mediante la cual los Tribunales de la República laboraran en la forma que en ella se especifica. G.O. n° 42.001 del 05-11-2020.

Resolución n° 2021-12 de la TSJ/SP, mediante la cual se regulan las audiencias constitucionales y actos orales de informes de la Sala Electoral del TSJ con presencia telemática. G.O. n° 42.201 del 30-08-2021.

Resolución n° 2021-11 de la TSJ/SP, mediante la cual se establece las normas generales que regularán la suscripción y publicación de decisiones con firma digital, práctica de citaciones y notificaciones electrónicas y la emisión de copias simples o certificadas por vía electrónica relacionado con los procesos seguidos ante la Sala Político-Administrativa del TSJ y su Juzgado de Sustanciación. G.O. n° 42.243 del 28-10-2021.

Ley Orgánica de Reforma de la Ley Orgánica del TSJ. G.O. n° 6.684 Extraordinario del 19-01-2022.

Resolución n° 2019-26 de la TSJ/SP, mediante la cual se modifica el séptimo considerando de la Resolución n° 2017-0019 del 04-10-2017. G.O. n° 42.445 del 22-08-2022.

Resolución n° 2022-7 de la TSJ/SP, mediante la cual se dicta las normas que regulan los planes y beneficios de jubilación, de carácter especial, para los jueces y juezas, y demás funcionarios y empleados administrativos y judiciales al servicio del Poder Judicial. G.O. n° 42.570 del 14-02-2023.

Resolución n° 120 de la Dirección Ejecutiva de la Magistratura, mediante la cual se crea el reconocimiento Día de la Trabajadora y Trabajador Tribunalicio, el cual está destinado a estimular y reconocer al personal tribunalicio a nivel nacional. G.O. n° 42.892 del 03-06-2024.

B. Competencia

Resolución n° 2014-19 de la TSJ/SP, mediante la cual se modifican los artículos que en ella se indican de la Resolución n° 2004-0009 sobre el Circuito Judicial Penal Militar. G.O. n° 40.604 del 19-02-2015.

Resolución n° 2014-15 de la TSJ/SP, mediante la cual se atribuye la competencia territorial transitoria de los municipios que en ella se mencionan, al Juzgado Primero de Primera Instancia Agrario de la Circunscripción Judicial del estado Aragua, con sede en Turmero y con competencia territorial en los municipios que en ella se señalan, hasta tanto se implemente e inicie actividades en el Juzgado que en ella se indica. G.O. n° 40.616 del 09-03-2015.

Resolución n° 2014-34 de la TSJ/SP, mediante la cual se crea el Juzgado Superior Estadal Contencioso Administrativo de la Circunscripción Judicial del Estado Bolivariano de Miranda. G.O. n° 40.616 del 09-03-2015.

Resolución n° 2014-35 de la TSJ/SP, mediante la cual se crea el Juzgado Superior Estadal Contencioso Administrativo de la Circunscripción Judicial del Estado Yaracuy G.O. n° 40.616 del 09-03-2015.

Resolución n° 2014-36 de la TSJ/SP, mediante la cual se cambia la ubicación geográfica del Juzgado Agrario Segundo de Primera Instancia de la Circunscripción Judicial del estado Aragua, desde el municipio San Sebastián de los Reyes al municipio Camatagua del estado Aragua, manteniendo la competencia que le fue asignada en los municipios que en ella se indican. G.O. n° 40.616 del 09-03-2015.

Resolución n° 2014-38 de la TSJ/SP, mediante la cual se le suprime al Juzgado Vigésimo Quinto de Municipio de la Circunscripción Judicial del Área Metropolitana de Caracas, la competencia exclusiva y excluyente para recibir cánones de arrendamientos de inmuebles en materia de viviendas y locales comerciales. G.O. n° 40.616 del 09-03-2015.

Resolución n° 2014-41 de la TSJ/SP, mediante la cual se traslada a la ciudad de Valera la sede de la Primera Instancia del Circuito Judicial con Competencia en Delitos de Violencia contra la Mujer del estado Trujillo, constituida de la forma que en ella se señala. G.O. n° 40.616 del 09-03-2015.

Resolución n° 2014-42 de la TSJ/SP, mediante la cual se crea, organiza y pone en funcionamiento los Juzgados de Primera Instancia Municipal en Funciones de Control, de los estados que en ella se indican. G.O. n° 40.616 del 09-03-2015.

Resolución n° 2014-37 de la TSJ/SP, mediante la cual se otorga competencia territorial para el conocimiento de las causas en materia de delitos de violencia contra la mujer, de la extensión Tumeremo del Circuito Judicial con Competencia de Delitos de Violencia Contra la Mujer del estado Bolívar. G.O. n° 40.635 del 08-04-2015.

Resolución n° 2014-43 de la TSJ/SP, mediante la cual se crea un Tribunal de Juicio y un Tribunal de Ejecución para el conocimiento de las causas en materia de delitos de violencia contra la mujer en los Tribunales con Competencia en Delitos de Violencia contra la Mujer de la extensión Tumeremo del Circuito Judicial con Competencia en Delitos contra la Mujer del estado Bolívar. G.O. n° 40.635 del 08-04-2015.

Resolución n° 2014-16 de la TSJ/SP, mediante la cual se atribuyen competencias de protección de niños, niñas y adolescentes a los tribunales que en ella se especifican, de los estados que en ella se mencionan, para conocer de los procedimientos contenciosos, de jurisdicción voluntaria y solicitudes que se encuentren en trámite y las nuevas que le sean distribuidas a los referidos órganos jurisdiccionales. G.O. n° 40.639 del 14-04-2015.

Resolución n° 2014-17 de la TSJ/SP, mediante la cual se modifican los artículos 22 y 24 de la Resolución n° 2014-004 con la que se creó Tribunales de Protección de Niños, Niñas y Adolescentes en la Circunscripción Judicial del estado Anzoátegui. G.O. n° 40.639 del 14-04-2015.

Resolución n° 2015-2 de la TSJ/SP, mediante la cual se crea, organiza y pone en funcionamiento los Juzgados de Primera Instancia Municipal en Funciones de Control que en ella se especifican. G.O. n° 40.681 del 12-06-2015.

Resolución n° 2015-6 de la TSJ/SP, mediante la cual se constituyen los Tribunales Especiales de Primera Instancia y Salas Especiales de la Corte de Apelaciones del Circuito Judicial Penal del Área Metropolitana de Caracas. G.O. n° 40.693 del 01-07-2015.

Resolución n° 2015-7 de la TSJ/SP, mediante la cual se reforma la Resolución n° 2012-0026, en la cual se crea y constituye los Tribunales Especiales con competencia exclusiva para conocer y decidir casos por ilícitos penales vinculados al terrorismo. G.O. n° 40.693 del 01-07-2015.

Resolución n° 2015-11 de la TSJ/SP, mediante la cual se crea una Corte de Apelaciones con competencia en delitos de violencia contra la mujer en la Región Centro Occidental, con sede en la ciudad de Barquisimeto, estado Lara, con competencia en las circunscripciones judiciales de los estados que en ella se especifican. G.O. n° 40.798 del 27-11-2015.

Resolución n° 2015-13 de la TSJ/SP, mediante la cual se crea, organiza y pone en funcionamiento los Juzgados de Primera Instancia Municipal en Funciones de Control que en ella se especifican. G.O. n° 40.798 del 27-11-2015.

Resoluciones n° 2015-15 y 2015-16 de la TSJ/SP, mediante las cuales se crean, organizan y ponen en funcionamiento los Juzgados que en ellas se indican de Primera Instancia Municipal en funciones de control de los circuitos judiciales que en ellas se establecen. G.O. n° 40.843 del 04-02-2016.

Resolución n° 2015-19 de la TSJ/SP, mediante la cual se le atribuye competencia en materia de tránsito a los Juzgados Superiores Primero y Segundo en lo Civil y Mercantil de la Circunscripción Judicial del estado Lara, con sede en Barquisimeto. G.O. n° 40.843 del 04-02-2016.

Resoluciones n° 2015-20 y 2015-22 de la TSJ/SP, mediante las cuales se suprime las competencias que en ellas se mencionan, a los Juzgados de las Circunscripciones Judiciales que en ellas se especifican, con las competencias que en ellas se indican. G.O. n° 40.843 del 04-02-2016.

Resolución n° 2015-21 de la TSJ/SP, mediante la cual se le atribuye, de forma transitoria, la competencia territorial a los municipios que en ella se mencionan, del estado Portuguesa al Juzgado Segundo de Primera Instancia que en ella se especifica, con sede en Guanare, hasta tanto se instale formalmente e inicie las actividades el Juzgado Primero de Primera Instancia Agrario de la Circunscripción Judicial del estado Portuguesa, con sede en Acarigua. G.O. n° 40.843 del 04-02-2016.

Resolución n° 2015-23 de la TSJ/SP, mediante la cual se crea una Corte de Apelaciones con competencia en delitos de violencia contra la mujer en la Región Oriental, con sede en la ciudad de Maturín, estado Monagas, con competencia en las circunscripciones judiciales de los estados que en ella se especifican. G.O. n° 40.843 del 04-02-2016.

Resolución n° 2015-24 de la TSJ/SP, mediante la cual se le atribuye competencia territorial para conocer de las causas y los delitos ocurridos en la ciudad de Santa Elena de Uairén que cuya naturaleza sea propia de la jurisdicción especial de violencia de género al circuito judicial de violencia contra la mujer del estado Bolívar, extensión Tumeremo. G.O. n° 40.843 del 04-02-2016.

Resolución n° 2016-1 de la TSJ/SP, mediante la cual se crea, organiza y pone en funcionamiento los Juzgados de Primera Instancia Municipal en Funciones de Control, que en ella se mencionan. G.O. n° 40.927 del 16-06-2016.

Resolución n° 2016-3 de la TSJ/SP, mediante la cual se le atribuye, de forma transitoria, la competencia en el territorio del municipio Cedeño del estado Bolívar y la Parroquia Cabruta del municipio Las Mercedes del estado Guárico al Juzgado Primero de Primera Instancia Agrario de la Circunscripción Judicial del estado Bolívar, con sede en Ciudad Bolívar, hasta tanto se instale formalmente e inicie las actividades el Juzgado Segundo de Primera Instancia Agrario de la Circunscripción Judicial del estado Bolívar, con sede en Caicara del Orinoco. G.O. n° 40.927 del 16-06-2016.

Resoluciones n° 2016-9 y 2016-10 de la TSJ/SP, mediante las cuales se crean, organizan y ponen en funcionamiento los Juzgados de Primera Instancia Municipal en Funciones de Control del Circuito Judicial Peal de los estados que en ellas se mencionan. G.O. n° 40.971 del 22-08-2016.

Resolución n° 2016-12 de la TSJ/SP, mediante la cual se atribuye competencia al Tribunal Primero de Primera Instancia de Ejecución de Protección de Niños, Niñas y Adolescentes del estado Zulia, sede Maracaibo, para conocer de los procedimientos contenciosos de jurisdicción voluntaria y solicitudes que se encuentren en trámite y las nuevas que le sean distribuidas a los referidos órganos jurisdiccionales. G.O. n° 40.971 del 22-08-2016.

Resolución n° 2016-13 de la TSJ/SP, mediante la cual se le asigna a la Corte de Apelaciones con competencia en delitos de violencia contra la mujer del Área Metropolitana de Caracas, cuya sede se encuentra ubicada en la ciudad de Caracas, además de la competencia territorial que tiene asignada en el Área Metropolitana de Caracas, la competencia para conocer en segunda instancia de las causas que por delitos de violencia contra la mujer conozcan los Juzgados de Primera Instancia con la misma competencia de las Circunscripciones Judiciales de los estados Miranda y Vargas. G.O. n° 40.971 del 22-08-2016.

Resolución n° 2015-3 de la TSJ/SP, mediante la cual se crea un segundo Juzgado Superior Estadal de la Jurisdicción Contencioso Administrativa en el estado Zulia, con sede en la ciudad de Maracaibo, el cual se denominará Juzgado Superior Segundo Estadal Contencioso Administrativo de la Circunscripción Judicial del estado Zulia. G.O. n° 41.042 del 30-11-2016.

Resolución n° 2016-4 de la TSJ/SP, mediante la cual se crea una Corte de Apelaciones con competencia en delitos de violencia contra la mujer en la Región Oriental, con sede en la ciudad de Maturín, estado Monagas, con competencia en las circunscripciones judiciales de los estados que en ella se mencionan, la cual se denominará Corte de Apelaciones con Competencia en Delitos de Violencia Contra la Mujer de la Región Oriental. G.O. n° 41.042 del 30-11-2016.

Resolución n° 2016-14 de la TSJ/SP, mediante la cual se suprime la competencia del Tribunal Segundo de Municipio Ordinario y Ejecutor de Medidas del municipio Carirubana de la Circunscripción Judicial del estado Falcón, para conocer y ejecutar en las materias civil, mercantil, tránsito y en aquellas otras designadas por textos normativos especiales. G.O. n° 41.042 del 30-11-2016.

Resolución n° 2016-15 de la TSJ/SP, mediante la cual se atribuye competencia a la Sala Seis de la Corte de Apelaciones del Circuito Judicial Penal del Área Metropolitana de Caracas, para conocer y decidir causas cuyas imputaciones estén vinculadas a la comisión de ilícitos económicos, la especulación, el acaparamiento, la usura, el boicot, alteración fraudulenta de precios, alteración fraudulenta de condiciones de oferta y demanda, el contrabando de extracción, exposición a la devastación o al saqueo y otros delitos conexos, previstos en la Ley para la Defensa de las Personas en el Acceso a los Bienes y Servicios, entre otras disposiciones legales; sin perjuicio de continuar conociendo de los demás ilícitos en materia penal ordinario. G.O. n° 41.042 del 30-11-2016.

Resolución n° 2015-17 de la TSJ/SP, mediante la cual se crean los Circuitos Judiciales con competencia en delitos de violencia contra la mujer en cada una de las circunscripciones judiciales del país, los cuales podrán constituirse en la sede del Circuito Judicial Penal que corresponda o fuera de ella, y estarán conformados en primera instancia por jueces y juezas de control, audiencia y medidas; jueces y juezas de juicio y jueces y juezas de ejecución. En segunda instancia por jueces y juezas de las Cortes de Apelaciones. G.O. n° 41.042 del 30-11-2016.

Resolución n° 2017-18 de la TSJ/SP, mediante la cual se extiende temporalmente la competencia en la materia especial agraria de los Jueces y Juezas Superiores Agrarios que la conforman, para que puedan tramitar y decidir acciones de amparos, así como resolver sobre las medidas autónomas de protección que ameriten ser tramitadas con carácter de urgencia, durante el lapso que comprende el receso de actividades judiciales así acordado, en los términos que en ella se indican. G.O. n° 41.211 del 10-08-2017.

Resolución n° 2017-13 de la TSJ/SP, mediante la cual se cambia de la actual denominación Tribunales de Violencia contra la Mujer por Tribunales en Materia de Delitos de Violencia contra la Mujer. G.O. n° 41.321 del 16-01-2018.

Resolución n° 2017-14 de la TSJ/SP, mediante la cual se crea la Corte de Apelaciones en Materia de Delitos de Violencia Contra la Mujer, con sede en el Área Metropolitana de Caracas, la cual se denominará Corte de Apelaciones con Competencia en Materia de Delitos de Violencia Contra la Mujer del estado Bolivariano Miranda, con sede en Caracas. G.O. n° 41.321 del 16-01-2018.

Resolución n° 2017-15 de la TSJ/SP, mediante la cual se crea el Circuito Judicial en Materia de Delitos de Violencia contra la Mujer del estado Guárico. G.O. n° 41.321 del 16-01-2018.

Resolución n° 2017-16 de la TSJ/SP, mediante la cual se crea la Corte de Apelaciones con competencia en materia de delitos de violencia contra la mujer con sede en el estado Vargas, la cual se denominará Corte de Apelaciones del Circuito Judicial en Materia de Delitos de Violencia contra la Mujer del estado Vargas. G.O. n° 41.321 del 16-01-2018.

Resolución n° 2017-20 de la TSJ/SP, mediante la cual se atribuye la competencia en materia de Derecho Marítimo al Tribunal Superior Primero que conforma la jurisdicción civil en los estados que en ella se mencionan, y se cambia la actual denominación de Tribunal Superior en lo Civil, Mercantil y Tránsito, según sea el caso, y en lo adelante se denominará Tribunal Superior en lo Civil, Mercantil, Tránsito, Bancario y Marítimo. G.O. n° 41.321 del 16-01-2018.

Resolución n° 2017-21 de la TSJ/SP, mediante la cual se crea el Circuito Judicial Civil de la Circunscripción Judicial del estado Lara, con sede en Barquisimeto, Municipio Iribarren. G.O. n° 41.321 del 16-01-2018.

Resolución n° 2017-23 de la TSJ/SP, mediante la cual se otorga competencia territorial para el conocimiento de las causas seguidas por delitos tipificados en la Ley Orgánica Sobre el Derecho de las Mujeres a una Vida Libre de Violencia, a los Tribunales del Circuito Judicial en materia de Delitos de Violencia contra la Mujer con sede en San Juan de los Morros, del estado Guárico. G.O. n° 41.421 del 18-06-2018.

Resolución n° 2017-7 de la TSJ/SP, mediante la cual se crea, organiza y pone en funcionamiento el Juzgado de Sustanciación de la Sala de Casación Social a cuyo cargo estará en adelante la sustanciación de los procesos correspondientes a dicha Sala, con excepción de los procedimientos de segunda instancia en materia agraria. G.O. n° 41.429 del 28-06-2018.

Resolución n° 2017-22 de la TSJ/SP, mediante la cual se suprimen los Tribunales Terceros de Municipio y Ejecutor de Medida de los municipios Plaza, Zamora Acevedo de la Circunscripción Judicial del estado Miranda, y se crean los Tribunales Superior Segundo en lo Civil, Mercantil, Tránsito y Bancario, con sede en la ciudad de Guarenas, municipio Plaza y el de Primera Instancia denominado Tribunal Cuarto de Primera Instancia en lo Civil, Mercantil, Tránsito y Bancario, con sede en la ciudad de Guarenas, municipio Plaza. G.O. n° 41.436 del 10-07-2018.

Resolución n° 2018-1 de la TSJ/SP, mediante la cual se suprime de los Juzgados Superiores Primero, Segundo, Tercero y Cuarto en lo Civil y Contencioso Administrativo de la Región Capital, la nomenclatura en materia civil, y se cambia la denominación de todos los Juzgados Superiores Contencioso Administrativo de la Región Capital que en ella se indican. G.O. n° 41.510 del 25-10-2018.

Resolución n° 2018-3 de la TSJ/SP, mediante la cual se suprime el Tribunal de Primera Instancia en Funciones de Ejecución n° 3, del Circuito Judicial Penal de la Circunscripción Judicial del estado Guárico, sede San Juan de Los Morros. G.O. n° 41.510 del 25-10-2018.

Resolución n° 2018-4 de la TSJ/SP, mediante la cual se crea el Circuito Judicial Civil de la Circunscripción Judicial del estado Monagas, con sede en Maturín, Municipio Maturín. G.O. n° 41.510 del 25-10-2018.

Resolución n° 2018-5 de la TSJ/SP, mediante la cual se crea en la ciudad de Carora los Tribunales en Materia de Delitos de Violencia contra la Mujer de la Circunscripción Judicial del estado Lara, extensión Carora. G.O. n° 41.510 del 25-10-2018.

Resolución n° 2018-7 de la TSJ/SP, mediante la cual se crea, organiza y pone en funcionamiento el Juzgado Sexto de Primera Instancia Municipal en Funciones de Control, del Circuito Judicial Penal del estado Lara-Carora. G.O. n° 41.589 del 19-02-2019.

Resolución n° 2018-9 de la TSJ/SP, mediante la cual se crea la Corte de Apelaciones con competencia en materia de delitos de violencia contra la mujer en el estado Carabobo, con sede en la ciudad de Valencia, la cual se denominará Corte de Apelaciones del Circuito Judicial en Materia de Delitos de Violencia contra la Mujer del estado Carabobo. G.O. n° 41.589 del 19-02-2019.

Resolución n° 2018-15 de la TSJ/SP, mediante la cual se crea, organiza y se pone en funcionamiento el Juzgado Quinto de Primera Instancia Municipal en Funciones de Control del Circuito Judicial Penal del estado Carabobo, con sede territorial en el Municipio Valencia. G.O. n° 41.620 del 25-04-2019.

Resoluciones n° 2018-8, 2018-16 y 2018-17 de la TSJ/SP, mediante las cuales se crean, organizan y ponen en funcionamiento los Juzgados de Primera Instancia Municipal en funciones de control que en ellas se indican. G.O. n° 41.620 del 25-04-2019.

Resolución n° 2018-12 de la TSJ/SP, mediante la cual se crea el Circuito Judicial Civil, Mercantil, Tránsito, Bancario y Marítimo de la Circunscripción Judicial del estado Nueva Esparta, con sede en Porlamar, Municipio Mariño. G.O. n° 41.620 del 25-04-2019.

Resolución n° 2018-13 de la TSJ/SP, mediante la cual se modifica a nivel nacional, las competencias de los juzgados para conocer de los asuntos en materia civil, mercantil, tránsito, bancario y marítimo, según corresponda. G.O. n° 41.620 del 25-04-2019.

Resolución n° 2018-18 de la TSJ/SP, mediante la cual se crea, organiza y se pone en funcionamiento el Tribunal Primero de Primera Instancia en Funciones de Ejecución del Circuito Judicial Penal del estado Táchira, con sede en San Antonio del Táchira. G.O. n° 41.621 del 26-04-2019.

Resolución n° 2018-19 de la TSJ/SP, mediante la cual se crea un Tribunal de Primera Instancia en funciones de Control de la Sección de Adolescentes del Circuito Judicial Penal del estado Anzoátegui, extensión El Tigre y cuya denominación será: Tribunal Primero de Primera Instancia en Funciones de Control de la Sección de Adolescentes del Circuito Judicial Penal del estado Anzoátegui, extensión El Tigre. G.O. n° 41.621 del 26-04-2019.

Resolución n° 2018-20 de la TSJ/SP, mediante la cual se crea, organiza y se pone en funcionamiento la Sala Dos de la Corte de Apelaciones del Circuito Judicial Penal del estado Anzoátegui, extensión El Tigre. G.O. n° 41.621 del 26-04-2019.

Resolución n° 2018-21 de la TSJ/SP, mediante la cual se suprime el Tribunal Primero de Municipio Ordinario y Ejecutor de Medidas de los Municipios Colón y Francisco Javier Pulgar de la Circunscripción Judicial del estado Zulia. G.O. n° 41.621 del 26-04-2019.

Resolución n° 2019-5 de la TSJ/SP, mediante la cual se otorga competencia territorial para conocer de las causas iniciadas con ocasión de las investigaciones de los delitos tipificados en la Ley Orgánica sobre el Derecho de las Mujeres a una Vida Libre de Violencia, a los Tribunales de Primera Instancia Penal Municipal en Funciones de Control de la República, solo en aquellos municipios donde no existan Juzgados de Control, Audiencias y Medidas con competencia en materia de delitos de violencia contra la mujer. G.O. n° 41.673 del 12-07-2019.

Resolución n° 2019-6 de la TSJ/SP, mediante la cual se suprimen las competencias en materia civil y agraria del actual Juzgado Superior en lo Civil (Bienes), Contencioso Administrativo y Agrario de la Circunscripción Judicial del estado Apure y Municipio Arismendi del estado Barinas, con sede en la ciudad de San Fernando de Apure. G.O. n° 41.673 del 12-07-2019.

Resolución n° 2022-8 de la TSJ/SP, mediante la cual se crea la Sala Especial Primera en la Secretaría de la Sala Político Administrativa. G.O. n° 42.570 del 14-02-2023.

Resolución n° 2022-9 de la TSJ/SP, mediante la cual se enuncian las competencias de la Sala Político Administrativa, por lo que respecta a la cuantía, según lo establecido en la Ley Orgánica del TSJ. G.O. n° 42.570 del 14-02-2023.

Resolución n° 2022-10 de la TSJ/SP, mediante la cual se amplía la competencia de los tribunales en función de control de cada circunscripción judicial del país. G.O. n° 42.570 del 14-02-2023.

Resolución n° 2023-1 de la TSJ/SP, mediante la cual se modifica, a nivel nacional, las competencias de los juzgados para conocer de los asuntos en materia civil, mercantil, tránsito, bancario y marítimo, según corresponda, de la manera que en ella se especifica. G.O. n° 42.648 del 12-06-2023.

Resolución n° 2023-2 de la TSJ/SP, mediante la cual se asigna la competencia, a nivel nacional, para tramitar las causas en materia de extinción de dominio en primera instancia y en segunda instancia, a los Tribunales Civiles de la Circunscripción Judicial del Área Metropolitana de Caracas que en ella se indican. G.O. n° 42.648 del 12-06-2023.

Resolución n° 2024-10 de la TSJ/SP, mediante la cual se crea, organiza y pone en funcionamiento el Tribunal Segundo de Primera Instancia en funciones de Control y de Juicio; y el Tribunal Primero de Primera Instancia en función de Ejecución con competencia en casos vinculados con delitos asociados al terrorismo con jurisdicción nacional del sistema penal de responsabilidad del adolescente. G.O. n° 42.941 del 14-08-2024.

C. Vacaciones judiciales

Resolución n° 2016-18 de la TSJ/SP, mediante la cual se establece que ningún Tribunal despachará desde el 15-08-2016 hasta el 15-09-2016, ambas fechas inclusive, durante ese período permanecerán en suspenso las causas y no correrán los lapsos procesales. G.O. n° 41.972 del 23-08-2016.

Resolución n° 2017-17 de la TSJ/SP, mediante la cual se establece que ningún Tribunal despachará desde el 15-08-2017 hasta el 15-09-2017, ambas fechas inclusive, durante ese período permanecerán en suspenso las causas y no correrán los lapsos procesales. G.O. n° 41.211 del 10-08-2017.

Resolución n° 2018-11 de la TSJ/SP, mediante la cual se establece que ningún Tribunal despachará desde el 15-08-2018 hasta el 15-09-2018, ambas fechas inclusive, durante ese período permanecerán en suspenso las causas y no correrán los lapsos procesales. G.O. n° 41.458 del 10-08-2018.

Resolución n° 2019-14 de la TSJ/SP, mediante la cual se establece que ningún Tribunal despachará desde el 15-08-2019 hasta el 15-09-2019, ambas fechas inclusive, durante ese período permanecerán en suspenso las causas y no correrán los lapsos procesales. G.O. n° 41.695 del 15-08-2019.

Resolución n° 2021-19 de la TSJ/SP, mediante la cual se establece que ningún Tribunal despachará desde el 15-12-2021 hasta el 15-01-2022, ambas fechas inclusive, durante ese período permanecerán en suspenso las causas y no correrán los lapsos procesales. G.O. n° 42.272 del 08-12-2021.

Resolución n° 2022-5 de la TSJ/SP, mediante la cual se establece que ningún Tribunal despachará desde el 15-08-2022 hasta el 15-09-2022, ambas fechas inclusive, durante ese período permanecerán en suspenso las causas y no correrán los lapsos procesales. G.O. n° 42.445 del 22-08-2022.

Resolución n° 2023-3 de la TSJ/SP, mediante la cual se establece que ningún Tribunal despachará desde el 15-08-2023 hasta el 15-09-2023, ambas fechas inclusive, durante ese período permanecerán en suspenso las causas y no correrán los lapsos procesales. G.O. n° 42.691 del 14-08-2023.

Resolución n° 2024-11 de la TSJ/SP, mediante la cual se establece que ningún Tribunal despachará desde el 15-08-2024 hasta el 15-09-2024, ambas fechas inclusive, durante ese período permanecerán en suspenso las causas y no correrán los lapsos procesales. G.O. n° 42.941 del 14-08-2024.

D. Defensa Pública

Resolución n° DDPG-2015-004 de la Defensa Pública, mediante la cual se reorganiza la Dirección Nacional de Actuación Procesal. G.O. n° 40.582 del 16-01-2015.

Resolución n° DDPG-2015-122 de la Defensa Pública, mediante la cual se autoriza la creación de una Fundación que se denominará Fundación de la Defensa Pública, la cual podrá identificarse con las siglas de FUNDADEFENSA. G.O. n° 40.620 del 13-03-2015.

Resolución n° DDPG-2015-141 de la Defensa Pública, mediante la cual se crea las Defensorías Públicas Especiales para los Funcionarios y Funcionarias Policiales, con competencias en materia administrativa, contencioso-administrativa y penal. G.O. n° 40.621 del 16-03-2015.

Resolución n° DDPG-2015-017-1 de la Defensa Pública, mediante la cual se autoriza a las Abogadas y Abogados I, II, III de este organismo, asignados a las diversas jornadas integrales, formativas y comunales que se realizan a escala nacional, a visar, única y exclusivamente los documentos otorgados en las mismas, así como en la Unidad Móvil, a las ciudadanas y ciudadanos que acudan a solicitar los servicios que se brinden en cada actividad. G.O. n° 40.635 del 08-04-2015.

Ley de Reforma Parcial de la Ley Orgánica de la Defensa Pública. G.O. n° 6.207 Extraordinario del 28-12-2015.

Resolución n° DDPG-2020-247 de la Defensa Pública, mediante la cual se reanudan las actividades laborales de la Defensa Pública, única y exclusivamente durante las semanas de flexibilización decretadas por el Ejecutivo Nacional, en el marco del sistema denominado 7+7. G.O. n° 6.595 Extraordinario del 13-11-2020.

Resolución n° DDPG-2020-316 de la Defensa Pública, mediante la cual se suspenden las actividades laborales en la Defensa Pública, desde el 17-12-2020 hasta el 17-01-2021, siendo importante resaltar que en dicho lapso se garantizará el servicio de la Defensa Pública, para todos aquellos asuntos urgentes que sean presentados por las ciudadanas y ciudadanos. G.O. n° 42.035 del 23-12-2020.

Resolución n° DDPG-2020-203 de la Defensa Pública, mediante la cual se crea la Dirección Nacional de Salud Integral, la cual será dependiente jerárquicamente del Despacho de la Máxima Autoridad y tendrá como objeto el establecimiento de planes y la ejecución de actividades que garanticen la salud integral del personal activo, jubilado y pensionado por invalidez laboral de la Defensa Pública y su grupo familiar. G.O. n° 42.236 del 19-10-2021.

Ley Orgánica de Reforma Parcial de la Ley Orgánica de La Defensa Pública. G.O. n° 6.702 Extraordinario del 25-05-2022.

Resolución n° DDPGG-2022-100 Defensa Pública, mediante la cual se acuerda la implementación de un sistema informático que se denominará Sistema de Actuación del Defensor Público, el cual permitirá registrar de manera sencilla, y en tiempo real, los reportes de actuaciones de las Defensoras y Defensores Públicos. G.O. n° 42.384 del 25-05-2022.

Resolución n° DDPG-2022-475 de la Defensa Pública, mediante la cual se dictan las Normas del I Concurso Público de Credenciales y de Conocimientos para la Carrera Defensoril. G.O. n° 42.429 del 29-07-2022.

Resolución n° DDPG-2022-571 de la Defensa Pública, mediante la cual se establece la obligatoriedad del Coordinador Regional o de Extensión, de separarse temporalmente de las funciones del cargo de Defensor Público o Defensora Pública, hasta el momento del cese de las funciones como representante de la Unidad Regional o de Extensión de la Defensa Pública. G.O. n° 42.489 del 24-10-2022.

Resolución n° DDPG-2023-0291 de la Defensa Pública, mediante la cual se acuerda la conformación de una Comisión de Evaluación y Seguimiento a la Gestión Documental de la Defensa Pública, la cual tendrá como objeto realizar el estudio y valoración de los fondos documentales de la institución, a fin de garantizar una adecuada clasificación, resguardo o desincorporación de documentos. G.O. n° 42.588 del 14-03-2023.

Resolución n° DDPG-2023-390 de la Defensa Pública, mediante la cual se dictan las Normas del II Concurso de Credenciales y de Conocimientos de la Carrera Defensoril. G.O. n° 42.646 del 08-06-2023.

Resolución n° DDPG-2024-069 de la Defensa Pública, mediante la cual se dictan las Normas del III Concurso de Credenciales y de Conocimientos de la Carrera Defensoril. G.O. n° 42.850 del 02-04-2024.

Resolución n° DDPG-2024-145 de la Defensa Pública, mediante la cual se dicta el Reglamento Interno de Permisos o Licencias, Incapacidades Temporales y Comisiones de Servicios de la Defensa Pública. G.O. n° 42.895 del 06-06-2024.

Resolución n° DDPG-2024-184 de la Defensa Pública, mediante la cual se corrige el artículo 6, literal b) del Reglamento Interno de Permisos o Licencias, Incapacidades Temporales y Comisiones de Servicios de la Defensa Pública. G.O. n° 42.935 del 06-08-2024.

Resolución n° DDPG-2024-307 de la Defensa Pública, mediante la cual se dictan las Normas del IV Concurso de Credenciales y de Conocimientos de la Carrera Defensoril. G.O. n° 43.006 del 13-11-2024.

4. Poder Ciudadano

A. Consejo Moral Republicano

Providencia n° 1-2015 de la Comisión Por la Justicia y la Verdad, mediante la cual se dicta el Reglamento de Funcionamiento y Procedimientos de la Comisión por la Justicia y la Verdad. G.O. n° 40.606 del 23-02-2015.

Providencia n° 2-2015 de la Comisión Por la Justicia y la Verdad, mediante la cual se prorroga por un año el funcionamiento de la Comisión Por la Justicia y la Verdad, quedando vigente hasta el 27-02-2017. G.O. n° 40.732 del 26-08-2015.

Providencia n° 1-2016 de la Comisión por la Justicia y la Verdad, mediante la cual se hace del conocimiento del pueblo venezolano y del mundo, que la información textual extraída de archivos públicos tanto civiles como militares, de archivos privados, hemerotecas, bibliotecas, libros, revistas o documentos de cualquier naturaleza, así como de testimonios relacionados con la materia que se investiga, serán publicados en la página web www.comisionporlaverdad.org.ve, a fin de resguardarla y protegerla por medio de la divulgación masiva, siendo el pueblo venezolano el custodio de su memoria histórica. G.O. n° 40.889 del 25-04-2016.

Resolución n° CMR-010-2016 del Consejo Moral Republicano, mediante la cual se dicta el Reglamento sobre el Régimen de Jubilaciones y Pensiones de los Funcionarios y Funcionarias del Consejo Moral Republicano. G.O. n° 40.974 del 25-08-2016.

Resolución n° CMR-009-2016 del Consejo Moral Republicano, mediante la cual se ordena publicar el Estatuto de Personal del Consejo Moral Republicano. G.O. n° 40.974 del 25-08-2016.

Providencia n° 1 de la Comisión por la Justicia y la Verdad, mediante la cual se declaran legalmente muertos, mediante la práctica terrorista de la desaparición forzada por razones políticas en el período 1958 a 1998, realizada por el Estado venezolano a través de sus autoridades civiles o militares, por medio de cualquier persona al servicio de éste, o bien por terceras personas bajo su instigación, consentimiento, autorización o complacencia a las 283 víctimas, ciudadanas y ciudadanos que en ella se mencionan. G.O. n° 41.102 del 23-02-2017.

Providencia n° 2 de la Comisión por la Justicia y la Verdad, mediante la cual se aprueba el informe final elaborado por las subcomisiones que integran esta Comisión, mediante el cual se declaran legalmente víctimas directas de la práctica de terrorismo realizado por el Estado venezolano motivado a razones políticas durante el período 1958 a 1998, a las 10.071 ciudadanas y ciudadanos, que en él se indican; así como se declara oficial y públicamente la reivindicación del honor, la dignidad y la memoria de las referidas víctimas, y se solicita al Consejo Moral Republicano se pronuncie con respecto a las responsabilidades políticas y sanciones morales pertinentes. G.O. n° 41.102 del 23-02-2017.

Acuerdo del Consejo Moral Republicano, para regular el procedimiento de solicitud y entrega de copias certificadas y fotostáticas de los documentos que reposan en el archivo del Consejo Moral Republicano. G.O. n° 41.174 del 16-06-2017.

Resolución n° 2-2022 del Consejo Moral Republicano, mediante la cual se crea la Coordinación de Gestión y Protocolo. G.O. n° 42.588 del 14-03-2023.

B. Defensoría del Pueblo[119]

Resolución n° DdP-2015-016 de la Defensoría del Pueblo, mediante la cual se modifica el emblema de la Defensoría del Pueblo. G.O. n° 40.582 del 16-01-2015.

---

[119] Véase también: § Auditoría y control interno.

Resolución n° DdP-2015-119 de la Defensoría del Pueblo, mediante la cual se suprime de la Estructura Organizativa y Funcional de la Defensoría del Pueblo, a la Dirección de Fiscalización, Disciplina y Seguimiento, adscrita al Despacho, y a la Coordinación de Fiscalización, Disciplina y Seguimiento que la conforma. G.O. n° 40.679 del 10-06-2015.

Resolución n° DdP-2015-123 de la Defensoría del Pueblo, mediante la cual se establecen las líneas generales de acción defensorial. G.O. n° 40.679 del 10-06-2015.

Resolución n° DdP-2015-132 de la Defensoría del Pueblo, mediante la cual se crea el emblema de la Fundación Juan Vives Suriá. G.O. n° 40.700 del 10-07-2015.

Resolución n° DdP-2015-133 de la Defensoría del Pueblo, mediante la cual se crea el emblema de la Escuela de Derechos Humanos Juan Vives Suriá. G.O. n° 40.700 del 10-07-2015.

Resolución n° DdP-2015-150 de la Defensoría del Pueblo, mediante la cual se establecen seis grandes ejes que contengan los objetivos estratégicos de las líneas generales de actuación defensorial. G.O. n° 40.730 del 24-08-2015, reimpresión en G.O. n° 40.733 del 27-08-2015.

Resolución n° DdP-2015-156 de la Defensoría del Pueblo, mediante la cual se establecen los programas que desarrollen las líneas generales de acción defensorial. G.O. n° 40.735 del 31-08-2015.

Resolución n° DdP-2015-171 de la Defensoría del Pueblo, mediante la cual se derogan los Capítulos que en ella se señalan, del Título VIII del Estatuto de Personal de la Defensoría del Pueblo. G.O. n° 40.809 del 14-12-2015.

Resolución n° DdP-2016-11 de la Defensoría del Pueblo, mediante la cual se reforma el Reglamento sobre el Régimen de Jubilaciones y Pensiones de los Funcionarios de la Defensoría del Pueblo. G.O. n° 40.852 del 19-02-2016.

Resolución n° DdP-2016-48 de la Defensoría del Pueblo, mediante la cual se dicta el Estatuto de Personal de este Organismo. G.O. n° 40.959 del 04-08-2016.

Resolución de la Defensoría del Pueblo, mediante la cual se modifica el contenido del artículo 9 del Reglamento Interno de Organización y Funcionamiento de la Defensoría del Pueblo. G.O. n° 40.995 del 23-09-2016.

Resolución n° DdP-2017-37 de la Defensoría del Pueblo, mediante la cual se dicta la reforma del Reglamento sobre el Régimen de Jubilaciones y Pensiones de los Funcionarios de este organismo. G.O. n° 41.138 del 26-04-2017.

Resolución n° DdP-2017-1 de la Defensoría del Pueblo, mediante la cual se hace del conocimiento a todos los órganos y entes que conforman los Poderes Públicos Nacionales, Estadales y Municipales, la activación del mecanismo legal previsto en el numeral 4 del artículo 33 de la Ley Orgánica de la Defensoría del Pueblo, a partir del día 05-08-2017, hasta tanto sea nombrado el o la titular de la Defensoría del Pueblo. G.O. n° 41.212 del 11-08-2017.

Resolución n° DdP-2017-47 de la Defensoría del Pueblo, mediante la cual se reforma el Reglamento sobre el Régimen de Jubilaciones y Pensiones de los Funcionarios de la Defensoría del Pueblo. G.O. n° 41.260 del 19-10-2017.

Resolución n° DdP-2018-7 de la Defensoría del Pueblo, mediante la cual se crea la Escuela Nacional de Derechos Humanos. G.O. n° 41.356 del 08-03-2018.

Resolución n° DdP-2022-29 de la Defensoría del Pueblo, mediante la cual se crean las Defensorías Delegadas Municipales que en ella se mencionan. G.O. n° 42.467 del 21-09-2022.

Resolución n° DdP-2024-64 de la Defensoría del Pueblo, mediante la cual se dicta la Reforma del Reglamento sobre el Régimen de Jubilaciones y Pensiones de los Funcionarios de la Defensoría del Pueblo. G.O. n° 42.905 del 20-06-2024.

C. Ministerio Público[120]

Resolución n° 198 del Ministerio Público, mediante la cual se publica el Baremo del IV Concurso Público de Credenciales y de Oposición para el Ingreso a la Carrera Fiscal para la Provisión de Cargos Fiscales del Área Metropolitana de Caracas de este Organismo. G.O. n° 40.609 del 26-02-2015.

Resolución n° 224 del Ministerio Público, mediante la cual se dicta las Normas del IV Concurso Público de Credenciales y de Oposición para el Ingreso a la Carrera Fiscal. G.O. n° 40.610 del 27-02-2015.

Resolución n° 397 del Ministerio Público, mediante la cual se dicta la Normativa de la Escuela Nacional de Fiscales del Ministerio Público para el Reconocimiento de Unidades Crédito por Estudios Realizados. G.O. n° 40.629 del 26-03-2015.

Resolución n° 1014 del Ministerio Público, mediante la cual se crea el Sistema Interno de Modificaciones Presupuestarias de este Ministerio. G.O. n° 40.705 del 17-07-2015.

Resolución n° 1821 del Ministerio Público, mediante la cual se deroga la Resolución n° 60 del 04-03-1999, y se dicta el Estatuto del Ministerio Público. G.O. n° 40.785 del 10-11-2015.

---

[120] Véase también: § Auditoría y control interno.

Resolución n° 2031 del Ministerio Público, mediante la cual se dictan las Normas del V Concurso Público de Credenciales y de Oposición para el Ingreso a la Carrera Fiscal. G.O. n° 40.806 del 09-12-2015.

Resolución n° 2053 del Ministerio Público, mediante la cual se procede a la publicación del Temario y Baremo del V Concurso Público de Credenciales y de Oposición para el Ingreso a la Carrera Fiscal para la Provisión de Cargos de Fiscales del Área Metropolitana de Caracas. G.O. n° 40.806 del 09-12-2015.

Resolución n° 355 del Ministerio Público, mediante la cual se establece el Sistema Interno de Modificaciones Presupuestarias del Ministerio Público. G.O. n° 40.874 del 29-03-2016.

Resolución n° 2239 del Ministerio Público, mediante la cual se constituye una Fundación que se denominará Fundación Servicio Integral de Salud del Ministerio Público. G.O. n° 41.052 del 14-12-2016.

Resolución n° 119 del Ministerio Público, mediante la cual se dictan las Normas del Concurso Público de Credenciales y de Oposición para el Ingreso a la Carrera Fiscal. G.O. n° 41.081 del 24-01-2017.

Resolución n° 521 del Ministerio Público, mediante la cual se dictan las Normas del Sistema de Modificaciones Presupuestarias de este Organismo. G.O. n° 41.124 del 29-03-2017.

Resolución n° 1023 del Ministerio Público, mediante la cual se declara a este Organismo en Proceso de Reestructuración y Reorganización, por un lapso de seis meses, contados a partir de la publicación de la presente Resolución en la Gaceta Oficial de la República. G.O. n° 41.262 del 23-10-2017.

Resolución n° 1235 del Ministerio Público, mediante la cual se prorroga por un lapso de seis meses, el proceso de reestructuración y reorganización de este organismo. G.O. n° 41.386 del 27-04-2018.

Resolución n° 2703 del Ministerio Público, mediante la cual se reforma el artículo 3 del Estatuto de Personal. G.O. n° 41.482 del 14-09-2018.

Resolución n° 3373 del Ministerio Público, mediante la cual se modifica las funciones de las Unidades de Atención a la Víctima. G.O. n° 41.547 del 17-12-2018.

Resolución n° 3301 del Ministerio Público, mediante la cual se dicta el Reglamento sobre el Régimen de Jubilaciones y Pensiones del Personal del Ministerio Público. G.O. n° 41.735 del 10-10-2019.

Resolución n° 1929 del Ministerio Público, mediante la cual se dicta la reforma del Reglamento Sobre el Régimen de Jubilaciones y Pensiones del Personal del Ministerio Público. G.O. n° 41.748 de 29-10-2019.

Resolución n° 444 del Ministerio Público, mediante la cual se reforma los Estatutos Sociales de la Fundación Escuela Nacional de Fiscales del Ministerio Público. G.O. n° 41.952 del 27-08-2020.

Resolución n° 1953 del Ministerio Público, mediante la cual se da inicio al Plan Especial de Regularización Funcionarial de Fiscales Provisorios Activos del Ministerio Público. G.O. n° 42.241 del 26-10-2021.

Resolución n° 326 del Ministerio Público, mediante la cual se dictan las Normas del VII Concurso de Credenciales y Oposición para el Ingreso a la Carrera Fiscal. G.O. n° 42.326 del 24-02-2022.

Resolución del Ministerio Público, mediante la cual se reforma el artículo 7 de la Resolución n° 326 publicada en G.O. n° 42.326 del 24-02-2022, de las Normas del VII Concurso de Credenciales y Oposición para el Ingreso a la Carrera Fiscal. G.O. n° 42.343 del 23-03-2022.

Resolución n° 732 del Ministerio Público, mediante la cual se crea la Coordinación de Apoyo Estadal, adscrita a la Dirección de Recursos Humanos, de este Organismo. G.O. n° 42.353 del 06-04-2022.

Resolución n° 1106 del Ministerio Público, mediante la cual se dicta el Reglamento Interno de los Estudios de la Escuela Nacional de Fiscales del Ministerio Público. G.O. n° 42.442 del 17-08-2022.

Resolución n° 1899 del Ministerio Público, mediante la cual se crea el Área de Atención Familiar del Ministerio Público, el cual tiene entre sus atribuciones, orientar a los funcionarios de este organismo y particulares que ameriten atención en el ámbito familiar. G.O. n° 42.461 del 13-09-2022.

Resolución n° 2362 del Ministerio Público, mediante la cual se unifica el Consejo de la Orden de cada una de las condecoraciones y medallas que otorga el Ministerio Público. G.O. n° 42.520 del 06-12-2022.

Resolución n° 538 del Ministerio Público, mediante la cual se crea la Condecoración Orden al Mérito General en Jefe Jacinto Pérez Arcay, en su Única Clase, a los fines de reconocer a los funcionarios del Ministerio Público de Venezuela, personalidades, instituciones y organismos nacionales e internacionales, que se destaquen en sus cargos o actividades por aportes significativos en el campo de la historia, la cultura y la defensa integral de la Nación, y que contribuyan con sus valores de identidad y amor a la Patria. G.O. n° 42.611 del 18-04-2023.

Resolución conjunta n° 189 del Ministerio Público y MPP para Relaciones Interiores, Justicia y Paz, mediante la cual se dictan los lineamientos dirigidos a las y los Fiscales del Ministerio Público y otros órganos receptores de denuncia, específicamente a los órganos de investigación penal y cuerpos policiales habilitados. G.O. n° 42.786 del 27-12-2023.

Resolución n° 2405 del Ministerio Público, mediante la cual se reforma el artículo 3 del Estatuto del Personal del Ministerio Público. G.O. n° 42.938 del 09-08-2024.

D. Contraloría General de la República

Resolución n° 1-00-399 de la CGR, mediante la cual se crea un Botón al Mérito que consistirá en una lámina circular de bronce, de quince milímetros de diámetro, la cual llevará inscrita la leyenda CGR Bolivariana de Venezuela, con las características que en ella se indican. G.O. n° 40.706 del 20-07-2015.

Resolución n° 1-00-430 de la CGR, mediante la cual se dictan las normas para el acceso, utilización, permanencia, alquiler y mantenimiento del Parque Jesús David Garmendia Leáñez. G.O. n° 40.723 del 13-08-2015.

Resolución n° 1-00-488 de la CGR, mediante la cual se dictan las normas para el acceso, utilización, permanencia y mantenimiento del Parque Jesús David Garmendia Leáñez. G.O. n° 40.763 del 08-10-2015.

Resolución n° 1-00-490 de la CGR. mediante la cual se reforma el Reglamento Sobre Régimen de Jubilaciones y Pensiones de los Funcionarios de la CGR. G.O. n° 40.810 del 15-12-2015.

Resolución n° 1-00-000619 de la CGR, mediante la cual se dicta las normas generales de control interno de este organismo. G.O. n° 40.851 del 18-02-2016.

Resolución n° 1-00-178 de la CGR, mediante la cual se implementan medidas de austeridad para el uso eficiente y racional de los recursos de este organismo, a fin de contribuir con el cuidado y conservación del ambiente y de los recursos naturales, así como coadyuvar en la disminución del gasto público, para lo cual los funcionarios y funcionarias que prestan servicios en esta institución y sus entes adscritos, deberán utilizar los medios electrónicos, sistemas y aplicaciones informáticas, entre otros. G.O. n° 40.879 del 05-04-2016.

Resolución n° 1-00-223 de la CGR, mediante la cual se dicta las normas para el acceso, utilización, permanencia y mantenimiento del parque Jesús David Garmendia Leáñez. G.O. n° 40.904 del 16-05-2016.

Resolución n° 1-00-159 de la CGR, mediante la cual se adecua el Sistema de Registro de Órganos y Entes del Sector Público, disponible en el portal web de la CGR, con el objeto de mantener un registro actualizado de la información de los funcionarios, empleados públicos y obreros que laboran en los órganos y entes señalados en los numerales 1 al 11, del artículo 9 de la Ley Orgánica de la CGR y del Sistema Nacional de Control Fiscal, respecto a los movimientos de ingreso, cese y actualización que comprenden la declaración jurada de patrimonio. G.O. n° 40.905 del 17-05-2016[121].

Resolución n° 1-00-160 de la CGR, mediante la cual se exige la presentación anual de la declaración jurada de patrimonio por concepto de actualización a las máximas autoridades, funcionarios que ejercen cargos de alto nivel y de confianza de los órganos y entes señalados en los numerales 1 al 11, del artículo 9 de la Ley Orgánica de la CGR y del Sistema Nacional de Control Fiscal. G.O. n° 40.905 del 17-05-2016.

Resolución n° 1-00-242 de la CGR, mediante la cual se dicta el Reglamento para el Registro, Calificación, Selección y Contratación de Auditores, Consultores y Profesionales Independientes en Materia de Control G.O. n° 40.909 del 23-05-2016.

Resolución n° 1-00-245 de la CGR, mediante la cual se dictan los lineamientos para la organización y funcionamiento de las contralorías municipales. G.O. n° 40.920 del 07-06-2016.

Resolución n° 1-00-282 de la CGR, mediante la cual se dictan las normas que regula la actuación de la Contraloría General de la Fuerza Armada Nacional Bolivariana, como un órgano integrante del Sistema Nacional de Control Fiscal, al cual le corresponde la vigilancia, control y fiscalización de los ingresos, gastos y bienes públicos adscritos al sector Defensa. G.O. n° 40.934 del 29-06-2016.

Resolución n° 1-00-293 de la CGR, mediante la cual se dicta la organización y funcionamiento del Despacho del Contralor, Subcontralor y dependencias adscritas de la CGR. G.O. n° 40.946 del 18-07-2016.

Resolución n° 1-00-340 de la CGR, mediante la cual se dicta la organización y funcionamiento de la Dirección General Técnica de la CGR. G.O. n° 40.946 del 18-07-2016.

Resolución n° 1-00-420 de la CGR, mediante la cual se aprueba el Plan Estratégico del Sistema Nacional de Control Fiscal. G.O. n° 40.983 del 07-09-2016.

Resolución n° 1-00-580 de la CGR, mediante la cual se dictan las normas que regulan la actuación de la Contraloría General de la Fuerza Armada Nacional Bolivariana, como un Órgano Integrante del Sistema Nacional de Control Fiscal. G.O. n° 41.031 del 15-11-2016.

Resolución n° 1-00-279 CGR, mediante la cual se establece que los cargos de la CGR, así como el grado a que se corresponden en el Tabulador de Sueldos para los Grupos Técnicos Fiscal, Administrativo y de Apoyo, serán los que en ella se mencionan. G.O. n° 41.166 del 06-06-2017.

---

121 *Cfr.* "La declaración jurada de patrimonio y la prevención de la corrupción", en *El rol del Derecho Administrativo en la lucha contra la corrupción: Reflexiones, aportes y propuestas de mejora* (Caracas: AVEDA y CECOFI, 2023), 165-201.

Resolución n° 1-00-497 de la CGR, mediante la cual se dicta la Reforma del Estatuto de Personal de la CGR. G.O. n° 41.256 del 13-10-2017.

Resolución n° 1-00-249 de la CGR, mediante la cual se aprueba la nueva estructura organizativa de la CGR. G.O. n° 41.392 del 08-05-2018.

Resolución n° 1-00-452 de la CGR, mediante la cual se prorroga, desde el 01 hasta el 31-08-2018, el lapso para la presentación de la declaración jurada de patrimonio actualizada. G.O. n° 41.448 del 27-07-2018.

Resolución n° 1-00-525 de la CGR, mediante la cual se aprueba la nueva estructura orgánica de la CGR. G.O. n° 41.475 del 05-09-2018.

Resolución n° 1-00-530 de la CGR, mediante la cual se dicta la reforma de la Resolución Organizativa n° 1 de este órgano contralor. G.O. n° 41.476 del 06-09-2018.

Resolución n° 1-00-000646 de la CGR, mediante la cual se crea la Dirección General del Despacho del Contralor General de la República. G.O. n° 41.514 del 31-10-2018.

Resolución n° 1-00-420 de la CGR, mediante la cual se prorroga desde el 01 hasta el 31-08-2019, el lapso para la presentación de la declaración jurada de patrimonio actualizada. G.O. n° 41.683 del 30-07-2019.

Resolución n° 1-00-40 de la CGR, mediante la cual se dicta el Reglamento sobre el Régimen de Jubilaciones y Pensiones de las Trabajadoras y Trabajadores de la CGR y sus Entes Adscritos. G.O. n° 42.049 del 18-01-2021.

Resolución n° 1-00-275 de la CGR, mediante la cual se dicta el Reglamento sobre el Régimen de Jubilaciones y Pensiones de las Trabajadoras y los Trabajadores de la CGR y sus entes adscritos. G.O. n° 42.055 del 26-01-2021.

Resolución n° 1-00-81 de la CGR, mediante la cual se dicta la Resolución Organizativa n° 1, donde se establece las normas relacionadas con la estructura, organización y funcionamiento de las dependencias adscritas al Despacho del Contralor o Contralora General de la República, la distribución de funciones y la asignación de competencias. G.O. n° 42.073 del 23-02-2021.

Resolución n° 1-00-233 de la CGR, mediante la cual se prorroga desde el 01 hasta el 31-08-2021, el lapso para la presentación de la declaración jurada de patrimonio actualizada. G.O. n° 42.180 del 30-07-2021.

Resolución n° 1-00-256 de la CGR, mediante la cual se dictan la reforma de la Resolución Organizativa n° 1. G.O. n° 42.324 del 22-02-2022.

Resolución n° 1-00-197 de la CGR, mediante la cual se anula el símbolo y el lema, así como el Manual de Identidad Gráfica de la CGR a fin de crear en su lugar, el emblema, el logotipo y la marca combinada, incluyendo el nuevo Manual de Identidad como un conjunto de normas que regulan el uso y aplicación de estos componentes de identidad de este órgano. G.O. n° 43.005 del 05-11-2024.

Resolución n° 1-00-345 de la CGR, mediante la cual se dicta las normas para el acceso, utilización, permanencia y mantenimiento del Parque Jesús David Garmendia Leáñez. G.O. n° 43.005 del 05-11-2024.

Providencia n° 3-2024 de la Fundación Instituto de Altos Estudios de Control Fiscal y Auditoría de Estado Gumersindo Torres, mediante la cual se dicta el Reglamento Interno para la Organización y Funcionamiento de la Fundación. G.O. n° 43.030 del 17-12-2024.

5. Poder Electoral[122]

Resolución n° 150409-107 del CNE, mediante la cual se dictan las normas para el uso de los espacios internos y cuidado de los bienes muebles de oficina y equipos de computación de los órganos del Poder Electoral. G.O. n° 40.685 del 18-06-2015.

Resolución n° 210415-17 del CNE, mediante la cual se resuelve crear el Museo del Poder Electoral, un espacio que logre reunir una colección permanente de diversos objetos, propagandas, máquinas, tarjetones, libros, folletos, trípticos, dípticos, carteles, y otros; utilizados en los procesos electorales anteriores y los que futuramente se realicen, conservándolos; para ser expuestos al público en general. G.O. n° 42.113 del 26-04-2021.

Resolución n° 231023-109 del CNE, mediante la cual se resuelve, entre otros, dar a conocer a las venezolanas y los venezolanos, en quienes reside la soberanía intransferiblemente, conforme lo previsto en el artículo 5 de la Constitución de la República Bolivariana de Venezuela, las preguntas que se formularán en el Referendo Consultivo en defensa de la Guayana Esequiba, para que la voluntad del pueblo se exprese el día 03-12-2023; las cuales estarán estructuradas para ser respondidas con un SI o con un NO. G.O. n° 42.746 del 31-10-2023.

Resolución n° 231219-0159 del CNE, mediante la cual se resuelve dictar las normas sobre el sistema de modificaciones presupuestarias, aplicable al presupuesto de egresos del CNE del ejercicio fiscal del año 2024. G.O. n° 42.795 del 10-01-2024.

II. Poder Público Estadal y Poder Público Municipal[123]

Ley de Reforma Parcial de la Ley de los Consejos Locales de Planificación Pública. G.O. n° 6.184 Extraordinario del 03-06-2015.

---

122 Véase también: § Exoneraciones; Fe pública.

123 Véase también: § Empresas del Estado; Fundaciones del Estado; Actos de la "Asamblea Nacional Constituyente".

Ley de Reforma Parcial de los Consejos Estadales de Planificación y Coordinación de Políticas Públicas. G.O. n° 6.184 Extraordinario del 03-06-2015.

Decreto n° 2.063, mediante el cual se prorroga hasta el 31-01-2016, el plazo para culminar el proceso de supresión y liquidación de la Fundación para la Asistencia Social de la Policía Metropolitana de Caracas (Fundapol), ordenado por el Decreto n° 955 del 06-05-2014. G.O. n° 40.771 del 21-10-2015.

Decreto n° 3.104, mediante el cual se extiende, hasta el 31-12-2017, el proceso de supresión y liquidación de la Fundación para la Asistencia Social de la Policía Metropolitana de Caracas (Fundapol). G.O. n° 41.256 del 13-10-2017, reimpresión G.O. n° 41.261 del 20-10-2017.

Resolución n° 165 del MPP para Relaciones Interiores, Justicia y Paz, mediante la cual se da por concluido el proceso de supresión y liquidación de la Fundación para la Asistencia Social de la Policía Metropolitana de Caracas (Fundapol).

Providencia n° 1 de la Junta de Liquidación del Nivel Metropolitano de Caracas, mediante la cual se dicta el Reglamento Interno de Funcionamiento de la Junta de Supresión y Liquidación del Nivel Metropolitano de Caracas, el Cabildo Metropolitano y la Contraloría del Área Metropolitana. G.O. n° 41.339 del 09-02-2018.

Providencia n° 1 de la Junta de Liquidación del Distrito del Alto Apure, mediante la cual se dicta el Reglamento Interno de Funcionamiento de la Junta de Supresión y Liquidación del Distrito del Alto Apure. G.O. n° 41.404 del 24-05-2018.

Resolución n° 166 del MPP para Relaciones Interiores, Justicia y Paz, mediante la cual se da por concluido el Proceso de Supresión y Liquidación de la Policía Metropolitana de Caracas. G.O. n° 41.477 del 07-09-2018.

Resolución n° 5 de la Vicepresidencia de la República, mediante la cual se prorroga, hasta el 30-06-2019, el lapso para efectuar el proceso de supresión y liquidación del Nivel Metropolitano de Caracas Cabildo Metropolitano y la Contraloría del Área Metropolitana. G.O. n° 41.647 del 04-06-2019.

Resolución n° 23 de la Vicepresidencia de la República, mediante la cual se prorroga el lapso para efectuar el proceso de supresión y liquidación del Nivel Metropolitano de Caracas, Cabildo Metropolitano y la Contraloría del Área Metropolitana. G.O. n° 41.785 del 19-12-2019.

Ley Derogatoria de la Ley de Regularización de los Períodos Constitucionales y Legales de los Poderes Públicos Estadales y Municipales. G.O. n° 42.082 del 08-03-2021.

III. Consejo Federal de Gobierno

Resolución n° 4 de la Secretaría del Consejo Federal de Gobierno, mediante la cual se dicta el Reglamento Orgánico de la Secretaría del Consejo Federal de Gobierno y el Fondo de Compensación Interterritorial. G.O. n° 40.826 del 12-01-2016.

Resolución n° 2 del Consejo Federal de Gobierno, mediante la cual se dicta la Reforma Parcial del Reglamento Orgánico de la Secretaría del Consejo Federal de Gobierno y el Fondo de Compensación Interterritorial. G.O. n° 40.976 del 29-08-2016.

III
ADMINISTRACIÓN GENERAL DEL ESTADO

I. Finanzas públicas

1. Presupuesto y contabilidad[124]

Providencia n° 15-1 de la ONCOP, mediante la cual se establece la estructura del plan de cuentas patrimoniales, aplicable a la República, al Distrito Capital y al Territorio Insular Francisco de Miranda, así como a sus respectivos entes descentralizados funcionalmente sin fines empresariales. G.O. n° 40.606 del 23-02-2015.

Providencia n° 122 de la ONAPRE, mediante la cual se corrige por error material la Providencia n° 114 donde se modificó el clasificador presupuestario de recursos y egresos aplicable a los órganos y entes del Sector Público. G.O. n° 40.772 del 22-10-2015.

Providencia conjunta n° 136 y 15-7, 15-5 de la ONAPRE, Oficina Nacional del Tesoro y ONCOP, mediante la cual se regula la liquidación y cierre del ejercicio económico-financiero de la República y sus entes descentralizados funcionalmente. G.O. n° 40.778 del 30-10-2015.

Resolución del MPP de Economía y Finanzas, mediante la cual se establece que durante el período comprendido entre el 21-10 y 31-12-2015, la ONAPRE se abstendrá de tramitar traspasos de créditos presupuestarios cuyas cedentes sean genéricas y específicas de la partida gastos de personal, de cualquiera de sus categorías presupuestarias y las referidas a los literales que en ella se indican del artículo del Reglamento que en ella se especifica. G.O. n° 40.780 del 03-11-2015.

Resolución n° 1 del Consejo Federal de Gobierno, mediante la cual se asigna al Fondo de Compensación Interterritorial, para el Ejercicio Fiscal 2016, la cantidad que en ella se menciona, provenientes del 15 % de lo recaudado por el IVA para los planes de inversión y proyectos asociados de las entidades político-territoriales, el fortalecimiento del Poder Popular y el fortalecimiento institucional. G.O. n° 40.785 del 10-11-2015.

Providencia n° 15-7 de la ONCOP, mediante la cual se reforma la Providencia n° 15-001 donde se establece el plan de cuentas patrimoniales. G.O. n° 40.818 del 29-12-2015.

Ley de Presupuesto para el Ejercicio Económico Financiero 2016. G.O. n° 6.204 Extraordinario del 01-12-2015[125].

124 Véase también: § Poder Legislativo; Poder Ciudadano; Poder Electoral.

Decreto n° 2.135, mediante el cual se dicta la distribución general del presupuesto de egresos del ejercicio económico financiero 2016. G.O. n° 6.205 Extraordinario del 01-12-2015[126].

Decreto con Rango, Valor y Fuerza de Ley Orgánica de la Administración Financiera del Sector Público. G.O. n° 6.210 Extraordinario del 30-12-2015.

Decreto n° 2.185, mediante el cual se establece los saldos líquidos y no líquidos no causados al cierre del ejercicio económico financiero 2015, se transferirán al Fondo de Desarrollo Nacional S.A. (FONDEN). G.O. n° 40.829 del 15-01-2016.

Resolución n° 23 del MPP para la Banca y Finanzas, mediante la cual se establece que la ONAPRE se abstendrá de tramitar traspasos de créditos presupuestarios que afecten a las genéricas y específicas de la partida de gastos de personal, de cualquiera de sus categorías presupuestarias de los órganos de la República. G.O. n° 40.846 del 11-02-2016.

Providencia n° 261 de la ONAPRE, mediante la cual se procede a modificar el contenido de la Providencia n° 66 donde se dictó el clasificador presupuestario de recursos y egresos aplicable a los órganos y entes del Sector Público, publicado en G.O. n° 6.144 Extraordinario del 29-09-2014. G.O. n° 40.891 del 27-04-2016.

Providencia n° 16-12 de la ONCOP, mediante la cual se establecen manuales de usuario para el registro de las transacciones económico financieras en la herramienta informática denominada Sistema Integrado de Gestión y Control de las Finanzas Públicas. G.O. n° 40.933 del 28-06-2016.

Providencia n° 16-11 ONCOP, mediante la cual se reforma la Providencia n° 15-7 donde se establece el plan de cuentas patrimoniales. G.O. n° 40.935 del 30-06-2016.

Providencia n° 320 ONAPRE, mediante la cual se modifica el contenido de la Providencia n° 66 en la cual se dictó el clasificador presupuestario de recursos y egresos aplicable a los órganos y entes del Sector Público. G.O. n° 41.008 del 13-10-2016.

Decreto n° 2.482, mediante el cual se dicta el presupuesto para el ejercicio económico financiero 2017. G.O. n° 6.263 Extraordinario del 14-10-2016[127].

---

125 La G.O. no está disponible para su consulta, pero se menciona en el sumario de la G.O. n° 40.800 del 01-12-2015.

126 La G.O. no está disponible para su consulta, pero se menciona en el sumario de la G.O. n° 40.800 del 01-12-2015.

127 La G.O. no está disponible para su consulta, pero se menciona en el sumario de la G.O. n° 41.009 del 14-10-2016.

Decreto n° 2.484, mediante el cual se establece la distribución general del presupuesto de egresos para el ejercicio económico financiero 2017. G.O. n° 6.265 Extraordinario del 14-10-2016[128].

Providencia 16-15 de la ONCOP, mediante la cual se establecen manuales de usuario para el registro de las transacciones económico financieras en la herramienta informática denominada Sistema Integrado de Gestión y Control de las Finanzas Públicas. G.O. n° 41.022 del 02-11-2016.

Providencia n° 16-17 de la ONCOP, mediante la cual se establece la estructura del marco conceptual del sistema de contabilidad pública. G.O. n° 41.063 del 29-12-2016.

Providencia n° 16-18 de la ONCOP, mediante la cual se establece el plan de cuentas patrimoniales aplicable a la República, al Distrito Capital y al Territorio Insular Francisco de Miranda, así como a sus respectivos entes descentralizados funcionalmente sin fines empresariales. G.O. n° 41.069 del 06-01-2017.

Decreto n° 2.778, mediante el cual se ordena la creación de un Registro de Títulos Valores, Inversión y Otros Activos Financieros, en el cual se relacione la totalidad de las inversiones en títulos valores y demás instrumentos de inversión de la Banca Pública, así como la de las empresas del Sector Público. G.O. n° 41.119 del 22-03-2017.

Providencia n° 17-2 de la ONCOP, mediante la cual se establecen las instrucciones sobre la vinculación de los códigos presupuestarios, económicos y contables. G.O. n° 41.133 del 18-04-2017.

Providencia n° 17-3 de la ONCOP, mediante la cual se establecen los manuales de usuario para el registro de las transacciones económico financieras en la herramienta informática denominada Sistema Integrado de Gestión y Control de las Finanzas Públicas. G.O. n° 41.172 del 14-06-2017.

Providencias n° 18-11, 18-12 y 18-13 de la ONCOP, mediante las cuales se dictan las normas técnicas de contabilidad n° 1, contabilidad n° 2 y contabilidad n° 3. G.O. n° 41.534 del 28-11-2018.

Providencia conjunta n° 1 y 2 de la ONAPRE y Oficina Nacional del Tesoro, mediante la cual se regula la captación, custodia y administración de las contribuciones destinadas a la seguridad social y de los recursos que se deriven de la gestión de fondos especiales. G.O. n° 41.570 del 23-01-2019.

Providencia n° 3 de la ONAPRE, mediante la cual se establece el clasificador presupuestario de recursos y egresos aplicable a los órganos y entes del Sector Público. G.O. n° 6.451 Extraordinario del 25-04-2019.

---

[128] La G.O. no está disponible para su consulta, pero se menciona en el sumario de la G.O. n° 41.009 del 14-10-2016.

Providencia n° 19-1 de la ONCOP, mediante la cual se reforma parcialmente la Providencia n° 16-18, mediante la cual se establece el plan de cuentas patrimoniales. G.O. n° 41.637 del 21-05-2017.

Providencia n° 19-12 de la ONCOP, mediante la cual se dicta la reforma de la Providencia n° 19-1, mediante la cual se establece el plan de cuentas patrimoniales. G.O. n° 41.733 de 08-10-2019.

Providencia n° 167 del Directorio de Responsabilidad Social, mediante la cual se dicta la norma técnica para la administración, asignación, seguimiento y control de los recursos del Fondo de Responsabilidad Social. G.O. n° 41.816 del 06-02-2020.

Providencia n° 2021-1 de la ONCOP, mediante la cual se dicta la reforma de la Providencia n° 19-12, mediante la cual se establece el plan de cuenta patrimoniales. G.O. n° 42.095 del 25-03-2021.

Ley de Presupuesto para el Ejercicio Económico Financiero 2022. G.O. n° 6.670 Extraordinario del 20-12-2021[129].

Providencia n° 2023-4 de la ONCOP, mediante la cual se dicta la reforma de la Providencia n° 2021-1, mediante la cual se establece el plan de cuentas patrimoniales. G.O. n° 42.768 del 30-11-2023.

Providencia n° 4 de la ONAPRE, mediante la cual se procede a modificar el contenido de la Providencia n° 2, mediante la cual se dictó el clasificador presupuestario de recursos y egresos aplicable a los órganos y entes del Sector Público publicada en la G.O. n° 6.682 Extraordinario del 30-12-2021. G.O. n° 42.978 del 04-10-2024.

Providencia n° 2024-1 de la ONCOP, mediante la cual se dicta la reforma de la Providencia n° 2023-4, mediante la cual se establece el plan de cuentas patrimoniales. G.O. n° 43.030 del 17-12-2024.

2. Deuda pública

Decreto n° 1.630, mediante el cual se procede a la 743° emisión de Bonos de la Deuda Pública Nacional, constitutivos de empréstitos internos. G.O. n° 40.607 del 24-02-2015.

Decreto n° 1.631, mediante el cual se procede a la 742° emisión de Bonos de la Deuda Pública Nacional, constitutivos de empréstitos internos. G.O. n° 40.607 del 24-02-2015.

Decreto n° 1.632, mediante el cual se procede a la 741° emisión de Bonos de la Deuda Pública Nacional. G.O. n° 40.607 del 24-02-2015.

Decreto n° 1.633, mediante el cual se procede a la 77° emisión de Letras del Tesoro. G.O. n° 40.607 del 24-02-2015.

---

[129] La G.O. no está disponible para su consulta, pero se menciona en el sumario de la G.O. n° 42.280 del 20-12-2021.

Ley Especial de Endeudamiento Anual para el Ejercicio Económico Financiero 2016. G.O. n° 6.203 Extraordinario del 01-12-2015, reimpresión en G.O. n° 40.820 del 04-01-2016.

Decreto n° 2.206, mediante el cual se procede a la 78° emisión de Letras del Tesoro. G.O. n° 6.215 Extraordinario del 28-01-2016.

Decreto n° 2.207, mediante el cual se procede a la 744°) emisión de Bonos de la Deuda Pública Nacional. G.O. n° 6.215 Extraordinario del 28-01-2016.

Decreto n° 2.208, mediante el cual se procede a la 746° emisión de Bonos de la Deuda Pública Nacional. G.O. n° 6.215 Extraordinario del 28-01-2016.

Decreto n° 2.209, mediante el cual se procede a la 745° emisión de Bonos de la Deuda Pública Nacional. G.O. n° 6.215 Extraordinario del 28-01-2016.

Decreto n° 2.483, mediante el cual se dicta el endeudamiento para el ejercicio económico financiero 2017. G.O. n° 6.264 Extraordinario del 14-10-2016.

Decreto n° 2.909, mediante el cual se procede a la 747° emisión de Bonos de la Deuda Pública Nacional. G.O. n° 41.171 del 13-06-2017.

Decreto n° 2.910, mediante el cual se procede a la 748° emisión de Bonos de la Deuda Pública Nacional. G.O. n° 41.171 del 13-06-2017.

Decreto n° 2.911, mediante el cual se procede a la 749° emisión de Bonos de la Deuda Pública Nacional. G.O. n° 41.171 del 13-06-2017.

Decreto n° 2.912, mediante el cual se procede a la 79° emisión de Letras del Tesoro. G.O. n° 41.171 del 13-06-2017.

Decreto n° 3.452, mediante el cual se define el monto de endeudamiento en bolívares que la República podrá contraer mediante Operaciones de Crédito Público, por encima del monto máximo previsto en el Instrumento Normativo con Tratamiento de Ley Especial de Endeudamiento Anual para el Ejercicio Económico Financiero 2018. G.O. n° 41.414 del 07-06-2018.

Decreto n° 3.453, mediante el cual se procede a la 80° emisión de Letras del Tesoro. G.O. n° 41.414 del 07-06-2018.

Decreto n° 3.454, mediante el cual se procede a la 750° emisión de Bonos de la Deuda Pública Nacional. G.O. n° 41.414 del 07-06-2018.

Decreto n° 3.455, mediante el cual se procede a la 751° emisión de Bonos de la Deuda Pública Nacional. G.O. n° 41.414 del 07-06-2018.

Decreto n° 3.456, mediante el cual se procede a la 752° emisión de Bonos de la Deuda Pública Nacional. G.O. n° 41.414 del 07-06-2018.

Decreto n° 3.507, mediante el cual se procede a la 753° emisión de Bonos de la Deuda Pública Nacional. G.O. n° 41.432 del 03-07-2018.

Decreto n° 3.508, mediante el cual se procede a la 754° emisión de Bonos de la Deuda Pública Nacional. G.O. n° 41.432 del 03-07-2018.

Decreto n° 3.509, mediante el cual se procede a la 755° emisión de Bonos de la Deuda Pública Nacional. G.O. n° 41.432 del 03-07-2018.

Decreto n° 3.510, mediante el cual se procede a la 81° emisión de Letras del Tesoro. G.O. n° 41.432 del 03-07-2018.

Decreto n° 3.615, mediante el cual se dicta el Instrumento Normativo con Tratamiento de Ley Especial de Endeudamiento Complementaria n° 2 para el Ejercicio Económico Financiero 2018. G.O. n° 6.407 Extraordinario del 18-09-2018.

Decreto n° 3.616, mediante el cual se procede a la 756° emisión de Bonos de la Deuda Pública Nacional. G.O. n° 6.407 Extraordinario del 18-09-2018.

Decreto n° 3.617, mediante el cual se procede a la 757° emisión de Bonos de la Deuda Pública Nacional. G.O. n° 6.407 Extraordinario del 18-09-2018.

Decreto n° 3.618, mediante el cual se procede a la 758° emisión de Bonos de la Deuda Pública Nacional. G.O. n° 6.407 Extraordinario del 18-09-2018.

Decreto n° 3.619, mediante el cual se procede a la 82° emisión de Letras del Tesoro. G.O. n° 6.407 Extraordinario del 18-09-2018.

Decreto n° 3.658, mediante el cual se dicta el Instrumento Normativo con Tratamiento de Ley Especial de Endeudamiento Complementaria n° 3, para el Ejercicio Económico Financiero 2018. G.O. n° 41.522 del 12-11-2018.

Decreto n° 3.659, mediante el cual se procede a la 759° emisión de Bonos de la Deuda Pública Nacional. G.O. n° 41.522 del 12-11-2018.

Decreto n° 3.660, mediante el cual se procede a la 760° emisión de Bonos de la Deuda Pública Nacional. G.O. n° 41.522 del 12-11-2018.

Decreto n° 3.661, mediante el cual se procede a la 761° emisión de Bonos de la Deuda Pública Nacional. G.O. n° 41.522 del 12-11-2018.

Decreto n° 3.729, mediante el cual se dicta el Instrumento Normativo con Tratamiento de Ley Especial de Endeudamiento Complementaria n° 4 para el Ejercicio Económico Financiero 2018. G.O. n° 6.420 Extraordinario del 28-12-2018.

Decreto n° 3.809, mediante el cual se procede a la 762° emisión de Bonos de la Deuda Pública Nacional. G.O. n° 6.444 Extraordinario del 03-04-2019.

Decreto n° 3.810, mediante el cual se procede a la 763° emisión de Bonos de la Deuda Pública Nacional. G.O. n° 6.444 Extraordinario del 03-04-2019.

Decreto n° 3.811, mediante el cual se procede a la 764° emisión de Bonos de la Deuda Pública Nacional. G.O. n° 6.444 Extraordinario del 03-04-2019.

Decreto n° 3.812, mediante el cual se procede a la 765° emisión de Bonos de la Deuda Pública Nacional. G.O. n° 6.444 Extraordinario del 03-04-2019.

Decreto n° 3.813, mediante el cual se dicta el Instrumento Normativo con Tratamiento de Ley Especial de Endeudamiento Complementaria para el Ejercicio Económico Financiero 2019. G.O. n° 6.444 Extraordinario del 03-04-2019.

Decreto n° 3.814, mediante el cual se procede a la 766° emisión de Bonos de la Deuda Pública Nacional. G.O. n° 6.444 Extraordinario del 03-04-2019.

Decreto n° 3.815, mediante el cual se procede a la 767° emisión de Bonos de la Deuda Pública Nacional. G.O. n° 6.444 Extraordinario del 03-04-2019.

Decreto n° 3.816, mediante el cual se procede a la 768° emisión de Bonos de la Deuda Pública Nacional. G.O. n° 6.444 Extraordinario del 03-04-2019.

Decreto n° 3.817, mediante el cual se procede a la 83° emisión de Letras del Tesoro. G.O. n° 6.444 Extraordinario del 03-04-2019.

Decreto n° 3.953, mediante el cual se dicta el Instrumento Normativo con Tratamiento de Ley Especial de Endeudamiento Complementaria n° 2 para el Ejercicio Económico Financiero 2019. G.O. n° 6.472 Extraordinario del 14-08-2019.

Decreto n° 3.954, mediante el cual se procede a la 769° emisión de Bonos de la Deuda Pública Nacional. G.O. n° 6.472 Extraordinario del 14-08-2019.

Decreto n° 3.955, mediante el cual se procede a la 770° emisión de Bonos de la Deuda Pública Nacional. G.O. n° 6.472 Extraordinario del 14-08-2019.

Decreto n° 3.956, mediante el cual se procede a la 771° emisión de Bonos de la Deuda Pública Nacional. G.O. n° 6.472 Extraordinario del 14-08-2019.

Decreto n° 4.081, mediante el cual se dicta el Instrumento Normativo con Tratamiento de Ley Especial de Endeudamiento Complementaria n° 3 para el Ejercicio Económico Financiero 2019. G.O. n° 6.498 Extraordinario del 26-12-2019.

Decreto n° 4.082, mediante el cual se procede a la 772° emisión de Bonos de la Deuda Pública Nacional. G.O. n° 6.498 Extraordinario del 26-12-2019.

Decreto n° 4.175, mediante el cual se procede a la 773° emisión de Bonos de la Deuda Pública Nacional. G.O. n° 6.524 Extraordinario del 02-04-2020.

Decreto n° 4.176, mediante el cual se procede a la 774° emisión de Bonos de la Deuda Pública Nacional. G.O. n° 6.524 Extraordinario del 02-04-2020.

Decreto n° 4.177, mediante el cual se procede a la 775° emisión de Bonos de la Deuda Pública Nacional. G.O. n° 6.524 Extraordinario del 02-04-2020.

Decreto n° 4.178, mediante el cual se procede a la 84° emisión de Letras del Tesoro. G.O. n° 6.524 Extraordinario del 02-04-2020.

Decreto n° 4.232, mediante el cual se dicta el Instrumento Normativo con Tratamiento de Ley Especial de Endeudamiento Complementaria para el Ejercicio Económico Financiero 2020. G.O. n° 6.545 Extraordinario del 16-06-2020.

Decreto n° 4.233, mediante el cual se procede a la 776° emisión de Bonos de la Deuda Pública Nacional. G.O. n° 6.545 Extraordinario del 16-06-2020.

Decreto n° 4.234, mediante el cual se procede a la 777° emisión de Bonos de la Deuda Pública Nacional. G.O. n° 6.545 Extraordinario del 16-06-2020.

Decreto n° 4.235, mediante el cual se procede a la 778° emisión de Bonos de la Deuda Pública Nacional. G.O. n° 6.545 Extraordinario del 16-06-2020.

Decreto n° 4.572, mediante el cual se procede a la 85° emisión de Letras del Tesoro. G.O. n° 6.640 Extraordinario del 26-08-2021.

Decreto n° 4.573, mediante el cual se procede a la 779° emisión de Bonos de la Deuda Pública Nacional. G.O. n° 6.640 Extraordinario del 26-08-2021.

Decreto n° 4.574, mediante el cual se procede a la 780° emisión de Bonos de la Deuda Pública Nacional. G.O. n° 6.640 Extraordinario del 26-08-2021.

Decreto n° 4.575, mediante el cual se procede a la 781° emisión de Bonos de la Deuda Pública Nacional. G.O. n° 6.640 Extraordinario del 26-08-2021.

Ley Especial de Endeudamiento Complementaria para el Ejercicio Económico Financiero 2021. G.O. n° 6.661 Extraordinario del 04-11-2021.

Ley Especial de Endeudamiento Anual para el Ejercicio Económico Financiero 2022. G.O. n° 6.671 Extraordinario del 20-12-2021, reimpresión en G.O. n° 6.704 del 01-06-2022.

Decreto n° 5.037, mediante el cual se procede a la emisión de Pagarés. G.O. n° 6.853 Extraordinario del 13-11-2024.

Decreto n° 5.038, mediante el cual se procede a la 791° emisión de Bonos de la Deuda Pública Nacional. G.O. n° 6.853 Extraordinario del 13-11-2024.

3. Auditoría y control interno[130]

Decisión n° SD-9021/2014 de CORPOZULIA, mediante la cual se dicta el Reglamento Interno de la Unidad de Auditoría Interna de esta corporación. G.O. n° 40.678 del 09-06-2015.

Resolución n° 1-00-000125 de la CGR, mediante la cual se establece que corresponderán a las Unidades de Auditoría Interna de las Contralorías de los estados, distritos, distritos metropolitanos y municipios, cada una en el ámbito de sus competencias, realizar el examen de la cuenta de los referidos órganos de control fiscal. G.O. n° 40.688 del 23-06-2015.

Providencia n° 2-2015 de FONDEN, S.A., mediante la cual se dicta el Reglamento Interno de la Unidad de Auditoría Interna de este organismo. G.O. n° 40.706 del 20-07-2015.

Providencia de la CORPOELEC, mediante la cual se dicta el Reglamento Interno de la Unidad de Auditoría Interna de la Corporación Industrial para la Energía Eléctrica, S.A. G.O. n° 40.798 del 27-11-2015.

Providencia n° 10-2015 del CENAL, mediante la cual se dicta el Reglamento Interno de la Unidad de Auditoría Interna del Instituto Autónomo Centro Nacional del Libro. G.O. n° 40.812 del 17-12-2015.

Resolución n° 683 del MPP para la Salud, mediante la cual se dicta el Reglamento Interno de la Oficina de Auditoría Interna de este ministerio. G.O. n° 40.813 del 18-12-2015.

Providencia n° 15 del BANAVIH, mediante la cual se dicta el Reglamento Interno de la Gerencia General de Auditoría Interna del Banco Nacional de Vivienda y Hábitat. G.O. n° 40.826 del 12-01-2016.

Providencia n° 587-2015 del Instituto Nacional de Investigaciones Agrícolas, mediante la cual se dicta el Reglamento Interno de la Oficina de Auditoría Interna de este instituto. G.O. n° 40.829 del 15-01-2016.

Resolución n° DdP-2016-33 de la Defensoría del Pueblo, mediante la cual se dicta el Reglamento Interno de la Dirección de Auditoría Interna de la Defensoría del Pueblo. G.O. n° 40.910 del 24-05-2016.

130 Véase también: § Superintendencias.

Providencia n° PRE-CJU-GDI-425-16 del INAC, mediante la cual se dicta el Reglamento Interno de la Unidad de Auditoría Interna de este instituto. G.O. n° 40.921 del 08-06-2016.

Providencia de CORPOELEC, mediante la cual se dicta el Reglamento de la Unidad de Auditoría Interna de la Corporación Eléctrica Nacional S.A. G.O. n° 40.935 del 30-06-2016.

Providencia n° 1 del CNAC, mediante la cual se dicta el Reglamento de la Unidad de Auditoría Interna del Centro Nacional Autónomo de Cinematografía. G.O. n° 40.947 del 19-07-2016.

Resolución n° 339 del MPP para la Salud, mediante la cual se dicta el Reglamento Interno de la Oficina de Auditoría Interna de este ministerio. G.O. n° 40.954 del 28-07-2016.

Providencia n° 120 de la CONATEL, mediante la cual se dicta el Reglamento de la Unidad de Auditoría Interna del Instituto CONATEL. G.O. n° 40.999 del 29-09-2016.

Providencia n° SOGATUR, S.A.-03-16 de la SOGATUR, S.A., mediante la cual se dicta el Reglamento Interno de la Unidad de Auditoría Interna de la Sociedad de Garantías Recíprocas para la Pequeña y Mediana Empresa del Sector Turismo. G.O. n° 41.030 del 14-11-2016.

Resolución n° 167 del MPP para Relaciones Interiores, Justicia y Paz, mediante la cual se dictan las normas sobre la rendición de cuentas del CICPC. G.O. n° 41.032 del 16-11-2016.

Providencia n° 4 del IVIC, mediante la cual se dicta el Reglamento Interno de Organización y Funcionamiento de la Unidad de Auditoría Interna de este instituto. G.O. n° 41.059 del 23-12-2016.

Providencia n° 43 de la Fundación Ávila TVÉ, mediante la cual se dicta el Reglamento Interno de la Oficina de Auditoría Interna de esta fundación. G.O. n° 41.065 del 02-01-2017.

Providencia n° 6 del INEA, mediante la cual se dicta el Reglamento Interno de la Unidad de Auditoría Interna de este instituto. G.O. n° 41.171 del 13-06-2017.

Resolución del MPP para la Energía Eléctrica, mediante la cual se dicta la reforma del Reglamento Interno de la Unidad de Auditoría Interna de la Corporación Industrial para la Energía Eléctrica, S.A. G.O. n° 41.366 del 22-03-2018.

Providencia n° 24 de la SUNAI, mediante la cual se dicta el Reglamento Interno de la Unidad de Auditoría de la Superintendencia Nacional de Auditoría Interna. G.O. n° 41.424 del 21-06-2018.

Resolución n° 134 del MPP para la Cultura, mediante la cual se dicta el Reglamento Interno de la Oficina de Auditoría Interna de este ministerio. G.O. n° 41.425 del 22-06-2018.

Resolución n° 1766 del Ministerio Público, mediante la cual se dicta el Reglamento Interno de la Dirección de Auditoría Interna de este Organismo. G.O. n° 41.421 del 18-06-2018, reimpresión en G.O. n° 41.445 del 23-07-2018.

Providencia n° 21 del Instituto Autónomo Hospital Universitario de Caracas, mediante la cual se dicta el Reglamento Interno de la Unidad de Auditoría Interna del instituto. G.O. n° 41.448 del 27-07-2018.

Providencia n° 48 de la Fundación Misión Barrio Adentro, mediante la cual se dicta el Reglamento Interno de la Unidad de Auditoría Interna de esta fundación. G.O. n° 41.659 del 20-06-2019.

Providencia n° 2-19 de la Fundación Televisora Venezolana Social TVES, mediante la cual se dicta el Reglamento Interno de la Oficina de Auditoría Interna de esta fundación. G.O. n° 41.723 del 24-09-2019.

Providencia n° 93 de la SUNAVAL, mediante la cual se dicta el Reglamento Interno de la Unidad de Auditoría Interna de la SUNAVAL. G.O. n° 41.737 de 14-10-2019.

Resolución n° 40 del MPP para la Educación, mediante la cual se dicta el Reglamento Interno de la Oficina de Auditoría Interna del ministerio. G.O. n° 41.752 del 04-11-2019.

Providencia n° 1-2019 de la CANTV, mediante la cual se modifica parcialmente el Reglamento Interno de la Unidad de Auditoría Interna de la Compañía Anónima Nacional Teléfonos de Venezuela y sus Empresas Filiales. G.O. n° 41.795 del 08-01-2020.

Resolución n° 52 del MPP para el Proceso Social de Trabajo, mediante la cual se dicta el Reglamento Interno de la Oficina de Auditoría Interna del ministerio. G.O. n° 41.819 del 11-02-2020.

Providencia n° 37 de la SUNAI, mediante la cual se dictan las normas de control para el registro y certificación de los auditores internos y auditoras internas del Poder Público Nacional y descentralizado. G.O. n° 41.826 del 20-02-2020.

Resolución de la PGR, mediante la cual se dicta el Reglamento Interno de la Unidad de Auditoría Interna de la PGR. G.O. n° 42.019 del 01-12-2020.

Providencia n° 3-2020 de la Fundación Infocentro, mediante la cual se dicta el Reglamento Interno de la Unidad de Auditoría Interna de la fundación. G.O. n° 42.020 del 02-12-2020.

Providencia n° 22-2022 de CONVIASA, mediante la cual se dicta el Reglamento Interno de la Unidad de Auditoría del Consorcio Venezolano de Industrias Aeronáuticas y Servicios Aéreos, S.A. G.O. n° 42.483 del 14-10-2022.

Resolución n° 8 del MPP de Atención de las Aguas, mediante la cual se dicta el Reglamento Interno de la Oficina de Auditoría Interna. G.O. n° 42.609 del 14-04-2023.

4. Unidad Tributaria

Providencia n° SNAT/2015/19 del SENIAT, mediante la cual se reajusta la Unidad Tributaria a Bs. 150. G.O. n° 40.608 del 25-02-2015.

Providencia n° SNAT/2016/11 del SENIAT, mediante la cual se reajusta la Unidad Tributaria a Bs. 177. G.O. n° 40.846 del 11-02-2016.

Providencia n° SNAT/2017/3 del SENIAT, mediante la cual se reajusta la Unidad Tributaria a Bs. 300. G.O. n° 6.287 Extraordinario del 24-02-2017.

Decreto n° 3.300, mediante el cual se faculta al SENIAT para reajustar la Unidad Tributaria. G.O. n° 41.351 del 01-03-2018.

Providencia n° SNAT/2018/17 del SENIAT, mediante la cual se reajusta la Unidad Tributaria a Bs. 500. G.O. n° 41.351 del 01-03-2018.

Decreto n° 3.393, mediante el cual se faculta al SENIAT para reajustar la Unidad Tributaria. G.O. n° 41.387 del 30-04-2018.

Providencia n° SNAT/2018/28 del SENIAT, mediante la cual se reajusta la Unidad Tributaria a Bs. 850. G.O. n° 41.388 del 02-05-2018.

Decreto n° 3.481, mediante el cual se faculta al SENIAT para reajustar la Unidad Tributaria. G.O. n° 6.383 Extraordinario del 20-06-2018.

Providencia n° SNAT/2018/120 del SENIAT, mediante la cual se reajusta la Unidad Tributaria a Bs. 1.200. G.O. n° 6.383 Extraordinario del 20-06-2018.

Providencia n° SNAT/2018/125 del SENIAT, mediante la cual se reajusta la Unidad Tributaria a Bs. 17. G.O. n° 41.479 del 11-09-2018.

Providencia n° SNAT/2019/46 del SENIAT, mediante la cual se reajusta la Unidad Tributaria a Bs. 50. G.O. n° 41.597 del 07-03-2019.

Providencia n° SNAT/2020/6 del SENIAT, mediante la cual se reajusta la Unidad Tributaria a Bs. 1.500. G.O. n° 41.839 del 13-03-2020.

Providencia n° SNAT/2021/23 del SENIAT, mediante la cual se reajusta la Unidad Tributaria a Bs. 20.000. G.O. n° 42.100 del 06-04-2021.

Providencia n° SNAT/2022/23 del SENIAT, mediante la cual se reajusta la Unidad Tributaria a Bs. 0,40. G.O. n° 42.359 del 20-04-2022.

Providencia n° SNAT/2023/31 del SENIAT, mediante la cual se reajusta la Unidad Tributaria a Bs. 9. G.O. n° 42.623 del 08-05-2023.

5. Tributos

A. Administración tributaria

Providencia n° SNAT/2014/58 del SENIAT, mediante la cual se reforma la providencia de creación del Registro Nacional de Exportadores. G.O. n° 40.577 del 09-01-2015.

Providencia n° SNAT/2015/8 del SENIAT, mediante la cual se reorganiza la Gerencia General de Servicios Jurídicos de este organismo. G.O. n° 40.598 del 09-02-2015.

Providencia n° SNAT/2015/9 del SENIAT, mediante la cual se reorganizan las Gerencias Regionales de Tributos Internos y las Gerencias de Aduanas Principales, y se crea la División de Cobro Ejecutivo y Medidas Cautelares, adscrita a las Gerencias Regionales de Tributos Internos. G.O. n° 40.598 del 09-02-2015.

Providencia n° SNAT/2015/20 del SENIAT, mediante la cual se prorroga la entrada en vigencia de la providencia que regula la utilización de medios distintos para la emisión de facturas y otros documentos por los prestadores de servicios masivos. G.O. n° 40.685 del 18-06-2015.

Providencia n° SNAT/2015/21 del SENIAT, mediante la cual se establecen las normas para el ajuste contable de los contribuyentes que realicen actividades bancarias, financieras, de seguros y reaseguros excluidos del sistema de ajustes por inflación. G.O. n° 40.744 del 11-09-2015.

Providencia n° SNAT/2015/68 del SENIAT, mediante las cuales se reorganizan los Sectores de Tributos Internos Higuerote y Baruta, adscritos a la Gerencia Regional de Tributos Internos de la Región Capital. G.O. n° 40.799 del 30-11-2015.

Decreto con Rango, Valor y Fuerza de Ley del Servicio Nacional Integrado de Administración Aduanera y Tributaria (SENIAT). G.O. n° 6.211 Extraordinario del 30-12-2015.

Providencia n° SNAT/2016/21 del SENIAT, mediante la cual se establece la obligación del uso de bandas de garantías codificadas de seguridad en cajetillas y envases de cigarrillos, tabaco, picaduras y otros derivados del tabaco, de producción nacional o importados. G.O. n° 40.927 del 16-06-2016.

Providencia n° SNAT/2017/2 del SENIAT, mediante la cual se establece la obligación de las personas jurídicas calificadas como sujetos pasivos especiales de presentar la declaración informativa del patrimonio. G.O. n° 41.075 del 16-01-2017.

Aviso Oficial del BCV, mediante el cual se informa a las administraciones tributarias estadales y municipales, así como al público en general, que no podrán estipularse modalidades de retención de tributos estadales y municipales, a través de los servicios de adquirencia con ocasión del procesamiento de pagos con tarjetas de crédito, débito, prepagadas y demás tarjetas de financiamiento o pago electrónico por medio del uso de terminales puntos de venta, sin la previa autorización de este instituto. G.O. n° 41.401 del 21-05-2018.

Providencia n° SNAT/2018/141 del SENIAT, mediante la cual se establece las normas relativas a imprentas y máquinas fiscales para la elaboración de facturas y otros documentos. G.O. n° 41.518 del 06-11-2018.

Providencia n° SNAT/2018/184 del SENIAT, mediante la cual se modifica la denominación, adscripción y organización de la Oficina de Recursos Humanos. G.O. n° 41.535 del 29-11-2018.

Providencia n° SNAT/2018/185 del SENIAT, mediante la cual se reorganiza la Dirección del Despacho. G.O. n° 41.535 del 29-11-2018.

Decreto n° 3.719, mediante el cual los sujetos pasivos que realicen operaciones en el territorio nacional en moneda extranjera o criptodivisas, autorizadas por la ley, deben determinar y pagar las obligaciones en moneda extranjera o criptodivisas. G.O. n° 6.420 Extraordinario del 28-12-2018.

Providencia n° SNAT/2019/35 del SENIAT, mediante la cual se dicta el Código de Ética de los Servidores Públicos del SENIAT. G.O. n° 41.613 del 09-04-2019[131].

Providencia n° SNAT/2019/170 del SENIAT, mediante la cual se reorganiza la Gerencia General de Gestión Humana de este organismo. G.O. n° 41.686 del 02-08-2019.

Decreto n° 4.446, mediante el cual se exhorta a las autoridades municipales del país a implementar mecanismos basados en las tecnologías de información para la declaración y pago de los tributos de su competencia y el suministro oportuno de información que garantice la coordinación con la Hacienda Pública Nacional. G.O. n° 6.617 Extraordinario del 24-02-2021.

Providencia n° SNAT/2022/37 del SENIAT, mediante la cual se eleva el Sector de Tributos Internos Libertador a Gerencia Regional de Tributos Internos Libertador, se crean las Unidades de Tributos Internos Carayaca y Colonia Tovar y se reorganiza la Gerencia Regional de tributos Internos de la Región Capital. G.O. n° 42.403 del 21-06-2022.

Providencia n° SNAT/2022/38 del SENIAT, mediante la cual se eleva el Sector de Tributos Internos Coro a Gerencia Regional de Tributos Internos Falcón y se reorganiza la Gerencia Regional de Tributos Internos de la Región Centro Occidental. G.O. n° 42.403 del 21-06-2022.

---

[131] *Cfr*. Gabriel Sira Santana, "Los códigos de ética pública en Venezuela", *Revista Venezolana de Legislación y Jurisprudencia*, n° 16 (2020): 905-32.

Providencia n° SNAT/2022/75 del SENIAT, mediante la cual se reorganiza la Oficina Nacional de Investigación, Protección y Custodia. G.O. n° 42.525 del 13-12-2022.

Providencia n° SNAT/2023/5 del SENIAT, sobre sujetos pasivos especiales. G.O. n° 42.588 del 14-03-2023.

Ley Orgánica de Coordinación y Armonización de las Potestades Tributarias de los Estados y Municipios. G.O. n° 6.755 Extraordinario del 10-08-2023[132].

Resolución n° 10-2023 del MPP de Economía, Finanzas y Comercio Exterior, mediante la cual se establece las normas sobre la organización y funcionamiento del Consejo Superior de Armonización Tributaria. G.O. n° 6.783 Extraordinario del 29-12-2023.

Resolución n° 11-2023 del MPP de Economía, Finanzas y Comercio Exterior, mediante la cual se establece las tablas de valores máximos aplicables a impuestos y tasas estadales y municipales. G.O. n° 6.783 Extraordinario del 29-12-2023.

Providencia n° SNAT/2024/75 del SENIAT, mediante la cual se adecuan las atribuciones y funciones de la Gerencia General de Control Aduanero y Tributario. G.O. n° 42.944 del 19-08-2024.

Providencia n° SNAT/2024/102 del SENIAT, mediante la cual se regula la utilización de medios digitales para la emisión de facturas y otros documentos. G.O. n° 43.032 del 19-12-2024.

Providencia n° SNAT/2024/107 del SENIAT, mediante la cual se reorganiza la estructura organizativa de la Gerencia General de Tecnología de Información y Comunicaciones. G.O. n° 43.032 del 19-12-2024.

B. Impuestos[133]

Providencia n° SNAT/2015/18 del SENIAT, mediante la cual se designa como agente de percepción del IVA a los fabricantes, productores artesanales e importadores de bebidas alcohólicas. G.O. n° 40.656 del 08-05-2015.

Providencia n° SNAT/2015/22 del SENIAT, mediante la cual se deroga la Providencia n° 345, donde se establecen las disposiciones especiales de las operaciones de exportación. G.O. n° 40.683 del 16-06-2015.

Aviso Oficial del SENIAT, mediante el cual se corrige por error material la Providencia SNAT/2015/49, donde se designan agentes de retención del IVA. G.O. n° 40.746 del 15-09-2015.

---

[132] *Cfr.* Gabriel Sira Santana, *Generalidades sobre la ley de armonización tributaria de los estados y municipios* (Caracas: CIDEP y FUNEDA, 2024).

[133] Véase también: § Exoneraciones; Calendarios; Acuerdos e incorporaciones al ordenamiento jurídico; Régimen cambiario.

Decreto con Rango, Valor y Fuerza de Ley de Reforma Parcial del Decreto con Rango Valor y Fuerza de Ley de ISLR. G.O. n° 6.210 Extraordinario del 30-12-2015.

Decreto con Rango, Valor y Fuerza de Ley de Impuesto a las Grandes Transacciones Financieras. G.O. n° 6.210 Extraordinario del 30-12-2015.

Providencia n° SNAT/2016/4 del SENIAT, mediante la cual se designa a las instituciones del sector bancario como agentes de percepción del impuesto a las grandes transacciones financieras. G.O. n° 40.834 del 22-01-2016.

Providencia n° SNAT/2016/5 del SENIAT, mediante la cual se establecen las normas relativas a la declaración y pago del impuesto a las grandes transacciones financieras. G.O. n° 40.835 del 25-01-2016.

Decreto n° 2.212, mediante el cual se establece una alícuota del 0 % para el pago del impuesto a las grandes transacciones financieras, a los contribuyentes y responsables sujetos a la aplicación de la ley que crea el tributo, cuando realicen operaciones que involucren cuentas en moneda extranjera en el sistema financiero nacional, incluidas las cuentas mantenidas en el BCV. G.O. n° 40.839 del 29-01-2016.

Decreto n° 2.232, mediante el cual se establece una alícuota del 0 % del impuesto a las grandes transacciones financieras, que se generen por los efectos que en él se especifican. G.O. n° 40.846 del 11-02-2016.

Decreto n° 2.284, mediante el cual se establece une alícuota del 0 % para el pago del impuesto a las grandes transacciones financieras, por los débitos efectuados en las cuentas bancarias pertenecientes a los establecimientos especializados en la administración y gestión de beneficios sociales, destinadas a la transferencia de fondos de los cestatickets de alimentación socialista a los trabajadores y trabajadoras. G.O. n° 40.872 del 18-03-2016.

Resolución n° 212 del MPP para la Banca y Finanzas, mediante la cual se procede a la primera emisión en el año 2016 de Certificados Especiales de Reintegro Tributario, por la cantidad que en ella se señala, destinados a reintegrar los créditos fiscales generados por el IVA que hubiesen sido soportados y efectivamente pagados con ocasión de la actividad de exportación y los soportados con ocasión de la adquisición de bienes de capital y la recepción de servicios durante la ejecución del régimen de etapa preoperativa por los exportadores, contribuyentes ordinarios de los mencionados tributos, de acuerdo a lo establecido en las respectivas providencias administrativas, emanadas del SENIAT, a favor de las empresas beneficiarias. G.O. n° 41.044 del 02-12-2016.

Decreto n° 2.602, mediante el cual se establece que las ventas de bienes muebles y prestación de servicios efectuadas a personas naturales que sean consumidores finales, hasta por la cantidad de Bs. 200.000, serán gravadas con la alícuota impositiva general del IVA del 10 %, siempre que tales ventas o prestaciones de servicios sean pagadas a través dc mcdios electrónicos. G.O. n° 41.052 del 14-12-2016.

Providencia n° SNAT/2016/122 del SENIAT, mediante la cual se establecen las formalidades para la emisión de facturas, declaración y pago por las ventas de bienes muebles y prestaciones de servicios efectuadas a personas naturales que sean consumidores finales, gravadas con la alícuota impositiva general del IVA del 10 %. G.O. n° 41.052 del 14-12-2016.

Decreto n° 3.085, mediante el cual se establece una rebaja a la alícuota impositiva general de IVA aplicable a las operaciones pagadas a través de medios electrónicos. G.O. n° 41.239 del 19-09-2017.

Providencia n° SNAT/2017/48 del SENIAT, mediante la cual se establecen las formalidades para la emisión de facturas, declaración y pago por las ventas de bienes muebles y prestaciones de servicios efectuados a personas naturales y jurídicas, que gozan de la rebaja del 3 o 5 % de la alícuota impositiva general del IVA. G.O. n° 41.244 del 26-09-2017.

Providencia n° SNAT/2018/21 del SENIAT, mediante la cual se prorroga hasta el 31-05-2018 el plazo de las personas naturales y jurídicas para realizar la declaración definitiva y pago del ISLR, cuyo ejercicio fiscal esté comprendido desde el 01-01-2017 hasta el 31-12-2017. G.O. n° 41.363 del 19-03-2018.

Decreto n° 3.584, mediante el cual se establece que la alícuota impositiva general del IVA a aplicarse en el ejercicio fiscal restante del 2018 y todo el ejercicio fiscal 2019, se fija en 16 %. G.O. n° 6.395 Extraordinario del 17-08-2018.

Decreto n° 3.654, mediante el cual se fija en 2 % la alícuota del impuesto a las grandes transacciones financieras. G.O. n° 41.520 del 08-11-2018.

Providencia n° SNAT/2019/71 del SENIAT, mediante la cual se prórroga hasta el 30-04-2019 el plazo de las personas naturales y jurídicas para realizar la declaración definitiva y pago del ISLR, cuyo ejercicio fiscal este comprendido desde el 01-01-2018 hasta el 31-12-2018. G.O. n° 6.436 Extraordinario del 26-03-2019.

Providencia n° SNAT/2019/213 del SENIAT, mediante la cual se establecen las normas de actualización del valor de bienes y derechos, así como los requisitos y formalidades para la declaración y pago del impuesto a los grandes patrimonios. G.O. n° 41.697 del 19-08-2019.

Decreto n° 4.079, mediante el cual se fija la alícuota impositiva general a que hace referencia el artículo 27 del Decreto Constituyente que establece el IVA, en 16 %. G.O. n° 41.788 del 26-12-2019.

Ley de Reforma Parcial del Decreto con Rango, Valor y Fuerza de Ley de Impuesto a las Grandes Transacciones Financieras. G.O. n° 6.687 Extraordinario del 25-02-2022.

Providencia n° SNAT/2022/55 del SENIAT, mediante la cual se deroga la providencia que designa como agentes de percepción del IVA a los fabricantes, productores artesanales e importadores de bebidas alcohólicas. G.O. n° 42.473 del 29-09-2022.

Providencia n° SNAT/2024/18 del SENIAT, mediante la cual se prorroga el plazo para la declaración y pago del ISLR, correspondiente al ejercicio fiscal 2023. G.O. n° 42.826 del 26-02-2024.

Decreto n° 4.972, mediante el cual se fija en 0 % la alícuota del impuesto a las grandes transacciones financieras, para las transacciones realizadas por los contribuyentes señalados en los numerales 1 al 4 del artículo 4 de la Ley de Impuesto a las Grandes Transacciones Financieras. G.O. n° 6.821 Extraordinario del 12-07-2024.

C. Tasas y contribuciones[134]

Providencia n° 1-2015 de la ONA, mediante la cual se regula los deberes formales de los contribuyentes del Fondo Nacional Antidrogas. G.O. n° 40.777 del 29-10-2015.

Providencia n° 15-2 del FONACIT, mediante la cual se establecen los requisitos y procedimientos que deben cumplirse para la obtención del Certificado Electrónico correspondiente al cumplimiento de la obligación tributaria prevista en el Título III del Decreto con Rango, Valor y Fuerza de Ley Orgánica de Ciencia, Tecnología e Innovación. G.O. n° 40.804 del 07-12-2015.

Providencia n° 15-3 del FONACIT, mediante la cual se dicta la normativa que regula los trámites y procedimientos para el otorgamiento de prórrogas, plazos y fraccionamientos de pago para el cumplimiento del deber de aporte establecido en el Título III del Decreto con Rango, Valor y Fuerza de Ley Orgánica de Ciencia, Tecnología e Innovación. G.O. n° 40.804 del 07-12-2015.

Resolución n° 45-2016 del MPP para Industria y Comercio, mediante la cual se ajusta el valor de las tasas por los Servicios de Metrología prestados por el SENCAMER. G.O. n° 40.919 del 06-06-2016.

Providencia n° OA-2016-07-240 del INCES, mediante la cual se establece el cumplimiento de deberes formales referentes al registro, aportes, retenciones, pago de las contribuciones parafiscales y solvencias. G.O. n° 41.046 del 06-12-2016, reimpresión en G.O. n° 41.054 del 16-12-2016.

[134] Véase también: § Exoneraciones; Acuático; Tarifas y derechos aeronáuticos.

Resolución n° 57 del MPP para la Juventud y el Deporte, mediante la cual se prorroga, por sesenta días continuos a partir del 01-05-2018, el lapso para la declaración del aporte al Fondo Nacional para el Desarrollo del Deporte, la Actividad Física y la Educación Física, provenientes de las empresas y otras organizaciones públicas y privadas que realicen actividades económicas en el país con fines de lucro, sometidas a tal obligación. G.O. n° 41.378 del 16-04-2018.

Resolución n° 63 del MPP para la Juventud y el Deporte, mediante la cual se prorroga por sesenta días continuos a partir del 01-05-2019, el lapso para la declaración y pago del aporte al Fondo Nacional para el Desarrollo del Deporte, la Actividad Física y la Educación Física, provenientes de las empresas y otra organizaciones públicas y privadas que realicen actividades económicas en el país con fines de lucro, sometidas a tal obligación. G.O. n° 41.621 del 26-04-2019.

Providencia n° 15-30 del FONACIT, mediante la cual se prorroga hasta el 31-08-2019 el plazo para que los aportantes para la ciencia, la tecnología, la innovación y sus aplicaciones liquiden y paguen ante el FONACIT, cuyo ejercicio fiscal esté comprendido desde el 01-01-2018 hasta el 31-12-2018. G.O. n° 41.663 del 27-06-2019.

Providencia n° 15-49 del FONACIT, mediante la cual se prorroga el plazo para la liquidación, pago y declaración del aporte a la Ciencia, Tecnología, Innovación y sus aplicaciones. G.O. n° 41.911 del 30-06-2020.

Providencia n° SNAT/2020/65 del SENIAT, mediante la cual se establece las normas para la declaración y enteramiento de los ingresos que perciban los servicios desconcentrados o servicios autónomos y entes descentralizados funcionalmente de la República con o sin fines empresariales, por concepto de tasas, contribuciones, tarifas, comisiones, recargos y precios públicos. G.O. n° 41.981 del 07-10-2020.

Providencia n° 15-29 del FONACIT, mediante la cual se dicta la normativa donde se establece el procedimiento correspondiente a la declaración, autoliquidación y pago de los aportes para la ciencia, tecnología e innovación y la obtención del certificado electrónico de solvencia del aporte. G.O. n° 42.128 del 17-05-2021, reimpresión en G.O. n° 42.131 del 20-05-2021.

Providencia n° 15-004-2024 del FONACIT, mediante la cual se dicta la normativa que establece el procedimiento correspondiente a la liquidación, autoliquidación, pago y declaración mensual de los aportes para la ciencia, tecnología, innovación y sus aplicaciones. G.O. n° 42.813 del 05-02-2024.

Ley de Protección de las Pensiones de Seguridad Social Frente al Bloqueo Imperialista. G.O. n° 6.806 Extraordinario del 08-05-2024.

Decreto n° 4.952, mediante el cual se establece como monto de la contribución especial prevista en la Ley de Protección de las Pensiones de Seguridad Social frente al Bloqueo Imperialista el 9 % del total de los pagos realizados por el contribuyente a las trabajadoras y trabajadores, de conformidad con la referida ley. G.O. n° 42.880 del 16-05-2024.

Providencia n° SNAT/2024/42 del SENIAT, mediante la cual se establece las normas para la declaración y pago de la contribución especial para la protección de las pensiones de seguridad social frente al bloqueo imperialista. G.O. n° 42.881 del 17-05-2024.

D. Aduanas[135]

Resolución conjunta n° 46, 178, 55, 74 y 8 de los MPP para la Alimentación, para la Agricultura y Tierras, de Economía y Finanzas, para el Comercio y Cencoex, mediante la cual se califica de bienes de primera necesidad o de consumo masivo a los efectos del beneficio previsto en el artículo 127 del Decreto con Rango, Valor y Fuerza de Ley Orgánica de Aduanas, las mercancías correspondientes a la subpartida del arancel de aduanas, que en ella se indican. G.O. n° 40.734 del 28-08-2015.

Resolución n° 59 del MPP de Economía y Finanzas, mediante la cual se modifica parcialmente el artículo 40 del Decreto n° 236 donde se reforma el arancel de aduanas. G.O. n° 40.775 del 27-10-2015.

Resolución n° 91 del MPP para la Banca y Finanzas, mediante la cual se deroga el Anexo II Régimen Legal aplicable a mercancías objeto de exportación, del Decreto n° 236 del 15-07-2013. G.O. n° 40.877 del 01-04-2016.

Aviso Oficial del BCV, mediante el cual se informa al SENIAT, así como al público en general, el tipo de cambio aplicable a los fines de la conversión de la moneda extranjera para la determinación de la base imponible de las obligaciones tributarias derivadas de las operaciones aduaneras tramitadas por los sujetos que en él se mencionan, previsto en el artículo 1 del Convenio n° 35. G.O. n° 41.024 del 04-11-2016.

Decreto n° 2.647, mediante el cual se establece el ordenamiento de las mercancías en este arancel y se adopta la Nomenclatura Arancelaria Común de los Estados Partes del Mercosur (NCM), basada en el Sistema Armonizado de Designación y Codificación de Mercancías (SA) del Consejo de Cooperación Aduanera (CCA)-Organización Mundial de Aduanas (OMA). G.O. n° 6.281 Extraordinario del 30-12-2016.

Decreto n° 3.935, mediante el cual se autoriza la creación y puesta en funcionamiento de dos terminales intermodales tipo Puerto Seco, con

[135] Véase también: § Exoneraciones; Acuerdos e incorporaciones al ordenamiento jurídico.

la respectiva construcción de la infraestructura portuaria, los cuales se denominaran: Terminal lntermodal Puerto Seco de Palavecino y Terminal lntermodal Puerto Seco Barquisimeto, en el estado Lara, y estarán conectados mediante vía férrea terrestre con cualquier otro puerto y aeropuerto del país; para que sean utilizados exclusivamente en el desarrollo de las actividades que contribuyan a la ejecución eficaz y eficiente de dichas zonas. G.O. n° 41.686 del 02-08-2019.

Providencia n° SNAT/2019/328 del SENIAT, mediante la cual se crea un Punto de Control Aduanero en el Terminal Intermodal Batalla de Araure, en el estado Portuguesa, adscrito a la Gerencia de la Aduana Principal Centro Occidental. G.O. n° 41.768 del 26-11-2019.

Decreto n° 4.111, mediante el cual se dicta la reforma del Decreto n° 2.647. G.O. n° 6.510 Extraordinario del 05-02-2020.

Providencia n° SNAT/2020/70 del SENIAT, mediante la cual se activa la Aduana Subalterna de Araure en el estado Portuguesa, adscrita a la Gerencia de la Aduana Principal Centro Occidental, ubicada dentro de la infraestructura portuaria de Puerto Seco Terminal Intermodal Puerto Seco Batalla Araure, y tendrá por circunscripción aduanera los límites del referido puerto. G.O. n° 42.035 del 23-12-2020.

Decreto n° 4.684, mediante el cual se dicta la reforma del Decreto n° 2.647. G.O. n° 6.698 Extraordinario del 02-05-2022.

Decreto n° 4.728, mediante el cual se dicta la reforma del Decreto n° 2.647. G.O. n° 42.446 del 23-08-2022.

Decreto n° 4.734, mediante el cual se dicta la reforma del Decreto n° 2.647. G.O. n° 42.454 del 02-09-2022.

Decreto n° 4.752, mediante el cual se crea la Aduana Subalterna de Tienditas, adscrita a la Gerencia de la Aduana Principal de San Antonio del Táchira en el estado Táchira. G.O. n° 42.521 del 07-12-2022.

Decreto n° 4.758, mediante el cual se dicta la reforma del Decreto n° 2.647. G.O. n° 6.727 Extraordinario del 29-12-2022.

2023.

Decreto n° 4.822, mediante el cual se dicta la reforma del Decreto n° 2.647. G.O. n° 6.750 Extraordinario del 01-07-2023.

Decreto n° 4.908, mediante el cual se dicta la reforma del Decreto n° 2.647. G.O. n° 6.784 Extraordinario del 29-12-2023.

Decreto n° 4.944, mediante el cual se dicta el Arancel de Aduanas. G.O. n° 6.804 Extraordinario del 25-04-2024.

E. Timbres fiscales[136]

Providencia SNAT/2016/31 del SENIAT, mediante la cual se desincorpora del inventario de especies fiscales de la División de Especies Fiscales de la Gerencia Financiera Administrativa, los Timbres Fiscales que en ella se indican. G.O. n° 40.939 del 07-07-2016.

Providencia n° SNAT/2021/11 del SENIAT, mediante la cual se procede a la desincorporación del inventario de Especies Fiscales de la División de Especies Fiscales, adscrita a la Gerencia Financiera Administrativa, los Timbres Fiscales que en ella se especifican. G.O. n° 42.074 del 24-02-2021.

F. Exoneraciones

Decreto n° 1.652, mediante el cual se exoneran del pago del IVA, impuestos de importación y de la tasa por servicios aduaneros, las importaciones definitivas de los bienes muebles corporales, realizados por los órganos o entes de la Administración Pública Nacional, destinados exclusivamente al Proyecto Transformación Integral de los Barrios Venezolanos enmarcadas en la Gran Misión Barrio Nuevo-Barrio Tricolor. G.O. n° 40.617 del 10-03-2015.

Decreto n° 1.671, mediante el cual se exonera del pago del IVA las importaciones definitivas de los bienes muebles corporales, realizadas por los órganos o entes de la Administración Pública Nacional, destinados exclusivamente al Proyecto Sustitución de Vehículos Rústicos en Rutas Troncales y Periféricas del municipio Bolivariano Libertador, Distrito Capital. G.O. n° 6.180 Extraordinario del 24-03-2015.

Decreto n° 1.721, mediante la cual se exonera del pago del IVA la prestación de servicios independientes ejecutados o aprovechados en el país a título oneroso, incluyendo aquellos que provengan del exterior, contratados por los órganos o entes de la Administración Pública Nacional, destinados exclusivamente a las contrataciones para la Construcción de la Comunidad Penitenciaria de Carabobo (V Etapa). G.O. n° 40.644 del 21-04-2015.

Decreto n° 1.880, mediante el cual se exonera del pago del IVA a las importaciones definitivas de los bienes muebles corporales, realizadas por los órganos o entes de la Administración Pública Nacional, destinados exclusivamente al Proyecto Adquisición del Material de Intendencia de Uso Común para el Personal de la Fuerza Armada Nacional Bolivariana. G.O. n° 6.188 Extraordinario del 14-07-2015.

Decreto n° 1.940, mediante el cual se exonera del pago del IVA a las importaciones definitivas de los bienes muebles corporales, realizadas por los órganos o entes de la Administración Pública Nacional, desti-

[136] Véase también: § Formularios.

nado exclusivamente al Proyecto Conectividad y Tecnología de Seguridad del MPPSP 2012-2014. G.O. n° 40.728 del 20-08-2015.

Decreto n° 1.953, mediante el cual se exoneran del pago del IVA, impuestos de importación y de la tasa por servicios aduaneros, a las importaciones definitivas de los bienes muebles corporales, realizados por los órganos o entes de la Administración Pública Nacional, destinados exclusivamente a la ejecución del Proyecto Construcción, Rehabilitación y Mantenimiento de Autopistas, Troncales, Puentes y Túneles a Escala Nacional. G.O. n° 40.731 del 25-08-2015.

Decreto n° 2.007, mediante el cual se exoneran del pago del IVA a las operaciones de ventas nacionales de los bienes muebles de producción nacional, realizadas por los órganos y entes de la Administración Pública Nacional, destinados exclusivamente a fortalecer, dotar y equipar los cuerpos de seguridad ciudadana. G.O. n° 6.196 Extraordinario del 11-09-2015.

Decreto n° 2.008, mediante el cual se exoneran del pago del IVA, de los impuestos de importación y de la tasa por servicios aduaneros, a las importaciones definitivas de los bienes muebles corporales, realizados por los órganos o entes de la Administración Pública Nacional, destinados exclusivamente a la ejecución del Proyecto de Actualización Tecnológica Aduanera y Tributaria: Fase I, modernización y actualización de equipos RX de las Aduanas Nacionales a cargo del SENIAT. G.O. n° 6.196 Extraordinario del 11-09-2015.

Decreto n° 2.009, mediante el cual se exoneran del pago del ISLR los enriquecimientos de fuente territorial obtenidos por las personas jurídicas domiciliadas o no domiciliadas en la República Bolivariana de Venezuela, provenientes de las operaciones en ejecución del Proyecto Conectividad y Tecnología de Seguridad, desarrollado en el marco del Convenio de Cooperación Económica y Técnica suscrito entre la República Bolivariana de Venezuela y la República Popular China. G.O. n° 6.196 Extraordinario del 11-09-2015.

Decreto n° 2.064, mediante el cual se exonera del pago del IVA a las importaciones definitivas de los bienes muebles corporales, realizadas por los órganos o entes de la Administración Pública Nacional, destinados exclusivamente a los Proyectos Continuación I Etapa de Implementación Urbanística y Construcción CDC y Adquisición e Instalación de Equipos y Mobiliario para 50 Gimnasios de Paz en todo el Territorio Nacional, en el Marco de la Gran Misión A Toda Vida Venezuela y la Comisión por la Paz y la Vida. G.O. n° 40.773 del 23-10-2015.

Decreto n° 2.065, mediante el cual se exonera del pago del IVA a las importaciones definitivas de los bienes muebles corporales, realizadas por los órganos o entes de la Administración Pública Nacional, destinados exclusivamente a la construcción del Estadio de Béisbol en el

Parque Hugo Rafael Chávez Frías, en La Rinconada, Caracas, Distrito Capital, dentro del Marco de la Misión A Toda Vida Venezuela y la Comisión por la Paz. G.O. n° 40.773 del 23-10-2015.

Decreto n° 2.070, mediante el cual se exonera del pago del IVA a las operaciones de importación definitiva de bienes muebles corporales, realizadas por los órganos o entes de la Administración Pública Nacional, destinados exclusivamente para la remodelación y reacondicionamiento de los Hoteles Guaicamacuto y Gran Caribe, así como la construcción del Centro de Convenciones, en el municipio Caraballeda, estado Vargas. G.O. n° 40.773 del 23-10-2015.

Decreto n° 2.094, mediante el cual se concede la exoneración del pago del IVA a las operaciones de importación definitivas de bienes muebles corporales realizadas por el CNE, así como las ventas nacionales de bienes muebles corporales que se efectúen a dicho órgano, estrictamente necesarias para la realización de los procesos electorales convocados en el año 2015. G.O. n° 40.787 del 12-11-2015.

Providencia n° SNAT/2015/71 del SENIAT, mediante la cual se establecen los términos y condiciones para la prestación de la relación mensual de las operaciones exoneradas concedidas en el Decreto n° 2.094. G.O. n° 40.834 del 22-01-2016.

Decreto n° 2.253, mediante el cual se concede la exoneración del pago del IVA a las operaciones de importación definitiva de bienes muebles corporales realizadas por los órganos o entes de la Administración Pública Nacional, estrictamente necesarios para la ejecución del proyecto Construcción y Equipamiento de un Nuevo Hotel para el Instituto Autónomo del Círculo de las Fuerzas Armadas. G.O. n° 40.857 del 26-02-2016.

Decreto n° 2.266, mediante el cual se exonera del pago del ISLR el enriquecimiento neto anual de fuente territorial obtenido por las personas naturales residentes en el país, hasta por un monto en bolívares equivalente a tres mil unidades tributarias. G.O. n° 40.864 del 08-03-2016, reimpresión en G.O. n° 40.865 del 09-03-2016.

Decreto n° 2.287, mediante el cual se exonera del pago del ISLR, los enriquecimientos netos de fuente venezolana provenientes de la explotación primaria de las actividades agrícolas, forestales, pecuarias, avícolas, pesqueras, acuícolas y piscícolas, obtenidos por personas naturales, por personas jurídicas y entidades sin personalidad jurídica, residentes en el país. G.O. n° 40.873 del 28-03-2016.

Decreto n° 2.356, mediante el cual se exonera del pago del IVA, impuesto de importación y tasa por determinación del régimen aduanero, en los términos y condiciones previstos en este Decreto, a la importación definitiva de los bienes muebles corporales, realizada por las personas jurídicas productoras de camarones en el marco del

Acuerdo para la Ejecución de Operaciones de Importación de Alimento Balanceado para Camarones y Larvas de la Industria Camaronera Nacional. G.O. n° 40.931 del 22-06-2016.

Decreto n° 2.394, mediante el cual se exoneran del pago del IVA, impuestos de importación y de la tasa por servicios aduaneros a las importaciones definitivas de los bienes muebles corporales, realizadas por los órganos o entes de la Administración Pública Nacional y por las personas jurídicas, públicas y privadas, independientemente de las actividades a las que se dediquen, destinados exclusivamente para la construcción reparación, restauración, acondicionamiento, mejora y o mantenimiento de viviendas dignas o la ejecución de demoliciones dentro del Marco del Decreto con Rango, Valor y Fuerza de Ley Orgánica de Emergencia para Terrenos y Vivienda, Gran Misión Vivienda Venezuela y la Gran Misión Barrio Nuevo Barrio Tricolor. G.O. n° 40.952 del 26-07-2016.

Decreto n° 2.448, mediante el cual se exonera del pago del IVA, a las ventas de bienes muebles corporales y las prestaciones de servicios enumeradas en los artículos 5 y 6 de este Decreto, efectuadas a los órganos o empresas del Estado que se dediquen exclusivamente a las actividades de administración, diseño, construcción, instalación, operación, mantenimiento, funcionamiento, repotenciación, modernización, reconstrucción y expansión de los sistemas de transporte masivo de pasajeros por vía exclusiva, subterránea, elevada o a nivel, del tipo metro, trolebús y ferroviario. G.O. n° 40.980 del 02-09-2016.

Decreto n° 2.459, mediante el cual se exoneran del pago del ISLR, los enriquecimientos netos gravables de fuente nacional, obtenidos por las personas jurídicas con ocasión de las actividades de los servicios relativos a la implementación urbanística, construcción e instalación de equipos y mobiliarios de 50 gimnasios de paz en todo el territorio nacional, en el marco de la Misión a Toda Vida Venezuela y la Comisión por la Paz y la Vida, que ejecute la Fundación Propatria 2000. G.O. n° 40.995 del 23-09-2016.

Decreto n° 2.460, mediante el cual se exoneran del pago del ISLR, los enriquecimientos netos de fuente territorial obtenidos por las personas jurídicas domiciliadas o no domiciliadas en la República y las personas naturales residente en el país, con ocasión de las actividades de los servicios relativos a la ejecución de los proyectos enmarcados en el Decreto con Rango, Valor y Fuerza de Ley Orgánica de Emergencia para Terrenos y Vivienda, Gran Misión Vivienda Venezuela y la Gran Misión Barrio Nuevo Barrio Tricolor. G.O. n° 40.995 del 23-09-2016.

Decreto n° 2.501, mediante el cual se exonera del pago del IVA, impuesto de importación y tasa por determinación del régimen aduanero, a la importación definitiva de los bienes muebles corporales realizada por parte de los órganos y entes de la Administración Pública

Nacional, destinados a la celebración de la XVII Cumbre del Movimiento de Países No Alineados en la Isla de Margarita, estado Nueva Esparta que en él se mencionan. G.O. n° 41.017 del 26-10-2016.

Decreto n° 2.534, mediante el cual se exonera del pago del IVA, impuesto de importación y tasa por determinación del régimen aduanero, a la importación definitiva de los bienes muebles corporales realizada por los órganos o entes de la Administración Pública Nacional, destinados a cubrir la demanda de la matrícula de estudiantes de nivel básico y medio, perteneciente a la educación pública nacional, estadal y municipal. G.O. n° 41.026 del 08-11-2016.

Decreto n° 2.680, mediante el cual se exonera del pago del ISLR, el enriquecimiento neto anual de fuente territorial obtenido por las personas naturales residentes en el país, hasta por un monto en bolívares equivalente 6.000 unidades tributarias. G.O. n° 41.077 del 18-01-2017, reimpresión en G.O. n° 41.085 del 30-01-2017.

Decreto n° 2.743, mediante el cual se exonera del pago del IVA, impuesto de importación y tasa por determinación del régimen aduanero, a la importación definitiva de los bienes muebles corporales, realizada por los órganos o entes de la Administración Pública Nacional destinados exclusivamente a la recuperación funcional del submarino AB Caribe (S-32) e implantación del soporte logístico de tierra del Escuadrón de Submarinos de la Armada Bolivariana. G.O. n° 41.113 del 14-03-2017.

Decreto n° 2.784, mediante el cual se exonera del pago del IVA e impuesto de importación y tasa por determinación del régimen aduanero, a las importaciones definitivas de bienes muebles corporales, nuevos o usados, realizadas por los órganos y entes de la Administración Pública Nacional, así como las realizadas con recursos propios por las personas naturales, jurídicas y las asociaciones de productores, destinados al uso directo en la producción primaria del sector agrícola, al procesamiento agroindustrial o al ensamblaje, construcción y reparación de bienes de uso agrícola, que en él se señalan. G.O. n° 41.122 del 27-03-2017.

Decreto n° 2.840, mediante el cual se exonera del pago del IVA, impuesto de importación y tasa por determinación del régimen aduanero, a la importación definitiva de los bienes corporales, realizada por los órganos o entes de la Administración Pública Nacional destinados exclusivamente al Comando Estratégico Operacional que en él se señala. G.O. n° 41.141 del 02-05-2017.

Providencia n° SNAT-2017-023 del SENIAT, mediante la cual se establecen las formalidades para la aplicación del beneficio de exoneración acordado en el Decreto n° 2.787 del 27-03-2017. G.O. n° 41.152 del 17-05-2017.

Decreto n° 2.885, mediante el cual se concede la exoneración del pago del IVA, a las operaciones de importación definitiva de bienes muebles corporales realizadas por el CNE, así como las ventas nacionales de bienes muebles corporales que se efectúen a dicho órgano, estrictamente necesarias para la realización de los procesos electorales que en él se mencionan. G.O. n° 41.161 del 30-05-2017.

Decreto n° 2.901, mediante el cual se concede la exoneración del pago del IVA, a las operaciones de ventas nacionales del bien mueble corporal, referidas a la pequeña minería y la minería artesanal que se efectúen a los organismos y entes de la Administración Pública Nacional que en él se señalan. G.O. n° 41.167 del 07-06-2017.

Decreto n° 2.976, mediante el cual se exonera del pago del IVA, de los impuestos de importación y tasa por determinación del régimen aduanero, a la importación definitiva de los bienes muebles corporales, realizada por los órganos o entes de la Administración Pública Nacional destinados a la distribución en el Territorio Nacional que en él se indican. G.O. n° 41.186 del 04-07-2017.

Decreto n° 3.007, mediante el cual se exonera del pago del ISLR a los enriquecimientos obtenidos por los tenedores, personas jurídicas, provenientes de los Bonos emitidos por el Banco de Desarrollo Económico y Social de Venezuela (BANDES). G.O. n° 41.204 del 01-08-2017.

Providencia n° SNAT/2017/33 del SENIAT, mediante la cual se establecen los términos y condiciones para la presentación de la relación mensual de las operaciones exoneradas concedidas mediante Decreto n° 2.885. G.O. n° 41.205 del 02-08-2017.

Aviso Oficial de la Vicepresidencia de la República, mediante el cual se corrige por error material el Decreto n° 2.448, mediante el cual se exonera del pago del IVA a las ventas de bienes muebles corporales y las prestaciones de servicios que en él se especifican. G.O. n° 41.211 del 10-08-2017.

Decreto n° 3.134, mediante el cual se exonera del pago del IVA, impuesto de importación y tasa por determinación del régimen aduanero, a la importación definitiva de los bienes muebles corporales que en él se indican, realizada por los órganos o entes de la Administración Pública Nacional destinados a la modernización y mantenimiento de apoyo general del Sistema Blindado AMX-30V. G.O. n° 41.269 del 01-11-2017.

Decreto n° 3.135, mediante el cual se exonera del pago del IVA, impuesto de importación y tasa por determinación del régimen aduanero, a la importación definitiva de los bienes muebles corporales que en él se indican, realizada por los órganos o entes de la Administración Pública Nacional destinados exclusivamente a la ejecución del

Proyecto Aplicación del Sistema de Protección Popular para la Paz SP3. G.O. n° 41.269 del 01-11-2017.

Decreto n° 3.136, mediante el cual se exonera del pago del IVA y la tasa por determinación del régimen aduanero, a las importaciones de bienes muebles corporales que en él se indican, que realicen los órganos o entes de la Administración Pública Nacional destinados exclusivamente para la continuidad, confiabilidad y eficiencia de la prestación de los servicios, generación, transmisión y distribución de energía eléctrica. G.O. n° 41.269 del 01-11-2017.

Decreto n° 3.185, mediante el cual se exonera del pago del ISLR el enriquecimiento neto anual de fuente territorial obtenido por las personas naturales residentes en el país, hasta por un monto en bolívares equivalente a 32.000 unidades tributarias. G.O. n° 41.293 del 05-12-2017.

Decreto n° 3.305, mediante el cual se concede la exoneración del pago del IVA a las operaciones de ventas nacionales del bien mueble corporal que se efectúen al BCV, a la Compañía General de Minería de Venezuela (Minerven), al Banco de Desarrollo Económico y Social de Venezuela (Bandes), así como a las personas jurídicas autorizadas para la compra de material aurífero, que en él se señalan. G.O. n° 41.354 del 06-03-2018.

Decreto n° 3.318, mediante el cual se exonera del pago del IVA, impuesto de importación y tasa por determinación del régimen aduanero, a las importaciones definitivas de bienes muebles corporales realizadas por los órganos y entes de la Administración Pública Nacional, destinados al restablecimiento inmediato y continuidad del servicio de mantenimiento del sistema de alumbrado público que en él se señalan. G.O. n° 41.359 del 13-03-2018.

Decreto n° 3.319, mediante el cual se exoneran del pago del ISLR los enriquecimientos de fuente territorial obtenidos por las personas jurídicas domiciliadas o no domiciliadas en la República Bolivariana de Venezuela, provenientes de las operaciones en ejecución de los proyectos que se desarrollen en el marco del Convenio Integral de Cooperación suscrito entre la República Bolivariana de Venezuela y la República de Cuba. G.O. n° 41.359 del13-03-2018.

Decreto n° 3.362, mediante el cual se exonera del pago del IVA, impuesto de importación y tasa por determinación del régimen aduanero, a las importaciones definitivas de bienes muebles corporales realizadas por los órganos y entes de la Administración Pública Nacional, destinados a cubrir la demanda del Plan Integral de Fortalecimiento del PAE 2017-2018. G.O. n° 41.374 del 10-04-2018.

Decreto n° 3.402, mediante el cual se exonera del pago del ISLR a los enriquecimientos obtenidos por los tenedores, personas jurídicas, provenientes de los Bonos emitidos por el Banco de Desarrollo Económico y Social de Venezuela. G.O. n° 41.392 del 08-05-2018.

Decreto n° 3.446, mediante el cual se exonera del pago del IVA, y se aplicará la alícuota del 2 % o 0 % ad valorem, según corresponda, en virtud de lo establecido en los artículos 10, 11 y 12 del arancel de aduanas, a las importaciones definitivas de bienes muebles de capital, bienes de informática y telecomunicaciones, sus partes, piezas y accesorios, no producidos o con producción insuficiente en el país, de primer uso, identificados como BK o BIT. G.O. n° 6.379 Extraordinario del 01-06-2018.

Decreto n° 3.458, mediante el cual se exonera del pago del IVA, impuesto de importación y tasa por determinación del régimen aduanero, a la importación definitiva de los bienes muebles corporales realizada por los órganos o entes de la Administración Pública Nacional, destinados a la atención alimentaria de la población venezolana que en él se indican. G.O. n° 41.417 del 12-06-2018.

Decreto n° 3.551, mediante el cual se exonera del pago del IVA, impuesto de importación y tasa por determinación del régimen aduanero, a las operaciones de importación definitiva de bienes muebles corporales realizadas por el CNE, así como las ventas nacionales de bienes muebles corporales que se efectúen a dicho órgano, estrictamente necesarias para la realización de los procesos electorales que en él se señalan. G.O. n° 41.447 del 26-07-2018.

Decreto n° 3.553, mediante el cual se exonera del pago del IVA, impuestos de importación y tasa por determinación del régimen aduanero, a las importaciones definitivas de bienes muebles corporales realizadas por los órganos y entes de la Administración Pública Nacional, destinados a cubrir la demanda de útiles escolares para la temporada escolar 2018-2019 que en él se indican. G.O. n° 41.447 del 26-07-2018.

Decreto n° 3.569, mediante el cual se exoneran del pago del ISLR, los enriquecimientos de fuente territorial o extraterritorial obtenidos por PDVSA, empresas filiales y las empresas mixtas domiciliadas o no domiciliadas en la República Bolivariana de Venezuela, provenientes de las actividades de producción de hidrocarburos. G.O. n° 41.452 del 02-08-2018.

Decreto n° 3.547, mediante el cual se exonera hasta el 31-12-2019, el pago del impuesto de importación y tasa por determinación del régimen aduanero, a las importaciones definitivas que en él se señalan. G.O. n° 41.446 del 25-07-2018, reimpresión en G.O. n° 41.456 del 08-08-2018.

Resolución conjunta n° 20, 77, 69, 31, 44, 199, 107 y 33 de los MPP de Industria y Producción Nacional, de Economía y Finanzas, para la

Agricultura Productiva y Tierras, para la Pesca y Acuicultura, para la Alimentación, para la Salud, de Petróleo y para el Comercio Exterior e Inversión Internacional, mediante la cual se establecen como mercancías sujetas a la exoneración del pago del impuesto de importación y tasa por determinación del régimen aduanero hasta el 31-12-2019, las correspondientes al Anexo I y II de esa Resolución. G.O. n° 6.393 Extraordinario del 14-08-2018, reimpresión n° 6.402 Extraordinario del 30-08-2018.

Decreto n° 3.600, mediante el cual se exonera hasta el 31-12-2019 el pago del IVA, a las importaciones definitivas de los bienes muebles corporales identificados en la Resolución conjunta de los MPP que en él se señalan, publicada en la G.O. n° 6.393 Extraordinario del 14-18-2018. G.O. n° 41.472 del 31-08-2018.

Decreto n° 3.609, mediante el cual se exonera del pago del IVA, impuesto de importación y tasa por determinación del régimen aduanero, a las importaciones definitivas de los bienes muebles corporales realizadas por los órganos y entes de la Administración Pública Nacional, destinados a garantizar el fortalecimiento de los servicios de telecomunicaciones de la República. G.O. n° 41.478 del 10-09-2018.

Providencia n° SNAT/2018/131 del SENIAT, mediante la cual se establecen los términos y condiciones para la presentación de la relación mensual de las operaciones exoneradas concedidas mediante Decreto n° 3.551. G.O. n° 41.479 del 11-09-2018.

Decreto n° 3.733, mediante el cual se prorroga hasta el 31-12-2019 la exoneración del pago del impuesto de importación y tasa por determinación del régimen aduanero a las importaciones definitivas de productos elaborados de los sectores textiles, calzados, alimentos, lubricantes y sus derivados, productos para el aseo personal, para la higiene y limpieza del hogar y medicamentos, realizadas por los órganos y entes de la Administración Pública Nacional, así como las realizadas con recursos propios por las personas naturales o jurídicas, no producidos en el país o con producción insuficiente, conforme a la ley, en los términos y condiciones previstos en el artículo 2° del Decreto n° 3.547. G.O. n° 6.423 Extraordinario del 28-12-2018.

Decreto n° 3.755, mediante el cual se exonera del pago del IVA, a la prestación a título oneroso de los servicios ejecutados o aprovechados en el país, incluyendo aquellos que provengan del exterior, contratados exclusivamente para la ejecución del Programa Mínimo de Desarrollo derivado de las condiciones generales de la Licencia para la Exploración y Explotación de Hidrocarburos Gaseosos No Asociados de los Campos Patao y Mejillones del Área Mariscal Sucre, que en él se indican. G.O. n° 41.579 del 05-02-2019.

Decreto n° 3.834, mediante el cual se exonera el pago del IVA, impuestos de importación y tasa por determinación del régimen aduanero, a las importaciones definitivas de bienes muebles corporales, realizadas por las personas jurídicas cuya razón social sea el ensamblaje de vehículos automotores, destinadas exclusivamente a la producción de unidades de vehículos en el territorio nacional, de los códigos del arancel de aduanas que en él se indican. G.O. n° 6.454 Extraordinario del 29-04-2019.

Decreto n° 3.835, mediante el cual se exoneran del pago del ISLR, los enriquecimientos de fuente territorial obtenidos por las personas jurídicas domiciliadas o no domiciliadas en la República Bolivariana de Venezuela, provenientes de las operaciones en ejecución de los proyectos destinados a recuperar la capacidad de extracción, molienda, despacho y transformación del mineral de hierro, que se desarrollan en el marco del Convenio de Cooperación Económica y Técnica entre el Gobierno de la República Bolivariana de Venezuela y el Gobierno de la República Popular de China. G.O. n° 6.454 Extraordinario del 29-04-2019.

Decreto n° 3.912, mediante el cual se exoneran del pago del ISLR, los enriquecimientos netos gravables de fuente nacional, obtenidos por las personas jurídicas con ocasión a los servicios relativos a la construcción de un estadio de béisbol en el Parque Hugo Rafael Chávez Frías, ubicado en la Rinconada, Caracas, Distrito Capital, que ejecute la Fundación Pro-Patria 2000, adscrita al MPP del Despacho de la Presidencia y Seguimiento de la Gestión de Gobierno, en el marco de la Gran Misión a toda Vida Venezuela. G.O. n° 6.466 Extraordinario del 15-07-2019.

Decreto n° 3.913, mediante el cual se concede la exoneración del pago del IVA, impuestos de importación y tasa por determinación del régimen aduanero, en los términos y condiciones previstos en este decreto, a las operaciones de importación definitiva de bienes muebles corporales realizadas por los órganos o entes de la Administración Pública Nacional, estrictamente necesarios para la ejecución del Proyecto Construcción del Centro de Convenciones (Auditorio), el cual incluye: mobiliario; edificio de servicio; edificio para estacionamiento; equipo de salas de máquina; vialidad; paisajismo; limpieza y acabado final de la obra hotel, para el Instituto Autónomo del Círculo de las Fuerzas Armadas. G.O. n° 6.466 Extraordinario del 15-07-2019.

Decreto n° 3.914, mediante el cual se exoneran del pago del ISLR los enriquecimientos netos gravables de fuente nacional, obtenidos por las personas jurídicas con ocasión de las actividades de los servicios relativos a la ejecución del proyecto de remodelación y reacondicionamiento de los Hoteles Guaicamacuto, Gran Caribe y la Construcción del Centro de Convenciones, ubicados en la Parroquia Caraballeda, municipio Vargas del estado La Guaira, que ejecute la Fundación Pro-Patria 2000. G.O. n° 6.466 Extraordinario del 15-07-2019.

Decreto n° 3.915, mediante el cual se exonera del pago del IVA, impuesto de importación y tasa por determinación del régimen aduanero, a las importaciones definitivas de los bienes muebles corporales, realizadas por los órganos o entes de la Administración Pública Nacional, destinados exclusivamente a la construcción del estadio de béisbol en el Parque Hugo Rafael Chávez Frías, en la Rinconada, Caracas, Distrito Capital, dentro del Marco de la Misión a Toda Vida Venezuela y la Comisión por la Paz. G.O. n° 6.466 Extraordinario del 15-07-2019.

Decreto n° 3.920, mediante el cual se exonera del pago del ISLR, los enriquecimientos netos de fuente venezolana provenientes de la explotación primaria de las actividades agrícolas, en los subsectores vegetal, pecuario, forestal, pesquero y acuícola, de aquellas personas que se registren como beneficiarios ante la Oficina de Estadística y Estudios Económicos Aduaneros y Tributarios del SENIAT. G.O. n° 41.678 del 19-07-2019.

Decreto n° 3.930, mediante el cual se exonera del pago del IVA, en los términos y condiciones previstos en este decreto, a las importaciones definitivas de los bienes muebles corporales, realizadas por los órganos o entes de la Administración Pública Nacional, destinados exclusivamente a los Proyectos Continuación I Etapa de Implementación Urbanística y Construcción de CDC y Adquisición e Instalación de Equipos y Mobiliario para 50 Gimnasios de Paz en todo el Territorio Nacional, en el Marco de la Gran Misión a Toda Vida Venezuela y la Comisión por la Paz y la Vida, que en él se indican. G.O. n° 41.684 del 31-07-2019.

Decreto n° 4.015, mediante el cual se exoneran del pago del ISLR los enriquecimientos netos gravables de fuente territorial obtenidos por las asociaciones cooperativas. G.O. n° 41.745 de 24-10-2019.

Decreto n° 4.080, mediante el cual se exonera hasta el 30-06-2020 del pago del IVA, impuesto de importación y la tasa por determinación del régimen aduanero, a las importaciones definitivas de bienes muebles corporales, nuevos o usados, en cuanto sea aplicable, realizadas por los órganos y entes de la Administración Pública Nacional, así como las realizadas con recursos propios, por las personas naturales o jurídicas, clasificados en los códigos arancelarios señalados en el Apéndice I que forma parte integrante de este Decreto. G.O. n° 6.497 Extraordinario del 26-12-2019.

Decreto n° 4.106, mediante el cual se exoneran del pago del ISLR a PDVSA, empresas filiales y las empresas mixtas domiciliadas o no domiciliadas en la República por los enriquecimientos anuales, netos y disponibles de fuente territorial o extraterritorial, provenientes o no de las actividades de producción de hidrocarburos. G.O. n° 41.809 del 28-01-2020.

Resolución n° 11 del MPP de Economía y Finanzas, mediante la cual se incluye en el Apéndice I que forma parte integrante del Decreto n° 4.080, y en consecuencia les será aplicable la exoneración definida en el artículo 1° del citado Decreto, los códigos arancelarios que en ella se señalan. G.O. n° 41.846 del 24-03-2020.

Decreto n° 4.170, mediante el cual se exonera del pago del IVA a la prestación de servicios independientes ejecutados o aprovechados en el país a título oneroso, incluyendo aquellos que provengan del exterior, contratados por los órganos o entes de la Administración Pública Nacional, destinados exclusivamente a la ejecución de los proyectos descritos en el artículo 2 de este Decreto. G.O. n° 41.849 del 27-03-2020.

Decreto n° 4.214, mediante el cual se exonera del pago del IVA a las operaciones de ventas nacionales de los bienes muebles corporales efectuadas a los órganos y entes de la Administración Pública Nacional, estrictamente necesarios para la ejecución del proyecto Potabilización del Agua para Consumo Humano en el Territorio Nacional; a la prestación de servicios independientes ejecutados o aprovechados en el país a título oneroso, incluyendo aquéllos que provengan del exterior, contratados por los órganos o entes de la Administración Pública Nacional, destinados exclusivamente a la ejecución de los proyectos indicados en el artículo 4 de este Decreto. G.O. n° 41.887 del 26-05-2020.

Decreto n° 4.216 mediante el cual se excluyen del Decreto n° 4.080, los rubros de consumo final que determinen los MPP de Economía y Finanzas y del Poder Popular de Agricultura Productiva y Tierras a través de Resolución conjunta. G.O. n° 41.889 del 28-05-2020.

Decreto n° 4.220, mediante el cual se exonera del pago del IVA, impuesto de importación y tasa por determinación del régimen aduanero, así como cualquier otro impuesto o tasa aplicable de conformidad con el ordenamiento jurídico vigente, a las importaciones definitivas y las ventas realizadas en el territorio nacional, de combustibles derivados de hidrocarburos, así como los insumos y aditivos destinados al mejoramiento de la calidad de la gasolina, realizadas por el Estado directamente, o por empresas de su exclusiva propiedad, o por empresas mixtas con participación del capital estatal y privado en cualquier proporción y por empresas privadas. G.O. n° 41.890 del 29-05-2020.

Resolución conjunta n° 13 y 22 de los MPP de Economía y Finanzas y para la Agricultura Productiva y Tierras, mediante la cual se excluye del Apéndice I que forma parte integrante del Decreto n° 4.080, y en consecuencia no les será aplicable la exoneración definida en el artículo 1 del citado Decreto, los códigos arancelarios que en ella se señalan. G.O. n° 41.889 del 28-05-2020, reimpresión en G.O. n° 41.894 del 04-06-2020.

Providencia n° SNAT/2020/29 del SENIAT, mediante la cual se establece las disposiciones para el disfrute del beneficio de excepción del pago del impuesto a las grandes transacciones financieras establecido en el Decreto n° 4.220. G.O. n° 41.902 del 16-06-2020, reimpresión en G.O. n° 41.914 del 03-07-2020.

Decreto n° 4.241, mediante el cual se prorroga hasta el 31-12-2020 la exoneración del pago del IVA, impuesto de importación y la tasa por determinación del régimen aduanero, en los términos y condiciones previstos en el Decreto n° 4.080. G.O. n° 41.911 del 30-06-2020.

Resolución n° 15 del MPP de Economía y Finanzas, mediante la cual se incorpora al Apéndice I que forma parte integrante del Decreto n° 4.080, los códigos arancelarios que en ella se señalan. G.O. n° 41.913 del 02-07-2020.

Resolución conjunta n° 16-2020 y 111-2020 de los MPP de Economía y Finanzas y para la Salud, mediante la cual gozarán de los beneficios de exoneración a que se refiere el Decreto n° 4.166 las importaciones y ventas de los bienes muebles corporales que en ella se señalan. G.O. n° 41.928 del 23-07-2020.

Decreto n° 4.353, mediante el cual se exonera hasta el 28-10-2020 del pago del IVA, impuesto de importación y la tasa por determinación del régimen aduanero, en los términos y condiciones previstos en este decreto, a las importaciones definitivas de bienes muebles corporales, nuevos o usados, en cuanto sea aplicable, realizadas por los órganos y entes de la Administración Pública Nacional, así como las realizadas con recursos propios, por las personas naturales o jurídicas, clasificados en los códigos arancelarios señalados en el Apéndice I que forma parte integrante de este Decreto. G.O. n° 41.990 del 21-10-2020.

Decreto n° 4.363, mediante el cual se exonera del pago del IVA, impuesto de importación y tasa por determinación del régimen aduanero, así como cualquier otro impuesto, tasa o contribución aplicable de conformidad con el ordenamiento jurídico vigente, a las importaciones definitivas de bienes muebles corporales realizadas por el CNE, así como las ventas nacionales de bienes muebles corporales y prestación de servicios independientes ejecutados y aprovechados en el país a título oneroso, que se efectúen a dicho órgano, estrictamente necesarias para la realización de las Elecciones Parlamentarias previstas para el 06-12-2020. G.O. n° 41.999 del 03-11-2020.

Decreto n° 4.411, mediante el cual se exonera hasta el 15-01-2021 del pago del IVA, impuesto de importación y la tasa por determinación del régimen aduanero, a las importaciones definitivas de bienes muebles corporales, nuevos o usados, en cuanto sea aplicablc, rcalizadas por los órganos y entes de la Administración Pública Nacional, así como las realizadas con recursos propios, por las personas naturales o jurídicas, clasificados en el código arancelario 8421.29.90.00. G.O. n° 42.037 del 29-12-2020.

Decreto n° 4.412, mediante el cual se establecen las exoneraciones de impuestos de importación, IVA y tasa por determinación del régimen aduanero a las mercancías y sectores señalados en el Capítulo II de este Decreto. G.O. n° 6.608 Extraordinario del 29-12-2020.

Decreto n° 4.420, mediante el cual las personas naturales residentes en el país deberán pagar el ISLR sólo por los enriquecimientos netos gravables de fuente territorial obtenidos durante el ejercicio fiscal 2020 que superen las 5.000 Unidades Tributarias. G.O. n° 42.049 del 18-01-2021.

Decreto n° 4.443, mediante el cual se exonera del pago del IVA, así como cualquier impuesto, tasa o gravámenes aduaneros, a las mercancías que ingresen al territorio aduanero nacional que formen parte del equipaje de los pasajeros, procedentes de la Zona Libre para la Inversión Turística en la Península de Paraguaná, estado Falcón o del Puerto Libre del estado Nueva Esparta, siempre y cuando en su conjunto no excedan de un valor en moneda nacional equivalente a 3.000 veces el tipo de cambio de la moneda de mayor valor, publicado por el BCV. G.O. n° 42.074 del 24-02-2021.

Decreto n° 4.454, mediante el cual se exonera hasta el 17-03-2021 del pago del IVA, impuesto de importación y la tasa por determinación del régimen aduanero, en los términos y condiciones previstos en este decreto, a las importaciones definitivas de bienes muebles corporales, nuevos o usados, en cuanto sea aplicable, realizadas por los órganos y entes de la Administración Pública Nacional, así como las realizadas con recursos propios, por las personas naturales o jurídicas, clasificados en los códigos que en él se especifican. G.O. n° 42.086 del 12-03-2021.

Decreto n° 4.504, mediante el cual se establecen las exoneraciones de impuestos de importación, IVA y tasa por determinación del régimen aduanero a las mercancías y sectores que en él se señalan. G.O. n° 6.623 Extraordinario del 01-05-2021, reimpresión en G.O. n° 6.630 Extraordinario del 04-06-2021.

Decreto n° 4.619, mediante el cual se establece las exoneraciones de impuestos de importación, IVA y tasa por determinación del régimen aduanero a las mercancías y sectores que en él se señalan. G.O. n° 6.625 Extraordinario del 01-06-2021.

Decreto n° 4.523, mediante el cual se concede la exoneración del pago del IVA, a las operaciones de ventas nacionales de los bienes muebles corporales efectuadas a los órganos y entes de la Administración Pública Nacional, estrictamente necesarios para la ejecución del Programa Plan Z del año 2021, que en él se señala. G.O. n° 42.143 del 07-06-2021.

Resolución n° 11-2021 del MPP de Economía, Finanzas y Comercio Exterior, mediante la cual se incluye en los códigos arancelarios dispuestos que forman parte integrante del Decreto n° 4.619, y en consecuencia les será aplicable la exoneración definida en el artículo 8 del citado Decreto, a los códigos arancelarios señalados. G.O. n° 42.143 del 07-06-2021.

Decreto n° 4.542, mediante el cual se exonera del pago del IVA, a las operaciones de ventas nacionales de los bienes muebles corporales efectuadas a los órganos y entes de la Administración Pública Nacional, estrictamente necesarios para la ejecución del Proyecto Potabilización del Agua para Consumo Humano en el Territorio Nacional que en él se señala. G.O. n° 42.176 del 26-07-2021.

Decreto n° 4.552, mediante el cual se establecen las exoneraciones de impuestos de importación, IVA y tasa por determinación del régimen aduanero a las mercancías y sectores que en él se señalan. G.O. n° 6.636 Extraordinario del 06-08-2021.

Resolución n° 14-2021 del MPP de Economía, Finanzas y Comercio Exterior, mediante la cual se establecen códigos arancelarios de conformidad con el Decreto n° 4.552. G.O. n° 6.639 Extraordinario del 25-08-2021.

Decreto n° 4.579, mediante el cual se exonera del pago del IVA, impuesto de importación y tasa por determinación del régimen aduanero, a las operaciones de importación definitiva de bienes muebles corporales realizadas por el CNE, así como las ventas nacionales de bienes muebles corporales que se efectúen a dicho órgano, estrictamente necesarias para la realización de los procesos electorales que en él se señalan. G.O. n° 42.210 del 10-09-2021.

Providencia n° SNAT/2021/53 del SENIAT, mediante la cual se establecen los términos y condiciones para la presentación de la relación mensual de las operaciones exoneradas concedidas mediante Decreto n° 4.579. G.O. n° 42.228 del 06-10-2021.

Decreto n° 4.600, mediante el cual se exonera del pago del IVA, a las operaciones de ventas nacionales de los bienes muebles corporales efectuadas dentro del Plan de Atención Escolar para el período 2021-2022. G.O. n° 42.231 del 11-10-2021.

Decreto n° 4.618, mediante el cual se prorroga hasta el 31-12-2021 la vigencia de los artículos 3, 4, 5, 6, 7, 8 y 9 del Decreto n° 4.552 2021, y en consecuencia quedan vigentes las exoneraciones o beneficios allí señalados. G.O. n° 42.266 del 30-11-2021.

Decreto n° 4.622, mediante el cual se prorroga por un lapso de seis meses la vigencia del Decreto n° 4.525, y en consecuencia quedan vigentes las dispensas de los regímenes legales para la exportación allí señalada. G.O. n° 42.273 del 09-12-2021.

Decreto n° 4.627, mediante el cual se prorroga hasta el 15-01-2022, la vigencia de los artículos 3, 4, 5, 6, 7, 8, 9 y 10 del Decreto n° 4.552, y en consecuencia quedan vigentes las exoneraciones o beneficios que en él se señalan. G.O. n° 6.680 Extraordinario del 30-12-2021.

Decreto n° 4.630, mediante el cual se prorroga hasta el 31-03-2022, la vigencia de los artículos 3, 4, 5, 6, 7, 8, 9 y 10 del Decreto n° 4.552, y en consecuencia quedan vigentes las exoneraciones o beneficios allí señalados. G.O. n° 6.683 Extraordinario del 14-01-2022.

Decreto n° 4.647, mediante el cual se exonera del pago del impuesto a las grandes transacciones financieras los débitos que generen la compra, venta y transferencia de la custodia en títulos valores emitidos o avalados por la República o el BCV, así como los débitos o retiros relacionados con la liquidación del capital o intereses de los mismos y los títulos negociados a través de las bolsas valores, realizados en moneda distinta a la de curso legal en el país o en criptomonedas o criptoactivos diferentes a los emitidos por la República Bolivariana de Venezuela. G.O. n° 6.689 Extraordinario del 25-02-2022.

Resolución n° 5 del MPP de Economía, Finanzas y Comercio Exterior, mediante la cual se incorpora al Apéndice I que forma parte integrante del Decreto n° 4.552, los códigos arancelarios que en ella se mencionan. G.O. n° 42.332 del 08-03-2022.

Decreto n° 4.667, mediante el cual se prorroga hasta el 30-04-2022 la vigencia de los artículos 3, 4, 5, 6, 7, 8, 9 y 10 del Decreto n° 4.552, y en consecuencia quedan vigentes las exoneraciones o beneficios allí señalados. G.O. n° 6.692 Extraordinario del 31-03-2022.

Decreto n° 4.683, mediante el cual se establece las exoneraciones de impuestos de importación, IVA y tasa por determinación del régimen aduanero a la importación de las mercancías señaladas en el capítulo II de este Decreto. G.O. n° 6.697 Extraordinario del 01-05-2022.

Decreto n° 4.685, mediante el cual se exonera del pago del ISLR, a los enriquecimientos obtenidos por los tenedores, personas naturales y jurídicas residenciadas o domiciliadas en la República Bolivariana de Venezuela. G.O. n° 42.371 del 06-05-2022.

Decreto n° 4.694, mediante el cual se prorroga hasta el 09-12-2022 la vigencia del Decreto n° 4.525, y en consecuencia quedan vigentes las dispensas de los regímenes legales para la exportación allí señalada. G.O. n° 6.705 Extraordinario del 08-06-2022.

Decreto n° 4.695, mediante el cual se exoneran del pago del ISLR, los enriquecimientos netos gravables de fuente territorial, obtenidos por las asociaciones cooperativas. G.O. n° 42.399 del 15-06-2022.

Decreto n° 4.711, mediante el cual se exonera del pago del IVA, impuesto de importación y tasa por determinación del régimen aduanero, a las importaciones definitivas de bienes muebles corporales realizadas por los órganos y entes de la Administración Pública Nacional, destinados a fortalecer los sistemas de producción y distribución de agua potable a nivel nacional, a través del MPP de Atención de las Aguas. G.O. n° 6.713 Extraordinario del 26-07-2022.

Resolución n° 17-2022 del MPP de Economía, Finanzas y Comercio Exterior, mediante la cual se extrae del Apéndice I y se incorpora al Apéndice I que forma parte integrante del Decreto n° 4.683, los códigos arancelarios que en ella se especifican. G.O. n° 42.455 del 05-09-2022.

Decreto n° 4.744, mediante el cual se exonera del pago del IVA, en los términos y condiciones previstos en este decreto, a las operaciones de ventas nacionales de los bienes muebles corporales efectuadas dentro del Plan de Dotación Escolar y Distribución de Kits y Morrales Escolares 2022-2023. G.O. n° 42.490 del 25-10-2022.

Decreto n° 4.757, mediante el cual se dicta el Decreto de Exoneraciones en materia aduanera. G.O. n° 6.727 Extraordinario del 29-12-2022.

Decreto n° 4.766, mediante el cual se prorroga hasta el 09-06-2023 la vigencia del Decreto n° 4.525, y en consecuencia quedan vigentes las dispensas de los regímenes legales para la exportación allí señalada. G.O. n° 42.544 del 09-01-2023.

Decreto n° 4.767, mediante el cual se exonera del pago del IVA, impuesto de importación y tasa por determinación del régimen aduanero, así como de cualquier otro impuesto, tasa o contribución aplicable de conformidad con el ordenamiento jurídico vigente, en los términos y condiciones establecidos en este Decreto, a las importaciones definitivas y las ventas realizadas en el territorio nacional de combustibles derivados de hidrocarburos, así como los insumos y aditivos destinados al mejoramiento de la calidad de la gasolina, realizadas por el Estado directamente, o por empresas de su exclusiva propiedad, o por empresas mixtas con participación del capital estatal y privado en cualquier proporción y por empresas privadas. G.O. n° 42.548 del 13-01-2023.

Resolución n° 1 del MPP de Economía, Finanzas y Comercio Exterior, mediante la cual se incorpora al Apéndice I que forma parte integrante del Decreto n° 4.757, los Códigos Arancelarios que en ella se mencionan, a los efectos de la exoneración del pago del impuesto de importación e IVA. G.O. n° 42.570 del 14-02-2023.

Providencia n° SNAT/2023/3 del SENIAT, mediante la cual se establecen las disposiciones para el disfrute del beneficio de exoneración del pago del impuesto a las grandes transacciones financieras por las operaciones de venta realizadas en el territorio nacional, de combustibles derivados de hidrocarburos, así como los insumos y aditivos destinados al mejoramiento de la calidad de la gasolina. G.O. n° 42.570 del 14-02-2023.

Decreto n° 4.784, mediante el cual se exonera del pago del impuesto a las grandes transacciones financieras los débitos que generen la compra, venta y transferencia de la custodia en títulos valores emitidos o avalados por la República o el BCV, así como los débitos o retiros relacionados con la liquidación del capital o intereses de los mismos y los títulos negociados a través de las bolsas de valores y bolsa agrícola, realizados en moneda distinta a la de curso legal en el país o en criptomonedas o criptoactivos diferentes a los emitidos por la República Bolivariana de Venezuela. G.O. n° 42.575 del 23-02-2023.

Decreto n° 4.806, mediante el cual se exonera del pago del ISLR, a los enriquecimientos obtenidos por los tenedores, personas naturales y jurídicas residenciadas o domiciliadas en la República Bolivariana de Venezuela, provenientes de las inversiones que realicen en títulos valores u otros instrumentos de similar naturaleza emitidos y avalados por el BCV. G.O. n° 42.623 del 08-05-2023.

Decreto n° 4.812, mediante el cual se prorroga hasta el 09-12-2023 la vigencia del Decreto n° 4.525, y en consecuencia quedan vigentes las dispensas de los regímenes legales para la exportación allí señalada. G.O. n° 42.653 del 19-06-2023.

Decreto n° 4.816, mediante el cual se exoneran del pago del ISLR, los enriquecimientos netos gravables de fuente territorial, obtenidos por las asociaciones cooperativas. G.O. n° 42.661 del 29-06-2023.

Decreto n° 4.821, mediante el cual se dicta el Decreto de Exoneraciones en Materia Aduanera. G.O. n° 6.750 Extraordinario del 01-07-2023.

Decreto n° 4.843, mediante el cual se exonera del pago del IVA, a las operaciones de ventas nacionales de los bienes muebles corporales efectuadas a los órganos y entes de la Administración Pública Nacional, estrictamente necesarios para la ejecución de los proyectos para la rehabilitación y funcionamiento de los sistemas de producción de agua potable a nivel nacional, que en él se señalan. G.O. n° 42.694 del 17-08-2023.

Decreto n° 4.864, mediante el cual se exonera del pago del IVA, en los términos y condiciones previstos en este Decreto, a las operaciones de ventas nacionales de los bienes muebles corporales, efectuadas dentro del Plan de Dotación Escolar y Distribución de Kits y Morrales Escolares 2023-2024. G.O. n° 42.716 del 18-09-2023.

Decreto n° 4.868, mediante el cual se exonera del pago del IVA y la tasa por determinación del régimen aduanero, a las importaciones de bienes muebles corporales que realicen los órganos o entes de la Administración Pública Nacional, destinados exclusivamente para la continuidad, confiabilidad y eficiencia de la prestación de los servicios de generación, transmisión y distribución de energía eléctrica. G.O. n° 42.722 del 26-09-2023.

Decreto n° 4.902, mediante el cual se prorroga hasta el 09-06-2024 la vigencia del Decreto n° 4.525, y en consecuencia quedan vigentes las dispensas de los regímenes legales para la exportación allí señalada. G.O. n° 42.775 del 11-12-2023.

Decreto n° 4.907, mediante el cual se establece las exoneraciones de impuestos de importación e IVA a la importación de las mercancías que en él se señala. G.O. n° 6.784 Extraordinario del 29-12-2023.

Decreto n° 4.909, mediante el cual se exonera del pago del IVA, impuesto de importación y tasa por determinación del régimen aduanero, así como de cualquier otro impuesto, tasa o contribución aplicable de conformidad con el ordenamiento jurídico vigente, en los términos y condiciones establecidos en este Decreto, a las importaciones definitivas de los bienes muebles corporales que realicen los órganos y entes de la Administración Pública Nacional, así como las realizadas con recursos propios por las personas naturales y jurídicas destinadas al despliegue, instalación y/o modernización de infraestructura para el establecimiento, explotación y prestación de servicios de telecomunicaciones que en él se señalan. G.O. n° 6.785 Extraordinario del 29-12-2023.

Decreto n° 4.911, mediante el cual se exonera del pago del IVA, impuesto de importación y tasa por determinación del régimen aduanero, así como de cualquier otro impuesto, tasa o contribución aplicable de conformidad con el ordenamiento jurídico vigente, en los términos y condiciones establecidos en este Decreto, a las importaciones definitivas y las ventas realizadas en el territorio nacional de combustibles derivados de hidrocarburos, así como los insumos y aditivos destinados al mejoramiento de la calidad de la gasolina, realizadas por el Estado directamente, o por empresas de su exclusiva propiedad, o por empresas mixtas con participación del capital estatal y privado en cualquier proporción y por empresas privadas. G.O. n° 42.797 del 12-01-2024.

Providencia n° SNAT/2024/12 del SENIAT, mediante la cual se establecen las disposiciones para el disfrute del beneficio de exoneración del pago del impuesto a las grandes transacciones financieras, por las operaciones de venta en el territorio nacional, de combustibles derivados de hidrocarburos, así como los insumos y aditivos destinados al mejoramiento de la calidad de la gasolina. G.O. n° 42.822 del 20-02-2024.

Decreto n° 4.924, mediante el cual se exonera del pago del impuesto a las grandes transacciones financieras los débitos que generen la compra, venta y transferencia de la custodia en títulos valores emitidos o avalados por la República o el BCV, así como los débitos o retiros relacionados con la liquidación del capital o intereses de los mismos y los títulos negociados a través de las bolsas de valores y bolsa agrícola, realizados en moneda distinta a la de curso legal en el país. G.O. n° 42.823 del 21-02-2024.

Decreto n° 4.949, mediante el cual se exonera del pago del ISLR, a los enriquecimientos obtenidos por los tenedores, personas naturales y jurídicas residenciadas o domiciliadas en la República Bolivariana de Venezuela, provenientes de las inversiones que realicen en títulos valores u otros instrumentos de similar naturaleza emitidos y avalados por el BCV. G.O. n° 42.869 del 30-04-2024.

Decreto n° 4.967, mediante el cual se prorroga hasta el 31-08-2024, la vigencia del Decreto n° 4.907, y en consecuencia quedan vigentes las exoneraciones o beneficios allí señalados. G.O. n° 6.818 Extraordinario del 28-06-2024.

Decreto n° 4.970, mediante el cual se prorroga hasta el 09-12-2024, la vigencia del Decreto n° 4.525, y en consecuencia quedan vigentes las dispensas de los regímenes legales para la exportación allí señalados. G.O. n° 6.820 Extraordinario del 01-07-2024.

Decreto n° 4.976, mediante el cual se exoneran del pago del ISLR, los enriquecimientos netos gravables de fuente territorial, obtenidos por las asociaciones cooperativas, constituidas conforme a las disposiciones establecidas en el Decreto con Fuerza de Ley Especial de Asociaciones Cooperativas. G.O. n° 42.939 del 12-08-2024.

Decreto n° 4.985, mediante el cual se prorroga hasta el 31-12-2024 la vigencia del Decreto n° 4.907, y en consecuencia quedan vigentes las exoneraciones o beneficios allí señalados. G.O. n° 42.953 del 23-08-2024.

Decreto n° 5.050, mediante el cual se exonera del pago del IVA, a las operaciones de ventas nacionales de los bienes muebles corporales, efectuadas dentro del Plan de Dotación y Distribución Escolar 2024-2025, que en él se señalan. G.O. n° 43.017 del 28-11-2024.

Decreto n° 5.058, mediante el cual se prorroga hasta el 09-06-2025 la vigencia del Decreto n° 4.525, y en consecuencia quedan vigentes las dispensas de los regímenes legales para la exportación allí señalados. G.O. n° 43.029 del 16-12-2024.

Decreto n° 5.059, mediante el cual se exonera del pago del IVA, a la prestación a título oneroso de los servicios ejecutados o aprovechados en el país, incluyendo aquéllos que provengan del exterior, contratados exclusivamente para la ejecución del Programa Mínimo de Desarrollo, derivado de las condiciones generales de la licencia para la exploración y explotación de hidrocarburos gaseosos no asociados de los campos Patao y Mejillones del Área Mariscal Sucre, que en él se describen. G.O. n° 43.029 del 16-12-2024.

Decreto n° 5.071, mediante el cual se establecen las exoneraciones de impuestos de importación e IVA a la importación de las mercancías señaladas en el capítulo II de este Decreto. G.O. n° 6.869 Extraordinario del 27-12-2024.

G. Calendarios

Providencia n° 2015/65 del SENIAT, mediante la cual se establece el calendario de sujetos pasivos especiales y agentes de retención para aquellas obligaciones que deben cumplirse para el año 2016. G.O. n° 40.797 del 26-11-2015.

Providencia n° 2015/66 del SENIAT, mediante la cual se establece el calendario de sujetos pasivos no calificados como especiales para actividades de juegos de envite o azar a cumplirse en el año 2016. G.O. n° 40.797 del 26-11-2015.

Providencia n° SNAT/2016/98 del SENIAT, mediante la cual se establece el calendario de sujetos pasivos especiales y agentes de retención para aquellas obligaciones que deben cumplirse para el año 2017. G.O. n° 41.026 del 08-11-2016, reimpresión en G.O. n° 41.061 del 27-12-2016.

Providencia n° SNAT/2016/99 del SENIAT, mediante la cual se establece el calendario de sujetos pasivos no calificados como especiales para actividades de juegos de envite o azar a cumplirse para el año 2017. G.O. n° 41.026 del 08-11-2016.

Providencia n° SNAT/2017/53 del SENIAT, mediante la cual se establece el calendario de sujetos pasivos especiales y agentes de retención para aquellas obligaciones que deben cumplirse para el año 2018. G.O. n° 41.287 del 27-11-2017, reimpresión en G.O. n° 41.288 del 28-11-2017.

Providencia n° SNAT/2017/54 del SENIAT, mediante la cual se establece el calendario de sujetos pasivos no calificados como especiales para actividades de juegos de envite o azar a cumplirse en el año 2018. G.O. n° 41.287 del 27-11-2017.

Providencia n° SNAT/2018/128 del SENIAT, mediante la cual se modifica el calendario para el cumplimiento de las obligaciones tributarias generadas a partir de los meses de septiembre a diciembre del año 2018, establecido en los literales a, b y d del artículo 1° de la Providencia n° SNAT/2017/53. G.O. n° 41.468 del 27-08-2018.

Providencia n° SNAT/2018/189 del SENIAT, mediante la cual se establece el calendario de sujetos pasivos especiales y agentes de retención para aquellas obligaciones que deben cumplirse para el año 2019. G.O. n° 41.546 del 14-12-2018.

Providencia n° SNAT/2018/190 del SENIAT, mediante la cual se establece el calendario de sujetos pasivos no calificados como especiales para actividades de juegos de envite o azar a cumplirse en el año 2019. G.O. n° 41.546 del 14-12-2018.

Providencia n° SNAT/2019/48 del SENIAT, mediante la cual se establece el calendario para la declaración y pago del IVA de los sujetos pasivos especiales que realizan las actividades que en ella se mencionan. G.O. n° 41.613 del 09-04-2019.

Providencia n° SNAT/2019/339 del SENIAT, mediante la cual se establece el calendario de sujetos pasivos especiales y agentes de retención para aquellas obligaciones que deben cumplirse para el año 2020. G.O. n° 41.788 del 26-12-2019.

Providencia n° SNAT/2019/340 del SENIAT, mediante la cual se establece el calendario de sujetos pasivos no calificados como especiales para actividades de juegos de envite o azar, a cumplirse en el año 2020. G.O. n° 41.788 del 26-12-2019.

Providencia n° SNAT/2020/57 del SENIAT, mediante la cual se establece el calendario de sujetos pasivos especiales y agentes de retención para la declaración y pago del IVA, retenciones en materia de IVA y anticipos que deben cumplirse para el año 2020. G.O. n° 41.954 del 31-08-2020.

Providencia n° SNAT/2020/78 del SENIAT, mediante la cual se establece el calendario de sujetos pasivos especiales y agentes de retención para aquellas obligaciones que deben cumplirse para el año 2021. G.O. n° 42.038 del 30-12-2020.

Providencia n° SNAT/2020/79 del SENIAT, mediante la cual se dicta sobre el calendario de sujetos pasivos no calificados como especiales para actividades de juegos de envite o zar a cumplirse en el año 2021. G.O. n° 42.038 del 30-12-2020.

Providencia n° SNAT/2021/70 del SENIAT, sobre el calendario de sujetos pasivos no calificados como especiales para actividades de juegos de envite o azar, a cumplirse para el año 2022. G.O. n° 42.273 del 09-12-2021.

Providencia n° SNAT/2021/69 del SENIAT, que establece el calendario de sujetos pasivos especiales y agentes de retención para aquellas obligaciones que deben cumplirse para el año 2022. G.O. n° 42.273 del 09-12-2021.

Providencia n° SNAT/2022/68 del SENIAT, mediante la cual se establece el calendario de sujetos pasivos especiales y agentes de retención para aquellas obligaciones que deben cumplirse para el año 2023. G.O. n° 42.515 del 29-11-2022.

Providencia n° SNAT/2022/69 del SENIAT, mediante la cual se establece el calendario de sujetos pasivos no calificados como especiales para actividades de juegos de envite o azar a cumplirse en el año 2023. G.O. n° 42.515 del 29-11-2022.

Providencia n° SNAT/2023/75 del SENIAT, mediante la cual se establece el calendario de sujetos pasivos especiales y agentes de retención para aquellas obligaciones que deben cumplirse para el año 2024. G.O. n° 42.782 del 20-12-2023.

Providencia n° SNAT/2023/76 del SENIAT, sobre el calendario de sujetos pasivos no calificados como especiales para actividades de juegos de envite o azar a cumplirse en el año 2024. G.O. n° 42.782 del 20-12-2023.

Providencia n° SNAT/2024/18 del SENIAT, mediante la cual se establece el calendario de sujetos pasivos especiales y agentes de retención para aquellas obligaciones que deben cumplirse para el año 2025. G.O. n° 43.030 del 17-12-2024.

Providencia n° SNAT/2023/19 del SENIAT, mediante la cual se establece el calendario de sujetos pasivos no calificados como especiales para actividades de juegos de envite o azar a cumplirse en el año 2025. G.O. n° 43.030 del 17-12-2024.

Providencia n° SNAT/2024/120 del SENIAT, mediante la cual se establece el calendario para la declaración y pago de la contribución especial para la protección de las pensiones de seguridad social frente al bloqueo imperialista a cumplirse en el año 2025. G.O. n° 43.032 del 19-12-2024.

H. Formularios

Providencia n° SANT/2015/60 del SENIAT, mediante la cual se establece el valor facial de los formularios autorizados y emitidos por el SENIAT. G.O. n° 40.780 del 03-11-2015.

Providencia n° SNAT/2015/33 del SENIAT, mediante la cual se desincorpora del inventario de especies fiscales de la Gerencia Regional de Tributos Internos de la Región Guayana, los formularios y papel sellado que en ella se mencionan. G.O. n° 40.818 del 29-12-2015.

Providencia n° SNAT/2016/30 del SENIAT, mediante la cual se desincorpora del inventario de especies fiscales de la Gerencia Regional de Tributos Internos de la Región Nororiental, los formularios, timbres fiscales y bandas de garantía para licores que en ella se mencionan. G.O. n° 40.939 del 07-07-2016.

Providencia n° SNAT/2016/119 del SENIAT, mediante la cual se establece el valor facial de los formularios autorizados y emitidos por el SENIAT. G.O. n° 41.061 del 27-12-2016.

Providencia n° SNAT/2016/109 del SENIAT, mediante la cual se desincorpora del inventario de especies fiscales de la Gerencia Financiera Administrativa, División de Especies Fiscales y Almacén Central Los Higuitos, los formularios que en ella se mencionan. G.O. n° 41.061 del 27-12-2016, reimpresión en G.O. n° 41.062 del 28-12-2016.

Providencia n° SNAT/2017/6 del SENIAT, mediante la cual se desincorpora del inventario de especies fiscales de la Gerencia Regional de Tributos Internos de Contribuyentes Especiales de la Región Capital, los formularios que en ella se señalan. G.O. n° 41.112 del 13-03-2017.

Providencia n° SNAT/2017/7 del SENIAT, mediante la cual se desincorpora del inventario de especies fiscales de la Gerencia Regional de Tributos Internos de la Región los Llanos, los formularios que en ella se indican. G.O. n° 41.112 del 13-03-2017.

Providencia n° SNAT/2017/26 del SENIAT, mediante la cual se desincorpora del inventario de especies fiscales de la Gerencia Regional de Tributos Internos de la Región Capital, los formularios que en ella se especifican. G.O. n° 41.161 del 30-05-2017.

Providencia n° SNAT/2018/18 del SENIAT, mediante la cual se desincorpora del inventario de especies fiscales de la Gerencia Regional de Tributos Internos de la Región Zuliana, los formularios que en ella se señalan. G.O. n° 41.365 del 21-03-2018.

Providencia n° SNAT/2019/47 del SENIAT, mediante la cual se desincorpora del inventario de especies fiscales de la Gerencia Regional de Tributos Internos de la Región Centro Occidental, los formularios que en ella se señalan. G.O. n° 41.618 del 23-04-2019.

Providencia n° SNAT/2019/338 del SENIAT, mediante la cual se autoriza la emisión y circulación de formularios. G.O. n° 41.778 del 10-12-2019.

Providencia n° SNAT/2020/26 del SENIAT, mediante la cual se legaliza la emisión y circulación de formularios. G.O. n° 41.914 del 03-07-2020.

Providencia n° SNAT/2020/56 del SENIAT, mediante la cual se autoriza la emisión y circulación de formularios. G.O. n° 41.999 del 03-11-2020.

Providencia n° SNAT/2020/73 del SENIAT, mediante la cual se autoriza la emisión y circulación de formularios. G.O. n° 42.050 del 19-01-2021.

Providencia n° SNAT/2021/20 del SENIAT, mediante la cual se autoriza la emisión y circulación de formularios. G.O. n° 42.196 del 23-08-2021.

Providencia n° SNAT/2021/57 del SENIAT, mediante la cual se desincorporan del inventario de especies fiscales y formularios de la Gerencia Regional de Tributos Internos, de la Región Centro Occidental, los timbres fiscales y formularios que en ella se señalan. G.O. n° 42.258 del 18-11-2021.

Providencia n° SNAT/2021/59 del SENIAT, mediante la cual se autoriza la emisión y circulación de unidades del formulario denominado Forma-82. G.O. n° 42.258 del 18-11-2021.

Providencia n° SNAT/2022/12 del SENIAT, mediante la cual se desincorporan del inventario de especies fiscales y formularios de la Gerencia Regional de Tributos Internos de la Región los Llanos los timbres fiscales y formularios que en ella se señalan. G.O. n° 42.362 del 25-04-2022.

Providencia n° SNAT/2022/14 del SENIAT, mediante la cual se desincorporan del inventario de especies fiscales y formularios de la Gerencia Regional de Tributos Internos de la Región Nor-Oriental y los Sectores de Tributos Internos adscritos, las especies fiscales y formularios que en ella se indican. G.O. n° 42.362 del 25-04-2022.

Providencia n° SNAT/2022/15 del SENIAT, mediante la cual se desincorporan del inventario de especies fiscales y formularios de la Gerencia Regional de Tributos Internos de la Región Insular, las especies fiscales y formularios que en ella se indican. G.O. n° 42.367 del 02-05-2022.

Providencia n° SNAT/2022/17 del SENIAT, mediante la cual se autoriza la emisión y circulación del Formulario-82. G.O. n° 42.367 del 02-05-2022.

Providencia n° SNAT/2022/18 del SENIAT, mediante la cual se desincorporan del inventario de especies fiscales y formularios de la Gerencia Regional de Tributos Internos de la Región Central y el Sector de Tributos Internos Maracay, las especies fiscales y formularios que en ella se señalan. G.O. n° 42.367 del 02-05-2022.

Providencia n° SNAT/2022/51 del SENIAT, mediante la cual se autoriza la emisión y circulación de formularios. G.O. n° 42.459 del 09-09-2022.

Providencia n° SNAT/2023/10 del SENIAT, mediante la cual se autoriza la emisión y circulación del formulario Forma-09 y Forma-82. G.O. n° 42.590 del 16-03-2023.

Providencia n° SNAT/2023/11 del SENIAT, mediante la cual se autoriza la emisión y circulación del formulario Forma-82. G.O. n° 42.590 del 16-03-2023.

Providencia n° SNAT/2023/46 del SENIAT, mediante la cual se autoriza la emisión y circulación de formularios. G.O. n° 42.686 del 07-08-2023.

Providencia n° SNAT/2023/70 del SENIAT, mediante la cual se autoriza la emisión y circulación de formularios. G.O. n° 42.775 del 11-12-2023.

Providencia n° SNAT/2023/82 del SENIAT, mediante la cual se procede a la anulación de 2.000 unidades de Formularios de Forma-33. G.O. n° 42.800 del 17-01-2024.

Providencia n° SNAT/2024/45 del SENIAT, mediante la cual se autoriza la emisión y circulación de formularios. G.O. n° 42.919 del 12-07-2024.

Providencia n° SNAT/2024/85 del SENIAT, mediante la cual se desincorporan del inventario de especies fiscales de la división de especies fiscales, adscrita a la Gerencia Financiera Administrativa de la Gerencia General de Administración, bandas de garantías para licores, timbres fiscales y formularios, que en ella se indican. G.O. n° 42.965 del 17-09-2024, reimpresión en G.O. n° 43.032 del 19-12-2024.

I. Bandas de garantía[137]

Providencia n° SNAT/2015/23 del SENIAT, mediante la cual se procede a la emisión y circulación de bandas de garantía para licores. G.O. n° 40.687 del 22-06-2015, reimpresión en G.O. n° 40.724 del 14-08-2015.

Providencia n° SNAT/2016/20 del SENIAT, mediante la cual se legaliza la emisión y circulación de bandas de garantía para licores. G.O. n° 40.915 del 31-05-2016.

Providencia n° SNAT/2016/123 del SENIAT, mediante la cual se prorroga, a partir del 01-01-2017 hasta el 01-07-2017, el plazo establecido en el artículo 20 de la Providencia n° SNAT/2016/21 donde se establece la obligación del uso de bandas de garantías codificadas de seguridad en cajetillas y envases de cigarrillos, tabacos, picaduras y otros derivados del tabaco, de producción nacional o importados. G.O. n° 41.064 del 30-12-2016.

---

[137] Véase también: § Formularios.

Providencia n° SNAT-2017-028 del SENIAT, mediante la cual se legaliza la emisión y circulación de bandas de garantía para licores. G.O. n° 41.164 del 02-06-2017.

Providencia n° SNAT/2017/41 del SENIAT, mediante la cual se legaliza la emisión y circulación de bandas de garantía para licores. G.O. n° 41.228 del 04-09-2017.

Providencia n° SNAT/2017/48 del SENIAT, mediante la cual se desincorpora del inventario de especies fiscales de la Gerencia Regional de Tributos Internos de la Región Capital-Sector de Tributos Internos La Guaira, las bandas de garantía para licores que en ella se señalan. G.O. n° 41.237 del 15-09-2017.

Aviso Oficial n° SNAT/2017/52 del SENIAT, mediante el cual se corrige por error material la Providencia n° SNAT/2017/41, donde se legaliza la emisión y circulación de bandas de garantía para licores. G.O. n° 41.293 del 05-12-2017.

Providencia n° SNAT/2018/138 del SENIAT, mediante la cual se autoriza la emisión y circulación de bandas de garantía para licores. G.O. n° 41.504 del 17-10-2018.

Providencia n° SNAT/2019/82 del SENIAT, mediante la cual se legaliza la emisión y circulación de bandas de garantía para licores. G.O. n° 41.637 del 21-05-2019.

Providencia n° SNAT/2020/5 del SENIAT, mediante la cual se legaliza la emisión y circulación de bandas de garantía para licores. G.O. n° 41.823 del 17-02-2020.

Providencia n° SNAT/2020/27 del SENIAT, mediante la cual se legaliza la emisión y circulación de bandas de garantía para licores. G.O. n° 41.914 del 03-07-2020.

Providencia n° SNAT/2020/50 del SENIAT, mediante la cual se establece la emisión y circulación de bandas de garantía para licores. G.O. n° 41.999 del 03-11-2020.

Providencia n° SNAT/2020/69 del SENIAT, mediante la cual se autoriza la emisión y circulación de bandas de garantía para licores. G.O. n° 42.035 del 23-12-2020.

Providencias n° SNAT/2020/66 y SNAT/2020/74 del SENIAT, mediante la cual se autoriza la emisión y circulación de bandas de garantías para licores. G.O. n° 42.050 del 19-01-2021.

Providencia n° SNAT/2021/10 del SENIAT, mediante la cual se autoriza la emisión y circulación de bandas de garantía para licores. G.O. n° 42.074 del 24-02-2021.

Providencias n° SNAT/2021/28 y SNAT/2021/29 del SENIAT, mediante la cual se autoriza la emisión y circulación de bandas de garantía para licores. G.O. n° 42.161 del 02-07-2021.

Providencia n° SNAT/2021/37 del SENIAT, mediante la cual se autoriza la emisión y circulación de bandas de garantía para licores. G.O. n° 42.185 del 06-08-2021.

Providencia n° SNAT/2021/35 del SENIAT, mediante la cual se autoriza la emisión y circulación de bandas de garantía para licores. G.O. n° 42.196 del 23-08-2021.

Providencias n° SNAT/2021/72 y SNAT/2021/73 del SENIAT, mediante las cuales se autoriza la emisión y circulación de bandas de garantías para licores. G.O. n° 42.310 del 02-02-2022.

Providencias n° SNAT/2021/61, SNAT/2021/56, SNAT/2021/65, SNAT/2021/60 del SENIAT, mediante las cuales se autoriza la emisión y circulación de bandas de garantías para licores. G.O. n° 42.316 del 10-02-2022.

Providencia n° SNAT/2022/6 del SENIAT, mediante la cual se autoriza la emisión y Circulación de Bandas de Garantías para Licores. G.O. n° 42.326 del 24-02-2022.

Providencias n° SNAT/2022/50 y SNAT/2022/51 del SENIAT, mediante las cuales se autoriza la emisión y circulación de bandas de garantía para licores. G.O. n° 42.459 del 09-09-2022.

Providencias n° SNAT/2022/56 del SENIAT, mediante las cuales se legaliza la emisión y circulación de bandas de garantías para licores. G.O. n° 42.473 del 29-09-2022.

Providencias n° SNAT/2022/7, SNAT/2023/8 y SNAT/2023/9 del SENIAT, mediante las cuales se legalizan la emisión y circulación de bandas de garantía para licores. G.O. n° 42.590 del 16-03-2023.

Providencia n° SNAT/2022/33 del SENIAT, mediante la cual se legaliza la emisión y circulación de bandas de garantías para licores. G.O. n° 42.641 del 01-06-2023.

Providencia n° SNAT/2023/31 del SENIAT, mediante la cual se legaliza la emisión y circulación de bandas de garantía para licores. G.O. n° 42.731 del 09-10-2023.

Providencia n° SNAT/2023/71 del SENIAT, mediante la cual se legaliza la emisión y circulación de bandas de garantías para licores. G.O. n° 42.775 del 11-12-2023.

Providencia n° SNAT/2023/74 del SENIAT, mediante la cual se anulan las bandas de garantía para licores. G.O. n° 42.785 del 26-12-2023.

Providencia n° SNAT/2024/17 del SENIAT, mediante la cual se legaliza la emisión y circulación de bandas de garantía para licores. G.O. n° 42.853 del 05-04-2024.

Providencia n° SNAT/2024/46 del SENIAT, mediante la cual se autoriza la emisión y circulación de bandas de garantía para licores. G.O. n° 42.919 del 12-07-2024.

Providencia n° SNAT/2024/82 del SENIAT, mediante la cual se legaliza la emisión y circulación de bandas de garantía para licores. G.O. n° 42.946 del 21-08-2024.

Providencia n° SNAT/2024/98 del SENIAT, mediante la cual se establece el uso y vigencia de las bandas de garantía para licores. G.O. n° 42.980 del 08-10-2024.

Providencia n° SNAT/2024/113 del SENIAT, mediante la cual se legaliza la emisión y circulación de bandas de garantías para licores. G.O. n° 43.014 del 25-11-2024.

II. Contrataciones públicas[138]

Providencia n° 3 del Fondo de Compensación Interterritorial, mediante la cual se establecen las características de las vallas que deberán ser colocadas en los sitios de ejecución de obras, contratadas por las entidades político territoriales y organizaciones de base del Poder Popular, así como otras instancias del Poder Popular. G.O. n° 40.603 del 18-02-2015.

Providencia n° SNC/DG/2015/1 de la Comisión Central de Planificación Servicio Nacional de Contrataciones, mediante la cual se fijan las tarifas que este organismo cobrará a las personas naturales y jurídicas por la prestación de sus servicios y publicaciones. G.O. n° 40.604 del 19-02-2015.

Decreto n° 1.691, mediante el cual se excluye de las modalidades de selección de contratistas previstas en el Decreto con Rango, Valor y Fuerza de Ley de Contrataciones Públicas las obras proyectadas en el marco de la Conmemoración de los 500 años de la Fundación de la Ciudad de Cumaná, estado Sucre. G.O. n° 40.634 del 07-04-2015.

Decreto n° 1.838 mediante el cual se excluye de las modalidades de selección de contratistas previstas en el Decreto con Rango, Valor y Fuerza de Ley de Contrataciones Públicas las obras relacionadas con el Plan de Ornato y Optimización de la Vialidad, a ser utilizada con ocasión a la celebración de la 16° Cumbre de Países No Alineados 2015, en la Isla de Margarita, Estado Nueva Esparta. G.O. n° 40.690 del 26-05-2015.

Providencia n° A-13 del Servicio Nacional de Contrataciones, mediante la cual se prorroga por seis meses, el período que conforme a la Disposición Transitoria Segunda del Decreto con Rango, Valor y Fuerza de Ley de Contrataciones Públicas, posee el Servicio Nacional de Contrataciones a los fines de la adecuación de su sistema automatizado a dicho cuerpo normativo. G.O. n° 40.696 del 06-07-2015.

---

[138] Véase también: § Bienes públicos. *Cfr.* Antonio Silva Aranguren y Gabriel Sira Santana, *Ley de Contrataciones Públicas, Addendum: Diferencias de la Ley de Contrataciones Públicas del 2010 y 2014* (Caracas: EJV, 2015).

Decreto n° 1.947, mediante el cual se crea el Fondo Negro Primero, como servicio desconcentrado sin personalidad jurídica. G.O. n° 40.727 del 19-08-2015.

Decreto n° 2.198, mediante el cual se crea el Sistema Centralizado y Estandarizado de Compras Públicas para los órganos y entes de la Administración Pública Nacional. G.O. n° 40.836 del 26-01-2016.

Providencia n° 1 del Comité de Compras Centralizadas de la Administración Pública Nacional, mediante la cual se regula el proceso de adquisición de bienes por los órganos y entes de la Administración Pública Nacional en el marco del sistema centralizado y estandarizado de compras públicas. G.O. n° 40.906 del 18-05-2016.

Providencia n° 2 del Comité de Compras Centralizadas de la Administración Pública Nacional, mediante la cual se regula el proceso de adquisición de bienes por los órganos y entes de la Administración Pública Nacional en el marco del sistema de compras centralizadas, modalidad encuentro de oferta y demanda. G.O. n° 40.696 del 06-07-2015, reimpresión en G.O. n° 40.906 del 18-05-2016.

Providencia de la Comisión Central de Planificación, mediante la cual se establece que para el Registro Nacional de Contratistas, los interesados deben acceder al Sistema del Registro Nacional de Contratistas en Línea, a través de la página web del Servicio, con el objeto de suministrar la información requerida, siguiendo las instrucciones contenidas en el Manual de Usuarios para Contratistas, elaborado por el Servicio Nacional de Contrataciones. G.O. n° 40.962 del 09-08-2016.

Resolución n° 6 del Comando para el Abastecimiento Soberano, mediante la cual el Servicio Nacional de Contrataciones, de oficio, procederá a la inscripción y habilitación en el Registro Nacional de Contratistas de las empresas con domicilio en la República, consejos comunales u organizaciones socioproductivas que produzcan, comercialicen o distribuyan: alimentos, sus materias primas e insumos, del sector agroproductivo e industrial nacional agroalimentario, fármacos, insumos y equipos médicos; productos para la higiene personal y aseo del hogar, así como cualesquiera otros productos o insumos necesarios para la ejecución de la Gran Misión Abastecimiento Soberano en procura del abastecimiento a través de los Comités Locales de Abastecimiento y Producción. G.O. n° 40.994 del 22-09-2016.

Resolución n° 10/16 del Comando para el Abastecimiento Soberano, mediante la cual se establecen las normas para regular los mecanismos, términos y condiciones de venta a empresas u otros entes públicos, de un determinado porcentaje del total de producción de una empresa pública o privada, o de un sector productivo, a los fines de estabilizar el abastecimiento oportuno a los Comités Locales de Abastecimiento y Producción. G.O. n° 41.005 del 07-10-2016.

Resolución n° 33-16 del MPP del Despacho de la Presidencia y Seguimiento de la Gestión de Gobierno, mediante la cual se dicta el Reglamento Interno del Servicio Desconcentrado Fondo Negro Primero. G.O. n° 41.059 del 23-12-2016.

Resolución n° 3 del MPP para la Educación, mediante la cual se establece que las directoras y directores de las zonas educativas de este ministerio, considerarán preferentemente a las pequeñas y medianas industrias, comunas, consejos comunales y cualquier otra organización de base del Poder Popular, en las modalidades de selección de contratistas para la adquisición de bienes, prestación de servicios y ejecución de obras, a los fines de promover su participación en los nuevos esquemas que estimulen la generación de un tejido productivo sustentable al servicio de la sociedad venezolana. G.O. n° 41.094 del 13-02-2017.

Resolución conjunta n° 1 y 9 de los MPP de Planificación y de Economía y Finanzas, mediante la cual se fija el valor de la UCAU para contrataciones públicas (Bs. 10.850). G.O. n° 6.360 Extraordinario del 19-01-2018.

Resolución conjunta n° 2 y 10 de los MPP de Planificación y de Economía y Finanzas, mediante la cual se dispone el uso de la UCAU, para el establecimiento de los montos relativos al manejo de caja chica. G.O. n° 6.360 Extraordinario del 19-01-2018.

Resolución conjunta n° 3 y 11 de los MPP de Planificación y de Economía y Finanzas, mediante la cual se establecen medidas para la promoción de las pequeñas y medianas industrias, y sujetos del nuevo tejido productivo, en el acceso al sistema de contrataciones públicas. G.O. n° 6.360 Extraordinario del 19-01-2018.

Resolución conjunta n° 4 y 12 de los MPP de Planificación y de Economía y Finanzas, mediante la cual se dispone el uso de la UCAU para el cálculo de viáticos. G.O. n° 6.360 Extraordinario del 19-01-2018.

Resolución conjunta n° 3 y 33 de los MPP de Planificación y de Economía y Finanzas, mediante la cual se fija el valor de la UCAU para contrataciones públicas (Bs. 17.800). G.O. n° 41.362 del 16-03-2018.

Decreto n° 3.324, mediante el cual se establece un régimen especial para la adquisición de bienes y servicios esenciales para la protección del pueblo venezolano, por parte de los órganos y entes del sector público. G.O. n° 41.362 del 16-03-2018.

Providencia n° 37 de la SUDEBIP, mediante la cual se establece fijar las tarifas en UCAU, para el cobro por horas académicas de los cursos y talleres, a los órganos y entes del sector público, así como a las personas naturales y jurídicas en razón de la prestación de sus servicios en materia de capacitación. G.O. n° 41.418 del 13-06-2018.

Resolución conjunta n° 15 y 88 de los MPP de Planificación y de Economía y Finanzas, mediante la cual se fija el valor de la UCAU (Bs. 8). G.O. n° 41.497 del 05-10-2018.

Resolución conjunta n° 1 y 4 de los MPP de Planificación y de Economía y Finanzas, mediante la cual se fija el valor de la UCAU (Bs. 350). G.O. n° 41.567 del 18-01-2019.

Resolución conjunta n° 3 y 23 de los MPP de Planificación y de Economía y Finanzas, mediante la cual se fija el valor de la UCAU (Bs. 1.150). G.O. n° 41.635 del 17-05-2019.

Resolución conjunta n° 12 y 756 de los MPP de Planificación y de Economía y Finanzas, mediante la cual se fija el valor de la UCAU (Bs. 5.000). G.O. n° 41.743 de 22-10-2019.

Providencia n° DG-2019-010 de la Comisión Central de Planificación Servicio Nacional de Contrataciones, mediante la cual se establece las medidas preventivas aplicadas a empresas investigadas por los organismos del Estado, en la lucha contra la corrupción. G.O. n° 41.760 del 14-11-2019.

Providencia n° DG-2019-012 de la Comisión Central de Planificación Servicio Nacional de Contrataciones, mediante la cual se fijan las tarifas que el Servicio Nacional de Contrataciones cobrará a las personas naturales y jurídicas por la prestación de sus servicios y publicaciones. G.O. n° 41.785 del 19-12-2019.

Providencia n° DG-2019-016 del Servicio Nacional de Contrataciones, mediante la cual se establecen los criterios para la presentación de los estados financieros como requisito para la inscripción y habilitación en el Registro Nacional de Contratista. G.O. n° 41.796 del 09-01-2020.

Resolución conjunta n° 8 y 14 de los MPP de Planificación y de Economía y Finanzas, mediante la cual se fija el valor de la UCAU (Bs. 30.000). G.O. n° 41.895 del 05-06-2020.

Providencia n° DG/2020/7 del Servicio Nacional de Contrataciones, mediante la cual se establece el incentivo a la inscripción ante el Registro Nacional de Contratistas, de las nuevas pequeñas y medianas industrias, así como a los nuevos emprendimientos. G.O. n° 42.022 del 04-12-2020.

Providencia n° DG/2020/9 del Servicio Nacional de Contrataciones, mediante la cual se establece que la información contenida en las bases de datos de los sistemas y archivos en poder del Servicio Nacional de Contrataciones, tendrá carácter reservado y de divulgación limitada. G.O. n° 42.022 del 04-12-2020.

Providencia n° DG/2021/4 del Servicio Nacional de Contrataciones, mediante la cual se establecen los criterios para la carga de los estados financieros como requisito para la inscripción y habilitación en el Registro Nacional de Contratistas. G.O. n° 42.134 del 25-05-2021.

Providencia n° DG/2021/6 del Servicio Nacional de Contrataciones, mediante la cual se establece el incentivo a la inscripción ante el Registro Nacional de Contratistas, a los nuevos pequeños y medianos actores económicos, a los nuevos emprendimientos, u otras organizaciones socio productivas. G.O. n° 42.134 del 25-05-2021.

Resolución conjunta n° 4 y 17 de los MPP de Planificación y de Economía, Finanzas y Comercio Exterior, mediante la cual se fija el valor de la UCAU (Bs. 1.000.000). G.O. n° 42.211 del 13-09-2021.

Providencia n° 90022 del Servicio Nacional de Contrataciones, mediante la cual se establece el proceso que regula la certificación de los miembros de las comisiones de contratación, de los distintos órganos y entes de la Administración Pública, conforme a la atribución del Servicio Nacional de Contrataciones prevista en el Decreto con Rango, Valor y Fuerza de Ley de Contrataciones Públicas. G.O. n° 42.421 del 19-07-2022.

Providencia n° DG/2023/13 del Servicio Nacional de Contrataciones, mediante la cual se establecen las normas para la presentación al Servicio Nacional de Contrataciones de los resultados de la evaluación de desempeño de los contratistas. G.O. n° 42.636 del 25-05-2023.

Providencia n° DG/2023/23 del Servicio Nacional de Contrataciones, mediante la cual se establece el procedimiento para la certificación de los miembros de las comisiones de contrataciones. G.O. n° 42.686 del 07-08-2023.

Resolución conjunta n° 14 y 9 de los MPP de Planificación y de Economía y Finanzas, mediante la cual se fija el valor de la UCAU (Bs. 40). G.O. n° 42.703 del 30-08-2023.

III. Bienes públicos[139]

Providencia n° 16 de la SUDEBIP, mediante la cual se reprograman las tres últimas actividades comprendidas dentro del proceso de adecuación de los inventarios y registros que en ella se mencionan. G.O. n° 40.588 del 26-01-2015.

Providencia n° 17 de la SUDEBIP, mediante la cual se fijan las tarifas en unidades tributarias que está superintendencia cobrará por horas académicas, a los órganos y entes del sector público, así como a las personas naturales y jurídicas en ocasión a la prestación de sus servicios en materia de capacitación. G.O. n° 40.665 del 21-05-2015.

Resolución n° 33 del MPP para la Energía Eléctrica, mediante la cual se prohíbe la venta, comercialización, permuta, donación o cualquier

[139] Véase también: § Empresas del Estado; Contrataciones públicas.

otro tipo de enajenación ilícita de bienes, materiales, insumos y componentes estratégicos, empleados en las actividades del Sistema y Servicio Eléctrico, nuevos, usados, reciclados, alterados y/o modificados; que hayan sido obtenidos indebidamente de las instalacioncs de este Ministerio o sus entes adscritos (CORPOELEC y Corpoelec Industrial), por personas naturales. G.O. n° 41.017 del 26-10-2016.

Resolución n° 3 de la Vicepresidencia Sectorial de Obras Públicas y Servicios, mediante la cual se establecen los lineamientos, mecanismos de control y acciones para la reparación o restitución de daños materiales a bienes de dominio público, sean esta infraestructura o superestructura vial de la República, estados y municipios, en aras de garantizar el libre tránsito de los ciudadanos y ciudadanas, y la eficaz movilidad vehicular. G.O. n° 41.169 del 09-06-2017.

Providencia n° 91 de la SUDEBIP, mediante la cual se fijan las tarifas en unidades tributarias, para el cobro por horas académicas, a los órganos y entes del sector público, así como a las personas naturales y jurídicas en razón de la prestación de sus servicios en materia de capacitación. G.O. n° 41.205 del 02-08-2017.

Providencia de la SUDEBIP n° 28, mediante la cual se dictan las normas generales para regular el registro, clasificación, selección y contratación de peritos avaluadores, de esta superintendencia. G.O. n° 41.447 del 26-07-2018.

Providencia n° 41 de la SUDEBIP, mediante la cual se dicta el instructivo del Sistema de Información del Registro de Bienes Públicos. G.O. n° 41.522 del 12-11-2018.

Providencia n° 44 de la SUDEBIP, mediante la cual se dicta la normativa sobre la Unidad de Bienes Públicos y el Responsable Patrimonial de los Órganos y Entes del Sector Público. G.O. n° 41.522 del 12-11-2018.

Providencia n° 47 de la SUDEBIP, mediante la cual se dictan los lineamientos sobre el visto bueno para la adquisición de bienes inmuebles por parte de los órganos y entes del sector público nacional. G.O. n° 41.562 del 11-01-2019.

Providencia n° 49 de la SUDEBIP, mediante la cual se dictan los parámetros aplicables a las inspecciones y a los procedimientos de supervisión y fiscalización de los bienes públicos de los órganos y entes del sector público. G.O. n° 41.562 del 11-01-2019.

Providencia n° 53 de la SUDEBIP, mediante la cual se dicta la normativa aplicable a los órganos y entes del sector público nacional sobre las modalidades de enajenación y desincorporación de bienes públicos. G.O. n° 41.562 del 11-01-2019.

Providencia n° 54 de la SUDEBIP, mediante la cual se dicta la normativa aplicable para la enajenación de los bienes públicos bajo las modalidades de venta y permuta por oferta pública. G.O. n° 41.562 del 11-01-2019.

Providencia n° 1 de la SUDEBIP, mediante la cual se dicta los parámetros aplicables para la automatización y emisión de los carnets y las credenciales del Registro de Peritos, de esta superintendencia. G.O. n° 41.567 del 18-01-2019.

Providencia n° 2 de la SUDEBIP, mediante la cual se dicta el instructivo para la automatización de los inventarios de bienes del Registro General de Bienes Públicos. G.O. n° 41.631 del 13-05-2019.

Providencia n° 6 de la SUDEBIP, mediante la cual se fijan las tarifas aplicables por concepto de cobro del Registro en el Sistema de Acreditación en Carnetización y/o Renovación de personas naturales, funcionarias y funcionarios, trabajadoras y trabajadores de los órganos y entes del sector público y sociedades o asociaciones de peritos avaluadores, que ofrezcan o presten sus servicios profesionales de peritaje de activos a los órganos y entes que conforman el sector público, las cuales serán calculadas en moneda de curso legal. G.O. n° 41.639 del 23-05-2019.

Providencia de la SUDEBIP, mediante la cual se dicta el Reglamento Interno de la SUDEBIP. G.O. n° 41.662 del 26-06-2019.

Providencia n° 13 de la SUDEBIP, mediante la cual se dictan los lineamientos temporales aplicables para el registro, enajenación y desincorporación de bienes públicos sin titularidad. G.O. n° 41.742 de 21-10-2019.

Providencia n° 18 de la SUDEBIP, mediante la cual se fijan las tarifas aplicables por concepto de cobro del Registro en el Sistema de Acreditación, Carnetización y/o Renovación de personas naturales, funcionarias y funcionarios, trabajadoras y trabajadores de los órganos y entes del sector público y sociedades o asociaciones de peritos avaluadores, que ofrezcan o presten sus servicios profesionales de peritaje de activos a los órganos y entes que conforman el sector público, las cuales serán calculadas en moneda de curso legal. G.O. n° 41.742 de 21-10-2019.

Decreto n° 4.278, mediante el cual se establecen mecanismos excepcionales para la optimización y seguimiento de los ingresos que perciban los servicios desconcentrados o servicios autónomos y entes descentralizados funcionalmente de la República con o sin fines empresariales. G.O. n° 41.956 del 02-09-2020, reimpresión en G.O. n° 42.004 del 10-11-2020.

Providencia n° 11 de la SUDEBIP, mediante la cual se establecen los lineamientos temporales aplicables para la desincorporación de los bienes públicos catalogados material estratégico susceptible de reciclaje. G.O. n° 42.081 del 05-03-2021.

Providencia n° 1 del Servicio Nacional de Administración y Enajenación de Bienes Asegurados o Incautados, Confiscados y Decomisados, mediante la cual se dicta el Reglamento Interno del Servicio. G.O. n° 42.191 del 16-08-2021.

Providencia n° 18 de la SUDEBIP, mediante la cual se dicta el instructivo para la automatización de los inventarios de bienes del Sistema de Registro General de Bienes Públicos. G.O. n° 42.438 del 11-08-2022.

Providencia n° 24 de la SUDEBIP, mediante la cual se establecen los lineamientos temporales aplicables para la desincorporación de los bienes públicos catalogados material estratégico susceptible de reciclaje. G.O. n° 42.475 del 03-10-2022.

Decreto n° 4.795, mediante el cual se ordena la supresión del Servicio Nacional de Administración y Enajenación de Bienes Asegurados o Incautados, Confiscados y Decomisados, servicio desconcentrado especializado, con capacidad de gestión presupuestaria, administrativa y financiera. G.O. n° 42.597 del 27-03-2023.

Decreto n° 4.801, mediante el cual se cambia la denominación del Servicio Especializado para la Administración y Enajenación de Bienes Asegurados o Incautados, Decomisados y Comiscados a Servicio de Bienes Recuperados, servicio desconcentrado sin personalidad jurídica, con autonomía técnica y capacidad de gestión administrativa, operativa, presupuestaria, financiera y de disposición. G.O. n° 42.604 del 05-04-2023.

Providencia n° 20 de la SUDEBIP, mediante la cual se dicta la prórroga de la vigencia de la Providencia n° 24 del 01-09-2022, donde se establecen los lineamientos temporales aplicables para la desincorporación de los bienes públicos catalogados material estratégico susceptible de reciclaje. G.O. n° 42.648 del 12-06-2023.

Resolución n° 24 de la Vicepresidencia de la República, mediante la cual se prorroga, por un lapso de seis meses, contado a partir del 04-10-2023, el plazo para el proceso de supresión del Servicio Nacional de Administración y Enajenación de Bienes Asegurados o Incautados, Confiscados y Decomisados. G.O. n° 42.731 del 09-10-2023.

Resolución n° 1 de la Vicepresidencia de la República, mediante la cual se prorroga, por un lapso de seis meses, contado a partir del 04-04-2024, el plazo para el proceso de supresión del Servicio Nacional de Administración y Enajenación de Bienes Asegurados o Incautados, Confiscados y Decomisados. G.O. n° 42.868 del 29-04-2024.

Providencia n° 10 de la SUDEBIP, mediante la cual se establecen los lineamientos temporales aplicables para la desincorporación de los bienes públicos catalogados material estratégico susceptible de reciclaje. G.O. n° 42.926 del 23-07-2024.

IV. Función pública[140]

1. Servidores públicos

Decreto n° 1.604, mediante el cual se establece el sistema de viáticos para los servidores y servidoras públicos al servicio de la Administración Pública. G.O. n° 40.599 del 10-02-2015.

Decreto n° 2.654, mediante el cual se dicta las normas básicas de actuación de los servidores y servidoras públicas en materia de derechos humanos. G.O. n° 41.069 del 06-01-2017.

Decreto n° 2.797, mediante el cual se dicta el sistema de viáticos para los servidores y servidoras públicos al servicio de la Administración Pública. G.O. n° 41.127 del 03-04-2017.

Decreto n° 3.215, mediante el cual se establece para los órganos y entes de la Administración Pública, un horario especial laboral navideño desde las 8 am hasta la 1 pm, a partir del 20-12-2017 hasta el 08-01-2018. Este horario se aplicará sólo a las trabajadoras y los trabajadores que presten servicios en el sector público. G.O. n° 6.350 Extraordinario del 19-12-2017.

Decreto n° 3.331, mediante el cual se declaran días no laborable solo para los trabajadores y trabajadoras que presten servicios en el sector público, y por tanto se les otorga el carácter de feriados a los efectos del Decreto con Rango, Valor y Fuerza de Ley Orgánica del Trabajo, los Trabajadores y las Trabajadoras, los días lunes 26, martes 27 y miércoles 28 de marzo de 2018. G.O. n° 41.366 del 22-03-2018.

Ley de Juramento Público. G.O. n° 6.660 Extraordinario del 04-11-2021.

Ley de Reforma del Decreto con Rango, Valor y Fuerza de ley Contra la Corrupción. G.O. n° 6.699 Extraordinario del 02-05-2022[141].

2. Remuneraciones

Decreto n° 1.600, mediante el cual se establece el sistema de remuneraciones de los funcionarios de la Administración Pública Nacional. G.O. n° 40.597 del 06-02-2015.

Decreto n° 1.738, mediante el cual se dicta el sistema de remuneraciones de los funcionarios de la Administración Pública Nacional. G.O. n° 40.660 del 14-05-2015.

---

[140] Véase también: § Poder Judicial; Poder Ciudadano; Trabajo; Reconocimientos.

[141] *Cfr*. Gabriel Sira Santana, "La hipertrofia del ordenamiento jurídico venezolano como incentivo a la corrupción", en *Libro homenaje a la Especialización en Derecho Administrativo de la Universidad Central de Venezuela. A propósito de su cuadragésimo aniversario* (Caracas: CEP-FCJP-UCV y CIDEP, 2022), 337-61.

Decreto n° 2.067, mediante el cual se establece el sistema de remuneraciones de los funcionarios de la Administración Pública Nacional. G.O. n° 40.773 del 23-10-2015.

Decreto n° 2.274, mediante el cual se establece el sistema de remuneraciones de los funcionarios de la Administración Pública Nacional. G.O. n° 40.867 del 11-03-2016.

Decreto n° 2.316, mediante el cual se establece el sistema de remuneraciones de los funcionarios de la Administración Pública Nacional. G.O. n° 40.899 del 09-05-2016, reimpresión en G.O. n° 40.901 del 11-05-2016.

Decreto n° 2.434, mediante el cual se establece el sistema de remuneraciones de las funcionarias y funcionarios de la Administración Pública Nacional. G.O. n° 40.966 del 15-08-2016.

Decreto n° 2.508, mediante el cual se establece el sistema de remuneraciones de las funcionarias y funcionarios de la Administración Pública Nacional. G.O. n° 6.269 Extraordinario del 28-10-2016.

Decreto n° 2.661, mediante el cual se regula y establece la escala general de sueldos para funcionarias y funcionarios públicos de carrera de la Administración Pública Nacional. G.O. n° 41.070 del 09-01-2017.

Decreto n° 2.835, mediante el cual se establece el sistema de remuneraciones de las funcionarias y funcionarios de la Administración Pública Nacional. G.O. n° 6.296 Extraordinario del 02-05-2017, reimpresión en G.O. n° 41.142 del 03-05-2017.

Decreto n° 2.968, mediante el cual se establece la escala general de sueldos para funcionarias y funcionarios públicos de carrera de la Administración Pública Nacional. G.O. n° 6.313 Extraordinario del 02-07-2017.

Decreto n° 3.071, mediante el cual se regula y establece la escala general de sueldos para funcionarias y funcionarios públicos de Carrera de la Administración Pública Nacional. G.O. n° 41.231 del 07-09-2017.

Decreto n° 3.141, mediante el cual se regula y se establece la escala general de sueldos para funcionarias y funcionarios públicos de carrera, de la Administración Pública Nacional. G.O. n° 41.269 del 01-11-2017.

Decreto n° 3.234, mediante el cual se regula y establece la escala general de sueldos para funcionarias y funcionarios públicos de carrera de la Administración Pública Nacional. G.O. n° 6.354 Extraordinario del 31-12-2017.

Decreto n° 3.302, mediante el cual se regula y se establece la escala general de sueldos para funcionarios públicos de carrera de la Administración Pública Nacional. G.O. n° 41.351 del 01-03-2018.

Decreto n° 3.390, mediante el cual se regula y establece la escala general de sueldos para funcionarios públicos de carrera de la Administración Pública Nacional. G.O. n° 41.387 del 30-04-2018.

Decreto n° 3.480, mediante el cual se regula y establece la escala general de sueldos para funcionarios públicos de carrera de la Administración Pública Nacional. G.O. n° 6.383 Extraordinario del 20-06-2018.

Decreto n° 3.830, mediante el cual se regula y establece la escala general de sueldos para funcionarias y funcionarios públicos de carrera de la Administración Pública. G.O. n° 6.452 Extraordinario del 25-04-2019.

3. Jubilaciones

Decreto n° 2.656, mediante el cual se establece que los trabajadores y las trabajadoras del MPP para las Relaciones Exteriores, podrán ser jubilados y jubiladas de manera excepcional, previa solicitud del interesado o interesada o aún de oficio, cuando cumplan los requisitos o condiciones que en él se mencionan. G.O. n° 41.069 del 06-01-2017.

Decreto n° 3.849, mediante el cual las trabajadoras y trabajadores del MPP de Economía y Finanzas, podrán ser jubiladas y jubilados de manera excepcional, de oficio, cuando cumplan los requisitos o condiciones que en él se especifican. G.O. n° 41.632 del 15-05-2019.

IV
POLÍTICA, SEGURIDAD Y DEFENSA

I. Relaciones internacionales[142]

1. Leyes aprobatorias

Ley aprobatoria del convenio de cooperación técnico militar en ciencia, tecnología, producción e innovación para la defensa nacional entre el Gobierno de la República Bolivariana de Venezuela y el Gobierno de la República Popular China. G.O. n° 40.648 del 27-04-2015.

Ley aprobatoria del acuerdo marco de cooperación entre el Gobierno de la República Bolivariana de Venezuela y el Gobierno de la República del Líbano. G.O. n° 40.648 del 27-04-2015.

Ley aprobatoria del convenio de cooperación específico para la ejecución de la Misión Milagro entre el Gobierno de la República Bolivariana de Venezuela y el Gobierno de Antigua y Barbuda. G.O. n° 40.669 del 27-05-2015.

Ley aprobatoria del convenio internacional de las maderas tropicales, 2006. G.O. n° 6.185 Extraordinario del 08-06-2015.

Ley aprobatoria de las enmiendas a los anexos A, B y C del convenio de Estocolmo sobre contaminantes orgánicos persistentes. G.O. n° 6.186 Extraordinario del 09-06-2015.

Ley aprobatoria del protocolo sobre introducción de las modificaciones en el convenio entre la República Bolivariana de Venezuela y la Federación de Rusia, sobre cooperación para el desarrollo de proyectos estratégicos conjuntos del 10-09-2009. G.O. n° 6.186 Extraordinario del 09-06-2015.

Ley aprobatoria del convenio para facilitar el acceso internacional a la justicia. G.O. n° 6.186 Extraordinario del 09-06-2015.

Ley aprobatoria del tratado constitutivo del Centro Regulador de Medicamentos de Usos Humanos del ALBA-TCP (ALBAMED). G.O. n° 6.187 Extraordinario del 10-06-2015.

Ley aprobatoria del acuerdo sobre la creación e implementación de un sistema de acreditación de carreras universitarias para el reconocimiento regional de la calidad académica de las respectivas titulaciones en el Mercosur y Estados Asociados. G.O. n° 6.187 Extraordinario del 10-06-2015.

---

[142] Véase también: § Exoneraciones.

Ley aprobatoria del acuerdo complementario al acuerdo marco de cooperación entre el Gobierno de la República Bolivariana de Venezuela y el Gobierno de la República Socialista de Vietnam en materia comercial, suscrito en la ciudad de Hanoi, República Socialista de Vietnam. G.O. n° 6.187 Extraordinario del 10-06-2015.

Ley aprobatoria del convenio internacional del cacao, 2010. G.O. n° 40.680 del 11-06-2015.

Ley aprobatoria del quinto protocolo de enmienda al acuerdo entre el Gobierno de la República Bolivariana de Venezuela y el Gobierno de la República Popular China, sobre el Fondo de Financiamiento Conjunto Chino-Venezuela. G.O. n° 40.692 del 30-06-2015.

Ley aprobatoria del acuerdo entre el Gobierno de la República Bolivariana de Venezuela y el Gobierno de la República Socialista de Vietnam, sobre proyectos de cooperación agrícola para el período 2015-2018. G.O. n° 40.790 del 17-11-2015.

Ley aprobatoria del protocolo de integración educativa y reconocimiento de certificados, títulos y estudios de nivel primario-fundamental-básico y medio-secundario, entre los Estados Partes del Mercosur y Estados Asociados. G.O. n° 6.208 Extraordinario del 28-12-2015.

Ley aprobatoria de la enmienda de Doha al protocolo de Kyoto. G.O. n° 6.208 Extraordinario del 28-12-2015.

Ley aprobatoria del memorando de entendimiento entre el Gobierno de la República Bolivariana de Venezuela y el Gobierno de la República Helénica para la cooperación energética. G.O. n° 6.208 Extraordinario del 28-12-2015.

Ley aprobatoria del convenio sobre el registro de objetos lanzados al espacio ultraterrestre. G.O. n° 6.208 Extraordinario del 28-12-2015.

Ley aprobatoria del acuerdo entre los Estados Partes del Mercosur y Estados Asociados sobre cooperación regional para la protección de los derechos de niños, niñas y adolescentes en situación de vulnerabilidad. G.O. n° 6.208 Extraordinario del 28-12-2015.

Ley aprobatoria del convenio de reconocimiento de certificados, títulos o diplomas de educación universitaria entre el Gobierno de la República Bolivariana de Venezuela y el Gobierno de la República de Mali. G.O. n° 6.208 Extraordinario del 28-12-2015.

Ley aprobatoria del convenio de cooperación específico para la ejecución de la Misión Milagro entre el Gobierno de la República Bolivariana de Venezuela y el Gobierno de Granada. G.O. n° 6.208 Extraordinario del 28-12-2015.

Ley aprobatoria del protocolo de integración educativa y reconocimiento de certificados, títulos y estudios de nivel primario y medio no técnico. G.O. n° 6.208 Extraordinario del 28-12-2015.

Ley aprobatoria del convenio de reconocimiento de certificados, títulos o diplomas de educación universitaria entre el Gobierno de la República Bolivariana de Venezuela y el Gobierno de la República de Guinea Bissau. G.O. n° 6.208 Extraordinario del 28-12-2015.

Ley aprobatoria del acuerdo entre el Gobierno de la República Bolivariana de Venezuela y el Gobierno del Estado de Palestina para la promoción y protección bilaterales y recíprocas de las inversiones. G.O. n° 6.208 Extraordinario del 28-12-2015.

Ley aprobatoria del convenio de cooperación específica para la ejecución de la Misión Milagro entre el Gobierno de la República Bolivariana de Venezuela y el Gobierno de la Federación de San Cristóbal y Nieves. G.O. n° 6.208 Extraordinario del 28-12-2015.

Ley aprobatoria del acuerdo marco de cooperación entre la República Bolivariana de Venezuela y la República Islámica de Irán. G.O. n° 6.208 Extraordinario del 28-12-2015.

Ley aprobatoria del acuerdo para la implementación de base de datos compartidas de niños, niñas y adolescentes en situación de vulnerabilidad del Mercosur y Estados Asociados. G.O. n° 6.208 Extraordinario del 28-12-2015.

Ley aprobatoria del Acuerdo que debe regir las actividades de los Estados en la luna y otros cuerpos celestes. G.O. n° 6.208 Extraordinario del 28-12-2015.

Ley aprobatoria del acuerdo entre la República Bolivariana de Venezuela y la República de Colombia sobre el transporte internacional de carga y pasajeros por carretera. G.O. n° 40.819 del 30-12-2015, reimpresión en G.O. n° 40.826 del 12-01-2016.

Ley aprobatoria del acuerdo entre el Gobierno de Arabia Saudita y el Gobierno de la República Bolivariana de Venezuela para evitar la doble tributación y prevenir la evasión fiscal en materia de ISLR. G.O. n° 40.819 del 30-12-2015.

Ley aprobatoria del protocolo de integración cultural del Mercosur. G.O. n° 40.819 del 30-12-2015.

Ley aprobatoria de los principios básicos de los procesos de reestructuración de la deuda soberana, aprobados en ocasión del sexagésimo noveno período de sesiones de la Asamblea General de la Organización de las Naciones Unidas, mediante Resolución n° 69-319 del 10-09-2015. G.O. n° 40.819 del 30-12-2015.

Ley aprobatoria del acuerdo bilateral sobre asistencia administrativa mutua para la adecuada aplicación de la legislación de delitos aduaneros entre el Gobierno de la República Bolivariana de Venezuela y el Estado de Qatar. G.O. n° 40.819 del 30-12-2015.

Ley aprobatoria del acuerdo de París de la convención marco de Naciones Unidas sobre el cambio climático. G.O. n° 40.819 del 30-12-2015.

Ley aprobatoria del acuerdo de cooperación en materia legal entre el Gobierno de la República Bolivariana de Venezuela y el Estado de Qatar. G.O. n° 40.819 del 30-12-2015.

Ley aprobatoria del memorándum de cooperación en materia de juventud y deporte entre el Gobierno de la República Bolivariana de Venezuela y el Estado de Qatar. G.O. n° 40.819 del 30-12-2015.

Ley aprobatoria de la ratificación del protocolo para la eliminación del comercio ilícito de productos de tabaco. G.O. n° 6.648 Extraordinario del 17-09-2021.

Ley aprobatoria de la enmienda de Kigali al protocolo de Montreal sobre las sustancias agotadoras de la capa de ozono. G.O. n° 6.659 Extraordinario del 28-10-2021.

Ley aprobatoria del acuerdo entre el Gobierno de la República Bolivariana de Venezuela y el Gobierno de la Federación de Rusia sobre cooperación en la exploración y utilización del espacio ultraterrestre para fines pacíficos. G.O. n° 6.669 Extraordinario del 16-12-2021.

Ley aprobatoria del convenio constitutivo de la Agencia Latinoamericana y Caribeña del Espacio. G.O. n° 6.673 Extraordinario del 22-12-2021.

Ley aprobatoria del acuerdo de cooperación artística y cultural entre la República Bolivariana de Venezuela y el Estado de Kuwait. G.O. n° 6.674 Extraordinario del 22-12-2021.

Ley aprobatoria del acuerdo entre la República Bolivariana de Venezuela y la República de Serbia sobre la cooperación en materia agrícola. G.O. n° 6.675 Extraordinario del 22-12-2021.

Ley aprobatoria del convenio del programa internacional COSPAS-SARSAT. G.O. n° 6.677 Extraordinario del 27-12-2021.

Ley aprobatoria del acuerdo de servicios aéreos entre San Vicente y las Granadinas y la República Bolivariana de Venezuela. G.O. n° 6.721 Extraordinario del 16-11-2022.

Ley aprobatoria del acuerdo entre la República Bolivariana de Venezuela y la República de Colombia relativo a la promoción y protección recíproca de inversiones, suscrito el 03-02-2023. G.O. n° 6.738 Extraordinario del 10-03-2023.

Ley aprobatoria del acuerdo entre el Gobierno de la República Bolivariana de Venezuela y el Gobierno de la República Popular China sobre servicios aéreos. G.O. n° 6.807 Extraordinario del 13-05-2024.

Ley aprobatoria del acuerdo entre el Gobierno de la República Bolivariana de Venezuela y el Gobierno de la República de Türkiye relativo a la promoción y protección recíproca de inversiones. G.O. n° 6.808 Extraordinario del 13-05-2024.

Ley aprobatoria del acuerdo entre el Gobierno de la República Bolivariana de Venezuela y el Gobierno de la República Popular China relativo a la promoción y protección de inversiones. G.O. n° 6.852 Extraordinario del 13-11-2024.

2. Acuerdos e incorporaciones al ordenamiento jurídico[143]

Resolución conjunta n° 82 y 87 de los MPP para la Alimentación y para la Agricultura y Tierras, que incorpora al ordenamiento jurídico interno el Reglamento Técnico del Mercosur de identidad y calidad de la frutilla (Fresa). G.O. n° 40.578 del 12-01-2015.

Resolución conjunta n° 83 y 88 de los MPP para la Alimentación y para la Agricultura y Tierras, que incorpora al ordenamiento jurídico interno el Reglamento Técnico del Mercosur de identidad y calidad de la manzana. G.O. n° 40.578 del 12-01-2015.

Resolución conjunta n° 84 y 89 de los MPP para la Alimentación y para la Agricultura y Tierras, que incorpora al ordenamiento jurídico interno el Reglamento Técnico del Mercosur de identidad y calidad de la pera. G.O. n° 40.578 del 12-01-2015.

Resolución n° 27 del MPP para Relaciones Exteriores, mediante la cual se suscribe la enmienda al acuerdo de cooperación energética de Caracas entre el Gobierno de la República Bolivariana de Venezuela y el Gobierno de la República Oriental del Uruguay. G.O. n° 40.611 del 02-03-2015.

Resolución n° 30 del MPP para Relaciones Exteriores, mediante la cual se informa de la entrada en vigor del acuerdo de cooperación entre el Gobierno de la República Bolivariana de Venezuela y el Gobierno de la República Argentina, en materia de becas de estudio. G.O. n° 40.612 del 03-03-2015.

Resolución n° 55 del MPP para la Agricultura y Tierras, mediante la cual se incorpora al ordenamiento jurídico nacional la Resolución Mercosur derogación del estándar 7.1 acreditación de laboratorios de diagnóstico fitosanitario. G.O. n° 40.617 del 10-03-2015.

Resolución n° 56 del MPP para la Agricultura y Tierras, mediante la cual se incorpora al ordenamiento jurídico nacional la Resolución Mercosur estándar 3.7 requisitos fitosanitarios armonizados por categoría de riesgo para el ingreso de productos vegetales. G.O. n° 40.617 del 10-03-2015.

---

143 Véase también: § Identificación, migración y extranjería.

Resolución n° 50 del MPP para la Salud, mediante la cual se incorpora al ordenamiento jurídico nacional la Resolución Mercosur control y fiscalización de las semillas de adormidera (Papave Somniferum). G.O. n° 40.619 del 12-03-2015.

Resolución n° 51 del MPP para la Salud, mediante la cual se incorpora al ordenamiento jurídico nacional la Resolución Mercosur reglamento técnico sobre los documentos comunes necesarios para la importación y exportación de estupefacientes y sustancias psicotrópicas. G.O. n° 40.619 del 12-03-2015.

Resolución n° 52 del MPP para la Salud, mediante la cual se incorpora al ordenamiento jurídico nacional la Resolución Mercosur reglamento técnico sobre controles y fiscalización de estupefacientes y psicotrópicos a realizar en zonas francas y áreas aduaneras especiales. G.O. n° 40.619 del 12-03-2015.

Resolución n° 53 del MPP para la Salud, mediante la cual se incorpora al ordenamiento jurídico nacional la Resolución Mercosur reglamento técnico sobre las listas de estupefacientes y sustancias psicotrópicas sujetas a control. G.O. n° 40.619 del 12-03-2015.

Resolución n° 54 del MPP para la Salud, mediante la cual se incorpora al ordenamiento jurídico nacional la Resolución Mercosur glosario de términos comunes para estupefacientes, sustancias psicotrópicas y precursores. G.O. n° 40.619 del 12-03-2015.

Resolución n° 55 del MPP para la Salud, mediante la cual se incorpora al ordenamiento jurídico nacional la Resolución Mercosur autorización para la entrada y salida de medicamentos que contienen estupefacientes y sustancias psicotrópicas para pacientes en tránsito. G.O. n° 40.619 del 12-03-2015.

Resolución n° 56 del MPP para la Salud, mediante la cual se incorpora al ordenamiento jurídico nacional la Resolución Mercosur programa para capacitación de inspectores para verificación del cumplimiento de las buenas prácticas de fabricación y control de productos para diagnóstico de uso in vitro. G.O. n° 40.619 del 12-03-2015.

Resolución n° 57 del MPP para la Salud, mediante la cual se incorpora al ordenamiento jurídico nacional la Resolución Mercosur listado de informaciones y documentación requerida para el registro de productos farmacéuticos similares. G.O. n° 40.619 del 12-03-2015.

Resolución n° 58 del MPP para la Salud, mediante la cual se incorpora al ordenamiento jurídico nacional la Resolución Mercosur control de las concentraciones de estupefacientes y sustancias psicotrópicas en formulaciones magistrales y especialidades farmacéuticas. G.O. n° 40.619 del 12-03-2015.

Resolución n° 59 del MPP para la Salud, mediante la cual se incorpora al ordenamiento jurídico nacional la Resolución Mercosur control y fiscalización del origen de los estupefacientes. G.O. n° 40.619 del 12-03-2015.

Resolución n° 60 del MPP para la Salud, mediante la cual se incorpora al ordenamiento jurídico nacional la Resolución Mercosur utilización de sistemas de reembolso para la compra/venta de estupefacientes y sustancias psicotrópicas. G.O. n° 40.619 del 12-03-2015.

Resolución n° 61 del MPP para la Salud, mediante la cual se incorpora al ordenamiento jurídico nacional la Resolución Mercosur distribución de muestras para profesionales y propagandas de medicamentos que contengan estupefacientes o sustancias sicotrópicas. G.O. n° 40.619 del 12-03-2015.

Resolución n° 62 del MPP para la Salud, mediante la cual se incorpora al ordenamiento jurídico nacional la Resolución Mercosur control de entrada y salida de estupefacientes y sustancias sicotrópicas para uso en casos especiales/uso compasivo de medicamentos, en pacientes. G.O. n° 40.619 del 12-03-2015.

Resolución n° 63 del MPP para la Salud, mediante la cual se incorpora al ordenamiento jurídico nacional la Resolución Mercosur formulario de solicitud de evaluación de tecnologías en salud. G.O. n° 40.619 del 12-03-2015.

Resolución n° 64 del MPP para la Salud, mediante la cual se incorpora al ordenamiento jurídico nacional la Resolución Mercosur profesiones de salud del Mercosur. G.O. n° 40.619 del 12-03-2015.

Resolución n° 65 del MPP para la Salud, mediante la cual se incorpora al ordenamiento jurídico nacional la Resolución Mercosur matriz mínima de registro de profesionales de salud del Mercosur. G.O. n° 40.619 del 12-03-2015.

Resolución n° 66 del MPP para la Salud, mediante la cual se incorpora al ordenamiento jurídico nacional la Resolución Mercosur derogación de la Resolución inclusión de síndrome respiratorio agudo grave (SARS) en el listado y definición de enfermedades de notificación obligatoria entre los Estados Partes del Mercosur. G.O. n° 40.619 del 12-03-2015.

Resolución n° 67 del MPP para la Salud, mediante la cual se incorpora al ordenamiento jurídico nacional la Resolución Mercosur notificación previa de exportación de efedrina, pseudoefedrina y las especialidades farmacéuticas que las contengan. G.O. n° 40.619 del 12-03-2015.

Resolución n° 68 del MPP para la Salud, mediante la cual se incorpora al ordenamiento jurídico nacional la Resolución Mercosur procedimientos comunes para las inspecciones a los fabricantes de productos médicos y productos para diagnóstico de uso in vitro en los Estados Partes. G.O. n° 40.619 del 12-03-2015.

Resolución n° 69 del MPP para la Salud, mediante la cual se incorpora al ordenamiento jurídico nacional la Resolución Mercosur reglamento técnico sobre buenas prácticas sanitarias de transporte de insumos y productos farmacéuticos. G.O. n° 40.619 del 12-03-2015.

Resolución n° 70 del MPP para la Salud, mediante la cual se incorpora al ordenamiento jurídico nacional la Resolución Mercosur reglamento técnico sobre buenas prácticas de distribución de productos farmacéuticos. G.O. n° 40.619 del 12-03-2015.

Resolución del MPP para Relaciones Exteriores, mediante la cual se procede a la publicación del acuerdo de unificación para la explotación y desarrollo de los yacimientos de hidrocarburos del campo Manakin-Cocuina que se extiende a través de la línea de delimitación entre la República Bolivariana de Venezuela y la República de Trinidad y Tobago. G.O. n° 40.620 del 13-03-2015.

Resolución n° 35 del MPP para Relaciones Exteriores, mediante la cual se publica la entrada en vigor del acuerdo de alcance parcial de complementación económica n° 69, entre el Gobierno de la República Bolivariana de Venezuela y la República Federativa del Brasil. G.O. n° 40.627 del 24-03-2015.

Resolución n° 59 del MPP para Agricultura y Tierras, mediante la cual se incorpora al ordenamiento jurídico nacional la Resolución Mercosur normas sanitarias para el intercambio en el Mercosur de caninos y felinos domésticos. G.O. n° 6.179 Extraordinario del 24-03-2015.

Resolución n° 60 del MPP para Agricultura y Tierras, mediante la cual se incorpora al ordenamiento jurídico nacional la Resolución Mercosur normas sanitarias para la importación de caninos y felinos domésticos de terceros países. G.O. n° 6.179 Extraordinario del 24-03-2015.

Resolución n° 61 del MPP para Agricultura y Tierras, mediante la cual se incorpora al ordenamiento jurídico nacional la Resolución Mercosur requisitos zoosanitarios de los Estados Partes para la importación de ovinos para la reproducción o engorde. G.O. n° 6.179 Extraordinario del 24-03-2015.

Resolución n° 62 del MPP para Agricultura y Tierras, mediante la cual se incorpora al ordenamiento jurídico nacional la Resolución Mercosur requisitos zoosanitarios para el intercambio de bovinos para faena inmediata entre los Estados Partes del Mercosur. G.O. n° 6.179 Extraordinario del 24-03-2015.

Resolución n° 63 del MPP para Agricultura y Tierras, mediante la cual se incorpora al ordenamiento jurídico nacional la Resolución Mercosur requisitos zoosanitarios para la importación de abejas reinas y productos apícolas destinados a los Estados Partes del Mercosur. G.O. n° 6.179 Extraordinario del 24-03-2015.

Resolución n° 64 del MPP para Agricultura y Tierras, mediante la cual se incorpora al ordenamiento jurídico nacional la Resolución Mercosur requisitos zoosanitarios para la importación definitiva o para reproducción de équidos desde terceros países. G.O. n° 6.179 Extraordinario del 24-03-2015.

Resolución n° 65 del MPP para Agricultura y Tierras, mediante la cual se incorpora al ordenamiento jurídico nacional la Resolución Mercosur requisitos zoosanitarios de los Estados Partes para importación de caprinos para reproducción o engorde. G.O. n° 6.179 Extraordinario del 24-03-2015.

Resolución n° 66 del MPP para Agricultura y Tierras, mediante la cual se incorpora al ordenamiento jurídico nacional la Resolución Mercosur requisitos zoosanitarios de los Estados Partes para importación de caprinos para reproducción o engorde. G.O. n° 6.179 Extraordinario del 24-03-2015[144].

Resolución n° 67 del MPP para Agricultura y Tierras, mediante la cual se incorpora al ordenamiento jurídico nacional la Resolución Mercosur normas de higiene y seguridad sanitaria para la habilitación de establecimientos de crianza de aves y plantas de incubación para el intercambio en el Mercosur. G.O. n° 6.179 Extraordinario del 24-03-2015.

Resolución n° 68 del MPP para Agricultura y Tierras, mediante la cual se incorpora al ordenamiento jurídico nacional la Resolución Mercosur normas sanitarias para el tránsito en el Mercosur de animales para espectáculo circenses. G.O. n° 6.179 Extraordinario del 24-03-2015.

Resolución n° 69 del MPP para Agricultura y Tierras, mediante la cual se incorpora al ordenamiento jurídico nacional la Resolución Mercosur requisitos zoosanitarios para el intercambio de bovinos para recría y engorde entre los Estados Partes del Mercosur. G.O. n° 6.179 Extraordinario del 24-03-2015.

Resolución n° 211 del MPP para la Salud, mediante la cual se incorpora al ordenamiento jurídico la Resolución Mercosur procedimientos de vigilancia epidemiológica y sanitaria en medios de transporte y áreas de puertos, aeropuertos, terminales y puntos de frontera en el Mercosur, con relación al síndrome respiratorio agudo grave. G.O. n° 40.673 del 02-06-2015.

Resolución n° 212 del MPP para la Salud, mediante la cual se incorpora al ordenamiento jurídico la Resolución Mercosur procedimientos

144 Nótese que, aunque el título y el artículo 1 de la Resolución del ministerio se refiere a los caprinos, la Resolución del Mercosur que le acompaña alude es a los bovinos y bubalinos.

mínimos de inspección sanitaria en embarcaciones que navegan por los Estados Partes del Mercosur. G.O. n° 40.673 del 02-06-2015.

Resolución n° 213 del MPP para la Salud, mediante la cual se incorpora al ordenamiento jurídico la Resolución Mercosur glosario de terminología de vigilancia epidemiológica-Mercosur. G.O. n° 40.673 del 02-06-2015.

Resolución n° 214 del MPP para la Salud, mediante la cual se incorpora al ordenamiento jurídico la Resolución Mercosur declaración de salud del viajero en el Mercosur. G.O. n° 40.673 del 02-06-2015.

Resolución n° 215 del MPP para la Salud, mediante la cual se incorpora al ordenamiento jurídico la Resolución Mercosur requisitos para la concesión de libre plática en embarcaciones en el Mercosur. G.O. n° 40.673 del 02-06-2015.

Resolución n° 216 del MPP para la Salud, mediante la cual se incorpora al ordenamiento jurídico la Resolución Mercosur criterios para el establecimiento de tasas por emisión de certificados de libre plática, de control de sanidad a bordo y de exención del control de sanidad a bordo. G.O. n° 40.673 del 02-06-2015.

Resolución n° 217 del MPP para la Salud, mediante la cual se incorpora al ordenamiento jurídico la Resolución Mercosur glosario de control sanitario de puertos, aeropuertos, terminales y puntos de frontera. G.O. n° 40.673 del 02-06-2015.

Resolución n° 218 del MPP para la Salud, mediante la cual se incorpora al ordenamiento jurídico la Resolución Mercosur vigilancia en salud y control de enfermedades priorizadas y eventos de importancia en salud pública entre los Estados Partes. G.O. n° 40.673 del 02-06-2015.

Resolución n° 219 del MPP para la Salud, mediante la cual se incorpora al ordenamiento jurídico la Resolución Mercosur requisitos mínimos para elaborar planes de contingencia para emergencias de salud pública de importancia internacional (ESPII) en puntos de entrada designados por los Estados Partes según el RSI (2005). G.O. n° 40.673 del 02-06-2015.

Resolución n° 220 del MPP para la Salud, mediante la cual se incorpora al ordenamiento jurídico la Resolución Mercosur procedimientos mínimos para el control sanitario en acondicionamiento, la preparación, almacenamiento y distribución de alimentos en puertos, aeropuertos, terminales internacionales de carga y de pasajeros, pasos de frontera terrestres del Mercosur y para los medios de transporte internacional que por ellos circulan. G.O. n° 40.673 del 02-06-2015.

Resolución n° 221 del MPP para la Salud, mediante la cual se incorpora al ordenamiento jurídico la Resolución Mercosur reglamento técnico sobre lista de sustancias que no pueden ser utilizadas en productos de higiene personal, cosméticos y perfumes. G.O. n° 40.673 del 02-06-2015.

Resolución n° 222 del MPP para la Salud, mediante la cual se incorpora al ordenamiento jurídico la Resolución Mercosur contenido mínimo del certificado de cumplimiento de buenas prácticas de fabricación en el área farmacéutica. G.O. n° 40.673 del 02-06-2015.

Resolución n° 223 del MPP para la Salud, mediante la cual se incorpora al ordenamiento jurídico la Resolución Mercosur reglamento técnico para productos de uso domisanitario a base de bacterias. G.O. n° 40.673 del 02-06-2015.

Resolución n° 72 del MPP para Relaciones Exteriores, mediante la cual se informa la entrada en vigor del protocolo sobre introducción de las modificaciones en el convenio entre la República Bolivariana de Venezuela y la Federación de Rusia sobre cooperación para el desarrollo de proyectos estratégicos conjuntos del 10-09-2009. G.O. n° 40.686 del 19-06-2015.

Resolución n° 73 del MPP para Relaciones Exteriores, mediante la cual se ordena publicar el intercambio de las notas verbales que constituyen el acuerdo seminario sobre el idioma y la cultura de China en el año 2015. G.O. n° 40.686 del 19-06-2015.

Resolución n° 75 del MPP para Relaciones Exteriores, mediante la cual se informa la entrada en vigor del acuerdo marco de cooperación entre el Gobierno de la República Bolivariana de Venezuela y el Gobierno de la República Dominicana para profundizar los lazos de comercio y desarrollo, suscrito en la Ciudad de Santo Domingo, República Dominicana, el 05-05-2010. G.O. n° 40.693 del 01-07-2015.

Resolución n° 141 del MPP para la Agricultura y Tierras, mediante la cual se incorpora al ordenamiento jurídico nacional Resolución Mercosur niveles de tolerancias a campo armonizados para las diferentes categorías en la certificación de semillas botánicas de determinadas especies. G.O. n° 40.700 del 10-07-2015.

Resolución n° 142 del MPP para la Agricultura y Tierras, mediante la cual se incorpora al ordenamiento jurídico nacional la Resolución Mercosur equivalencias de denominaciones de clases y/ o categorías de semillas botánicas. G.O. n° 40.700 del 10-07-2015.

Resolución n° 143 del MPP para la Agricultura y Tierras, mediante la cual se incorpora al ordenamiento jurídico nacional la Resolución Mercosur registro de cultivares. G.O. n° 40.700 del 10-07-2015.

Resolución n° 144 del MPP para la Agricultura y Tierras, mediante la cual se incorpora al ordenamiento jurídico nacional la Resolución Mercosur armonización de los periodos de pruebas de campo de cultivares. G.O. n° 40.700 del 10-07-2015.

Resolución n° 145 del MPP para la Agricultura y Tierras, mediante la cual se incorpora al ordenamiento jurídico nacional la Resolución Mercosur requisitos zoosanitarios de los Estados Partes para el ingreso de caninos y felinos domésticos. G.O. n° 40.700 del 10-07-2015.

Resolución n° 146 del MPP para la Agricultura y Tierras, mediante la cual se incorpora al ordenamiento jurídico nacional la Resolución Mercosur requisitos zoosanitarios para importación definitiva o para reproducción de équidos entere los Estados Partes. G.O. n° 40.700 del 10-07-2015.

Resolución n° 147 del MPP para la Agricultura y Tierras, mediante la cual se incorpora al ordenamiento jurídico nacional la Resolución Mercosur requisitos zoosanitarios de los Estados Partes para la importación de embriones bovinos colectados in vivo. G.O. n° 40.700 del 10-07-2015.

Resolución n° 148 del MPP para la Agricultura y Tierras, mediante la cual se incorpora al ordenamiento jurídico nacional la Resolución Mercosur requisitos zoosanitarios de los Estados Partes para la importación de semen bovino y bubalino congelado. G.O. n° 40.700 del 10-07-2015.

Resolución n° 149 del MPP para la Agricultura y Tierras, mediante la cual se incorpora al ordenamiento jurídico nacional la Resolución Mercosur requisitos zoosanitarios de los Estados Partes del Mercosur para la importación de embriones caprinos recolectados in vivo. G.O. n° 40.700 del 10-07-2015.

Resolución n° 150 del MPP para la Agricultura y Tierras, mediante la cual se incorpora al ordenamiento jurídico nacional la Resolución Mercosur requisitos zoosanitarios de los Estados Partes del Mercosur para la importación de embriones ovinos recolectados in vivo. G.O. n° 40.700 del 10-07-2015.

Resolución n° 151 del MPP para la Agricultura y Tierras, mediante la cual se incorpora al ordenamiento jurídico nacional la Resolución Mercosur requisitos zoosanitarlos de los estados partes para la importación de semen ovino congelado. G.O. n° 40.700 del 10-07-2015.

Resolución n° 152 del MPP para la Agricultura y Tierras, mediante la cual se incorpora al ordenamiento jurídico nacional la Resolución Mercosur requisitos zoosanitarios de los Estados Partes para la importación de semen caprino congelado. G.O. n° 40.700 del 10-07-2015.

Resolución n° 153 del MPP para la Agricultura y Tierras, mediante la cual se incorpora al ordenamiento jurídico nacional la Resolución Mercosur glosario de términos fitosanitarios. G.O. n° 40.700 del 10-07-2015.

Resolución n° 154 del MPP para la Agricultura y Tierras, mediante la cual se incorpora al ordenamiento jurídico nacional la Resolución Mercosur requisitos zoosanitarios de los estados partes para la importación de cerdos domésticos para reproducción. G.O. n° 40.700 del 10-07-2015.

Resolución n° 306 del MPP para la Salud, en la cual se incorpora al ordenamiento jurídico nacional la Resolución Mercosur estructura y organización de la farmacopea Mercosur. G.O. n° 40.701 del 13-07-2015.

Resolución n° 307 del MPP para la Salud, en la cual se incorpora al ordenamiento jurídico nacional la Resolución Mercosur farmacopea Mercosur: ajustes de las condiciones cromatográficas en sistemas isocráticos de cromatografía liquida de alta eficiencia. G.O. n° 40.701 del 13-07-2015.

Resolución n° 308 del MPP para la Salud, en la cual se incorpora al ordenamiento jurídico nacional la Resolución Mercosur farmacopea Mercosur: método general para la determinación de la rotación óptica. G.O. n° 40.701 del 13-07-2015.

Resolución n° 309 del MPP para la Salud, en la cual se incorpora al ordenamiento jurídico nacional la Resolución Mercosur farmacopea Mercosur: conceptos de miscibilidad y solubilidad. G.O. n° 40.701 del 13-07-2015.

Resolución n° 310 del MPP para la Salud en la cual se incorpora al ordenamiento jurídico nacional la Resolución Mercosur farmacopea Mercosur: método general para la determinación de residuo por ignición (cenizas sulfatadas). G.O. n° 40.701 del 13-07-2015.

Resolución n° 311 del MPP para la Salud en la cual se incorpora al ordenamiento jurídico nacional la Resolución Mercosur requisitos de buenas prácticas para el funcionamiento de los servicios de salud. G.O. n° 40.701 del 13-07-2015.

Resolución n° 312 del MPP para la Salud, en la cual se incorpora al ordenamiento jurídico nacional la Resolución Mercosur requisitos de buenas prácticas para organización y funcionamiento de servicios de urgencia y emergencia. G.O. n° 40.701 del 13-07-2015.

Resolución n° 313 del MPP para la Salud, en la cual se incorpora al ordenamiento jurídico nacional la Resolución Mercosur requisitos de buenas prácticas en procedimientos para organización y funcionamiento de los servicios de trasplante de órganos. G.O. n° 40.701 del 13-07-2015.

Resolución n° 314 del MPP para la Salud, en la cual se incorpora al ordenamiento jurídico nacional la Resolución Mercosur certificado de venta libre de productos domisanitarios. G.O. n° 40.701 del 13-07-2015.

Resolución n° 315 del MPP para la Salud, en la cual se incorpora al ordenamiento jurídico nacional la Resolución Mercosur reglamento técnico de buenas prácticas de fabricación para productos domisanitarios. G.O. n° 40.701 del 13-07-2015.

Resolución n° 316 del MPP para la Salud, en la cual se incorpora al ordenamiento jurídico nacional la Resolución Mercosur farmacopea Mercosur: espectrofotometría infrarrojo. G.O. n° 40.701 del 13-07-2015.

Resolución n° 317 del MPP para la Salud, en la cual se incorpora al ordenamiento jurídico nacional la Resolución Mercosur farmacopea Mercosur: rango o temperatura de fusión. G.O. n° 40.701 del 13-07-2015.

Resolución n° 318 del MPP para la Salud, en la cual se incorpora al ordenamiento jurídico nacional la Resolución Mercosur farmacopea Mercosur: pérdida por secado. G.O. n° 40.701 del 13-07-2015.

Resolución n° 319 del MPP para la Salud, en la cual se incorpora al ordenamiento jurídico nacional la Resolución Mercosur farmacopea Mercosur: vacunas para uso humano. G.O. n° 40.701 del 13-07-2015.

Resolución n° 320 del MPP para la Salud, en la cual se incorpora al ordenamiento jurídico nacional la Resolución Mercosur farmacopea Mercosur: determinación de agua. G.O. n° 40.701 del 13-07-2015.

Resolución n° 321 del MPP para la Salud, en la cual se incorpora al ordenamiento jurídico nacional la Decisión Mercosur red de puntos focales de salud para la prevención y el combate a la falsificación de medicamentos y productos médicos en el Mercosur. G.O. n° 40.701 del 13-07-2015.

Resolución n° 333 del MPP para la Salud, mediante la cual se incorpora al ordenamiento jurídico nacional la Resolución Mercosur reglamento técnico clasificación de productos líquidos de higiene personal cosméticos y perfumes. G.O. n° 6.192 Extraordinario del 16-07-2015.

Resolución n° 334 del MPP para la Salud, mediante la cual se incorpora al ordenamiento jurídico nacional la Resolución Mercosur reglamento técnico sobre lista de sustancias de acción conservadora permitidas para productos de higiene personal, cosméticos y perfumes. G.O. n° 6.192 Extraordinario del 16-07-2015.

Resolución n° 335 del MPP para la Salud, mediante la cual se incorpora al ordenamiento jurídico nacional la Resolución Mercosur reglamento técnico sobre protectores solares en cosméticos. G.O. n° 6.192 Extraordinario del 16-07-2015.

Resolución n° 336 del MPP para la Salud, mediante la cual se incorpora al ordenamiento jurídico nacional la Resolución Mercosur reglamento técnico de términos comunes para estupefacientes, sustancias sicotrópicas y precursores. G.O. n° 6.192 Extraordinario del 16-07-2015.

Resolución n° 338 del MPP para la Salud, mediante la cual se incorpora al ordenamiento jurídico nacional la Resolución Mercosur programa de capacitación para inspectores en buenas prácticas de fabricación para la industria farmacéutica. G.O. n° 6.192 Extraordinario del 16-07-2015.

Resolución n° 339 del MPP para la Salud, mediante la cual se incorpora al ordenamiento jurídico nacional la Resolución Mercosur requisitos para el registro de productos cosméticos Mercosur y extra zona y para la habilitación de empresas representantes titulares del registro en el Estado Partes receptor e importadores. G.O. n° 6.192 Extraordinario del 16-07-2015.

Resolución n° 340 del MPP para la Salud, mediante la cual se incorpora al ordenamiento jurídico nacional la Resolución Mercosur Listado de agentes conservantes permitidos para el uso en productos de higiene, perfumes y cosméticos. G.O. n° 6.192 Extraordinario del 16-07-2015.

Resolución n° 341 del MPP para la Salud, mediante la cual se incorpora al ordenamiento jurídico nacional la Resolución Mercosur listado de las sustancias que no pueden ser utilizadas en la formulación de productos cosméticos. G.O. n° 6.192 Extraordinario del 16-07-2015.

Resolución n° 342 del MPP para la Salud, mediante la cual se incorpora al ordenamiento jurídico nacional la Resolución Mercosur mecanismo de intercambio de información en el Mercosur sobre ingredientes farmacéuticos activos (IFAS) que no cumplen con las especificaciones de calidad, y/o empresas fabricantes, distribuidoras, importadoras y fraccionadoras de IFAS que no cumplen con las buenas prácticas. G.O. n° 6.192 Extraordinario del 16-07-2015.

Resolución n° 343 del MPP para la Salud, mediante la cual se incorpora al ordenamiento jurídico nacional la Resolución Mercosur reglamento técnico sobre rotulado específico para productos de higiene personal, cosméticos y perfumes. G.O. n° 6.192 Extraordinario del 16-07-2015.

Resolución n° 344 del MPP para la Salud, mediante la cual se incorpora al ordenamiento jurídico nacional la Resolución Mercosur lista de sustancias colorantes permitidas para productos de higiene personal, cosméticos y perfumes. G.O. n° 6.192 Extraordinario del 16-07-2015.

Resolución n° 345 del MPP para la Salud, mediante la cual se incorpora al ordenamiento jurídico nacional la Resolución Mercosur nomenclatura para ingredientes utilizados en productos de higiene personal, cosméticos y perfumes de origen Mercosur y extrazona para uso en registro entre los Estados Partes. G.O. n° 6.192 Extraordinario del 16-07-2015.

Resolución n° 346 del MPP para la Salud, mediante la cual se incorpora al ordenamiento jurídico nacional la Resolución Mercosur programa de capacitación de inspectores en buenas prácticas de fabricación y control para la industria de productos de higiene personal, cosméticos y perfumes. G.O. n° 6.192 Extraordinario del 16-07-2015.

Resolución n° 347 del MPP para la Salud, mediante la cual se incorpora al ordenamiento jurídico nacional la Resolución Mercosur criterios para la suscripción de acuerdos de simplificación de procedimientos de control sanitario de productos de higiene personal, cosméticos y perfumes grado 1 fabricados en el Mercosur. G.O. n° 6.192 Extraordinario del 16-07-2015.

Resolución n° 348 del MPP para la Salud, mediante la cual se incorpora al ordenamiento jurídico nacional la Resolución Mercosur contratación de servicios de tercerización para productos farmacéuticos en el ámbito del Mercosur. G.O. n° 6.192 Extraordinario del 16-07-2015.

Resolución n° 349 del MPP para la Salud, mediante la cual se incorpora al ordenamiento jurídico nacional la Resolución Mercosur criterios y mecanismo para la actualización de listados Mercosur de sustancias en productos de higiene personal, cosméticos y perfumes. G.O. n° 6.192 Extraordinario del 16-07-2015.

Resolución n° 350 del MPP para la Salud, mediante la cual se incorpora al ordenamiento jurídico nacional la Resolución Mercosur parámetros de control microbiológico para productos de higiene personal, cosméticos y perfumes. G.O. n° 6.192 Extraordinario del 16-07-2015.

Resolución n° 351 del MPP para la Salud, mediante la cual se incorpora al ordenamiento jurídico nacional la Resolución Mercosur soluciones parenterales de gran volumen. G.O. n° 6.192 Extraordinario del 16-07-2015.

Resolución n° 352 del MPP para la Salud, mediante la cual se incorpora al ordenamiento jurídico nacional la Resolución Mercosur mecanismos de periodicidad para la actualización de listas Mercosur de sustancias utilizadas en productos de higiene personal, cosméticos y perfumes. G.O. n° 6.192 Extraordinario del 16-07-2015.

Resolución n° 353 del MPP para la Salud, mediante la cual se incorpora al ordenamiento jurídico nacional la Resolución Mercosur obligatoriedad de comunicación entre los Estados Partes del Mercosur sobre el retiro de medicamentos del mercado. G.O. n° 6.192 Extraordinario del 16-07-2015.

Resolución n° 354 del MPP para la Salud, mediante la cual se incorpora al ordenamiento jurídico nacional la Resolución Mercosur autoinspecciones obligatorias sobre buenas prácticas de fabricación y control. G.O. n° 6.192 Extraordinario del 16-07-2015.

Resolución n° 355 del MPP para la Salud, mediante la cual se incorpora al ordenamiento jurídico nacional la Resolución Mercosur autorización de funcionamiento de industrias farmoquímicas. G.O. n° 6.192 Extraordinario del 16-07-2015.

Resolución n° 356 del MPP para la Salud, mediante la cual se incorpora al ordenamiento jurídico nacional la Resolución Mercosur definición de producto cosmético. G.O. n° 6.192 Extraordinario del 16-07-2015.

Resolución n° 80 del MPP para Relaciones Exteriores, mediante la cual se informa que la fecha correcta para la entrada en vigor del protocolo sobre introducción de las modificaciones en el convenio entre la República Bolivariana de Venezuela y la Federación de Rusia, sobre cooperación para el desarrollo de proyectos estratégicos conjuntos es el 09-06-2015. G.O. n° 40.718 del 06-08-2015.

Resolución n° 84 del MPP para Relaciones Exteriores, mediante la cual se informa la entrada en vigor del acuerdo complementario al acuerdo marco de cooperación entre el Gobierno de la República Bolivariana de Venezuela y el Gobierno de la República Socialista de Vietnam en materia comercial, a partir del 17-07-2015. G.O. n° 40.731 del 25-08-2015.

Resolución conjunta n° 54, 47 y 9 de los MPP de Economía y Finanzas, para la Alimentación y Centro Nacional de Comercio Exterior, mediante la cual se establece el régimen de administración de contingentes arancelarios para los productos contenidos en la Lista LXXXI-Sección I-B, resultantes de las negociaciones sobre la agricultura en la Ronda Uruguay del acuerdo general sobre aranceles aduaneros y comercio. G.O. n° 40.780 del 03-11-2015.

Resolución n° 506 del MPP para la Salud, mediante la cual se incorpora al ordenamiento jurídico nacional la Resolución Mercosur mecanismo de intercambio de información en el Mercosur sobre desvíos de calidad relacionados a ingredientes farmacéuticos activos (IFAs) y/o no cumplimiento de las buenas prácticas por empresas fabricantes, distribuidoras, importadoras y fraccionadoras de IFAs. G.O. n° 40.780 del 03-11-2015.

Resolución n° 507 del MPP para la Salud, mediante la cual se incorpora al ordenamiento jurídico nacional la Resolución Mercosur guía para estudios de evaluación económica de tecnologías sanitarias. G.O. n° 40.780 del 03-11-2015.

Resolución n° 508 del MPP para la Salud, mediante la cual se incorpora al ordenamiento jurídico nacional la Resolución Mercosur requisitos de buenas prácticas para organización y funcionamiento de los servicios de terapia intensiva adultos, pediátrica y neonatal. G.O. n° 40.780 del 03-11-2015.

Resolución n° 509 del MPP para la Salud, mediante la cual se incorpora al ordenamiento jurídico nacional la Resolución Mercosur información básica común para la libreta de salud del niño/a. G.O. n° 40.780 del 03-11-2015.

Resolución n° 113 del MPP para Relaciones Exteriores, mediante la cual se informa la entrada en vigor del convenio de cooperación técnico militar en ciencias, tecnología, producción e innovación para la defensa nacional entre el Gobierno de la República Bolivariana de Venezuela y el Gobierno de la República Popular China, conforme al Artículo XII de su texto, a partir del 23-10-2015. G.O. n° 40.782 del 05-11-2015.

Resolución n° 115 del MPP para Relaciones Exteriores, mediante la cual se ordena la publicación del memorándum de entendimiento entre el Gobierno de la República Bolivariana de Venezuela y el Gobierno de la Federación de San Cristóbal y Nieves sobre cooperación bilateral de desarrollo. G.O. n° 40.782 del 05-11-2015.

Resolución n° 150 del MPP para Relaciones Exteriores mediante la cual se informa la entrada en vigor del convenio de extradición entre el Gobierno de la República Bolivariana de Venezuela y el Gobierno de la República Francesa, a partir del 06-11-2015. G.O. n° 40.805 del 08-12-2015.

Resolución n° 501 del MPP para la Salud, mediante la cual se incorpora al ordenamiento jurídico nacional la Decisión Mercosur red de puntos focales de salud para la prevención y el combate a la falsificación de medicamentos y productos médicos en el Mercosur. G.O. n° 40.808 del 11-12-2015.

Resolución n° 503 del MPP para la Salud, mediante la cual se incorpora al ordenamiento jurídico nacional la Resolución Mercosur directrices para el manejo sanitario de residuos sólidos, desechos líquidos y aguas servidas en puertos, aeropuertos, terminales internacionales de cargas y pasajeros y pasos fronterizos terrestres en el Mercosur. G.O. n° 40.808 del 11-12-2015.

Resolución n° 504 del MPP para la Salud, mediante la cual se incorpora al ordenamiento jurídico nacional la Resolución Mercosur notificación previa de exportación de efedrina, pseudoefedrina y las especialidades farmacéuticas que las contengan. G.O. n° 40.808 del 11-12-2015.

Resolución n° 505 del MPP para la Salud, mediante las cual se incorpora al ordenamiento jurídico nacional la Resolución Mercosur procedimientos comunes para las inspecciones a los fabricantes de productos médicos y productos para diagnóstico de uso in vitro en los Estados Partes. G.O. n° 40.808 del 11-12-2015.

Resolución n° 194 del MPP para la Agricultura y Tierras, mediante la cual se incorpora al ordenamiento jurídico nacional la Resolución Mercosur lineamientos para la codificación de vegetales y productos vegetales objeto de intercambio. G.O. n° 40.811 del 16-12-2015.

Resolución n° 195 del MPP para la Agricultura y Tierras, mediante la cual se incorpora al ordenamiento jurídico nacional la Resolución Mercosur requisitos para el establecimiento de áreas libres de plagas. G.O. n° 40.811 del 16-12-2015.

Resolución n° 196 del MPP para la Agricultura y Tierras, mediante la cual se incorpora al ordenamiento jurídico nacional la Resolución Mercosur directrices para la notificación de incumplimiento y acción de emergencia. G.O. n° 40.811 del 16-12-2015.

Resolución n° 206 del MPP para la Agricultura y Tierras, mediante la cual se incorpora al ordenamiento jurídico nacional la Resolución Mercosur certificado fitosanitario único. G.O. n° 40.811 del 16-12-2015.

Resolución n° 207 del MPP para la Agricultura y Tierras, mediante la cual se incorpora al ordenamiento jurídico nacional la Resolución Mercosur normas y procedimientos para la declaración de un país o zona libre de enfermedades transmisibles. G.O. n° 40.811 del 16-12-2015.

Resolución n° 208 del MPP para la Agricultura y Tierras, mediante la cual se incorpora al ordenamiento jurídico nacional la Resolución Mercosur formulario para consulta previa sobre la importación de animales, semen, embriones y huevos fértiles de aves del país o zona donde se registran enfermedades exóticas para el Mercosur. G.O. n° 40.811 del 16-12-2015.

Resolución n° 211 del MPP para la Agricultura y Tierras, mediante la cual se incorpora al ordenamiento jurídico nacional la Resolución Mercosur disposiciones para el comercio de inoculantes. G.O. n° 40.811 del 16-12-2015.

Resolución n° 212 del MPP para la Agricultura y Tierras, mediante la cual se incorpora al ordenamiento jurídico nacional la Resolución Mercosur pasaporte sanitario equino. G.O. n° 40.811 del 16-12-2015.

Resolución n° 213 del MPP para la Agricultura y Tierras, mediante la cual se incorpora al ordenamiento jurídico nacional la Resolución Mercosur sistema integrado de medidas fitosanitarias para el manejo de riesgo de xanthomonas axonopodis pv. citri en frutos cítricos. G.O. n° 40.811 del 16-12-2015.

Resolución n° 215 del MPP para la Agricultura y Tierras, mediante la cual se incorpora al ordenamiento jurídico nacional la Resolución

Mercosur requisitos zoosanitarios para la importación de embriones equinos destinados a los Estados Partes. G.O. n° 40.811 del 16-12-2015.

Resolución n° 216 del MPP para la Agricultura y Tierras, mediante la cual se incorpora al ordenamiento jurídico nacional la Resolución Mercosur requisitos zoosanitarios para la importación de équidos para faena inmediata destinados a los Estados Partes. G.O. n° 40.811 del 16-12-2015.

Resolución n° 217 del MPP para la Agricultura y Tierras, mediante la cual se incorpora al ordenamiento jurídico nacional la Resolución Mercosur requisitos zoosanitarios para importación temporal de équidos entre los Estados Partes. G.O. n° 40.811 del 16-12-2015.

Resolución n° 218 del MPP para la Agricultura y Tierras, mediante la cual se incorpora al ordenamiento jurídico nacional la Resolución Mercosur requisitos zoosanitarios de los Estados Partes para el retorno de equinos exportados para participar en eventos sin finalidad reproductiva. G.O. n° 40.811 del 16-12-2015.

Resolución n° 219 del MPP para la Agricultura y Tierras, mediante la cual se incorpora al ordenamiento jurídico nacional la Resolución Mercosur modificación de los requisitos zoosanitarios para la importación de équidos destinados a los Estados Partes del Mercosur. G.O. n° 40.811 del 16-12-2015.

Resolución n° 221 del MPP para la Agricultura y Tierras, mediante la cual se incorpora al ordenamiento jurídico nacional la Resolución Mercosur requisitos zoosanitarios adicionales de los Estados Partes para la importación de semen y embriones de rumiantes con relación a la enfermedad de schmallenberg. G.O. n° 40.811 del 16-12-2015.

Resolución n° 223 del MPP para la Agricultura y Tierras, mediante la cual se incorpora al ordenamiento jurídico nacional la Resolución Mercosur requisitos sanitarios excepcionales de Brasil para importación temporal de equinos para competir en los eventos preparatorios 2015 y en los Juegos Olímpicos Rio 2016. G.O. n° 40.811 del 16-12-2015.

Resolución n° 224 del MPP para la Agricultura y Tierras, mediante la cual se incorpora al ordenamiento jurídico nacional la Resolución Mercosur descortezado de maderas. G.O. n° 40.811 del 16-12-2015.

Resolución n° 225 del MPP para la Agricultura y Tierras, mediante la cual se incorpora al ordenamiento jurídico nacional la Resolución Mercosur procedimiento para la aprobación de tratamientos cuarentenarios. G.O. n° 40.811 del 16-12-2015.

Resolución n° 233 del MPP para la Agricultura y Tierras, mediante la cual se incorpora al ordenamiento jurídico nacional la Resolución Mercosur armonización de metodología de análisis de semillas. G.O. n° 40.811 del 16-12-2015.

Resolución n° 234 del MPP para la Agricultura y Tierras, mediante la cual se incorpora al ordenamiento jurídico nacional la Resolución Mercosur inspección fitosanitaria en punto de destino. G.O. n° 40.811 del 16-12-2015.

Resolución n° 235 del MPP para la Agricultura y Tierras, mediante la cual se incorpora al ordenamiento jurídico nacional la Resolución Mercosur disposiciones sanitarias para la regionalización de la peste porcina clásica en el Mercosur. G.O. n° 40.811 del 16-12-2015.

Resolución n° 236 del MPP para la Agricultura y Tierras, mediante la cual se incorpora al ordenamiento jurídico nacional la Resolución Mercosur principios, directrices, criterios y parámetros para los acuerdos de equivalencia de los sistemas de control sanitario y fitosanitario entre los Estados Partes del Mercosur. G.O. n° 40.811 del 16-12-2015.

Resolución n° 237 del MPP para la Agricultura y Tierras, mediante la cual se incorpora al ordenamiento jurídico nacional la Resolución Mercosur requisitos para acreditación/habilitación de muestreadores de lotes de semillas. G.O. n° 40.811 del 16-12-2015.

Resolución n° 238 del MPP para la Agricultura y Tierras, mediante la cual se incorpora al ordenamiento jurídico nacional la Resolución Mercosur estándar de criterios y lineamientos para la elaboración de estándares de sistemas de producción de materiales de propagación certificados. G.O. n° 40.811 del 16-12-2015.

Resolución n° 239 del MPP para la Agricultura y Tierras, mediante la cual se incorpora al ordenamiento jurídico nacional la Resolución Mercosur procesos de acreditación para la certificación de semillas y certificación de semillas botánicas en la región. G.O. n° 40.811 del 16-12-2015.

Resolución n° 240 del MPP para la Agricultura y Tierras, mediante la cual se incorpora al ordenamiento jurídico nacional la Resolución Mercosur criterios y lineamientos para la evaluación y reconocimiento de sistemas de producción de materiales de propagación. G.O. n° 40.811 del 16-12-2015.

Resolución n° 610 del MPP para la Salud, mediante la cual se incorpora al ordenamiento jurídico nacional la Resolución Mercosur reglamento técnico de buenas prácticas de fabricación de productos médicos y productos para diagnóstico de uso in vitro. G.O. n° 40.811 del 16-12-2015.

Resolución n° 611 del MPP para la Salud, mediante la cual se incorpora al ordenamiento jurídico nacional la Resolución Mercosur reglamento técnico relativo a la autorización de funcionamiento de empresa fabricante y/o importadora de productos médicos. G.O. n° 40.811 del 16-12-2015.

Resolución n° 612 del MPP para la Salud, mediante la cual se incorpora al ordenamiento jurídico nacional la Resolución Mercosur mecanismo de intercambio de información sobre eventos adversos graves causados por productos médicos utilizados en el Mercosur. G.O. n° 40.811 del 16-12-2015.

Resolución n° 613 del MPP para la Salud, mediante la cual se incorpora al ordenamiento jurídico nacional la Resolución Mercosur programa para capacitación de inspectores para la verificación del cumplimiento de las buenas prácticas de fabricación de productos médicos. G.O. n° 40.811 del 16-12-2015.

Resolución n° 614 del MPP para la Salud, mediante la cual se incorpora al ordenamiento jurídico nacional la Resolución Mercosur reglamento técnico de registro de productos médicos. G.O. n° 40.811 del 16-12-2015.

Resolución conjunta n° 55, 229 y 602 de los MPP para la Alimentación, para la Agricultura y Tierras y para la Salud, mediante la cual se incorpora al ordenamiento jurídico nacional la Resolución Mercosur definición de funciones de coadyuvantes de tecnología. G.O. n° 40.818 del 29-12-2015.

Resolución conjunta n° 56, 227 y 600 de los MPP para la Alimentación, para la Agricultura y Tierras y para la Salud, mediante la cual se incorpora al ordenamiento jurídico nacional la Resolución Mercosur reglamento técnico criterios para asignar funciones de aditivos, aditivos y su concentración máxima a todas las categorías de alimentos. G.O. n° 40.818 del 29-12-2015.

Resolución conjunta n° 57 y 245 de los MPP para la Alimentación y para la Agricultura y Tierras, mediante la cual se incorpora al ordenamiento jurídico nacional la Resolución Mercosur identidad y calidad del ajo. G.O. n° 40.818 del 29-12-2015.

Resolución conjunta n° 58, 228 y 601 de los MPP para la Alimentación, para la Agricultura y Tierras y para la Salud, mediante la cual se incorpora al ordenamiento jurídico nacional la Resolución Mercosur n° 83/93 definiciones de funciones de aditivos alimentarios. G.O. n° 40.818 del 29-12-2015.

Resolución conjunta n° 59 y 243 de los MPP para la Alimentación, para la Agricultura y Tierras y para la Salud, mediante la cual se incorpora al ordenamiento jurídico nacional la Resolución Mercosur identidad y calidad de la cebolla. G.O. n° 40.818 del 29-12-2015.

Resolución conjunta n° 64, 247 y 607 de los MPP para la Alimentación, para la Agricultura y Tierras y para la Salud, mediante la cual se incorpora al ordenamiento jurídico nacional la Resolución Mercosur principios generales para el establecimiento de niveles máximos de contaminantes químicos en alimentos. G.O. n° 40.818 del 29-12-2015.

Resolución conjunta n° 60, 238 y 604 de los MPP para la Alimentación, para la Agricultura y Tierras y para la Salud, mediante la cual se incorpora al ordenamiento jurídico nacional la Resolución Mercosur principios generales para el establecimiento de niveles máximos de contaminantes químicos en alimentos. G.O. n° 40.818 del 29-12-2015.

Resolución conjunta n° 61, 231 y 603 de los MPP para la Alimentación, para la Agricultura y Tierras y para la Salud, mediante la cual se incorpora al ordenamiento jurídico nacional la Resolución Mercosur principio de transferencia de aditivos alimentarios. G.O. n° 40.818 del 29-12-2015.

Resolución conjunta n° 62, 232 y 605 de los MPP para la Alimentación, para la Agricultura y Tierras y para la Salud, mediante la cual se incorpora al ordenamiento jurídico nacional la Resolución Mercosur función de aditivo alimentario-agente de masa. G.O. n° 40.818 del 29-12-2015.

Resolución n° 4 del MPP para Relaciones Exteriores, mediante la cual se ordena la publicación del acuerdo para la creación de la Red de Especialistas en Seguridad Documental Migratoria del Mercosur y Estados Asociados. G.O. n° 40.824 del 08-01-2016.

Resolución n° 5 del MPP para Relaciones Exteriores, mediante la cual se ordena la publicación del memorando de entendimiento para el establecimiento del mecanismo de diálogo político y cooperación entre los Estados Partes y Estados Asociados del Mercosur y la Federación de Rusia. G.O. n° 40.824 del 08-01-2016.

Resolución n° 6 del MPP para Relaciones Exteriores, mediante la cual se ordena la publicación del memorándum para el establecimiento de mecanismo de diálogo político y cooperación entre el Mercosur y la República de Cuba. G.O. n° 40.824 del 08-01-2016.

Resolución n° 7 del MPP para Relaciones Exteriores, mediante la cual se informa la entrada en vigor del acuerdo entre el Gobierno de la República Bolivariana de Venezuela y el Gobierno de la República Socialista de Vietnam, sobre proyectos de cooperación agrícola para el período 2015-2018. G.O. n° 40.853 del 22-02-2016.

Resolución n° 124 del MPP para la Salud, mediante la cual se incorpora al ordenamiento jurídico nacional la Resolución Mercosur reglamento técnico autorización de funcionamiento / habilitación de empresas de productos de higiene personal, cosméticos y perfumes, sus modificaciones y bajas/cancelaciones. G.O. n° 40.886 del 20-04-2016.

Resolución n° 125 del MPP para la Salud, mediante la cual se incorpora al ordenamiento jurídico nacional la Resolución Mercosur lista de sustancias que no pueden ser utilizados en productos de higiene personal, cosméticos y perfumes. G.O. n° 40.886 del 20-04-2016.

Resolución n° 126 del MPP para la Salud, mediante la cual se incorpora al ordenamiento jurídico nacional la Resolución Mercosur lista de filtros ultravioletas, permitidos para productos de higiene personal, cosméticos y perfumes. G.O. n° 40.886 del 20-04-2016.

Resolución n° 127 del MPP para la Salud, mediante la cual se incorpora al ordenamiento jurídico nacional la Resolución Mercosur listado de agentes colorantes permitidos. G.O. n° 40.886 del 20-04-2016.

Resolución n° 128 del MPP para la Salud, mediante la cual se incorpora al ordenamiento jurídico nacional la Resolución Mercosur programa de cosmetovigilancia en el área de productos de higiene personal cosméticos y perfumes. G.O. n° 40.886 del 20-04-2016.

Resolución n° 129 del MPP para la Salud, mediante la cual se incorpora al ordenamiento jurídico nacional la Resolución Mercosur reglamento técnico de buenas prácticas de fabricación para productos de higiene personal, cosméticos y perfumes. G.O. n° 40.886 del 20-04-2016.

Resolución n° 130 del MPP para la Salud, mediante la cual se incorpora al ordenamiento jurídico nacional la Resolución Mercosur obligatoriedad de comunicación entre los Estados Partes del Mercosur referente a productos de higiene personal, cosméticos y perfumes. G.O. n° 40.886 del 20-04-2016.

Resolución n° 131 del MPP para la Salud, mediante la cual se incorpora al ordenamiento jurídico nacional la Resolución Mercosur reglamento técnico sobre lista de sustancias que los productos de higiene personal, cosméticos y perfumes no deben contener, excepto de las condiciones y con las restricciones establecidas. G.O. n° 40.886 del 20-04-2016.

Resolución n° 132 del MPP para la Salud, mediante la cual se incorpora al ordenamiento jurídico nacional la Resolución Mercosur lista de filtros ultravioletas, permitidos para productos de higiene personal, cosméticos y perfumes. G.O. n° 40.886 del 20-04-2016.

Resolución n° 133 del MPP para la Salud, mediante la cual se incorpora al ordenamiento jurídico nacional la Resolución Mercosur contratación de tercerización para productos de higiene personal, cosméticos y perfumes. G.O. n° 40.886 del 20-04-2016.

Resolución del MPP de Agricultura Urbana, mediante la cual se aprueba la incorporación al ordenamiento jurídico nacional de la Resolución Mercosur reglamento del Fondo de Agricultura Familiar del Mercosur. G.O. n° 40.909 del 23-05-2016.

Resolución del MPP de Agricultura Urbana, mediante la cual se aprueba la incorporación al ordenamiento jurídico nacional de la Resolución Mercosur sobre las directrices para el reconocimiento e identificación de la agricultura familiar en el Mercosur. G.O. n° 40.909 del 23-05-2016.

Resolución n° 85 del MPP para Industria y Comercio, mediante la cual se incorpora al ordenamiento jurídico nacional la Resolución Mercosur reglamento técnico para la indicación del contenido nominal de los productos servilletas, toallas y pañuelos de papel. G.O. n° 6.235 Extraordinario del 01-07-2016.

Resolución n° 86 del MPP para Industria y Comercio, mediante la cual se incorpora al ordenamiento jurídico nacional la Resolución Mercosur recomendación de utilizar normas de la serie ISO/9000 y las guías 150/IEC. G.O. n° 6.235 Extraordinario del 01-07-2016.

Resolución n° 87 del MPP para Industria y Comercio, mediante la cual se incorpora al ordenamiento jurídico nacional la Resolución Mercosur reglamento técnico sobre control metrológico de productos premedidos comercializados en unidades de masa y volumen de contenido nominal igual. G.O. n° 6.235 Extraordinario del 01-07-2016.

Resolución n° 88 del MPP para Industria y Comercio, mediante la cual se incorpora al ordenamiento jurídico nacional la Resolución Mercosur ensayo de migración total de envases y equipamientos celulósicos. G.O. n° 6.235 Extraordinario del 01-07-2016.

Resolución n° 89 del MPP para Industria y Comercio, mediante la cual se incorpora al ordenamiento jurídico nacional la Resolución Mercosur pesos netos de productos cárnicos. G.O. n° 6.235 Extraordinario del 01-07-2016.

Resolución n° 90 del MPP para Industria y Comercio, mediante la cual se incorpora al ordenamiento jurídico nacional la Resolución Mercosur reglamento técnico para taxímetros. G.O. n° 6.235 Extraordinario del 01-07-2016.

Resolución n° 91 del MPP para Industria y Comercio, mediante la cual se incorpora al ordenamiento jurídico nacional la Resolución Mercosur reglamento técnico para el control cuantitativo de placas cerámicas para revestimiento. G.O. n° 6.235 Extraordinario del 01-07-2016.

Resolución n° 92 del MPP para Industria y Comercio, mediante la cual se incorpora al ordenamiento jurídico nacional la Resolución Mercosur reglamento técnico de termómetros clínicos de mercurio en vidrio destinados a medir la temperatura en el cuerpo humano. G.O. n° 6.235 Extraordinario del 01-07-2016.

Resolución n° 94 del MPP para Industria y Comercio, mediante la cual se incorpora al ordenamiento jurídico nacional la Resolución Mercosur modificación del reglamento técnico para la indicación cuantitativa del producto toallas higiénicas premedidas. G.O. n° 6.235 Extraordinario del 01-07-2016.

Resolución n° 95 del MPP para Industria y Comercio, mediante la cual se incorpora al ordenamiento jurídico nacional la Resolución Mercosur utilización de sistemas de certificación propuestos por la organización internacional de normalización (ISO). G.O. n° 6.235 Extraordinario del 01-07-2016.

Resolución n° 96 del MPP para Industria y Comercio, mediante la cual se incorpora al ordenamiento jurídico nacional la Resolución Mercosur reglamento técnico para expresar la indicación cuantitativa de contenido neto de los productos premedidos. G.O. n° 6.235 Extraordinario del 01-07-2016.

Resolución n° 97 del MPP para Industria y Comercio, mediante la cual se incorpora al ordenamiento jurídico nacional la Resolución Mercosur procedimiento de verificación de contenido neto de jabones. G.O. n° 6.235 Extraordinario del 01-07-2016.

Resolución n° 98 del MPP para Industria y Comercio, mediante la cual se incorpora al ordenamiento jurídico nacional la Resolución Mercosur reglamento técnico sobre control metrológico de productos premedidos comercializados en unidades de masa de contenido nominal desigual. G.O. n° 6.235 Extraordinario del 01-07-2016.

Resolución n° 99 del MPP para Industria y Comercio, mediante la cual se incorpora al ordenamiento jurídico nacional la Resolución Mercosur reglamento técnico sobre control metrológico de productos premedidos comercializados en unidades de longitud y número de unidades de contenido nominal desigual. G.O. n° 6.235 Extraordinario del 01-07-2016.

Resolución n° 100 del MPP para Industria y Comercio, mediante la cual se incorpora al ordenamiento jurídico nacional la Resolución Mercosur reglamento técnico de la indicación de contenido neto de helados premedidos. G.O. n° 6.235 Extraordinario del 01-07-2016.

Resolución n° 56 del MPP para Industria y Comercio, mediante la cual se incorpora al ordenamiento jurídico nacional la Resolución Mercosur vidrios de seguridad. G.O. n° 6.235 Extraordinario del 01-07-2016.

Resolución n° 57 del MPP para Industria y Comercio, mediante la cual se incorpora al ordenamiento jurídico nacional la Resolución Mercosur anclase de asientos. G.O. n° 6.235 Extraordinario del 01-07-2016.

Resolución n° 58 del MPP para Industria y Comercio, mediante la cual se incorpora al ordenamiento jurídico nacional la Resolución Mercosur instalación y uso de cinturones de seguridad. G.O. n° 6.235 Extraordinario del 01-07-2016.

Resolución n° 59 del MPP para Industria y Comercio, mediante la cual se incorpora al ordenamiento jurídico nacional la Resolución Mercosur cerraduras y bisagras de puertas laterales. G.O. n° 6.235 Extraordinario del 01-07-2016.

Resolución n° 60 del MPP para Industria y Comercio, mediante la cual se incorpora al ordenamiento jurídico nacional la Resolución Merco-

sur sistema de limpiaparabrisas. G.O. n° 6.235 Extraordinario del 01-07-2016.

Resolución n° 61 del MPP para Industria y Comercio, mediante la cual se incorpora al ordenamiento jurídico nacional la Resolución Mercosur tanque de combustible. G.O. n° 6.235 Extraordinario del 01-07-2016.

Resolución n° 62 del MPP para Industria y Comercio, mediante la cual se incorpora al ordenamiento jurídico nacional la Resolución Mercosur sistema de control de dirección, absorbedor de energía y requisitos de operación. G.O. n° 6.235 Extraordinario del 01-07-2016.

Resolución n° 63 del MPP para Industria y Comercio, mediante la cual se incorpora al ordenamiento jurídico nacional la Resolución Mercosur desplazamiento del sistema de control de dirección y método de ensayo de colisión contra barreras. G.O. n° 6.235 Extraordinario del 01-07-2016.

Resolución n° 64 del MPP para Industria y Comercio, mediante la cual se incorpora al ordenamiento jurídico nacional la Resolución Mercosur equipamiento obligatorio. G.O. n° 6.235 Extraordinario del 01-07-2016.

Resolución n° 74 del MPP para Industria y Comercio, mediante la cual se incorpora al ordenamiento jurídico nacional la Resolución Mercosur reglamento técnico sobre instalación de dispositivos de protección contra el sol en vehículos automotores. G.O. n° 6.235 Extraordinario del 01-07-2016.

Resolución n° 75 del MPP para Industria y Comercio, mediante la cual se incorpora al ordenamiento jurídico nacional la Resolución Mercosur reglamento técnico sobre inflamabilidad de los materiales. G.O. n° 6.235 Extraordinario del 01-07-2016.

Resolución n° 76 del MPP para Industria y Comercio, mediante la cual se incorpora al ordenamiento jurídico nacional la Resolución Mercosur reglamento técnico sobre triángulo de señalización de emergencia. G.O. n° 6.235 Extraordinario del 01-07-2016.

Resolución n° 77 del MPP para Industria y Comercio, mediante la cual se incorpora al ordenamiento jurídico nacional la Resolución Mercosur reglamento técnico sobre determinación del punto h. G.O. n° 6.235 Extraordinario del 01-07-2016.

Resolución n° 78 del MPP para Industria y Comercio, mediante la cual se incorpora al ordenamiento jurídico nacional la Resolución Mercosur reglamento técnico de traba de capot de los vehículos automotores. G.O. n° 6.235 Extraordinario del 01-07-2016.

Resolución n° 80 del MPP para Industria y Comercio, mediante la cual se incorpora al ordenamiento jurídico nacional la Resolución Merco-

sur reglamento técnico sobre limpia-lavaparabrisas. G.O. n° 6.235 Extraordinario del 01-07-2016.

Resolución n° 81 del MPP para Industria y Comercio, mediante la cual se incorpora al ordenamiento jurídico nacional la Resolución Mercosur reglamento técnico sobre identificación de mandos manuales, luces testigos e indicadores. G.O. n° 6.235 Extraordinario del 01-07-2016.

Resolución n° 82 del MPP para Industria y Comercio, mediante la cual se incorpora al ordenamiento jurídico nacional la Resolución Mercosur reglamento técnico para identificación de mandos de palanca de cambios manual y automática. G.O. n° 6.235 Extraordinario del 01-07-2016.

Resolución n° 65 del MPP para Industria y Comercio, mediante la cual se incorpora al ordenamiento jurídico nacional la Resolución Mercosur reglamento técnico sobre sistema de frenos. G.O. n° 40.941 del 11-07-2016.

Resolución n° 66 del MPP para Industria y Comercio, mediante la cual se incorpora al ordenamiento jurídico nacional la Resolución Mercosur sistemas de iluminación y señalización vehicular. G.O. n° 40.941 del 11-07-2016.

Resolución n° 67 del MPP para Industria y Comercio, mediante la cual se incorpora al ordenamiento jurídico nacional la Resolución Mercosur indicador para medir la promoción industrial. G.O. n° 40.941 del 11-07-2016.

Resolución n° 68 del MPP para Industria y Comercio, mediante la cual se incorpora al ordenamiento jurídico nacional la Resolución Mercosur indicación de número de hojas en cuadernos. G.O. n° 40.941 del 11-07-2016.

Resolución n° 69 del MPP para Industria y Comercio, mediante la cual se incorpora al ordenamiento jurídico nacional la Resolución Mercosur políticas de apoyo a las micropequeñas y medianas empresas del Mercosur. G.O. n° 40.941 del 11-07-2016.

Resolución n° 70 del MPP para Industria y Comercio, mediante la cual se incorpora al ordenamiento jurídico nacional la Resolución Mercosur envases y equipamientos de vidrio y cerámica destinados a entrar en contacto con alimentos. G.O. n° 40.941 del 11-07-2016.

Resolución n° 71 del MPP para Industria y Comercio, mediante la cual se incorpora al ordenamiento jurídico nacional la Resolución Mercosur aceites lubricantes de uso automotriz. G.O. n° 40.941 del 11-07-2016.

Resolución n° 73 del MPP para Industria y Comercio, mediante la cual se incorpora al ordenamiento jurídico nacional la Resolución Merco-

sur políticas de apoyo a las micro, pequeñas y medianas empresas del Mercosur-etapa II. G.O. n° 40.941 del 11-07-2016.

Resolución n° 101 del MPP para Industria y Comercio, mediante la cual se incorpora al ordenamiento jurídico nacional la Resolución Mercosur requisitos a cumplir por las estructuras de certificación de productos, procesos y servicios de evaluación de sistemas de calidad en los Estados Partes. G.O. n° 40.941 del 11-07-2016.

Resolución n° 102 del MPP para Industria y Comercio, mediante la cual se incorpora al ordenamiento jurídico nacional la Resolución Mercosur institutos de normalización de los Estados Partes que intercambien planes y cronogramas de trabajo. G.O. n° 40.941 del 11-07-2016.

Resolución n° 103 del MPP para Industria y Comercio, mediante la cual se incorpora al ordenamiento jurídico nacional la Resolución Mercosur documentación de solicitudes de aprobaciones de modelos de instrumentos de medición, grupos funcionales, dispositivos complementario. G.O. n° 40.941 del 11-07-2016.

Resolución n° 104 del MPP para Industria y Comercio, mediante la cual se incorpora al ordenamiento jurídico nacional la Resolución Mercosur norma técnica Mercosur. G.O. n° 40.941 del 11-07-2016.

Resolución n° 105 del MPP para Industria y Comercio, mediante la cual se incorpora al ordenamiento jurídico nacional la Resolución Mercosur estructura nacional de acreditación. G.O. n° 40.941 del 11-07-2016.

Resolución n° 106 del MPP para Industria y Comercio, mediante la cual se incorpora al ordenamiento jurídico nacional la Resolución Mercosur contenido de Aerosoles. G.O. n° 40.941 del 11-07-2016.

Resolución n° 107 del MPP para Industria y Comercio, mediante la cual se incorpora al ordenamiento jurídico nacional la Resolución Mercosur determinación de monómero de esterino residual. G.O. n° 40.941 del 11-07-2016.

Resolución n° 108 del MPP para Industria y Comercio, mediante la cual se incorpora al ordenamiento jurídico nacional la Resolución Mercosur modificación de la Resolución n° 80/93. G.O. n° 40.941 del 11-07-2016.

Resolución n° 109 del MPP para Industria y Comercio, mediante la cual se incorpora al ordenamiento jurídico nacional la Resolución Mercosur contenido normal de los productos con obsequios. G.O. n° 40.941 del 11-07-2016.

Resolución n° 110 del MPP para Industria y Comercio, mediante la cual se incorpora al ordenamiento jurídico nacional la Resolución Merco-

sur reglamento técnico sobre criterios generales de metrología legal. G.O. n° 40.941 del 11-07-2016.

Resolución n° 111 del MPP para Industria y Comercio, mediante la cual se incorpora al ordenamiento jurídico nacional la Resolución Mercosur reglamento técnico de medidas materializadas de longitud de uso general. G.O. n° 40.941 del 11-07-2016.

Resolución n° 112 del MPP para Industria y Comercio, mediante la cual se incorpora al ordenamiento jurídico nacional la Resolución Mercosur reglamento técnico para la indicación cuantitativa de cosméticos. G.O. n° 40.941 del 11-07-2016.

Resolución n° 113 del MPP para Industria y Comercio, mediante la cual se incorpora al ordenamiento jurídico nacional la Resolución Mercosur reglamento técnico sobre seguridad de bicicletas de uso infantil. G.O. n° 40.941 del 11-07-2016.

Resolución n° 114 del MPP para Industria y Comercio, mediante la cual se incorpora al ordenamiento jurídico nacional la Resolución Mercosur certificado de aprobación de modelo de instrumentos de medición. G.O. n° 40.941 del 11-07-2016.

Resolución n° 115 del MPP para Industria y Comercio, mediante la cual se incorpora al ordenamiento jurídico nacional la Resolución Mercosur reglamento técnico para la verificación del contenido neto de fósforos y escarbadientes. G.O. n° 40.941 del 11-07-2016.

Resolución n° 72 del MPP para Industria y Comercio, mediante la cual se incorpora al ordenamiento jurídico nacional la Decisión Mercosur política automotriz del Mercosur. G.O. n° 40.942 del 12-07-2016.

Resolución n° 93 del MPP para Industria y Comercio, mediante la cual se incorpora al ordenamiento jurídico nacional la Resolución Mercosur reglamento técnico sobre la metodología para determinación de peso escurrido. G.O. n° 40.942 del 12-07-2016.

Resolución n° 67 del MPP para Industria y Comercio, mediante la cual se incorpora al ordenamiento jurídico nacional la Resolución Mercosur indicador para medir la promoción industrial. G.O. n° 40.942 del 12-07-2016.

Resolución n° 74 del MPP para Relaciones Exteriores, mediante la cual se incorpora al ordenamiento jurídico nacional la Decisión Mercosur símbolos del Mercosur. G.O. n° 6.239 Extraordinario del 13-07-2016.

Resolución n° 75 del MPP para Relaciones Exteriores, mediante la cual se incorpora al ordenamiento jurídico nacional la Decisión Mercosur izamiento de la bandera del Mercosur. G.O. n° 6.239 Extraordinario del 13-07-2016.

Resolución n° 76 del MPP para Relaciones Exteriores, mediante la cual se incorpora al ordenamiento jurídico nacional la Decisión Mercosur vigencia y aplicación de las normas emanadas de los órganos con capacidad decisoria del Mercosur. G.O. n° 6.239 Extraordinario del 13-07-2016.

Resolución n° 46 del MPP para la Agricultura Productiva y Tierras, mediante la cual se incorpora al ordenamiento jurídico nacional la Resolución Mercosur normas para el tránsito de animales a través del territorio de uno de los Estados Partes o entre los Estados Partes de acuerdo con las condiciones epidemiológicas de las zonas y países de procedencia y destino. G.O. n° 6.239 Extraordinario del 13-07-2016.

Resolución n° 47 del MPP para la Agricultura Productiva y Tierras, mediante la cual se incorpora al ordenamiento jurídico nacional la Resolución Mercosur requisitos zoosanitarios para la importación de animales, semen, embriones y huevos fértiles, desde terceros países. G.O. n° 6.239 Extraordinario del 13-07-2016.

Resolución n° 48 del MPP para la Agricultura Productiva y Tierras, mediante la cual se incorpora al ordenamiento jurídico nacional la Resolución Mercosur requisitos y nóminas de laboratorios de referencia y laboratorios de alternativa del Mercosur para diagnóstico de enfermedades animales. G.O. n° 6.239 Extraordinario del 13-07-2016.

Resolución n° 49 del MPP para la Agricultura Productiva y Tierras, mediante la cual se incorpora al ordenamiento jurídico nacional la Resolución Mercosur requisitos zoosanitarios de los Estados Partes para la importación de ovinos y caprinos para faena inmediata. G.O. n° 6.239 Extraordinario del 13-07-2016.

Resolución n° 50 del MPP para la Agricultura Productiva y Tierras, mediante la cual se incorpora al ordenamiento jurídico nacional la Resolución Mercosur requisitos zoosanitarios de los Estados Partes para la importación de abejas reinas y productos apícolas. G.O. n° 6.239 Extraordinario del 13-07-2016.

Resolución n° 51 del MPP para la Agricultura Productiva y Tierras, mediante la cual se incorpora al ordenamiento jurídico nacional la Resolución Mercosur requisitos zoosanitarios de los Estados Partes para la importación de semen equino congelado. G.O. n° 6.239 Extraordinario del 13-07-2016.

Resolución n° 52 del MPP para la Agricultura Productiva y Tierras, mediante la cual se incorpora al ordenamiento jurídico nacional la Resolución Mercosur requisitos zoosanitarios para la importación de embriones equinos destinados a los Estados Partes. G.O. n° 6.239 Extraordinario del 13-07-2016.

Resolución n° 53 del MPP para la Agricultura Productiva y Tierras, mediante la cual se incorpora al ordenamiento jurídico nacional la Resolución Mercosur requisitos zoosanitarios para la importación temporal de équidos desde terceros países. G.O. n° 6.239 Extraordinario del 13-07-2016.

Resolución n° 55 del MPP para la Agricultura Productiva y Tierras, mediante la cual se incorpora al ordenamiento jurídico nacional la Resolución Mercosur requisitos y nóminas de laboratorios de referencia y laboratorios de alternativa del Mercosur para diagnóstico de enfermedades animales. G.O. n° 6.239 Extraordinario del 13-07-2016.

Resolución n° 56 del MPP para la Agricultura Productiva y Tierras, mediante la cual se incorpora al ordenamiento jurídico nacional la Resolución Mercosur acuerdos de reconocimiento mutuo en materia de registros genealógicos y evaluaciones genéticas animales. G.O. n° 6.239 Extraordinario del 13-07-2016.

Resolución n° 57 del MPP para la Agricultura Productiva y Tierras, mediante la cual se incorpora al ordenamiento jurídico nacional la Resolución Mercosur marco regulatorio para el tratamiento de la genética animal de bovinos, caprinos, ovinos, équidos y porcinos en el Mercosur. G.O. n° 6.239 Extraordinario del 13-07-2016.

Resolución n° 58 del MPP para la Agricultura Productiva y Tierras, mediante la cual se incorpora al ordenamiento jurídico nacional la Resolución Mercosur control fitosanitario en zonas francas. G.O. n° 6.239 Extraordinario del 13-07-2016.

Resolución n° 59 del MPP para la Agricultura Productiva y Tierras, mediante la cual se incorpora al ordenamiento jurídico nacional la Resolución Mercosur tratamiento preferencial al transporte de productos perecederos. G.O. n° 6.239 Extraordinario del 13-07-2016.

Resolución n° 60 del MPP para la Agricultura Productiva y Tierras, mediante la cual se incorpora al ordenamiento jurídico nacional la Resolución Mercosur requisitos fitosanitarios para eucalyptus spp. (eucalipto) según país de destino y origen para los Estados Partes. G.O. n° 6.239 Extraordinario del 13-07-2016.

Resolución n° 61 del MPP para la Agricultura Productiva y Tierras, mediante la cual se incorpora al ordenamiento jurídico nacional la Resolución Mercosur lista positiva de productos que no deben ser sometidos a ninguna intervención fitosanitaria. G.O. n° 6.239 Extraordinario del 13-07-2016.

Resolución n° 134 del MPP para la Salud, mediante la cual se incorpora al ordenamiento jurídico nacional la Resolución Mercosur listado de las sustancias que los productos cosméticos pueden contener, sujetos a restricciones y condiciones establecidas. G.O. n° 6.239 Extraordinario del 13-07-2016.

Resolución n° 135 del MPP para la Salud, mediante la cual se incorpora al ordenamiento jurídico nacional la Resolución Mercosur lista de sustancias que no pueden ser utilizadas en productos de higiene personal, cosméticos y perfumes. G.O. n° 6.239 Extraordinario del 13-07-2016.

Resolución n° 136 del MPP para la Salud, mediante la cual se incorpora al ordenamiento jurídico nacional la Resolución Mercosur autoinspecciones para verificar el cumplimiento de las buenas prácticas de fabricación y control en el área de productos de higiene personal, cosméticos y perfumes. G.O. n° 6.239 Extraordinario del 13-07-2016.

Resolución n° 137 del MPP para la Salud, mediante la cual se incorpora al ordenamiento jurídico nacional la Resolución Mercosur reglamento técnico sobre rotulado obligatorio general para productos de higiene personal, cosméticos y perfumes. G.O. n° 6.239 Extraordinario del 13-07-2016.

Resolución n° 138 del MPP para la Salud, mediante la cual se incorpora al ordenamiento jurídico nacional la Resolución Mercosur modelo de formulario de solicitud y modelo de certificado de buenas prácticas de fabricación para productos de higiene personal, cosméticos y perfumes. G.O. n° 6.239 Extraordinario del 13-07-2016.

Resolución n° 139 del MPP para la Salud, mediante la cual se incorpora al ordenamiento jurídico nacional la Resolución Mercosur relación contractual entre el titular de registro en el Estado Parte productor y su representante en el Estado Parte receptor del Mercosur. G.O. n° 6.239 Extraordinario del 13-07-2016.

Resolución n° 140 del MPP para la Salud, mediante la cual se incorpora al ordenamiento jurídico nacional la Resolución Mercosur lista de sustancias de uso cosmético. G.O. n° 6.239 Extraordinario del 13-07-2016.

Resolución n° 141 del MPP para la Salud, mediante la cual se incorpora al ordenamiento jurídico nacional la Resolución Mercosur empresas titulares de registros: registros que deben reunir las empresas para ser autorizadas como titulares, en el Estado Parte receptor, de registros de productos farmacéuticos elaborados en otro Estado Parte del Mercosur para la aplicación de la Resolución n° 23/95. G.O. n° 6.239 Extraordinario del 13-07-2016.

Resolución n° 142 del MPP para la Salud, mediante la cual se incorpora al ordenamiento jurídico nacional la Resolución Mercosur reglamento técnico lista de filtros ultravioletas, permitidos para productos de higiene personal, cosméticos y perfumes. G.O. n° 6.239 Extraordinario del 13-07-2016.

Resolución n° 143 del MPP para la Salud, mediante la cual se incorpora al ordenamiento jurídico nacional la Resolución Mercosur modificaciones de la autorización de funcionamiento de las empresas solicitantes de registro de productos farmacéuticos del Estado Parte receptor. G.O. n° 6.239 Extraordinario del 13-07-2016.

Resolución n° 144 del MPP para la Salud, mediante la cual se incorpora al ordenamiento jurídico nacional la Resolución Mercosur criterios para inclusión, exclusión y modificación de concentración de sustancias. G.O. n° 6.239 Extraordinario del 13-07-2016.

Resolución n° 145 del MPP para la Salud, mediante la cual se incorpora al ordenamiento jurídico nacional la Resolución Mercosur requisitos técnicos específicos para productos de higiene personal cosméticos perfumes. G.O. n° 6.239 Extraordinario del 13-07-2016.

Resolución n° 257 del MPP para la Salud, mediante la cual se incorpora al ordenamiento jurídico nacional la Resolución Mercosur prohibición de la comercialización de la leche humana en los Estados Partes. G.O. n° 6.239 Extraordinario del 13-07-2016.

Resolución n° 258 del MPP para la Salud, mediante la cual se incorpora al ordenamiento jurídico nacional la Resolución Mercosur registro de empresas domisanitarios. G.O. n° 6.239 Extraordinario del 13-07-2016.

Resolución n° 259 del MPP para la Salud, mediante la cual se incorpora al ordenamiento jurídico nacional la Resolución Mercosur registro de productos domisanitarios. G.O. n° 6.239 Extraordinario del 13-07-2016.

Resolución n° 260 del MPP para la Salud, mediante la cual se incorpora al ordenamiento jurídico nacional la Resolución Mercosur definiciones/glosario. G.O. n° 6.239 Extraordinario del 13-07-2016.

Resolución n° 261 del MPP para la Salud, mediante la cual se incorpora al ordenamiento jurídico nacional la Resolución Mercosur texto de rótulos. G.O. n° 6.239 Extraordinario del 13-07-2016.

Resolución n° 262 del MPP para la Salud, mediante la cual se incorpora al ordenamiento jurídico nacional la Resolución Mercosur reglamento técnico para productos domisanitarios a base de hipoclorito aditivados (agua lavandina aditivada / alvejante / agua clorada aditivada). G.O. n° 6.239 Extraordinario del 13-07-2016.

Resolución n° 263 del MPP para la Salud, mediante la cual se incorpora al ordenamiento jurídico nacional la Resolución Mercosur registro de empresas domisanitarias. G.O. n° 6.239 Extraordinario del 13-07-2016.

Resolución n° 264 del MPP para la Salud, mediante la cual se incorpora al ordenamiento jurídico nacional la Resolución Mercosur registro de productos domisanitarios. G.O. n° 6.239 Extraordinario del 13-07-2016.

Resolución n° 265 del MPP para la Salud, mediante la cual se incorpora al ordenamiento jurídico nacional la Resolución Mercosur complementación del registro de productos domisanitarios. G.O. n° 6.239 Extraordinario del 13-07-2016.

Resolución n° 288 del MPP para la Salud, mediante la cual se incorpora al ordenamiento jurídico nacional la Resolución Mercosur registro intrazona de productos diagnósticos de uso in vitro. G.O. n° 6.239 Extraordinario del 13-07-2016.

Resolución n° 289 del MPP para la Salud, mediante la cual se incorpora al ordenamiento jurídico nacional la Resolución Mercosur reglamento técnico sobre jeringas hipodérmicas estériles de un solo uso. G.O. n° 6.239 Extraordinario del 13-07-2016.

Resolución n° 290 del MPP para la Salud, mediante la cual se incorpora al ordenamiento jurídico nacional la Resolución Mercosur reglamento técnico requisitos esenciales de seguridad y eficacia de los productos médicos. G.O. n° 6.239 Extraordinario del 13-07-2016.

Resolución n° 291 del MPP para la Salud, mediante la cual se incorpora al ordenamiento jurídico nacional la Resolución Mercosur reglamento técnico para productos con acción antimicrobiana utilizados en artículos críticos y semicríticos. G.O. n° 6.239 Extraordinario del 13-07-2016.

Resolución n° 292 del MPP para la Salud, mediante la cual se incorpora al ordenamiento jurídico nacional la Resolución Mercosur Reglamento técnico para los preservativos masculinos de látex de caucho natural. G.O. n° 6.239 Extraordinario del 13-07-2016.

Resolución n° 293 del MPP para la Salud, mediante la cual se incorpora al ordenamiento jurídico nacional la Resolución Mercosur reglamento técnico para la organización y funcionamiento de los servicios de maternidad. G.O. n° 6.239 Extraordinario del 13-07-2016.

Resolución n° 325 del MPP para la Salud, mediante la cual se incorpora al ordenamiento jurídico nacional la Directiva Mercosur precintos sanitarios armonizados. G.O. n° 40.946 del 18-07-2016.

Resolución n° 326 del MPP para la Salud, mediante la cual se incorpora al ordenamiento jurídico nacional la Resolución Mercosur buenas prácticas de fabricación de productos farmacéuticos y mecanismo de implementación en el ámbito Mercosur. G.O. n° 40.946 del 18-07-2016.

Resolución n° 327 del MPP para la Salud, mediante la cual se incorpora al ordenamiento jurídico nacional la Resolución Mercosur requisitos mínimos para la disponibilidad y utilización de preparaciones alcohólicas para la fricción antiséptica de las manos en los servicios de salud. G.O. n° 40.946 del 18-07-2016.

Resolución n° 328 del MPP para la Salud, mediante la cual se incorpora al ordenamiento jurídico nacional la Resolución Mercosur requisitos para el registro de productos farmacéuticos registrados y elaborados en un Estado Parte productor, similares a productos registrados en el Estado Parte receptor. G.O. n° 40.946 del 18-07-2016.

Resolución n° 329 del MPP para la Salud, mediante la cual se incorpora al ordenamiento jurídico nacional la Resolución Mercosur procedimiento de verificación de contenido neto de jabones. G.O. n° 40.946 del 18-07-2016.

Resolución n° 330 del MPP para la Salud, mediante la cual se incorpora al ordenamiento jurídico nacional la Resolución Mercosur procedimientos comunes para las inspecciones en los establecimientos farmacéuticos en los Estados Partes y contenido mínimo de actas/informes de inspección en los establecimientos farmacéuticos en los Estados Partes. G.O. n° 40.946 del 18-07-2016.

Resolución n° 331 del MPP para la Salud, mediante la cual se incorpora al ordenamiento jurídico nacional la Resolución Mercosur reglamento técnico para la indicación cuantitativa de cosméticos. G.O. n° 40.946 del 18-07-2016.

Resolución n° 332 del MPP para la Salud, mediante la cual se incorpora al ordenamiento jurídico nacional la Resolución Mercosur estabilidad de productos farmacéuticos. G.O. n° 40.946 del 18-07-2016.

Resolución n° 333 del MPP para la Salud, mediante la cual se incorpora al ordenamiento jurídico nacional la Resolución Mercosur vigencia, modificación, renovación y cancelación de registros de productos farmacéuticos para la aplicación de la Resolución n° 23/9. G.O. n° 40.946 del 18-07-2016.

Resolución n° 334 del MPP para la Salud, mediante la cual se incorpora al ordenamiento jurídico nacional la Resolución Mercosur glosario para la aplicación de la Resolución n° 23/95. G.O. n° 40.946 del 18-07-2016.

Resolución n° 335 del MPP para la Salud, mediante la cual se incorpora al ordenamiento jurídico nacional la Resolución Mercosur buenas prácticas de fabricación soluciones parentales de gran volumen. G.O. n° 40.946 del 18-07-2016.

Resolución n° 5 del MPP para el Comercio Exterior e Inversión Internacional, mediante la cual se incorpora al ordenamiento jurídico nacional la Decisión Mercosur niveles del arancel externo común superiores a los niveles consolidados en la Organización Mundial del Comercio. G.O. n° 40.946 del 18-07-2016.

Resolución n° 6 del MPP para el Comercio Exterior e Inversión Internacional, mediante la cual se incorpora al ordenamiento jurídico nacional la Decisión Mercosur arancel externo común suspensión de concesiones. G.O. n° 40.946 del 18-07-2016.

Resolución n° 7 del MPP para el Comercio Exterior e Inversión Internacional, mediante la cual se incorpora al ordenamiento jurídico nacional la Directiva Mercosur certificación de origen digital. G.O. n° 40.946 del 18-07-2016.

Resolución n° 49 del MPP para Relaciones Interiores, Justicia y Paz, mediante la cual se incorpora al ordenamiento jurídico nacional la Decisión Mercosur Centro de Coordinación de Capacitación Policial entre los Estados Partes del Mercosur. G.O. n° 40.949 del 21-07-2016.

Resolución n° 50 del MPP para Relaciones Interiores, Justicia y Paz, mediante la cual se incorpora al ordenamiento jurídico nacional la Decisión Mercosur Creación del Centro de Coordinación de Capacitación Policial entre el Mercosur, la República de Bolivia y la República de Chile. G.O. n° 40.949 del 21-07-2016.

Resolución n° 51 del MPP para Relaciones Interiores, Justicia y Paz, mediante la cual se incorpora al ordenamiento jurídico nacional la Decisión Mercosur instalación de canales privilegiados de entrada en aeropuertos para ciudadanos del Mercosur. G.O. n° 40.949 del 21-07-2016.

Resolución n° 52 del MPP para Relaciones Interiores, Justicia y Paz, mediante la cual se incorpora al ordenamiento jurídico nacional la Decisión Mercosur instalación de canales privilegiados de entrada en aeropuertos para ciudadanos del Mercosur, de la República de Bolivia y de la República de Chile. G.O. n° 40.949 del 21-07-2016.

Resolución conjunta n° 41 y 208 de los MPP para la Alimentación y para la Salud, mediante la cual se incorpora al ordenamiento jurídico nacional la Resolución Mercosur identidad y calidad de la crema de leche. G.O. n° 40.951 del 25-07-2016.

Resolución conjunta n° 42 y 209 de los MPP para la Alimentación y para la Salud, mediante la cual se incorpora al ordenamiento jurídico nacional la Resolución Mercosur identidad y calidad de la crema de leche a granel para uso industrial. G.O. n° 40.951 del 25-07-2016.

Resolución conjunta n° 43 y 210 de los MPP para la Alimentación y para la Salud, mediante la cual se incorpora al ordenamiento jurídico nacional la Resolución Mercosur identidad y calidad de la crema de leche fluida a granel para uso industrial. G.O. n° 40.951 del 25-07-2016.

Resolución conjunta n° 44 y 211 de los MPP para la Alimentación y para la Salud, mediante la cual se incorpora al ordenamiento jurídico nacional la Resolución Mercosur reglamento técnico de identidad y calidad de dulce de leche. G.O. n° 40.951 del 25-07-2016.

Resolución conjunta n° 45 y 212 de los MPP para la Alimentación y para la Salud, mediante la cual se incorpora al ordenamiento jurídico nacional la Resolución Mercosur reglamento técnico asignación de aditivos y sus concentraciones máximas para la categoría de alimentos 12 – sopas y caldos. G.O. n° 40.951 del 25-07-2016.

Resolución conjunta n° 46 y 213 de los MPP para la Alimentación y para la Salud, mediante la cual se incorpora al ordenamiento jurídico nacional la Resolución Mercosur reglamento técnico asignación de aditivos y sus concentraciones máximas para la categoría de alimentos 13: salsas y condimentos. G.O. n° 40.951 del 25-07-2016.

Resolución conjunta n° 47 y 214 de los MPP para la Alimentación y para la Salud, mediante la cual se incorpora al ordenamiento jurídico nacional la Resolución Mercosur factor de conversión para el cálculo del valor energético del eritritol. G.O. n° 40.951 del 25-07-2016.

Resolución conjunta n° 48 y 215 de los MPP para la Alimentación y para la Salud, mediante la cual se incorpora al ordenamiento jurídico nacional la Resolución Mercosur identidad y calidad de los caseinatos alimenticios. G.O. n° 40.951 del 25-07-2016.

Resolución conjunta n° 49 y 216 de los MPP para la Alimentación y para la Salud, mediante la cual se incorpora al ordenamiento jurídico nacional la Resolución Mercosur identidad y calidad de caseína alimenticia. G.O. n° 40.951 del 25-07-2016.

Resolución conjunta n° 50 y 217 de los MPP para la Alimentación y para la Salud, mediante la cual se incorpora al ordenamiento jurídico nacional la Resolución Mercosur reglamento técnico identidad y calidad de la grasa láctea. G.O. n° 40.951 del 25-07-2016.

Resolución conjunta n° 51 y 218 de los MPP para la Alimentación y para la Salud, mediante la cual se incorpora al ordenamiento jurídico nacional la Resolución Mercosur identidad y calidad de grasa anhidra de leche o butteroil. G.O. n° 40.951 del 25-07-2016.

Resolución conjunta n° 62 y 346 de los MPP para la Alimentación y para la Salud, mediante la cual se incorpora al ordenamiento jurídico nacional la Resolución Mercosur reglamento técnico de identidad y calidad de leches fermentadas. G.O. n° 40.951 del 25-07-2016.

Resolución conjunta n° 80 y 347 de los MPP para la Alimentación y para la Salud, mediante la cual se incorpora al ordenamiento jurídico nacional la Resolución Mercosur identidad y calidad de la manteca (mantequilla). G.O. n° 40.951 del 25-07-2016.

Resolución conjunta n° 63 y 348 de los MPP para la Alimentación y para la Salud, mediante la cual se incorpora al ordenamiento jurídico nacional la Resolución Mercosur reglamento técnico de identidad y calidad del queso mozzarella (muzzarrella o mussarella). G.O. n° 40.951 del 25-07-2016.

Resolución conjunta n° 64 y 349 de los MPP para la Alimentación y para la Salud, mediante la cual se incorpora al ordenamiento jurídico nacional la Resolución Mercosur reglamento técnico de identidad y calidad del queso rallado. G.O. n° 40.951 del 25-07-2016.

Resolución conjunta n° 65 y 350 de los MPP para la Alimentación y para la Salud, mediante la cual se incorpora al ordenamiento jurídico nacional la Resolución Mercosur identidad y calidad del queso pategras sándwich. G.O. n° 40.951 del 25-07-2016.

Resolución conjunta n° 66 y 351 de los MPP para la Alimentación y para la Salud, mediante la cual se incorpora al ordenamiento jurídico nacional la Resolución Mercosur reglamento técnico de identidad y calidad del queso Tandil. G.O. n° 40.951 del 25-07-2016.

Resolución conjunta n° 67 y 352 de los MPP para la Alimentación y para la Salud, mediante la cual se incorpora al ordenamiento jurídico nacional la Resolución Mercosur reglamento técnico de identidad y calidad del queso tilsit. G.O. n° 40.951 del 25-07-2016.

Resolución conjunta n° 68 y 353 de los MPP para la Alimentación y para la Salud, mediante la cual se incorpora al ordenamiento jurídico nacional la Resolución Mercosur reglamento técnico de identidad y calidad del queso tybo. G.O. n° 40.951 del 25-07-2016.

Resolución conjunta n° 69 y 354 de los MPP para la Alimentación y para la Salud, mediante la cual se incorpora al ordenamiento jurídico nacional la Resolución Mercosur reglamento técnico de identidad y calidad del queso azul. G.O. n° 40.951 del 25-07-2016.

Resolución conjunta n° 70 y 355 de los MPP para la Alimentación y para la Salud, mediante la cual se incorpora al ordenamiento jurídico nacional la Resolución Mercosur reglamento técnico de identidad y calidad de la leche UAT. G.O. n° 40.951 del 25-07-2016.

Resolución conjunta n° 71 y 356 de los MPP para la Alimentación y para la Salud, mediante la cual se incorpora al ordenamiento jurídico nacional la Resolución Mercosur identidad y calidad de quesos. G.O. n° 40.951 del 25-07-2016.

Resolución conjunta n° 72 y 357 de los MPP para la Alimentación y para la Salud, mediante la cual se incorpora al ordenamiento jurídico nacional la Resolución Mercosur inclusión del citrato de sodio en el reglamento técnico de identidad y calidad de la leche UHT (UAT). G.O. n° 40.951 del 25-07-2016.

Resolución conjunta n° 73 y 358 de los MPP para la Alimentación y para la Salud, mediante la cual se incorpora al ordenamiento jurídico nacional la Resolución Mercosur reglamento técnico de identidad y calidad del queso danbo. G.O. n° 40.951 del 25-07-2016.

Resolución conjunta n° 74 y 359 de los MPP para la Alimentación y para la Salud, mediante la cual se incorpora al ordenamiento jurídico nacional la Resolución Mercosur reglamento técnico de identidad y calidad de la masa para elaborar queso mozzarella. G.O. n° 40.951 del 25-07-2016.

Resolución conjunta n° 75 y 360 de los MPP para la Alimentación y para la Salud, mediante la cual se incorpora al ordenamiento jurídico nacional la Resolución Mercosur reglamento técnico de identidad y calidad del requesón. G.O. n° 40.951 del 25-07-2016.

Resolución conjunta n° 76 y 361 de los MPP para la Alimentación y para la Salud, mediante la cual se incorpora al ordenamiento jurídico nacional la Resolución Mercosur reglamento técnico de identidad y calidad del queso sándwich. G.O. n° 40.951 del 25-07-2016.

Resolución conjunta n° 77 y 362 de los MPP para la Alimentación y para la Salud, mediante la cual se incorpora al ordenamiento jurídico nacional la Resolución Mercosur reglamento técnico de identidad y calidad del queso procesado o fundido UHT (UAT). G.O. n° 40.951 del 25-07-2016.

Resolución conjunta n° 78 y 363 de los MPP para la Alimentación y para la Salud, mediante la cual se incorpora al ordenamiento jurídico nacional la Resolución Mercosur reglamento técnico de identidad y calidad de la leche en polvo. G.O. n° 40.951 del 25-07-2016.

Resolución conjunta n° 79 y 364 de los MPP para la Alimentación y para la Salud, mediante la cual se incorpora al ordenamiento jurídico nacional la Resolución Mercosur reglamento técnico de identidad y calidad de queso minas frescal y reglamento técnico de identidad y calidad de queso minas frescal. G.O. n° 40.951 del 25-07-2016.

Resolución conjunta n° 52 y 219 de los MPP para la Alimentación y para la Salud, mediante la cual se incorpora al ordenamiento jurídico nacional la Resolución Mercosur reglamento técnico actualización de la lista general armonizada de aditivos Mercosur: gelatina. G.O. n° 40.953 del 27-07-2016.

Resolución conjunta n° 366 y 119 de los MPP para Ecosocialismo y Aguas y del MPP para Industria y Comercio, mediante la cual se incorpora al ordenamiento jurídico nacional la Decisión Mercosur política de promoción y cooperación en producción y consumo sostenible en el Mercosur. G.O. n° 40.954 del 28-07-2016.

Resolución n° 79 del MPP para Industria y Comercio, mediante la cual se incorpora al ordenamiento jurídico nacional la Resolución Mercosur reglamento técnico para ventanilla con accionamiento electrónico. G.O. n° 6.245 Extraordinario del 28-07-2016.

Resolución n° 121 del MPP para Industria y Comercio, mediante la cual se incorpora al ordenamiento jurídico nacional la Resolución Mercosur procedimiento de intercambio informativo para investigaciones de dumping por importaciones provenientes de algunos países del Mercosur. G.O. n° 6.245 Extraordinario del 28-07-2016.

Resolución n° 122 del MPP para Industria y Comercio, mediante la cual se incorpora al ordenamiento jurídico nacional la Resolución Mercosur defensa contra prácticas desleales de comercio extra zona; salvaguardia frente a terceros países. G.O. n° 6.245 Extraordinario del 28-07-2016.

Resolución n° 123 del MPP para Industria y Comercio, mediante la cual se incorpora al ordenamiento jurídico nacional la Decisión Mercosur marco normativo del reglamento común relativo a la defensa contra las importaciones objeto de dumping provenientes de países no miembros del Mercosur. G.O. n° 6.245 Extraordinario del 28-07-2016.

Resolución n° 124 del MPP para Industria y Comercio, mediante la cual se incorpora al ordenamiento jurídico nacional la Decisión Mercosur marco normativo del reglamento común de defensa contra subvenciones concedidas por países no miembros del Mercosur. G.O. n° 6.245 Extraordinario del 28-07-2016.

Resolución n° 125 del MPP para Industria y Comercio, mediante la cual se incorpora al ordenamiento jurídico nacional la Decisión Mercosur defensa comercial intrazona. G.O. n° 6.245 Extraordinario del 28-07-2016.

Resolución n° 126 del MPP para Industria y Comercio, mediante la cual se incorpora al ordenamiento jurídico nacional la Resolución Mercosur espejos retrovisores. G.O. n° 6.245 Extraordinario del 28-07-2016.

Resolución n° 56 del MPP para Industria y Comercio, mediante la cual se incorpora al ordenamiento jurídico nacional la Resolución Mercosur vidrios de seguridad. G.O. n° 6.245 Extraordinario del 28-07-2016.

Resolución n° 87 del MPP para la Agricultura Productiva y Tierras, mediante la cual se incorpora al ordenamiento jurídico nacional la Resolución Mercosur modelo de ficha técnica para productos farmacéuticos de uso veterinario. G.O. n° 6.245 Extraordinario del 28-07-2016.

Resolución n° 88 del MPP para la Agricultura Productiva y Tierras, mediante la cual se incorpora al ordenamiento jurídico nacional la Resolución Mercosur propuesta de sistema de registros y controles armonizados de productos de uso veterinario. G.O. n° 6.245 Extraordinario del 28-07-2016.

Resolución n° 89 del MPP para la Agricultura Productiva y Tierras, mediante la cual se incorpora al ordenamiento jurídico nacional la Resolución Mercosur reglamento técnico para la producción y el control de vacunas, antígenos y diluyentes para avicultura. G.O. n° 6.245 Extraordinario del 28-07-2016.

Resolución n° 90 del MPP para la Agricultura Productiva y Tierras, mediante la cual se incorpora al ordenamiento jurídico nacional la Resolución Mercosur interpretación de la Resolución n° 48/96. G.O. n° 6.245 Extraordinario del 28-07-2016.

Resolución n° 91 del MPP para la Agricultura Productiva y Tierras, mediante la cual se incorpora al ordenamiento jurídico nacional la Resolución Mercosur reglamento técnico para registro de antimicrobianos de uso veterinario. G.O. n° 6.245 Extraordinario del 28-07-2016.

Resolución n° 92 del MPP para la Agricultura Productiva y Tierras, mediante la cual se incorpora al ordenamiento jurídico nacional la Resolución Mercosur sistema de convalidación del certificado de registro de productos veterinarios. G.O. n° 6.245 Extraordinario del 28-07-2016.

Resolución n° 93 del MPP para la Agricultura Productiva y Tierras, mediante la cual se incorpora al ordenamiento jurídico nacional la Resolución Mercosur reglamentación del sistema de convalidación de productos veterinarios. G.O. n° 6.245 Extraordinario del 28-07-2016.

Resolución n° 94 del MPP para la Agricultura Productiva y Tierras, mediante la cual se incorpora al ordenamiento jurídico nacional la Resolución Mercosur registro de productos veterinarios. G.O. n° 6.245 Extraordinario del 28-07-2016.

Resolución n° 95 del MPP para la Agricultura Productiva y Tierras, mediante la cual se incorpora al ordenamiento jurídico nacional la Resolución Mercosur reglamento técnico de glosario de términos y definiciones para residuos de medicamentos veterinarios. G.O. n° 6.245 Extraordinario del 28-07-2016.

Resolución n° 96 del MPP para la Agricultura Productiva y Tierras, mediante la cual se incorpora al ordenamiento jurídico nacional la Resolución Mercosur requisitos técnicos para la evaluación de sustancias activas y productos formulados agroquímicos para el Mercosur. G.O. n° 6.245 Extraordinario del 28-07-2016.

Resolución n° 97 del MPP para la Agricultura Productiva y Tierras, mediante la cual se incorpora al ordenamiento jurídico nacional la Resolución Mercosur reglamento técnico para registro de productos antiparasitarios de uso veterinario. G.O. n° 6.245 Extraordinario del 28-07-2016.

Resolución n° 98 del MPP para la Agricultura Productiva y Tierras, mediante la cual se incorpora al ordenamiento jurídico nacional la Resolución Mercosur requisitos para la certificación no definitiva de lotes de semillas botánicas de clase/categoría certificada. G.O. n° 6.245 Extraordinario del 28-07-2016.

Resolución n° 105 del MPP para la Agricultura Productiva y Tierras, mediante la cual se incorpora al ordenamiento jurídico nacional la Resolución Mercosur sector azucarero. G.O. n° 6.245 Extraordinario del 28-07-2016.

Resolución n° 106 del MPP para la Agricultura Productiva y Tierras, mediante la cual se incorpora al ordenamiento jurídico nacional la Resolución Mercosur sector azucarero. G.O. n° 6.245 Extraordinario del 28-07-2016.

Resolución n° 107 del MPP para la Agricultura Productiva y Tierras, mediante la cual se incorpora al ordenamiento jurídico nacional la Resolución Mercosur programa de acción Mercosur libre de fiebre aftosa. G.O. n° 6.245 Extraordinario del 28-07-2016.

Resolución n° 109 del MPP para la Agricultura Productiva y Tierras, mediante la cual se incorpora al ordenamiento jurídico nacional la Resolución Mercosur requisitos para la libre circulación de productos fitosanitarios en la etapa actual de integración del Mercosur. G.O. n° 6.245 Extraordinario del 28-07-2016.

Resolución n° 110 del MPP para la Agricultura Productiva y Tierras, mediante la cual se incorpora al ordenamiento jurídico nacional la Resolución Mercosur tercera lista de sustancias activas y sus formulaciones de libre circulación entre los Estados Partes del Mercosur. G.O. n° 6.245 Extraordinario del 28-07-2016.

Resolución n° 111 del MPP para la Agricultura Productiva y Tierras, mediante la cual se incorpora al ordenamiento jurídico nacional la Resolución Mercosur procedimientos de inscripción para la libre circulación de las sustancias activas grado técnico y/o sus formulaciones de productos fitosanitarios. G.O. n° 6.245 Extraordinario del 28-07-2016.

Resolución n° 112 del MPP para la Agricultura Productiva y Tierras, mediante la cual se incorpora al ordenamiento jurídico nacional la Resolución Mercosur segunda lista de sustancias activas y sus formulaciones de libre comercio entre los Estados Partes del Mercosur. G.O. n° 6.245 Extraordinario del 28-07-2016.

Resolución conjunta n° 28, 33 y 195 de los MPP para la Alimentación, para la Agricultura Productiva y Tierras y para la Salud, mediante la cual se incorpora al ordenamiento jurídico nacional la Resolución Mercosur criterios de mantenimiento de la lista general de aditivos alimentarios. G.O. n° 6.245 Extraordinario del 28-07-2016.

Resolución conjunta n° 29, 34 y 196 de los MPP para la Alimentación, para la Agricultura Productiva y Tierras y para la Salud, mediante la cual se incorpora al ordenamiento jurídico nacional la Resolución Mercosur definiciones de ingrediente, aditivo alimenticio coadyuvante de elaboración contaminante y la Resolución n° 18/93. G.O. n° 6.245 Extraordinario del 28-07-2016.

Resolución conjunta n° 30, 35 y 197 de los MPP para la Alimentación, para la Agricultura Productiva y Tierras y para la Salud, mediante la cual se incorpora al ordenamiento jurídico nacional la Resolución Mercosur reglamento técnico para determinación de la identidad y calidad de los alimentos. G.O. n° 6.245 Extraordinario del 28-07-2016.

Resolución conjunta n° 31, 36 y 198 de los MPP para la Alimentación, para la Agricultura Productiva y Tierras y para la Salud, mediante la cual se incorpora al ordenamiento jurídico nacional la Resolución Mercosur bromato de potasio. G.O. n° 6.245 Extraordinario del 28-07-2016.

Resolución conjunta n° 33, 38 y 200 de los MPP para la Alimentación, para la Agricultura Productiva y Tierras y para la Salud, mediante la cual se incorpora al ordenamiento jurídico nacional la Resolución Mercosur almidones modificados. G.O. n° 6.245 Extraordinario del 28-07-2016.

Resolución conjunta n° 34, 39 y 201 de los MPP para la Alimentación, para la Agricultura Productiva y Tierras y para la Salud, mediante la cual se incorpora al ordenamiento jurídico nacional la Resolución Mercosur reglamento técnico de glosario de términos y definiciones para residuos de medicamentos veterinarios. G.O. n° 6.245 Extraordinario del 28-07-2016.

Resolución conjunta n° 36, 41 y 203 de los MPP para la Alimentación, para la Agricultura Productiva y Tierras y para la Salud, mediante la cual se incorpora al ordenamiento jurídico nacional la Resolución Mercosur reglamento técnico armonizado sobre Aditivos Aromatizantes/Saborizantes. G.O. n° 6.245 Extraordinario del 28-07-2016.

Resolución conjunta n° 37, 42 y 204 de los MPP para la Alimentación, para la Agricultura Productiva y Tierras y para la Salud, mediante la cual se incorpora al ordenamiento jurídico nacional la Resolución Mercosur reglamento técnico sobre la exclusión de uso de aditivos alimentarios. G.O. n° 6.245 Extraordinario del 28-07-2016.

Resolución conjunta n° 38, 43 y 205 de los MPP para la Alimentación, para la Agricultura Productiva y Tierras y para la Salud, mediante la cual se incorpora al ordenamiento jurídico nacional la Resolución Mercosur técnico sobre aditivos alimentarios autorizados para ser utilizados según las buenas prácticas de fabricación. G.O. n° 6.245 Extraordinario del 28-07-2016.

Resolución conjunta n° 39, 44 y 206 de los MPP para la Alimentación, para la Agricultura Productiva y Tierras y para la Salud, mediante la cual se incorpora al ordenamiento jurídico nacional la Resolución Mercosur reglamento técnico sobre límites máximos para aditivos excluidos de la lista de aditivos alimentarios autorizados para ser utilizados según las buenas prácticas de fabricación. G.O. n° 6.245 Extraordinario del 28-07-2016.

Resolución conjunta n° 40, 45 y 207 de los MPP para la Alimentación, para la Agricultura Productiva y Tierras y para la Salud, mediante la cual se incorpora al ordenamiento jurídico nacional la Resolución Mercosur reglamento técnico identidad y calidad de miel. G.O. n° 6.245 Extraordinario del 28-07-2016.

Resolución conjunta n° 60 y 117 de los MPP para la Alimentación y para la Agricultura Productiva y Tierras, mediante la cual se incorpora al ordenamiento jurídico nacional la Resolución Mercosur reglamento técnico de identidad y de calidad del morrón (pimentón). G.O. n° 6.245 Extraordinario del 28-07-2016.

Resolución conjunta n° 83 y 300 de los MPP para la Alimentación y para la Salud, mediante la cual se incorpora al ordenamiento jurídico nacional la Resolución Mercosur reglamento técnico del Mercosur sobre las condiciones higiénico-sanitarias y de buenas prácticas de fabricación para establecimientos elaboradores/industrializadores de alimentos. G.O. n° 6.245 Extraordinario del 28-07-2016.

Resolución conjunta n° 93 y 300 de los MPP para la Alimentación y para la Salud, mediante la cual se incorpora al ordenamiento jurídico nacional la Resolución Mercosur reglamento técnico de identidad y calidad de queso parmesano, reggianito y sbrinz. G.O. n° 6.245 Extraordinario del 28-07-2016.

Resolución conjunta n° 88 y 383 de los MPP para la Alimentación y para la Salud, mediante la cual se incorpora al ordenamiento jurídico nacional la Resolución Mercosur reglamento técnico asignación de aditivos y sus concentraciones máximas para la categoría de alimentos 5, confituras (caramelos, pastillas, confites, chicles, turrones, productos de cacao y productos con cacao, chocolates, bombones, baños rellenos y otros productos similares). G.O. n° 6.245 Extraordinario del 28-07-2016.

Resolución conjunta n° 90 y 384 de los MPP para la Alimentación y para la Salud, mediante la cual se incorpora al ordenamiento jurídico nacional la Resolución Mercosur reglamento técnico asignación de aditivos y sus concentraciones máximas para la categoría de alimentos 19: postres. G.O. n° 6.245 Extraordinario del 28-07-2016.

Resolución conjunta n° 87 y 387 de los MPP para la Alimentación y para la Salud, mediante la cual se incorpora al ordenamiento jurídico nacional la Resolución Mercosur reglamento técnico asignación de aditivos y sus concentraciones máximas para la categoría de alimentos 21: preparaciones culinarias industriales. G.O. n° 6.245 Extraordinario del 28-07-2016.

Resolución conjunta n° 84 y 390 de los MPP para la Alimentación y para la Salud, mediante la cual se incorpora al ordenamiento jurídico nacional la Resolución Mercosur reglamento técnico asignación de aditivos y sus concentraciones máximas para la categoría de alimentos 18. Productos para copetín (snacks), subcategorías 18.1 aperitivos a base de papas, cereales, harina o almidón (derivados de raíces y tubérculos, legumbres y leguminosas) y 18.2 semillas oleaginosas y frutas secas procesadas, cubiertas o no. G.O. n° 6.245 Extraordinario del 28-07-2016.

Resolución n° 394 del MPP para la Salud, mediante la cual se incorpora al ordenamiento jurídico nacional la Resolución Mercosur contratación de servicios de tercerización de productos domisanitarios fabricados en el ámbito del Mercosur. G.O. n° 6.245 Extraordinario del 13-07-2016.

Resolución n° 395 del MPP para la Salud, mediante la cual se incorpora al ordenamiento jurídico nacional la Resolución Mercosur reglamento técnico para productos de limpieza y afines. G.O. n° 6.245 Extraordinario del 13-07-2016.

Resolución n° 396 del MPP para la Salud, mediante la cual se incorpora al ordenamiento jurídico nacional la Resolución Mercosur reglamento técnico para productos de limpieza y afines. G.O. n° 6.245 Extraordinario del 13-07-2016.

Resolución n° 397 del MPP para la Salud, mediante la cual se incorpora al ordenamiento jurídico nacional la Resolución Mercosur reglamento técnico sobre criterios de inclusión, exclusión y actualización de productos domisanitarios de menor riesgo potencial fabricados en el ámbito del Mercosur. G.O. n° 6.245 Extraordinario del 13-07-2016.

Resolución n° 398 del MPP para la Salud, mediante la cual se incorpora al ordenamiento jurídico nacional la Resolución Mercosur reglamento técnico para productos con acción antimicrobiana. G.O. n° 6.245 Extraordinario del 13-07-2016.

Resolución n° 399 del MPP para la Salud, mediante la cual se incorpora al ordenamiento jurídico nacional la Resolución Mercosur reglamento técnico sobre la verificación de buenas prácticas de investigación clínica. G.O. n° 6.245 Extraordinario del 13-07-2016.

Resolución n° 400 del MPP para la Salud, mediante la cual se incorpora al ordenamiento jurídico nacional la Resolución Mercosur reglamento técnico para empresas especializadas en la presentación de servicios de desinfestación, desinfección, higienización y limpieza. G.O. n° 6.245 Extraordinario del 13-07-2016.

Providencia n° 81 de CONATEL, mediante la cual se incorpora al ordenamiento jurídico nacional la Resolución Mercosur servicios tronconalizados: banda común del Mercosur; disposiciones sobre el servicio móvil marítimo de la banda VHF; y manual de procedimientos para la coordinación de frecuencias para estaciones terrenas y terrestres G.O. n° 6.245 Extraordinario del 13-07-2016.

Providencia n° 82 de CONATEL, mediante la cual se incorpora al ordenamiento jurídico nacional la Resolución Mercosur procedimientos a ser considerados en las solicitudes de coordinación entre las administraciones, referentes a los servicios de radiodifusión. G.O. n° 6.245 Extraordinario del 13-07-2016.

Providencia n° 83 de CONATEL, mediante la cual se incorpora al ordenamiento jurídico nacional la Resolución Mercosur acuerdo de asignación y uso de las estaciones generadoras y repetidoras de televisión. G.O. n° 6.245 Extraordinario del 13-07-2016.

Providencia n° 84 de CONATEL, mediante la cual se incorpora al ordenamiento jurídico nacional la Resolución Mercosur frecuencias para uso de estaciones itinerantes. G.O. n° 6.245 Extraordinario del 13-07-2016.

Resolución n° 58 del MPP para Relaciones Interiores, Justicia y Paz, mediante la cual se incorpora al ordenamiento jurídico nacional la Resolución Mercosur características comunes a las que deberán tender los pasaportes. G.O. n° 6.248 Extraordinario del 01-08-2016.

Resolución n° 84 del MPP para Relaciones Exteriores, mediante la cual se ordena la publicación del convenio de cooperación específico para la ejecución de la Misión Milagro entre el Gobierno de la República Bolivariana de Venezuela y el Gobierno de San Vicente y Las Granadinas. G.O. n° 40.956 del 01-08-2016.

Resolución n° 85 del MPP para Relaciones Exteriores, mediante la cual se ordena la publicación del convenio de cooperación específico para la ejecución de la Misión Milagro entre el Gobierno de la República Bolivariana de Venezuela y el Gobierno de Mancomunidad de Dominica. G.O. n° 40.956 del 01-08-2016.

Resolución conjunta n° 81, 391 y 132 de los MPP para la Alimentación, para la Salud y para Industria y Comercio, mediante la cual se incorpora al ordenamiento jurídico nacional la Resolución Mercosur reglamento técnico sobre colorantes en envases equipamientos plásticos destinados a estar en contacto con alimentos. G.O. n° 40.959 del 04-08-2016.

Resolución conjunta n° 82, 385 y 133 de los MPP para la Alimentación, para la Salud y para Industria y Comercio, mediante la cual se incorpora al ordenamiento jurídico nacional la Resolución Mercosur reglamento técnico sobre metodologías analíticas de referencias para el control de envases y equipamentos en contacto con alimentos. G.O. n° 40.959 del 04-08-2016.

Resolución conjunta n° 85, 389 y 134 de los MPP para la Alimentación, para la Salud y para Industria y Comercio, mediante la cual se incorpora al ordenamiento jurídico nacional la Resolución Mercosur reglamento técnico para la verificación cuantitativa de harina de trigo. G.O. n° 40.959 del 04-08-2016.

Resolución conjunta n° 92, 386 y 135 de los MPP para la Alimentación, para la Salud y para Industria y Comercio, mediante la cual se incorpora al ordenamiento jurídico nacional la Resolución Mercosur principios, directrices, criterios y parámetros para el reconocimiento de la equivalencia de los sistemas de control de alimentos entre los Estados Partes. G.O. n° 40.959 del 04-08-2016.

Resolución n° 38 del MPP para la Cultura, mediante la cual se incorpora al ordenamiento jurídico nacional la Decisión Mercosur patrimonio cultural del Mercosur G.O. n° 40.960 del 05-08-2016.

Resolución n° 39 del MPP para la Cultura, mediante la cual se incorpora al ordenamiento jurídico nacional la Decisión Mercosur sello Mercosur cultural G.O. n° 40.960 del 05-08-2016.

Resolución n° 40 del MPP para la Cultura, mediante la cual se incorpora al ordenamiento jurídico nacional la Decisión Mercosur criterios comunes de concesión del sello Mercosur cultural G.O. n° 40.960 del 05-08-2016.

Resolución n° 41 del MPP para la Cultura, mediante la cual se incorpora al ordenamiento jurídico nacional la Decisión Mercosur protocolo de integración cultural del Mercosur G.O. n° 40.960 del 05-08-2016.

Resolución n° 65 del MPP para Relaciones Interiores, Justicia y Paz, mediante la cual se incorpora al ordenamiento jurídico nacional la Resolución Mercosur características comunes a las que deberían tender los documentos de identificación de circulación. G.O. n° 40.963 del 10-08-2016.

Resolución n° 66 del MPP para Relaciones Interiores, Justicia y Paz, mediante la cual se incorpora al ordenamiento jurídico nacional la Resolución Mercosur creación de centros de consulta de documentos personales del Mercosur. G.O. n° 40.963 del 10-08-2016.

Resolución n° 67 del MPP para Relaciones Interiores, Justicia y Paz, mediante la cual se incorpora al ordenamiento jurídico nacional la Resolución Mercosur tarjeta de entrada/salida. G.O. n° 40.963 del 10-08-2016.

Resolución n° 68 del MPP para Relaciones Interiores, Justicia y Paz, mediante la cual se incorpora al ordenamiento jurídico nacional la Resolución Mercosur características comunes que deberán tender los pasaportes. G.O. n° 40.963 del 10-08-2016.

Providencia n° SNAT/2016/54 del SENIAT, mediante la cual se incorpora al ordenamiento jurídico nacional la Decisión Mercosur medidas de agilización para importaciones de productos originarios del Paraguay. G.O. n° 6.250 Extraordinario del 12-08-2016.

Providencia n° SNAT/2016/55 del SENIAT, mediante la cual se incorpora al ordenamiento jurídico nacional la Decisión Mercosur convenio de cooperación, intercambio de información, consulta de datos y asistencia mutua entre las administraciones aduaneras del Mercosur. G.O. n° 6.250 Extraordinario del 12-08-2016.

Providencia n° SNAT/2016/56 del SENIAT, mediante la cual se incorpora al ordenamiento jurídico nacional la Decisión Mercosur norma de aplicación sobre la valoración aduanera de las mercaderías. G.O. n° 6.250 Extraordinario del 12-08-2016.

Providencia n° SNAT/2016/57 del SENIAT, mediante la cual se incorpora al ordenamiento jurídico nacional la Decisión Mercosur especificación de características técnicas de la infraestructura informática para el intercambio electrónico de información de operaciones aduaneras mediante el sistema de intercambio de información de los registros aduaneros - Indira. G.O. n° 6.250 Extraordinario del 12-08-2016.

Providencia n° SNAT/2016/58 del SENIAT, mediante la cual se incorpora al ordenamiento jurídico nacional la Decisión Mercosur manual de procedimientos Mercosur de control del valor en aduana. G.O. n° 6.250 Extraordinario del 12-08-2016.

Providencia n° SNAT/2016/59 del SENIAT, mediante la cual se incorpora al ordenamiento jurídico nacional la Resolución Mercosur manifiesto internacional de carga y declaración de tránsito aduanero. G.O. n° 6.250 Extraordinario del 12-08-2016.

Providencia n° SNAT/2016/60 del SENIAT, mediante la cual se incorpora al ordenamiento jurídico nacional la Resolución Mercosur validez de lacres colocados en cada Estado Parte para operaciones de tránsito aduanero. G.O. n° 6.250 Extraordinario del 12-08-2016.

Providencia n° SNAT/2016/61 del SENIAT, mediante la cual se incorpora al ordenamiento jurídico nacional la Resolución Mercosur regímenes de drawback y admisión temporaria (período de transición). G.O. n° 6.250 Extraordinario del 12-08-2016.

Providencia n° SNAT/2016/62 del SENIAT, mediante la cual se incorpora al ordenamiento jurídico nacional la Resolución Mercosur formulario TIF/DTA. G.O. n° 6.250 Extraordinario del 12-08-2016.

Providencia n° SNAT/2016/63 del SENIAT, mediante la cual se incorpora al ordenamiento jurídico nacional la Resolución Mercosur mercaderías cargadas en distintas aduanas del país de partida con un mismo MIC/DTA y en la misma unidad de transporte. G.O. n° 6.250 Extraordinario del 12-08-2016.

Providencia n° SNAT/2016/64 del SENIAT, mediante la cual se incorpora al ordenamiento jurídico nacional la Resolución Mercosur control informatizado de cargas. G.O. n° 6.250 Extraordinario del 12-08-2016.

Providencia n° SNAT/2016/65 del SENIAT, mediante la cual se incorpora al ordenamiento jurídico nacional la Resolución Mercosur normas sobre delitos y penalidades aduaneras. G.O. n° 6.250 Extraordinario del 12-08-2016.

Providencia n° SNAT/2016/67 del SENIAT, mediante la cual se incorpora al ordenamiento jurídico nacional la Resolución Mercosur tratamiento aduanero para la circulación en los países del Mercosur de bienes integrantes de proyectos culturales aprobados por los organismos competentes. G.O. n° 6.250 Extraordinario del 12-08-2016.

Providencia n° SNAT/2016/68 del SENIAT, mediante la cual se incorpora al ordenamiento jurídico nacional la Resolución Mercosur procedimiento simplificado de despacho aduanero en el comercio intra-Mercosur. G.O. n° 6.250 Extraordinario del 12-08-2016.

Providencia n° SNAT/2016/69 del SENIAT, mediante la cual se incorpora al ordenamiento jurídico nacional la Resolución Mercosur nómina y reglamento administrativo de los organismos coordinadores en el área de control integrado. G.O. n° 6.250 Extraordinario del 12-08-2016.

Providencia n° SNAT/2016/70 del SENIAT, mediante la cual se incorpora al ordenamiento jurídico nacional la Directiva Mercosur formulario para la solicitud de salida y entrada temporal de bienes. G.O. n° 6.250 Extraordinario del 12-08-2016.

Providencia n° SNAT/2016/71 del SENIAT, mediante la cual se incorpora al ordenamiento jurídico nacional la Directiva Mercosur declaración de valor en aduanas. G.O. n° 6.250 Extraordinario del 12-08-2016.

Providencia n° SNAT/2016/72 del SENIAT, mediante la cual se incorpora al ordenamiento jurídico nacional la Directiva Mercosur opinión consultiva 8.1 del Comité Técnico de Valoración en Aduana. G.O. n° 6.250 Extraordinario del 12-08-2016.

Providencia n° SNAT/2016/73 del SENIAT, mediante la cual se incorpora al ordenamiento jurídico nacional la Directiva Mercosur miembros de una misma familia. G.O. n° 6.250 Extraordinario del 12-08-2016.

Providencia n° SNAT/2016/74 del SENIAT, mediante la cual se incorpora al ordenamiento jurídico nacional la Directiva Mercosur tratamiento aduanero aplicable a una operación de tránsito aduanero internacional incluyendo un trayecto por vía acuática en embarcación bajo el sistema roll on-roll off. G.O. n° 6.250 Extraordinario del 12-08-2016.

Providencia n° SNAT/2016/75 del SENIAT, mediante la cual se incorpora al ordenamiento jurídico nacional la Directiva Mercosur norma de control aduanero en las administraciones aduaneras del Mercosur. G.O. n° 6.250 Extraordinario del 12-08-2016.

Providencia n° SNAT/2016/76 del SENIAT, mediante la cual se incorpora al ordenamiento jurídico nacional la Directiva Mercosur norma relativa a la gestión de riesgo aduanero. G.O. n° 6.250 Extraordinario del 12-08-2016.

Providencia n° SNAT/2016/77 del SENIAT, mediante la cual se incorpora al ordenamiento jurídico nacional la Directiva Mercosur regímenes especiales de importación. G.O. n° 6.250 Extraordinario del 12-08-2016.

Resolución conjunta de los MPP para la Alimentación, para la Agricultura Productiva y Tierras y para la Salud, mediante la cual se aprueba la incorporación al ordenamiento jurídico nacional la Resolución Mercosur n° 46/98. G.O. n° 40.970 del 19-08-2016.

Resolución conjunta n° 86, 123 y 382 de los MPP para la Alimentación, para la Agricultura Productiva y Tierras y para la Salud, mediante la cual se incorpora al ordenamiento jurídico nacional la Resolución Mercosur reglamento técnico de métodos de muestreo para el control de residuos de medicamentos veterinarios en alimentos de origen animal. G.O. n° 40.970 del 19-08-2016.

Resolución conjunta n° 91, 121 y 379 de los MPP para la Alimentación, para la Agricultura Productiva y Tierras y para la Salud, mediante la cual se incorpora al ordenamiento jurídico nacional la Resolución Mercosur criterios para la validación de método analítico para la determinación de residuos de principios activos de medicamentos veterinarios en productos de origen animal. G.O. n° 40.970 del 19-08-2016.

Resolución conjunta n° 89, 122 y 388 de los MPP para la Alimentación, para la Agricultura Productiva y Tierras y para la Salud, mediante la cual se incorpora al ordenamiento jurídico nacional la Resolución Mercosur reglamento técnico metodologías analíticas, ingesta diaria admisible y límites máximos de residuos para medicamentos veterinarios en alimentos de origen animal. G.O. n° 40.970 del 19-08-2016.

Resolución conjunta n° 91, 121 y 379 de los MPP para la Alimentación, para la Agricultura Productiva y Tierras y para la Salud, mediante la cual se incorpora al ordenamiento jurídico nacional la Resolución Mercosur criterios para la validación de método analítico para la determinación de residuos de principios activos de medicamentos veterinarios en productos de origen animal. G.O. N° 40.973 del 24-08-2016.

Resolución conjunta de los MPP para la Alimentación y para la Salud, mediante la cual se incorpora al ordenamiento jurídico nacional la Resolución Mercosur reglamento técnico sobre asignación de aditivos y sus concentraciones máximas para la categoría de alimentos 3: helados comestibles. G.O. n° 40.977 del 30-08-2016.

Resolución conjunta n° 95, 129, 401 de los MPP para la Alimentación, para la Agricultura Productiva y Tierras y para la Salud, mediante la cual se aprueba la incorporación al ordenamiento jurídico nacional d la Resolución Mercosur reglamento técnico sobre límites máximos de contaminantes inorgánicos en alimentos. G.O. n° 40.992 del 20-09-2016.

Resolución n° 137 del MPP para la Agricultura Productiva y Tierras, mediante la cual se incorpora al ordenamiento jurídico nacional la Resolución Mercosur límites máximos de residuos de principios activos de medicamentos veterinarios en productos de origen animal. G.O. n° 40.995 del 23-09-2016.

Resolución n° 124 del MPP para la Agricultura Productiva y Tierras, mediante la cual se incorpora al ordenamiento jurídico nacional la Resolución Mercosur condiciones que deben cumplir las unidades habilitadas para cuarentena animal en el país de origen o de destino y disposiciones para su funcionamiento. G.O. n° 40.995 del 23-09-2016.

Resolución n° 138 del MPP para la Agricultura Productiva y Tierras, mediante la cual se incorpora al ordenamiento jurídico nacional la Resolución Mercosur sub estándar 3.7.24 requisitos fitosanitarios para glycine max (soja) según país de destino y origen para los Estados Partes. G.O. n° 40.995 del 23-09-2016.

Resolución n° 139 del MPP para la Agricultura Productiva y Tierras, mediante la cual se incorpora al ordenamiento jurídico nacional la Resolución Mercosur sub estándar 3.7.33 requisitos fitosanitarios para musa spp. (banana) según país de destino y origen para los Estados Partes. G.O. n° 40.995 del 23-09-2016.

Resolución n° 140 del MPP para la Agricultura Productiva y Tierras, mediante la cual se incorpora al ordenamiento jurídico nacional la Resolución Mercosur sub estándar 3.7.48. requisitos fitosanitarios para pinus spp. (pino) según país de destino y origen para los Estados Partes. G.O. n° 40.995 del 23-09-2016.

Resolución n° 27 del MPP para Ecosocialismo y Aguas, mediante la cual se aprueba la incorporación al ordenamiento jurídico nacional de la Resolución Mercosur n° 01/99. G.O. n° 41.007 del 11-10-2016.

Resolución n° 136 del MPP para la Agricultura Productiva y Tierras, mediante la cual se incorpora al ordenamiento jurídico nacional la

Decisión Mercosur programa de acción Mercosur libre de fiebre aftosa. G.O. n° 41.018 del 27-10-2016.

Resolución conjunta n° 32, 37 y 199 de los MPP para la Alimentación, para la Agricultura Productiva y Tierras y para la Salud, mediante las cuales se incorporan al ordenamiento jurídico nacional Resolución Mercosur criterios para definir las prioridades del control de residuos de principios activos de medicamentos veterinarios en productos de origen animal. G.O. n° 41.018 del 27-10-2016.

Resolución conjunta n° 35, 40 y 202 de los MPP para la Alimentación, para la Agricultura Productiva y Tierras y para la Salud, mediante las cuales se incorporan al ordenamiento jurídico nacional Resolución Mercosur reglamento técnico para restricción de uso de determinados aditivos alimentarios. G.O. n° 41.018 del 27-10-2016.

Resolución n° 532 del MPP para la Salud, mediante la cual se incorpora al ordenamiento jurídico nacional la Resolución Mercosur criterios comunes del Mercosur para factores de conversión para sustancias controladas nacionalmente por los Estados Partes que no son objeto de control internacional. G.O. n° 41.038 del 24-11-2016.

Resolución n° 533 del MPP para la Salud, mediante la cual se incorpora al ordenamiento jurídico nacional la Resolución Mercosur reglamento técnico sobre las asociaciones de drogas que contienen anorexígenos en medicamentos y preparaciones magistrales. G.O. n° 41.038 del 24-11-2016.

Resolución n° 534 del MPP para la Salud, mediante la cual se incorpora al ordenamiento jurídico nacional la Resolución Mercosur reglamento técnico sobre asociaciones de drogas en medicamentos y preparados magistrales que contengan ansiolíticos. G.O. n° 41.038 del 24-11-2016.

Resolución n° 535 del MPP para la Salud, mediante la cual se incorpora al ordenamiento jurídico nacional la Resolución Mercosur reglamento técnico sobre control de contenido neto para la indicación cuantitativa de productos cosméticos y de tocador comercializados en cantidades nominales de 5g o ml a 20g o ml. G.O. n° 41.038 del 24-11-2016.

Resolución n° 536 del MPP para la Salud, mediante la cual se incorpora al ordenamiento jurídico nacional la Resolución Mercosur reglamento técnico sobre lista de sustancias colorantes permitidas para productos de higiene personal, cosméticos y perfumes. G.O. n° 41.038 del 24-11-2016.

Resolución n° 537 del MPP para la Salud, mediante la cual se incorpora al ordenamiento jurídico nacional la Resolución Mercosur glosario de términos comunes en los servicios de salud de Mercosur. G.O. n° 41.038 del 24-11-2016.

Resolución n° 538 del MPP para la Salud, mediante la cual se incorpora al ordenamiento jurídico nacional la Resolución Mercosur requisitos comunes para habilitación de unidades móviles terrestres de atención médica de emergencia. G.O. n° 41.038 del 24-11-2016.

Resolución n° 63 del MPP para la Cultura, mediante la cual se incorpora al ordenamiento jurídico nacional la Decisión Mercosur Fondo Mercosur Cultural. G.O. n° 41.038 del 24-11-2016.

Resolución n° 64 del MPP para la Cultura, mediante la cual se incorpora al ordenamiento jurídico nacional la Resolución Mercosur certificados de obras cinematográficas Mercosur. G.O. n° 41.038 del 24-11-2016.

Resolución n° 539 del MPP para la Salud, mediante la cual se aprueba la incorporación al ordenamiento jurídico nacional de la Resolución Mercosur reglamento técnico sobre asociaciones de drogas en medicamentos y preparados magistrales que contengan ansiolíticos. G.O. n° 41.039 del 25-11-2016.

Resolución n° 392 del MPP para la Salud, mediante la cual se incorpora al ordenamiento jurídico nacional la Decisión Mercosur reglamento técnico sobre requisitos esenciales de seguridad para productos eléctricos de baja tensión. G.O. n° 41.039 del 25-11-2016.

Resolución n° 393 del MPP para la Salud, mediante la cual se incorpora al ordenamiento jurídico nacional la Decisión Mercosur complementación del plan general de cooperación y coordinación recíproca para la seguridad regional en materia de tráfico ilícito de material nuclear y/o radiactivo entre los Estados Partes del Mercosur. G.O. n° 41.039 del 25-11-2016.

Resolución n° 394 del MPP para la Salud, mediante la cual se incorpora al ordenamiento jurídico nacional la Decisión Mercosur complementación del plan general de cooperación y coordinación recíproca para la seguridad regional en materia de tráfico ilícito de material nuclear y/o radioactivo entre el Mercosur, la República de Bolivia y la República de Chile. G.O. n° 41.039 del 25-11-2016.

Providencia del INTTT, mediante la cual se aprueba la incorporación al ordenamiento jurídico nacional de la Resolución Mercosur cabina dormitorio en vehículos afectados al transporte internacional automotor de carga. G.O. n° 41.039 del 25-11-2016.

Resolución n° 28 del MPP para Transporte y Obras Públicas, mediante la cual se incorpora al ordenamiento jurídico nacional la Resolución Mercosur reglamento técnico del Mercosur de vehículos de la categoría m3 para el transporte automotor de pasajeros por carretera (ómnibus de media y larga distancia). G.O. n° 41.046 del 06-12-2016.

Resolución n° 29 del MPP para Transporte y Obras Públicas, mediante la cual se incorpora al ordenamiento jurídico nacional la Resolución

Mercosur reglamento técnico de vehículos livianos de la categoría m2 para el transporte público automotor de pasajeros contra retribución internacional por carretera (ómnibus de media y larga distancia). G.O. n° 41.046 del 06-12-2016.

Providencia n° 88 de la SUNDDE, mediante la cual se incorpora al ordenamiento jurídico nacional la Resolución Mercosur defensa del consumidor-garantía contractual. G.O. n° 41.049 del 09-12-2016.

Providencia n° 89 de la SUNDDE, mediante la cual se incorpora al ordenamiento jurídico nacional la Resolución Mercosur defensa del consumidor-publicidad engañosa. G.O. n° 41.049 del 09-12-2016.

Providencia n° 90 de la SUNDDE, mediante la cual se incorpora al ordenamiento jurídico nacional la Resolución Mercosur protección de la salud y la seguridad de consumidores y usuarios aspectos operativos. G.O. n° 41.049 del 09-12-2016.

Providencia n° 91 de la SUNDDE, mediante la cual se incorpora al ordenamiento jurídico nacional la Resolución Mercosur defensa del consumidor-conceptos básicos. G.O. n° 41.049 del 09-12-2016.

Resolución n° 214 del MPP para la Banca y Finanzas, mediante la cual se dicta la reforma del Decreto n° 236 del 15-07-2013, donde se aprueba la incorporación al ordenamiento jurídico nacional de las Resoluciones del Mercosur que aprueba las modificaciones de la nomenclatura común del Mercosur y del arancel externo común del Mercosur que en ellas se indican. G.O. n° 41.050 del 12-12-2016.

Resolución n° 545 del MPP para la Salud, mediante la cual se incorpora al ordenamiento jurídico nacional la Resolución Mercosur reglamento técnico determinación de biodegradabilidad de tensioactivos aniónicos. G.O. n° 41.050 del 12-12-2016.

Resolución n° 544 del MPP para la Salud, mediante la cual se incorpora al ordenamiento jurídico nacional la Resolución Mercosur reglamento técnico para transporte de sustancias infecciosas y muestras biológicas entre los Estados Partes. G.O. n° 41.050 del 12-12-2016.

Resolución conjunta n° 193, 27 y 215 de los MPP para Relaciones Interiores, Justicia y Paz, para Transporte y Obras Públicas y para la Banca y Finanzas, mediante la cual se aprueba la incorporación al ordenamiento jurídico nacional de la Resolución Mercosur que establece las normas para la circulación de vehículos de turistas, particulares y de alquiler en los Estados Partes del Mercosur. G.O. n° 41.056 del 20-12-2016.

Resolución n° 556 del MPP para la Salud, mediante la cual se incorpora al ordenamiento jurídico nacional la Resolución Mercosur lista de especialidades médicas comunes en el Mercosur. G.O. n° 41.059 del 23-12-2016.

Resolución n° 557 del MPP para la Salud, mediante la cual se incorpora al ordenamiento jurídico nacional la Resolución Mercosur derogación de la Resolución n° 42/03 actualización en las definiciones de casos de síndrome respiratorio agudo grave (SARS) entre los Estados Partes del Mercosur. G.O. n° 41.059 del 23-12-2016.

Resolución n° 558 del MPP para la Salud, mediante la cual se incorpora al ordenamiento jurídico nacional la Resolución Mercosur derogación de la Resolución n° 34/01. G.O. n° 41.059 del 23-12-2016.

Providencia n° SNAT/2016/110 del SENIAT, mediante la cual se incorpora al ordenamiento jurídico nacional la Decisión Mercosur programa de asunción sobre medidas de simplificación operacional de trámites de comercio exterior y de frontera. G.O. n° 41.063 del 29-12-2016.

Providencia n° SNAT/2016/111 del SENIAT, mediante la cual se incorpora al ordenamiento jurídico nacional la Decisión Mercosur norma relativa al despacho aduanero de mercaderías. G.O. n° 41.063 del 29-12-2016.

Providencia n° SNAT/2016/112 del SENIAT, mediante la cual se incorpora al ordenamiento jurídico nacional la Decisión Mercosur dictamen de clasificación. G.O. n° 41.063 del 29-12-2016.

Providencia n° SNAT/2016/113 del SENIAT, mediante la cual se incorpora al ordenamiento jurídico nacional la Resolución Mercosur norma relativa a la información del manifiesto internacional de cargas/declaración de tránsito aduanero y al seguimiento de la operación entre los Estados Partes del Mercosur. G.O. n° 41.063 del 29-12-2016.

Providencia n° SNAT/2016/114 del SENIAT, mediante la cual se incorpora al ordenamiento jurídico nacional la Resolución Mercosur norma relativa al transporte de encomiendas en ómnibus de pasajeros de línea regular habilitados para viajes internacionales. G.O. n° 41.063 del 29-12-2016.

Providencia n° SNAT/2016/115 del SENIAT, mediante la cual se incorpora al ordenamiento jurídico nacional la Resolución Mercosur horario de atención en puntos de frontera. G.O. n° 41.063 del 29-12-2016.

Providencia n° SNAT/2016/116 del SENIAT, mediante la cual se incorpora al ordenamiento jurídico nacional la Resolución Mercosur resguardos aduaneros. G.O. n° 41.063 del 29-12-2016.

Resolución n° 559 del MPP para la Salud, mediante la cual se incorpora al ordenamiento jurídico nacional la Resolución Mercosur reglamento técnico para producción y control de calidad de hemoderivados de origen plasmática. G.O. n° 41.063 del 29-12-2016.

Resolución n° 196 del MPP de Petróleo, mediante la cual se incorpora al ordenamiento jurídico nacional la Resolución Mercosur reglamento técnico de válvula de cilindro para almacenamiento de gas natural comprimido utilizado como combustible a bordo de vehículos automotores. G.O. n° 6.282 Extraordinario del 30-12-2016.

Resolución n° 197 del MPP de Petróleo, mediante la cual se incorpora al ordenamiento jurídico nacional la Resolución Mercosur reglamento técnico sobre cilindros para almacenamiento de gas natural comprimido utilizado como combustible a bordo de vehículos automotores. G.O. n° 6.282 Extraordinario del 30-12-2016.

Resolución n° 163 del MPP para la Agricultura Productiva y Tierras, mediante la cual se aprueba la incorporación al ordenamiento jurídico nacional de la Resolución Mercosur reglamento técnico para el control de las vacunas contra carbúnculo sintomático, grangrena gaseosa, exterotoxemia y tétano, inactivadas y conservadas sobre refrigeradas. G.O. n° 41.056 del 20-12-2016.

Resolución n° 198 del MPP para Relacione Exteriores, mediante la cual se incorpora al ordenamiento jurídico nacional la Decisión Mercosur procedimiento para atender casos excepcionales de urgencia. G.O. n° 41.070 del 09-01-2017.

Providencia n° SNAT/2016/126 del SENIAT, mediante la cual se incorpora al ordenamiento jurídico nacional la Directiva Mercosur regímenes especiales de importación. G.O. n° 41.063 del 11-01-2017.

Providencia n° SNAT/2016/127 del SENIAT, mediante la cual se incorpora al ordenamiento jurídico nacional la Resolución Mercosur pautas generales para la valoración aduanera de las mercaderías. G.O. n° 41.072 del 11-01-2017.

Providencia n° SNAT/2016/128 del SENIAT, mediante la cual se incorpora al ordenamiento jurídico nacional la Resolución Mercosur pautas generales para el despacho aduanero. G.O. n° 41.072 del 11-01-2017.

Resolución n° 2 del MPP para la Salud, mediante la cual se incorpora al ordenamiento jurídico nacional la Resolución Mercosur farmacopea Mercosur: Métodos de Farmacognosia. G.O. n° 41.090 del 07-02-2017.

Resolución n° 3 del MPP para la Salud, mediante la cual se incorpora al ordenamiento jurídico nacional la Resolución Mercosur requisitos de buenas prácticas para la organización y funcionamiento de los bancos de leche humana y centros de recolección de leche humana. G.O. n° 41.090 del 07-02-2017.

Resolución n° 4 del MPP para la Salud, mediante la cual se incorpora al ordenamiento jurídico nacional la Resolución Mercosur farmacopea Mercosur: apariencia de la solución. G.O. n° 41.090 del 07-02-2017.

Resolución n° 5 del MPP para la Salud, mediante la cual se incorpora al ordenamiento jurídico nacional la Resolución Mercosur identificación-cloruros. G.O. n° 41.090 del 07-02-2017.

Resolución n° 6 del MPP para la Salud, mediante la cual se incorpora al ordenamiento jurídico nacional la Resolución Mercosur límite de n, n-dimetilanilina. G.O. n° 41.090 del 07-02-2017.

Resolución n° 8 del MPP para el Transporte, mediante la cual se aprueba la incorporación al ordenamiento jurídico nacional de la Resolución Mercosur reglamento técnico sobre paragolpe trasero de los vehículos de carga. G.O. n° 41.093 del 10-02-2017.

Resolución conjunta n° 129 y 9 de los MPP para la Salud y para la Agricultura Productiva y Tierras, mediante la cual se aprueba la incorporación al ordenamiento jurídico nacional de la Resolución Mercosur reglamento técnico para productos desinfectantes (plaguicidas) domisanitarios. G.O. n° 41.112 del 13-03-2017.

Resolución n° 44 del MPP para Relaciones Exteriores, mediante la cual se ordena la publicación del acuerdo complementario en materia cultural entre el Gobierno de la República Bolivariana de Venezuela y el Gobierno de la República de Abjasia. G.O. n° 41.117 del 20-03-2017.

Resolución conjunta n° 8, 241 y 41 de los MPP para la Alimentación, para la Salud y de Economía y Finanzas, mediante la cual se aprueba la incorporación al ordenamiento jurídico nacional de la Resolución Mercosur reglamento técnico de métodos de análisis para alcohol potable de origen agrícola. G.O. n° 41.124 del 29-03-2017.

Resolución n° 464 del MPP para Relaciones Exteriores, mediante la cual se ordena publicar el texto del memorándum de entendimiento entre la República Bolivariana de Venezuela y la Organización Marítima Internacional (OMI) sobre la participación en el plan de auditorías de los Estados Miembros de la OMI. G.O. n° 41.169 del 09-06-2017.

Resolución n° 143 del MPP para Relaciones Exteriores, mediante la cual se suscribe el memorándum de entendimiento entre el Gobierno de la República Bolivariana de Venezuela y el Gobierno de la República de Turquía, en materia de cooperación en el área agrícola. G.O. n° 41.306 del 22-12-2017.

Resolución n° 144 del MPP para Relaciones Exteriores, mediante la cual se suscribe el acuerdo de cooperación en materia de seguridad entre el Gobierno de la República Bolivariana de Venezuela y el Gobierno de la República de Turquía. G.O. n° 41.306 del 22-12-2017.

Resolución n° 145 del MPP para Relaciones Exteriores, mediante la cual se suscribe el acuerdo de comercio y cooperación económica entre el Gobierno de la República de Venezuela y el Gobierno de la República de Turquía. G.O. n° 41.306 del 22-12-2017.

Resolución n° 146 del MPP para Relaciones Exteriores, mediante la cual se suscribe el acuerdo de donación de medicamentos e insumos médicos por parte del Estado de Palestina a la República Bolivariana de Venezuela. G.O. n° 41.306 del 22-12-2017.

Resolución n° 147 del MPP para Relaciones Exteriores, mediante la cual se suscribe el protocolo modificatorio al acuerdo marco de cooperación entre la República Bolivariana de Venezuela y la República del Ecuador, para profundizar los lazos de comercio y desarrollo. G.O. n° 41.306 del 22-12-2017.

Resolución n° 59 del MPP para Relaciones Exteriores, mediante la cual se ordena la publicación del tratado sobre la prohibición de las armas nucleares, suscrito por la República. G.O. n° 41.354 del 06-03-2018.

Resolución n° 60 del MPP para Relaciones Exteriores, mediante la cual se ordena la publicación del acuerdo marco sobre el establecimiento de la Alianza Solar Internacional (ASI), suscrito por la República. G.O. n° 41.354 del 06-03-2018.

Resolución n° 78 del MPP para Relaciones Exteriores, mediante la cual se ordena la publicación del convenio de cooperación específico para la ejecución de la Misión Milagro entre el Gobierno de la República Bolivariana de Venezuela y la República de Surinam. G.O. n° 41.362 del 16-03-2018.

Resolución n° 103 del MPP para Relaciones Exteriores, mediante la cual se adoptan los protocolos de enmiendas de los artículos 50, literal a) y 56 del convenio sobre aviación civil internacional. G.O. n° 41.387 del 30-04-2018.

Resolución n° 134 del MPP para Relaciones Exteriores, mediante la cual se publica el memorándum de entendimiento entre el Gobierno de la República Bolivariana de Venezuela y el Gobierno de la República Islámica de Irán en materia de productos farmacéuticos y equipos médicos. G.O. n° 41.394 del 10-05-2018.

Resolución n° 166 del MPP para Relaciones Exteriores, mediante la cual se procede a la publicación del protocolo modificatorio del convenio de cooperación específico para la ejecución de la Misión Milagro, entre la República Bolivariana de Venezuela y la República de El Salvador. G.O. n° 41.432 del 03-07-2018.

Resolución n° 192 del MPP para Relaciones Exteriores, sobre el acuerdo marco de cooperación entre la República Bolivariana de Venezuela y la República de Mozambique sobre el reconocimiento de certificado, títulos o diplomas de educación universitaria. G.O. n° 41.455 del 07-08-2018.

Resolución n° 213 del MPP para Relaciones Exteriores, mediante la cual se adoptó el protocolo de Nagoya sobre acceso a los recursos genéticos y participación justa y equitativa en los beneficios que se deriven de su utilización al convenio sobre la diversidad biológica. G.O. n° 41.476 del 06-09-2018.

Resolución n° 214 del MPP para Relaciones Exteriores, mediante la cual se adoptó el protocolo de Nagoya Kuala Lumpur sobre responsabilidad y compensación suplementario al protocolo de Cartagena sobre seguridad de la biotecnología. G.O. n° 41.476 del 06-09-2018.

Resolución n° 496 del MPP para Relaciones Exteriores, mediante la cual se suscribe el acuerdo de desarrollo comercial entre la República Bolivariana de Venezuela y la República de Turquía. G.O. n° 6.418 Extraordinario del 27-12-2018.

Resolución n° 498 del MPP para Relaciones Exteriores, mediante la cual se suscribe el convenio entre el Gobierno de la República Bolivariana de Venezuela y el Gobierno de la República de Turquía, para evitar la doble tributación y prevenir la evasión y el fraude fiscal en materia de ISLR. G.O. n° 41.554 del 28-12-2018.

Resolución n° 499 del MPP para Relaciones Exteriores, mediante la cual se suscribe el acuerdo de transporte marítimo entre el Gobierno de la República Bolivariana de Venezuela y el Gobierno de la República de Turquía. G.O. n° 41.554 del 28-12-2018.

Resolución n° 120 del MPP para Relaciones Exteriores, mediante la cual se procede a la publicación del convenio en materia migratoria entre el Gobierno de la República Bolivariana de Venezuela y el Gobierno de la República de Cuba. G.O. n° 41.632 del 14-05-2019.

Resolución n° 243 del MPP para Relaciones Exteriores, mediante la cual se ordena la publicación del tratado de Marrakech para facilitar el acceso a las obras publicadas para las personas con discapacidad visual o con otras dificultades para acceder al texto impreso. G.O. n° 41.724 del 25-09-2019, reimpresión en G.O. n° 41.725 del 26-09-2019.

Resolución n° 247 del MPP para Relaciones Exteriores, mediante la cual se ordena la publicación del convenio de reconocimiento de estudios, certificados, títulos o diplomas de educación universitaria entre el Gobierno de la República Bolivariana de Venezuela y el Gobierno de la República de Guinea Ecuatorial. G.O. n° 41.731 de 04-10-2019.

Resoluciones n° 244, 245 y 246 del MPP para Relaciones Exteriores, mediante las cuales se ordena la publicación de los acuerdos de cooperación entre la República Bolivariana de Venezuela y la República de Guinea Ecuatorial. G.O. n° 41.731 de 04-10-2019.

Resolución n° 279 del MPP para Relaciones Exteriores, mediante la cual se ordena publicar el acuerdo sobre servicios aéreos entre la República Bolivariana de Venezuela y la República de Nicaragua. G.O. n° 41.754 del 06-11-2019.

Resolución n° 303 del MPP para Relaciones Exteriores, mediante la cual se procede a la publicación del memorando de entendimiento entre la República Bolivariana de Venezuela a través de PDVSA y su filial PDVSA Industrial, S.A., y la República de Guinea Ecuatorial por órgano del Ministerio de Minas e Hidrocarburos para el intercambio comercial de bienes y servicios. G.O. n° 41.788 del 26-12-2019.

Resolución n° 304 del MPP para Relaciones Exteriores, mediante la cual se procede a la publicación del memorando de entendimiento entre la República Bolivariana de Venezuela y la República de Guinea Ecuatorial, para realizar estudios de prospección en tierra firme de la parte continental de Guinea Ecuatorial. G.O. n° 41.788 del 26-12-2019.

Resolución n° 218 del MPP para Relaciones Exteriores, mediante la cual se procede a la publicación del acuerdo entre el Gobierno de la República Bolivariana de Venezuela y la Federación Internacional de Sociedades de la Cruz Roja y de la Media Luna Roja para determinar la condición Jurídica de la Federación Internacional en la República Bolivariana de Venezuela. G.O. n° 41.829 del 28-02-2020.

Resolución n° 282 del MPP para Relaciones Exteriores, mediante la cual se procede a la publicación del acuerdo de cooperación cultural entre la República Bolivariana de Venezuela y la República de Turquía. G.O. n° 41.951 del 26-08-2020.

Resolución n° 283 del MPP para Relaciones Exteriores, mediante la cual se procede a la publicación del acuerdo entre la República Bolivariana de Venezuela y la República de Turquía sobre el establecimiento, el funcionamiento y las actividades de los centros culturales. G.O. n° 41.951 del 26-08-2020.

Resolución n° 103 del MPP para Relaciones Exteriores, mediante la cual se ordena publicar el texto Decisión 001 de la Comisión Administradora del acuerdo de alcance parcial de naturaleza comercial n° 28 celebrado entre la República Bolivariana de Venezuela y la República de Colombia, primer protocolo adicional. G.O. n° 42.609 del 14-04-2023, reimpresión en G.O. n° 42.637 del 26-05-2023.

3. Cuerpos diplomáticos

Acuerdo n° 2014-17 del Grupo Parlamentario Venezolano, mediante el cual se reforma el Título XIII del Reglamento Interno del Grupo Parlamentario Venezolano del Parlamento Latinoamericano (Parlatino), atinente al Régimen Laboral de las Trabajadoras y los Trabajadores del Grupo (reimpresión). G.O. n° 40.578 del 12-01-2015.

Resolución n° 64 del MPP para Relaciones Exteriores, mediante la cual se crea la Misión Permanente de la República ante la Organización para la Prohibición de las Armas Químicas, Corte Penal Internacional y otros Organismos y Tribunales Internacionales, con sede en el Reino de los Países Bajos. G.O. n° 40.675 del 04-06-2015.

Resolución del MPP para Relaciones Exteriores, mediante la cual se otorga el consentimiento para el funcionamiento de la Embajada de la República Popular Democrática de Corea. G.O. n° 40.686 del 19-06-2015.

Resolución conjunta n° 118 y 77 de los MPP para Relaciones Exteriores y de Economía y Finanzas, mediante la cual se establece que las personas que designe la Unión de Naciones Suramericanas (Unasur), para realizar funciones de acompañamiento electoral en las elecciones del 06-12-2015, gozarán de inmunidad de jurisdicción penal, civil y administrativa, durante el período en que se realicen sus actividades. G.O. n° 40.789 del 16-11-2015.

Resolución n° 15 del MPP para Relaciones Exteriores, mediante la cual se suprime el Consulado General de la República del Ecuador, en la ciudad de Mérida con circunscripción en los estados Mérida, Táchira, Barinas, Apure, Portuguesa y Trujillo. G.O. n° 40.873 del 28-03-2016.

Resolución n° 57 del MPP para Relaciones Exteriores, mediante la cual se crea la Misión Permanente de la República Bolivariana de Venezuela ante la Unión de Naciones Suramericanas (Unasur). G.O. n° 40.920 del 07-06-2016.

Resolución n° 8 del MPP para Relaciones Exteriores, mediante la cual se otorga el consentimiento para el establecimiento de un Consulado Honorario de la República Helénica en la ciudad de Valencia, con circunscripción consular en los estados Carabobo, Aragua y Yaracuy. G.O. n° 41.083 del 26-01-2017.

Resolución n° DM/458 del MPP para Relaciones Exteriores, mediante la cual se otorga el consentimiento para el establecimiento de un Consulado Honorario de la República Árabe Siria en la ciudad de Puerto La Cruz, estado Anzoátegui, con circunscripción consular en los estados Anzoátegui, Monagas y Sucre. G.O. n° 41.169 del 09-06-2017.

Resolución n° 10 del MPP para Relaciones Exteriores, mediante la cual se otorga el consentimiento para el establecimiento de un Consulado Honorario de la República de Corea en la ciudad de El Consejo, estado Aragua, con circunscripción consular en los estados Aragua, Anzoátegui y Zulia. G.O. n° 41.202 del 28-07-2017.

Resoluciones n° 85 y 87 del MPP para Relaciones Exteriores, mediante las cuales se otorga el consentimiento para el establecimiento de los Consulados Honorarios de la República del Ecuador en la ciudad de Mérida, estados Mérida, Táchira, Barinas, Apure, Portuguesa y Trujillo; y de la República Islámica de Mauritania en la ciudad de Caracas, circunscripción consular en todo el territorio nacional. G.O. n° 41.249 del 03-10-2017.

Resolución n° 93 del MPP para Relaciones Exteriores, mediante la cual se cierra el Consulado Honorario de la República Bolivariana de Venezuela en la ciudad de Munich, República Federal de Alemania, con circunscripción en la provincia de Bayern (Baviera). G.O. n° 41.257 del 16-10-2017.

Resolución n° 152 del MPP para Relaciones Exteriores, mediante la cual se otorga el consentimiento para el establecimiento de un Consulado Honorario de la República Libanesa en la ciudad de Puerto Ordaz, con circunscripción consular en el estado Bolívar. G.O. n° 41.306 del 22-12-2017.

Resolución n° 21 del MPP para Relaciones Exteriores, mediante la cual se crea la Embajada de la República ante el Gobierno de la República Unida de Tanzania. G.O. n° 41.330 del 29-01-2018.

Resolución n° 22 del MPP para Relaciones Exteriores, mediante la cual se crea la Embajada de la República ante el Gobierno de la República de Azerbaiyán. G.O. n° 41.330 del 29-01-2018.

Resolución n° 23 del MPP para Relaciones Exteriores, mediante la cual se crea la Embajada de la República ante el Gobierno de la República de Kazajistán. G.O. n° 41.330 del 29-01-2018.

Resolución n° 34 del MPP para Relaciones Exteriores, mediante la cual se establece que la Embajada de la República Bolivariana de Venezuela ante los países que en ella se mencionan, ejerza funciones concurrentes. G.O. n° 41.337 del 07-02-2018.

Resolución n° 8 del MPP para Relaciones Exteriores, mediante la cual se dicta el instructivo de regulación del trámite de alquileres de bienes inmuebles destinados a la sede de misiones, misiones permanentes, oficinas comerciales, centros culturales, residencias de Embajadores y locales para depósitos. G.O. n° 41.340 del 14-02-2018.

Resolución n° 22 del MPP de Economía y Finanzas, mediante la cual se autoriza a las Oficinas y Secciones Consulares de la República acreditadas en el exterior, para que una vez registrados los ingresos percibidos con ocasión de las actuaciones consulares, transfieran a las cuentas abiertas para el manejo de fondos en avance del respectivo servicio, los recursos financieros necesarios para atender los compromisos debidamente autorizados por la Ley de Presupuesto para el Ejercicio Fiscal 2018, hasta la concurrencia de las autorizaciones máximas para gastar previstas para la respectiva unidad administradora desconcentrada. G.O. n° 41.349 del 27-02-2018.

Resolución n° 44 del MPP para Relaciones Exteriores, mediante la cual se establece que la Embajada de la República ante los países que en ella se mencionan ejerza funciones concurrentes. G.O. n° 41.351 del 01-03-2018.

Resolución n° 126 del MPP para Relaciones Exteriores, mediante la cual se crea el Consulado General de la República Bolivariana de Venezuela en Guangzhou, República Popular China, cuya circunscripción consular contempla las provincias de Guangdong, Hainan, Fujian, Hunan, Jianxi y la región autónoma Zhuang de Guangxi. G.O. n° 41.388 del 02-05-2018.

Resolución n° 212 del MPP para Relaciones Exteriores, mediante la cual se deroga la Resolución sobre las normas sobre pasajes, viáticos y gastos de instalación y transporte de equipajes del personal del servicio exterior. G.O. n° 41.470 del 29-08-2018.

Resoluciones n° 126 y 127del MPP para Relaciones Exteriores, mediante las cuales se ordena el cierre del Consulado Honorario de la República en la ciudad de Malmö, con circunscripción consular en la provincia de Escania y del Consulado Ad Honorem de la República en la ciudad de Gotemburgo, con circunscripción consular en la provincia de Gotemburgo, Reino de Suecia. G.O. n° 41.480 del 12-09-2018.

Resolución n° 345 del MPP para Relaciones Exteriores, mediante la cual se establece que a partir de la presente fecha dentro de la estructura física de las Embajadas de la República ante los Gobiernos de Italia, Francia y Uruguay, cumplirán funciones los Embajadores o Embajadoras Alternas de la República Bolivariana de Venezuela ante la Organización de las Naciones Unidas para la Alimentación y la Agricultura (FAO); la Organización de las Naciones Unidas para la Educación, la Ciencia y la Cultura (UNESCO); y para el Mercado Común del Sur (Mercosur)-Asociación Latinoamericana de Integración (ALADI). G.O. n° 41.517 del 05-11-2018.

Resolución n° 352 del MPP para Relaciones Exteriores, mediante la cual se deroga la Resolución n° 345 del 05-11-2018. G.O. n° 41.527 del 19-11-2018.

Resoluciones n° 350, 351 y 353 del MPP para Relaciones Exteriores, mediante las cuales se establece que la Representación Permanente de la República Bolivariana de Venezuela ante el Mercado Común del Sur (Mercosur) y Asociación Latinoamericana de Integración (ALADI), la Organización de las Naciones Unidas para la Alimentación y la Agricultura (FAO) y la Organización de las Naciones Unidas para la Educación, la Ciencia y la Cultura (UNESCO), se ejercerán desde las estructuras administrativas de las Embajadas de la República Bolivariana de Venezuela en las ciudades que en ellas se indican, pudiendo ser designado un Representante Permanente distinto al Jefe de Misión de la Embajada concernida. G.O. n° 41.527 del 19-11-2018.

Resolución n° 398 del MPP para Relaciones Exteriores, mediante la cual se crea la Embajada de la República ante el Gobierno de la República Popular Democrática de Corea. G.O. n° 41.534 del 28-11-2018.

Resolución n° 446 del MPP para Relaciones Exteriores, mediante la cual se crea la Embajada de la República ante el Gobierno de la República Democrática del Congo. G.O. n° 41.548 del 18-12-2018.

Providencia n° 2018-007 de la Oficina Nacional del Tesoro, mediante la cual se autoriza a las Oficinas y Secciones Consulares a transferir los recursos financieros percibidos por las actuaciones consulares, a las cuentas autorizadas para el manejo de fondos en avance y hacer uso de los mismos para el pago de compromisos debidamente autorizados por la Ley de Presupuesto. G.O. n° 41.560 del 09-01-2019.

Resolución n° 25 del MPP para Relaciones Exteriores, mediante la cual se crea la Embajada de la República ante el Gobierno de Sultanato de Omán. G.O. n° 41.567 del 18-01-2019.

Resolución n° 30 del MPP para Relaciones Exteriores, mediante la cual se otorga el consentimiento para el establecimiento de un Consulado Honorario de la República de Croacia, en la ciudad de Caracas, con circunscripción consular en todo el territorio nacional. G.O. n° 41.574 del 29-01-2019.

Resolución n° 65 del MPP para Relaciones Exteriores, mediante la cual se crea la Embajada de la República ante la República Tunecina. G.O. n° 41.591 del 21-02-2019.

Providencia n° 2019-004 de la Oficina Nacional del Tesoro, mediante la cual se autoriza a las Misiones Diplomáticas y Oficinas Consulares al uso de los recursos financieros derivados por concepto de las actuaciones consulares y otros recursos percibidos por las cuentas que mantengan, para el pago de compromisos debidamente autorizados por la Ley de Presupuesto y sus modificaciones. G.O. n° 41.600 del 18-03-2019.

Providencia n° 2020-001 de la Oficina Nacional del Tesoro, mediante la cual se autoriza a las Misiones Diplomáticas y Oficinas Consulares al uso de los recursos financieros derivados por concepto de las actuaciones consulares, y otros recursos percibidos por las cuentas que mantengan, para el pago de compromisos debidamente autorizados por la Ley de Presupuesto para el Ejercicio Fiscal 2020 y sus modificaciones. G.O. n° 41.795 del 08-01-2020.

Resolución n° 191 del MPP para Relaciones Exteriores, mediante la cual el Consulado General de la República en Aruba acreditado ante el Gobierno del Reino de los Países Bajos, asumirá y ejercerá las funciones consulares de la circunscripción consular correspondiente al Consulado General de la República Bolivariana de Venezuela en Bonaire. G.O. n° 41.801 del 16-01-2020.

Resolución n° 216 del MPP para Relaciones Exteriores, mediante la cual se dicta el instructivo de regulación de los trámites administrativos que deben efectuar los Jefes de Misiones Diplomáticas, Consulares, Misiones Permanentes, entre otras Dependencias de Representación de la República Bolivariana de Venezuela en el exterior. G.O. n° 41.828 del 27-02-2020.

Resolución n° 217 del MPP para Relaciones Exteriores, mediante la cual se crea el Consulado General de la República Bolivariana de Venezuela en Quito, República del Ecuador, cuya circunscripción consular contempla la ciudad de Quito. G.O. n° 41.828 del 27-02-2020.

Resolución n° 222 del MPP para Relaciones Exteriores, mediante la cual se crea el Consulado General de la República Bolivariana de Venezuela en Lima, República del Perú, cuya circunscripción consular contempla la ciudad de Lima. G.O. n° 41.835 del 09-03-2020.

Resolución n° 365 del MPP para Relaciones Exteriores, mediante la cual se crea la Embajada de la República ante el Gobierno de la República de Guinea-Bisáu. G.O. n° 42.018 del 30-11-2020.

Resolución n° 19 del MPP para Relaciones Exteriores, mediante la cual se establece que los Consulados Generales de la República Bolivariana de Venezuela acreditado ante los Gobiernos de los países que en ella se señalan, asuma y ejerza las funciones consulares de las circunscripciones consulares correspondientes a los Consulados Generales de la República Bolivariana de Venezuela en las ciudades que en ella se especifican. G.O. n° 42.078 del 02-03-2021.

Resolución n° 90 del MPP para Relaciones Exteriores, mediante la cual se modifica la circunscripción del Consulado General de Italia, quedando conformado por los siguientes estados: Anzoátegui, Apure, Aragua, Barinas, Bolívar, Carabobo, Cojedes, Guárico, Miranda, Monagas, Nueva Esparta, Portuguesa, La Guaira, Lara, Sucre, Yaracuy, Amazonas y Delta Amacuro. G.O. n° 42.184 del 05-08-2021.

Resolución n° 98 del MPP para Relaciones Exteriores, mediante la cual se crea la Embajada de la República ante la República de Fiyi. G.O. n° 42.192 del 17-08-2021.

Resolución n° 174 del MPP para Relaciones Exteriores, mediante la cual la Representación Permanente de la República ante la Organización de las Naciones Unidas para la Alimentación y la Agricultura (FAO), tendrá su Estructura Administrativa Autónoma. G.O. n° 42.301 del 20-01-2022.

Resolución n° 17 del MPP para Relaciones Exteriores, mediante la cual se dicta el instructivo que regulará la relación laboral entre las Misiones Diplomáticas, Representaciones Permanentes y Consulares, con el personal contratado localmente, en concordancia con la legislación del país receptor, de acuerdo a los términos que en ella se indican. G.O. n° 42.329 del 03-03-2022.

Resolución n° 26 del MPP para Relaciones Exteriores, mediante la cual se crea la Embajada de la República en el Reino de Tailandia. G.O. n° 42.415 del 11-07-2022.

Resolución n° 103 del MPP para Relaciones Exteriores, mediante la cual se modifican los montos de los derechos y aranceles consulares a ser cobrados por las Oficinas Consulares y Secciones Consulares de las Embajadas de la República Bolivariana de Venezuela en el exterior, de las actuaciones que en ella se indican. G.O. n° 42.485 del 18-10-2022.

Resolución n° 113 del MPP para Relaciones Exteriores, mediante la cual se crea la Embajada de la República en la República de Uganda. G.O. n° 42.609 del 14-04-2023.

Resolución n° 252 del MPP para Relaciones Exteriores, mediante la cual se notifica a las autoridades competentes a nivel nacional de la supresión del Consulado de la República de Colombia en la Ciudad de Barinas, con circunscripción consular en el estado Barinas, y de las facilidades, privilegios e inmunidades relativos a las Oficinas Consulares, de conformidad a los artículos 28, 29, 30, 31, 32 y 33 de la Convención de Viena sobre Relaciones Consulares. G.O. n° 42.978 del 04-10-2024.

Resolución n° 253 del MPP para Relaciones Exteriores, mediante la cual se notifica a las autoridades competentes a nivel nacional de la supresión del Consulado de la República de Colombia en la Ciudad de Mérida, con circunscripción consular en el estado Mérida, y de las facilidades, privilegios e inmunidades relativos a las Oficinas Consulares, de conformidad a los artículos 28, 29, 30, 31, 32 y 33 de la Convención de Viena sobre Relaciones Consulares. G.O. n° 42.978 del 04-10-2024.

Resolución n° 254 del MPP para Relaciones Exteriores, mediante la cual se notifica a las autoridades competentes a nivel nacional de la supresión del Consulado de la República de Colombia en la Ciudad de Valencia con circunscripción consular en los estados Carabobo, Guárico, Cojedes; municipios Bolívar, Francisco Linares Alcántara, Girardot, José Ángel Lamas, José Félix Rivas, José Rafael Revenga, Libertador, Mario Briceño Iragorry, Ocumare de la Costa de Oro, San Sebastián, Santiago Mariño, Santos Michelena, Sucre, Tovar, y Zamora del estado Aragua; municipios Silva, Palmasola, Monseñor Iturriza, Cacique Manaure, Acosta, San Francisco, Jacura, Píritu, Unión; Petit, Zamora, Tocópero, Colina y Federación del estado Falcón, y de las facilidades, privilegios e inmunidades relativos a las Oficinas Consulares, de conformidad a los artículos 28, 29, 30, 31, 32 y 33 de la Convención de Viena sobre Relaciones Consulares. G.O. n° 42.978 del 04-10-2024.

Resolución n° 255 del MPP para Relaciones Exteriores, mediante la cual se notifica a las autoridades competentes a nivel nacional de la supresión del Consulado de la República de Colombia en la Ciudad de Machiques, con circunscripción consular en los municipios Rosario de Perijá y Machiques de Perijá del estado Zulia, y de las facilidades, privilegios e inmunidades relativos a las Oficinas Consulares, de conformidad a los artículos 28, 29, 30, 31, 32 y 33 de la Convención de Viena sobre Relaciones Consulares. G.O. n° 42.978 del 04-10-2024.

Resolución n° 256 del MPP para Relaciones Exteriores, mediante la cual se notifica a las autoridades competentes a nivel nacional de la supresión del Consulado de la República de Colombia en la Ciudad de San Carlos del Zulia, con circunscripción consular en los municipios Catatumbo, Colón, Sucre, Francisco Javier Pulgar y Jesús María Semprún del estado Zulia, y de las facilidades, privilegios e inmunidades relativos a las Oficinas Consulares, de conformidad a los artículos 28, 29, 30, 31, 32 y 33 de la Convención de Viena sobre Relaciones Consulares. G.O. n° 42.978 del 04-10-2024.

Resolución n° 279 del MPP para Relaciones Exteriores, mediante la cual se notifica a las autoridades competentes a nivel nacional del cambio de clase del Consulado de la República de Colombia en la ciudad de San Antonio del Táchira, a Consulado General, con circunscripción consular en los municipios Bolívar, Junín, Pedro María Ureña y Rafael Urdaneta del estado Táchira. G.O. n° 42.986 del 16-10-2024.

Resolución n° 280 del MPP para Relaciones Exteriores, mediante la cual se notifica a las autoridades competentes a nivel nacional del cambio de clase del Consulado de la República de Colombia en la ciudad de San Fernando de Atabapo, a Viceconsulado, con circunscripción consular en el municipio de Atabapo, estado Amazonas. G.O. n° 42.986 del 16-10-2024.

Resolución n° 281 del MPP para Relaciones Exteriores, mediante la cual se notifica a las autoridades competentes a nivel nacional de la modificación de las circunscripciones de las oficinas consulares de la República de Colombia en la República Bolivariana de Venezuela, que en ella se mencionan. G.O. n° 42.986 del 16-10-2024.

II. Seguridad y defensa

1. Policía, investigación científica y protección civil[145]

Resolución n° 173 del MPP para Relaciones Interiores, Justicia y Paz, mediante la cual se dicta las normas para la habilitación y supresión de atribuciones y competencias en materia de investigación penal para los cuerpos de policía. G.O. n° 40.776 del 28-10-2015.

Decreto n° 2.146, mediante el cual se dicta la escala especial de sueldos aplicable a los funcionarios del Cuerpo de Policía Nacional Bolivariana. G.O. n° 40.813 del 18-12-2015.

Decreto n° 2.147, mediante el cual se dicta la escala especial de sueldos aplicable a los funcionarios del CICPC. G.O. n° 40.813 del 18-12-2015.

Ley Orgánica del Servicio de Bombero y de los Cuerpos de Bomberos y Bomberas y Administración de Emergencias de Carácter Civil. G.O. n° 6.207 Extraordinario del 28-12-2015.

Decreto con Rango, Valor y Fuerza de Ley del Estatuto de la Función Policial. G.O. n° 6.210 Extraordinario del 30-12-2015.

Resolución n° 44 del MPP para Relaciones Interiores, Justicia y Paz, mediante la cual se dictan las normas para la organización y conformación de los consejos disciplinarios de policía. G.O. n° 40.937 del 04-07-2016.

Decreto n° 2.457, mediante el cual se regula y establece el sueldo básico y la prima de alto riesgo como remuneración, aplicables a los bomberos y bomberas de los cuerpos de bomberos y bomberas de administración de emergencia y carácter civil en todo el país en sus diversas especialidades urbanos (estadales y municipales), aeronáuticos, marinos y forestales, con el fin de impulsar progresivamente el establecimiento de un esquema remunerativo uniformado. G.O. n° 40.990 del 16-09-2016.

Reglamento Orgánico del Servicio Bolivariano de Inteligencia Nacional (SEBIN). G.O. n° 41.021 del 01-11-2016.

Decreto n° 2.530, mediante el cual se establece la escala especial de sueldos aplicable a los funcionarios y funcionarias del Servicio Bolivariano de Inteligencia Nacional. G.O. n° 41.022 del 02-11-2016.

Decreto n° 2.569, mediante el cual se ordena la incorporación al Servicio Bolivariano de Inteligencia Nacional (SEBIN) de los Exintegrantes del Comando Especial Táctico de Apoyo de la Policía Metropolita-

[145] Véase también: § Igualdad y no discriminación; Comisiones presidenciales; Fundaciones del Estado; Auditoría y control interno; Exoneraciones; Operativos y planes de seguridad ciudadana; Fronteras; Zonas estratégicas.

na (Grupo Ceta), que participaron en la rebelión cívico-militar del 27-11-1992. G.O. n° 41.039 del 25-11-2016.

Resolución n° 174 del MPP para Relaciones Interiores, Justicia y Paz, mediante la cual se dictan las normas para la Implementación del Sistema de Información Estratégica y Transparencia Policial (SIETPOL). G.O. n° 41.040 del 28-11-2016.

Resolución n° 7 del MPP para Relaciones Interiores, Justicia y Paz, mediante la cual se dictan las normas sobre la dotación y uso de los uniformes del personal y voluntariado de la Dirección Nacional de Protección Civil y Administración de Desastres. G.O. n° 41.078 del 19-01-2017.

Resolución n° 162 del MPP para Relaciones Interiores, Justicia y Paz, mediante la cual se dictan las normas relativas al apoyo interinstitucional entre la Universidad Nacional Experimental de la Seguridad y los órganos de seguridad ciudadana. G.O. n° 41.080 del 23-01-2017.

Resoluciones n° 23, 24, 25, 26, 27, 28, 29 y 30 del MPP para Relaciones Interiores, Justicia y Paz, mediante las cuales se habilitan los cuerpos de policías de los estados que en ellas se indican, para ejercer las atribuciones y competencias en materia de investigación penal, en los delitos cuya pena máxima no exceda de ocho años. G.O. n° 41.092 del 09-02-2017.

Reglamento del Decreto con Rango, Valor y Fuerza de Ley del Estatuto de la Función Policial sobre el Régimen Disciplinario. G.O. n° 41.101 del 22-02-2017.

Reglamento del Decreto con Rango, Valor y Fuerza de Ley del Estatuto de la Función Policial en Materia de Administración de Personal y Desarrollo de la Carrera Policial. G.O. n° 41.101 del 22-02-2017.

Reglamento General de la Ley Orgánica del Servicio de Policía y del Cuerpo de Policía Nacional Bolivariana. G.O. n° 6.290 Extraordinario del 21-03-2017.

Resolución n° 56 del MPP para Relaciones Interiores, Justicia y Paz, mediante la cual se dictan las normas sobre la formación continua y el reentrenamiento de los funcionarios y funcionarias del CICPC. G.O. n° 41.126 del 31-03-2017.

Resolución n° 52 del MPP para Relaciones Interiores, Justicia y Paz, mediante la cual se dictan las normas para el ingreso y reingreso de los funcionarios y funcionarias policiales de investigación en el CICPC. G.O. n° 41.124 del 29-03-2017, reimpresión en G.O. n° 41.132 del 17-04-2017.

Resolución n° 53 del MPP para Relacione Interiores, Justicia y Paz, mediante la cual se dictan las normas sobre la evaluación del desempeño de los funcionarios y funcionarias del CICPC. G.O. n° 41.124 del 29-03-2017, reimpresión en G.O. n° 41.132 del 17-04-2017.

Resolución n° 54 del MPP para Relaciones Interiores, Justicia y Paz, mediante la cual se dictan las normas para los ascensos en la carrera policial de investigación. G.O. n° 41.124 del 29-03-2017, reimpresión en G.O. n° 41.132 del 17-04-2017.

Resolución n° 55 del MPP para Relaciones Interiores, Justicia y Paz, mediante la cual se dictan las normas que regulan la conformación y distribución de las instalaciones y áreas de las delegaciones y subdelegaciones del CICPC. G.O. n° 41.124 del 29-03-2017, reimpresión en G.O. n° 41.132 del 17-04-2017.

Resolución n° 81, mediante la cual se crea el Comité Nacional de Investigación para la Seguridad Ciudadana, el cual estará constituido por un equipo coordinador conformado por las autoridades que en ella se mencionan. G.O. n° 41.132 del 17-04-2017.

Resolución n° 163 del MPP para Relaciones Interiores, Justicia y Paz, mediante la cual se dictan las normas sobre el registro nacional e historial personal de los funcionarios y funcionarias del CICPC. G.O. n° 41.138 del 26-04-2017.

Resolución n° 166 del MPP para Relaciones Interiores, Justicia y Paz, mediante la cual se constituye un Equipo Técnico Transitorio de Revisión de los Procedimientos de Homologación, Reclasificación y Asignación de Rangos Policiales, de carácter provisional, encargado de orientar, revisar y supervisar los procedimientos ejecutados en el marco de la homologación, reclasificación y asignación de rangos de los funcionarios y funcionarias policiales en los distintos ámbitos político territoriales; estará integrado por los y las titulares de las dependencias que en ella se indican. G.O. n° 41.206 del 03-08-2017.

Decreto n° 3.030, mediante el cual se establece la escala especial de sueldos aplicable a los funcionarios y las funcionarias del Cuerpo Policía Nacional Bolivariana. G.O. n° 41.219 del 22-08-2017.

Decreto n° 3.031, mediante el cual se establece la escala especial de sueldos aplicable a los funcionarios y las funcionarias del CICPC. G.O. n° 41.219 del 22-08-2017.

Decreto n° 3.032, mediante el cual se establece la escala especial de sueldos aplicable a los funcionarios y las funcionarias Policiales de los Cuerpos de Policía Estadales y Municipales. G.O. n° 41.219 del 22-08-2017.

Resoluciones n° 203, 204, 205, 206, 207, 208, 209, 210, 211, 212, 213, 214, 215 y 216 del MPP para Relaciones Interiores, Justicia y Paz, mediante las cuales se habilitan los Cuerpos de Policías de los estados que en ellas se mencionan, para ejercer las atribuciones y competencias en materia de investigación penal, en los delitos cuya pena máxima no exceda de ocho años, según lo tipificado en el Código Penal y demás leyes especiales, de acuerdo con los procedimientos establecidos en el Código Orgánico Procesal Penal. G.O. n° 41.238 del 18-09-2017.

Resolución conjunta n° 221 y 766 de los MPP para Relaciones Interiores, Justicia y Paz y Ministerio Público, mediante la cual se dicta el Manual Único de Cadena de Custodia de Evidencias Físicas. G.O. n° 41.247 del 29-09-2017.

Decreto n° 3.102, mediante el cual se regula y establece el Sistema de Remuneraciones Aplicables a las Funcionarias y Funcionarios de Protección Civil y Administración de Desastres en todo el País. G.O. n° 41.254 del 10-10-2017.

Decreto n° 3.103, mediante el cual se regula y establece el sistema de remuneraciones aplicables a los bomberos y bomberas de los cuerpos de bomberos y bomberas y administración de emergencia de carácter civil en sus diversas especialidades y ámbitos territoriales en todo el País. G.O. n° 41.254 del 10-10-2017.

Resolución n° 328 del MPP para Relaciones Interiores, Justicia y Paz, mediante la cual se reforma parcialmente la Resolución n° 260 del 30-07-2013, contentiva de las normas sobre el concurso de buenas prácticas policiales. G.O. n° 41.274 del 08-11-2017.

Resoluciones n° 327, 333, 334 y 335 del MPP para Relaciones Interiores, Justicia y Paz, mediante las cuales se habilita a los Cuerpos de Policía de los estados que ellas se mencionan, para ejercer las atribuciones y competencias en materia de investigación penal, en los delitos cuya pena máxima no exceda de ocho años. G.O. n° 41.275 del 09-11-2017.

Resolución n° 99 del MPP para Relaciones Interiores, Justicia y Paz, mediante la cual se dictan las normas relativas al proceso de ajuste de rangos y jerarquías de los funcionarios de Protección Civil y Administración de Desastres. G.O. n° 41.408 del 30-05-2018.

Resolución n° 101 del MPP para Relaciones Interiores, Justicia y Paz, mediante la cual se dictan las normas sobre el régimen de dotación del CICPC. G.O. n° 41.408 del 30-05-2018.

Resolución n° 102 del MPP para Relaciones Interiores, Justicia y Paz, mediante la cual se dictan las normas para el ingreso en funciones de protección civil y administración de desastres en la Dirección Nacional de Protección Civil y Administración de Desastres. G.O. n° 41.411 del 04-06-2018.

Resolución n° 116 del MPP para Relaciones Interiores, Justicia y Paz, mediante la cual se dictan las normas relativas a la señalética en los rangos y jerarquías de protección civil y administración de desastres. G.O. n° 41.427 del 26-06-2018.

Resolución del MPP para Relaciones Interiores, Justicia y Paz n° 237, mediante la cual se dictan las normas sobre los Comités Ciudadanos de Control Policial. G.O. n° 41.544 del 12-12-2018.

Resolución n° 7 del MPP para Relaciones Interiores, Justicia y Paz, mediante la cual se dictan las normas que regulan el sistema de diseño único de credenciales para los funcionarios y funcionarias policiales del Cuerpo de Policía Nacional Bolivariana, Cuerpos de Policía Estadales y Municipales del país. G.O. n° 41.578 del 04-02-2019.

Resolución n° 42 del MPP para Relaciones Interiores, Justicia y Paz, mediante la cual se insta a las máximas autoridades del Poder Público Estadal y Municipal del país, dentro de su ámbito territorial y en el marco de sus competencias para organizar cuerpos de policía, a proceder con estricta sujeción a los principios consagrados en la Constitución de la República Bolivariana de Venezuela, y desarrollados en la Ley Orgánica del Servicio de Policía y del Cuerpo de Policía Nacional Bolivariana. G.O. n° 41.625 del 03-05-2019.

Decreto n° 3.850, mediante el cual se ordena la supresión y liquidación del Fondo Intergubernamental del Servicio de Policía, órgano desconcentrado dependiente del MPP con competencia en materia de seguridad ciudadana. G.O. n° 41.635 del 17-05-2019.

Resolución n° 152 del MPP para Relaciones Interiores, Justicia y Paz, mediante la cual se dictan las normas relativas a la jornada de servicio y el proceso de formación académica de los funcionarios y funcionarias policiales de los cuerpos de policía en sus diversos ámbitos político territoriales. G.O. n° 41.719 del 18-09-2019.

Resolución n° 153 del MPP para Relaciones Interiores, Justicia y Paz, mediante la cual se dictan las normas que regulan el Sistema Único de Información, Diseño y Expedición de la Credencial Única Policial de Investigación a los Funcionarios y Funcionarias Policiales de Investigación del CICPC. G.O. n° 41.719 del 18-09-2019.

Resolución n° 154 del MPP para Relaciones Interiores, Justicia y Paz, mediante la cual se dictan los lineamientos y directrices para la designación de funcionarios y funcionarias policiales que prestan servicio en los parques o depósitos de armas y municiones. G.O. n° 41.719 del 18-09-2019.

Resolución n° 155 del MPP para Relaciones Interiores, Justicia y Paz, mediante la cual se dictan las normas relativas al Plan de Investigación Científico Policial y los Niveles y Criterios de Actuación de los Órganos de Investigación Penal. G.O. n° 41.719 del 18-09-2019.

Resolución n° 156 del MPP para Relaciones Interiores, Justicia y Paz, mediante la cual se dicta los programas de asistencia técnica a ser aplicados en las áreas de personal, parque de armas, parque automotor, sala de evidencias, control de detenidos, instancias de control interno y servicios policiales del cuerpo de policía del estado Falcón. G.O. n° 41.723 del 24-09-2019.

Resolución n° 161 del MPP para Relaciones Interiores, Justicia y Paz, mediante la cual se dictan las normas relativas al diseño, adquisición, dotación y control de uniformes e insignias policiales para los funcionarios y funcionarias policiales de los cuerpos de policía en sus diversos ámbitos político territoriales. G.O. n° 41.729 de 02-10-2019.

Reglamento Orgánico del CICPC. G.O. n° 41.761 del 15-11-2019.

Reglamento Parcial del Decreto con Rango, Valor y Fuerza de Ley del Estatuto de la Función de la Policía de Investigación, en materia del Sistema de Personal. G.O. n° 41.761 del 15-11-2019.

Resolución n° 57 del MPP para Relaciones Interiores, Justicia y Paz, mediante la cual se reforma la normativa del Concurso Nacional Buenas Prácticas Policiales tiene por objeto detectar, reconocer, difundir, promover y estimular la innovación y el desarrollo de buenas prácticas policiales por los cuerpos de policía en forma planificada, a fin de promover un impacto positivo y tangible en la prestación del servicio de policía que contribuyan a garantizar los derechos humanos, dentro del marco del ejercicio de las atribuciones de seguridad ciudadana. G.O. n° 41.947 del 20-08-2020.

Resolución n° 81 del MPP para Relaciones Interiores, Justicia y Paz, mediante la cual se dicta las directrices y lineamientos relativos a la aprobación de postulaciones para cargos de libre nombramiento y remoción en el Cuerpo de Policía Nacional Bolivariana, incluyendo su despliegue. G.O. n° 41.981 del 07-10-2020.

Resolución n° 11 del MPP para Relaciones Interiores, Justicia y Paz, mediante la cual se habilita al Cuerpo de Policía Nacional Bolivariana del estado La Guaira, para ejercer las atribuciones y competencias en materia de investigación penal, en los delitos cuya pena máxima no exceda de ocho años, según lo tipificado en el Código Penal y demás leyes especiales, de acuerdo con los procedimientos establecidos en el Código Orgánico Procesal Penal. G.O. n° 42.053 del 22-01-2021.

Resolución n° 12 del MPP para Relaciones Interiores, Justicia y Paz, mediante la cual se habilita al Cuerpo de Policía Nacional Bolivariana del estado Trujillo, para ejercer las atribuciones y competencias en materia de investigación penal, en los delitos cuya pena máxima no exceda de ocho años, según lo tipificado en el Código Penal y demás leyes especiales, de acuerdo con los procedimientos establecidos en el Código Orgánico Procesal Penal. G.O. n° 42.053 del 22-01-2021.

Resolución n° 13 del MPP para Relaciones Interiores, Justicia y Paz, mediante la cual se habilita al Cuerpo de Policía Nacional Bolivariana del estado Cojedes, para ejercer las atribuciones y competencias en materia de investigación penal, en los delitos cuya pena máxima no exceda de ocho años, según lo tipificado en el Código Penal y demás leyes especiales, de acuerdo con los procedimientos establecidos en el Código Orgánico Procesal Penal. G.O. n° 42.053 del 22-01-2021.

Resolución n° 14 del MPP para Relaciones Interiores, Justicia y Paz, mediante la cual se habilita al Cuerpo de Policía Nacional Bolivariana del estado Táchira, para ejercer las atribuciones y competencias en materia de investigación penal, en los delitos cuya pena máxima no exceda de ocho años, según lo tipificado en el Código Penal y demás leyes especiales, de acuerdo con los procedimientos establecidos en el Código Orgánico Procesal Penal. G.O. n° 42.053 del 22-01-2021.

Resolución n° 26 del MPP para Relaciones Interiores, Justicia y Paz, mediante la cual se dictan las normas de actuación de los funcionarios policiales y de investigación penal, para atención temprana y oportuna de víctimas de la violencia de género y la recepción de las correspondientes denuncias y la actuación policial en los procesos de investigación penal. G.O. n° 42.076 del 26-02-2021.

Decreto n° 4.482, mediante el cual se ordena la reestructuración del Cuerpo de Policía Nacional Bolivariana. G.O. n° 42.105 del 13-04-2021, reimpresión G.O. n° 6.628 Extraordinario del 02-06-2021.

Reglamento Parcial del Decreto con Rango, Valor y Fuerza de Ley del Estatuto de la Función de la Policía de Investigación, en Materia Disciplinaria. G.O. n° 42.173 del 21-07-2021.

Resolución n° 89 del MPP para Relaciones Interiores, Justicia y Paz, mediante la cual se dicta el Reglamento Interno del CICPC. G.O. n° 42.177 del 27-07-2021.

Resolución n° 116 del MPP para Relaciones Interiores, Justicia y Paz, mediante la cual se dictan las normas relativas al proceso de reclasificación y asignación de rangos y niveles jerárquicos de los funcionarios y funcionarias policiales en los distintos ámbitos políticos territoriales. G.O. n° 42.188 del 11-08-2021.

Ley de Reforma del Decreto con Rango, Valor y Fuerza de Ley del Estatuto de la Función de la Policía de Investigación. G.O. n° 6.643 Extraordinario del 17-09-2021.

Ley de Reforma del Decreto con Rango, Valor y Fuerza de Ley del Estatuto de la Función Policial. G.O. n° 6.650 Extraordinario del 22-09-2021.

Providencia n° 1-2021 de la Dirección General de Armas y Explosivos, mediante la cual se dicta las normas y procedimientos generales relativos al cobro por servicios prestados por parte de la Dirección General de Armas y Explosivos del MPP para la Defensa en el ejercicio de sus competencias, a personas jurídicas, públicas y/o privadas, asociaciones cooperativas, organismos del Estado y personas naturales. G.O. n° 42.221 del 27-09-2021.

Resolución n° 9 de la Vicepresidencia de la República, mediante la cual se prorroga por un lapso de seis meses, contados a partir del 13-10-2021, el plazo para el proceso de la reestructuración del Cuerpo de Policía Nacional Bolivariana. G.O. n° 42.231 del 11-10-2021.

Resolución n° 159 del MPP para Relaciones Interiores, Justicia y Paz, mediante la cual se declara la refundación de la Brigada Especial Contra los Grupos Generadores de Violencia. G.O. n° 42.242 del 27-10-2021.

Decreto n° 4.668, mediante el cual se establece que la Brigada Especial contra las Actuaciones de los Grupos Violentos (BEGV), pasará a denominarse Grupo de Operaciones Estratégicas con carácter de órgano desconcentrado con capacidad de gestión presupuestaria, administrativa, o financiera y autonomía funcional, dependiente jerárquicamente del Ministro o Ministra del Poder Popular para Relaciones Interiores, Justicia y Paz. G.O. n° 42.352 del 05-04-2022.

Resolución n° 82 del MPP para Relaciones Interiores, Justicia y Paz, mediante la cual se dictan las normas que regulan el diseño y el sistema único de credenciales para los funcionarios y funcionarias policiales del Cuerpo de Policía Nacional Bolivariana, cuerpos de policías estadales y municipales del país. G.O. n° 42.423 del 21-07-2022.

2. Operativos y planes de seguridad ciudadana[146]

Decreto n° 1.471, mediante el cual se crea el Sistema Popular de Protección para la Paz (SP3). G.O. n° 40.582 del 16-01-2015.

Resolución n° 28 del MPP para Relaciones Interiores, Justicia y Paz, mediante la cual se establece un control exhaustivo por parte de las autoridades competentes para que se cumpla con el régimen de horarios establecidos en el Reglamento de la Ley de Impuesto sobre Alcohol y Especies Alcohólicas, para el expendio de bebidas alcohólicas, con motivo del Dispositivo Carnaval Seguro 2015, implementado desde el día 12 al 18-02-2015. G.O. n° 40.600 del 11-02-2015.

Resolución n° 29 del MPP para Relaciones Interiores, Justicia y Paz, mediante la cual se establece las normas de seguridad y uso adecuado de las piscinas, embalses de uso público, pozos y demás estanques y similares destinados al baño, a la natación y recreación. G.O. n° 40.600 del 11-02-2015.

Resolución n° 62 del MPP para Relaciones Interiores, Justicia y Paz, mediante la cual se establece las normas de seguridad y uso adecuado de las piscinas, embalses de uso público, pozos y demás estanques y similares con los destinos que en ella se mencionan, desde el 27-03

[146] Véase también: § Misiones; Porte de armas; Terrorismo y legitimación de capitales; Fronteras; Zonas estratégicas.

hasta el 06-04-2015, con motivo del dispositivo Semana Santa Segura 2015. G.O. n° 40.629 del 26-03-2015.

Resolución n° 180 del MPP para Relaciones Interiores, Justicia y Paz, mediante la cual se establece las normas de seguridad y uso adecuado de las piscinas, embalses de uso público, pozos y demás estanques y similares destinados al baño, a la natación, recreación, o a otros ejercicios y deportes acuáticos, o de usos medicinales o terapéuticos, en clubes, residencias privadas, condominios o centros de esparcimientos públicos o privados, entre otros, con motivo del Dispositivo Navidad Segura 2016, implementado bajo el marco de la Gran Misión A Toda Vida Venezuela. G.O. n° 41.043 del 01-12-2016.

Resolución n° 41 del MPP para Relaciones Interiores, Justicia y Paz, mediante la cual se establecen las normas de seguridad y uso adecuado de las piscinas, embalses de uso público, pozos y demás estanques y similares destinados al baño, a la natación, recreación, o a otros ejercicios y deportes acuáticos, o de usos medicinales o terapéuticos, en clubes, residencias privadas, condominios o centros de esparcimiento públicos o privados, entre otros, con motivo del dispositivo Carnavales Seguros 2017, implementado bajo el marco de la Gran Misión A Toda Vida Venezuela. G.O. n° 41.102 del 23-02-2017.

Resolución n° 72 del MPP para Relaciones Interiores, Justicia y Paz, mediante la cual se establece un control exhaustivo por parte de las autoridades competentes para que se cumpla con el régimen de horarios previsto en el Reglamento de la Ley de Impuesto sobre Alcohol y Especies Alcohólicas, para el expendio de bebidas alcohólicas con motivo del dispositivo Semana Santa Segura 2017, implementado desde el 07-04 al 16-04-2017, ambas fechas inclusive. G.O. n° 41.130 del 06-04-2017.

Resolución n° 73 del MPP para Relaciones Interiores, Justicia y Paz, mediante la cual se establecen las normas de seguridad y uso adecuado de las piscinas, embalses de uso público, pozos y demás estanques y similares destinados al baño, a la natación, recreación, o a otros ejercicios y deportes acuáticos, o de usos medicinales o terapéuticos en clubes, residencias privadas, condominios o centros de esparcimiento públicos y privados, entre otros; igualmente regulará lo relativo a las playas públicas no aptas para su uso, decretadas así por las autoridades competentes. G.O. n° 41.130 del 06-04-2017.

Resolución conjunta n° 92 y 18749 de los MPP para Relaciones Interiores, Justicia y Paz y para la Defensa, mediante la cual se establece una prohibición de carácter temporal para la comercialización al detal, almacenamiento, transporte, uso de artificios pirotécnicos y de artefactos de elevación por combustible sólido, así como los lineamientos generales que servirán de referencia para garantizar las medidas de seguridad necesarias a través de la Dirección General de Armas y Explosivos (DAEX). G.O. n° 41.137 del 25-04-2017.

Resolución conjunta n° 20232 y 143 de los MPP para la Defensa y para Relaciones Interiores, Justicia y Paz, mediante la cual se establece una prohibición de carácter temporal para la comercialización al mayor y detal, almacenamiento, transporte, uso de artificios pirotécnicos y artefactos de elevación por combustible sólido, así como los lineamientos generales que servirán de referencia para garantizar las medidas de seguridad necesarias a través de la Dirección General de Armas y Explosivos (DAEX). G.O. n° 41.201 del 27-07-2017.

Resolución conjunta n° 22270 y 354 de los MPP para la Defensa y para Relaciones Interiores, Justicia y Paz, mediante la cual se dictan las normas relativas a la instalación, supervisión, evaluación y seguimiento de los puntos de control de los órganos de seguridad ciudadana y la Fuerza Armada Nacional Bolivariana. G.O. n° 41.304 del 20-12-2017.

Resolución n° 47 del MPP para Relaciones Interiores, Justicia y Paz, mediante la cual se establecen las normas de seguridad y uso adecuado de las piscinas, embalses de uso público, pozos y demás estanques y similares destinados al baño, a la natación, recreación o a otros ejercicios y deportes acuáticos, o de usos medicinales o terapéuticos, en clubes, residencias privadas, condominios o centros de esparcimiento públicos o privados, entre otros, con motivo del Dispositivo Carnavales Seguros 2018, implementado bajo el marco de la Gran Misión A Toda Vida Venezuela y la Gran Misión Justicia Socialista. G.O. n° 41.337 del 07-02-2018.

Decreto n° 3.276, mediante el cual se aprueba el Plan Nacional Antisecuestro 2018-2019, formulado por el MPP para Relaciones Interiores, Justicia y Paz. G.O. n° 6.364 Extraordinario del 16-02-2018.

Resolución n° 72 del MPP para Relaciones Interiores, Justicia y Paz, mediante la cual se establecen las normas de seguridad y uso adecuado de las piscinas, embalses de uso público, pozos y demás estanques y similares destinados al baño, a la natación, recreación, o a otros ejercicios y deportes acuáticos, o de usos medicinales o terapéuticos, en clubes, residencias privadas, condominios o centros de esparcimiento públicos y privados, igualmente regulará lo relativo a las playas públicas no aptas para su uso, decretadas así por las autoridades competentes. G.O. n° 41.366 del 22-03-2018.

Resolución n° 195 del MPP para Relaciones Interiores, Justicia y Paz, mediante la cual se dictan las normas sobre la actuación de los órganos y entes del Frente Preventivo para la Vida y la Paz. G.O. n° 41.507 del 22-10-2018.

Resolución n° 22 del MPP para Relaciones Interiores, Justicia y Paz, mediante la cual se establecen las normas de seguridad y uso adecuado de las piscinas, embalses de uso público, pozos y demás estanques y similares destinados al baño, a la natación, recreación, o a otros ejercicios y deportes acuáticos, o de usos medicinales o terapéuticos, en clubes, residencias privadas, condominios o centros de esparcimiento públicos y privados, entre otros, igualmente regulará lo relativo a las playas públicas no aptas para su uso, decretadas así por las autoridades competentes, esto con motivo del Dispositivo Carnavales Seguros 2019. G.O. n° 41.594 del 26-02-2019.

Resolución n° 34 del MPP para Relaciones Interiores, Justicia y Paz, mediante la cual se establecen las normas de seguridad y uso adecuado de las piscinas, embalses de uso público, pozos y demás estanques y similares destinados al baño, a la natación, recreación, o a otros ejercicios y deportes acuáticos, o de usos medicinales o terapéuticos, en clubes, residencias privadas, condominios o centros de esparcimiento públicos y privados; igualmente regulará lo relativo a las playas públicas no aptas para su uso, decretadas así por las autoridades competentes, con motivo del Dispositivo Semana Santa Segura 2019. G.O. n° 41.615 del 11-04-2019.

Resolución n° 5 de la Vicepresidencia Sectorial de Obras Públicas y Servicios, mediante la cual se insta a las máximas autoridades del Poder Público Nacional, Estadal y Municipal del País, a proceder con estricta sujeción a los principios consagrados en la Constitución de la República Bolivariana de Venezuela, y desarrollados en el Marco Legal aplicable y el Plan Nacional Lluvias 2019. G.O. n° 41.641 del 27-05-2019.

Decreto n° 3.904, mediante el cual se aprueba el Plan Nacional Antidrogas 2019-2025. G.O. n° 41.669 del 08-07-2019.

Resolución n° 146 del MPP para Relaciones Interiores, Justicia y Paz, mediante la cual se ordena dar difusión obligatoria al número único del sistema integrado de articulación para la atención de emergencias: 911, o Número Único de Emergencias 911, mediante su visualización o colocación en todo establecimiento público y privado, medios de transporte, institutos educativos, recreativos, deportivos y en cualquier otro lugar donde haya circulación de personas. G.O. n° 41.711 del 06-09-2019.

Resolución n° 169 del MPP para Relaciones Interiores, Justicia y Paz, mediante la cual se ordena dar difusión obligatoria al número único del sistema integrado de articulación para la atención de emergencias: 911, o Numero Único de Emergencias: 911, mediante su visualización o colocación en todo establecimiento público y privado, locales comerciales, institutos educativos, recreativos, deportivos, entidades de trabajo, unidades del transporte público, y en cualquier otro lugar donde haya circulación de personas. G.O. n° 41.738 de 15-10-2019.

Resolución n° 18 del MPP para Relaciones Interiores, Justicia y Paz, mediante la cual se establecen las normas de seguridad y uso adecuado de las piscinas, embalses de uso público, pozos y demás estanques y similares destinados al baño, a la natación, recreación o a otros ejercicios y deportes acuáticos, o de usos medicinales o terapéuticos, en clubes, residencias privadas, condominios o centros de esparcimiento públicos y privados, igualmente regulará lo relativo a las playas públicas no aptas para su uso, decretadas así por las autoridades competentes, con motivo del Dispositivo Carnavales Seguros 2020, implementado desde el 19 el 26-02-2020, ambas fechas inclusive. G.O. n° 41.825 del 19-02-2020.

Decreto n° 4.151, mediante el cual se establece las normas que regulan el registro del impacto negativo generado sobre el pueblo, la economía y las instituciones por las medidas coercitivas unilaterales, ilegítimas e ilegalmente impuestas por diversos Estados extranjeros contra la República. G.O. n° 41.834 del 06-03-2020.

Resolución conjunta de los MPP para la Defensa y Relaciones Interiores, Justicia y Paz, mediante la cual se dictan las normas relativas a la instalación, supervisión, evaluación, registro y seguimiento de los puntos de control de los órganos de seguridad ciudadana y la Fuerza Armada Nacional Bolivariana. G.O. n° 42.458 del 08-09-2022.

3. Porte de armas[147]

Resolución conjunta n° 30 y 8929 de los MPP para Relaciones Interiores, Justicia y Paz y para la Defensa, mediante la cual se suspende de manera temporal el porte de armas de fuego y armas blancas, en todo el territorio de la República Bolivariana de Venezuela, con motivo de la implementación del Dispositivo Carnaval Seguro 2015. G.O. n° 40.600 del 11-02-2015.

Resolución n° 63 y 9390 de los MPP para Relaciones Interiores, Justicia y Paz y para la Defensa, mediante la cual se suspende de manera temporal el porte de armas de fuego y armas blancas, en todo el territorio de la República Bolivariana de Venezuela, con motivo del dispositivo Semana Santa Segura 2015. G.O. n° 40.629 del 26-03-2015.

Resolución conjunta n° 68 y 9523 de los MPP para Relaciones Interiores, Justicia y Paz y para la Defensa, mediante la cual se establece que la Fuerza Armada Nacional Bolivariana, a través de la Dirección General de Armas y Explosivos (DAEX), otorgará una prórroga en el proceso de actualización de porte de armas de fuego, dirigido a todos aquellos ciudadanos que posean permiso de porte de arma de fuego vigente o vencido, proceso que se efectuará desde el día 13-04-2015 hasta el 28-03-2016. G.O. n° 40.638 del 13-04-2015.

147 Véase también: § Fronteras.

Resolución conjunta n° 179 y 12245 de los MPP para Relaciones Interiores, Justicia y Paz y para la Defensa, mediante la cual se resuelve suspender de manera temporal el porte de armas de fuego y armas blancas, el expendio y distribución de bebidas alcohólicas, las reuniones y manifestaciones públicas, concentraciones de personas y cualquier otro acto similar, y se prohíbe la circulación de vehículos de carga con el peso bruto que en ella se menciona, en todo el Territorio Nacional, por el período y horario que en ella se señalan. G.O. n° 40.798 del 27-11-2015.

Resolución conjunta de los MPP para Relaciones Interiores, Justicia y Paz y para la Defensa, mediante la cual se suspende de manera temporal el porte de armas de fuego y armas blancas en el estado Nueva Esparta, desde el 10 al 19-09-2016, ambas fechas inclusive, con motivo de la celebración de la XVII Cumbre del Movimiento de Países No Alineados (MNOAL), para garantizar la seguridad ciudadana y el resguardo de la integridad física de las personas en la región. G.O. n° 6.255 Extraordinario del 09-09-2016.

Resolución conjunta n° 190 y 17165 de los MPP para Relaciones Interiores, Justicia y Paz y para la Defensa, mediante la cual se establece que el MPP para la Defensa, a través de la Dirección General de Armas y Explosivos (DAEX), efectuará el proceso de actualización del porte de armas de fuego, dirigido a todas aquellas personas que posean permiso del porte de armas de fuego vencido, que hayan sido expedidos por esa Dirección, a fin de registrar, actualizar o renovar, según los casos, en la base de datos del Sistema de Información de Gestión de Porte de Armas, los Porte de Armas, que lleva el MPP para la Defensa. G.O. n° 41.055 del 19-12-2016.

Resolución conjunta n° 1 y 17565 de los MPP para Relaciones Interiores, Justicia y Paz y para la Defensa, mediante la cual se suspende de manera temporal el porte de armas de fuego y armas blancas, en el estado Lara, desde el 13 al 15-01-2017, con motivo del dispositivo de seguridad, implementado bajo el marco de la Gran Misión A Toda Vida Venezuela. G.O. n° 41.073 del 12-01-2017.

Resolución conjunta n° 98 y 18762 de los MPP para Relaciones Interiores, Justicia y Paz y para la Defensa, mediante la cual se suspende el porte de armas de fuego y armas blancas, en todo el territorio de la República Bolivariana de Venezuela, para garantizar la seguridad ciudadana, la paz, el orden interno y el resguardo de la integridad física de las personas dentro del Estado venezolano. G.O. n° 41.141 del 02-05-2017.

Resolución conjunta n° 21706 y 302 de los MPP para la Defensa y para Relaciones Interiores, Justicia y Paz, mediante la cual se prorroga la Resolución conjunta publicada en G.O. n° 41.141 del 02-05-2017 por el lapso de 180 días continuos contados a partir del 29-10-2017, con la cual se suspende el permiso de porte y tenencia de armas de fuego, así como la autorización para ingresar y transitar armas blancas en todo el territorio nacional, a fin de garantizar la seguridad ciudadana, la paz, el orden interno y el resguardo de la integridad física de las personas dentro del Estado venezolano. G.O. n° 41.270 del 02-11-2017.

Resolución conjunta n° 23989 y 93 de los MPP para la Defensa y del MPP para Relaciones Interiores, Justicia y Paz, mediante la cual se suspende el porte de armas de fuego y armas blancas, en todo el territorio de la República Bolivariana de Venezuela, para garantizar la seguridad ciudadana, la paz, el orden interno y el resguardo de la integridad física de las personas dentro del Estado venezolano. G.O. n° 41.387 del 30-04-2018.

Resolución conjunta n° 26145 y 161 de los MPP para la Defensa y para Relaciones Interiores, Justicia y Paz, mediante la cual se suspende el porte de armas de fuego y armas blancas en todo el territorio de la República, para garantizar la seguridad ciudadana, la paz, el orden interno y el resguardo de la integridad física de las personas dentro del Estado venezolano. G.O. n° 41.468 del 27-08-2018.

Resolución conjunta n° 30082 y 38 de los MPP para la Defensa y para Relaciones Interiores, Justicia y Paz, mediante la cual se constituye un Comité Técnico Interministerial, concebido como un equipo de trabajo interdisciplinario, de carácter permanente, encargado de definir, articular e implementar acciones y políticas públicas dirigidas al control de armas y municiones, así como el desarme forzoso y voluntario. G.O. n° 41.628 del 08-05-2019.

Resolución conjunta n° 32321 y 143 de los MPP para la Defensa y para Relaciones Interiores, Justicia y Paz, mediante la cual se suspende el porte de armas de fuego y armas blancas en todo el Territorio de la República, para garantizar la seguridad ciudadana, la paz, el orden interno y el resguardo de la integridad física de las personas dentro del Estado venezolano. G.O. n° 41.705 del 29-08-2019.

Resolución conjunta de los MPP para Relaciones Interiores, Justicia y Paz, para la Defensa y para el Servicio Penitenciario, mediante la cual se ordena a las dependencias, órganos y demás autoridades competentes en materia de seguridad ciudadana y seguridad de Estado en el territorio nacional, suministrar de manera inmediata al Servicio Nacional para el Desarme (SENADES), órgano desconcentrado del MPP con competencia en materia de seguridad ciudadana, la relación de armas de fuego y municiones aseguradas y recuperadas. G.O. n° 42.363 del 26-04-2022.

4. Terrorismo y legitimación de capitales[148]

Providencia n° CNL/DP/2016/29 de la Comisión Nacional de Lotería, mediante la cual se dictan las normas sobre prevención, control y fiscalización de los delitos de legitimación de capitales y el financiamiento al terrorismo, en la actividad de juegos de lotería. G.O. n° 40.952 del 26-07-2016.

Resolución conjunta n° 22274, 355 y 441 de los MPP para la Defensa, para Relaciones Interiores, Justicia y Paz y para la Energía Eléctrica, mediante la cual se establece los lineamientos y directrices generales para definir, coordinar y supervisar las acciones públicas necesarias para garantizar el resguardo inmediato del Sistema Eléctrico Nacional, a fin de prevenir e impedir actos de sabotaje, terrorismo o cualquier otro daño contra los bienes públicos que pueda afectar la prestación del servicio eléctrico. G.O. n° 41.303 del 19-12-2017.

Decreto n° 3.277, mediante el cual se dicta la reforma del Decreto n° 592 mediante el cual se crea el Servicio Especializado para la Administración y Enajenación de Bienes Asegurados o Incautados, Decomisados y Confiscados, dependiente de la Oficina Nacional Contra la Delincuencia Organizada y Financiamiento al Terrorismo. G.O. n° 6.364 Extraordinario del 16-02-2018.

Decreto n° 3.656, mediante el cual se adecua la Unidad Nacional de Inteligencia Financiera como un órgano desconcentrado con capacidad de gestión presupuestaria, administrativa y financiera, dependiente jerárquicamente del MPP de Economía y Finanzas. G.O. n° 41.522 del 12-11-2018.

Resolución n° 83.18 de la SUDEBAN, mediante la cual se dictan las normas relativas a la administración y fiscalización de los riesgos relacionados con la legitimación de capitales, financiamiento al terrorismo y financiamiento de la proliferación de armas de destrucción masiva aplicables a las instituciones del sector bancario. G.O. n° 41.566 del 17-01-2019.

Resolución n° 8 del MPP para Relaciones Interiores, Justicia y Paz, mediante la cual se establecen las normas para la administración y mitigación de los riesgos de legitimación de capitales y financiamiento al terrorismo, aplicables a las oficinas de riesgo y notarías públicas del país. G.O. n° 41.581 del 07-02-2019.

Providencia n° DE-19-01 de la Comisión Nacional de Casinos, Salas de Bingos y Máquinas Traganíqueles, mediante la cual se establecen las normas para la prevención, control y fiscalización de los delitos de legitimación de capitales y financiamiento al terrorismo, que deben

[148] Véase también: § Operativos y planes de seguridad ciudadana; Criptomonedas.

implementar los casinos y salas de bingo. G.O. n° 41.581 del 07-02-2019.

Providencia n° SEB-ONCDOFT-001-2019 del Servicio Especializado para la Administración y Enajenación de Bienes Asegurados o incautados, Decomisados y Confiscados, mediante la cual se dicta la normativa que regula los procedimientos para la administración y enajenación de los bienes asegurados o incautados, decomisados y confiscados relacionados con los delitos tipificados en la Ley Orgánica Contra la Delincuencia Organizada y Financiamiento al Terrorismo. G.O. n° 41.760 del 14-11-2019.

Providencia n° SEB-ONCDOFT-002-2019 del Servicio Especializado para la Administración y Enajenación de Bienes Asegurados o incautados, Decomisados y Confiscados, mediante la cual se dicta la normativa que regula el uso y disposición de moneda extranjera, decomisada y confiscada, vinculada con los delitos tipificados en la Ley Orgánica Contra la Delincuencia Organizada y Financiamiento al Terrorismo. G.O. n° 41.760 del 14-11-2019.

Providencia n° 74 de la SUNAVAL, mediante la cual se dictan las normas relativas a la administración y fiscalización de los riesgos relacionados con los delitos de legitimación de capitales, financiamiento al terrorismo, financiamiento a la proliferación de armas de destrucción masiva y otros ilícitos, aplicables a los sujetos regulados por la SUNAVAL. G.O. n° 41.788 del 26-12-2019.

Decreto n° 4.135, mediante el cual se crea el Cuerpo Nacional Contra el Terrorismo, como un órgano desconcentrado, dotado con capacidad de gestión presupuestaria, administrativa y financiera, dependiente del MPP para Relaciones Interiores, Justicia y Paz. G.O. n° 41.828 del 27-02-2020.

Decreto n° 4.136, mediante el cual se aprueba el Plan Nacional Contra el Terrorismo 2020-2022, formulado por el MPP para Relaciones Interiores, Justicia y Paz, con el propósito de continuar la implementación de las políticas públicas desde una visión preventiva y de reducción de los factores de riesgo que propicien actos terroristas. G.O. n° 41.828 del 27-02-2020.

Providencia n° ONCDOFT-001-2021 de la Oficina Nacional Contra la Delincuencia Organizada y Financiamiento al Terrorismo, mediante la cual se dicta la normativa para el Registro Unificado de Sujetos Obligados ante la Oficina Nacional Contra la Delincuencia Organizada y Financiamiento al Terrorismo (RUSO-ONCDOFT). G.O. n° 42.098 del 30-03-2021.

Resolución n° 20 del MPP para el Turismo, mediante la cual se dicta la normativa sobre la administración y fiscalización de los riesgos relacionados con los delitos de legitimación de capitales, financiamiento al terrorismo, financiamiento a la proliferación de armas de destrucción masiva y otros ilícitos aplicables a los prestadores de servicios turísticos. G.O. n° 42.106 del 14-04-2021.

Providencia n° 209 de la SUNAVAL, mediante la cual se dictan las normas relativas a la administración y fiscalización de los riesgos relacionados con los delitos de legitimación de capitales, financiamiento al terrorismo, financiamiento de la proliferación de armas de destrucción masiva y otros ilícitos, aplicables a los sujetos regulados por la SUNAVAL. G.O. n° 42.115 del 28-04-2021.

Providencia n° ONCDOFT-002-2021 de la Oficina Nacional Contra la Delincuencia Organizada y Financiamiento al Terrorismo, mediante la cual se dicta la Normativa para el Registro Unificado de Sujetos Obligados ante la Oficina Nacional Contra la Delincuencia Organizada y Financiamiento al Terrorismo (RUSO-ONCDOFT). G.O. n° 42.116 del 29-04-2021, reimpresión en G.O. n° 42.118 del 03-05-2021.

Providencia n° SAA-8-4-2021 de la SUDEASEG, mediante la cual se dictan las normas sobre administración de riesgos de legitimación de capitales, financiamiento al terrorismo y financiamiento de la proliferación de armas de destrucción masiva en la actividad aseguradora. G.O. n° 42.128 del 17-05-2021.

Decreto n° 4.540, mediante el cual se aprueba el Plan Nacional Contra la Trata de Personas 2021-2025, formulado por el MPP para Relaciones Interiores, Justicia y Paz, por medio de la Oficina Nacional Contra la Delincuencia Organizada y Financiamiento al Terrorismo, con el propósito de desarrollar una política integral que articule acciones entre las instituciones del Estado, empresas privadas, las organizaciones sin fines de lucro, el Poder Popular y los organismos y entidades de cooperación nacional e internacional, a los fines de prevenir, atender, reprimir, sancionar y mitigar el delito de trata de personas. G.O. n° 42.173 del 21-07-2021.

Resolución n° 40 del MPP para el Turismo, mediante la cual se crea el Registro Único de Auditores Externos en materia de Prevención de Legitimación de Capitales, Financiamiento al Terrorismo y Financiamiento a la Proliferación de Armas de Destrucción Masiva (LC/FT/FPADM) y otros Ilícitos. G.O. n° 42.415 del 11-07-2022.

Providencia n° SAA-01-536-2024 de la SUDEASEG, que dicta las normas sobre administración de riesgos de legitimación de capitales, financiamiento al terrorismo, financiamiento de la proliferación de armas de destrucción masiva y otros ilícitos en la actividad aseguradora. G.O. n° 6.835 Extraordinario del 03-09-2024.

III. Identificación, migración y extranjería[149]

Resolución conjunta de los MPP para Relaciones Interiores, Justicia y Paz y para Relaciones Exteriores, mediante la cual se excluye a los Estados Unidos de América del listado de países beneficiados de supresión de visas de no migrantes (turistas) en pasaportes ordinarios. G.O. n° 6.177 Extraordinario del 28-02-2015.

Resolución n° 32 del MPP para Relaciones Exteriores, mediante la cual se procede a la publicación del acuerdo entre el Gobierno de la República Bolivariana de Venezuela y el Gobierno de la República del Líbano para la supresión de visas en pasaportes diplomáticos, especiales, oficiales o de servicio. G.O. n° 40.620 del 13-03-2015.

Resolución n° 114 del MPP para Relaciones Exteriores, mediante la cual se ordena la publicación del acuerdo entre el Gobierno de la República Bolivariana de Venezuela y el Gobierno de la República de Guinea Bissau sobre supresión de visas para pasaportes diplomáticos y de servicio. G.O. n° 40.782 del 05-11-2015.

Resolución n° 152 del MPP para Relaciones Exteriores, mediante la cual se ordena la publicación del acuerdo sobre la supresión de los requisitos de visado para los titulares de pasaportes diplomáticos y de servicio entre el Gobierno de la República Bolivariana de Venezuela y el Gobierno del Estado de Qatar. G.O. n° 40.812 del 17-12-2015.

Resolución n° 56 del MPP para Relaciones Exteriores, mediante la cual se ordena la publicación del acuerdo entre el Gobierno de la República Bolivariana de Venezuela y el Gobierno de Burkina Faso, sobre la supresión de visas para los nacionales de los dos países titulares de pasaportes diplomáticos o de servicio. G.O. n° 40.920 del 07-06-2016.

Resolución n° 124 del MPP para Relaciones Exteriores, mediante la cual se ordena publicar el texto del memorándum de entendimiento sobre el requerimiento de supresión de visa para pasaportes diplomáticos y de servicio para ciudadanos de la República Bolivariana de Venezuela y de la República de Iraq. G.O. n° 41.009 del 14-10-2016.

Resolución n° 181 del MPP para Relaciones Interiores, Justicia y Paz, mediante la cual se dicta el Reglamento Interno del Servicio Administrativo de Identificación, Migración y Extranjería (SAIME). G.O. n° 41.058 del 22-12-2016.

Acuerdo n° 197 del MPP para Relaciones Exteriores, sobre la exención del requisito de visado para los titulares de pasaportes diplomáticos, oficiales y de servicio entre el Gobierno de la República Bolivariana de Venezuela y el Gobierno de la República de Azerbaiyán. G.O. n° 41.062 del 28-12-2016.

---

[149] Véase también: § Acuerdos e incorporaciones al ordenamiento jurídico; Fronteras.

Decreto n° 3.090, mediante el cual se establece el cobro en moneda extranjera de todos los actos o documentos vinculados a migración y extranjería, aplicable a todos los extranjeros y extranjeras que se encuentran en el territorio de la República Bolivariana de Venezuela en condición de no migrantes o de transeúntes que perciban ingresos comprobables en divisas, de conformidad con las disposiciones previstas en la normativa legal que rige en materia de migración y extranjería. G.O. n° 41.242 del 22-09-2017.

Decreto n° 3.097, mediante el cual se establece que el pasaporte venezolano podrá ser prorrogado por un período de dos años, contados a partir de la fecha de su respectiva revalidación. G.O. n° 6.333 Extraordinario del 08-10-2017.

Resolución conjunta n° 89 y 270 de los MPP para Relaciones Exteriores y para Relaciones Interiores, Justicia y Paz, mediante la cual se dictan los lineamientos para la prórroga del pasaporte venezolano, dada la situación sobrevenida que ha dificultado la expedición y entrega del pasaporte en las Secciones Consulares de las Misiones Diplomáticas, Oficinas Consulares y en las oficinas SAIME. G.O. n° 41.255 del 11-10-2017.

Resolución conjunta n° 90 y 281 de los MPP para Relaciones Exteriores y para Relaciones Interiores, Justicia y Paz, mediante la cual se excluye a la República de Panamá del listado de países beneficiados con la supresión de visas de no migrantes (turistas) en pasaportes ordinarios. G.O. n° 41.257 del 16-10-2017.

Resolución n° 77 del MPP para Relaciones Exteriores, mediante la cual se ordena la publicación del protocolo modificatorio al acuerdo para la supresión de visas en pasaportes diplomáticos entre Venezuela-Surinam. G.O. n° 41.362 del 16-03-2018.

Resolución n° 79 del MPP para Relaciones Exteriores, mediante la cual se ordena la publicación del acuerdo sobre supresión de visas en pasaportes diplomáticos y de servicios entre el Gobierno de la República Bolivariana de Venezuela y el Gobierno de la República de Angola. G.O. n° 41.362 del 16-03-2018.

Resolución conjunta n° 76, 38 y 24 de los MPP para Relaciones Interiores, Justicia y Paz, de Economía y Finanzas y para el Comercio Exterior e Inversión Internacional, mediante la cual se ordena la inmediata suspensión de toda relación económica, comercial y financiera con los sujetos nacionales de la República de Panamá, listados en el Anexo A de esta Resolución; sobre la base del principio de precaución, y como medida de protección del sistema financiero, económico y comercial de la República Bolivariana de Venezuela. G.O. n° 6.369 Extraordinario del 05-04-2018.

Resolución conjunta n° 80 y 96 de los MPP para Relaciones Interiores, Justicia y Paz y para Relaciones Exteriores, mediante la cual se excluye a la República de Guatemala del listado de países beneficiados de supresión de visas de no migrantes (turistas) en pasaportes ordinarios. G.O. n° 41.374 del 10-04-2018.

Resolución conjunta n° 82, 41 y 25 de los MPP para Relaciones Interiores, Justicia y Paz, de Economía y Finanzas y para el Comercio Exterior e Inversión Internacional, mediante la cual se establece la ampliación de la lista identificada como Anexo A de la Resolución conjunta del 05-04-2018, contentiva de los sujetos nacionales de la República de Panamá respecto de los cuales, sobre la base del principio de precaución, y como medida de protección del sistema financiero, económico y comercial de la República Bolivariana de Venezuela, fue acordada la suspensión de toda relación económica, comercial y financiera, por un plazo de 90 días. G.O. n° 6.372 Extraordinario del 12-04-2018.

Resolución del MPP para Relaciones Exteriores n° DM/168, mediante la cual se otorga de manera unilateral y con fines de reciprocidad el beneficio de supresión de visas a los portadores de pasaportes diplomáticos y de servicio válidos a los nacionales de la República de Sudáfrica, para entrar, salir, transitar y permanecer en el territorio de la República Bolivariana de Venezuela por un período de tiempo no mayor a 90 días, a partir de la fecha de entrada. G.O. n° 41.433 del 04-07-2018.

Resolución n° 184 del MPP para Relaciones Exteriores, mediante la cual se acuerda entre el Gobierno de la República Bolivariana de Venezuela y el Gobierno de la República de Ghana, sobre supresión de visas para pasaportes diplomático y de servicio. G.O. n° 41.451 del 01-08-2018.

Resolución n° 193 del MPP para Relaciones Exteriores, mediante la cual se establecen los términos y condiciones para la supresión recíproca de visas de entrada al territorio de las partes para los nacionales de la República Bolivariana de Venezuela y de la República de Mozambique, titulares de pasaportes diplomático o de servicio. G.O. n° 41.454 del 06-08-2018.

Resolución conjunta n° 233 y 428 de los MPP para Relaciones Interiores, Justicia y Paz y para Relaciones Exteriores, mediante la cual se concede el beneficio de excepción de visado de no migrante (turista), hasta por un plazo de 90 días prorrogables por una sola vez y en igual término, a los ciudadanos y ciudadanas nacionales del Estado de Catar que deseen ingresar al territorio de la República Bolivariana de Venezuela con fines de recreo, salud o actividades que no involucren remuneración o lucro, ni denoten el ánimo de fijar domicilio permanente. G.O. n° 41.544 del 12-12-2018.

Resolución conjunta n° 234 y 429 de los MPP para Relaciones Interiores, Justicia y Paz y para Relaciones Exteriores, mediante la cual se concede el beneficio de excepción de visado de no migrante (turista), hasta por un plazo de 90 días prorrogables por una sola vez y en igual término, a los ciudadanos y ciudadanas nacionales de la República de Nicaragua que deseen ingresar al territorio de la República Bolivariana de Venezuela con fines de recreo, salud o actividades que no involucren remuneración o lucro, ni denoten el ánimo de fijar domicilio permanente. G.O. n° 41.544 del 12-12-2018.

Resolución n° 430 del MPP para Relaciones Exteriores, mediante la cual se suscribe el acuerdo entre el Gobierno de la República Bolivariana de Venezuela y el Gobierno de la República Popular Democrática de Corea, referente a la supresión del requisito de visa para portadores de pasaportes diplomáticos y de servicio. G.O. n° 41.544 del 12-12-2018.

Resolución conjunta n° 99 y 161 de los MPP para Relaciones Interiores, Justicia y Paz y para Relaciones Exteriores, mediante la cual se excluye a Canadá del listado de países beneficiados con la supresión de visas de no migrantes (turistas) en pasaportes ordinarios. G.O. n° 41.662 del 26-06-2019.

Resolución conjunta n° 127, 195, 128 y 195 de los MPP para Relaciones Interiores, Justicia y Paz y para Relaciones Exteriores, mediante las cuales se excluye a la República de Chile y la República del Perú, del listado de países beneficiados con la supresión de visas de no migrantes (turistas) en pasaportes ordinarios. G.O. n° 41.694 del 14-08-2019.

Resolución n° 272 del MPP para Relaciones Exteriores, mediante la cual se otorga de manera unilateral y con fines de reciprocidad el beneficio de supresión de visas a los portadores de pasaportes diplomáticos y de servicios válidos a los nacionales de la República Democrática Socialista de Sri Lanka, para entrar, salir, transitar y permanecer en el territorio de la República Bolivariana de Venezuela por un período de tiempo no mayor a 90 días, a partir de la fecha de entrada. G.O. n° 41.736 de 11-10-2019.

Resolución conjunta n° 168 y 271 de los MPP para Relaciones Interiores, Justicia y Paz y para Relaciones Exteriores, mediante la cual se concede el beneficio de la supresión de visado de no migrante (turista), hasta por un plazo de 90 días continuos, prorrogables por el mismo lapso con la autorización de la autoridad migratoria, a los ciudadanos y ciudadanas nacionales de la República Democrática Socialista de Sri Lanka, que deseen ingresar al territorio de la República Bolivariana de Venezuela con fines de recreo, salud o actividades que no involucren remuneración o lucro, ni denoten el ánimo de fijar domicilio permanente. G.O. n° 41.738 de 15-10-2019.

Resolución conjunta n° 19 y 219 de los MPP para Relaciones Interiores, Justicia y Paz y para Relaciones Exteriores, mediante la cual se concede el beneficio de supresión de visado de no migrante (turista), hasta por un plazo de 90 días continuos, a las ciudadanas y ciudadanos nacionales del Sultanato de Omán. G.O. n° 41.832 del 04-03-2020.

Resolución conjunta n° 46 y 276 de los MPP para Relaciones Interiores, Justicia y Paz y para Relaciones Exteriores, mediante la cual se concede el beneficio de la supresión de visado de no migrante (Turista) hasta por un plazo de 90 días continuos, prorrogables por el mismo lapso con la autorización de la autoridad migratoria, de conformidad con lo establecido en la legislación vigente, a los ciudadanos y ciudadanas de la República de Indonesia que deseen ingresar al territorio de la República Bolivariana de Venezuela con fines de recreo, salud o actividades que no involucren remuneración o lucro, ni denoten el ánimo de fijar domicilio permanente. G.O. n° 41.937 del 06-08-2020.

Resolución n° 379 del MPP para Relaciones Exteriores, mediante la cual se establece el funcionamiento de la Mesa Nacional de Protección Migratoria de los Niños, Niñas y Adolescentes venezolanos, como instancia de articulación de este Ministerio para garantizar la protección integral de los derechos humanos de los niños, niñas y adolescentes en contexto de movilidad, especialmente de aquellos que se encuentren en situación de extrema vulnerabilidad. G.O. n° 42.040 del 05-01-2021.

Reglamento Parcial del Decreto con Rango, Valor y Fuerza de Ley de Reforma de la Ley Orgánica de Identificación, relativo a la Expedición, Renovación y Prórroga de Pasaportes. G.O. n° 42.092 del 22-03-2021, reimpresión en G.O. n° 6.626 Extraordinario del 01-06-2021.

Resolución n° 9 del MPP para Relaciones Exteriores, mediante la cual se ordena publicar el texto del acuerdo entre el Gobierno de la República Bolivariana de Venezuela y el Gobierno de la República de Benín, sobre supresión de visas para pasaportes diplomáticos, de servicio u oficial. G.O. n° 42.391 del 03-06-2022.

Resolución n° 10 del MPP para Relaciones Exteriores, mediante la cual se otorga, de manera unilateral y con fines de reciprocidad, el beneficio de supresión de visas a los portadores de pasaportes diplomáticos, oficiales y de servicio de las ciudadanas y ciudadanos de la República de Singapur, para entrar, salir, transitar y permanecer en el territorio de la República Bolivariana de Venezuela, por un período de tiempo no mayor a 90 días, a partir de la fecha de ingreso al país. G.O. n° 42.391 del 03-06-2022.

Resolución n° 82 del MPP para Relaciones Exteriores, mediante la cual se ordena publicar el texto acuerdo entre el Gobierno de la República

Bolivariana de Venezuela y el Gobierno de la República de Tayikistán, referente a la supresión del requisito de visa para portadores de pasaportes diplomáticos y de servicio. G.O. n° 42.589 del 15-03-2023.

Resolución n° 83 del MPP para Relaciones Exteriores, mediante la cual se ordena publicar el texto acuerdo entre el Gobierno de la República Bolivariana de Venezuela y el Gobierno de la República de Kazajistán, sobre la exención del visado a titulares de pasaportes diplomáticos y de servicio. G.O. n° 42.589 del 15-03-2023.

Resolución n° 264 del MPP para Relaciones Exteriores, mediante la cual se ordena publicar el texto del acuerdo entre la República Bolivariana de Venezuela y la República de Serbia sobre la exención de visados para los titulares de pasaportes ordinarios. G.O. n° 42.721 del 25-09-2023.

Resolución n° 333 del MPP para Relaciones Exteriores, mediante la cual se ordena publicar el texto del acuerdo entre la República Bolivariana de Venezuela y la República Tunecina sobre la supresión de visas para los portadores de Pasaporte Diplomático, de Servicio, o Especiales. G.O. n° 42.754 del 10-11-2023.

Resolución n° 367 del MPP para Relaciones Exteriores, mediante la cual se suscribe el acuerdo entre la República Bolivariana de Venezuela y la República de Ruanda sobre la supresión de visas para pasaportes diplomáticos, especiales, oficiales o de servicio. G.O. n° 42.783 del 21-12-2023.

Resolución n° 368 del MPP para Relaciones Exteriores, mediante la cual se suscribe el acuerdo entre la República Bolivariana de Venezuela y la República de Uganda sobre la supresión del requisito de visa para los titulares de pasaportes diplomáticos, especiales o de servicio. G.O. n° 42.783 del 21-12-2023.

Resolución n° 369 del MPP para Relaciones Exteriores, mediante la cual se suscribe el acuerdo entre la República Bolivariana de Venezuela y la República Árabe Saharaui Democrática sobre exención de requisito de visa para los titulares de pasaportes diplomáticos, especiales, oficiales y/o de servicio. G.O. n° 42.783 del 21-12-2023.

Resolución conjunta de los MPP para Relaciones Interiores, Justicia y Paz, y para Relaciones Exteriores, mediante la cual se concede el beneficio de la supresión de visado de no migrantes (turista), hasta por un plazo de 90 días continuos, prorrogables por una sola vez y en igual término con el visado de la autoridad migratoria, a las ciudadanas y ciudadanos del Estado de Kuwait, titulares de pasaportes ordinarios, que deseen ingresar al territorio de la República Bolivariana de Venezuela con fines de recreo, salud o actividades que no involucren remuneración o lucro, ni denoten el ánimo de fijar domicilio permanente. G.O. n° 42.830 del 01-03-2024.

Resolución n° 83 del MPP para Relaciones Exteriores, mediante la cual se ordena publicar el texto acuerdo entre el Gobierno de la República Bolivariana de Venezuela y el Gobierno de la República de Zimbabue referente a la exención del requisito de visa para portadores de pasaportes diplomáticos y de servicio. G.O. n° 42.929 del 29-07-2024.

Resolución del MPP para Relaciones Exteriores, mediante la cual se ordena publicar por canje de notas el texto del acuerdo entre la República Bolivariana de Venezuela y San Vicente y las Granadinas sobre la exención de visas para titulares de pasaportes diplomáticos y de servicio. G.O. n° 42.971 del 25-09-2024.

Resolución n° 283 del MPP para Relaciones Exteriores, mediante la cual se ordena publicar el texto del acuerdo entre el Sultanato de Omán y la República Bolivariana de Venezuela sobre la exención del requisito de visado para los titulares de pasaportes diplomáticos, especiales y de servicio. G.O. n° 42.986 del 16-10-2024.

Resolución n° 284 del MPP para Relaciones Exteriores, mediante la cual se ordena publicar el texto del acuerdo de supresión de visas para titulares de pasaportes diplomáticos y de servicio entre la República Bolivariana de Venezuela y la República Kirguisa. G.O. n° 42.986 del 16-10-2024.

Resolución n° 285 del MPP para Relaciones Exteriores, mediante la cual se ordena publicar el texto del acuerdo de supresión de visas en pasaportes diplomáticos y de servicio entre la República Bolivariana de Venezuela y el Reino Hachemita de Jordania. G.O. n° 42.986 del 16-10-2024.

IV. Fe pública[150]

Providencia n° 9-2015 de la Superintendencia de Servicios de Certificación Electrónica, mediante la cual se establece la obligación en los Proveedores de Servicios de Certificación, tanto públicos como privados, de constituir y presentar una fianza de fiel cumplimiento como garantía por daños imputables a éstos, por la cantidad que en ella se señala, a favor de la República Bolivariana de Venezuela, por órgano de este Ministerio a través de esta Superintendencia. G.O. n° 40.784 del 09-11-2015.

Resolución n° 151105-0349 del CNE, mediante la cual se resuelve, entre otros, convalidar las actas de nacimiento que fueron extendidas mediante el uso del Sistema Automatizado de Registro Civil, implementado por la entonces Dirección de Asuntos Civiles de la Gobernación del estado Lara, que fue aplicado en las Oficinas y Unidades de Registro Civil del estado Lara entre los años 2000 y 2009, ambas in-

[150] Véase también: § Comisiones presidenciales; Poder Electoral; Terrorismo y legitimación de capitales.

clusive, para la inscripción de nacimientos ante el Registro Civil, las cuales carecen de la identificación y firma de los testigos correspondientes. G.O. n° 40.785 del 10-11-2015.

Resolución n° 41 del MPP para Relaciones Interiores, Justicia y Paz, mediante la cual se unifican las Oficinas de Notarías Públicas ubicadas en el Distrito Capital y estado Bolivariano de Miranda que en ella se mencionan. G.O. n° 40.930 del 21-06-2016.

Providencia n° 1755 del SAREN, mediante la cual se establecen ocho regiones estratégicas, a los fines de desarrollar el Plan de Supervisión Integral de las Oficinas de Registros y Notarías Públicas a nivel nacional. G.O. n° 41.020 del 31-10-2016.

Resolución n° 161219-274 del CNE, mediante la cual se resuelve, entre otros, dejar sin efecto la exigencia de la copia fotostática de los siguientes documentos: acta de matrimonio o de unión estable de hecho, cuando se declare que el (la) fallecido (a) era casado (a) o mantenía una unión de hecho. Acta de nacimiento de los hijos cuando se declare que el (la) fallecido (a) tenía hijos. G.O. n° 41.094 del 13-02-2017.

Resolución n° 171221-386 del CNE, mediante la cual se resuelve, entre otros, ordenar la incorporación del dato de pueblo y comunidades indígenas, en las actas de nacimiento de los miembros de pueblos y comunidades indígenas, asentadas con anterioridad a la entrada en vigencia de la Ley Orgánica de Registro Civil, mediante el estampado de dicho dato en la sección correspondiente a las circunstancias especiales del acto u observaciones en los Libros de Registro Civil donde fueron registradas. G.O. n° 41.306 del 22-12-2017.

Resolución n° 95 del MPP para Relaciones Interiores, Justicia y Paz, mediante la cual se dicta el instructivo para normar la emisión de la planilla única bancaria del SAREN. G.O. n° 41.388 del 02-05-2018.

Providencia n° 381 del SAREN, mediante la cual se dicta el Código de Ética de las Servidoras y los Servidores Públicos del SAREN. G.O. n° 41.391 del 07-05-2018[151].

Resolución n° 159 del MPP para Relaciones Interiores, Justicia y Paz, mediante la cual se reorganizan las notarías públicas que en ella se indican, quedando conformadas en una única Notaría Pública Segunda, de San Cristóbal del estado Táchira. G.O. n° 41.464 del 21-08-2018.

Resolución n° 180802-197 del CNE, mediante la cual se resuelve, entre otros, crear la Unidad de Registro Civil del Cementerio General del Sur, en las instalaciones del Servicio Nacional de Medicina y Ciencias Forenses (SENAMECF), ubicado en la parroquia Santa Rosalía, munici-

---

[151] *Cfr.* Gabriel Sira Santana, "Los códigos de ética pública en Venezuela", *Revista Venezolana de Legislación y Jurisprudencia*, n° 16 (2020): 905-32.

pio Bolivariano Libertador del Distrito Capital, la cual funcionará bajo la coordinación directa del CNE, a través de la Oficina Nacional de Registro Civil. G.O. n° 41.467 del 24-08-2018.

Resolución n° 180802-198 del CNE, mediante la cual se resuelve, entre otros, crear la Unidad de Registro Civil del Cementerio del Este, en las instalaciones administrativas del referido campo santo, ubicado en La Guairita, municipio El Hatillo del estado Bolivariano de Miranda, la cual funcionará bajo la coordinación directa del CNE, a través de la Oficina Nacional de Registro Civil. G.O. n° 41.467 del 24-08-2018.

Resolución n° 180830-212 del CNE, mediante la cual se resuelve crear la Unidad de Registro Civil en Establecimiento de Salud Hospital Universitario Alfredo Van Grieken, ubicado en la ciudad de Coro, Municipio Miranda, del estado Falcón. G.O. n° 41.489 del 25-09-2018.

Resolución n° 180830-213 del CNE, mediante la cual se resuelve crear la Unidad de Registro Civil en Establecimiento de Salud Hospital General William Lara, ubicado en el Municipio Pedro Zaraza, del estado Guárico. G.O. n° 41.489 del 25-09-2018.

Resolución n° 201103-49 del CNE, mediante la cual se resuelve crear la Unidad de Registro Civil en el establecimiento de salud Hospital Materno Infantil de Amazonas, ubicado en el municipio Atures del estado Amazonas, la cual funcionará bajo la coordinación directa del CNE, a través de la Oficina Nacional de Registro Civil, dentro de las instalaciones del Hospital. G.O. n° 42.018 del 30-11-2020.

Resolución n° 210415-18 del CNE, mediante la cual se resuelve modificar el criterio de convalidación de las actas por omisión de firmas de funcionarias y funcionarios registrales y testigos. G.O. n° 42.112 del 23-04-2021.

Resolución n° 210623-31 del CNE, mediante la cual se resuelve, entre otros, crear la Unidad de Registro Civil en Establecimiento de Salud Hospital Materno Infantil Hugo Chávez, ubicado en el Municipio Jesús María Semprún del estado Zulia, la cual funcionará bajo la coordinación directa del CNE, a través de la Oficina Nacional de Registro Civil, dentro de las instalaciones del hospital. G.O. n° 42.156 del 25-06-2021.

Resolución n° 210708-33 del CNE, mediante la cual se resuelve entre otros, crear la Unidad de Registro Civil Accidental en Zona Fronteriza Territorio Insular Francisco de Miranda, ubicada en el Gran Roque, la cual funcionará bajo la coordinación directa del CNE, a través de la Oficina Nacional de Registro Civil. G.O. n° 42.165 del 09-07-2021.

Ley de Registros y Notarías. G.O. n° 6.668 Extraordinario del 16-12-2021.

Providencia n° 1 del SAREN, mediante la cual se fijan las tasas por concepto de prestación de servicios de los Registros Públicos G.O. n° 42.301 del 20-01-2022.

Providencia n° 2 del SAREN, mediante la cual se fijan las Tasas por concepto de prestación de servicios de los Registros Mercantiles. G.O. n° 42.301 del 20-01-2022.

Providencia n° 3 del SAREN, mediante la cual se fijan las Tasas por concepto de prestación de servicios de los Registros Principales. G.O. n° 42.301 del 20-01-2022.

Providencia n° 4 del SAREN, mediante la cual se fijan las Tasas por concepto de prestación de servicios de las Notarías Públicas. G.O. n° 42.301 del 20-01-2022.

Ley de Publicaciones Oficiales. G.O. n° 6.688 Extraordinario del 25-02-2022.

Ley de Intérpretes Públicos. G.O. n° 6.703 Extraordinario del 25-05-2022.

Ley de Sellos. G.O. n° 6.711 Extraordinario del 20-07-2022.

Ley de Archivos Nacionales. G.O. n° 6.714 Extraordinario del 26-07-2022.

Providencia n° 262 del SAREN, mediante la cual se dicta el Código de Ética de los Trabajadores y Trabajadoras Públicos del SAREN. G.O. n° 42.426 del 26-07-2022[152].

Providencia n° 303 del SAREN, mediante la cual se crea la Oficina de Registro Mercantil del estado Amazonas. G.O. n° 42.473 del 29-09-2022.

Providencia n° 304 del SAREN, mediante la cual se dicta la apertura de la Oficina de Registro Principal del estado Amazonas. G.O. n° 42.478 del 06-10-2022.

Providencia n° 305 del SAREN, mediante la cual se dicta la apertura de la Oficina de Registro Principal del estado Delta Amacuro. G.O. n° 42.478 del 06-10-2022.

Providencia n° 78 del SAREN, mediante la cual se dicta el Reglamento Interno del SAREN. G.O. n° 42.620 del 03-05-2023.

Providencia n° 392 del SAREN, mediante la cual se crea la Notaría Pública del SAREN. G.O. n° 42.761 del 21-11-2023.

Providencia n° 369 del SAREN, mediante la cual se unifica la Notaría Pública Tercera de Maracay estado Aragua, con la Notaría Pública Cuarta de Maracay estado Aragua, quedando conformadas en una única oficina. G.O. n° 42.913 del 03-07-2024.

Providencia n° 525 del SAREN, mediante la cual se implementa la aplicación de medios electrónicos y biométricos para la prestación del SAREN. G.O. n° 42.987 del 17-10-2024.

[152] *Cfr*. Gabriel Sira Santana, "Los códigos de ética pública en Venezuela", *Revista Venezolana de Legislación y Jurisprudencia*, n° 16 (2020): 905-32.

v. Fuerzas Armadas[153]

Decreto n° 1.589, mediante el cual se prorroga por un plazo de 90 días, contados a partir del 07-01-2015, la vigencia del Decreto n° 1.370 del 07-11-2014, donde se declaró como urgente la ejecución de las obras de infraestructura de apoyo al Sistema de Defensa, dirigidas a corregir, impedir o limitar los efectos de la situación de emergencia que afecta o pudiera afectar el funcionamiento óptimo de dicho sistema. G.O. n° 40.574 del 06-01-2015.

Resolución n° 8610 del MPP para la Defensa, mediante la cual se dicta las normas sobre la actuación de la Fuerza Armada Nacional Bolivariana en funciones de control del orden público, la paz social y la convivencia ciudadana en reuniones públicas y manifestaciones. G.O. n° 40.589 del 27-01-2015.

Reglamento Orgánico de la Dirección General de Contrainteligencia Militar. G.O. n° 40.599 del 10-02-2015.

Decreto n° 1.692 mediante el cual se prorroga por un lapso de 90 días el Decreto de Urgencia en materia de infraestructura n° 1.589 del 06-01-2015. G.O. n° 40.634 del 07-04-2015.

Resolución n° 10063 del MPP para la Defensa, mediante la cual se crea el Servicio Conjunto de Ingeniería de la Fuerza Armada Nacional Bolivariana. G.O. n° 40.683 del 16-06-2015.

Resolución n° 10037 del MPP para la Defensa, mediante la cual se crea el Consejo de Equidad e Igualdad de Género de la Fuerza Armada Nacional Bolivariana, con objeto de diseñar las políticas públicas, planes, programas y proyectos de este Ministerio. G.O. n° 40.687 del 22-06-2015.

Resolución n° 10864 del MPP para la Defensa, mediante la cual se suprime y liquida la Asociación de Bienestar Social del Personal Militar de la Aviación (ASOFAV). G.O. n° 40.716 del 04-08-2015.

Decreto n° 2.062 mediante el cual se prorroga el Decreto n° 1.081 del 30-06-2014 por un lapso de 180 días contados a partir del 07-07-2015 mediante el cual se declara de urgente la ejecución de las obras de infraestructura de apoyo al Sistema de Defensa. G.O. n° 40.773 del 23-10-2015.

Resolución n° 12352 del MPP de la Defensa, mediante la cual se crea y activa la División de Operaciones Aeroespaciales Presidencial. G.O. n° 40.815 del 22-12-2015.

---

[153] Véase también: § Comisiones presidenciales; Empresas del Estado; Contraloría General de la República; Exoneraciones; Operativos y planes de seguridad ciudadana; Fronteras; Zonas estratégicas.

Resolución n° 12337 del MPP de la Defensa, mediante la cual se reorganiza la Brigada de la Guardia de Honor Presidencial. G.O. n° 40.815 del 22-12-2015.

Resolución n° 12346 del MPP de la Defensa, mediante la cual se reorganiza la Unidad Especial de Seguridad y Protección a Personalidades del Estado. G.O. n° 40.815 del 22-12-2015.

Decreto con Rango, Valor y Fuerza de Ley Orgánica de Seguridad Social de la Fuerza Armada Nacional Bolivariana, Ley Negro Primero. G.O. n° 6.209 Extraordinario del 29-12-2015.

Ley de Disciplina Militar. G.O. n° 6.207 Extraordinario del 28-12-2015, reimpresión en G.O. n° 40.833 del 21-01-2016.

Decreto n° 2.368, mediante el cual se ordena la desactivación de los diez Distritos Militares identificados como: n° 1 Guajira, n° 2 Sur del Lago, n° 3 Táchira Norte, n° 4 El Nula, n° 5 Orichuna, n° 6 El Yagual, n° 7 Altagracia de Orituco, n° 8 Barrancas del Orinoco, n° 9 Los Pijiguaos y el n° 10 Paria. G.O. n° 40.939 del 07-07-2016.

Resolución n° 11487 del MPP para la Defensa, mediante la cual se crea y activa el Servicio Penitenciario Militar de la Fuerza Armada Nacional Bolivariana. G.O. n° 41.045 del 05-12-2016.

Reglamento de la Orden Militar General en Jefe Rafael Urdaneta. G.O. n° 41.086 del 31-01-2017.

Resolución n° 13 de la Contraloría General de la Fuerza Armada Nacional Bolivariana, mediante la cual se promulga la Estructura Organizativa de la Contraloría General de la Fuerza Armada Nacional Bolivariana. G.O. n° 41.102 del 23-02-2017.

Resolución de la Contraloría General de la Fuerza Armada Nacional Bolivariana, mediante la cual se dicta el Reglamento de la Contraloría General de la Fuerza Armada Nacional Bolivariana. G.O. n° 41.106 del 03-03-2017.

Resolución n° 28399 del MPP para la Defensa, mediante la cual se dictan las normas y procedimientos que regulan el funcionamiento y administración de las cantinas militares. G.O. n° 41.579 del 05-02-2019.

Decreto n° 3.765, mediante el cual se dicta la reforma parcial del Decreto n° 3.289 publicado en la G.O. n° 35.368 del 27-02-1993, mediante el cual se crea la Oficina Coordinadora de Apoyo Marítimo de la Armada. G.O. n° 41.587 del 15-02-2019.

Resolución de la Contraloría General de la Fuerza Armada Nacional Bolivariana, mediante la cual se dicta el Reglamento de la Contraloría General de la Fuerza Armada Nacional Bolivariana. G.O. n° 41.927 del 22-07-2020.

Resolución n° 37824 del MPP para la Defensa, mediante la cual se crea y activa el Servicio de Alimentación de la Guardia Nacional Bolivariana. G.O. n° 41.986 del 15-10-2020, reimpresión en G.O. G.O. n° 42.001 del 05-11-2020.

Resolución n° 48780 del MPP para la Defensa, mediante la cual se dicta el Reglamento para el Ejercicio del Mando Operacional en el Sistema Defensivo Territorial y Funcionamiento de los Servicios en Guarnición. G.O. n° 42.517 del 01-12-2022.

Resolución n° 49441 del MPP para la Defensa, mediante la cual se dicta el Reglamento del Sistema de Evaluación Integral y Ascenso del Personal Militar Profesional de la Fuerza Armada Nacional Bolivariana. G.O. n° 42.551 del 18-01-2023.

Resolución n° 50133 del MPP para la Defensa, mediante la cual se designa al Servicio Autónomo de la Fuerza Aérea Venezolana, como órgano desconcentrado que forma parte de la estructura organizativa de este Ministerio, como encargado de la recaudación y administración de los ingresos que se generen por el uso de los espacios abiertos de la Base Aérea Generalísimo Francisco de Miranda, ubicada en La Carlota, Caracas, Distrito Capital, por parte de las personas jurídicas públicas y/o privadas, que sean las encargadas de organizar y contratar eventos deportivos, culturales, educativos, musicales, folklóricos, ferias y actividades afines a ellas, que hayan sido previamente autorizados por quien suscribe como Ministro del Poder Popular para la Defensa. G.O. n° 42.606 del 11-04-2023.

Resolución n° 50134 del MPP para la Defensa, mediante la cual se dictan las normas que regulan la activación y funcionamiento de las oficinas del Servicio Autónomo de Salud de la Fuerza Armada Nacional Bolivariana. G.O. n° 42.610 del 17-04-2023.

Resolución n° 45177 del MPP para la Defensa, mediante la cual se cambia la denominación del Centro de Doctrina Militar Bolivariana a Centro de Doctrina de la Fuerza Armada Nacional Bolivariana General en Jefe Jacinto Rafael Pérez Arcay. G.O. n° 42.737 del 18-10-2023.

V
ECONOMÍA

I. Cono monetario

Decreto n° 2.589, mediante el cual se establece que a partir de las 72 horas continuas de la publicación del presente Decreto en la G.O., saldrán de circulación (no serán de curso legal) los billetes de Bs. 100 emitidos por el BCV. G.O. n° 6.275 Extraordinario del 11-12-2016.

Decreto n° 2.603, mediante el cual se deroga el artículo 4 del Decreto n° 2.589. G.O. n° 41.053 del 15-12-2016.

Decreto n° 2.610, mediante el cual se prorroga hasta el 02-01-2017, solo en el territorio venezolano, la circulación y vigencia de los billetes de Bs. 100 emitidos por el BCV, y se prorroga hasta el día 02-01-2017 el cierre de las fronteras entre Venezuela y Colombia y entre Venezuela y Brasil. G.O. n° 6.278 Extraordinario del 17-12-2016.

Decreto n° 2.646, mediante el cual se prorroga hasta el 20-01-2017, solo en el territorio venezolano, la circulación y vigencia de los billetes de Bs. 100 emitidos por el BCV. G.O. n° 41.063 del 29-12-2016.

Decreto n° 2.671, mediante el cual se prorroga hasta el 20-02-2017, solo en el territorio venezolano, la circulación y vigencia de los billetes de Bs. 100 emitidos por el BCV. G.O. n° 41.075 del 16-01-2017.

Decreto n° 2.722, mediante el cual se prorroga hasta el 20-03-2017, solo en el territorio venezolano, la circulación y vigencia de los billetes de Bs. 100 emitidos por el BCV. G.O. n° 41.098 del 17-02-2017.

Decreto n° 2.756, mediante el cual se prorroga hasta el 20-04-2017, solo en el territorio venezolano, la circulación y vigencia de los billetes de Bs. 100 emitidos por el BCV. G.O. n° 41.116 del 17-03-2017.

Decreto n° 2.819, mediante el cual se prorroga hasta el 20-05-2017, solo en el territorio venezolano, la circulación y vigencia de los billetes de Bs. 100 emitidos por el BCV. G.O. n° 41.133 del 18-04-2017.

Decreto n° 2.875, mediante el cual se prorroga hasta el 20-07-2017, solo en el territorio venezolano, la circulación y vigencia de los billetes de Bs. 100 emitidos por el BCV. G.O. n° 41.154 del 19-05-2017.

Decreto n° 2.993, mediante el cual se prorroga hasta el 20-09-2017, solo en el territorio venezolano, la circulación y vigencia de los billetes de Bs. 100 emitidos por el BCV. G.O. n° 41.196 del 19-07-2017.

Decreto n° 3.086, mediante el cual se prorroga hasta el 20-11-2017, solo en el territorio venezolano, la circulación y vigencia de los billetes de Bs. 100 emitidos por el BCV. G.O. n° 41.240 del 20-09-2017.

Decreto n° 3.169, mediante el cual se prorroga hasta el 20-01-2018, solo en el territorio venezolano, la circulación y vigencia de los billetes de Bs. 100 emitidos por el BCV. G.O. n° 41.282 del 20-11-2017.

Decreto n° 3.249, mediante el cual se prorroga, hasta el 20-03-2018, solo en el territorio venezolano, la circulación y vigencia de los billetes de Bs. 100 emitidos por el BCV. G.O. n° 41.323 del 18-01-2018.

Decreto n° 3.328, mediante el cual se prorroga hasta el 20-05-2018, solo en el territorio venezolano, la circulación y vigencia de los billetes de Bs. 100 emitidos por el BCV. G.O. n° 41.364 del 20-03-2018.

Decreto n° 3.332, mediante el cual se establece que a partir del 04-06-2018, se reexpresa la unidad del sistema monetario de la República Bolivariana de Venezuela, en el equivalente a Bs. 1.000 actuales. El bolívar resultante de esta reconversión, continuará representándose con el símbolo Bs., siendo divisible en 100 céntimos. G.O. n° 41.366 del 22-03-2018.

Resolución n° 18-03-01 del BCV, mediante la cual se dictan las normas que rigen en el proceso de reconversión monetaria. G.O. n° 41.387 del 30-04-2018.

Decreto N° 3.430, mediante el cual se prorroga hasta la entrada en circulación del nuevo cono monetario la circulación y vigencia de los billetes de Bs. 100 emitidos por el BCV. G.O. n° 41.399 del 17-05-2018.

Decreto n° 3.445, mediante el cual se difiere al 04-08-2018 la oportunidad en que deberá reexpresarse la unidad del sistema monetario de la República. G.O. n° 6.379 del 01-06-2018.

Decreto n° 3.548, mediante el cual se establece que a partir del 20-08-2018, se reexpresa la unidad del sistema monetario de la República. G.O. n° 41.446 del 25-07-2018.

Resolución n° 18-07-02 del BCV, mediante la cual se dictan las normas que rigen el proceso de reconversión monetaria. G.O. n° 41.460 del 14-08-2018.

Resolución n° 18-11-01 del BCV, mediante la cual se establece que los billetes del cono monetario precedente emitidos por el BCV, con denominaciones iguales y superiores a Bs. 1.000, circularán hasta el 03-12-2018, simultáneamente con las representativas de la unidad monetaria reexpresada. G.O. n° 41.536 del 30-11-2018.

Resolución n° 19-02-01 del BCV, mediante la cual se establece el cese de la obligación de doble expresión de los precios de los bienes y servicios en el marco del proceso de reconversión monetaria. G.O. n° 41.587 del 15-02-2019.

Decreto n° 4.553, mediante el cual se decreta la nueva expresión monetaria. G.O. n° 42.185 del 06-08-2021.

Resolución n° 21-08-01 del BCV, mediante la cual se acuerda dictar las normas que rigen la nueva expresión monetaria. G.O. n° 42.191 del 16-08-2021.

Resolución n° 22-04-01 del BCV, mediante la cual se establece que el precio de los bienes y servicios y demás importes monetarios deberán expresarse únicamente en la escala monetaria vigente desde el 01-10-2021. G.O. n° 42.364 del 27-04-2022.

Resolución n° 24-08-01 del BCV, mediante la cual se establece que los billetes del cono monetario identificado como Bolívar Soberano, emitidos por el BCV, con denominaciones de Bs. 10.000; Bs. 20.000; Bs. 50.000 y Bs. 200.000, circularán hasta el 25-09-2024, fecha a partir de la cual perderán su poder liberatorio. G.O. n° 42.952 del 29-08-2024.

II. Régimen cambiario[154]

Convenio Cambiario n° 33 del BCV, mediante el cual se dicta las normas que regirán las operaciones de divisas en el sistema financiero nacional. G.O. n° 6.171 Extraordinario del 10-02-2015.

Aviso Oficial del MPP de Economía, Finanzas y Banca Pública y BCV, mediante el cual se informa a las instituciones operadoras autorizadas para actuar a través del Sistema Cambiario Alternativo de Divisas (SICAD II), conforme a lo dispuesto en el Convenio Cambiario n° 27 y demás normativas que lo desarrolla, así como al público en general, que a partir del 12-02-2015 no se procesarán cotizaciones de compra y venta de divisas en efectivo o de títulos valores en moneda extranjera a través del antes dicho sistema. G.O. n° 6.171 Extraordinario del 10-02-2015.

Aviso Oficial del MPP de Economía, Finanzas y Banca Pública y BCV, mediante el cual este Ministerio y el BCV, de conformidad con lo previsto en el artículo 3 y en el parágrafo único del artículo 13 del Convenio Cambiario n° 33, informa a los operadores cambiarios y al público en general los acuerdos que en él se señalan. G.O. n° 6.171 Extraordinario del 10-02-2015.

Aviso Oficial del BCV, mediante el cual se determinan los límites máximos de las comisiones, tarifas y/o recargos que podrán cobrar los bancos universales regidos por el Decreto con Rango, Valor y Fuerza de Ley de Instituciones del Sector Bancario que actúan en los mercados a que se refieren los capítulos II y IV del Convenio Cambiario n° 33. G.O. n° 40.601 del 12-02-2015.

Aviso Oficial del BCV, mediante el cual se determina los límites máximos de las comisiones, tarifas y/o recargos que los intermediarios

[154] Véase también: § Banca y casas de cambio; Mercado de valores; Decretos constituyentes con contenido normativo.

especializados en operaciones cambiarias al menudeo, podrán cobrar a sus clientes o usuarios por las transacciones que realicen en el mercado a que se refiere el capítulo III del Convenio Cambiario n° 33. G.O. n° 40.604 del 19-02-2015.

Providencia n° 11 del CENCOEX, mediante la cual se establecen los requisitos, controles y trámites para la solicitud de autorización de adquisición de divisas destinadas al pago de consumos en el exterior. G.O. n° 40.636 del 09-04-2015.

Decreto n° 1.710, mediante el cual se prorroga hasta el 31-12-2015 el plazo para culminar el proceso de supresión de la Comisión de Administración de Divisas (CADIVI). G.O. n° 40.638 del 13-04-2015.

Resolución n° 38 del MPP de Economía y Finanzas, mediante la cual se designa al Centro Nacional de Comercio Exterior (CENCOEX), en su carácter de autoridad administrativa, para realizar la inspección y fiscalización, del régimen de administración de divisas, así como ejercer la potestad sancionatoria en materia cambiaria. G.O. n° 40.670 del 28-05-2015.

Decreto con Rango, Valor y Fuerza de Ley del Régimen Cambiario y sus Ilícitos. G.O. n° 6.210 Extraordinario del 30-12-2015.

Convenio Cambiario n° 34 del BCV, mediante el cual se establece que las personas naturales y jurídicas privadas, dedicadas a la exportación de bienes y servicios, podrán retener y administrar hasta el 60 % del ingreso que perciban en divisas, en razón de las exportaciones realizadas. G.O. n° 40.851 del 18-02-2016.

Convenio Cambiario n° 35 del BCV, mediante el cual se establecen las normas que regirán las operaciones del régimen administrado de divisas. G.O. n° 40.865 del 09-03-2016.

Convenio Cambiario n° 36 del BCV, mediante el cual se dictan las normas que regulan las operaciones en divisas efectuadas por prestadores de servicios turísticos que operen turismo receptivo, así como los pagos de mercancías destinadas a la venta a pasajeros. G.O. n° 40.881 del 07-04-2016.

Resolución n° 17 de la Vicepresidencia de la República, mediante la cual se declara concluido el proceso de supresión de la Comisión de Administración de Divisas (CADIVI). G.O. n° 40.889 del 25-04-2016.

Resolución n° 16-04-01 del BCV, mediante la cual se establece, de conformidad con lo previsto en el Convenio Cambiario n° 35 que las operaciones de compra y de venta de divisas que hayan sido solicitadas ante los operadores cambiarios respectivos, en el marco de lo dispuesto en la Providencia n° 97 de la extinta Comisión de Administración de Divisas (CADIVI), hasta el día inmediatamente anterior al de la fecha de la entrada en vigencia de dicho Convenio Cambiario, y cuyos recursos hubieren sido efectivamente acreditados para esa fecha en atención a las autorizaciones genéricas emitidas, serán liquidadas al tipo de cambio correspondiente, contemplado en el artículo 1 del Convenio Cambiario n° 14. G.O. n° 40.889 del 25-04-2016.

Convenio Cambiario n° 37 del BCV, mediante el cual se establece que las personas privadas nacionales o extranjeras que hayan obtenido la licencia correspondiente del MPP con competencia en materia de Petróleo y Minería, para desarrollar las actividades a las que se refiere el Capítulo V de la Ley Orgánica de Hidrocarburos Gaseosos, en la medida en que reciban o administren divisas como consecuencias de la operación de los instrumentos legales que las vinculan, incluyendo las recibidas por el producto de sus ventas de exportación o cambio de patrón de consumo, podrán mantenerlas en cuentas en instituciones bancarias o de similar naturaleza, a los efectos de su inversión o reinversión en los proyectos previamente aprobados por el MPP de Petróleo y Minería en materia de hidrocarburos gaseosos, así como para su aplicación al pago de bienes, materiales y equipos adquiridos con ocasión de la ejecución de los proyectos antes referidos, o restitución de los fondos que hayan sido destinados a tales fines, siempre que aquéllos no sean fabricados en el país y sean necesarios para el desarrollo de las operaciones de dichas empresas. G.O. n° 40.913 del 27-05-2016.

Resolución n° 19 del MPP para el Turismo, mediante la cual se establece el trámite y los deberes formales que deben cumplir los prestadores de servicios turísticos de alojamiento, agencias de viajes y turismo y transporte turísticos en materia de turismo receptivo, conforme al Convenio Cambiario n° 36. G.O. n° 40.950 del 22-07-2016.

Convenio Cambiario n° 34 del BCV, mediante el cual se establece que las personas naturales y jurídicas privadas, dedicadas a la exportación de bienes y servicios, podrán retener y administrar libremente hasta el 60 % del ingreso que perciban en divisas, en razón de las exportaciones realizadas para gastos, pagos y cualquier otra erogación que deban realizar con ocasión de sus actividades. G.O. n° 40.985 del 09-09-2016.

Convenio Cambiario n° 36 del BCV, mediante el cual se modifica el Convenio Cambiario n° 36. G.O. n° 41.040 del 28-11-2016.

Aviso Oficial del BCV, mediante el cual se informa al público en general que el prestador de servicio turístico del sector público Venezolana de Teleféricos, C.A., queda habilitado para recibir el pago de los servicios que presta en divisas en efectivo únicamente en las taquillas dispuestas al efecto por el referido prestador. G.O. n° 41.045 del 05-12-2016.

Convenio Cambiario n° 34 del BCV, mediante el cual se reforma el Convenio Cambiario n° 34. G.O. n° 41.102 del 23-02-2017.

Aviso Oficial del BCV, mediante el cual se informa al SENIAT, así como al público en general, que el tipo de cambio para la determinación de la base imponible de los tributos internos aplicables a las actividades primarias de hidrocarburos líquidos y gaseosos, será el previsto en el artículo 1 del Convenio Cambiado n° 35. G.O. n° 41.128 del 04-04-2017.

Convenio Cambiario n° 38 del BCV, mediante el cual se establece que las subastas de divisas llevadas a cabo a través del Sistema de Divisas de Tipo de Cambio Complementario Flotante de Mercado (DICOM), podrán ser realizadas con posiciones mantenidas por personas naturales y jurídicas del sector privado que deseen presentar sus posturas de oferta y demanda y por el BCV. G.O. n° 6.300 Extraordinario del 19-05-2017.

Resolución n° 17-05-01 del BCV, mediante la cual se crea el Comité de Subastas de Divisas, cuyo objeto constituye administrar, regular y dirigir el Sistema de Divisas de Tipo de Cambio Complementario Flotante de Mercado (DICOM), con autonomía para el ejercicio de sus funciones. G.O. n° 6.300 Extraordinario del 19-05-2017.

Providencia n° 1 del Comité de Subastas de Divisas, mediante la cual se dictan las normas generales para las subastas de divisas a través del Sistema de Divisas de Tipo de Cambio Complementario Flotante de Mercado (DICOM). G.O. n° 41.155 del 22-05-2017.

Aviso Oficial del BCV, mediante el cual se hace del conocimiento al público en general, que las operaciones tramitadas a través de los mercados alternativos de divisas a que se contraen los Capítulos II y IV del Convenio Cambiario n° 33, se entenderán válidas y eficaces, debiendo los intermediarios cambiarios autorizados continuar con los procesos operativos pertinentes para su liquidación en los términos dispuestos en el artículo 20 del Convenio Cambiario n° 38. G.O. n° 41.156 del 23-05-2017.

Aviso Oficial del BCV, mediante el cual se informa al público en general el límite máximo de la comisión que los operadores cambiarios autorizados podrán cobrar a sus clientes o usuarios personas jurídicas por las operaciones de compra que realicen con ocasión de su participación en las subastas de divisas a que se refiere el Convenio Cambiario n° 38. G.O. n° 41.156 del 23-05-2017.

Aviso Oficial del BCV, mediante el cual se informa a las instituciones bancarias autorizadas para recibir depósitos en moneda extranjera conforme a lo dispuesto en los Convenios Cambiarios n° 20 y 31, en concordancia con la normativa cambiaria que rige el Sistema de Divisas de Tipo de Cambio Complementario Flotante de Mercado (DICOM), que atendiendo a lo previsto en los artículos 6 y 7 de la Resolución del BCV n° 13-03-01 podrán efectuar las operaciones que en ellos se especifican. G.O. n° 41.174 del 16-06-2017.

Resolución n° 17-06-02 del BCV, mediante la cual se establece que sin perjuicio de la imposición de las sanciones a que haya lugar, las instituciones bancarias del sector privado autorizadas por la normativa prudencial dictada por el BCV para mantener en sus cuentas de corresponsalía las captaciones en moneda extranjera recibidas de sus clientes en el marco de lo establecido en los Convenios Cambiarios n° 20 y 31, que presenten en las cuentas a la vista de sus bancos corresponsales saldos inferiores a las referidas captaciones, deberán pagar al BCV, en Dólares de los Estados Unidos de América, una tasa de interés anual resultante de sumar cuatro puntos porcentuales a la tasa PRIME sobre el monto deficitario. La referida tasa de interés será devengada por cada uno de los días que dure el incumplimiento. G.O. n° 41.179 del 23-06-2017.

Aviso Oficial del BCV, mediante el cual se informa al público en general la aplicación del régimen dispuesto en el artículo 1 del Convenio Cambiario n° 34, a las personas naturales y jurídicas privadas que en el marco de la normativa aplicable presten servicios a la salud, a personas naturales no residentes en la República Bolivariana de Venezuela, que se configuren como exportación de servicios médicos. G.O. n° 41.188 del 07-07-2017.

Aviso Oficial del BCV, mediante el cual se informa a las administraciones con competencias tributarias, así como al público en general, que el tipo de cambio de referencia para la determinación de la base imponible de las obligaciones tributarias que se deriven de las contrataciones realizadas entre PDVSA, sus empresas filiales, así como las empresas mixtas creadas de conformidad con lo previsto en la Ley Orgánica de Hidrocarburos con proveedores exclusivos en el territorio nacional de insumos especializados, que estén directamente vinculadas a las actividades de hidrocarburos líquidos y gaseosos, y cuyo pago haya sido convenido en moneda extranjera, será el previsto en el artículo 1 del Convenio Cambiario n° 35. G.O. n° 41.263 del 24-10-2017.

Aviso Oficial del BCV, mediante el cual se informa al público en general, la suspensión de manera definitiva del proceso de liquidación de divisas adjudicadas en la Subasta n° CS-SO-015-17 del 31-08-2017, por el Comité de Subastas de Divisas de este Instituto, en el marco de lo dispuesto en el Convenio Cambiario n° 38. G.O. n° 41.283 del 21-11-2017.

Aviso Oficial del BCV, mediante el cual se informa al público en general los límites máximos de las comisiones, tarifas y/o recargos que los operadores cambiarios autorizados podrán cobrar a sus clientes o usuarios con ocasión de las operaciones de monedas extranjeras que realicen de conformidad con lo dispuesto en el Convenio Cambiario n° 39. G.O. n° 41.332 del 31-01-2018.

Convenio Cambiario n° 39 del BCV, sobre normas que regirán las operaciones de monedas extranjeras en el sistema financiero nacional. G.O. n° 41.329 del 26-01-2018, reimpresión en G.O. n° 41.340 del 14-02-2018.

Aviso Oficial del BCV, mediante el cual se informa que el registro y valoración contable del activo y pasivo en moneda extranjera de los sujetos distintos a aquellos que conforman el sector bancario, asegurador y del mercado de valores, se efectuará de la manera que en él se indica. G.O. n° 41.350 del 28-02-2018.

Aviso Oficial del BCV, mediante el cual se informa al SENIAT y al público en general, el tipo de cambio aplicable para la liquidación y pago de los tributos internos causados durante el ejercicio fiscal 2017, derivados de las actividades petroquímicas, química, carboquímicas y similares efectuadas por PDVSA y sus empresas filiales y mixtas, será el tipo de cambio de referencia previsto en el artículo 1 del Convenio Cambiario n° 35. G.O. n° 41.360 del 14-03-2018.

Resolución n° 18-04-01 del BCV, mediante la cual se dictan las normas relativas a las posiciones en divisas de las instituciones bancarias. G.O. n° 41.385 del 26-04-2018.

Resolución n° 18-07-01 del BCV, mediante la cual se establece que el Comité de Subastas a que se contrae el artículo 7 del Convenio Cambiario n° 38, en concordancia con el Convenio Cambiario n° 39, estará integrado por tres Miembros del Directorio del BCV, uno de los cuales lo presidirá. G.O. n° 41.439 del 13-07-2018.

Convenio Cambiario n° 1 del BCV. G.O. n° 6.405 Extraordinario del 17-09-2018.

Resolución n° 19-01-04 del BCV, mediante la cual el BCV, cuando lo estime pertinente, podrá realizar de manera automática, operaciones de venta de moneda extranjera con los bancos universales y microfinancieros regidos por el Decreto con Rango, Valor y Fuerza de Ley de Instituciones del Sector Bancario y por leyes especiales, mediante el débito de la cuenta única que mantengan las respectivas instituciones bancarias en el BCV por la cantidad en bolívares equivalente a la operación cambiaria ejecutada. G.O. n° 41.573 del 28-01-2019.

Aviso Oficial del BCV, mediante el cual los titulares de más de una cuenta en moneda extranjera, mantenidas en el sistema financiero nacional, podrán efectuar transferencias entre dichas cuentas; y podrán hacerse transferencias entre cuentas en moneda extranjera mantenidas en el sistema financiero nacional, cuando se trate de cuentas pertenecientes a distintos titulares de aquel de cuya cuenta se origina la orden de transferencia. G.O. n° 41.575 del 30-01-2019.

Aviso Oficial del MPP de Economía y Finanzas y BCV, mediante el cual se informa al público en general las operaciones cambiarias al menudeo, emanado del MPP de Economía y Finanzas y del BCV. G.O. n° 41.580 del 06-02-2019.

Resolución n° 19-04-01 del BCV, mediante la cual se dictan las normas relativas a las posiciones en divisas de las instituciones bancarias. G.O. n° 41.611 del 05-04-2019.

Resolución n° 19-05-01 del BCV, mediante la cual las instituciones bancarias regidas por el Decreto con Rango, Valor y Fuerza de Ley de Instituciones del Sector Bancario habilitadas para actuar como operadores cambiarios en el sistema de mercado cambiario, podrán pactar a través de sus mesas de cambio, entre clientes de esa institución, o en transacciones interbancarias, operaciones de compra y venta de monedas extranjeras por parte de las personas naturales y jurídicas del sector privado mantenidas en el sistema financiero nacional o internacional, así como por los organismos internacionales, las representaciones diplomáticas, consulares, sus funcionarios, y los funcionarios extranjeros de los organismos internacionales, debidamente acreditados ante el Gobierno Nacional. G.O. n° 41.624 del 02-05-2019.

Aviso Oficial del BCV, mediante el cual se informa al público en general que el límite máximo que las instituciones bancarias habilitadas para actuar como operadores cambiarios autorizados en el sistema de mercado cambiario, podrán cobrar a sus clientes por las operaciones, efectuadas a través de sus mesas de cambio será de hasta el 1 % sobre el monto en bolívares de cada pacto, tanto de compra como de venta. G.O. n° 41.631 del 13-05-2019.

Resolución n° 19-05-02 del BCV, mediante la cual se regula lo concerniente al cumplimiento del índice de intermediación cambiaria, en el marco de la ejecución de las operaciones de compra y venta de monedas extranjeras a través de las mesas de cambio de las instituciones bancarias. G.O. n° 41.633 del 15-05-2019.

Resolución n° 19-05-03 del BCV, mediante la cual se establece que el BCV, cuando lo estime pertinente, podrá realizar de manera automática operaciones de venta de moneda extranjera con los bancos universales y microfinancieros regidos por el Decreto con Rango, Valor y Fuerza de Ley de Instituciones del Sector Bancario y por leyes especiales, mediante el débito de la cuenta única que mantengan las respectivas instituciones bancarias en el BCV por la cantidad en bolívares equivalente a la operación cambiaria ejecutada. G.O. n° 41.640 del 24-05-2019.

Resolución n° 19-09-03 del BCV, mediante la cual se establece que el BCV, cuando lo estime pertinente, podrá realizar de manera automática operaciones de venta de moneda extranjera con las entidades bancarias. G.O. n° 41.742 de 21-10-2019.

III. Criptomonedas[155]

Decreto n° 3.196, mediante el cual se autoriza la creación de la Superintendencia de los Criptoactivos y Actividades Conexas Venezolana. G.O. n° 6.346 Extraordinario del 08-12-2017.

Decreto n° 3.292, mediante el cual se determina como respaldo para la implementación de operaciones de intercambio financiero y comercial a través de criptoactivos, el desarrollo potencial de 5.342 MMBN de Petróleo Original en Sitio (POES) pesado y extrapesado, de acuerdo a una certificadora internacional independiente, localizado en el Bloque Ayacucho 01, de la Faja Petrolífera del Orinoco Hugo Chávez Frías. G.O. n° 41.347 del 23-02-2018.

Resolución n° 26 del MPP de Petróleo, mediante la cual se delimita el área geográfica cuyas reservas respalden la implementación de operaciones de intercambio financiero y comercial a través de criptoactivos, en el desarrollo potencial de 5.342 MMBN de Petróleo Original en Sitio (POES) pesado y extrapesado, de acuerdo a una certificadora internacional independiente, localizado en el Bloque Ayacucho 01 de la Faja Petrolífera del Orinoco Hugo Chávez Frías, Municipios Miranda y Monagas del estado Anzoátegui, con un área de 380,21 Km2, la cual se describe con las coordenadas que en ella se señalan. G.O. n° 41.354 del 06-03-2018.

Decreto n° 3.355, mediante el cual se crea la Superintendencia de Criptoactivos de Venezuela y Actividades Conexas Venezolana (SUPCACVEN), como servicio desconcentrado sin personalidad jurídica, administrado, supervisado e integrado a la Vicepresidencia de la República. G.O. n° 6.371 Extraordinario del 09-04-2018.

Decreto n° 3.333, mediante el cual se crean como Zonas Petro: La Isla de Margarita, estado Nueva Esparta; Los Roques, Territorio Insular Francisco de Miranda; Paraguaná, estado Falcón; Ureña-San Antonio, estado Táchira, a los fines de incorporarlas al desarrollo de la Minería Virtual y el uso de cripto-activos como elementos estructurales de la diversificación de fuentes de divisas tanto para el desarrollo nacional como de las actividades económicas propias de las citada áreas. G.O. n° 41.366 del 22-03-2018.

Providencia n° 8 de la SUNACRIP, mediante la cual se regula el Registro Integral de Servicios en Criptoactivos (RISEC). G.O. n° 41.578 del 04-02-2019.

Providencia n° 9 de la SUNACRIP, mediante la cual se establecen los requisitos y trámites para el envío y recepción de remesas en crip-

[155] Véase también: § Superintendencias; Empresas del Estado; Administración tributaria; Seguros; Zonas económicas especiales; Actividad aeronáutica; Decretos constituyentes con contenido normativo.

toactivos a personas naturales en el territorio de la República Bolivariana de Venezuela. G.O. n° 41.581 del 07-02-2019.

Providencia n° 12 de la SUNACRIP, mediante la cual se regula la operatividad de las casas de intercambio en el sistema integral de criptoactivos. G.O. n° 41.609 del 03-04-2019.

Decreto n° 4.025, mediante el cual se instruye a las personas naturales y jurídicas, públicas y privadas en cuanto a la obligatoriedad del registro de información y hechos económicos expresados contablemente en Criptoactivos Soberanos, sin perjuicio de su registro en bolívares, según corresponda. G.O. n° 41.763 del 19-11-2019.

Providencia n° 97 de la SUNACRIP, mediante la cual se establecen los parámetros aplicables a las operaciones de asignación e intercambio de recursos con criptoactivos a través de plataformas tecnológicas altamente especializadas, que garanticen la transparencia, seguridad y transabilidad de las operaciones. G.O. n° 41.782 del 16-12-2019.

Providencia n° 98 de la SUNACRIP, mediante la cual se establece los parámetros para la presentación de la información financiera, reexpresión de los registros contables de operaciones y hechos económicos con criptoactivos, realizadas por las personas naturales que se encuentren obligadas a llevar registros contables, así como las personas jurídicas, públicas y privadas, en el territorio de la República. G.O. n° 41.787 del 23-12-2019, reimpresión en G.O. G.O. n° 41.788 del 26-12-2019.

Decreto n° 4.096, mediante el cual se procede a la liquidación, venta y pago de servicios en Criptoactivos Soberanos Petro (PTR), que en él se especifican. G.O. n° 6.504 Extraordinario del 14-01-2020, reimpresión en G.O. n° 41.800 del 15-01-2020.

Providencia n° 57 de SUNACRIP, mediante la cual se establecen los requisitos y trámites para el envío y recepción de remesas en criptoactivos a personas naturales y jurídicas en el territorio de la República. G.O. n° 41.955 del 01-09-2020.

Providencia n° 84 de la SUNACRIP, mediante la cual se regula las actividades relacionadas con el uso, importación, comercialización de equipos de minería digital, partes y piezas de éstos, equipamiento y acondicionamiento de espacios para ofrecer el servicio de hospedaje a equipos de minería digital, incluida la fabricación, ensamblaje, reparación y mejoras de tales equipos, así como que provean el servicio de minera digital en la nube. G.O. n° 41.969 del 21-09-2020.

Providencia n° 44 de la SUNACRIP, mediante la cual se dictan las normas relativas a la administración y fiscalización de los riesgos relacionados con la legitimación de capitales, el financiamiento del terrorismo y el financiamiento de la proliferación de armas de destrucción masiva, aplicables a los proveedores de servicios de activos virtuales y a las personas y entidades que proporcionen productos y servicios a través de actividades que involucren activos virtuales, en el Sistema Integral de Criptoactivos. G.O. n° 42.110 del 21-04-2021.

Providencia n° 92 de la SUNACRIP, mediante la cual se suprime la Intendencia de Promoción y Desarrollo de Criptoactivos y Actividades Conexas, y crea la Intendencia de Promoción, Capacitación y Atención Integral y la Intendencia de Innovación y Desarrollo. G.O. n° 42.214 del 16-09-2021.

Decreto n° 4.788, mediante el cual se ordena la reestructuración de la SUNACRIP. G.O. n° 6.739 Extraordinario del 17-03-2023.

Decreto n° 4.865, mediante el cual se prorroga por un lapso de seis meses, contado a partir del 17-09-2023, el plazo para el proceso de reestructuración de la SUNACRIP. G.O. n° 42.717 del 19-09-2023.

Decreto n° 4.926, mediante el cual se prorroga por un lapso de seis meses, contado a partir del 17-03-2024, el plazo para el proceso de reestructuración de la SUNACRIP. G.O. n° 42.840 del 15-03-2024.

Decreto n° 5.003, mediante el cual se prorroga por un lapso de seis meses, contado a partir del-09-2024, el plazo para el proceso de reestructuración de la SUNACRIP. G.O. n° 42.964 del 16-09-2024.

IV. Cooperativas

Providencia n° PA-001-2016 de la Superintendencia Nacional de Cooperativas, mediante la cual se crea el Sistema de Gestión Integrado para las Cooperativas y Organismos de Integración (SINCOOP) para su inscripción, registro, actualización y certificación. G.O. n° 40.952 del 26-07-2016.

Providencia n° 33-17 de la SUNACOOP, mediante la cual se dictan las condiciones y requisitos para el otorgamiento de la certificación de cumplimiento a las asociaciones cooperativas. G.O. n° 41.192 del 13-07-2017.

Providencia n° 38-17 de la SUNACOOP, mediante la cual se dictan los deberes formales de cumplimiento de las asociaciones cooperativas y organismos de integración con la Superintendencia Nacional de Cooperativas. G.O. n° 41.192 del 13-07-2017.

Providencia n° 21-19 de la SUNACOOP, mediante la cual se establece las condiciones y requisitos para el otorgamiento de la certificación de cumplimiento a las asociaciones cooperativas. G.O. n° 41.681 del 26-07-2019.

Providencia n° 20-2020 de la SUNACOOP, mediante la cual se establecen las normas del registro nacional de cooperativas y organismos de integración. G.O. n° 41.837 del 11-03-2020.

V. Cajas de ahorro

Providencia de la Superintendencia de Cajas de Ahorro, mediante la cual se reforma el manual de contabilidad para cajas de ahorro, fondos de ahorro y asociaciones de ahorro similares. G.O. nº 40.678 del 09-06-2015.

Providencia nº SCA-DETYP-0516-DL-0015 de la Superintendencia de Cajas de Ahorro, mediante la cual se establece que las cajas de ahorro, fondos de ahorro y asociaciones de ahorro similares diversifiquen la cartera de inversiones, se les participa a los Consejos de Administración y de Vigilancia que el límite máximo a ser invertido se sustituye el 10 % por 35 % del Capital de la Asociación). G.O. nº 41.258 del 17-10-2017.

Providencia nº SCA-PAN-001-2018 de la Superintendencia de Cajas de Ahorro, mediante la cual se establece que el Consejo de Administración de las Cajas de Ahorro, Fondos de Ahorro y Asociaciones de Ahorro Similares, deberán enviar por el correo institucional: sudeca.datos@gmail.com, la información que en ella se indica. G.O. nº 41.445 del 23-07-2018.

Providencia nº SCA-PAN-002-2018 de la Superintendencia de Cajas de Ahorro, mediante la cual se establece que los entes empleadores de los trabajadores a tiempo determinado e indeterminado, sean funcionarios, empleados u obreros del sector público, sector privado, no dependientes, jubilados o pensionados de los órganos y entes de la Administración Pública Nacional, Estadal y Municipal, instituciones públicas, empresas, fundaciones y asociaciones civiles públicas o privadas, universidades, colegios y afines que integran como asociados las cajas de ahorro, fondos de ahorro y asociaciones de ahorro similares, tanto del sector público como del sector privado, deben entregar los aportes del ente empleador, aportes de los asociados, aportes voluntarios del empleador y de los asociados, en un plazo de 5 días hábiles siguientes a la fecha en que realice la deducción a las referidas asociaciones civiles. G.O. nº 41.445 del 23-07-2018.

Providencia nº SCA-PAN-003-2018 de la Superintendencia de Cajas de Ahorro, mediante la cual se dicta la regulación de la reserva especial en el marco del Plan de Ahorro Soberano. G.O. nº 41.530 del 22-11-2018.

Providencia nº 1 de la Superintendencia de Cajas de Ahorro, Fondos de Ahorro y Asociaciones de Ahorro Similares, mediante la cual se dicta la Regulación de los parámetros aplicables para la constitución de la reserva especial en el marco del Plan de Ahorro en Oro Soberano y Títulos Valores de Renta Fija. G.O. nº 41.906 del 22-06-2020.

VI. Correo[156]

Providencia n° 180 de IPOSTEL, mediante la cual se legaliza y autoriza la impresión y circulación de 100.000 estampillas y demás especies postales de la emisión filatélica Conmemorativa al Centenario del Nacimiento del Dr. Serge Raynaud de la Ferriere. G.O. n° 40.652 del 04-05-2015.

Providencia n° 189 de IPOSTEL, mediante la cual se legaliza y autoriza la impresión y circulación de 100.000 estampillas y demás especies postales de la emisión filatélica Negro Primero, Símbolo de Pueblo en el Panteón. G.O. n° 40.687 del 22-06-2015.

Providencia n° 442 de IPOSTEL, mediante la cual se legaliza y autoriza la impresión y circulación de 100.000 estampillas y demás especies postales de la emisión filatélica alusiva al Cacao Venezolano 100 % Orgánico Fino de Aroma. G.O. n° 40.758 del 01-10-2015.

Providencia n° 451 de IPOSTEL, mediante la cual se legaliza y autoriza la impresión y circulación de 102.400 estampillas, con el valor que en ella se indica, correspondientes a la emisión filatélica alusiva al Día Internacional de la Eliminación de la Violencia contra la Mujer. G.O. n° 40.793 del 20-11-2015.

Providencia n° 110 IPOSTEL, mediante la cual se legaliza y autoriza la impresión y circulación de 102.400 estampillas y 2.000 boletines informativos, correspondientes a la emisión filatélica alusiva a la Protección de la Biodiversidad Venezolana. G.O. n° 41.007 del 11-10-2016.

Providencia n° 327 IPOSTEL, mediante la cual se legaliza y autoriza la impresión y circulación de la cantidad que en ella se señalan, de estampillas y boletines informativos, correspondientes a la emisión filatélica alusiva a la Navidad Venezolana 2016. G.O. n° 41.055 del 19-12-2016.

Providencias n° 21 y 22 de IPOSTEL, mediante las cuales se legaliza y autoriza la impresión y circulación de las emisiones filatélicas denominadas como en ellas se mencionan. G.O. n° 41.123 del 28-03-2017.

Providencia n° 15 de IPOSTEL, mediante la cual se dicta la ampliación de la escala de pesos y rebaja del porcentaje (%) del régimen tarifario del franqueo postal obligatorio, a los operadores postales privados. G.O. n° 41.339 del 09-02-2018.

Providencia n° 641 de IPOSTEL, mediante la cual se autoriza la impresión y circulación de 100.000 estampillas en formato de 10 sellos por hoja y demás especies postales de la emisión filatélica denominada 20 años de la Revolución Bolivariana. G.O. n° 41.563 del 14-01-2019.

---

156 Véase también: § Empresas del Estado.

Providencia n° CJ/2 de IPOSTEL, mediante la cual se establecen los ajustes de las tarifas del franqueo postal obligatorio para todos los operadores postales privados referente a los pagos de obligaciones y deberes formales o materiales, otorgamiento o renovación de concesión postal y su correspondiente clasificación. G.O. n° 41.912 del 01-07-2020.

Providencia n° CJ/4 de IPOSTEL, mediante la cual se autoriza la impresión y circulación de 8.000 estampillas en formato de cuatro series, tres series con 5 sellos por hojas y una serie de 10 de sellos por hoja y demás especies postales de la emisión Filatélica, denominada Bicentenario de la Batalla de Carabobo. G.O. n° 42.112 del 23-04-2021.

Providencia n° CJ/5 de IPOSTEL, mediante el cual se autoriza la impresión y circulación de 8.000 estampillas en formato de 10 sellos por hoja y demás especies postales de la emisión filatélica denominada Beatificación del Dr. José Gregorio Hernández Cisneros. G.O. n° 42.117 del 30-04-2021.

Providencia n° CJ/1 de IPOSTEL, mediante la cual se autoriza la impresión y circulación de 3.000 hojas de recuerdo en formato de 3 sellos o estampillas por hoja, 1.500 porta estampillas, y demás especies postales alusivos a la emisión filatélica denominada 44 Aniversario IPOSTEL. G.O. n° 42.366 del 29-04-2022.

Providencia n° CJ/6 de IPOSTEL, mediante la cual se establece un sistema de actualización de las tarifas relativas a los Servicios Postales Universales, expresos y conexos a nivel nacional e internacional con el propósito de que las mismas garanticen la sustentabilidad y progresividad permanente conforme a los diferentes análisis de una estructura de costos emanados por este instituto. G.O. n° 42.496 del 02-11-2022.

Providencia n° CJ/7 de IPOSTEL, mediante la cual se autoriza la impresión y circulación de 1.000 hojas de estampillas, cada hoja de estampilla está bajo la estructura de 6 sellos postales por hoja y 700 ejemplares de sobres de primer día de circulación de la emisión filatélica Día Mundial del Correo. G.O. n° 42.503 del 10-11-2022.

Providencia n° CJ/8 de IPOSTEL, mediante la cual se autoriza el reimpulso y relanzamiento de las emisiones filatélicas que se encuentran en existencia en el Departamento Central de Valores, de este instituto. G.O. n° 42.526 del 14-12-2022.

Providencia n° CJ/9 de IPOSTEL, mediante la cual se establece un sistema de actualización de las tarifas relativas a los Servicios Postales Universales, Expresos y Conexos a nivel nacional e internacional con el propósito de que los mismos garanticen la sustentabilidad y progresividad permanente, conforme a los diferentes análisis de una estructura de costos emanados por el instituto; y se clasifican los servicios postales de la manera que en ella se indica. G.O. n° 42.727 del 03-10-2023.

Providencia n° CJ/13 de IPOSTEL, mediante la cual se establece un sistema de actualización de las tarifas relativas a los Servicios Postales Universales, Expresos y Conexos a Nivel Nacional e Internacional con el propósito de que las mismas garanticen las sustentabilidad y progresividad permanente conforme a los diferentes análisis de una estructura de costos emanados por el instituto. G.O. n° 42.795 del 10-01-2024.

Providencia n° CJ/12 de IPOSTEL, mediante la cual se dictan las normas que regulan el servicio de entregas a domicilio, efectuado mediante la utilización de plataformas digitales, redes sociales, postales o comerciales. G.O. n° 42.813 del 05-02-2024[157].

Providencia n° CJ/16 de IPOSTEL, mediante la cual se dictan las normas que regulan el servicio de apartados de correos. G.O. n° 42.813 del 05-02-2024.

Providencia n° CJ/2 de IPOSTEL, mediante la cual se deja sin efecto la Providencia n° CJ/12. G.O. n° 42.827 del 27-02-2024.

Providencia n° CJ/5 de IPOSTEL, mediante la cual se autoriza la impresión y circulación de 3 series de estampillas. 2 series en formato de 5 sellos postales por hoja. Una serie en formato de 10 sellos postales por cada hoja, cada serie con 1000 hojas de estampillas, para un total de 3000 hojas de estampillas; 1000 hojas de Recuerdo con un sello postal por cada hoja y demás especies postales de la emisión filatélica alusiva a Faros de Venezuela, 30° Aniversario de Ochina. G.O. n° 42.905 del 20-06-2024.

VII. Alimentación, agricultura, ganadería y pesca[158]

Resolución n° 127 del MPP para la Agricultura y Tierras, mediante la cual se establecen las directrices para el aprovechamiento y seguimiento del recurso Sardina (Sardinella Aurita). G.O. n° 40.573 del 05-01-2015.

Providencia n° 112 del INSOPESCA, mediante la cual se establece el período de veda, la talla mínima de captura, la cuota semanal de captura, arte de pesca del recurso Sardina (Sardinella Aurita) durante el lapso 2014-2015. G.O. n° 40.573 del 05-01-2015.

---

157 *Cfr*. Gabriel Sira Santana, “Irregularidades de la providencia de IPOSTEL sobre los servicios de entrega a domicilio”, en *El Derecho Público a los treinta años de* FUNEDA (Caracas: AVEDA y CIDEP, 2024), 191-215.

158 Véase también: § Comisiones presidenciales; Empresas del Estado; Fundaciones del Estado; Exoneraciones; Acuerdos e incorporaciones al ordenamiento jurídico; Normas COVENIN y reglamentos técnicos; Carteras de crédito.

Resolución conjunta n° 19, 18, SN, 20, 4 y 30 de los MPP para la Agricultura y Tierras, de Petróleo y Minería, para la Defensa, para Relaciones Interiores, Justicia y Paz y para Industrias, mediante la cual se establecen los mecanismos de control a transportistas y usuarios finales de abonos minerales o químicos en el territorio nacional. G.O. n° 40.596 del 05-02-2015.

Resolución n° 57 del MPP para la Agricultura y Tierras, mediante la cual se dicta las normas para el funcionamiento de los conglomerados agrícolas. G.O. n° 40.618 del 11-03-2015.

Providencia n° 4 del INSAI, mediante la cual se corrige por error material la Providencia n° 84-2014 del 30-12-2014, donde se prorroga a partir del 01-09-2014 la vigencia de los registros y autorizaciones de interesadas e interesados, registro de productos de uso agrícola animal, vegetal, doméstico, salud pública e industrial, otorgados por el extinto Servicio Autónomo de Sanidad, vigentes al 31-08-2014. G.O. n° 40.624 del 19-03-2015.

Providencia n° 4 de la SUNAGRO, mediante la cual se dicta las normas para el registro en el Sistema Integral de Control Agroalimentario (SICA), como plataforma tecnológica instrumentada por esta superintendencia. G.O. n° 40.634 del 07-04-2015.

Providencia n° 6 de la SUNAGRO, mediante la cual se dictan las normas relativas a actividades relacionadas con productos agroalimentarios. G.O. n° 40.634 del 07-04-2015.

Resolución n° 25 del MPP para la Alimentación, mediante la cual se dictan las normas que regulan la organización y funcionamiento de los conglomerados productivos de este ministerio. G.O. n° 40.690 del 26-06-2015.

Providencia n° 706 del INEA, mediante la cual se establece que las embarcaciones de pesca artesanal, con arqueo bruto menor o igual a veinte unidades, que operen en aguas abiertas y en aguas interiores de la República, llevarán los distintivos que en ella se especifican. G.O. n° 40.616 del 09-03-2015.

Providencia n° 27 del INSAI, mediante la cual se prorroga, a partir del 01-09-2015, la vigencia de los registros y autorizaciones de interesadas e interesados, registro de productos de uso agrícola animal, agrícola vegetal, doméstico, salud pública e industrial, otorgados por el extinto Servicio Autónomo de Sanidad Agropecuaria, vigentes al 31-08-2015. G.O. n° 40.746 del 15-09-2015.

Providencia n° 2987 del INTI, mediante la cual se dictan las normas para regular la emisión del Certificado Zamorano. G.O. n° 40.807 del 10-12-2015.

Ley de Semillas. G.O. n° 6.207 Extraordinario del 28-12-2015.

Decreto n° 2.249, mediante el cual se crea la Zona de Desarrollo Estratégico Nacional Faja Pesquera y Acuícola de Venezuela. G.O. n° 40.856 del 25-02-2016.

Resolución conjunta n° 26, 41 y SN de los MPP para la Agricultura Productiva y Tierras, para Industria y Comercio y de Petróleo y Minería, mediante la cual se establecen las bases, regulaciones y los controles en materia de precios y volúmenes de la urea, para implantar la planificación centralizada en las cadenas productivas de este rubro, con destino al sector agroalimentario, con el fin de satisfacer las necesidades de la Nación. G.O. n° 40.877 del 01-04-2016.

Resolución conjunta n° 19, 13877, 42, 037 de los MPP para la Agricultura Productiva y Tierras, para la Defensa, para Industria y Comercio y de Petróleo y Minería, mediante la cual se establecen los mecanismos de control a transportistas y usuarios finales de abonos minerales o químicos en el territorio nacional. G.O. n° 40.878 del 04-04-2016.

Providencia n° 13 del INSOPESCA, mediante la cual se dictan las normas técnicas de ordenamiento para regular la pesca artesanal de arrastre camaronero con el arte denominado red chica. n° 40.933 del 28-06-2016.

Decreto n° 2.424, mediante el cual se crea el Fondo Pesquero y Acuícola de Venezuela, con carácter de servicio desconcentrado de la Administración Pública Nacional, sin personalidad jurídica, con autonomía administrativa, presupuestaria, financiera y de gestión sobre los recursos que le correspondan, adscrito al MPP con competencia en materia de Pesca y Acuicultura. G.O. n° 40.961 del 08-08-2016.

Resolución n° 19 del MPP de Pesca y Acuicultura, mediante la cual se crea la Comisión Evaluadora de Importaciones y Exportaciones de Productos y Subproductos Pesqueros y Acuícolas. G.O. n° 40.973 del 24-08-2016.

Resolución n° 22 del MPP de Pesca y Acuicultura, mediante la cual se dictan las normas para el impulso de la producción y atención a las necesidades fundamentales del sector pesca y acuicultura, mediante el empleo del aporte que realizan los pescadores, pescadoras, acuicultores y acuicultoras industriales como responsabilidad solidaria. G.O. n° 40.975 del 26-08-2016.

Providencia n° 23 del INSAI, mediante la cual se establecen los requisitos para el otorgamiento de los registros de productos de uso pecuario, agrícola vegetal, domésticos, salud pública e industrial, en sustitución de los registros emitidos por el extinto Servicio Autónomo de Sanidad Agropecuaria. G.O. n° 40.981 del 05-09-2016.

Decreto n° 2.496, mediante el cual se declara afectos al desarrollo de la agricultura urbana, los espacios públicos ubicados en los centros urbanos que se encuentren libres, ociosos o abandonados, para que sean aprovechados para el cultivo y producción de alimentos. G.O. n° 41.014 del 21-10-2016.

Decreto n° 2.533, mediante el cual se establece el régimen para la cría porcina bajo sistemas no contaminantes en las zonas urbanas, periurbanas y rurales. G.O. n° 41.025 del 07-11-2016.

Resolución n° 1 del MPP de Pesca y Acuicultura, mediante la cual se modifica la Resolución n° 19-16 donde se creó la Comisión Evaluadora de Importaciones y Exportaciones de Productos y Subproductos Pesqueros y Acuícolas. G.O. n° 41.078 del 19-01-2017.

Resolución n° 4 del MPP de Pesca y Acuicultura, mediante la cual se establecen los puertos de desembarque del producto capturado en faenas de pesca marítima, así como las horas de descarga de los mismos. G.O. n° 41.084 del 27-01-2017.

Resolución n° 17 del MPP para la Agricultura Productiva y Tierras, mediante la cual se actualiza la lista de plagas reglamentadas para la República. G.O. n° 41.118 del 21-03-2017, reimpresión en G.O. n° 6.302 Extraordinario del 01-06-2017.

Decreto n° 2.786, mediante el cual se establece que gozarán de los incentivos establecidos en este Decreto, a fin de impulsar la producción agrícola primaria y su transformación en alimentos para el pueblo, la importación de maquinarias, repuestos, equipos, accesorios, partes y piezas de uso agrícola para la producción nacional, de los bienes nuevos o usados, que ingresen al territorio de la República, que en él se indican. G.O. n° 41.122 del 27-03-2017.

Resolución conjunta n° 21, 18552, 42, SN, 68 y 22 de los MPP para la Agricultura Productiva y Tierras, para la Defensa, de Economía y Finanzas, de Petróleo, para Relaciones Interiores, Justicia y Paz y para el Transporte, mediante la cual se establecen los mecanismos de control a transportistas y usuarios finales de abonos minerales o químicos en el territorio nacional. G.O. n° 41.131 del 07-04-2017.

Resolución n° 12 del MPP de Pesca y Acuicultura, mediante la cual se dictan las normas para regular la actividad de la pesca subacuática. G.O. n° 41.132 del 17-04-2017.

Resolución n° 13 del Ministerio de Poder Popular de Pesca y Acuicultura, mediante la cual se regula el aprovechamiento, procesamiento, almacenamiento y distribución del recurso hidrobiológico sardina (Sardinella Aurita). G.O. n° 41.133 del 18-04-2017.

Resolución n° 20 del MPP de Pesca y Acuicultura, mediante la cual se crea la Comisión Evaluadora de Importaciones y Exportaciones de Productos y Subproductos Pesqueros y Acuícolas. G.O. n° 41.156 del 23-05-2017.

Resolución n° 21 del MPP de Pesca y Acuicultura, mediante la cual se crea la Comisión Evaluadora de Importaciones y Exportaciones de Productos y Subproductos Pesqueros y Acuícolas. G.O. n° 41.168 del 08-06-2017.

Resolución n° 37 del MPP para la Agricultura Productiva y Tierras, mediante la cual se prohíbe en todo el territorio nacional, las restricciones al libre tránsito de los rubros estratégicos e insumos para la producción agrícola nacional. G.O. n° 41.199 del 25-07-2017.

Resolución n° 38 del MPP para la Agricultura Productiva y Tierras, mediante la cual se suspende la importación de animales y sus productos susceptibles de transmitir o vehiculizar el virus de la fiebre aftosa procedentes de la República de Colombia. G.O. n° 41.199 del 25-07-2017.

Providencia n° 7 de la Corporación Venezolana del Café, S.A., mediante la cual se prohíbe a los Productores de Caficultores Asociados, Asociaciones de Productores y Productoras en General, certificados por la Corporación Venezolana del Café, S.A., la tramitación de la autorización para la movilización y comercialización de café cereza, café pergamino y café verde, relacionada con intermediación. G.O. n° 41.240 del 20-09-2017.

Providencia n° 45 del INSAI, mediante la cual se prorrogan los lapsos, condiciones y términos establecidos en la Providencia INSAI que en ella se especifica, en la cual se regula el procedimiento y establecen los requisitos para el otorgamiento de los registros de productos que en ella se mencionan, en sustitución de los Registros emitidos por el extinto Servicio Autónomo de Sanidad Agropecuaria. G.O. n° 41.248 del 02-10-2017.

Providencia n° 46 del INSAI, mediante la cual se establecen las medidas y los procedimientos fitosanitarios para la prevención, control y contención de la enfermedad denominada huanglongbing (HLB). G.O. n° 41.248 del 02-10-2017.

Resolución n° 36 del MPP para la Agricultura Productiva y Tierras, mediante la cual se dictan las normas sobre la vigilancia, prevención, control y erradicación de la brucelosis bovina. G.O. n° 41.249 del 03-10-2017.

Resolución n° 47 del MPP para la Agricultura Productiva y Tierras, mediante la cual se regula el Registro Único Obligatorio Permanente de Productores y Productoras Agrícolas. G.O. n° 41.259 del 18-10-2017.

Resolución n° 52 del MPP para la Agricultura Productiva y Tierras, mediante la cual se prohíbe la movilización de animales bovinos (vacunos y bufalinos) en pie, desde cualquier parte del país hacia las regiones fronterizas. G.O. n° 41.267 del 30-10-2017.

Resolución n° 52 del MPP para la Agricultura Productiva y Tierras, mediante la cual se establecen las medidas y los procedimientos fitosanitarios para la certificación del embalaje de madera fabricado de madera en bruto para la exportación e importación. G.O. n° 41.278 del 14-11-2017.

Resolución n° 49 del MPP para la Agricultura Productiva y Tierras, mediante la cual se declara el grupo genético bovino criollo limonero como raza criollo limonero. G.O. n° 41.293 del 05-12-2017.

Resolución n° 43 del MPP de Pesca y Acuicultura, mediante la cual se regula el aprovechamiento, comercialización, procesamiento y almacenamiento del recurso hidrobiológico sardina (sardinella aurita). G.O. n° 41.295 del 07-12-2017.

Resolución n° 59 del MPP para la Agricultura Productiva y Tierras, mediante la cual se prohíbe la movilización de animales bovinos en pie, sin herraje, en todo el territorio nacional. G.O. n° 41.315 del 08-01-2018.

Resolución conjunta n° 19, 11, 4, 4 y 7 de la Vicepresidencia Sectorial de Economía, la Jefatura del Comando para el Abastecimiento Soberano, el MPP para la Agricultura Productiva y Tierras, de Pesca y Acuicultura y para la Alimentación, mediante la cual se prohíbe la exportación de rubros agroalimentarios de producción primaria, procesados, agroindustriales y terminados. G.O. n° 41.324 del 19-01-2018.

Resolución n° 7 de la Jefatura del Comando para el Abastecimiento Soberano, mediante la cual se crean y activan las Unidades de Apoyo para la Implementación, Control y Seguimiento de medidas dirigidas a potenciar la producción, transformación y comercialización de los rubros lácteos y azúcar. G.O. n° 41.325 del 22-01-2018.

Resolución n° 10 de la Jefatura del Comando para el Abastecimiento Soberano, mediante la cual se establece la restricción a las autoridades regionales y municipales de ejecutar acciones de control y distribución de alimentos, que impliquen la retención de rubros alimenticios a los productores, distribuidores y prestadores de servicios del sector agroalimentario, en el territorio nacional. G.O. n° 41.325 del 22-01-2018.

Resolución n° 7 del MPP de Pesca y Acuicultura, mediante la cual se levanta la veda del recurso hidrobiológico sardina (Sardinella aurita) establecida para el período 2017-2018. G.O. n° 41.347 del 23-02-2018.

Resolución n° 6 del MPP de Pesca y Acuicultura, mediante la cual se regula la pesca y actividades conexas del recurso hidrobiológico de la especie tahalí (Trichiurus Lepturus). G.O. n° 41.348 del 26-02-2018.

Resolución conjunta n° 17, 2365, 37, 3177, 75 y 28 de los MPP para la Agricultura Productiva y Tierras, para la Defensa, de Economía y Finanzas, de Petróleo, para Relaciones Interiores, Justicia y Paz y para el

Transporte, mediante la cual se establecen los mecanismos de control a transportistas y usuarios finales de abonos minerales o químicos en el territorio nacional. G.O. n° 41.374 del 10-04-2018.

Resolución n° 10 del MPP de Pesca y Acuicultura, mediante la cual se levanta la veda del recurso hidrobiológico tahalí (Trichiurus Lepturus) establecida para el período del 15-04 hasta el 15-06-2018. G.O. n° 41.383 del 24-04-2018.

Providencia n° 1089 de la SUNAGRO, mediante la cual se regula y controla el proceso de producción, distribución y movilización del rubro fruto de corozo de palma aceitera y sus derivados en el territorio nacional, y el registro de las personas naturales y jurídicas implicadas en dicho proceso en el Sistema Integral de Control Agroalimentario. G.O. n° 41.394 del 10-05-2018.

Providencia n° 31 del INSOPESCA, mediante las cuales se establece dejar sin efecto el período de veda del recurso camarón (Litopenaeus Schmitti y Xiphopenaeus Kroyeri) en la zona costera marítima occidental del estado Falcón. G.O. n° 41.471 del 30-08-2018.

Providencia n° 57 del INSAI, mediante la cual se establecen las normas, medidas y procedimientos fitosanitarios para la prevención y contención de la raza 4 tropical Fusarium Oxysporum F. SP. Cubense (Foc R4T). G.O. n° 41.480 del 12-09-2018.

Providencia n° 58 del INSAI, mediante la cual se establecen las normas para la prevención y control de la plaga Ralstonia solanacearum (Smith.) Yabuchi, causante de la enfermedad conocida como marchitez bacteriana. G.O. n° 41.480 del 12-09-2018.

Providencia n° 59 del INSAI, mediante la cual se establecen las normas para la prevención, contención, control y erradicación de la plaga Sigatoka Negra causada por el hongo Mycosphaerella Fijensis Morelet, en el cultivo de la familia Musaceae. G.O. n° 41.480 del 12-09-2018.

Providencia n° 60 del INSAI, mediante la cual se establecen las normas, medidas y procedimientos fitosanitarios para la prevención, contención, control y erradicación de la plaga Sarna Verrugosa de la Papa Synchytrium Endobioticum (Schilb.) Percival. G.O. n° 41.480 del 12-09-2018.

Providencia n° 61 del INSAI, mediante la cual se establecen las normas, medidas y procedimientos fitosanitarios para la prevención, contención, control y erradicación del ácaro vaneador del arroz Steneotarsonemus Spinki Smiley. G.O. n° 41.480 del 12-09-2018.

Providencia n° 65 del INSAI, mediante la cual se prorrogan los lapsos, condiciones y términos establecidos en la Providencia n° 45, donde se regula el procedimiento y establecen los requisitos para el otorgamiento de los registros de productos de uso pecuario, agrícola vegetal, doméstico, salud pública e industrial, en sustitución de los registros emitidos por el extinto Servicio Autónomo de Sanidad Agropecuaria. G.O. n° 41.480 del 12-09-2018.

Providencias n° 69, 70, 71, 72 y 73 del INSAI, mediante las cuales se establecen las normas, medidas y procedimientos fitosanitarios para la detección, prevención, manejo y control de las plagas que en ellas se señalan. G.O. n° 41.504 del 17-10-2018.

Resolución conjunta n° 80 y 32 del MPP para la Agricultura Productiva y Tierras y para la Alimentación, mediante la cual se dictan las normas que regulan los requisitos que deben cumplir las personas naturales y jurídicas que intervienen directa o indirectamente en la cadena de producción, procesamiento, distribución y comercialización del rubro café. G.O. n° 41.517 del 05-11-2018.

Resolución conjunta de los Comando para el Abastecimiento Soberano Despacho del Jefe del Órgano Superior, MPP de Industrias y Producción Nacional, para la Agricultura Productiva y Tierras, para la Alimentación, para la Pesca y Acuicultura, y de Comercio Nacional, mediante la cual se prohíbe en todo el territorio nacional la emisión o ejecución de cualquier medida, restricción o gravamen, que impidan de manera directa o indirecta el acopio, transporte, distribución, comercialización o libre movilización de alimentos, bien sea de producción primaria o procesada, incluso sus subproductos, así como cualquier especie de ganadería, pesca o acuicultura, en pie o beneficiada, según corresponda. Asimismo, se prohíbe la emisión o ejecución de cualquier medida de restricción o gravamen a la libre movilización de los elementos necesarios para la producción primaria, procesamiento o comercialización de rubros agrícolas, pesqueros y acuícolas, tales como semillas, insumos biológicos y agroquímicos, fertilizantes, maquinaria agrícola, artes de pesca y cualesquiera otros materiales requeridos a tales fines, que atente contra el abastecimiento agroalimentario nacional, el consumo de alimentos del pueblo venezolano, la vida digna, la seguridad y la paz social de los venezolanos. G.O. n° 41.526 del 16-11-2018.

Resolución n° 486 del MPP para el Ecosocialismo, mediante la cual se dictan las normas para el aprovechamiento sustentable de la especie baba (Caimán Crocodilus). G.O. n° 41.535 del 29-11-2018.

Resolución conjunta n° 5, 9, 31 y 8 de los MPP para la Agricultura Productiva y Tierras, para la Defensa, de Industrias y Producción Nacional, de Petróleo, para Relaciones Interiores, Justicia y Paz, y para el Transporte, mediante la cual se establece los mecanismos de control a transportistas y usuarios finales de abonos minerales o químicos en el territorio nacional. G.O. n° 6.439 Extraordinario del 29-03-2019.

Decreto n° 3.824, mediante el cual se declaran como cultivos y crías de guerra, a los fines atribuirles condiciones especiales a sus respectivos encadenamientos productivos, en función a las necesidades de consumo de alimentos, la producción de semillas de las siguientes especies vegetales: frijol, topocho, plátano, caraota, maíz, papa, quinchoncho, yuca, ocumo, ñame, auyama, apio, plantas medicinales; así como la cría de especies animales: caprino, cunícola, avícola. G.O. n° 6.450 Extraordinario del 17-04-2019.

Resolución n° 4 del MPP de Agricultura Urbana, mediante la cual se declara afectos al desarrollo de la agricultura urbana, los espacios públicos ubicados en los centros urbanos que se encuentren libres, ociosos o abandonados, para que sean aprovechados para el cultivo y producción de alimentos. G.O. n° 41.617 del 22-04-2019.

Decreto n° 3.860, mediante el cual se crea el Centro Nacional de Investigación de Pesca y Acuicultura, con carácter de Servicio Desconcentrado de la Administración Pública Nacional. G.O. n° 41.643 del 29-05-2019.

Providencia n° 7 del INSAI, mediante la cual se establecen las normas, medidas y procedimientos para garantizar las condiciones sanitarias y fitosanitarias adecuadas para el funcionamiento de empresas almacenadoras, silos, torrefactoras y depósitos de productos de origen vegetal. G.O. n° 41.697 del 19-08-2019.

Resolución n° 2 del MPP para la Agricultura Productiva y Tierras, mediante la cual se establecen las normas para el aprovechamiento del subproducto melaza de caña de azúcar. G.O. n° 41.795 del 08-01-2020.

Resolución n° 4 del MPP para el Ecosocialismo, mediante la cual se establecen las condiciones especiales para el aprovechamiento bajo criterios de pausa ecológica para investigación de la especie baba (Caimán Crocodilus) durante la temporada 2019-2020. G.O. n° 41.801 del 16-01-2020.

Resolución n° 1 del MPP para la Agricultura Productiva y Tierras, mediante la cual se establecen los precios mínimos referenciales a ser pagados a los productores primarios de los rubros maíz blanco y amarillo, arroz. G.O. n° 41.802 del 17-01-2020.

Resolución conjunta n° 16, 34933, 13, 29, 32 y 18 de los MPP para la Agricultura Productiva y Tierras, para la Defensa, de Industrias y Producción Nacional, de Petróleo, para Relaciones Interiores, Justicia y Paz y para el Transporte, mediante la cual se establece los mecanismos de control a transportistas y usuarios finales de abonos minerales o químicos en el territorio nacional. G.O. n° 41.888 del 27-05-2020.

Resolución conjunta n° 5, 39637, 4, 7, 53 y 3 de los MPP para la Agricultura Productiva y Tierras, para la Defensa, de Industrias y Producción Nacional, de Petróleo, para Relaciones Interiores, Justicia y Paz y para el Transporte, mediante la cual se establecen los mecanismos de control a transportistas y usuarios finales de abonos minerales o químicos en el territorio nacional. G.O. n° 42.096 del 26-03-2021.

Resolución n° 12 del MPP para la Agricultura Productiva y Tierras, mediante la cual se dictan las normas reguladoras de los libros genealógicos de ganadería y de la comprobación y validación de rendimientos productivos y reproductivos del ganado. G.O. n° 42.132 del 21-05-2021.

Providencia n° 17 del INSAI, mediante la cual se establecen las normas, medidas y procedimientos fitosanitarios para prevención, contención, control y erradicación de la Plaga Xilella fastidiosa Wells, causante de la enfermedad de pierce de vides. G.O. n° 42.281 del 21-12-2021.

Resolución n° 2 del MPP para la Agricultura Productiva y Tierras, mediante la cual se dicta el protocolo para la certificación de café orgánico. G.O. n° 42.303 del 24-01-2022.

Resolución n° 3 del MPP para la Agricultura Productiva y Tierras, mediante la cual se dictan las normas para el funcionamiento de las asociaciones de productores o beneficiadoras de café y torrefactoras. G.O. n° 42.303 del 24-01-2022.

Resolución n° 4 del MPP para la Agricultura Productiva y Tierras, mediante la cual se dictan las normas que regulan la producción y distribución de café artesanal. G.O. n° 42.303 del 24-01-2022.

Resolución n° 8 del MPP para el Ecosocialismo, mediante la cual se dictan las condiciones especiales de aprovechamiento para la temporada 2021-2022, bajo criterios de pausa ecológica, a los fines de la investigación de la especie baba (Caimán Crocodrilus Crocodilus). G.O. n° 42.304 del 25-01-2022.

Providencia n° 14 del INSAI, mediante la cual se establecen las medidas y los procedimientos de control de ingreso, producción, reproducción y establecimiento y distribución de material vegetal de cacao (Theobroma cacao L.) Clon CCN-51 Colección Castro Naranjal, al territorio de la República. G.O. n° 42.304 del 25-01-2022.

Providencia n° 1 del INSAI, mediante la cual se establecen las normas, medidas y procedimientos fitosanitarios para el manejo, contención, control y erradicación de la plaga escoba de bruja causada por el hongo Moniliophthora Perniciosa (Stahel). G.O. n° 42.319 del 15-02-2022.

Resolución conjunta de los MPP para la Agricultura Productiva y Tierras, para la Defensa, de Petróleo, para Relaciones Interiores, Justicia y Paz y para el Transporte, mediante la cual se establecen los mecanismos de control a transportista y usuarios finales de abonos minerales o químicos en el territorio nacional. G.O. n° 42.343 del 23-03-2022.

Resolución n° 27 del MPP para la Agricultura Productiva y Tierras, mediante la cual se establece de manera excepcional y durante el proceso de cosecha de maíz, blanco y amarillo, correspondiente al Plan de Siembra Invierno 2022, toda persona, natural o jurídica, que funja como receptor de dicha producción primaria, recepcionará el rubro en calidad de acondicionado, a partir de un porcentaje de humedad del 14 % y deducirá al maíz húmedo hasta un máximo de 2 % por impurezas. G.O. n° 42.463 del 15-09-2022.

Resolución n° 40 del MPP de Pesca y Acuicultura, mediante la cual se crea el Comité de Seguimiento de los Recursos Hidrológicos denominados Langosta Espinosa (Panulirus argus), Langosta Enana (Panulirus guttatus) y Langosta Verde (Panulirus laevicauda). G.O. n° 42.468 del 22-09-2022.

Resolución conjunta n° 45 y 183 de los MPP para la Agricultura Productiva y Tierras y para la Ciencia y Tecnología, mediante la cual se declara estado de alerta sanitaria en los estados Anzoátegui, Miranda, Nueva Esparta, La Guaira y Sucre, ante la presencia de la enfermedad influenza aviar de alta patogenicidad en aves silvestres pelícanos (Pelecanus sp.). G.O. n° 42.517 del 01-12-2022.

Resolución n° 42 del MPP de Pesca y Acuicultura, mediante la cual se establece el período de veda de los recursos hidrobiológicos rabo amarillo (Cetengraulis edentulus), y machuelo (Opisthonema Oglinum), a los fines de resguardar la especie sardina (Sardinella aurita). G.O. n° 42.530 del 20-12-2022.

Resolución n° 1 del MPP para el Ecosocialismo, mediante la cual se dicta las condiciones especiales de aprovechamiento para la temporada 2022-2023, bajo criterios de pausa ecológica, a los fines de la investigación de la especie baba (Caimán Crocodilus Crocodilus). G.O. n° 42.552 del 19-01-2023.

Resolución conjunta n° 8, 49936, 3, 49 y 26 de los MPP para la Agricultura Productiva y Tierras, para la Defensa, de Petróleo, para Relaciones Interiores, Justicia y Paz y para el Transporte, mediante la cual se establece los mecanismos de control a transportistas y usuarios finales de abonos minerales o químicos en el territorio nacional. G.O. n° 42.614 del 24-04-2023.

Providencia n° 7 del INSAI, mediante la cual se establecen las normas que regulan el registro, supervisión y control de los insumos agroecológicos u orgánicos y sus actividades inherentes. G.O. n° 42.687 del 08-08-2023.

Providencia n° 9 del INSAI, mediante la cual se establecen normas, medidas y procedimientos fitosanitarios para la exclusión, contención, control y erradicación de la plaga Trogoderma granarium Everts. G.O. n° 42.687 del 08-08-2023.

Providencia n° 4 del INSAI, mediante la cual se declaran plagas de control oficial en el cultivo de la Palma Aceitera Elaeis Guineensis Jaqs; y se establecen las medidas fitosanitarias para su exclusión, manejo y control. G.O. n° 42.691 del 14-08-2023.

Providencia n° 5 del INSAI, mediante la cual se establecen las normas, medidas y procedimientos para garantizar la detección, prevención y control de la Roya Hemileia vastatrix (Berkeley Broome). G.O. n° 42.691 del 14-08-2023.

Providencia n° 6 del INSAI, mediante la cual se establecen las normas, medidas y procedimientos para garantizar la detección, prevención y control del insecto broca del café Hypothenemus hampei (Ferrari). G.O. n° 42.693 del 16-08-2023.

Providencia n° 7 del INSAI, mediante la cual se establecen las normas, medidas y los procedimientos fitosanitarios para la detección, prevención y control de la plaga caracol gigante africano Achatina fulica (Bowdich 1822). G.O. n° 42.693 del 16-08-2023.

Resolución n° 17 del MPP para la Agricultura Productiva y Tierras, mediante la cual se dictan las normas para el funcionamiento de las asociaciones de productores o beneficiadoras de café y torrefactoras. G.O. n° 42.721 del 25-09-2023.

Resolución n° 22 del MPP para la Agricultura Productiva y Tierras, mediante la cual se fija el plazo de vigencia de los permisos fitosanitarios y zoosanitarios otorgados para la importación de animales, vegetales, productos y subproductos de ambos orígenes. G.O. n° 42.762 del 22-11-2023.

Providencia n° 10 del INSAI, mediante la cual se establecen las normas, medidas y procedimientos fitosanitarios para la prevención de la contaminación por micotoxinas de materias primas de origen vegetal o productos y subproductos que se deriven de éstas, así como el control y disposición final de los mismos que presentan tal condición. G.O. n° 42.777 del 13-12-2023.

Resolución conjunta n° 48 y 24 de los MPP para el Ecosocialismo y de Pesca y Acuicultura, mediante la cual se dictan las normas para el manejo, control y erradicación de la especie exótica invasora pez león (Pterois ssp). G.O. n° 42.787 del 28-12-2023.

Resolución n° 18 del MPP para el Ecosocialismo, mediante la cual se dictan las condiciones especiales de aprovechamiento para la temporada 2023-2024, bajo criterios de pausa ecológica, a los fines de la investigación de las especies baba (Caiman Crocodilus Crocodilus) y chigüire (Hydrochaeris Hidrochaeris). G.O. n° 42.833 del 06-03-2024.

Providencia n° 2 INSAI, mediante la cual se dicta el Reglamento Interno del INSAI. G.O. n° 42.853 del 05-04-2024.

Resolución conjunta de los MPP para la Agricultura Productiva y Tierras, para la Defensa, de Petróleo, para Relaciones Interiores, Justicia y Paz, y para el Transporte, mediante la cual se establecen los mecanismos de control a los transportistas y usuarios finales de abonos minerales o químicos en el territorio nacional. G.O. n° 42.858 del 12-04-2024.

Resolución n° 52 del MPP para el Ecosocialismo, mediante la cual se dicta las normas para el aprovechamiento sustentable de la subespecie silvestre Caiman Crocodilus (baba). G.O. n° 42.940 del 13-08-2024.

Resolución conjunta n° 6, 53 y 31 de los MPP de Pesca y Acuicultura, para el Ecosocialismo y de Atención de las Aguas, mediante la cual se dictan las normas que regulan la reproducción y cría de los peces exóticos del género Oreochromis [Oreochromis niloticus (chitralada) y Oreochromis sp (tilapia roja)]. G.O. n° 42.943 del 16-08-2024.

Resolución n° 15 del MPP para la Agricultura Productiva y Tierras, mediante la cual se crea un equipo técnico multidisciplinario ministerial denominado Comité de Control, Seguimiento, Evaluación de la Inversión, Producción y Justa Distribución Agrícola y Pecuaria, para la supervisión y control de la producción. G.O. n° 42.966 del 18-09-2024.

Resolución n° 39 del MPP para la Agricultura Productiva y Tierras, mediante la cual se establece la Junta Ministerial del MPP para la Agricultura Productiva y Tierras. G.O. n° 42.981 del 09-10-2024.

Resolución n° 9 del MPP de Pesca y Acuicultura, mediante la cual se establecen las condiciones para el fortalecimiento del programa nacional de observadores a bordo de la flota pesquera con bandera venezolana. G.O. n° 42.983 del 11-10-2024.

Resolución n° 12 del MPP de Pesca y Acuicultura, mediante la cual se crea el Comité de Corresponsalía Estadística de la República ante la Comisión Internacional para la Conservación del Atún del Atlántico. G.O. n° 43.015 del 26-11-2024.

Resolución n° 13 del MPP de Pesca y Acuicultura, mediante la cual se dictan las medidas especiales de carácter urgente para garantizar la producción de alimentos en el estado Zulia. G.O. n° 6.858 Extraordinario del 28-11-2024.

Providencia n° 48 del INSOPESCA, mediante la cual se dictan las normas técnicas de ordenamiento para regular el descarte de las capturas provenientes de la flota pesquera con bandera venezolana. G.O. n° 43.033 del 20-12-2024.

Providencia n° 49 del INSOPESCA, mediante la cual se dictan las normas técnicas de ordenamiento para regular la captura de atún blanco o albacora (Thunnus alalunga) por la flota industrial atunera G.O. n° 43.033 del 20-12-2024.

VIII. Energía, minas e hidrocarburos[159]

Decreto n° 1.606, mediante el cual se reserva al Ejecutivo Nacional por órgano del MPP de Petróleo y Minería el ejercicio directo de las actividades de exploración y explotación de carbón y demás minerales asociados a éste. G.O. n° 40.599 del 10-02-2015, reimpresión en G.O. n° 40.733 del 27-08-2015.

Aviso Oficial del MPP de Petróleo y Minería, mediante la cual se corrige por error material la Resolución n° 177 que delimita el área de explotación de oro en virtud de La Ley Orgánica promulgada para regular tal actividad. G.O. n° 40.663 del 19-05-2015.

Resolución conjunta n° 50 y 15-06-01 de los MPP de Petróleo y Minería y BCV, mediante la cual se establece que a partir de la entrada en vigencia de la presente Resolución, las personas, sociedades o formas de asociación que desarrollen actividades de exploración y explotación de oro en áreas destinadas a las actividades mineras en el territorio nacional, deberán vender al BCV, todo el material aurífero obtenido con ocasión de dicha actividad, con sus aleaciones metálicas de carácter no contaminante y en cualquiera de sus presentaciones, a través de los centros que establezca al efecto ese instituto. G.O. n° 40.692 del 30-06-2015.

Decreto n° 1.920, mediante el cual se constituye el Estado Mayor Eléctrico, el cual dependerá del Presidente de la República. G.O. n° 40.720 del 10-08-2015.

Resolución n° 140 del MPP de Petróleo y Minería, mediante la cual se prorroga por un año la vigencia de la disposición transitoria séptima del Decreto con Rango, Valor y Fuerza de Ley Orgánica que Reserva al Estado las Actividades de Exploración y Explotación del Oro, así como las conexas y auxiliares a éstas, contados a partir del día 19-11-2015. G.O. n° 40.790 del 17-11-2015.

Decreto con Rango, Valor y Fuerza de Ley Orgánica que Reserva al Estado las Actividades de Exploración y Explotación del Oro y demás Minerales Estratégicos. G.O. n° 6.210 Extraordinario del 30-12-2015.

Decreto con Rango, Valor y Fuerza de Ley Orgánica para el Desarrollo de las Actividades Petroquímicas. G.O. n° 6.210 Extraordinario del 30-12-2015.

Resolución n° 15 del MPP de Petróleo y Minería, mediante la cual se establecen los precios de los tipos de productos que serán vendidos en los establecimientos dedicados al expendio de combustibles, debidamente autorizados por este ministerio. G.O. n° 40.851 del 18-02-2016.

---

[159] Véase también: § Comisiones presidenciales; Empresas del Estado; Fundaciones del Estado; Exoneraciones; Régimen cambiario.

Decreto n° 2.242, mediante el cual se crea la Zona de Desarrollo Estratégico Nacional Faja Petrolífera del Orinoco Hugo Chávez. G.O. n° 40.852 del 19-02-2016.

Decreto n° 2.248, mediante el cual se crea la Zona de Desarrollo Estratégico Nacional Arco Minero del Orinoco. G.O. n° 40.855 del 24-02-2016.

Resolución n° 16-04-02 del BCV, mediante la cual se dictan las normas sobre la comercialización del diamante en bruto bajo el sistema de certificación del proceso Kimberley. G.O. n° 40.897 del 05-05-2016.

Resolución n° 128-16 del MPP para Industria y Comercio, mediante la cual se incluye la sustancia química alfa-fenilacetoacetonitrilo (APAAN), y sus isómeros ópticos, así como las sales de las sustancias mencionadas, siempre que la existencia de dichas sales sea posible, dentro de las sustancias químicas sujetas a control por parte del Estado venezolano, por cuanto la misma puede ser utilizada en la producción, fabricación, preparación o extracción ilícita de estupefacientes y sustancias psicotrópicas. G.O. n° 40.948 del 20-07-2016.

Resolución n° 51-16 del MPP para Industria y Comercio, mediante la cual se establecen los montos a cancelar por los servicios prestados por el Registro Nacional Único de Operadores de Sustancias Químicas Controladas. G.O. n° 40.952 del 26-07-2016.

Decreto n° 2.411, mediante el cual se establece la prioridad social sobre las utilidades de la Zona de Desarrollo Estratégico Nacional Arco Minero del Orinoco. G.O. n° 40.960 del 05-08-2016.

Decreto n° 2.412, mediante el cual se prohíbe el uso, tenencia, almacenamiento y transporte del mercurio (Hg) como método de obtención o tratamiento del oro y cualquier otro mineral metálico o no metálico, en todas las etapas de la actividad minera que se desarrollen en el territorio nacional. G.O. n° 40.960 del 05-08-2016.

Decreto n° 2.413, mediante el cual se declaran como elementos estratégicos para su exploración y explotación al niobio (Nb) y al tantalio (Ta), por lo cual quedan sujetos al régimen previsto en el Decreto con Rango Valor y Fuerza de Ley Orgánica que Reserva al Estado las Actividades de Exploración y Explotación del Oro y demás Minerales Estratégicos. G.O. n° 40.960 del 05-08-2016.

Decreto n° 2.445, mediante el cual se ordena la creación de la Oficina Nacional de Fiscalización e Inspección Minera, órgano desconcentrado, adscrito al MPP de Desarrollo Minero Ecológico. G.O. n° 40.975 del 26-08-2016.

Resolución del MPP de Petróleo, mediante la cual se establece la metodología para la planificación, seguimiento y control de los costos de producción de las empresas que integran las cadenas productivas que se alimentan de corrientes de hidrocarburos no petroquímicos. G.O. n° 41.022 del 02-11-2016.

Resolución n° 34 del MPP de Desarrollo Minero Ecológico, mediante la cual se determina el área geográfica para el ejercicio de la actividad de pequeña minería, en la cual se ejecutará el aprovechamiento racional y sustentable del mineral oro y otros minerales. G.O. n° 41.043 del 01-12-2016.

Resolución n° 77 del MPP de Desarrollo Minero Ecológico, mediante la cual de conformidad con lo previsto en la disposición transitoria séptima del Decreto con Rango, Valor y Fuerza de Ley Orgánica que Reserva al Estado las Actividades de Exploración y Explotación del Oro y demás Minerales Estratégicos, se prorroga por un año la vigencia de la referida disposición transitoria, contado a partir del 31-12-2016. G.O. n° 41.072 del 11-01-2017.

Resolución n° 1 del MPP para Ecosocialismo y Aguas, mediante la cual se dictan las normas para la evaluación y clasificación de fosas asociadas a actividades de exploración y producción de hidrocarburos. G.O. n° 41.074 del 13-01-2017.

Resolución n° 2 del MPP para Ecosocialismo y Aguas, mediante la cual se dictan las normas para el uso de ripios y fluidos residuales base agua para la recuperación ambiental de áreas de préstamos en la Faja Petrolífera del Orinoco Hugo Chávez Frías. G.O. n° 41.074 del 13-01-2017.

Decreto n° 2.781, mediante el cual se declara como elemento estratégico para su exploración y explotación el diamante, por lo cual queda sujeto al régimen previsto en el Decreto con Rango Valor y Fuerza de Ley Orgánica que Reserva al Estado las Actividades de Exploración y Explotación del Oro y demás Minerales Estratégicos. G.O. n° 41.122 del 27-03-2017.

Decreto n° 2.782, mediante el cual se declara como elemento estratégico para su exploración y explotación el cobre, por lo cual queda sujeto al régimen previsto en el Decreto con Rango Valor y Fuerza de Ley Orgánica que Reserva al Estado las Actividades de Exploración y Explotación del Oro y demás Minerales Estratégicos. G.O. n° 41.122 del 27-03-2017.

Decreto n° 2.783, mediante el cual se declara como elemento estratégico para su exploración y explotación la plata, por lo cual queda sujeto al régimen previsto en el Decreto con Rango, Valor y Fuerza de Ley Orgánica que Reserva al Estado las Actividades de Exploración y Explotación del Oro y demás Minerales Estratégicos. G.O. n° 41.122 del 27-03-2017.

Resolución n° 75 del MPP de Petróleo, mediante la cual se resuelve extender el ajuste de la producción de petróleo crudo, por un periodo de nueve meses a partir del 01-07-2017, conforme a los parámetros que disponga este ministerio. G.O. n° 41.212 del 11-08-2017.

Resoluciones n° 92 y 93 del MPP de Petróleo, mediante las cuales se incorporan las cantidades que en ellas se indican, de nuevas reservas probadas de los hidrocarburos que en ellas se mencionan, a nivel nacional, al cierre del 31-12-2014, provenientes tanto de las áreas tradicionales de la Nación que en ellas se señalan, como de las jurisdicciones que en ellas se especifican. G.O. n° 41.256 del 13-10-2017.

Resoluciones n° 124 y 125 del MPP de Petróleo, mediante las cuales se incorporan las nuevas reservas probadas de petróleo e hidrocarburos gaseosos a nivel nacional, al cierre del 31-12-2015, provenientes tanto de áreas tradicionales de la Nación y Costa Afuera en las jurisdicciones que en ellas se indican, como en la Faja Petrolífera del Orinoco Hugo Chávez Frías y las empresas que en ellas se especifican. G.O. n° 41.272 del 06-11-2017.

Resoluciones n° 130 y 131 del MPP de Petróleo, mediante las cuales se incorporan las nuevas reservas probadas de petróleo e hidrocarburos gaseosos a nivel nacional, al cierre del 31-12-2016, provenientes tanto de áreas tradicionales de la Nación en las jurisdicciones que en ellas se mencionan, como en la Faja Petrolífera del Orinoco Hugo Chávez Frías, así como en las áreas geográficas de las empresas que en ellas se especifican. G.O. n° 41.279 del 15-11-2017.

Decreto n° 3.188, mediante el cual se declara para uso minero ecosocialista las áreas que en él se mencionan, que se encuentran dentro de la Zona de Desarrollo Estratégico Nacional Arco Minero del Orinoco, así como establece los criterios para el desarrollo y el control de las actividades mineras, bajo los principios de coexistencia de usos, conservación de los recursos naturales y el ambiente, ética socialista, resguardo y defensa de la soberanía nacional, protección y respeto de los pueblos y comunidades indígenas, adaptabilidad, solidaridad, corresponsabilidad, racionalidad, confiabilidad, celeridad, eficiencia, calidad, transparencia, sustentabilidad, equidad, control social y participación del Poder Popular. G.O. n° 41.294 del 06-12-2017.

Resolución n° 164 del MPP de Petróleo, mediante la cual se establece un régimen de revisión y validación de contratos nacionales y/o internacionales suscritos por PDVSA, sus filiales y empresas mixtas, donde PDVSA detente acciones. G.O. n° 41.294 del 06-12-2017.

Resolución del MPP de Petróleo, mediante la cual se establecen las condiciones generales de la licencia para la exploración y explotación de hidrocarburos gaseosos no asociados en los campos Patao y Mejillones. G.O. n° 41.302 del 18-12-2017.

Decreto n° 3.228, mediante el cual se establece que a los fines del fortalecimiento del sistema económico nacional a través del aporte de la pequeña minería y mientras se conforman las alianzas estratégicas y/o cooperativas a que se contraen los artículos 22, 23, 24 y disposición transitoria novena del Decreto con Rango, Valor y Fuerza de Ley Orgánica que Reserva al Estado las Actividades de Exploración y Explotación del Oro y demás Minerales Estratégicos, se autoriza a las personas, sociedades o formas de asociación que desempeñen actividades de minería a pequeña escala en áreas destinadas a las actividades mineras en el territorio nacional, a continuar efectuando la venta al BCV o a la entidad que éste designe, de los minerales estratégicos que provengan de las actividades primarias por ellas realizadas, de conformidad con lo previsto en el artículo 31 del citado decreto-ley, durante el ejercicio fiscal 2018. G.O. n° 41.309 del 28-12-2017.

Resolución n° 17 del MPP de Desarrollo Minero Ecológico, mediante la cual se establece que de conformidad con lo establecido en la disposición transitoria séptima del Decreto con Rango, Valor y Fuerza de Ley Orgánica que Reserva al Estado las Actividades de Exploración y Explotación del Oro y Demás Minerales Estratégicos, se prorroga por un año la vigencia de la referida disposición transitoria, a partir del 31-12-2017. G.O. n° 41.309 del 28-12-2017.

Resolución n° 21 del MPP de Petróleo, mediante la cual se extiende el ajuste de la producción de petróleo crudo durante todo el año 2018, conforme a los parámetros que disponga este ministerio, que permita cumplir con la reducción de 95 mil barriles diarios de petróleo, entre PDVSA, sus filiales y empresas mixtas. G.O. n° 41.356 del 08-03-2018.

Resolución n° 9 del MPP para el Desarrollo Minero Ecológico, mediante la cual se implementa el Registro Único Minero sistematizado, a través de la plataforma informática denominada Sistema Integrado de Gestión para el Desarrollo Minero Ecológico, el cual se desarrollará bajo un diseño de simplificación de trámites que permitirá unificar la información de los registros sobre las actividades primarias y conexas a la minería, como instrumentos para el fortalecimiento de las políticas públicas del MPP con competencia en materia de minería. G.O. n° 41.360 del 14-03-2018.

Decreto n° 3.368, mediante el cual se establece un régimen especial y transitorio para la gestión operativa y administrativa de la industria petrolera nacional. G.O. n° 41.376 del 12-04-2018, reimpresión en G.O. n° 41.390 del 04-05-2018.

Resolución n° 47 del MPP de Petróleo, mediante la cual se instruye el cierre de la Oficina de Inteligencia de Mercado y Política Petrolera con sede en Viena, República de Austria. G.O. n° 41.389 del 03-05-2018.

Resolución n° 51 del MPP de Petróleo, mediante el cual se establecen las medidas administrativas y acciones que contribuyan de manera efectiva a la simplificación de los trámites para la adquisición de los bienes, prestación de servicios y ejecución de obras, necesarias para el aumento de las capacidades productivas de la Corporación Venezolana de Petróleo, S.A. y de las empresas mixtas de la industria petrolera nacional. G.O. n° 41.394 del 10-05-2018.

Resolución n° 52 del MPP de Petróleo, mediante el cual se establecen las medidas administrativas y acciones que contribuyan de manera efectiva y simplifiquen los trámites para la adquisición de los bienes, prestación de servicios y ejecución de obras, necesarias para el aumento de las capacidades productivas de PDVSA, sus empresas filiales y la industria petrolera nacional en general. G.O. n° 41.394 del 10-05-2018.

Resolución n° 10 del MPP de Desarrollo Minero Ecológico, mediante la cual se implementa el Registro Único Minero, a través de una plataforma informática denominada Sistema Integrado de Gestión para el Desarrollo Minero Ecológico, desarrollada bajo el principio de simplificación de trámites, que permitirá centralizar automáticamente los datos sobre el registro de personas naturales o jurídicas, de carácter público o privado que ejerzan actividades primarias, conexas o auxiliares a la minería. G.O. n° 41.396 del 14-05-2018.

Resolución n° 50 del MPP de Petróleo, mediante la cual se regula la venta de petróleo crudo diluido en caso que la República deba hacerlo por vía de excepción, y con fines de exportación así como para el cálculo de cualquier ventaja especial que conforme a la ley haya sido pactada a favor de la República. G.O. n° 41.399 del 17-05-2018.

Decreto n° 3.514, mediante el cual se reserva al Ejecutivo Nacional por Órgano del MPP con competencia en materia de Minería, el ejercicio directo de las actividades de exploración y explotación del mineral de feldespato y demás minerales asociados a éste, que se encuentren en las áreas denominadas: La Gloria 3, La Gloria 4 y Hato San Antonio; ubicadas en los municipios San Carlos Lima Blanco y Tinaco y Falcón del estado Cojedes. G.O. n° 6.387 Extraordinario del 03-07-2018.

Decreto n° 3.519, mediante el cual se establece un régimen especial y transitorio para la gestión operativa y administrativa de la industria nacional del hierro, acero y aluminio. G.O. n° 41.434 del 06-07-2018.

Resolución n° 49 del MPP de Petróleo, mediante la cual se establecen los parámetros para declarar determinados volúmenes de hidrocarburos líquidos, exentos del pago de la contribución especial por precios extraordinarios y precios exorbitantes en el mercado internacional de hidrocarburos. G.O. n° 41.434 del 06-07-2018.

Decreto n° 3.550, mediante el cual se determina como respaldo para facilitar el acceso a mecanismos e instrumentos financieros y monetarios para la República Bolivariana de Venezuela, el desarrollo potencial de 29.298 MMBN de reservas de petróleo pesado y extrapesado en sitio, localizadas en el Bloque Ayacucho 02 de la Faja Petrolífera del Orinoco Hugo Chávez Frías. G.O. n° 41.446 del 25-07 2018.

Resolución n° 80 del MPP de Petróleo, mediante la cual se incorporan 1.330.146 MBN de nuevas reservas probadas de petróleo y condensado a nivel nacional, al cierre del 31-12-2017, provenientes tanto de la Faja Petrolífera del Orinoco Hugo Chávez Frías, como en Área Tradicional Oriente, Occidente y Centro Sur, distribuidas de la manera que en ella se indica. G.O. n° 41.446 del 25-07-2018.

Resolución n° 53 del MPP de Petróleo, mediante la cual se dicta la reforma de la Resolución n° 275 que crea el Comité Estratégico de Negociación. G.O. n° 41.455 del 07-08-2018.

Decreto n° 3.597, mediante el cual se declara como mineral estratégico para su exploración y explotación el carbón, por lo cual queda sujeto al régimen previsto en el Decreto con Rango Valor y Fuerza de Ley Orgánica que Reserva al Estado las actividades de exploración y explotación del oro y demás minerales estratégicos. G.O. n° 41.472 del 31-08-2018.

Decreto n° 3.607, mediante el cual se transfiere a la Corporación Venezolana de Minería, S.A., el derecho al ejercicio de las actividades primarias de exploración y explotación del oro y demás minerales estratégicos. G.O. n° 41.477 del 07-09-2018, reimpresión en G.O. n° 41.478 del 10-09-2018.

Decreto n° 3.707, mediante el cual se prorroga hasta el 31-12-2019, la vigencia del Decreto n° 3.519, mediante el cual se establece un régimen especial y transitorio para la gestión operativa y administrativa de la industria nacional del hierro, acero y aluminio. G.O. n° 41.553 del 27-12-2018.

Resolución n° 2 del MPP de Petróleo, mediante la cual se delimita el área geográfica cuyas reservas respalden y faciliten el acceso a mecanismos e instrumentos financieros y monetarios para la República Bolivariana de Venezuela por el BCV en el desarrollo potencial de 29.298 MMBN de Petróleo Original en Sitio (POES) pesado y extrapesado, de acuerdo a una certificadora internacional independiente, estimándose un factor de recobro del 20 % para un volumen recuperable estimado en 5.916 MMBN, localizado en el Bloque Ayacucho 02 de la Faja Petrolífera del Orinoco Hugo Chávez Frías, municipios Miranda y Monagas del estado Anzoátegui, con un área de 509,97 Km2. G.O. n° 41.568 del 21-01-2019.

Decreto n° 3.803, mediante el cual se constituye el Estado Mayor Eléctrico, el cual dependerá del Presidente de la República Bolivariana de Venezuela; y coadyuvará en la toma de decisiones estratégicas en materia de energía eléctrica. G.O. n° 6.441 Extraordinario del 01-04-2019.

Decreto n° 3.857, mediante el cual se reserva al Ejecutivo Nacional, por órgano del MPP con competencia en materia de minería, el ejercicio directo de las actividades de exploración y explotación del mineral de roca fosfática y demás minerales asociados a éste, que se encuentren en el área denominada Los Monos - La Linda, áreas antiguamente denominadas Los Monos - El Tomate/La Linda - Los Bancos, ubicadas en la jurisdicción del municipio Libertador del estado Táchira. G.O. n° 41.643 del 29-05-2019.

Decreto n° 3.858, mediante el cual se reserva al Ejecutivo Nacional, por órgano del MPP con competencia en materia de minería, el ejercicio directo de las actividades de exploración y explotación del mineral de feldespato y demás minerales asociados a éste, que se encuentren en el área denominada Palo Grande, ubicada en el municipio Bruzual del estado Yaracuy. G.O. n° 41.643 del 29-05-2019.

Decreto n° 3.859, mediante el cual se reserva al Ejecutivo Nacional, por órgano del MPP con competencia en materia de minería, el ejercicio de las actividades de exploración y explotación del mineral de titanio y demás minerales que se encuentren asociados a éste, que se encuentra en el área denominada San Quintín, ubicada en el municipio Manuel Monge del estado Yaracuy. G.O. n° 41.643 del 29-05-2019.

Resolución n° 43 del MPP de Petróleo, mediante la cual se incorporan 1.571.170 MBN de nuevas reservas probadas de petróleo y condensado a nivel nacional, al cierre del 31-12-2018, provenientes tanto de la Faja Petrolífera del Orinoco Hugo Chávez Frías, como del Área Tradicional de Oriente, Occidente y Centro Sur. G.O. n° 41.648 del 05-06-2019.

Resolución n° 44 del MPP de Petróleo, mediante la cual se incorporan 565.410 MMPCN de nuevas reservas probadas de hidrocarburos gaseosos a nivel nacional, al cierre del 31-12-2018, provenientes tanto de la Faja Petrolífera del Orinoco Hugo Chávez Frías, como en el Área Tradicional de Oriente, Occidente y Centro Sur. G.O. n° 41.648 del 05-06-2019.

Decreto n° 3.872, mediante el cual se declaran para uso minero ecosocialista las áreas descritas en el artículo 2 de este Decreto que se encuentran dentro de la Zona de Desarrollo Estratégico Nacional Arco Minero del Orinoco. G.O. n° 41.650 del 07-06-2019.

Resolución n° 7 del MPP de Desarrollo Minero Ecológico, mediante la cual se crea, con carácter permanente, una Junta Ministerial del MPP de Desarrollo Minero Ecológico que tendrá como objeto ejecutar, controlar, velar, definir y realizar acciones y planes entre el ministerio y los demás actores involucrados, en materia de minería, con el fin de ejercer en el territorio nacional lo concerniente a las actividades primarias y conexas o auxiliares a la minería. G.O. n° 41.714 del 11-09-2019.

Resolución n° 8 del MPP de Desarrollo Minero Ecológico, mediante la cual se crea, con carácter permanente, el Comité Técnico Estratégico para la Activación del Plan Nacional de Fiscalización e Inspección Minera, el cual tendrá el objeto de ejecutar acciones conjuntas para el control, verificación, inspección y fiscalización de los diferentes sectores que conforman el sistema nacional minero ecológico, dentro de las políticas que regirá el MPP de Desarrollo Minero Ecológico. G.O. n° 41.714 del 11-09-2019, reimpresión en G.O. n° 41.719 del 18-09-2019.

Resolución n° 119 del MPP de Petróleo, mediante la cual se informa los precios de liquidación de la regalía que corresponde a la República por la extracción de hidrocarburos líquidos por las empresas que realizan actividades primarias en el país, así como la participación de la República en el coque y el azufre obtenidos del petróleo crudo durante el proceso de su mejoramiento o refinación, se regirán por lo previsto en esta Resolución y en la Ley. G.O. n° 41.785 del 19-12-2019.

Decreto n° 4.102, mediante el cual se establece un régimen especial y transitorio para la gestión operativa y administrativa de la industria nacional del hierro, acero y aluminio. G.O. n° 41.805 del 22-01-2020.

Resolución n° 173 del MPP para la Energía Eléctrica, mediante la cual se dictan las normas de constitución y funcionamiento del Comité de Ayudas Sociales del Sector Eléctrico. G.O. n° 41.815 del 05-02-2020.

Resolución n° 116 del MPP de Petróleo, mediante la cual se ordena a PDVSA y a las empresas mixtas, en su condición de partes de los contratos de compra venta de hidrocarburos naturales, a realizar el ajuste prospectivo de precio contenido en el Anexo A del referido contrato, en función del valor neto de comercialización comprobable con la facturación a partir del momento en que se dejó de reflejar adecuadamente el valor de exportación al mercado de que se trate. G.O. n° 41.820 del 12-02-2020.

Resolución n° 4 del MPP de Desarrollo Minero Ecológico, mediante la cual se resuelve que la Oficina Nacional de Fiscalización e Inspección Minera estará a cargo de las Inspectorías Técnicas Regionales y sus Inspectorías Fiscales. G.O. n° 41.824 del 18-02-2020.

Decreto n° 4.132, mediante el cual se crea un Estado Mayor de los Consejos Productivos de Trabajadores de la industria petrolera, petroquímica y gasífera, para la renovación, rectificación y una transformación revolucionaria de dicha industria. G.O. n° 41.826 del 20-02-2020.

Resolución n° 8 del MPP de Desarrollo Minero Ecológico, mediante la cual las presentes normas tienen por objeto desarrollar las disposiciones, referidas a los requisitos, recaudos y obligaciones que deben cumplir las empresas públicas y privadas que posean alianzas estratégicas con la Corporación Venezolana de Minería S.A., para obtener el informe favorable para el uso de sustancias explosivas y sus accesorios en labores de exploración y explotación minera, ante el MPP de Desarrollo Minero Ecológico, a los fines de tramitar el permiso de adquisición, traslado y uso de explosivos ante la Dirección General de Armas y Explosivos del MPP para la Defensa. G.O. n° 41.841 del 17-03-2020.

Decreto n° 4.182, mediante el cual se otorga el carácter de servicio desconcentrado sin personalidad jurídica a la Oficina Nacional de Fiscalización e Inspección Minera cuya denominación será Servicio Nacional de Fiscalización e Inspección Minera. G.O. n° 41.856 del 07-04-2020.

Resolución n° 12 del MPP de Desarrollo Minero Ecológico, mediante la cual se establece el monto de las tarifas únicas aplicables a las actividades de vigilancia y control sobre los procesos de prospección, exploración, explotación, producción, almacenamiento, comercialización, transporte, de minerales, así como a su vez de todas las actividades conexas a la actividad minera ejercida en todo el territorio nacional. G.O. n° 41.873 del 06-05-2020.

Resolución n° 13 del MPP de Desarrollo Minero Ecológico, mediante la cual se dictan las normas para el control de los procesos técnicos aplicados para la obtención de concentrado metálico y su fundición, en plantas de procesamiento industrial. G.O. n° 41.882 del 19-05-2020.

Aviso Oficial del BCV, mediante el cual el emisor y/o el banco adquirente podrán cobrar a los establecimientos dedicados al expendio de combustibles líquidos, que se encuentren debidamente autorizados por el MPP de Petróleo para el ejercicio de dicha actividad, con ocasión de la prestación del servicio de autorización y/o procesamiento de pagos realizados con tarjetas de crédito, débito, prepagadas y demás tarjetas de financiamiento o pago electrónico, a través de los terminales de punto de venta, una tasa de descuento o comisión del comercio, de hasta un máximo de 0,75 %. G.O. n° 41.890 del 29-05-2020.

Decreto n° 4.268, mediante el cual se prorroga por seis meses el plazo establecido en el Decreto n° 4.131, mediante el cual fue declarada la emergencia energética de la industria de hidrocarburos, a los fines de adoptar las medidas necesarias para garantizar la seguridad energética nacional y proteger la industria ante la agresión multiforme, externa e interna, que se ejecuta para afectar la producción y comercialización petrolera del país. G.O. n° 41.946 del 19-08-2020.

Resolución n° 20-08-01 del BCV, mediante la cual se dictan las normas sobre el régimen de comercialización externa de oro. G.O. n° 41.958 del 04-09-2020.

Decreto n° 4.426, mediante el cual se prorroga hasta el 31-12-2021 la vigencia del Decreto n° 4.102, mediante el cual se establece un régimen especial y transitorio para la gestión operativa y administrativa de la industria nacional del hierro, acero y aluminio. G.O. n° 42.058 del 29-01-2021.

Resolución n° 21-01-04 del BCV, mediante la cual se dicta las normas sobre el régimen de comercialización externa de oro. G.O. n° 42.066 del 10-02-2021.

Decreto n° 4.436, mediante el cual se extiende la vigencia de la declaratoria de emergencia energética de la industria de hidrocarburos. G.O. n° 42.071 del 19-02-2021.

Decreto n° 4.567, mediante el cual se integra a la estructura organizativa del MPP de Petróleo, el Registro Nacional Único de Operadores de Sustancias Químicas Controladas, manteniendo su carácter de servicio desconcentrado sin personalidad jurídica. G.O. n° 42.194 del 19-08-2021.

Providencia n° 32-2021 del Servicio Nacional de Fiscalización e Inspección Minera, mediante la cual se establece la Inspectoría Técnica de Coordinación de Regiones, dependiente de la Dirección General del Servicio, con el propósito de organizar y unificar procesos que optimicen los canales de comunicación entre los Directores a nivel central y las Inspectorías Técnicas Regionales. G.O. n° 42.229 del 07-10-2021.

Decreto n° 4.598, mediante el cual se reserva al Ejecutivo Nacional y se declaran como elementos estratégicos para su exploración, explotación, beneficio-transformación y comercialización, los minerales casiterita, níquel, rodio, titanio y los minerales asociados a los elementos de las tierras raras, por lo cual quedan sujetos al régimen de reserva previsto en el Decreto con Rango, Valor y Fuerza de Ley Orgánica que Reserva al Estado las Actividades de Exploración y Explotación del Oro y demás Minerales Estratégicos. G.O. n° 42.230 del 08-10-2021.

Decreto n° 4.631, mediante el cual se reserva al Ejecutivo Nacional y se declara como elemento estratégico para su exploración y explotación y beneficio-transformación el mineral magnesita, por lo cual queda sujeto al régimen de reserva previsto en el Decreto con Rango, Valor y Fuerza de Ley Orgánica que Reserva al Estado las Actividades de Exploración y Explotación del Oro y Demás Minerales Estratégicos. G.O. n° 42.298 del 17-01-2022.

Resolución n° 2 del MPP de Desarrollo Minero Ecológico, mediante la cual se establece el régimen transitorio mediante el cual todos aquellos derechos mineros otorgados para el ejercicio de las actividades de exploración, explotación y beneficio-transformación del mineral magnesita, antes de la publicación del Decreto n° 4.631, podrán adecuarse a cualquiera de las modalidades previstas en el Decreto con Rango, Valor y Fuerza de Ley Orgánica que Reserva al Estado las Actividades de Exploración y Explotación del Oro y Demás Minerales Estratégicos. G.O. n° 42.314 del 08-02-2022.

Decreto n° 4.660, mediante el cual se transfiere a la CVG el derecho al ejercicio de las actividades primarias de exploración y explotación del mineral magnesita. G.O. n° 42.340 del 18-03-2022.

Decreto n° 4.661, mediante el cual se transfiere a la Corporación Venezolana de Minería, S.A., el derecho al ejercicio de las actividades primarias de exploración y explotación del mineral oro. G.O. n° 42.340 del 18-03-2022.

Decreto n° 4.662, mediante el cual se transfiere a la Corporación Venezolana de Minería, S.A. el derecho al ejercicio de las actividades primarias de exploración y explotación del mineral casiterita. G.O. n° 42.340 del 18-03-2022.

Resolución n° 10 del MPP de Desarrollo Minero Ecológico, mediante la cual se establece el monto de las tarifas aplicables a las actividades de vigilancia y control sobre los procesos de prospección, exploración, explotación, producción, almacenamiento, comercialización, transporte, de minerales, así como a su vez de todas las actividades conexas a la actividad minera ejercida en todo el territorio nacional. G.O. n° 42.349 del 31-03-2022.

Decreto n° 4.681, mediante el cual se mantiene la vigencia de la declaratoria de emergencia energética de la industria de hidrocarburos, a los fines de adoptar las medidas necesarias para garantizar la seguridad energética nacional y proteger la industria ante la agresión multiforme, externa e interna, que se ejecuta para afectar la producción y comercialización petrolera del país. G.O. n° 42.364 del 27-04-2022.

Resolución n° 9 del MPP de Petróleo, mediante la cual se incorporan 198.643 MMPCN de nuevas reservas probadas de hidrocarburos gaseosos a nivel nacional, al cierre del 31-12-2022, provenientes en el Área Tradicional Oriente y Occidente. G.O. n° 42.624 del 09-05-2023, reimpresión en G.O. n° 42.634 del 23-05-2024.

Resolución n° 10 del MPP de Petróleo, mediante la cual se incorporan 29.616 MBN de nuevas reservas probadas de petróleo y condensado a nivel nacional, al cierre del 31-12-2022. G.O. n° 42.624 del 09-05-2023.

Resolución n° 12 del MPP de Petróleo, mediante la cual se actualiza el esquema tarifario para las mediciones fiscales realizadas por el Servicio Autónomo de Metrología de Hidrocarburos en los buques tanqueros en las operaciones de cabotaje, exportación e importación. G.O. n° 42.663 del 03-07-2023, reimpresión en G.O. n° 42.674 del 19-07-2023.

Resolución n° 14 del MPP de Petróleo, mediante la cual se ajusta el precio del combustible diésel para el sector industrial, a razón de USD 0,32 /Lt. G.O. n° 42.663 del 03-07-2023, reimpresión en G.O. n° 42.674 del 19-07-2023.

Resolución n° 15 del MPP de Petróleo, mediante la cual se establecen las tarifas de flete para el transporte terrestre de productos derivados de hidrocarburos, desde las plantas de suministro propiedad de PDVSA, hasta los puntos de expendio en el mercado interno y clientes finales, quedando el precio por kilómetro recorrido (tarifa plana y tarifa de montaña) de la manera que en ella se señala. G.O. n° 42.667 del 10-07-2023.

Decreto n° 4.826, mediante el cual se crea el Servicio Desconcentrado Banco Soberano de Datos de Petróleo y Gas, sin personalidad jurídica, dependiente jerárquicamente del MPP competente en materia de petróleo y gas, el cual gozará de autonomía funcional, presupuestaria, administrativa, financiera y de gestión en el cumplimiento de sus funciones. G.O. n° 42.668 del 11-07-2023.

Resolución n° 17 del MPP de Petróleo, mediante la cual se ajusta el precio del combustible tipo diésel para el sector industrial, a razón de 3 Bs./Lt. G.O. n° 42.676 del 21-07-2023.

Resolución n° 19 del MPP de Petróleo, mediante la cual se establecen las tarifas del servicio de transporte para el mercado interno desde los centros de despacho, así como las tarifas de distribución del gas metano para las redes industriales y domésticas. G.O. n° 42.702 del 29-08-2023.

Resolución n° 20 del MPP de Petróleo, mediante la cual se establecen los precios del gas metano para el mercado interno, tanto para el gas metano proveniente del gas natural asociado como del gas natural no asociado. G.O. n° 42.702 del 29-08-2023.

IX. Producción, mercado y servicios[160]

1. Certificaciones

Resolución n° 4 del MPP para el Comercio Exterior e Inversión Internacional, mediante la cual se dicta las normas para la tramitación del certificado de origen por ante este ministerio. G.O. n° 40.949 del 21-07-2016.

---

[160] Véase también: § Acuerdos e incorporaciones al ordenamiento jurídico.

Resolución n° 49 del MPP para Relaciones Interiores, Justicia y Paz, mediante la cual se establece que toda persona jurídica que pretenda prestar los servicios privados de vigilancia y protección de propiedades, o de traslado y custodia de valores, deberá solicitar previamente la autorización por ante la dependencia con funciones en materia de vigilancia y seguridad privada, del MPP para Relaciones Interiores, Justicia y Paz, para tramitar la inscripción de la correspondiente acta constitutiva-estatutaria y de cualquier modificación estatutaria, en las oficinas de Registro Mercantil, así como solicitar y obtener la autorización de funcionamiento para prestar el servicio privado solicitado. G.O. n° 41.113 del 14-03-2017.

Providencia n° MJD-DS-674 de la Superintendencia Nacional de Actividades Hípicas, mediante la cual se establecen las tarifas que se deben pagar por los Certificados emitidos por el Registro Genealógico de Equinos de la República Bolivariana de Venezuela. G.O. n° 41.246 del 28-09-2017.

Providencia n° 1 de la Superintendencia de Servicios de Certificación Electrónica, mediante la cual se establece que la Superintendencia de Servicios de Certificación Electrónica, define los aspectos técnicos de la Norma 032-06/17, infraestructura nacional de certificación electrónica, estructura, certificados y lista de certificados revocados. G.O. n° 41.365 del 21-03-2018.

Providencia n° 2 de la Superintendencia de Servicios de Certificación Electrónica, mediante la cual se establece que la Superintendencia de Servicios de Certificación Electrónica, define los aspectos técnicos de la Norma 040-06/17, guía de estándares tecnológicos y lineamientos de seguridad para la acreditación y renovación como proveedor de servicios de certificación electrónica o casos especiales. G.O. n° 41.365 del 21-03-2018.

Decreto n° 4.612, mediante el cual se adecua la denominación del Servicio Autónomo Nacional de Normalización, Calidad, Metrología y Reglamentos Técnicos, a la de Servicio Desconcentrado de Normalización, Calidad, Metrología y Reglamentos Técnicos (SENCAMER). G.O. n° 42.129 del 18-05-2021.

Resolución n° 17 del MPP de Comercio Nacional, mediante la cual se dicta el Reglamento para la Autorización de la Marca Norven Sello Oficial de Calidad Venezuela. G.O. n° 42.830 del 01-03-2024.

2. Normas COVENIN y reglamentos técnicos

Resolución conjunta de los MPP para la Energía Eléctrica y para el Comercio, mediante la cual se corrige por error material la Resolución conjunta n° 19 y 126 de los ministerios que en ella se mencionan, donde se dicta el reglamento técnico para el etiquetado de eficiencia energético para lámparas fluorescentes. G.O. n° 40.625 del 20-03-2015.

Resolución n° 127 del MPP para Industria y Comercio, mediarte la cual se modifica y aprueba como Normas Venezolanas COVENIN las que en ella se indican. G.O. n° 40.949 del 21-07-2016.

Decreto n° 3.278, mediante el cual se dicta el Reglamento de los Servicios de Vigilancia y Seguridad Privada. G.O. n° 6.364 Extraordinario del 16-02-2018.

Resolución n° 2 del MPP de Comercio Nacional, mediante la cual se aprueban cuatro Normas Venezolanas COVENIN relacionadas con los rubros café y cacao, elaboradas por el SENCAMER, ente adscrito a este Ministerio. G.O. n° 41.817 del 07-02-2020.

Resolución n° 2 del MPP de Comercio Nacional, mediante la cual se declara como Norma Venezolana COVENIN la Norma 909:2015 fórmulas adaptadas para lactantes; la Norma 5004:2017 detección de cronobacter spp en leche y productos lácteos; la Norma 1935:2017 maíz para uso industrial. Norma general; la Norma 2135:2017 harina de maíz precocida; la Norma 2135:2017 harina de maíz precocida; la Norma 69:2019 grasa o manteca vegetal comestible; la Norma 30:2019 aceites vegetales comestibles. Norma general; la Norma 743:2019 aceite comestible de maíz; la Norma 744:2019 aceite comestible de soya; la Norma 1272:2019 aceite comestible de girasol; la Norma 3125:2019 aceite comestible de canola; y la Norma 3867:2019 untable de margarina. G.O. n° 42.129 del 18-05-2021.

Resolución n° 3 del MPP de Comercio Nacional, mediante la cual se declara como Norma Venezolana COVENIN la Norma 113:2018 fertilizantes, enmiendas y acondicionadores de suelos. Definiciones; la Norma 1033:2018 fertilizantes. Método de ensayo para la determinación de la granulometría y estimación del número guía de tamaño (ngt); la Norma 1130:2018 determinación de fósforo soluble en agua en fertilizantes inorgánicos (método espectrofotométrico); la Norma 1131:2018 fertilizantes. Determinación de fósforo soluble en citrato (método indirecto) y fósforo disponible; la Norma 1132:2018 fertilizantes. Determinación de fósforo total en fertilizantes inorgánicos; la Norma 1138:2018 Fertilizantes. Determinación del nitrógeno total (método kjeldahl); la Norma 1139:2018 determinación del nitrógeno amoniacal (método de destilación); la Norma 1140:2017 fertilizantes. Determinación del nitrógeno nítrico más amoniacal (método de destilación); la Norma 1141:2019 fertilizantes (métodos de determinación de potasio); la Norma 1816:2019 fertilizantes (métodos de determinación de zinc, cobre, hierro, manganeso en fertilizantes inorgánicos por absorción atómica); la Norma 2647:2018 fertilizantes (mezclas físicas granuladas); y la Norma 5007:2018 fertilizantes inorgánicos, enmiendas y acondicionadores de suelo. Etiquetado. G.O. n° 42.129 del 18-05-2021.

Resolución n° 6 del MPP de Comercio Nacional, mediante la cual se declara como Norma Venezolana COVENIN la Norma 1834:2015 frutas. Definiciones generales; la Norma 409:2016 alimentos. Principios generales para el establecimiento de criterios microbiológicos; la Norma 910:2016 aditivos alimentarios; la Norma 1539:2016 especias, condimentos y afines. Requisitos; la Norma 71:2019 tomates envasados; la Norma 72:2019 jugo de tomate; la Norma 73:2019 puré de tomate; la Norma 75:2019 salsa de tomate; la Norma 165:2019 tomates; y la Norma 5009:2019 tomates para uso industrial. G.O. n° 42.161 del 02-07-2021.

Resolución n° 7 del MPP de Comercio Nacional, mediante la cual se declara como Norma Venezolana COVENIN la Norma 5005:2016 contaminantes y toxinas presentes en alimentos y piensos. Norma general; la Norma 1155:2017 alimentos para animales. Determinación de cenizas; la Norma 1156:2017 alimentos para animales. Determinación de humedad; la Norma 1881:2017 alimento balanceado para aves; la Norma 1162:2019 alimentos para animales. Determinación de grasa cruda; la Norma 1994:2019 alimentos para animales. Determinación de fibra cruda; la Norma 1269:2019 alimentos para animales. Determinación de amoniaco libre; la Norma 1270:2019 alimentos para animales. Determinación de la actividad de ureasa; la Norma 1274:2019 alimentos para animales. Determinación de cenizas insolubles en ácido; y la Norma 3034:2019 alimentos para animales. Determinación de solubilidad de la proteína en hidróxido de potasio. G.O. n° 42.161 del 02-07-2021.

Resolución n° 8 del MPP de Comercio Nacional, mediante la cual se declara como Norma Venezolana COVENIN la Norma 657:2014 automotriz. Neumáticos. Definiciones; la Norma 663:2014 automotriz. Neumáticos para vehículos automotores de pasajeros y camiones livianos con un peso bruto vehicular inferior o igual a 4.536 kg; la Norma 928:2019 instalaciones de sistemas de tuberías para el suministro de gas metano o gas licuado de petróleo (glp) en edificaciones residenciales, comerciales y otros; la Norma 1352:2014 automotriz. neumáticos para vehículos automotores comerciales y de transporte colectivo de pasajeros, con capacidad de carga superior o igual a 1.815 kg y peso bruto vehicular superior a 4.536 kg y motocicletas de uso normal en servicio de carreteras; la Norma 1756-1:2019 construcciones sismoresistentes. Parte 1: requisitos; la Norma 2149:2018 automotriz. Neumáticos renovados para vehículos automotores de pasajeros y camiones livianos con un peso bruto vehicular inferior o igual a 4.536 kg de uso normal en servicio de carreteras; la Norma 2938:2013 automotriz. Tambores y discos de frenos; la Norma 5001:2017 automotriz. Neumáticos renovados para vehículos automotores comerciales y de transporte colectivo de pasajeros, con capacidad de carga superior o igual a 1.815 Kg y peso bruto vehicular superior a 4.536 Kg en servicio de carreteras; la Norma 5002:2017 receptores de televisión digital abierta (TDA) basados en el estándar ISDB-TB IRD tipo: dongle USB, integrado y convertidor digital (SET-TOP-BOX). Requisitos generales: funcionalidades esenciales, compatibilidad electromagnética, condiciones climáticas, middleware e interfaz; la Norma 5006:2018 requisitos de seguridad y ambientales para instalación, operación, mantenimiento, reparación de sistemas de refrigeración, recuperación, reutilización y eliminación de los fluidos refrigerantes; la Norma 5008:2019 análisis, diseño y construcción de edificaciones de mampostería estructural; y la Norma 5010:2019 procedimiento para determinar la tasa de absorción específica (tae) para dispositivos portátiles utilizados en las proximidades de la oreja (frecuencia de 300 mhz a 3 ghz). G.O. n° 42.161 del 02-07-2021.

Resolución n° 12 del MPP de Comercio Nacional, mediante la cual se declara como Norma Venezolana COVENIN la Norma 5017:2021 cueros y pieles. Terminología. G.O. n° 42.359 del 20-04-2022.

Resolución n° 13 del MPP de Comercio Nacional, mediante la cual se declara como Norma Venezolana COVENIN la Norma 1315:2021 alimentos. Determinación del pH (acidez iónica). G.O. n° 42.359 del 20-04-2022.

Resolución n° 14 del MPP de Comercio Nacional, mediante la cual se declara como Norma Venezolana COVENIN la Norma 536:2021 transformadores de potencia. Generalidades. G.O. n° 42.359 del 20-04-2022.

Resolución n° 15 del MPP de Comercio Nacional, mediante la cual se declara como Norma Venezolana COVENIN la Norma 277:2021 concreto. Agregados. Requisitos. G.O. n° 42.359 del 20-04-2022.

Resolución n° 16 del MPP de Comercio Nacional, mediante la cual se declara como Norma Venezolana COVENIN la Norma 339:2021 concreto fresco. Agregados. Determinación del asentamiento con el cono de Abrams. G.O. n° 42.359 del 20-04-2022.

Resolución n° 17 del MPP de Comercio Nacional, mediante la cual se declara como Norma Venezolana COVENIN la Norma 1575:2021 hierbas, plantas y especies para preparar infusiones y bebidas aromáticas. G.O. n° 42.359 del 20-04-2022.

Resolución n° 18 del MPP de Comercio Nacional, mediante la cual se declara como Norma Venezolana COVENIN la Norma 3231:2021 cerchas de alambre de alambre eletrosoldados para uso como refuerzo en losas de concreto reforzado. G.O. n° 42.359 del 20-04-2022.

Resolución n° 19 del MPP de Comercio Nacional, mediante la cual se declara como Norma Venezolana COVENIN la Norma 5051:2021 cueros y pieles. Clasificación y requisitos. G.O. n° 42.359 del 20-04-2022.

Resolución n° 22 del MPP de Comercio Nacional, mediante la cual se declara como Norma Venezolana COVENIN la Norma 90:2020 mayonesa. G.O. n° 42.359 del 20-04-2022.

Resolución n° 23 del MPP de Comercio Nacional, mediante la cual se declara como Norma Venezolana COVENIN la Norma 1401:2021 calzados. Clasificación y requisitos. G.O. n° 42.359 del 20-04-2022.

Resolución n° 24 del MPP de Comercio Nacional, mediante la cual se declara como Norma Venezolana COVENIN la Norma 5012:2021 alambres de aleación de aluminio serie 8000 para uso eléctrico. Requisitos. G.O. n° 42.359 del 20-04-2022.

Resolución n° 25 del MPP de Comercio Nacional, mediante la cual se declara como Norma Venezolana COVENIN la Norma 5013:2021 conductores de aleación de aluminio serie 8000 cableado concéntrico para posterior cubrimiento o aislamiento. Requisitos. G.O. n° 42.359 del 20-04-2022.

Resolución n° 26 del MPP de Comercio Nacional, mediante la cual se declara como Norma Venezolana COVENIN la Norma 5015:2021 sustancias destinadas a ser usadas como refrigerantes. Requisitos. G.O. n° 42.359 del 20-04-2022.

Resolución n° 27 del MPP de Comercio Nacional, mediante la cual se declara como Norma Venezolana COVENIN la Norma 5014:2021 detención y control de fugas de refrigerantes en sistemas de refrigeración y climatización, industriales o comerciales. G.O. n° 42.359 del 20-04-2022.

Resolución n° 28 del MPP de Comercio Nacional, mediante la cual se declara como Norma Venezolana COVENIN la Norma 2419:2021 alimento para animales. Suplementos minerales para bovinos. G.O. n° 42.359 del 20-04-2022.

Resolución n° 29 del MPP de Comercio Nacional, mediante la cual se declara como Norma Venezolana COVENIN la Norma 2967:2021 centros de adiestramiento y calificación de personal en ensayos no destructivos. Requisitos. G.O. n° 42.359 del 20-04-2022.

Resolución n° 30 del MPP de Comercio Nacional, mediante la cual se declara como Norma Venezolana COVENIN la Norma 1999:2021 requisitos para la calificación certificación de personal en ensayos no destructivos. G.O. n° 42.359 del 20-04-2022.

Resolución n° 31 del MPP de Comercio Nacional, mediante la cual se declara como Norma Venezolana COVENIN la Norma 1499:2021 fertilizantes. Métodos de determinación de calcio y magnesio en fertilizantes inorgánicos. Por absorción atómica. G.O. n° 42.359 del 20-04-2022.

Resolución n° 32 del MPP de Comercio Nacional, mediante la cual se declara como Norma Venezolana COVENIN la Norma 70:2021 margarina. Por absorción atómica. G.O. n° 42.359 del 20-04-2022.

Resolución conjunta de los MPP de Comercio Nacional, para la Salud y para la Alimentación, mediante la cual se establece el reglamento técnico aceite comestible de soya. G.O. n° 6.695 Extraordinario del 22-04-2022.

Resolución conjunta de los MPP de Comercio Nacional, para la Salud y para la Alimentación, mediante la cual se establece el reglamento técnico de azúcar reinado y lavado. G.O. n° 6.695 Extraordinario del 22-04-2022.

Resolución conjunta de los MPP de Comercio Nacional, para la Salud y para la Alimentación, mediante la cual se establece el reglamento técnico de caramelos, galletas, goma de mascar, chocolate y análogos de chocolate. G.O. n° 6.695 Extraordinario del 22-04-2022.

Resolución conjunta de los MPP de Comercio Nacional, para la Salud y para la Alimentación, mediante la cual se establece el reglamento técnico grasa comestible de palma. G.O. n° 6.695 Extraordinario del 22-04-2022.

Resolución conjunta de los MPP de Comercio Nacional, para la Salud y para la Alimentación, mediante la cual se establece el reglamento técnico de leche incluyendo leche en polvo, leche pasteurizada y leche esterilizada. G.O. n° 6.695 Extraordinario del 22-04-2022.

Resolución conjunta de los MPP de Comercio Nacional, para la Salud y para la Alimentación, mediante la cual se establece el reglamento técnico para untable de margarina. G.O. n° 6.695 Extraordinario del 22-04-2022.

Resolución conjunta de los MPP de Comercio Nacional, para la Salud y para la Alimentación, mediante la cual se establece el reglamento técnico de los productos alimenticios derivados del tomate (tipo ketchup, catsup, catchup, envasados, jugo, puré, salsa, pasta y salsa a base de tomate). G.O. n° 6.695 Extraordinario del 22-04-2022.

Resolución conjunta de los MPP de Comercio Nacional, para la Salud, para la Agricultura Productiva y Tierras y para la Alimentación, mediante la cual se establece el reglamento técnico ajo para consumo directo. G.O. n° 6.695 Extraordinario del 22-04-2022.

Resolución conjunta de los MPP de Comercio Nacional, para la Salud, para la Agricultura Productiva y Tierras y para la Alimentación, mediante la cual se establece el reglamento técnico de alimentos para animales. G.O. n° 6.695 Extraordinario del 22-04-2022.

Resolución conjunta de los MPP de Comercio Nacional, para la Salud, para la Agricultura Productiva y Tierras y para la Alimentación, mediante la cual se establece el reglamento técnico de arroz. G.O. n° 6.695 Extraordinario del 22-04-2022.

Resolución conjunta de los MPP de Comercio Nacional, para la Salud, para la Agricultura Productiva y Tierras y para la Alimentación, mediante la cual se establece el reglamento técnico de café y sus derivados. G.O. n° 6.695 Extraordinario del 22-04-2022.

Resolución conjunta de los MPP de Comercio Nacional, para la Salud, para la Agricultura Productiva y Tierras y para la Alimentación, mediante la cual se establece el reglamento técnico sobre las características generales, directrices y criterios aplicables a los diferentes eslabones de procesamiento, transformación, importación, exportación y transporte de la carne, productos y subproductos cárnicos. G.O. n° 6.695 Extraordinario del 22-04-2022.

Resolución conjunta de los MPP de Comercio Nacional, para la Salud, para la Agricultura Productiva y Tierras y para la Alimentación, mediante la cual se establece el reglamento técnico de carnes y sus derivados embutidos. G.O. n° 6.695 Extraordinario del 22-04-2022.

Resolución conjunta de los MPP de Comercio Nacional, para la Salud, para la Agricultura Productiva y Tierras y para la Alimentación, mediante la cual se establece el reglamento técnico cebolla para consumo directo. G.O. n° 6.695 Extraordinario del 22-04-2022.

Resolución conjunta de los MPP de Comercio Nacional, para la Salud, para la Agricultura Productiva y Tierras y para la Alimentación, mediante la cual se establece el reglamento técnico para papa de consumo directo. G.O. n° 6.695 Extraordinario del 22-04-2022.

Resolución conjunta de los MPP de Comercio Nacional, para la Salud, para la Agricultura Productiva y Tierras y para la Alimentación, mediante la cual se establece el reglamento técnico para huevos frescos de gallina. G.O. n° 6.695 Extraordinario del 22-04-2022.

Resolución del MPP de Comercio Nacional, mediante la cual se establece el reglamento técnico de baldosas cerámicas. G.O. n° 6.695 Extraordinario del 22-04-2022.

Resolución del MPP de Comercio Nacional, mediante la cual se establece el reglamento técnico de etiquetado de calzado. G.O. n° 6.695 Extraordinario del 22-04-2022.

Resolución del MPP de Comercio Nacional, mediante la cual se establece el reglamento técnico para la incorporación de información complementaria en el etiquetado de prendas de vestir (textil). G.O. n° 6.695 Extraordinario del 22-04-2022.

Resolución del MPP de Comercio Nacional, mediante la cual se establece el reglamento técnico pinturas y barnices. G.O. n° 6.695 Extraordinario del 22-04-2022.

Resolución conjunta de los MPP de Comercio Nacional, para la Salud y para la Agricultura Productiva y Tierras, mediante la cual se establece el reglamento técnico de granos de cacao y sus derivados. G.O. n° 6.695 Extraordinario del 22-04-2022.

Resolución conjunta de los MPP de Comercio Nacional, para la Salud y para la Agricultura Productiva y Tierras, mediante la cual se establece el reglamento técnico de mayonesa. G.O. n° 6.695 Extraordinario del 22-04-2022.

Resolución conjunta de los MPP de Comercio Nacional y para la Salud, mediante la cual se establece el reglamento técnico de salsa de ají picante. G.O. n° 6.695 Extraordinario del 22-04-2022.

Resolución n° 36 del MPP de Comercio Nacional, mediante la cual se dicta el reglamento técnico de etiqueta de lencerías y artículos textiles de decoración. G.O. n° 42.419 del 15-07-2022.

Resolución n° 37 del MPP de Comercio Nacional, mediante la cual se dicta el reglamento técnico de etiquetado de prendas de vestir (textil). G.O. n° 42.419 del 15-07-2022.

Resolución n° 41 del MPP de Comercio Nacional, mediante la cual se dicta el reglamento técnico de acumuladores eléctricos de plomo-ácido para motociclos. G.O. n° 42.419 del 15-07-2022.

Resolución n° 42 del MPP de Comercio Nacional, mediante la cual se dicta el reglamento técnico de acumuladores eléctricos de plomo-ácido para vehículos automotores. G.O. n° 42.419 del 15-07-2022.

Resolución n° 43 del MPP de Comercio Nacional, mediante la cual se dicta el reglamento técnico de cascos de seguridad para uso de motociclistas. G.O. n° 42.419 del 15-07-2022.

Resolución n° 46 del MPP de Comercio Nacional, mediante la cual se dicta el reglamento técnico de neumáticos renovados para vehículos automotores de pasajeros y camiones livianos con un peso bruto vehicular inferior o igual a 4.536 kg de uso normal en servicios de carreteras. G.O. n° 42.419 del 15-07-2022.

Resolución n° 48 del MPP de Comercio Nacional, mediante la cual se dicta el reglamento técnico para los tambores y discos de frenos para vehículos automotores. G.O. n° 42.419 del 15-07-2022.

Resolución n° 44 del MPP de Comercio Nacional, mediante la cual se establece el reglamento técnico de neumáticos para automóviles de pasajeros y camiones livianos, con un peso bruto vehicular inferior o igual a 4.536 Kg. G.O. n° 42.438 del 11-08-2022.

Resolución n° 45 del MPP de Comercio Nacional, mediante la cual se establece el reglamento técnico automotriz de neumáticos para vehículos automotores comerciales y de transporte colectivo de pasajeros, con capacidad de carga superior o igual a 1.815 Kg, y peso bruto vehicular superior a 4.536 Kg, y motocicletas de uso normal en servicio de carreteras. G.O. n° 42.438 del 11-08-2022.

Resolución n° 47 del MPP de Comercio Nacional, mediante la cual se establece el reglamento técnico de neumáticos renovados para vehículos automotores comerciales y de transporte colectivo de pasajeros, con capacidad de carga superior o igual a 1.815 Kg, y de peso bruto vehicular superior a 4.536 Kg, en servicio de carreteras. G.O. n° 42.438 del 11-08-2022.

Resolución n° 29 del MPP de Comercio Nacional, mediante la cual se declara como Norma Venezolana COVENIN la Norma 2030-1:2022 alojamientos turísticos. Parte 1: Terminología. G.O. n° 42.662 del 30-06-2023.

Resolución n° 30 del MPP de Comercio Nacional, mediante la cual se declara como Norma Venezolana COVENIN la Norma 5019:2022 guía para el uso seguro de refrigerantes inflamables en sistemas de refrigeración y aire acondicionado. G.O. n° 42.662 del 30-06-2023.

Resolución n° 31 del MPP de Comercio Nacional, mediante la cual se declara como Norma Venezolana COVENIN la Norma 5018:2022 aves domésticas beneficiadas (pollos, gallinas y pavos). G.O. n° 42.662 del 30-06-2023.

Resolución n° 32 del MPP de Comercio Nacional, mediante la cual se declara como Norma Venezolana COVENIN la Norma 179-1:2022 sal comestible. Parte 1: Requisitos generales. G.O. n° 42.662 del 30-06-2023.

Resolución n° 33 del MPP de Comercio Nacional, mediante la cual se declara como Norma Venezolana COVENIN la Norma 179-2:2022 sal comestible. Parte 2: Métodos de ensayo. G.O. n° 42.662 del 30-06-2023.

Resolución n° 34 del MPP de Comercio Nacional, mediante la cual se declara como Norma Venezolana COVENIN la Norma 1126:2022 toma, identificación y preparación de muestras para el análisis microbiológico. G.O. n° 42.662 del 30-06-2023.

Resolución n° 35 del MPP de Comercio Nacional, mediante la cual se declara como Norma Venezolana COVENIN la Norma 1801:2022 fertilizantes. Métodos de determinación de azufre en forma de sulfato en fertilizantes inorgánicos. G.O. n° 42.662 del 30-06-2023.

Resolución n° 36 del MPP de Comercio Nacional, mediante la cual se declara como Norma Venezolana COVENIN la Norma 767:2022 automotriz. Material de fricción para sistema de frenos. G.O. n° 42.662 del 30-06-2023.

Resolución n° 37 del MPP de Comercio Nacional, mediante la cual se declara como Norma Venezolana COVENIN la Norma 1882:2022 alimento para cerdos. G.O. n° 42.662 del 30-06-2023.

Resolución n° 38 del MPP de Comercio Nacional, mediante la cual se declara como Norma Venezolana COVENIN la Norma 1883:2022 alimento para bovinos. G.O. n° 42.662 del 30-06-2023.

Resolución n° 85 del MPP de Comercio Nacional, mediante la cual se establece el reglamento técnico de material de fricción para sistema de frenos de vehículos automotores. G.O. n° 42.755 del 13-11-2023.

Resolución n° 86 del MPP de Comercio Nacional, mediante la cual se establece el reglamento técnico de ruedas de acero para vehículos automotores. G.O. n° 42.755 del 13-11-2023.

Resolución n° 87 del MPP de Comercio Nacional, mediante la cual se establece el reglamento técnico para la prestación del servicio general de estacionamiento. G.O. n° 42.755 del 13-11-2023.

Resolución n° 88 del MPP de Comercio Nacional, mediante la cual se establece el reglamento técnico de tapa de radiador de uso automotor e industrial. G.O. n° 42.755 del 13-11-2023.

Resolución n° 92, mediante la cual se establece el reglamento técnico de ataúdes. G.O. n° 42.755 del 13-11-2023.

Resolución n° 94 del MPP de Comercio Nacional, mediante la cual se declara como Norma Venezolana COVENIN la Norma 1889:2022 alimento para ovinos y caprinos. G.O. n° 6.782 Extraordinario del 22-12-2023.

Resolución n° 95 del MPP de Comercio Nacional, mediante la cual se declara como Norma Venezolana COVENIN la Norma 5023:2022 agencias de viajes y turismo. Términos y definiciones. G.O. n° 6.782 Extraordinario del 22-12-2023.

Resolución n° 96 del MPP de Comercio Nacional, mediante la cual se declara como Norma Venezolana COVENIN la Norma 78:2021 pinturas de tráfico y para demarcación de pavimentos. G.O. n° 6.782 Extraordinario del 22-12-2023.

Resolución n° 97 del MPP de Comercio Nacional, mediante la cual se declara como Norma Venezolana COVENIN la Norma 297:2021 pinturas y productos afines. Terminología. G.O. n° 6.782 Extraordinario del 22-12-2023.

Resolución n° 98 del MPP de Comercio Nacional, mediante la cual se declara como Norma Venezolana COVENIN la Norma 1302:2021 pinturas emulsionadas para uso interior o exterior. G.O. n° 6.782 Extraordinario del 22-12-2023.

Resolución n° 99 del MPP de Comercio Nacional, mediante la cual se declara como Norma Venezolana COVENIN la Norma 2006:2021 pinturas. Esmaltes sintéticos. G.O. n° 6.782 Extraordinario del 22-12-2023.

Resolución n° 100 del MPP de Comercio Nacional, mediante la cual se declara como Norma Venezolana COVENIN la Norma 1202:2022 pinturas, barnices, lacas, resinas, productos relacionados y materias primas. Muestreo. G.O. n° 6.782 Extraordinario del 22-12-2023.

Resolución n° 101 del MPP de Comercio Nacional, mediante la cual se declara como Norma Venezolana COVENIN la Norma 571:2022 determinación de peso específico en líquidos. G.O. n° 6.782 Extraordinario del 22-12-2023.

Resolución n° 102 del MPP de Comercio Nacional, mediante la cual se declara como Norma Venezolana COVENIN la Norma 1636:2022 determinación del punto de fusión. Método de tubo thiele. G.O. n° 6.782 Extraordinario del 22-12-2023.

Resolución n° 103 del MPP de Comercio Nacional, mediante la cual se declara como Norma Venezolana COVENIN la Norma 1884:2022 alimento para equinos. G.O. n° 6.782 Extraordinario del 22-12-2023.

Resolución n° 104 del MPP de Comercio Nacional, mediante la cual se declara como Norma Venezolana COVENIN la Norma 965:2022 plaguicidas químicos de uso agrícola. Definiciones. G.O. n° 6.782 Extraordinario del 22-12-2023.

Resolución n° 105 del MPP de Comercio Nacional, mediante la cual se declara como Norma Venezolana COVENIN la Norma 338:2022 concreto. Procedimiento para la elaboración y curado de cilindros de concreto. G.O. n° 6.782 Extraordinario del 22-12-2023.

Resolución n° 106 del MPP de Comercio Nacional, mediante la cual se declara como Norma Venezolana COVENIN la Norma 5021:2022 directrices para la producción de objetos de aprendizaje de acceso abierto. G.O. n° 6.782 Extraordinario del 22-12-2023.

Resolución n° 107 del MPP de Comercio Nacional, mediante la cual se declara como Norma Venezolana COVENIN la Norma 74:2022 pasta de tomate. G.O. n° 6.782 Extraordinario del 22-12-2023.

Resolución n° 108 del MPP de Comercio Nacional, mediante la cual se declara como Norma Venezolana COVENIN la Norma 5020:2022 diseño de entornos virtuales de enseñanza-aprendizaje. G.O. n° 6.782 Extraordinario del 22-12-2023.

Resolución n° 109 del MPP de Comercio Nacional, mediante la cual se declara como Norma Venezolana COVENIN la Norma 633:2022 concreto premezclado. Requisitos. G.O. n° 6.782 Extraordinario del 22-12-2023.

Resolución n° 110 del MPP de Comercio Nacional, mediante la cual se declara como Norma Venezolana COVENIN la Norma 1418:2022 alimentos para animales. Harina de carne y hueso. G.O. n° 6.782 Extraordinario del 22-12-2023.

Resolución n° 111 del MPP de Comercio Nacional, mediante la cual se declara como Norma Venezolana COVENIN la Norma 903:2022 leche cruda. Requisitos. G.O. n° 6.782 Extraordinario del 22-12-2023.

Resolución n° 112 del MPP de Comercio Nacional, mediante la cual se declara como Norma Venezolana COVENIN la Norma 1606:2022 alimentos para animales. Harina de hueso. G.O. n° 6.782 Extraordinario del 22-12-2023.

Resolución n° 113 del MPP de Comercio Nacional, mediante la cual se declara como Norma Venezolana COVENIN la Norma 1607:2022 alimentos para animales. Harina de carne. G.O. n° 6.782 Extraordinario del 22-12-2023.

Resolución n° 114 del MPP de Comercio Nacional, mediante la cual se declara como Norma Venezolana COVENIN la Norma 234:2022 azúcar refinado. G.O. n° 6.782 Extraordinario del 22-12-2023.

Resolución n° 115 del MPP de Comercio Nacional, mediante la cual se declara como Norma Venezolana COVENIN la Norma 245:2022 fertilizantes. Método gravimétrico de determinación de humedad en fertilizantes químicos. G.O. n° 6.782 Extraordinario del 22-12-2023.

Resolución n° 116 del MPP de Comercio Nacional, mediante la cual se declara como Norma Venezolana COVENIN la Norma 1087:2022 sardinas en conserva. G.O. n° 6.782 Extraordinario del 22-12-2023.

Resolución n° 117 del MPP de Comercio Nacional, mediante la cual se declara como Norma Venezolana COVENIN la Norma 5026:2022 cables de cobre o aluminio hasta 200 v, no propagadores del incendio, bajo contenido de halógenos, baja emisión de humos, baja toxicidad. G.O. n° 6.782 Extraordinario del 22-12-2023.

Resolución n° 118 del MPP de Comercio Nacional, mediante la cual se declara como Norma Venezolana COVENIN la Norma 3610:2022 salsa a base de tomate. G.O. n° 6.782 Extraordinario del 22-12-2023.

Resolución n° 119 del MPP de Comercio Nacional, mediante la cual se declara como Norma Venezolana COVENIN la Norma 5022:2022 salsa de tomate y productos similares. Determinación de consistencias. G.O. n° 6.782 Extraordinario del 22-12-2023.

Resolución n° 120 del MPP de Comercio Nacional, mediante la cual se declara como Norma Venezolana COVENIN la Norma 397:2022 alambres y cables aislados con termoplástico para 600 v. G.O. n° 6.782 Extraordinario del 22-12-2023.

Resolución n° 121 del MPP de Comercio Nacional, mediante la cual se declara como Norma Venezolana COVENIN la Norma 1350:2022 productos químicos industriales. Sulfato de aluminio. Requisitos. G.O. n° 6.782 Extraordinario del 22-12-2023.

Resolución n° 122 del MPP de Comercio Nacional, mediante la cual se declara como Norma Venezolana COVENIN la Norma 5027:2022 frutas. Definiciones generales. G.O. n° 6.782 Extraordinario del 22-12-2023.

Resolución n° 123 del MPP de Comercio Nacional, mediante la cual se declara como Norma Venezolana COVENIN la Norma 5025:2022 agencias de viajes y turismo. Reserva, venta y post venta. Requisitos. G.O. n° 6.782 Extraordinario del 22-12-2023.

Resolución n° 124 del MPP de Comercio Nacional, mediante la cual se declara como Norma Venezolana COVENIN la Norma 5024:2022 azúcar blanco. G.O. n° 6.782 Extraordinario del 22-12-2023.

Resolución n° 125 del MPP de Comercio Nacional, mediante la cual se declara como Norma Venezolana COVENIN la Norma 197-1:2022 seguridad de los juguetes. Parte 1: Propiedades mecánicas y físicas. G.O. n° 6.782 Extraordinario del 22-12-2023.

Resolución n° 126 del MPP de Comercio Nacional, mediante la cual se declara como Norma Venezolana COVENIN la Norma 2580:2022 redes de distribución de gas doméstico. Instalación de tuberías de polietileno de alta densidad. Requisitos. G.O. n° 6.782 Extraordinario del 22-12-2023.

Resolución n° 127 del MPP de Comercio Nacional, mediante la cual se declara como Norma Venezolana COVENIN la Norma 325:2023 aceites y grasas. Determinación de la acidez. G.O. n° 6.782 Extraordinario del 22-12-2023.

Resolución n° 128 del MPP de Comercio Nacional, mediante la cual se declara como Norma Venezolana COVENIN la Norma 3719:2023 tocineta ahumada. G.O. n° 6.782 Extraordinario del 22-12-2023.

Resolución n° 129 del MPP de Comercio Nacional, mediante la cual se declara como Norma Venezolana COVENIN la Norma 39:2023 calzado de seguridad, de protección y de trabajo. Requisitos. G.O. n° 6.782 Extraordinario del 22-12-2023.

Resolución n° 130 del MPP de Comercio Nacional, mediante la cual se declara como Norma Venezolana COVENIN la Norma 3179:2023 alimentos. Determinación de taninos condensados. G.O. n° 6.782 Extraordinario del 22-12-2023.

Resolución n° 131 del MPP de Comercio Nacional, mediante la cual se declara como Norma Venezolana COVENIN la Norma 3540:2022 reconstrucción de transformadores monofásicos de distribución tipo intemperie. G.O. n° 6.782 Extraordinario del 22-12-2023.

Resolución n° 132 del MPP de Comercio Nacional, mediante la cual se declara como Norma Venezolana COVENIN la Norma 5028:2022 conformación de repositorios digitales. G.O. n° 6.782 Extraordinario del 22-12-2023.

Resolución n° 133 del MPP de Comercio Nacional, mediante la cual se declara como Norma Venezolana COVENIN la Norma 508:2023 aceites y grasas. Determinación del índice de peróxido. G.O. n° 6.782 Extraordinario del 22-12-2023.

Resolución n° 134 del MPP de Comercio Nacional, mediante la cual se declara como Norma Venezolana COVENIN la Norma 810:2022 medios de escape en edificaciones. Características según el tipo de ocupación. G.O. n° 6.782 Extraordinario del 22-12-2023.

Resolución n° 135 del MPP de Comercio Nacional, mediante la cual se declara como Norma Venezolana COVENIN la Norma 5029:2022 brigada de emergencia. Requisitos. G.O. n° 6.782 Extraordinario del 22-12-2023.

Resolución n° 136 del MPP de Comercio Nacional, mediante la cual se declara como Norma Venezolana COVENIN la Norma 1764:2022 sistemas de prevención y protección contra incendios en edificaciones. Formulario básico para la inspección. G.O. n° 6.782 Extraordinario del 22-12-2023.

Resolución n° 137 del MPP de Comercio Nacional, mediante la cual se declara como Norma Venezolana COVENIN la Norma 1316:2023 determinación de la digestibilidad de las proteínas de origen animal. G.O. n° 6.782 Extraordinario del 22-12-2023.

Resolución n° 138 del MPP de Comercio Nacional, mediante la cual se declara como Norma Venezolana COVENIN la Norma 235:2023 azúcar crudo. G.O. n° 6.782 Extraordinario del 22-12-2023.

Resolución n° 12 del MPP de Comercio Nacional, mediante la cual se declara como Norma Venezolana COVENIN la Norma 2256:2023 protección radiológica. Términos y definiciones. G.O. n° 42.832 del 05-03-2024.

Resolución n° 13 del MPP de Comercio Nacional, mediante la cual se declara como Norma Venezolana COVENIN la Norma 2259:2023 radiaciones ionizantes. Limites anuales de dosis. Requisitos. G.O. n° 42.832 del 05-03-2024.

Resolución n° 14 del MPP de Comercio Nacional, mediante la cual se declara como Norma Venezolana COVENIN la Norma 1000:2023 sistemas de gestión de la calidad para emprendedores. Requisitos. G.O. n° 42.832 del 05-03-2024.

Resolución n° 15 del MPP de Comercio Nacional, mediante la cual se declara como Norma Venezolana COVENIN la Norma 5030:2023 trigo uso industrial. Requisitos. G.O. n° 42.832 del 05-03-2024.

Resolución n° 16 del MPP de Comercio Nacional, mediante la cual se declara como Norma Venezolana COVENIN la Norma 556:2023 alambres de aleación de aluminio 6201-t81 y 6201-t83 de sección circular para uso eléctrico. G.O. n° 42.832 del 05-03-2024.

Resolución n° 21 del MPP de Comercio Nacional, mediante la cual se declara como Norma Venezolana COVENIN la Norma 5031:2023 agencias de viajes y turismo. Organización de eventos y manejo de grupos. Requisitos. G.O. n° 42.832 del 05-03-2024.

Resolución n° 65 del MPP de Comercio Nacional, mediante la cual se declara como Norma Venezolana COVENIN la Norma 2402-1:2023 tipología de los vehículos de carga. Parte 1: términos y definiciones. G.O. n° 42.894 del 05-06-2024.

Resolución n° 66 del MPP de Comercio Nacional, mediante la cual se declara como Norma Venezolana COVENIN la Norma 3192:2023 azúcar no refinado. G.O. n° 42.894 del 05-06-2024.

Resolución n° 67 del MPP de Comercio Nacional, mediante la cual se declara como Norma Venezolana COVENIN la Norma 197-2:2024 seguridad de los juguetes. Parte 2: inflamabilidad. G.O. n° 42.894 del 05-06-2024.

Resolución n° 56 del MPP de Comercio Nacional, mediante la cual se declara como Norma Venezolana COVENIN la Norma 1522:2023 ácidos clorhídrico, nítrico, sulfúrico y óleum. Determinación de la concentración. G.O. n° 42.899 del 12-06-2024.

Resolución n° 57 del MPP de Comercio Nacional, mediante la cual se declara como Norma Venezolana COVENIN la Norma 3454:2023 cilindros para gases licuados del petróleo (GLP), revisión periódica y mantenimiento. G.O. n° 42.899 del 12-06-2024.

Resolución n° 58 del MPP de Comercio Nacional, mediante la cual se declara como Norma Venezolana COVENIN la Norma 1539:2023 especias, condimentos y afines. Requisitos. G.O. n° 42.899 del 12-06-2024.

Resolución n° 59 del MPP de Comercio Nacional, mediante la cual se declara como Norma Venezolana COVENIN la Norma 684:2023 pinturas. Determinación de la viscosidad mediante el viscosímetro de stormer. G.O. n° 42.899 del 12-06-2024.

Resolución n° 60 del MPP de Comercio Nacional, mediante la cual se declara como Norma Venezolana COVENIN la Norma 682:2023 pinturas. Determinación de la estabilidad del envase. G.O. n° 42.899 del 12-06-2024.

Resolución n° 61 del MPP de Comercio Nacional, mediante la cual se declara como Norma Venezolana COVENIN la Norma 681:2023 pinturas. Determinación del grado de sedimentación. G.O. n° 42.899 del 12-06-2024.

Resolución n° 62 del MPP de Comercio Nacional, mediante la cual se declara como Norma Venezolana COVENIN la Norma 680:2023 pinturas y productos afines. Determinación del contenido de material no volátil. G.O. n° 42.899 del 12-06-2024.

Resolución n° 63 del MPP de Comercio Nacional, mediante la cual se declara como Norma Venezolana COVENIN la Norma 676:2023 pinturas. Determinación de valor pH en sistemas acuosos con electrodos de vidrio. G.O. n° 42.899 del 12-06-2024.

Resolución n° 77 del MPP de Comercio Nacional, mediante la cual se declara como Norma Venezolana COVENIN la Norma 5033:2023 calibración de instrumentos medidores de presión. Requisitos. G.O. n° 42.910 del 28-06-2024.

Resolución n° 78 del MPP de Comercio Nacional, mediante la cual se declara como Norma Venezolana COVENIN la Norma 3792:2023 envases metálicos con recubrimiento. Determinación de formaldehído residual. G.O. n° 42.910 del 28-06-2024.

Resolución n° 80 del MPP de Comercio Nacional, mediante la cual se declara como Norma Venezolana COVENIN la Norma 5035:2024 alimentos para personas celíacas, sensibles al gluten no celíacas y alérgicas al trigo. G.O. n° 42.917 del 10-07-2024.

Resolución n° 81 del MPP de Comercio Nacional, mediante la cual se declara como Norma Venezolana COVENIN la Norma 1431:2024 agua potable envasada. Requisitos. G.O. n° 42.917 del 10-07-2024.

Resolución n° 82 del MPP de Comercio Nacional, mediante la cual se establece el reglamento técnico de amortiguadores para sistema de suspensión de vehículos automotores. G.O. n° 42.945 del 20-08-2024.

Resolución n° 88 del MPP de Comercio Nacional, mediante la cual se establece el reglamento técnico de amortiguadores para sistema de suspensión de vehículos automotores. G.O. n° 42.959 del 09-09-2024.

Resolución n° 91 del MPP de Comercio Nacional, que establece la Norma Venezolana COVENIN la Norma 2257-1:2024 instalaciones de radiaciones ionizantes. Parte 1: clasificación, delimitación y señalización de ambientes de trabajo. Requisitos. G.O. n° 43.029 del 16-12-2024.

Resolución n° 150 del MPP de Comercio Nacional, mediante la cual se establece el reglamento técnico de ruedas de aluminio para vehículos automotores. G.O. n° 43.029 del 16-12-2024.

Resolución n° 151 del MPP de Comercio Nacional, mediante la cual se establece el reglamento técnico de calzado de seguridad y protección. G.O. n° 43.029 del 16-12-2024.

Resolución n° 152 del MPP de Comercio Nacional, mediante la cual se establece el reglamento técnico de pinturas. G.O. n° 43.029 del 16-12-2024.

3. Industrias y comercio[161]

Resolución n° 7 del MPP para Industria y Comercio, mediante la cual se crea el Comisionado Ministerial para la Eficiencia y Eficacia de las Industrias Básicas. G.O. n° 40.831 del 19-01-2016.

Resolución n° 130 del MPP de Petróleo, mediante la cual se establece la metodología para la planificación, seguimiento y control de los costos de producción de las empresas que integran las cadenas productivas que se alimentan de corrientes de hidrocarburos no petroquímicos. G.O. n° 41.022 del 02-11-2016.

Resolución conjunta n° 179 y 16870 de los MPP para Relaciones Interiores, Justicia y Paz y para la Defensa, mediante la cual se dicta las normas generales y protocolos de actuación de los órganos competentes dentro del territorio de la República Bolivariana de Venezuela, para establecer las medidas de seguridad en la comercialización al detal, almacenamiento, transporte, uso de los artificios pirotécnicos y artefactos de elevación por combustibles sólidos. G.O. n° 41.043 del 01-12-2016.

Resolución conjunta n° 166 y 180 de los MPP para Industria y Comercio y para la Agricultura Productiva y Tierras, mediante la cual se establecen las clasificaciones y categorías de café para el productor primario y para el consumidor final. G.O. n° 41.060 del 26-12-2016.

Decreto n° 2.787, mediante el cual se crea el Plan de Reimpulso de la Industria Automotriz Venezuela en Movimiento que contempla los programas vehículo de uso particular, vehículo para el transporte de carga de mercancías y moto productiva a los fines de fortalecer la industria nacional del sector automotriz, específicamente a las ensambladoras de vehículos y motocicletas, con recursos propios de los concesionarios o de los particulares, fabricantes de autopartes y las empresas metalmecánicas conexas. G.O. n° 41.122 del 27-03-2017.

Resolución n° 518 del MPP de Economía y Finanzas, mediante la cual se define la metodología de medición del material mínimo originario, los cuales serán calculados por categoría. Así como, la definición de origen de las autopartes, su clasificación nacional y las características mínimas generales de los vehículos y motocicletas asignados al Plan

[161] Véase también: § Empresas del Estado; Impuestos; Normas COVENIN y reglamentos técnicos; Carteras de crédito; Alimentos, bebidas y otros productos.

de Reimpulso del Sector Automotriz Venezuela en Movimiento. G.O. n° 41.253 del 09-10-2017.

Resolución conjunta de los MPP para la Energía Eléctrica y del MPP de Economía y Finanzas, mediante la cual se establece la prohibición de producción, distribución y comercialización, así como implementar la regulación de importación, de lámparas incandescentes de tipo convencional en todo el territorio de la República Bolivariana de Venezuela. G.O. n° 41.314 del 05-01-2018.

Resolución conjunta n° 13 y 12 de los MPP de Economía y Finanzas y la Jefatura del Comando para el Abastecimiento Soberano, mediante la cual se otorga una prórroga por el lapso de un año, para aquellos Registros de Control de Productos Preenvasado (CPE) Vencidos. G.O. n° 41.329 del 26-01-2018.

Resolución conjunta n° 14 y 13 de los MPP de Economía y Finanzas y la Jefatura del Comando para el Abastecimiento Soberano, mediante la cual se otorga una prórroga para el agotamiento de empaques y etiquetas de productos que sugieran variedades, mientras regularizan su situación ante el SENCAMER. G.O. n° 41.329 del 26-01-2018.

Resolución n° 17 del MPP de Industrias y Producción Nacional, mediante la cual se aprueba la inclusión de las Sustancias Químicas 4-Anilino-N-Fenetilpiperidina (ANPP) y N-Fenetil-4-Piperidona (NPP), sus isómeros ópticos, así como las sales de las sustancias mencionadas, siempre que la existencia de dichas sales sea posible, dentro de las sustancias químicas sujetas a control por parte del Estado venezolano. G.O. n° 41.687 del 05-08-2019.

Resolución n° 6 de la Vicepresidencia de la República, mediante la cual se establecen las normas de gobierno del Centro Internacional de Inversión Productiva. G.O. n° 42.008 del 16-11-2020.

Resolución n° 191 del MPP para el Ecosocialismo, mediante la cual se dictan las normas sobre la responsabilidad extendida del productor de envases, empaques y envoltorios de papel, cartón, plástico y vidrio de un solo uso y neumáticos. G.O. n° 42.011 del 19-11-2020.

Ley para el Fomento y Desarrollo de Nuevos Emprendimientos. G.O. n° 6.656 Extraordinario del 15-10-2021.

Resolución conjunta n° 34 y 14 de los MPP para el Transporte y para la Economía, Finanzas y Comercio Exterior, mediante la cual se dispensa hasta el 31-12-2022 la consulta técnica a la cual hacen referencia los artículos 21 y 22, para la introducción de un nuevo modelo de un tipo de vehículo preexistente, establecido en la Resolución conjunta n° 103 y 15, dictada por los MPP de Transporte y del Poder Popular de Economía y Finanzas. G.O. n° 42.437 del 10-08-2022.

Resolución n° 1 de la Vicepresidencia de la República, mediante la cual se crea la Oficina con Funciones Especiales para la atención de los usuarios y las usuarias que se encuentren involucrados en los procesos desarrollados por el Centro Internacional de Inversión Productiva, a fin de agilizar la realización de trámites requeridos, la cual tendrá competencia a nivel nacional con sede en la ciudad de Caracas del Distrito Capital. G.O. n° 42.548 del 13-01-2023.

Ley para la Protección y Promoción de la Producción del Agave Cocui, del Cocuy y sus Derivados Artesanales. G.O. n° 6.742 Extraordinario del 03-04-2023.

Resolución conjunta de la Vicepresidencia Sectorial de Obras Públicas y Servicios, MPP para el Petróleo, para el Transporte, para Obras Públicas y Desarrollo Minero Ecológico, mediante la cual se regula el costo e índice de baremo de acuerdo al tipo de maquinaria pesada y asfalto en función al requerimiento técnico y operativo, así como todas las acciones necesarias para restablecer de manera rápida, efectiva y eficaz las situaciones sobrevenidas, emergencia o de atención preventiva, las cuales serán implementadas por todas las personas naturales y jurídicas, de derecho público y privado, en todo el territorio nacional. G.O. n° 42.808 del 29-01-2024.

Ley de Reforma de la Ley para el Fomento y Desarrollo de Nuevos Emprendimientos. G.O. n° 6.842 Extraordinario del 16-09-2024.

4. Importaciones y exportaciones[162]

Decreto n° 1.590, mediante el cual se implementa el mecanismo que tiene por objeto la agilización de los trámites administrativos y procedimientos operativos requeridos en el ordenamiento jurídico vigente para efectuar las importaciones de los productos terminados, insumos y materia prima indicados en este Decreto, requeridos para asegurar el abastecimiento nacional y el suministro oportuno de bienes esenciales, para la vida, la salud y la alimentación digna de las venezolanas y los venezolanos. G.O. n° 6.169 Extraordinario del 27-01-2015.

Decreto n° 2.292, mediante el cual se dicta el instructivo sobre simplificación de los trámites, y procesos vinculados con la exportación de mercancías no tradicionales. G.O. n° 6.222 Extraordinario del 01-04-2016.

Resolución n° 1 del Ministerio de Estado para el Comercio Exterior e Inversión Internacional, mediante la cual se establece que los certificados, permisos y licencias exigidos por entes u órganos de la Administración Pública en los procesos de exportación de mercancías no tradicionales, que se expidan de conformidad con el Decreto n° 2.292, donde se dicta el instructivo sobre simplificación de los trámites y

[162] Véase también: § Comisiones presidenciales; Administración tributaria; Impuestos.

procesos vinculados con la exportación de mercancías no tradicionales, o cualquier otro no regulado en el referido Decreto, pero vinculado con procesos de exportación, deberán ser exigidos por el SENIAT, a los fines de la extracción de las mercancías del país, sólo cuando ello constituya un requisito contemplado en el Anexo II del Arancel de Aduanas dictado por medio de la Resolución que en ella se indica. G.O. n° 40.911 del 25-05-2016.

Providencia conjunta n° 14 del MPP para la Banca y Finanzas, CENCOEX y BCV, mediante la cual se dictan las normas para facilitar, agilizar y generar un mejor desempeño a las operaciones de exportación. G.O. n° 40.956 del 01-08-2016.

Decreto n° 2.877, mediante el cual se modifica la organización, estructura, funcionamiento y competencias del Centro Nacional de Comercio Exterior. G.O. n° 6.300 Extraordinario del 19-05-2017.

Resolución n° 83 del MPP para la Agricultura Productiva y Tierras, mediante la cual se suspende la importación de animales, productos y subproductos procedentes de la República de Colombia, susceptibles de transmitir o vehiculizar el virus de la fiebre aftosa. G.O. n° 41.512 del 29-10-2018.

Decreto n° 4.525, mediante el cual se dicta la optimización y dinamización de los procesos de exportación. G.O. n° 42.145 del 09-06-2021.

Resolución n° 12 del MPP de Economía, Finanzas y Comercio, Exterior, mediante la cual se dispone adoptar el funcionamiento de la Ventanilla Única de Comercio Exterior (VUCE), como sistema integrado de facilitación del comercio exterior del país, que permitirá agilizar, centralizar y simplificar los trámites vinculados a los procesos relacionados con esta materia, la cual contará con la participación concurrente y coordinada de los órganos y entes de la Administración Pública vinculados a esta actividad. G.O. n° 42.147 del 11-06-2021.

Ley de Fomento de las Exportaciones No Petroleras. G.O. n° 6.824 Extraordinario del 18-07-2024.

Resolución conjunta n° 5 y 34 de los MPP de Economía, Finanzas y Comercio Exterior y para el Transporte, mediante la cual se establece la regulación del servicio exporta fácil postal. G.O. n° 42.942 del 15-08-2024.

Decreto n° 5.008, mediante el cual se constituye el Estado Mayor de las Exportaciones No Petroleras, el cual dependerá del Presidente de la República y coadyuvará en la toma de decisiones estratégicas en materia de exportaciones no petroleras. G.O. n° 6.843 Extraordinario del 19-09-2024.

5. Marcaje y control de precios

Resolución n° 3 del MPP del Despacho de la Presidencia y Seguimiento de la Gestión de Gobierno y Tercera Vicepresidencia Sectorial del Consejo de Ministros para la Seguridad y Soberanía Alimentaria, mediante la cual se fija en todo el territorio nacional el precio único de venta al público del rubro harina de maíz precocida, de maíz blanco y maíz amarillo, por un monto de Bs.19. G.O. n° 6.170 Extraordinario del 04-02-2015.

Providencia n° SNAT/2015/17 del SENIAT, mediante la cual se establece las formalidades para el marcaje del precio de venta al público en las etiquetas o impresiones de los envases. G.O. n° 40.656 del 08-05-2015.

Providencia n° SNAT/2015/57 del SENIAT, mediante la cual se prorroga, hasta el 06-01-2016, las formalidades para el marcaje del precio de venta al público en las etiquetas o impresiones de los envases. G.O. n° 40.746 del 15-09-2015.

Providencia de la SUNDDE, mediante la cual se regulan las modalidades para la determinación, fijación y marcaje de precios en todo el territorio nacional. G.O. n° 40.774 del 26-10-2015, reimpresión en G.O. n° 40.775 del 27-10-2015.

Decreto con Rango, Valor y Fuerza de Ley Orgánica de Precios Justos G.O. n° 6.202 Extraordinario del 08-11-2015, reimpresión en G.O. n° 40.787 del 12-11-2015.

Providencia n° SNAT 2016/1 del SENIAT, mediante la cual se prorroga, a partir del 07-01-2016 hasta el 07-04-2016, el plazo establecido en el artículo 10 de la Providencia n° SNAT/2015/17, donde se establecen las formalidades para el marcaje del Precio de venta al público en las etiquetas o impresiones de los envases. G.O. n° 40.834 del 22-01-2016.

Providencia n° SNAT/2016/6 del SENIAT, mediante la cual se prorroga, a partir del 07-01-2016 hasta el 07-04-2016, la entrada en vigencia de la Providencia n° SNAT/2015/56, donde se prorroga el plazo establecido para el marcaje de precios de venta al público en las etiquetas e impresiones de los envases de bebidas alcohólicas desde el 06-08-2015 hasta 06-01-2016. G.O. n° 40.835 del 25-01-2016, reimpresión en G.O. n° 40.846 del 11-02-2016.

Resolución de la Vicepresidencia Sectorial de Economía n° VSE-001-2018, mediante la cual se establece como precios al consumidor para los productos que en ella se indican, los cuales serán observados por todas las personas naturales y jurídicas, de derecho público y privado, en el territorio nacional. G.O. n° 6.397 Extraordinario del 21-08-2018.

Resolución de la Vicepresidencia Sectorial de Economía n° VSE-002-2018, mediante la cual se autoriza el acuerdo alcanzado para la fijación de los precios al consumidor para los productos y las presentaciones que en ella se indican, los cuales serán de obligatorio cumplimiento por las personas naturales y jurídicas, de derecho público y privado. G.O. n° 6.401 Extraordinario del 30-08-2018.

Resolución de la Vicepresidencia Sectorial de Economía n° VSE-003-2018, mediante la cual se reforma el artículo 1 de la Resolución VSE-001-2018. G.O. n° 6.401 Extraordinario del 30-08-2018.

Resolución de la Vicepresidencia Sectorial de Economía n° VSE-004-2018, mediante la cual se establecen como precios máximos al consumidor para los medicamentos en sus formas farmacéuticas que en ella se indican. G.O. n° 41.501 del 11-10-2018.

Resolución n° 27 de la Vicepresidencia de la República, mediante la cual se establece el mecanismo para determinar los precios aplicables al servicio prestado por las instituciones educativas privadas en todo el territorio nacional. G.O. n° 41.502 del 15-10-2018, reimpresión en G.O. n° 41.503 del 16-10-2018.

Resolución de la Vicepresidencia Sectorial de Economía n° VSE-011-2018, mediante la cual se autoriza el acuerdo alcanzado para la fijación de los precios al consumidor para los productos de la cesta básica, que se indican a continuación, los cuales serán observados por todas las personas naturales y jurídicas, de derecho público y privado. G.O. n° 41.536 del 30-11-2018.

Resolución de la Vicepresidencia Sectorial de Economía n° VSE-012-2018, mediante la cual se autoriza el acuerdo alcanzado para la fijación de los precios al consumidor para los productos de higiene y aseo personal, que se indican a continuación, los cuales serán de obligatorio cumplimiento por las personas naturales y jurídicas, de derecho público y privado. G.O. n° 41.536 del 30-11-2018.

Resolución n° 8 del MPP de Comercio Nacional, mediante la cual se exonera el cobro de cualquier comisión o recargo acordado mediante contratos privados, que pueda generar la venta de los textiles y calzados producto de las alianzas comerciales, celebradas en el marco de la Feria Navideña Juntos por Venezuela 2018. G.O. n° 41.544 del 12-12-2018.

x. Instituciones financieras, aseguradoras y bursátiles

1. Banca y casas de cambio[163]

A. Normativa y contabilidad

Resolución nº 54.15 de la SUDEBAN, mediante la cual se modifica el manual de contabilidad para bancos, otras instituciones financieras y entidades de ahorro y préstamo, emitido por este órgano regulador. G.O. nº 40.773 del 23-10-2015.

Resolución nº 109.15 de la SUDEBAN, mediante la cual se dictan las normas relativas a las características y clasificación de riesgo del sistema microfinanciero y de las pequeñas y medianas empresas. G.O. nº 40.780 del 03-11-2015.

Resolución nº 63.15 de la SUDEBAN, mediante la cual se dictan las normas relativas a la protección de los usuarios y usuarias de los servicios financieros. G.O. nº 40.809 del 14-12-2015.

Decreto con Rango, Valor y Fuerza de Ley Orgánica de Reforma de la Ley del BCV. G.O. nº 6.211 Extraordinario del 30-12-2015.

Resolución nº 16-03-01 del BCV, mediante la cual se establece la valoración de los estados financieros y el registro contable de los activos y pasivos denominados en moneda extranjera. G.O. nº 40.879 del 05-04-2016.

Resolución nº 74.16 de la SUDEBAN, mediante la cual se dictan las normas relativas a la aplicación y registro de los beneficios netos originados por el efecto de la actualización al tipo de cambio oficial de conformidad con la Resolución nº 16-03-01 del BCV. G.O. nº 40.918 del 03-06-2016.

Resolución nº 88.16 de SUDEBAN, mediante la cual se dicta las instrucciones relativas al pago de la cuota de contribución que deben efectuar las instituciones sometidas a la supervisión y control de este organismo. G.O. nº 40.933 del 28-06-2016.

Resolución nº 39.16 de SUDEBAN, mediante la cual se modifica el manual de contabilidad para bancos, otras instituciones financieras y entidades de ahorro y préstamo. G.O. nº 40.949 del 21-07-2016.

Resolución nº 135.16 de SUDEBAN, mediante la cual se dictan las normas que regulan los acuerdos operativos entre las instituciones bancarias y los prestadores de servicios turísticos de alojamiento, para realizar operaciones de adquisición de divisas en efectivo. G.O. nº 40.973 del 24-08-2016.

---

[163] Véase también: § Superintendencias; Administración tributaria; Impuestos; Terrorismo y legitimación de capitales; Régimen cambiario.

Resolución n° 115.16 de SUDEBAN, mediante la cual se modifica el nombre del manual de contabilidad para bancos, otras instituciones financieras y entidades de ahorro y préstamo, así como se incorporan las cuentas y subcuentas relativas al registro de las ganancias o pérdidas que obtengan las instituciones bancarias en los mercados alternativos de divisas con tipo de cambio complementario flotante de mercado. G.O. n° 40.983 del 07-09-2016.

Resolución n° 116.16 de SUDEBAN, mediante la cual se dictan las normas relativas a la aplicación de los beneficios netos originados por las operaciones cambiarias que realizan las instituciones bancarias en los mercados alternativos con tipo de cambio complementario flotante de mercado. G.O. n° 40.983 del 07-09-2016.

Resolución n° 25.17 de la SUDEBAN, mediante la cual se dictan las normas relativas a la aplicación de la revaluación de activos en las instituciones bancarias. G.O. n° 41.123 del 28-03-2017.

Resolución n° 17-09-01 del BCV, mediante la cual se reforma el reglamento del Sistema de Cámara de Compensación Electrónica. G.O. n° 41.244 del 26-09-2017.

Resolución n° 101.17 de la SUDEBAN, mediante la cual se dictan las normas relativas a la aplicación de la segunda fase de revaluación de activos en las instituciones bancarias. G.O. n° 41.261 del 20-10-2017.

Resolución conjunta n° 120 y 64 de los MPP para Relaciones Interiores, Justicia y Paz y de Economía y Finanzas, mediante la cual se dictan las normas relativas a la supervisión de las personas jurídicas que prestan servicios de traslado y custodia de valores a las instituciones del sector bancario. G.O. n° 41.266 del 27-10-2017.

Resolución n° 2 del MPP de Economía y Finanzas, mediante la cual se fija la tasa en 2 %, del monto de la emisión por cada inscripción de acciones, obligaciones o papeles comerciales o cualquier otro valor objeto de oferta pública, para el ejercicio económico financiero correspondiente al año 2018. G.O. n° 41.324 del 19-01-2018.

Resolución n° 18-12-01 del BCV, mediante la cual se dictan las normas generales sobre los sistemas de pago y proveedores no bancarios de servicios de pago que operan en el país. G.O. n° 41.547 del 17-12-2018.

Aviso Oficial del BCV, mediante el cual se informa al público en general los sistemas de pago que operan en el territorio de la República Bolivariana de Venezuela y sus respectivos administradores, que han sido reconocidos, calificados según su impacto y autorizados por ese instituto. G.O. n° 41.547 del 17-12-2018.

Resolución n° 49.20 de la SUDEBAN, mediante la cual se dicta las normas que regulan el servicio de puntos de venta y la contratación con proveedores que efectúen su comercialización. G.O. n° 42.066 del 10-02-2021.

Resolución n° 1.21 de la SUDEBAN, mediante la cual se dictan las normas que regulan los servicios de tecnología financiera del sector bancario (Fintech). G.O. n° 42.151 del 17-06-2021, reimpresión en G.O. n° 42.161 del 06-07-2021 y n° 42.134 del 25-05-2021.

Resolución n° 21-06-01 del BCV, mediante la cual se dicta las normas que regirán la liquidación de las transferencias de fondos interbancarios en el sistema de liquidación bruta en tiempo real del BCV. G.O. n° 6.635 Extraordinario del 22-07-2021.

Resolución n° 14-22 SUDEBAN, mediante la cual se dictan las normas relativas al capital social mínimo para la constitución y funcionamiento de las instituciones bancarias. G.O. n° 42.412 del 06-07-2022. G.O. n° 42.499 del 07-11-2022.

Resolución n° 29.23 de la SUDEBAN, mediante la cual se dictan las normas relativas al capital social mínimo para la constitución, funcionamiento y operación de las instituciones bancarias y casas de cambio. G.O. n° 42.664 del 04-07-2023.

B. Encaje legal

Resolución n° 15-07-01 del BCV, mediante la cual se establece el cálculo de la posición de encaje que deberán mantener depositado en el BCV las instituciones bancarias que hayan adquirido Certificados de Participación Desmaterializados Simón Bolívar 2015, emitidas por el Fondo Simón Bolívar para la Reconstrucción, S.A., durante el año 2015, en el marco del programa social Gran Misión Vivienda Venezuela. G.O. n° 40.698 del 08-07-2015.

Resolución n° 16-08-01 del BCV, mediante la cual se establece el cálculo de la posición de encaje que deberán mantener depositado en el BCV las instituciones bancarias que hayan adquirido Certificados de Participación Desmaterializados Simón Bolívar 2016 emitidos por el Fondo Simón Bolívar para la Reconstrucción, S.A., durante el año 2016 en el marco del programa social Gran Misión Vivienda Venezuela, se hará conforme a lo previsto en el artículo 2 de la Resolución n° 14-03-02 dictada por este instituto el 13-03-2014, sin perjuicio de lo dispuesto en las Resoluciones n° 15-07-01 y 11-06-01. G.O. n° 40.967 del 16-07-2016.

Resolución n° 16-09-01 del BCV, mediante el cual se establece el cálculo de la posición de encaje que deberán mantener depositados en el BCV las instituciones bancarias que hayan adquirido Certificados de Participación BANDES Agrícola 2017, emitidos por el Banco de Desarrollo Económico y Social de Venezuela durante el año 2016, para el otorgamiento de créditos al sector agrícola nacional, conforme a lo que en ella se especifica. G.O. n° 41.001 del 03-10-2016.

Resolución n° 17-06-01 del BCV, mediante la cual se deroga, a partir del 22-06-2017 la Resolución n° 11-06-01 del 30-06-2011, sobre los encajes de la Misión Vivienda. G.O. n° 41.173 del 15-06-2017.

Resolución n° 17-09-02 del BCV, mediante la cual se establece el cálculo de la posición de encaje que deberán mantener depositados en el BCV las instituciones bancarias que hayan adquirido Certificados de Participación BANDES Agrícola 2018, emitidos por el Banco de Desarrollo Económico y Social de Venezuela durante el año 2017 para el otorgamiento de créditos al sector agrícola nacional, se hará conforme a lo previsto en el artículo 2° de la Resolución n° 14-03-02 dictada por este instituto el 13-03-2014, sin perjuicio de lo dispuesto en las Resoluciones que en ella se indican. G.O. n° 41.244 del 26-09-2017.

Resolución n° 18-08-01 del BCV, mediante la cual se establece que los bancos universales y microfinancieros regidos por el Decreto con Rango, Valor y Fuerza de Ley de Instituciones del Sector Bancario, así como los bancos comerciales en proceso de transformación de acuerdo con lo previsto en las Disposiciones Transitorias de dicho Decreto-Ley, deberán mantener un encaje especial, adicional al encaje ordinario que deben constituir de conformidad con lo dispuesto en la Resolución del BCV n° 14-03-02 del 13-03-2014, igual al 100 % sobre el incremento de las reservas bancarias excedentes al cierre del 31-08-2018. G.O. n° 41.472 del 31-08-2018.

Resolución n° 18-10-01 del BCV, mediante la cual se dictan las normas que regirán la constitución del encaje. G.O. n° 41.500 del 10-10-2018.

Resolución n° 18-11-02 del BCV, mediante la cual se dictan las normas que regirán la constitución del encaje. G.O. n° 41.536 del 30-11-2018.

Resolución n° 18-11-03 del BCV, mediante la cual se establece mantener un encaje especial adicional al encaje ordinario. G.O. n° 41.536 del 30-11-2018.

Resolución n° 19-01-01 del BCV, mediante la cual se dictan las normas que regirán la constitución del encaje. G.O. n° 41.560 del 09-01-2019.

Resolución n° 19-01-02 del BCV, mediante la cual los bancos universales y microfinancieros regidos por el Decreto con Rango, Valor y Fuerza de Ley de Instituciones del Sector Bancario y por leyes especiales, así como los bancos comerciales que se encuentren en proceso de transformación ante la SUDEBAN, de conformidad con la normativa aplicable, deberán mantener un encaje especial, adicional al encaje ordinario que deben constituir de conformidad con lo dispuesto en la Resolución del Directorio del BCV n° 19-01-01. G.O. n° 41.560 del 09-01-2019.

Resolución n° 19-01-05 del BCV, mediante la cual se dictan las normas que regirán la constitución del encaje. G.O. n° 41.573 del 28-01-2019.

Resolución n° 19-04-02 del BCV, mediante la cual se dictan las normas que regirán la constitución del encaje. G.O. n° 41.620 del 25-04-2019.

Resolución n° 19-09-02 del BCV, mediante la cual se dictan las normas que regirán la constitución del encaje. G.O. n° 41.742 de 21-10-2019.

Resolución n° 20-03-01 del BCV, mediante la cual se dictan las normas que regirán la constitución del encaje. G.O. n° 41.850 del 30-03-2020.

Resolución n° 21-01-01del BCV, mediante la cual se dictan las normas que regirán la constitución del encaje. G.O. n° 42.050 del 19-01-2021.

Resolución n° 21-12-01 del BCV, mediante la cual se dictan las normas que regirán la constitución del encaje. G.O. n° 42.284 del 27-12-2021.

Resolución n° 22-01-01 del BCV, mediante la cual se dictan las normas que regirán la constitución del encaje. G.O. n° 42.312 del 04-02-2022.

C. Comisiones y tarifas

Aviso Oficial del BCV, mediante el cual se informa que las instituciones bancarias podrán cobrar hasta los límites máximos de comisiones, tarifas o recargos por las operaciones y actividades que en él se indican. G.O. n° 40.935 del 30-06-2016.

Aviso Oficial del BCV, mediante el cual se establecen los límites máximos que por concepto de comisiones, tarifas o recargos las instituciones bancarias podrán cobrar por las operaciones y actividades que en él se especifican. G.O. n° 40.979 del 01-09-2016.

Aviso Oficial del BCV, mediante el cual se informa que a partir del 01-12-2016, las instituciones bancarias podrán cobrar hasta los límites máximos de comisiones, tarifas o recargos por las operaciones y actividades que en él se mencionan. G.O. n° 41.042 del 30-11-2016.

Resolución n° 17-05-02 del BCV, mediante la cual se establece que los bancos universales, así como los bancos comerciales en proceso de transformación ante la Superintendencia de las Instituciones del Sector Bancario de conformidad con la normativa aplicable, no podrán cobrar por las operaciones crediticias que destinen al sector manufacturero con ocasión de dicha actividad, una tasa de interés anual superior al 18 %. G.O. n° 41.158 del 25-05-2017.

Aviso Oficial del BCV, mediante el cual se informa al público en general el límite máximo de la tarifa que las instituciones bancarias podrán cobrar con ocasión del reembolso que hayan pactado con los negocios afiliados sobre los costos generados por la infraestructura tecnológica e insumos necesarios para la prestación del servicio de adquirencia de las operaciones de pago recibidas a través de puntos de venta. G.O. n° 41.218 del 21-08-2017.

Aviso Oficial del BCV, mediante el cual se informa al público en general los límites máximos de las tarifas que las instituciones bancarias podrán cobrar con ocasión al servicio de Pago Móvil Interbancario que en él se mencionan. G.O. n° 41.247 del 29-09-2017.

Aviso Oficial del BCV, mediante el cual se informa a las instituciones bancarias los límites máximos de comisiones, tarifas o recargos que podrán cobrar por las operaciones y actividades que en él se mencionan. G.O. n° 41.392 del 08-05-2018.

Aviso Oficial del BCV, mediante el cual se informa a las instituciones bancarias, a las casas de cambio y a los proveedores no bancarios de terminales de puntos de venta, los límites máximos de las comisiones, tarifas y/o recargos que podrán cobrar por las operaciones y/o actividades que en él se mencionan. G.O. n° 41.521 del 09-11-2018.

Aviso Oficial del BCV, según el cual las instituciones bancarias sólo podrán cobrar a sus clientes o al público en general comisiones, tarifas y/o recargos por los conceptos que hayan sido establecidos por el BCV mediante Resoluciones y Avisos Oficiales dictados en la materia. G.O. n° 41.521 del 09-11-2018.

Aviso Oficial del BCV, mediante el cual se informa a las instituciones bancarias, a las casas de cambio y a los proveedores no bancarios de terminales de puntos de venta, los límites máximos de las comisiones, tarifas y/o recargos que podrán cobrar por las operaciones y actividades que en él se mencionan. G.O. n° 41.573 del 28-01-2019.

Resolución n° 19-01-06 del BCV, mediante la cual las instituciones bancarias regidas por el Decreto con Rango, Valor y Fuerza de Ley de Instituciones del Sector Bancario y demás leyes especiales, no podrán cobrar por sus operaciones activas, excluidas aquellas relacionadas con tarjetas de crédito, una tasa de interés anual o de descuento superior a la tasa fijada periódicamente por el Directorio del BCV para las operaciones de descuento, redescuento, reporto y anticipo del Instituto de conformidad con lo previsto en la Resolución del BCV n° 9-06-01 del 04-06-2009, reducida en 5 %, excepción hecha de los regímenes especiales. G.O. n° 41.575 del 30-01-2019.

Aviso Oficial del BCV, mediante el cual se informa a las instituciones bancarias, a las casas de cambio y a los proveedores no bancarios de terminales de puntos de venta, los límites máximos de las comisiones, tarifas y/o recargos que podrán cobrar por las operaciones y/o actividades que en él se mencionan. G.O. n° 41.598 del 14-03-2019.

Aviso Oficial del BCV, mediante el cual se informa al público en general el límite máximo de la comisión flat que las instituciones bancarias podrán cobrar, con ocasión a los créditos que se otorguen en el marco de lo dispuesto en la Resolución n° 19-09-01, será de hasta el 0,50 % del monto del crédito. G.O. n° 41.742 de 21-10-2019.

Aviso Oficial del BCV, mediante el cual se informa a las instituciones bancarias, a las casas de cambio y a los proveedores no bancarios de terminales de puntos de venta, los límites máximos de las comisiones, tarifas y/o recargos que podrán cobrar por las operaciones y/o actividades que en él se mencionan. G.O. n° 41.785 del 19-12-2019.

Aviso Oficial del BCV, mediante el cual se informa al público en general que el emisor y/o el banco adquirente podrán cobrar al negocio afiliado con ocasión de la prestación del servicio de autorización y/o procesamiento de pagos realizados con tarjetas de crédito, débito, prepagadas y demás tarjetas de financiamiento o pago electrónico, a través de los terminales de punto de venta, una tasa de descuento o comisión del comercio, hasta los límites máximos que en él se mencionan. G.O. n° 41.824 del 18-02-2020.

Aviso Oficial del BCV, mediante el cual se informa a público en general el límite máximo de la comisión flat que las instituciones bancadas podrán cobrar, con ocasión a los créditos que se otorguen en el marco de lo dispuesto en la Resolución n° 20-02-01, será de hasta el 0,50 % del monto del crédito. G.O. n° 41.834 del 06-03-2020.

Aviso Oficial del BCV, mediante el cual se informa a las instituciones bancarias, a las casas de cambio y a los proveedores no bancarios de terminales de puntos de venta, los límites máximos de las comisiones, tarifas y/o recargos que podrán cobrar por las operaciones y actividades que en él se mencionan. G.O. n° 41.934 del 03-08-2020.

Aviso Oficial del BCV, mediante el cual se informa al público en general los límites máximos de las tarifas que las instituciones bancarias podrán cobrar a sus clientes, con ocasión de la prestación del servicio de Pago Móvil de Comercio a Persona (C2P) que en él se especifican. G.O. n° 42.052 del 21-01-2021.

Aviso Oficial del BCV, mediante el cual se informa al público en general que a partir del segundo día hábil siguiente a la publicación del presente Aviso Oficial en la G.O., el límite máximo de la comisión flat que las instituciones bancarias podrán cobrar con ocasión a los créditos que se otorguen en el marco de lo dispuesto en la Resolución n° 21-01-02, será de hasta el 0,50 % del monto del crédito. G.O. n° 42.058 del 29-01-2021.

Aviso Oficial del BCV, mediante el cual se informa al público en general los límites máximos de las tarifas que las instituciones bancarias podrán cobrar a sus clientes a partir del quinto día hábil siguiente a la publicación del presente Aviso Oficial en la G.O., con ocasión de la prestación de los servicios de crédito inmediato y débito inmediato, prestados por el Sistema de Cámara de Compensación Electrónica que administra el BCV, que en él se indican. G.O. n° 6.635 Extraordinario del 22-07-2021.

Aviso Oficial del BCV, mediante el cual se informa a las instituciones bancarias, a las casas de cambio y a los proveedores no bancarios de terminales de puntos de venta, los límites máximos de las comisiones, tarifas y/o recargos que podrán cobrar por las operaciones y actividades, que en él se mencionan. G.O. n° 6.635 Extraordinario del 22-07-2021.

Aviso Oficial del BCV, mediante el cual se informa a las instituciones bancarias, a las casas de cambio y a los proveedores no bancarios de terminales de puntos de venta, los límites máximos de las comisiones, tarifas y/o recargos que podrán cobrar por las operaciones y actividades que en él se mencionan. G.O. n° 42.197 del 24-08-2021.

Aviso Oficial del BCV, mediante el cual se informa a las instituciones bancarias, a las casas de cambio y a los proveedores no bancarios de terminales de puntos de ventas, los límites máximos de las comisiones, tarifas y/o recargos que podrán cobrar por las operaciones y actividades que en ella se especifican. G.O. n° 42.367 del 02-05-2022.

Aviso Oficial del BCV, mediante el cual se informa a las instituciones bancarias, a las casas de cambio y a los proveedores no bancarios de terminales de puntos de venta, los límites máximos de las comisiones, tarifas y/o recargos que podrán cobrar por las operaciones y actividades que en él se especifican. G.O. n° 42.499 del 07-11-2022.

D. Carteras de crédito[164]

Resolución conjunta n° 51 y 6 de los MPP para Ecosocialismo, Hábitat y Vivienda y para Economía, Finanzas y Banca Pública, mediante la cual se establece en un 20 % el porcentaje mínimo de la cartera de crédito bruta anual, que con carácter obligatorio deben colocar con recursos propios las instituciones del sector bancario, obligadas a conceder créditos hipotecarios destinados a la construcción, adquisición y autoconstrucción, mejoras y ampliación de vivienda principal. G.O. n° 40.600 del 11-02-2015.

Resolución n° 11 del MPP para el Turismo, mediante la cual se establece que los bancos universales destinarán para el año 2015, el 4,25 % sobre el promedio de los cierres de la cartera de crédito bruta al 31-12-2013 y al 31-12-2014, para el financiamiento de las operaciones y proyectos de carácter turísticos. G.O. n° 40.627 del 24-03-2015, reimpresión en G.O. n° 40.631 del 30-03-2015.

Resolución conjunta de los MPP de Economía y Finanzas y para la Agricultura y Tierras, mediante la cual se establece las bases, condiciones, términos y porcentaje mínimo obligatorio de la cartera de créditos que cada una de las entidades de la banca universal, y las que se encuentren en proceso de transformación, tanto pública como

164 Véase también: § Vivienda y hábitat.

privada, deberá destinar al sector agrario durante el ejercicio fiscal 2015. G.O. n° 40.636 del 09-04-2015.

Resolución conjunta n° 40 y 3 de los MPP de Economía y Finanzas y para Hábitat y Vivienda, mediante la cual se corrige por error material la Resolución conjunta n° 51 y 6, donde se establece en 20 % el porcentaje mínimo de la cartera de crédito bruta anual. G.O. n° 40.683 del 16-06-2015.

Resolución conjunta n° 20 y 84 del MPP para Industria y Comercio y de Economía y Finanzas, mediante la cual se fija el porcentaje de cumplimiento de la cartera de crédito dirigida al sector manufacturero, por parte de la banca universal, tanto pública como privada, para el ejercicio fiscal 2015. G.O. n° 40.816 del 23-12-2015.

Decreto n° 2.264, mediante el cual se establece que la cartera de crédito bruta anual, que con carácter obligatorio deben colocar con recursos propios las instituciones del sector bancario, se destinará un 20 % a la concesión de nuevos créditos hipotecarios para la construcción, adquisición y autoconstrucción, mejoras y ampliación de vivienda principal. G.O. n° 40.865 del 09-03-2016.

Resolución n° 15 del MPP para el Turismo, mediante la cual se establece que los bancos universales destinarán, para el año 2016, el 5,25 % calculado sobre el promedio de los cierres de la cartera de crédito bruta al 31-12-2014 y al 31-12-2015, para el financiamiento de las operaciones y proyectos de carácter turístico. G.O. n° 40.875 del 30-03-2016.

Resolución conjunta de los MPP para la Banca y Finanzas y para la Agricultura Productiva y Tierras, mediante la cual se establecen las bases, condiciones, términos y porcentaje mínimo obligatorio de la cartera de créditos que cada una de las entidades de la banca universal, y las que se encuentren en proceso de transformación tanto públicas como privadas, deberán destinar al sector agrario durante el ejercicio fiscal 2016. G.O. n° 40.893 del 29-04-2016.

Resolución conjunta n° 157 y 208 de los MPP para Industria y Comercio y para la Banca y Finanzas, mediante la cual se fija el porcentaje de cumplimiento de la cartera de crédito dirigida al sector manufacturero por parte de la banca universal, tanto pública como privada, para el ejercicio económico financiero 2016, así como los parámetros de financiamiento a dicho sector. G.O. n° 41.036 del 22-11-2016.

Decreto n° 2.721, mediante el cual se establece la cartera de crédito bruta anual, que con carácter obligatorio deben colocar con recursos propios las instituciones del sector bancario, se destinará un 20 % a la concesión de créditos hipotecarios para la construcción, adquisición y autoconstrucción, mejoras y ampliación de vivienda principal. G.O. n° 41.095 del 14-02-2017.

Resolución n° 40 del MPP de Economía y Finanzas, mediante la cual se fija el porcentaje de cumplimiento de la cartera de crédito dirigida al sector manufacturero, por parte de la banca universal, así como la banca comercial que se encuentre en proceso de transformación ante la SUDEBAN, de conformidad con la normativa aplicable, tanto pública como privada, para el ejercicio económico financiero 2017, así como los parámetros de financiamiento a dicho sector. G.O. n° 41.118 del 21-03-2017.

Resolución n° 1 del MPP para el Turismo, mediante la cual se resuelve que los bancos universales destinarán para el año 2017 el 5,25 % sobre el promedio de los cierres de la cartera de crédito bruta al 31-12-2015, y al 31-12-2016, para el financiamiento de las operaciones y proyectos de carácter turístico que en ella se indican. G.O. n° 41.123 del 28-03-2017.

Resolución conjunta de los MPP para la Agricultura Productiva y Tierras, de Economía y Finanzas, de Pesca y Acuicultura y para la Agricultura Urbana, mediante la cual se establecen las bases, condiciones, términos y porcentajes mínimos obligatorios de la cartera de créditos destinada al sector agrario durante el ciclo productivo marzo 2017-febrero 2018. G.O. n° 41.137 del 25-04-2017.

Decreto n° 2.930, mediante el cual se instruye a la banca pública, a destinar el 45 % de cada una de sus carteras crediticias, dirigidas a mujeres u organizaciones donde haya participación de mujeres con iniciativas productiva. G.O. n° 41.177 del 21-06-2017.

Resolución n° 4 del MPP para el Turismo, mediante la cual se fija el porcentaje de cumplimiento de la cartera de crédito que los bancos universales destinarán al sector turismo, para el financiamiento de las operaciones y proyectos de carácter turístico. G.O. n° 41.393 del 09-05-2018.

Resolución conjunta n° 30, 60 y 2 de los MPP para la Agricultura Productiva y Tierras, de Economía y Finanzas, para la Pesca y Acuicultura y para Agricultura Urbana, mediante la cual se establecen las bases, condiciones, términos y porcentajes mínimos obligatorios de la cartera de créditos destinada al sector agrario durante el ciclo productivo abril 2018-marzo 2019. G.O. n° 41.410 del 01-06-2018.

Resolución n° 64 del MPP de Economía y Finanzas, mediante la cual se fijan las bases, condiciones, términos y porcentajes mínimos obligatorios de la cartera de crédito dirigida al sector manufacturero, por parte de la banca universal y la banca comercial durante el ejercicio económico financiero 2018. G.O. n° 41.438 del 12-07-2018.

Resolución conjunta n° 10, 24, 8 y 6 de los MPP para la Agricultura Productiva y Tierras, de Economía y Finanzas, de Pesca y Acuicultura y de Agricultura Urbana, mediante la cual se establecen las bases, condiciones, términos y porcentajes mínimos obligatorios de la cartera de créditos destinada al sector agrario durante el ciclo productivo abril 2019 - marzo 2020. G.O. n° 41.637 del 21-05-2019, reimpresión en G.O. n° 41.639 del 23-05-2019.

Aviso Oficial del BCV, mediante el cual se informa al público en general los límites máximos de la comisión flat que las instituciones bancarias podrán cobrar con ocasión a los créditos que se otorguen en el marco de lo dispuesto en la resolución conjunta mediante la cual se establecen las bases, condiciones, términos y porcentajes mínimos obligatorios de la cartera de créditos destinada al sector agrario, durante el ciclo productivo abril 2019 - marzo 2020. G.O. n° 41.640 del 24-05-2019.

Resolución n° 20-02-01 del BCV, mediante la cual se establecen los créditos otorgados en el marco de la Cartera Productiva Única Nacional en moneda nacional a ser concedidos por las entidades bancarias regidas por el Decreto con Rango, Valor y Fuerza de Ley de Instituciones del Sector Bancario y demás leyes especiales, los cuales deberán ser expresados únicamente mediante el uso de la Unidad de Valor de Crédito Productivo (UVCP). G.O. n° 41.834 del 06-03-2020.

Decreto n° 4.152, mediante el cual se determinan las funciones, atribuciones, directrices y responsabilidades del Comité Rector de la Cartera Única Productiva Nacional, así como los lineamientos aplicables a su secretaría técnica. G.O. n° 41.835 del 09-03-2020.

Resolución n° 41.20 de SUDEBAN, mediante la cual se dictan las medidas de carácter temporal para la evaluación de la cartera de créditos, la constitución de provisión por categoría de riesgos, la ejecución de las garantías, condiciones especiales para los créditos otorgados antes de la vigencia del Decreto n° 4.168 del 23-03-2020. G.O. n° 41.965 del 15-09-2020.

Resolución n° 2.21 de la SUDEBAN, mediante la cual se dictan las medidas de carácter temporal para la evaluación de cartera de créditos, la constitución de provisión por categoría de riesgo; la ejecución de las garantías, condiciones especiales para los créditos otorgados antes de la vigencia del Decreto n° 4.168 del 23-03-2020. G.O. n° 42.092 del 22-03-2021.

Decreto n° 4.874, mediante el cual se incorpora a la Cartera Única Productiva Nacional el sector productivo desarrollado por las mujeres mediante proyectos que requieran financiamiento a fin de promover y fortalecer la soberanía económica nacional. G.O. n° 42.742 del 25-10-2023.

Resolución n° 1-2024 del Comité Rector de la Cartera Productiva Única Nacional, mediante la cual se dicta el Reglamento Interno de Funcionamiento del Comité. G.O. n° 42.885 del 23-05-2024.

E. Créditos e intereses[165]

Resolución n° 19-09-01 del BCV, mediante la cual se establecen los créditos comerciales en moneda nacional a ser otorgados por las instituciones bancarias, deberán ser expresados únicamente mediante el uso de la Unidad de Valor de Crédito Comercial (UVCC). G.O. n° 41.742 de 21-10-2019.

Resolución n° 19-09-04 del BCV, mediante la cual se establece que la tasa activa a que se refieren los artículos 128, 130, 142 y 143 del Decreto con Rango, Valor y Fuerza de Ley Orgánica del Trabajo, los Trabajadores y las Trabajadoras, será determinada por el BCV, tomando en cuenta como referencia los seis principales bancos del país. G.O. n° 41.742 de 21-10-2019.

Resolución n° 45.20 de la SUDEBAN, mediante la cual se dictan los lineamientos a considerar en el otorgamiento de créditos mediante el instrumento crediticio denominado factoraje o descuento de facturas. G.O. n° 42.035 del 23-12-2020.

Resolución n° 21-01-02 del BCV, mediante la cual se establece que los créditos a los que se refiere la presente Resolución, deberán ser expresados únicamente mediante el uso de la Unidad de Valor de Crédito (UVC). G.O. n° 42.050 del 19-01-2021.

Resolución n° 21-01-03 del BCV, mediante la cual se establece que la tasa activa a que se refieren los artículos 128, 130, 142 y 143 del Decreto con Rango Valor y Fuerza de Ley Orgánica del Trabajo, los Trabajadores y las Trabajadoras, será determinada por el BCV, tomando en cuenta como referencia los seis principales bancos del país. G.O. n° 42.050 del 19-01-2021.

Resolución n° 22-01-02 del BCV, mediante la cual se resuelve que los créditos a los que se refiere la presente Resolución, deberán ser expresados únicamente mediante el uso de la Unidad de Valor de Crédito (UVC). G.O. n° 42.312 del 04-02-2022.

Resolución n° 22-03-01 del BCV, mediante la cual los créditos a los que se refiere la presente Resolución, deberán ser expresados únicamente mediante el uso de la Unidad de Valor de Crédito (UVC). G.O. n° 42.341 del 21-03-2022.

2. Seguros[166]

Providencia n° FSAA-2684 de la SUDEASEG, mediante la cual se dicta los lineamientos aplicables al pago de la contribución especial que

[165] Véase también: § Vivienda y hábitat.

[166] Véase también: § Superintendencias; Administración tributaria; Terrorismo y legitimación de capitales.

deben efectuar los sujetos obligados a que se refiere la Ley de la Actividad Aseguradora. G.O. n° 40.593 del 02-02-2015.

Resolución n° 5 del MPP de Economía, Finanzas y Banca Pública, mediante la cual se fija en 2,5 % del total de las primas netas cobradas por contratos de seguros y la contraprestación por concepto de emisión de fianzas, de los montos cobrados en los contratos o servicios de planes de salud. G.O. n° 40.594 del 03-02-2015.

Providencia n° FSAA-2-5-2607 de la SUDEASEG, mediante la cual se dicta los lineamientos aplicables al pago de la contribución especial que deben efectuar los sujetos obligados a que se refiere el artículo 9 de la Ley de la Actividad Aseguradora. G.O. n° 40.598 del 09-02-2015.

Providencia n° FSAA-41 de la SUDEASEG, mediante la cual se dicta el código de cuentas y normas de contabilidad para empresas financiadoras de primas. G.O. n° 40.675 del 04-06-2015.

Resolución n° 46 del MPP de Economía y Finanzas, mediante la cual se establece que los órganos y entes de la Administración Pública Nacional, Estadal y Municipal, que tuvieren contratados seguros privados para la cobertura mediante pólizas de salud de los funcionarios y funcionarias bajo su dependencia, deberán, antes del 31-12-2015, completar todo el procedimiento para habilitar la contratación con las empresas aseguradoras del sector público. G.O. n° 40.712 del 29-07-2015.

Providencia n° FSAA-2686 de la SUDEASEG, mediante la cual se dictan las normas que establecen el número mínimo de pólizas de seguros solidarios de salud, accidentes personales y funerarios, asignadas a las empresas de seguros. G.O. n° 40.799 del 30-11-2015.

Decreto con Rango, Valor y Fuerza de Ley de la Actividad Aseguradora. G.O. n° 6.211 Extraordinario del 30-12-2015, reimpresión en G.O. n° 6.220 Extraordinario del 15-03-2016.

Resolución n° 22 del MPP para la Banca y Finanzas, mediante la cual se fija en 2,5 % el monto del aporte que deberán enterar los sujetos regulados al patrimonio de la SUDEASEG, alícuota que se aplicará al total de las primas netas cobradas que en ella se señalan, correspondientes al ejercicio económico del año 2016. G.O. n° 40.844 del 05-02-2016.

Providencia n° FSAA-2-287 de la SUDEASEG, mediante la cual se dicta el código de cuentas y normas de contabilidad para empresas de medicina prepagada. G.O. n° 40.869 del 15-03-2016.

Decreto n° 2.250, mediante el cual se ordena que el porcentaje del aporte anual para el desarrollo social que deben realizar las empresas de seguros, de medicina prepagada, las asociaciones cooperativas que realicen actividad aseguradora y las administradoras de riesgo, de conformidad con la normativa que rige la actividad aseguradora, sea enterado al Fondo de Desarrollo Nacional. G.O. n° 40.872 del 18-03-2016.

Providencia n° FSAA-288 de la SUDEASEG, mediante la cual se modifican las cuentas contables de las normas de contabilidad para empresas de seguros. G.O. n° 40.908 del 20-05-2016.

Resolución n° 17 del MPP para la Banca y Finanzas, mediante la cual se fija en 3 %, para el segundo semestre del ejercicio económico 2016, la alícuota del aporte al Fondo del Sistema Público Nacional de Salud, o cualquier otro fondo que considere el Ejecutivo Nacional, que deben efectuar las empresas de seguros, medicina prepagada, las administradoras de riesgos y las asociaciones cooperativas que realicen actividad aseguradora. G.O. n° 40.935 del 30-06-2016.

Providencia n° FSAA-9-567 de la SUDEASEG, mediante la cual se dictan las normas que regulan el patrimonio propio no comprometido que deben tener las empresas de seguros, en función del cálculo de su margen de solvencia, instructivo de cálculo y formularios. G.O. n° 40.949 del 21-07-2016.

Providencia n° FSAA-9-661 de la SUDEASEG, mediante la cual se dictan las normas que regulan la relación contractual en la actividad aseguradora. G.O. n° 40.973 del 24-08-2016.

Providencia n° FSAA-9-730 de la SUDEASEG, mediante la cual se dictan las normas que regulan el aporte para el desarrollo social. G.O. n° 40.973 del 24-08-2016.

Providencia n° FSAA-9-731 de la SUDEASEG, mediante la cual se dictan las normas para la divulgación y publicidad de la actividad aseguradora. G.O. n° 40.973 del 24-08-2016.

Providencias n° FSAA-9-94, FSAA-9-95 y FSAA-9-96 de la SUDEASEG, mediante las cuales se aprueba con carácter general y uniforme las condiciones generales de los contratos o pólizas de seguros de casco de vehículos para el transporte terrestre, patrimonial y obligacional o de responsabilidad con sus aplicaciones en el sector asegurador. G.O. n° 41.136 del 24-04-2017.

Resolución n° 497 del MPP de Economía y Finanzas, mediante la cual se fija la contribución especial destinada a financiar el funcionamiento de la SUDEASEG, en 2,5 % el monto del aporte que deberán enterar los sujetos regulados al patrimonio. G.O. n° 41.205 del 02-08-2017.

Resolución n° 498 del MPP de Economía y Finanzas, mediante la cual se fija en 3 % del monto de las primas de las pólizas de seguro de salud, de las cuotas de los planes de salud y al monto del ingreso obtenido como remuneración por los contratos de administración de riesgo, correspondientes al ejercicio económico del año 2017. G.O. n° 41.205 del 02-08-2017.

Resolución n° 50 del MPP de Economía y Finanzas, mediante la cual se establece que la SUDEASEG podrá autorizar por vía de excepción a las empresas aseguradoras bajo la tutela de la República Bolivariana de Venezuela, a la emisión de fianzas para garantizar el cumplimiento de las contrataciones de interés público que se realizarán en el marco de la emergencia económica, implementando como método de pago de la contraprestación el Petro. G.O. n° 41.393 del 09-05-2018.

Resolución n° 76 del MPP de Economía y Finanzas, mediante la cual se fija en 2,5 % el monto del aporte que deberán enterar los sujetos regulados al patrimonio de la SUDEASEG, correspondiente al ejercicio económico financiero del año 2018. G.O. n° 41.447 del 26-07-2018.

Resolución n° 57 del MPP de Economía y Finanzas, mediante la cual se fija en 3 % del monto de las primas de las pólizas de seguro de salud, de las cuotas de los planes de salud y al monto de ingreso obtenido como remuneración por los contratos de administración de riesgos, correspondiente al ejercicio económico financiero del año 2018. G.O. n° 41.447 del 26-07-2018.

Providencia n° FSAA-DL-2-35 de la SUDEASEG, mediante la cual se dictan las normas para elaborar los reglamentos actuariales de las tarifas aplicables en los contratos de seguros y de servicios de medicina prepagada. G.O. n° 41.501 del 11-10-2018.

Providencia n° FSAA-DL-2-454 de la SUDEASEG, mediante la cual se dictan las normas que regulan la presentación de los estados financieros analíticos mensuales, anuales y al término de la inspección general de Ley por las empresas de seguros, autorizadas para operar en Venezuela. G.O. n° 41.556 del 03-01-2019.

Providencia n° FSAA-2-4 de la SUDEASEG, mediante la cual se dictan las normas de contabilidad y código de cuentas para empresas de seguros. G.O. n° 42.150 del 16-06-2021.

Providencia n° FSAA-2-6 de la SUDEASEG, mediante la cual se dictan las normas de contabilidad y código de cuentas para empresas de reaseguros. G.O. n° 42.150 del 16-06-2021.

Providencia n° FSAA-2-12 de la SUDEASEG, mediante la cual se dictan las normas de contabilidad y código de cuentas para empresas administradoras de Riesgos. G.O. n° 42.150 del 16-06-2021.

Providencia n° FSAA-2-13 de la SUDEASEG, mediante la cual se dictan las normas de contabilidad y código de cuentas para empresas de medicina prepagada. G.O. n° 42.150 del 16-06-2021.

Providencia n° SAA-2-30-2021 de la SUDEASEG, mediante la cual se dictan las normas de contabilidad y código de cuentas para empresas financiadoras de primas o cuotas. G.O. n° 42.150 del 16-06-2021.

Providencia n° SAA-2-33-2021 de la SUDEASEG, mediante la cual se dictan las normas de contabilidad y código de cuentas para sociedades de corretaje de seguros. G.O. n° 42.150 del 16-06-2021.

Ley de Reforma del Decreto con Rango, Valor y Fuerza de Ley de la Actividad Aseguradora. G.O. n° 6.770 Extraordinario del 29-11-2023.

Providencia n° SAA-01-478-2024 de la SUDEASEG, que dicta las normas sobre las condiciones generales de las pólizas de seguros patrimoniales. G.O. n° 6.835 Extraordinario del 03-09-2024.

Providencia n° SAA-01-479-2024 de la SUDEASEG, que dicta las normas sobre las condiciones generales de las pólizas de seguros obligacionales o de responsabilidad. G.O. n° 6.835 Extraordinario del 03-09-2024.

Providencia n° SAA-01-480-2024 de la SUDEASEG, que dicta las normas relativas a la certificación de las reservas técnicas y las auditorías externas actuariales. G.O. n° 6.835 Extraordinario del 03-09-2024.

Providencia n° SAA-01-481-2024 de la SUDEASEG, que dictas las normas relativas a la oportunidad en que se constituirán y mantendrán las reservas técnicas, así como la forma y términos en que los sujetos regulados deberán reportárselo a la Superintendencia de la Actividad Aseguradora. G.O. n° 6.835 Extraordinario del 03-09-2024.

Providencia n° SAA-01-482-2024 de la SUDEASEG, que dicta las normas relativas a la constitución y tratamiento de la reserva complementaria para riesgos en curso por insuficiencia de primas o de cuotas. G.O. n° 6.835 Extraordinario del 03-09-2024.

Providencia n° SAA-01-483-2024 de la SUDEASEG, que dicta las normas relativas a la constitución, tratamiento y liberación de la reserva para riesgos catastróficos. G.O. n° 6.835 Extraordinario del 03-09-2024.

Providencia n° SAA-01-484-2024 de la SUDEASEG, que dicta las normas por las cuales se regirán las empresas de seguros y de medicina prepagada para constituir y mantener la reserva para reintegro por experiencia favorable. G.O. n° 6.835 Extraordinario del 03-09-2024.

Providencia n° SAA-01-485-2024 de la SUDEASEG, que dicta las normas por las cuales se regirán las empresas de seguros, de reaseguros y de medicina prepagada para la constitución y mantenimiento de las reservas para siniestros, servicios prestados y reembolsos pendientes de pago. G.O. n° 6.835 Extraordinario del 03-09-2024.

Providencia n° SAA-01-486-2024. de la SUDEASEG, que dicta las normas de contabilidad y código de cuentas para sociedades de corretaje de seguros. G.O. n° 6.835 Extraordinario del 03-09-2024.

Providencia n° SAA-01-487-2024 de la SUDEASEG, que dicta las normas de contabilidad y código de cuentas para sociedades de corretaje de reaseguros. G.O. n° 6.835 Extraordinario del 03-09-2024.

Providencia n° SAA-01-488-2024 de la SUDEASEG, que dicta las normas de contabilidad y código de cuentas para empresas de medicina prepagada. G.O. n° 6.835 Extraordinario del 03-09-2024.

Providencia n° SAA-01-489-2024 de la SUDEASEG, que dicta las normas de contabilidad y código de cuentas para empresas financiadoras de primas o cuotas. G.O. n° 6.835 Extraordinario del 03-09-2024.

Providencia n° SAA-01-490-2024 de la SUDEASEG, que dicta las normas de contabilidad y código de cuentas para empresas de seguros. G.O. n° 6.835 Extraordinario del 03-09-2024.

Providencia n° SAA-01-491-2024 de la SUDEASEG, que dicta las normas de contabilidad y código de cuentas para empresas de reaseguro. G.O. n° 6.835 Extraordinario del 03-09-2024.

Providencia n° SAA-01-492-2024 de la SUDEASEG, que dicta las normas de contabilidad y código de cuentas para empresas administradoras de riesgos. G.O. n° 6.835 Extraordinario del 03-09-2024.

Providencia n° SAA-01-493-2024 de la SUDEASEG, que dicta las normas que regulan el patrimonio propio no comprometido que deben tener las empresas de seguros en función del cálculo del margen de solvencia. G.O. n° 6.835 Extraordinario del 03-09-2024.

Providencia n° SAA-01-494-2024 de la SUDEASEG, que dicta las normas para regular la intervención, revocación, disolución y liquidación de los sujetos regulados. G.O. n° 6.835 Extraordinario del 03-09-2024.

Providencia n° SAA-01-495-2024 de la SUDEASEG, que dicta las normas que regulan las operaciones de fideicomiso. G.O. n° 6.835 Extraordinario del 03-09-2024.

Providencia n° SAA-01-496-2024 de la SUDEASEG, que dicta las normas que regulan los aumentos de capital social de los sujetos regulados. G.O. n° 6.835 Extraordinario del 03-09-2024.

Providencia n° SAA-01-497-2024 de la SUDEASEG, que dicta las normas para la regulación y funcionamiento de los fondos administrados suscritos por las empresas de seguros, de medicina prepagada y administradoras de riesgos. G.O. n° 6.835 Extraordinario del 03-09-2024.

Providencia n° SAA-01-498-2024 de la SUDEASEG, que dicta las normas para la aplicación y registro contable de las operaciones de seguros, reaseguros, medicina prepagada, fianza o reafianzamiento en moneda extranjera. G.O. n° 6.835 Extraordinario del 03-09-2024.

Providencia n° SAA-01-499-2024 de la SUDEASEG, que dicta las normas que regulan la enajenación de acciones de los sujetos regulados. G.O. n° 6.835 Extraordinario del 03-09-2024.

Providencia n° SAA-01-500-2024 de la SUDEASEG, que dicta las normas sobre la inversión en valores de renta fija, emitidos por el sector privado nacional, para ser utilizados en la representación de las reservas técnicas. G.O. n° 6.835 Extraordinario del 03-09-2024.

Providencia n° SAA-01-501-2024 de la SUDEASEG, que dicta las normas sobre los bienes o derechos utilizados en la representación de las reservas técnicas. G.O. n° 6.835 Extraordinario del 03-09-2024.

Circular de la SUDEASEG, dirigida a las empresas de seguros, de reaseguros y medicina prepagada, según la cual se establecen los porcentajes mínimos y máximos para la aplicación de los bienes y derechos a ser utilizados en la representación y cobertura del 100 % de las reservas técnicas, para riesgos no catastróficos y para riesgos catastróficos. G.O. n° 6.835 Extraordinario del 03-09-2024.

Providencia n° SAA-01-502-2024 de la SUDEASEG, que dicta las normas relativas al contrato de reaseguro. G.O. n° 6.835 Extraordinario del 03-09-2024.

Providencia n° SAA-01-503-2024 de la SUDEASEG, que dicta las normas que regulan la autorización y los registros de los actuarios en la actividad aseguradora. G.O. n° 6.835 Extraordinario del 03-09-2024.

Providencia n° SAA-01-504-2024 de la SUDEASEG, que dicta las normas para la divulgación y publicidad en la actividad aseguradora. G.O. n° 6.835 Extraordinario del 03-09-2024.

Providencia n° SAA-01-505-2024 de la SUDEASEG, que dicta las normas para elaborar los reglamentos actuariales de las tarifas aplicables en los contratos de seguros y de medicina prepagada. G.O. n° 6.835 Extraordinario del 03-09-2024.

Providencia n° SAA-01-506-2024 de la SUDEASEG, que dicta las normas que regulan los contratos de seguro y de medicina prepagada. G.O. n° 6.835 Extraordinario del 03-09-2024.

Providencia n° SAA-01-507-2024 de la SUDEASEG, que dicta las normas que establecen el contenido mínimo de las condiciones generales y particulares de los contratos de seguro de salud. G.O. n° 6.835 Extraordinario del 03-09-2024.

Providencia n° SAA-01-508-2024 de la SUDEASEG, que dicta las normas sobre los planes de incentivos para retribuir las gestiones de los intermediarios de la actividad aseguradora. G.O. n° 6.835 Extraordinario del 03-09-2024.

Providencia n° SAA-01-509-2024 de la SUDEASEG, que dicta las normas relativas a la póliza de seguro de accidentes personales de ocupantes de vehículos de transporte de pasajeros en rutas interurbanas. G.O. n° 6.835 Extraordinario del 03-09-2024.

Providencia n° SAA-01-510-2024 de la SUDEASEG, que dicta las normas que regulan el pago de la contribución especial que deben efectuar los sujetos regulados. G.O. n° 6.835 Extraordinario del 03-09-2024.

Providencia n° SAA-01-511-2024 de la SUDEASEG, que dicta las normas que regulan el aporte para el desarrollo social. G.O. n° 6.835 Extraordinario del 03-09-2024.

Providencia n° SAA-01-512-2024 de la SUDEASEG, que dicta las normas sobre las condiciones generales y uniformes de las tarifas que conforman la póliza de seguro de responsabilidad civil de vehículos (RCV). G.O. n° 6.835 Extraordinario del 03-09-2024.

Providencia n° SAA-01-513-2024 de la SUDEASEG, que deja sin efecto la regulación del seguro colectivo de vida, aprobada con carácter general y uniforme mediante Providencia n° FSS-2-41 publicada en la G.O. n° 5.441 Extraordinario del 21-02-2000. G.O. n° 6.835 Extraordinario del 03-09-2024.

Providencia n° SAA-01-514-2024 de la SUDEASEG, que deja sin efecto las condiciones generales, condiciones particulares, anexos, solicitud de seguro y declaración de siniestro de la póliza de seguro de transporte terrestre, aprobados con carácter general mediante Providencia n° 3947 publicada en la G.O. n° 39.332 del 21-12-2009. G.O. n° 6.835 Extraordinario del 03-09-2024.

Providencia n° SAA-01-515-2024 de la SUDEASEG, que deja sin efecto las condiciones generales y las condiciones particulares de la póliza de seguro de casco de vehículos terrestres, aprobadas con carácter general y uniforme mediante Providencia n° FSAA-9-94 publicada en la G.O. n° 41.136 del 24-04-2017. G.O. n° 6.835 Extraordinario del 03-09-2024.

Providencia n° SAA-01-516-2024 de la SUDEASEG, que dicta las normas que regulan el contrato de fianza y sus condiciones generales en la actividad aseguradora. G.O. n° 6.835 Extraordinario del 03-09-2024.

Providencia n° SAA-01-517-2024 de la SUDEASEG, que dicta las normas que regulan los seguros y planes masivos en la actividad aseguradora. G.O. n° 6.835 Extraordinario del 03-09-2024.

Providencia n° SAA-01-518-2024 de la SUDEASEG, que dicta las normas que regulan los seguros y planes inclusivos en la actividad aseguradora. G.O. n° 6.835 Extraordinario del 03-09-2024.

Providencia n° SAA-01-519-2024 de la SUDEASEG, que dicta las normas que rigen los canales de comercialización y el uso de las tecnologías del mercado financiero (Fintech) y las tecnologías del mercado de la actividad aseguradora (Insurtech). G.O. n° 6.835 Extraordinario del 03-09-2024.

Providencia n° SAA-01-520-2024 de la SUDEASEG, que dicta las normas que regulan los microseguros o microplanes en la actividad aseguradora. G.O. n° 6.835 Extraordinario del 03-09-2024.

Providencia n° SAA-01-521-2024 de la SUDEASEG, que dicta las normas que regulan la autorización y el ejercicio de la intermediación de seguros, medicina prepagada y sociedades de corretaje de seguros y reaseguros. G.O. n° 6.835 Extraordinario del 03-09-2024.

Providencia n° SAA-01-522-2024 de la SUDEASEG, que dicta las normas para verificar y garantizar el cumplimiento del objeto social único en la realización de las operaciones permitidas por la Ley de la Actividad Aseguradora. G.O. n° 6.835 Extraordinario del 03-09-2024.

Providencia n° SAA-01-523-2024 de la SUDEASEG, que dicta las normas que regulan los trámites y procedimientos administrativos sustanciados en la SUDEASEG a través de medios electrónicos. G.O. n° 6.835 Extraordinario del 03-09-2024.

Providencia n° SAA-01-524-2024 de la SUDEASEG, que dicta las normas para obtener la autorización para actuar como auxiliar de seguro en la actividad aseguradora. G.O. n° 6.835 Extraordinario del 03-09-2024.

Providencia n° SAA-01-525-2024 de la SUDEASEG, que dicta las normas por las que se regirán los exámenes de competencia profesional para los aspirantes a obtener la credencial de agentes y corredores de la actividad aseguradora. G.O. n° 6.835 Extraordinario del 03-09-2024.

Providencia n° SAA-01-526-2024 de la SUDEASEG, que dicta las normas relativas al registro de empresas de reaseguros extranjeras. G.O. n° 6.835 Extraordinario del 03-09-2024.

Providencia n° SAA-01-527-2024 de la SUDEASEG, que dicta las normas relativas al registro de sociedades de corretaje de reaseguros extranjeras. G.O. n° 6.835 Extraordinario del 03-09-2024.

Providencia n° SAA-01-528-2024 de la SUDEASEG, que dicta las normas que regulan la autorización y registro para actuar como auditor externo en la actividad aseguradora. G.O. n° 6.835 Extraordinario del 03-09-2024.

Providencia n° SAA-01-529-2024 de la SUDEASEG, que dicta las normas que regulan los contratos de fondos administrados, administración de riesgos o administración de siniestros. G.O. n° 6.835 Extraordinario del 03-09-2024.

Providencia n° SAA-01-530-2024 de la SUDEASEG, que dicta las normas sobre el buen gobierno corporativo para empresas de seguros, reaseguros nacionales, administradoras de riesgos, medicina prepagada y financiadoras de primas. G.O. n° 6.835 Extraordinario del 03-09-2024.

Providencia n° SAA-01-531-2024 de la SUDEASEG, que dicta las normas sobre la aplicación de las sanciones en la actividad aseguradora. G.O. n° 6.835 Extraordinario del 03-09-2024.

Providencia n° SAA-01-532-2024 de la SUDEASEG, que dicta las normas relativas a la autorización y registro de las oficinas de representación o sucursales de empresas de reaseguros extranjeras. G.O. n° 6.835 Extraordinario del 03-09-2024.

Providencia n° SAA-01-533-2024 de la SUDEASEG, que dicta las normas relativas a la defensa de los derechos del tomador, asegurado, beneficiario, contratante, usuario y afiliado de la actividad aseguradora. G.O. n° 6.835 Extraordinario del 03-09-2024.

Providencia n° SAA-01-534-2024 de la SUDEASEG, que dicta las normas sobre el arbitraje en la SUDEASEG. G.O. n° 6.835 Extraordinario del 03-09-2024.

Providencia n° SAA-01-535-2024 de la SUDEASEG, que dicta las normas de conciliación de la SUDEASEG. G.O. n° 6.835 Extraordinario del 03-09-2024.

Providencia n° SAA-01-537-2024 de la SUDEASEG, que dicta las normas sobre la participación del mercado nacional de reaseguro en la colocación de riesgos por parte de las empresas de seguros y de medicina prepagada. G.O. n° 6.835 Extraordinario del 03-09-2024.

3. Mercado de valores[167]

Providencia n° DP/CJ 16-2015 de la Bolsa Pública de Valores Bicentenaria, mediante la cual se crea el Grupo de Gestión de Energía Eléctrica de la Bolsa Pública de Valores Bicentenaria, quienes gozarán de la autoridad suficiente para actuar como enlace entre los niveles ejecutivos y operativos de ese Instituto Público para el uso Racional y Eficiente de la Energía Eléctrica. G.O. n° 40.693 del 01-07-2015, reimpresión en G.O. n° 40.703 del 15-07-2015.

Providencia n° DP/CJ 25-2015 de la Bolsa Pública de Valores Bicentenaria, mediante la cual se crea el Grupo de Gestión de Energía Eléctrica de este Organismo. G.O. n° 40.772 del 22-10-2015.

Decreto con Rango, Valor y Fuerza de Ley de Mercado de Valores. G.O. n° 6.211 Extraordinario del 30-12-2015.

[167] Véase también: § Auditoría y control interno; Terrorismo y legitimación de capitales.

Providencia n° 97 de la SUNAVAL, mediante la cual se dictan las normas relativas a las tasas y contribuciones que deben cancelar las personas sometidas al control de la SUNAVAL. G.O. n° 41.313 del 04-01-2018.

Providencia n° 94 de la SUNAVAL, mediante la cual se dictan las normas sobre el establecimiento y funcionamiento de las bolsas de productos e insumos agrícolas. G.O. n° 41.743 de 22-10-2019.

Providencia n° 95 de la SUNAVAL, mediante la cual se dictan las normas relativas a la oferta pública, colocación y publicación de las emisiones de valores. G.O. n° 41.745 de 24-10-2019.

Providencia n° 30 del SUNAVAL, mediante la cual se dictan las normas relativas a la oferta pública, colocación y negociación de valores emitidos por el sector privado en moneda extranjera. G.O. n° 41.877 del 12-05-2020.

Providencia n° 64 de la SUNAVAL, mediante la cual se dicta las normas relativas a la oferta pública de valores de las pequeñas y medianas empresas. G.O. n° 41.913 del 02-07-2020.

Providencia n° 146 de la SUNAVAL, mediante la cual se autoriza a la Bolsa Descentralizada de Valores de Venezuela, S.A., para actuar como bolsa descentralizada de valores, por un período de prueba de 90 días continuos. G.O. n° 6.578 Extraordinario del 29-09-2020.

Providencia n° 147 de la SUNAVAL, mediante la cual se dicta el instructivo para solicitar autorización de oferta pública de pagaré bursátil (Sunaval-I-03). G.O. n° 42.105 del 13-04-2021.

Providencia n° 1 de la SUNAVAL, mediante la cual se dictan las normas relativas al buen gobierno corporativo del mercado de valores. G.O. n° 42.171 del 19-07-2021.

Providencia n° 5 de la SUNAVAL, mediante la cual se dictan las normas relativas a la oferta pública de valores de emprendedores. G.O. n° 42.331 del 07-03-2022.

XI. Telecomunicaciones[168]

Providencia n° 11 de la CONATEL, mediante la cual se determinan las porciones del espectro radioeléctrico disponibles que serán objeto del procedimiento de oferta pública. G.O. n° 40.891 del 27-04-2016.

Providencia n° 12 de la CONATEL, mediante la cual se establece el cuadro nacional de atribución de bandas de frecuencias. G.O. n° 40.891 del 27-04-2016.

Resolución conjunta de los MPP para Relaciones Interiores, Justicia y Paz y para la Defensa, mediante la cual se ordena al CEOFANB que

[168] Véase también: § Empresas del Estado; Fundaciones del Estado; Auditoría y control interno; Acuerdos e incorporaciones al ordenamiento jurídico.

gire instrucciones pertinentes a los Comandantes de las Regiones Estratégicas de Defensa Integral, para restringir el desplazamiento telecomunicaciones durante el año 2015. G.O. n° 40.938 del 06-07-2016.

Providencia N° 96 de la CONATEL, mediante la cual se reforma el plan nacional de numeración para telefonía y radiocomunicaciones móviles terrestres. G.O. n° 40.969 del 18-08-2016, reimpresión en 41.193 del 14-07-2017y n° 41.194 del 17-07-2017.

Providencia N° 60 de la CONATEL, mediante la cual se ordena la publicación de la lista de marcas y modelos de equipos y aparatos de telecomunicaciones homologados por la Comisión Nacional de Telecomunicaciones durante el año 2015. G.O. n° 40.938 del 06-07-2016.

Providencia n° 94 de la CONATEL, mediante la cual se ordena la publicación de los modelos de equipos aprobados por la CONATEL, y que han sido objeto de modificación respecto a sus marcas originales durante el año 2016. G.O. n° 41.186 del 04-07-2017.

Providencia n° 171 de la CONATEL, mediante la cual se dictan las normas relativas a la recopilación o captación de datos personales de los solicitantes de los servicios de telefonía móvil y telefonía fija, a través de redes inalámbricas o números no geográficos con servicios de voz nómada. G.O. n° 41.265 del 26-10-2017.

Providencia n° 52 de la CONATEL, mediante la cual se ordena la publicación de la lista de marcas, modelos de equipos y aparatos, los cuales han obtenido previamente la aprobación y homologación por parte de la CONATEL, y que han sido objeto de modificación respecto a sus marcas originales durante el año 2017. G.O. n° 41.431 del 02-07-2018.

Resolución n° 29-A del MPP para la Comunicación e Información, mediante la cual se fijan los topes tarifarios máximos para los servicios de telefonía fija local ofrecidos a usuarios residenciales y no residenciales; así como fijar las tarifas del servicio de telefonía pública para uso nacional, fijo-móvil, servicio de larga distancia internacional residencial y no residencial, prestados por la CANTV. G.O. n° 6.391 Extraordinario del 09-08-2018.

Reglamento para la Protección de los Derechos de los Usuarios en la Prestación de los Servicios de Telecomunicaciones. G.O. n° 41.533 del 27-11-2018.

Providencia n° 120 de la CONATEL, mediante la cual se publican los modelos y las marcas de equipos y aparatos de telecomunicaciones homologados durante el año 2018, por parte de la CONATEL. G.O. n° 41.649 del 06-06-2019.

Providencia n° 150 de la CONATEL, mediante la cual se dicta el plan nacional de nombres de dominio.ve. G.O. n° 41.723 del 24-09-2019.

Resolución n° 22 del MPP para la Comunicación e Información, mediante la cual se fijan los topes tarifarios máximos para los servicios de telefonía básica, prestados por la CANTV. G.O. n° 41.748 de 29-10-2019.

Providencia n° 2 de la CONATEL, mediante la cual se establecen y definen los atributos que podrán ser incorporados a las habilitaciones generales. G.O. n° 41.816 del 06-02-2020.

Providencia n° 170 de la CONATEL, mediante la cual se dicta el Reglamento Interno de la Comisión. G.O. n° 41.823 del 17-02-2020.

Providencia n° 15 de la CONATEL, mediante la cual se publica la lista de marcas y modelos de equipos y aparatos de telecomunicaciones homologados por la CONATEL, durante el año 2019. G.O. n° 41.906 del 22-06-2020.

Reglamento de la Ley Orgánica de Telecomunicaciones sobre el Servicio Universal de Telecomunicaciones y su Fondo. G.O. n° 42.059 del 01-02-2021.

Providencia n° 3 de la CONATEL, mediante la cual se publica la lista de las áreas geográficas y servicios sujetos a obligaciones de servicio universal de telecomunicaciones, a través del portal web oficial en internet de la CONATEL. G.O. n° 42.081 del 05-03-2021.

Providencia n° 6 de la CONATEL, mediante la cual se ordena la publicación de la lista de marcas y modelos de equipos y aparatos de telecomunicaciones que en ella se especifica, homologados por la CONATEL, durante el año 2020. G.O. n° 42.101 del 07-04-2021.

Reglamento de Vías Generales de Telecomunicaciones. G.O. n° 6.690 del 15-03-2022.

Providencia n° 46 de la CONATEL, mediante la cual se dicta el plan nacional de nombres de dominio.ve. G.O. n° 42.723 del 27-09-2023.

Providencia n° 113 de la CONATEL, mediante la cual se determinan las porciones del espectro radioeléctrico que serán objeto del procedimiento de oferta pública. G.O. n° 43.020 del 03-12-2024.

XII. Turismo[169]

Resolución n° 3 del MPP para el Turismo, mediante la cual se dictan los requisitos y parámetros a seguir en el proceso de categorización para los establecimientos de alojamiento turístico. G.O. n° 40.600 del 11-02-2015.

Resolución n° 4 del MPP para el Turismo, mediante la cual se ordena la publicación del instructivo de servicios complementarios, que ofrecen los prestadores de servicios turísticos de alojamiento, como un

[169] Véase también: § Exoneraciones; Terrorismo y legitimación de capitales; Régimen cambiario; Carteras de crédito.

valor agregado a la prestación del servicio. G.O. n° 40.600 del 11-02-2015.

Resolución n° 5 del MPP para el Turismo, mediante la cual se dictan las condiciones que deben cumplir los establecimientos de alojamiento turístico tipo hotel de turismo, para optar a una categoría. G.O. n° 40.600 del 11-02-2015.

Resolución n° 14 del MPP para el Turismo, mediante la cual se establece los criterios técnicos que a los efectos de su clasificación, deben considerar las personas naturales y las unidades productivas familiares, que presten el servicio de guía de turismo, en cualquiera de sus modalidades. G.O. n° 40.631 del 30-03-2015.

Resolución n° 15 del MPP para el Turismo, mediante la cual se establecen los criterios técnicos para la clasificación de las agencias de viajes y turismo, de acuerdo a la comercialización de sus productos y servicios. G.O. n° 40.631 del 30-03-2015.

Resolución n° 57 del MPP para el Turismo, mediante la cual se establece realizar la Feria Internacional de Turismo de Venezuela (FITVEN) 2015, en la ciudad de Cumaná, los días 20, 21 y 22-11-2015. G.O. n° 40.744 del 11-09-2015.

Resolución n° 2 del MPP para el Turismo, mediante la cual se implementa el Sistema de Gestión Turística para el registro de los prestadores de servicios turísticos, emprendedores turísticos y demás obligados. G.O. n° 40.835 del 25-01-2016.

Resolución n° 8 del MPP para el Turismo, mediante la cual se reforma la Resolución n° 2, donde se implanta el Sistema de Gestión Turística. G.O. n° 40.856 del 25-02-2016.

Resolución n° 16 del MPP para el Turismo, mediante la cual se reforma la Resolución n° 2, donde se implanta el Sistema de Gestión Turística. G.O. n° 40.885 del 14-04-2016.

Resolución n° 7 del MPP para el Turismo, mediante la cual se establecen los requisitos y procedimiento para la inscripción o actualización del Registro Turístico Nacional y emisión de la licencia o credencial de turismo. G.O. n° 40.883 del 12-04-2016.

Resolución n° 10 del MPP para el Turismo, mediante la cual se establecen los requisitos y trámites destinados a la determinación y validación de las rutas turísticas. G.O. n° 41.388 del 02-05-2016.

Resolución n° 11 del MPP para el Turismo, mediante la cual se establece la implementación del módulo de licencia de turismo y credencial de turismo en el Sistema Integrado de Gestión Turística. G.O. n° 41.388 del 02-05-2016.

Resolución n° 27 del MPP para el Turismo, mediante la cual se dictan las normas y condiciones para la actividad recreacional en las playas ubicadas dentro de la zona de interés turístico Punta Cabo Blanco-Punta Cazonero, municipio Antolín del Campo, estado Nueva Esparta. G.O. n° 41.007 del 11-10-2016.

Resolución conjunta n° 25, 142, y 13 de los MPP para el Turismo, para Relaciones Interiores, Justicia y Paz y para Transporte y Obras Públicas, mediante la cual se establecen las condiciones para el transporte desde y hacia la zona de interés turístico, las dependencias Federales: Isla La Tortuga, Isla Las Tortuguillas, Cayo Herradura, Los Palanquines y su Espacio Acuático Asociado, así como las operaciones de los prestadores de servicios de transporte turístico acuático y aéreo, de forma responsable, ordenada y sustentable. G.O. n° 41.032 del 16-11-2016.

Resolución n° 5 del MPP para el Turismo, mediante la cual se fija el monto límite del crédito a solicitar por parte de los emprendedores, pequeños y medianos prestadores de servicios turísticos, organizaciones socioproductivas y beneficiarios especiales objeto de microcréditos. G.O. n° 41.382 del 23-04-2018.

Resolución n° 13 del MPP para el Turismo, mediante la cual se dicta las condiciones y requerimientos para las agencias de turismo. G.O. n° 41.415 del 08-06-2018.

Resolución n° 28 del MPP para el Turismo, mediante la cual se valida la ruta turística cultural Casco Histórico de Puerto Cabello; ubicada en el municipio Puerto Cabello del estado Carabobo. G.O. n° 42.145 del 09-06-2021.

Resolución n° 30 del MPP para el Turismo, mediante la cual se valida la ruta turística cultural Honores de Gloria; ubicada en el municipio Libertador del estado Carabobo. G.O. n° 42.145 del 09-06-2021.

Resolución n° 29 del MPP para el Turismo, mediante la cual se valida la ruta turística cultural Conoce el Corazón de Valencia; ubicada en el municipio Valencia del estado Carabobo. G.O. n° 42.150 del 16-06-2021.

Resolución n° 28, 30, 31, 32, 33, 34, 35, 36, 37, 38, 39, 41, 42, 43, 44 y 45 del MPP para el Turismo, mediante las cuales se validan las rutas turísticas Hotel Humboldt, Picacho Galipán, Mausoleo de Gottfried Knoch, Mirador Lagunazo, Pico Occidental, Pico Oriental, Río Escondido, Ruinas del Teleférico, Río San José, San Bernardino-Hotel Humboldt, Aguas del Renacer, Fila Begonia, Pico Naiguatá, Mirador 360, Conoce Tabay la Mucuy Baja y San Francisco de Yare, ubicadas en los municipios de los estados que en ellas se indican. G.O. n° 42.410 del 01-07-2022.

Resoluciones n° 48, 49, 50, 51, 52 y 53 del MPP para el Turismo, mediante las cuales se validan las rutas turísticas Mausoleo Dr. Gottfried Knoch, Picacho Galipán, Río san José, Río Escondido, Hotel Humboldt y Ruinas del Teleférico, ubicadas en el Municipio Vargas del estado La Guaira. G.O. n° 42.424 del 22-07-2022.

Resoluciones n° 56, 57, 58 y 60 del MPP para el Turismo, mediante las cuales se validan las rutas turísticas Destino Peniel, Comunidad las Garcitas, Tour Aventura Waraira y El Jardín de Lara, ubicadas en los municipios de los estados que en ellas se indican. G.O. n° 42.443 del 18-08-2022.

Resoluciones n° 63, 64 y 65 del MPP para el Turismo, mediante las cuales se validan las rutas turísticas Calles Empedradas, Encanto Patrimonial y Raíces de la Fe Falconiana, ubicadas en los municipios de los estados que en ellas se mencionan. G.O. n° 42.460 del 12-09-2022.

Resolución n° 59 del MPP para el Turismo, mediante la cual se valida la ruta turística Iribarren Crepuscular, ubicada en el municipio Iribarren, del estado Lara. G.O. n° 42.498 del 04-11-2022.

XIII. Envite y azar[170]

Resolución n° 47 del MPP para Relaciones Interiores, Justicia y Paz, mediante la cual se establece que la Comisión Nacional de Casinos, Salas de Bingo y Máquinas Traganíqueles, dará cumplimiento a las disposiciones establecidas en la Ley para el Control de los Casinos, Salas de Bingo y Máquinas Traganíqueles, en su Reglamento y demás normativa aplicable. G.O. n° 42.088 del 16-03-2021.

Resolución n° 16 del MPP de Economía, Finanzas y Comercio Exterior, mediante la cual se establecen las atribuciones del Presidente de la Comisión Nacional de Lotería. G.O. n° 43.006 del 13-11-2024.

---

[170] Véase también: § Calendarios; Terrorismo y legitimación de capitales.

VI
DESARROLLO SOCIAL

I. Ciencia y tecnología[171]

Resolución n° 675 del MPP para Educación Universitaria, Ciencia y Tecnología, mediante la cual se establece continuar con el proceso de reorganización y reestructuración del Fondo Nacional de Ciencia, Tecnología e Innovación (Fonacit). G.O. n° 40.815 del 22-12-2015.

Resolución n° 191 del MPP para Educación Universitaria, Ciencia y Tecnología, mediante la cual se crea la Red Nacional de Centros de Investigación en Ciencias Sociales y Humanidades. G.O. n° 40.963 del 10-08-2016.

Ley Orgánica de Reforma Parcial del Decreto con Rango, Valor y Fuerza de Ley Orgánica de Ciencia, Tecnología e Innovación. G.O. n° 6.693 Extraordinario del 01-04-2022.

Resolución n° 214 del MPP para la Ciencia y Tecnología, mediante la cual se establecen los lineamientos para la promoción, articulación, impulso, seguimiento y evaluación de las iniciativas, proyectos y actividades que se desarrollen a nivel nacional en el marco de la Ciencia Abierta para responder a desafíos locales y generar soluciones que satisfagan necesidades, acompañada de conocimientos científicos y saberes ancestrales más accesibles y verificables, sujetos a examen y crítica; que la haga más eficiente, mejore la calidad, la reproducibilidad, el impacto social positivo, la fiabilidad y la confianza en la ciencia y en los productos que de ella se derivan. G.O. n° 42.645 del 07-06-2023.

Resolución n° 204 del MPP para la Ciencia y Tecnología, mediante la cual se constituye el Comité de Bioética de este ministerio, como un cuerpo colegiado independiente, institucional, interdisciplinario, plural y de carácter consultivo de los proyectos de investigación científica que se promuevan y desarrollen bajo la rectoría de la autoridad nacional con competencia en materia de ciencia, tecnología e innovación. G.O. n° 42.787 del 28-12-2023.

---

[171] Véase también: § Comisiones presidenciales; Superintendencias; Fundaciones del Estado; Tasas y contribuciones.

II. Educación[172]

1. Educación inicial, básica y media

A. Normativa del sistema de educación[173]

Resolución n° 63 del MPP para la Educación, mediante la cual se suprime el trámite administrativo de legalización de los documentos probatorios de estudios de este ministerio. G.O. n° 40.723 del 13-08-2015.

Resolución n° 75 del MPP para la Educación, mediante la cual se dictan las normas sobre el uniforme escolar. G.O. n° 40.739 del 04-09-2015.

Resolución n° 80 del MPP para la Educación, mediante la cual se dictan las normas sobre las cantinas escolares en el subsistema de educación básica. G.O. n° 40.739 del 04-09-2015.

Resolución n° 83 del MPP para la Educación, mediante la cual se dictan las normas relacionadas con útiles escolares para los niveles y modalidades del subsistema de educación básica. G.O. n° 40.739 del 04-09-2015.

Resolución n° 84 del MPP para la Educación, mediante la cual se deroga la Resolución donde se dictan las normas sobre las cantinas escolares en el subsistema de educación básica. G.O. n° 40.749 del 18-09-2015.

Resolución n° 48 del MPP para la Educación, mediante la cual se dictan las normas para establecer la educación propia en las instituciones y centros educativos indígenas del subsistema de educación básica. G.O. n° 40.960 del 05-08-2016.

Resolución n° 49 del MPP para la Educación, mediante la cual se dictan las normas sobre el uso de los trajes tradicionales indígenas en el subsistema de educación básica. G.O. n° 40.960 del 05-08-2016.

Resolución conjunta de los MPP para la Educación y para los Pueblos Indígenas, mediante la cual se dictan las normas sobre los nichos lingüísticos. G.O. n° 40.960 del 05-08-2016.

Resolución n° 35 del MPP para la Educación, mediante la cual se dictan las normas que direccionalizan los elementos centrales de la conceptualización y política para la atención educativa integral de las personas con necesidades educativas especiales y/o con discapacidad. G.O. n° 41.221 del 24-08-2017.

---

[172] Véase también: § Misiones; Acuerdos e incorporaciones al ordenamiento jurídico.

[173] Véase también: § Exoneraciones; Marcaje y control de precios.

Resolución n° 31 del MPP para la Educación, mediante la cual se procede crear, en todas las escuelas técnicas públicas y las de gestión privada que administran menciones de formación profesional, la Unidad de Producción Escolar Territorial Aristóbulo Iztúriz (UPETAI). G.O. n° 42.316 del 10-02-2022.

Resolución n° 13 del MPP para la Educación, mediante la cual se crea la Cátedra Alí en la Escuela para todos los niveles y modalidades del subsistema de educación básica. G.O. n° 42.370 del 05-05-2022.

Resolución n° 16 del MPP para la Educación, mediante la cual se dicta el proceso de transformación de las escuelas para el emprendimiento en la modalidad de educación de jóvenes, adultas y adultos. G.O. n° 42.478 del 06-10-2022.

Ley de Participación Estudiantil en el Subsistema de Educación Básica. G.O. n° 6.737 Extraordinario del 23-02-2023.

Resolución n° 14 del MPP para la Educación, mediante la cual se crea el Observatorio de la Calidad Educativa Venezolana, como instancia científica de investigación sistemática, seguimiento y evaluación de alcance nacional e internacional que orientará la política educativa en Venezuela, en el marco del cumplimiento del Plan de la Patria (2019-2025) y de la Agenda 2030 de la Organización de las Naciones Unidas. G.O. n° 42.737 del 18-10-2023.

Resolución conjunta de los MPP para la Educación y para la Educación Universitaria, mediante la cual se crea la red de cooperación entre el MPP para la Educación y para la Educación Universitaria, para la articulación académica entre las escuelas técnicas, las instituciones de educación universitarias nacionales y la Misión Sucre. G.O. n° 42.800 del 17-01-2024.

Resolución n° 9 del MPP para la Educación, mediante la cual se crean los Centros de Desarrollo de la Calidad Educativa (CDCE), Estadales, Municipales y Parroquiales, adscritos a este Ministerio. G.O. n° 42.852 del 04-04-2024.

Resolución n° 13 del MPP para la Educación, mediante la cual se dicta la normativa para el proceso de acreditación y certificación de aprendizajes por experiencia en la modalidad de educación de jóvenes, adultas y adultos. G.O. n° 42.855 del 09-04-2024.

B. Planes de estudio

Resolución n° 142 del MPP para la Educación, mediante la cual se dicta el proceso de transformación curricular para la educación media general en la modalidad de educación de jóvenes, adultas y adultos. G.O. n° 41.044 del 02-12-2016.

Resolución n° 143 del MPP para la Educación, mediante la cual se dictan los lineamientos para el proceso de transformación curricular en todos los niveles y modalidades. G.O. n° 41.044 del 02-12-2016.

Resolución n° 33 del MPP para la Educación, mediante la cual se dicta el plan de estudio para la educación media general. G.O. n° 41.221 del 24-08-2017.

Resolución n° 4 del MPP para la Educación, mediante la cual se tiene por objeto regular los procesos para orientar la incorporación de la educación integral de la sexualidad en el subsistema de educación básica, en el marco del Plan Nacional de Prevención y Reducción del Embarazo a Temprana Edad y en la Adolescencia (PRETA): así como, los programas educativos pertinentes a la formación de las niñas, los niños, adolescentes, jóvenes y adultos, como una estrategia de vida y salud que proteja sus derechos como parte esencial de su proyecto de vida. G.O. n° 42.063 del 05-02-2021.

Resolución n° 17 del MPP para la Educación, mediante la cual se dicta el plan de estudio para la educación media general en la mención de ciencia y tecnología. G.O. n° 42.738 del 19-10-2023.

Resolución n° 18 del MPP para la Educación, mediante la cual se dictan los planes de estudios para la educación técnica profesional en la opción educación media técnica. G.O. n° 42.739 del 20-10-2023.

Resolución n° 11 del MPP para la Educación, mediante la cual se dictan los planes de estudios para la educación técnica profesional en la modalidad de educación de jóvenes, adultas y adultos. G.O. n° 42.855 del 09-04-2024.

Resolución n° 12 del MPP para la Educación, mediante la cual se dicta el plan de estudio de educación primaria en la modalidad de educación de jóvenes, adultas y adultos. G.O. n° 42.855 del 09-04-2024.

C. Actividad académica

Resolución n° 77 del MPP para la Educación, mediante la cual se dictan las normas sobre efemérides en el calendario escolar. G.O. n° 40.739 del 04-09-2015.

Resolución n° 23 del MPP para la Educación, mediante la cual se dicta los lineamientos administrativos y pedagógicos para garantizar los derechos de las niñas, niños y adolescentes que reciben educación en las instituciones y centros educativos oficiales, dependientes del ejecutivo Nacional, Estadal, Municipal, de los entes descentralizados y las instituciones educativas privadas ante la suspensión arbitraria de actividades educativas. G.O. n° 41.150 del 15-05-2017.

Decreto n° 3.780, mediante el cual se suspenden las actividades académicas en todo el territorio nacional el día jueves 14-03-2019, a los fines de resguardar la seguridad a las niñas, niños y adolescentes y facilitar los trabajos que se ejecutan en la recuperación y estabilización del Servicio Eléctrico Nacional. G.O. n° 6.434 Extraordinario del 13-03-2019.

Decreto n° 3.784, mediante el cual se suspenden las actividades académicas en todo el territorio nacional el día viernes 15-03-2019, a los fines de resguardar la seguridad a las niñas, niños y adolescentes y facilitar los trabajos que se ejecutan en la recuperación y estabilización del Servicio Eléctrico Nacional. G.O. n° 41.598 del 14-03-2019.

Decreto n° 3.793, mediante el cual se suspenden las actividades académicas en todo el territorio nacional los días 26 y 27-03-2019, a los fines de resguardar la seguridad a las niñas, niños y adolescentes y facilitar los trabajos que se ejecutan en la recuperación y estabilización del Servicio Eléctrico Nacional. G.O. n° 6.436 Extraordinario del 26-03-2019.

Decreto n° 3.794, mediante el cual se suspenden las actividades académicas en todo el territorio nacional el día 28-03-2019, a los fines de resguardar la seguridad a las niñas, niños y adolescentes y facilitar los trabajos que se ejecutan en la recuperación y estabilización del Servicio Eléctrico Nacional. G.O. n° 6.437 Extraordinario del 27-03-2019.

Decreto n° 3.795, mediante el cual se suspenden las actividades académicas en todo el territorio nacional el día 29-03-2019, a los fines de resguardar la seguridad a las niñas, niños y adolescentes y facilitar los trabajos que se ejecutan en la recuperación y estabilización del Servicio Eléctrico Nacional. G.O. n° 6.438 Extraordinario del 28-03-2019.

Decreto n° 3.797, mediante el cual se suspenden las actividades académicas en todo el territorio nacional el día 01-04-2019, a los fines de resguardar la seguridad a las niñas, niños y adolescentes y facilitar los trabajos que se ejecutan en la recuperación y estabilización del Servicio Eléctrico Nacional. G.O. n° 6.440 Extraordinario del 31-03-2019.

Decreto n° 3.798, mediante el cual se suspenden las actividades académicas en todo el territorio nacional el día 02-04-2019, a los fines de resguardar la seguridad a las niñas, niños y adolescentes, y facilitar los trabajos que se ejecutan en la recuperación y estabilización del Servicio Eléctrico Nacional. G.O. n° 41.607 del 01-04-2019.

Resolución n° 29 del MPP para la Educación, mediante la cual se establece el horario de clases en todas las instituciones educativas públicas y de administración privada del subsistema de educación básica y media. G.O. n° 42.505 del 15-11-2022.

D. Epónimos

Resolución n° 52 del MPP para la Educación, mediante la cual se identifica con los epónimos que en ella se indican, las promociones que egresen de las instituciones y centros educativos oficiales dependiente del Ejecutivo Nacional, Estadal, Municipal y las instituciones educativas privadas que en ella se mencionan. G.O. n° 40.692 del 30-06-2015.

Resolución n° 78 del MPP para la Educación, mediante la cual se dictan las normas sobre el procedimiento para la solicitud y otorgamiento del epónimo en las instituciones y centros educativos del subsistema de educación básica. G.O. n° 40.739 del 04-09-2015.

Resolución n° 64 del MPP para la Educación, mediante la cual se identifica con los epónimos 14 de julio de 2016 Bicentenario del fallecimiento del Generalísimo Sebastián Francisco de Miranda, 31 de marzo de 2016 Bicentenario de la Expedición de Los Cayos, las promociones que egresen de las instituciones y centros educativos oficiales dependientes del Ejecutivo Nacional, Estadal y Municipal, y las instituciones educativas privadas del nivel de educación media en sus dos opciones: educación media general y educación media técnica, en las menciones o especialidades respectivas para el período escolar 2015-2016. G.O. n° 40.940 del 08-07-2016.

Resolución n° 22 del MPP para la Educación, mediante la cual se identifica con el epónimo 1 de Febrero de 2017 Bicentenario del Nacimiento del General del Pueblo Soberano Ezequiel Zamora, a las promociones que egresen de las instituciones y centros educativos oficiales dependientes del Ejecutivo Nacional, Estadal, Municipal y las instituciones educativas privadas del nivel de educación media en sus dos opciones: educación media general y educación media técnica, en las menciones o especialidades respectivas para el período escolar 2016-2017. G.O. n° 41.148 del 11-05-2017.

Resolución n° 18 del MPP para la Educación, mediante la cual se identifica con el epónimo 1 de Febrero de 2018 Bicentenario del Nacimiento del Humanista Cecilio Acosta, para el período escolar 2017-2018. G.O. n° 41.345 del 21-02-2018.

Resolución n° 28 del MPP para la Educación, mediante la cual se procede a identificar con el epónimo 15 de febrero de 2019 Bicentenario del Congreso de Angostura a las promociones que egresen de las instituciones y centros educativos oficiales dependientes del Ejecutivo Nacional, Estadal, Municipal y las instituciones educativas privadas del nivel de educación media en sus dos opciones: educación media general y educación media técnica en las menciones o especialidades respectivas, así como la modalidad de educación de jóvenes, adultos y adultas, para el período escolar 2018-2019. G.O. n° 41.636 del 20-05-2019.

Resolución n° 7 del MPP para la Educación, mediante la cual se identifica con el epónimo 1946-2021 Profesor Aristóbulo Izturiz Insigne Maestro de la Patria a las promociones que egresen de las instituciones y centros educativos oficiales dependientes del Ejecutivo Nacional, Estadal Municipal y las instituciones educativas privadas de los niveles de educación media general, educación media técnica, modalidades de educación de jóvenes, adultas y adultos, Inces y Misión Ribas en las menciones y especialidades correspondientes, para el período escolar 2020-2021. G.O. n° 42.165 del 09-07-2021.

Resolución n° 18 del MPP para la Educación, mediante la cual se procede a identificar con el epónimo Gran Mariscal de Ayacucho Antonio José de Sucre, a las promociones que egresen de las instituciones y centros educativos oficiales dependientes del Ejecutivo Nacional, Estadal, Municipal y las instituciones educativas privadas de los niveles de educación media general, educación media técnica, modalidades de educación de jóvenes, adultas y adultos, Inces y Misión Ribas en las menciones y especialidades correspondientes, para el período escolar 2021-2022. G.O. n° 42.414 del 08-07-2022.

Resolución n° 12 del MPP para la Educación, mediante la cual se identifica con el Epónimo Bicentenario de la Batalla Naval del Lago de Maracaibo, a las promociones que egresen de las instituciones y centros educativos oficiales dependientes del Ejecutivo Nacional, Estadal, Municipal y las instituciones educativas privadas de los niveles de educación inicial, primaria, media general, educación media técnica, modalidad de educación de jóvenes, adultas y adultos, Inces y Misión Ribas en las menciones y especialidades G.O. n° 42.661 del 29-06-2023.

Resolución n° 14 del MPP para la Educación, mediante la cual se identifica con el Epónimo 09 de Diciembre de 2024-Bicentenario de la Batalla de Ayacucho, a las promociones que egresen de las instituciones y centros educativos oficiales dependiente del Ejecutivo Nacional, Estadal, Municipal y las instituciones educativas de gestión privada de los niveles de educación inicial, primaria, media general, educación media técnica, modalidad de educación de jóvenes, adultas y adultos, Inces y Misión Ribas en las menciones y especialidades correspondientes, para el período escolar 2023-2024. G.O. n° 42.882 del 20-05-2024.

2. Educación superior

A. Normativa del sistema de educación superior

Acuerdo n° 113 del CNU, mediante el cual se dicta las normas sobre perfeccionamiento del sistema de ingreso a la educación universitaria. G.O. n° 40.660 del 14-05-2015.

Acuerdo n° 1 del CNU, mediante el cual se aprueba el documento marco del Sistema de Evaluación, Supervisión, Acompañamiento y Acreditación y se aprueba la creación de la Comisión Nacional para la

Activación del referido Sistema, adscrita a este Ministerio. G.O. n° 42.073 del 23-02-2021.

Acuerdo n° 173 del CNU, mediante el cual se dicta la normativa nacional de los sistemas multimodales de educación universitaria y educación mediada por las tecnologías de la información y la comunicación. G.O. n° 42.209 del 09-09-2021.

Resolución n° 64 del MPP para la Educación Universitaria, mediante la cual se dictan las normas sobre la organización y funcionamiento de los Consejos Estadales de Gestión Universitaria. G.O. n° 42.210 del 10-09-2021.

Resolución n° 47 del MPP para la Educación Universitaria, mediante la cual se dictan los lineamientos orientadores para la acreditación y certificación de aprendizajes y saberes por experiencia. G.O. n° 42.903 del 18-06-2024.

Providencia n° 22 del CNU, mediante la cual se acuerda prorrogar el lapso establecido en el artículo 37 de la normativa nacional de los sistemas multimodales de educación universitaria y educación mediada por las tecnologías de la información y la comunicación. G.O. n° 42.939 del 12-08-2024.

Providencia n° 23 del CNU, mediante la cual se acuerda que las instituciones de educación universitaria procedan en ajustar la denominación de la titulación de licenciatura en preescolar, en licenciatura en educación inicial, así como para los técnicos superiores universitarios en educación, mención inicial. G.O. n° 42.939 del 12-08-2024.

Resolución n° 96 del MPP para la Educación Universitaria, mediante la cual se crea la Cátedra Libre Dr. José Gregorio Hernández, para la exaltación de la obra y memoria de tan ilustre venezolano. G.O. n° 42.996 del 30-10-2024.

B. Universidades nacionales

Decreto n° 2.567, mediante el cual se crea la Universidad Nacional del Turismo UNATUR, como universidad nacional en el marco de la Misión Alma Mater. G.O. n° 41.038 del 24-11-2016.

Reglamento de Reforma del Reglamento General de la Universidad Nacional Experimental Politécnica de la Fuerza Armada Nacional Bolivariana (UNEFA). G.O. n° 6.291 Extraordinario del 21-03-2017.

Resolución n° 2 del MPP para Educación Universitaria, Ciencia y Tecnología, mediante la cual se dicta el Reglamento de Organización y Funcionamiento de la Universidad Nacional del Turismo UNATUR. G.O. n° 41.161 del 30-05-2017.

Decreto n° 2.890, mediante el cual se crea la Universidad Popular del Ambiente Fruto Vivas como universidad nacional experimental. G.O. n° 41.165 del 05-06-2017.

Resoluciones del MPP para la Educación Universitaria, Ciencia y Tecnología, mediante las cuales se dictan los reglamentos de organización y funcionamiento de las universidades politécnicas territoriales que en ellas se indican. G.O. n° 6.321 Extraordinario de 04-08-2017.

Resolución n° 59 del MPP para la Educación Universitaria, Ciencia y Tecnología, mediante la cual se dicta el Reglamento de Organización y Funcionamiento de la Universidad Politécnica Territorial del Oeste de Sucre Clodosbaldo Russián. G.O. n° 41.214 del 15-08-2017.

Decreto n° 3.293, mediante el cual se crea la Universidad Nacional Experimental de la Gran Caracas (UNEXCA), en el marco de la Misión Alma Mater, como universidad nacional experimental. G.O. n° 41.349 del 27-02-2018.

Decreto n° 3.477, mediante el cual se crea la Universidad Nacional Experimental de Lara Martin Luther King. G.O. n° 41.423 del 20-06-2018.

Decreto n° 3.632, mediante el cual se crea la Universidad Nacional Experimental de las Telecomunicaciones e Informática (UNETI). G.O. n° 41.501 del 11-10-2018.

Decreto n° 3.651, mediante el cual se crea la Universidad Nacional Experimental del Magisterio Samuel Robinson (UNEM). G.O. n° 41.515 del 01-11-2018.

Decreto n° 3.677, mediante el cual se crea la Universidad Politécnica Territorial de Maracaibo en el marco de la Misión Alma Mater, como universidad experimental. G.O. n° 41.531 del 23-11-2018.

Decreto n° 3.678, mediante el cual se crea la Universidad Politécnica Territorial de Puerto Cabello en el marco de la Misión Alma Mater, como universidad experimental. G.O. n° 41.531 del 23-11-2018.

Decreto n° 3.679, mediante el cual se crea la Universidad Politécnica Territorial del Zulia en el marco de la Misión Alma Mater, como universidad experimental. G.O. n° 41.531 del 23-11-2018.

Decreto n° 3.680, mediante el cual se crea la Universidad Politécnica Territorial de los Llanos Juana Ramírez en el marco de la Misión Alma Mater, como universidad experimental. G.O. n° 41.531 del 23-11-2018.

Decreto n° 3.681, mediante el cual se crea la Universidad Politécnica Territorial de Caracas Mariscal Sucre en el marco de la Misión Alma Mater, como universidad experimental. G.O. n° 41.531 del 23-11-2018.

Decreto n° 3.682, mediante el cual se crea la Universidad Politécnica Territorial Agroindustrial del Estado Táchira, en el marco de la Misión Alma Mater, como universidad experimental. G.O. n° 41.531 del 23-11-2018.

Decreto n° 3.683, mediante el cual se crea la Universidad Politécnica Territorial del Estado Bolívar, en el marco de la Misión Alma Mater, como universidad experimental. G.O. n° 41.531 del 23-11-2018.

Decreto n° 3.684, mediante el cual se crea la Universidad Politécnica Territorial de Valencia, en el marco de la Misión Alma Mater, como universidad experimental. G.O. n° 41.531 del 23-11-2018.

Decreto n° 3.685, mediante el cual se crea la Universidad Politécnica Territorial del Estado Miranda Dr. Federico Rivero Palacio, en el marco de la Misión Alma Mater, como universidad experimental. G.O. n° 41.531 del 23-11-2018.

Resolución n° 3 del MPP para la Educación Universitaria, Ciencia y Tecnología, mediante la cual se dicta el Reglamento de Organización y Funcionamiento de la Universidad Politécnica Territorial de Los Valles del Tuy. G.O. n° 41.562 del 11-01-2019.

Resolución n° 132 del MPP para la Educación Universitaria, Ciencia y Tecnología, mediante la cual se dicta el Reglamento General de la Universidad Deportiva del Sur. G.O. n° 41.564 del 15-01-2019.

Decreto n° 3.757, mediante el cual se crea en el marco de la Misión Alma Mater y la Gran Misión Transporte Venezuela, la Universidad Nacional Experimental del Transporte. G.O. n° 41.579 del 05-02-2019.

Decreto n° 3.833, mediante el cual se crea la Universidad Bolivariana de las Comunas (UBC), en el marco de la Misión Alma Mater, como una universidad nacional especializada. G.O. n° 6.453 Extraordinario del 25-04-2019.

Decreto n° 4.031, mediante el cual se crea la Universidad Internacional de las Comunicaciones, en el marco de la Misión Alma Mater, como una universidad especializada. G.O. n° 41.774 del 04-12-2019.

Decreto n° 4.715, mediante el cual se crea la Universidad Nacional Experimental de Especialidades Eléctricas. G.O. n° 42.431 del 02-08-2022.

Decreto n° 4.836, mediante el cual se incorpora a la denominación de la Universidad el nombre del máximo Líder Socialista y Revolucionario Hugo Chávez Frías. En consecuencia, la Casa de Estudio se denominará Universidad de las Ciencias de la Salud Hugo Chávez Frías. G.O. n° 42.689 del 10-08-2023.

Decreto n° 5.055, mediante el cual se crea la Universidad Nacional de las Ciencias Dr. Humberto Fernández Morán, como universidad nacional especializada. G.O. n° 6.863 Extraordinario del 11-12-2024.

C. Programas nacionales de formación avanzada

Resolución n° 246 del MPP para Educación Universitaria, Ciencia y Tecnología, mediante la cual se crea el programa nacional de formación avanzada en medicina general integral. G.O. n° 40.997 del 27-09-2016.

Resoluciones n° 249 y 253 del MPP para Educación Universitaria, Ciencia y Tecnología, mediante las cuales se crean los programas nacionales de formación en educación, en las menciones que en ellas se especifican. G.O. n° 41.002 del 04-10-2016.

Resolución n° 267 del MPP para la Educación Universitaria, Ciencia y Tecnología, mediante la cual se crea el programa nacional de formación en seguridad de la Nación. G.O. n° 41.014 del 21-10-2016.

Resoluciones N° 309, 310, 311 y 317 del MPP para la Educación Universitaria, Ciencia y Tecnología, mediante las cuales se crea los programas nacionales de formación avanzada de gestión para la creación intelectual; ecología del desarrollo humano; pedagogía crítica; y radioimagenologia. G.O. n° 41.056 del 20-12-2016.

Resolución n° 79 del MPP del para Educación Universitaria, Ciencia y Tecnología, mediante la cual se crea, en el marco de la Micromisión Simón Rodríguez, el programa nacional de formación avanzada en educación. G.O. n° 41.168 del 08-06-2017.

Resolución n° 90 del MPP para Educación Universitaria, Ciencia y Tecnología, mediante la cual se crea el programa nacional de formación avanzada en biotecnología. G.O. n° 41.177 del 21-06-2017.

Resolución n° 91 del MPP para Educación Universitaria, Ciencia y Tecnología, mediante la cual se crea el programa nacional de formación avanzada en artes y cultura del Sur. G.O. n° 41.177 del 21-06-2017.

Resolución n° 104 del MPP para Educación Universitaria, Ciencia y Tecnología, mediante la cual se crea el programa nacional de formación avanzada en seguridad ciudadana. G.O. n° 41.193 del 14-07-2017.

Resoluciones n° 108 y 112 del MPP para la Educación Universitaria, Ciencia y Tecnología, mediante las cuales se crean los programas nacionales de formación avanzada en defensa integral de la nación y de educación inicial. G.O. n° 41.249 del 03-10-2017, reimpresión en G.O. n° 41.495 del 03-10-2018.

Resolución n° 149 del MPP para la Educación Universitaria, Ciencia y Tecnología, mediante la cual se crea el programa nacional de formación en deportes. G.O. n° 41.335 del 05-02-2018.

Resoluciones n° 17, 18, 19 y 20 del MPP para la Educación Universitaria, Ciencia y Tecnología, mediante las cuales se crean los programas nacionales de formación avanzada en anestesiología, medicina interna, pediatría y puericultura, en cirugía ortopédica y traumatología. G.O. n° 41.365 del 21-03-2018.

Resolución n° 27 del MPP para la Educación Universitaria, Ciencia y Tecnología, mediante la cual se crea el programa nacional de formación avanzada en patología forense. G.O. n° 41.382 del 23-04-2018.

Resolución n° 81 del MPP para Educación Universitaria, Ciencia y Tecnología, mediante la cual se crea el programa nacional de formación en psicología social. G.O. n° 41.459 del 13-08-2018.

Resolución n° 131 del MPP para Educación Universitaria, Ciencia y Tecnología, mediante la cual se crea el programa nacional de formación de trabajo social. G.O. n° 41.464 del 21-08-2018, reimpresión en G.O. n° 41.495 del 03-10-2018.

Resoluciones n° 82, 85 y 92 del MPP para la Educación Universitaria, Ciencia y Tecnología, mediante las cuales se crea los programas nacionales de formación avanzada en energía eléctrica, ingeniería biomédica y en salud de los trabajadores del sector hidrocarburos y minería. G.O. n° 41.473 del 03-09-2018.

Resolución n° 1 del MPP para la Educación Universitaria, Ciencia y Tecnología, mediante la cual se crea el programa nacional de formación media técnica y profesional. G.O. n° 41.562 del 11-01-2019.

Resoluciones n° 137, 138, 139, 140, 141, 142, 143, 152 y 153 del MPP para la Educación Universitaria, Ciencia y Tecnología, mediante las cuales se crea los programas nacionales de formación avanzada en neonatología; comunicación social en asuntos energéticos; producción sostenible de cacao y sus derivados; oftalmología; nefrología; enfermería en hemoterapia; ginecología y obstetricia; aeronáutica civil; gestión pública. G.O. n° 41.565 del 16-01-2019.

Resoluciones n° 7, 8, 9, 10, 11 y 12 del MPP para la Educación Universitaria, Ciencia y Tecnología, mediante las cuales se crean los programas nacionales de formación avanzada en trastorno del espectro autista; calidad e inocuidad agroalimentaria; ingeniería del agua; química aplicada; biología aplicada al diagnóstico; hidrocarburos. G.O. n° 41.582 del 08-02-2019.

Resolución n° 13 del MPP para la Educación Universitaria, mediante la cual se crea el programa nacional de formación avanzada en calidad e inocuidad agroalimentaria. G.O. n° 41.660 del 21-06-2019.

Resolución n° 43 del MPP para la Educación Universitaria, mediante la cual se crea el programa nacional de formación avanzada en informática, mención desarrollo de software. G.O. n° 41.680 del 25-07-2019.

Resolución n° 7 del MPP para la Educación Universitaria, mediante la cual se crea el programa nacional de formación bomberil en emergencia prehospitalaria. G.O. n° 41.827 del 26-02-2020.

Resolución n° 50 del MPP para la Educación Universitaria, mediante la cual se crea el programa nacional de formación avanzada en enfermería en cuidados intensivos del adulto. G.O. n° 41.932 del 30-07-2020.

Resolución n° 51 del MPP para la Educación Universitaria, mediante la cual se crea el programa nacional de formación avanzada en enfermería en salud mental integral. G.O. n° 41.932 del 30-07-2020.

Resolución n° 52 del MPP para la Educación Universitaria, mediante la cual se crea el programa nacional de formación avanzada en salud colectiva. G.O. n° 41.932 del 30-07-2020.

Resolución n° 53 del MPP para la Educación Universitaria, mediante la cual se crea el programa nacional de formación avanzada en ingeniería mecánica. G.O. n° 41.932 del 30-07-2020.

Resolución n° 3 del MPP para la Educación Universitaria, mediante la cual se crean las menciones de atención integral y régimen penitenciario del programa nacional de formación avanzada de seguridad ciudadana. G.O. n° 42.083 del 09-03-2021.

Resolución n° 7 del MPP para la Educación Universitaria, mediante la cual se crea la especialización en educación especial dentro del programa nacional de formación avanzada en educación. G.O. n° 42.093 del 23-03-2021.

Resolución n° 65 del MPP para la Educación Universitaria, mediante la cual se crea la mención de gestión de tripulación de mando del programa nacional de formación en aeronáutica civil. G.O. n° 42.212 del 14-09-2021.

Resolución n° 68 del MPP para la Educación Universitaria, mediante la cual se crea el programa nacional de formación avanzada en cultura energética. G.O. n° 42.212 del 14-09-2021.

Aviso Oficial n° 73 del MPP para la Educación Universitaria, mediante el cual se corrige por error material la Resolución n° 17 publicada en la G.O. n° 40.342 del 27-01-2014, sobre la creación del programa nacional de formación en medicina veterinaria. G.O. n° 42.223 del 29-09-2021.

Resolución n° 3 del MPP para la Educación Universitaria, mediante la cual se crea el programa nacional de formación avanzada en geriatría y gerontología. G.O. n° 42.307 del 28-01-2022.

Resolución n° 4 del MPP para la Educación Universitaria, mediante la cual se crea el programa nacional de formación avanzada en geriatría y gerontología. G.O. n° 42.307 del 28-01-2022.

Resolución n° 5 del MPP para la Educación Universitaria, mediante la cual se crea el programa nacional de formación avanzada en enfermería en cuidados oncológicos. G.O. n° 42.307 del 28-01-2022.

Resolución n° 5 del MPP para la Educación Universitaria, mediante la cual se crea el programa nacional de formación avanzada en enfermería en cuidado neonatal. G.O. n° 42.307 del 28-01-2022.

Resolución n° 15 del MPP para la Educación Universitaria, mediante la cual se crea el programa nacional de formación avanzada en cirugía y traumatología bucal y maxilofacial. G.O. n° 42.373 del 10-05-2022, reimpresión en G.O. n° 42.666 del 07-07-2023.

Resolución n° 19 del MPP para la Educación Universitaria, mediante la cual se crea el programa nacional de formación avanzada en enfermería quirúrgica. G.O. n° 42.395 del 09-06-2022.

Resolución n° 20 del MPP para la Educación Universitaria, mediante la cual se crea el programa nacional de formación de telecomunicaciones. G.O. n° 42.395 del 09-06-2022.

Resolución n° 39 del MPP para la Educación Universitaria, mediante la cual se crea el programa nacional de formación en farmacia. G.O. n° 42.430 del 01-08-2022.

Resolución n° 60 del MPP para la Educación Universitaria, mediante la cual se crea el programa nacional de formación en ingeniería ambiental. G.O. n° 42.456 del 06-09-2022.

Resolución n° 6 del MPP para la Educación Universitaria, mediante la cual se crea el programa nacional de formación educación en matemática. G.O. n° 42.638 del 29-05-2023.

Resolución n° 7 del MPP para la Educación Universitaria, mediante la cual se crea el programa nacional de formación educación en física. G.O. n° 42.638 del 29-05-2023.

Resolución n° 8 del MPP para la Educación Universitaria, mediante la cual se crea el programa nacional de formación en educación primaria. G.O. n° 42.639 del 30-05-2023.

Resolución n° 9 del MPP para la Educación Universitaria, mediante la cual se crea el programa nacional de formación en educación indígena. G.O. n° 42.639 del 30-05-2023.

Resolución n° 10 del MPP para la Educación Universitaria, mediante la cual se crea el programa nacional de formación en educación de jóvenes, adultas y adultos. G.O. n° 42.639 del 30-05-2023.

Resolución n° 11 del MPP para la Educación Universitaria, mediante la cual se crea el programa nacional de formación en gestión institucional mención administración y gestión escolar y mención mantenimiento de ambientes escolares. G.O. n° 42.639 del 30-05-2023.

Resolución n° 12 del MPP para la Educación Universitaria, mediante la cual se crea el programa nacional de formación en educación en química. G.O. n° 42.639 del 30-05-2023.

Resolución n° 13 del MPP para la Educación Universitaria, mediante la cual se crea el programa nacional de formación educación en biología. G.O. n° 42.639 del 30-05-2023.

Resolución n° 17 del MPP para la Educación Universitaria, mediante la cual se crea en el marco del programa nacional de formación avanzada en educación, las menciones que en ella se señalan. G.O. n° 42.641 del 01-06-2023.

Resolución n° 47 del MPP para la Educación Universitaria, mediante la cual se crea el programa nacional de formación en estudios militares en las menciones que en ella se señalan. G.O. n° 42.721 del 25-09-2023.

Resolución n° 56 del MPP para la Educación Universitaria, mediante la cual se crea las menciones de mantenimiento aeronáutico y de gestión de tripulación de cabina de pasajero del programa nacional de formación en aeronáutica civil. G.O. n° 42.773 del 07-12-2023.

Resolución n° 3 del MPP para la Educación Universitaria, mediante la cual se crea el programa nacional de formación avanzada en ciencias aeronáuticas. G.O. n° 42.801 del 18-01-2024.

Resolución n° 4 del MPP para la Educación Universitaria, mediante la cual se crea el programa nacional de formación en educación física. G.O. n° 42.801 del 18-01-2024.

Resolución n° 5 del MPP para la Educación Universitaria, mediante la cual se crea el programa nacional de formación en educación en geografía, historia y ciudadanía. G.O. n° 42.801 del 18-01-2024.

Resolución n° 6 del MPP para la Educación Universitaria, mediante la cual se crea el programa nacional de formación en educación en lenguas extranjeras mención inglés. G.O. n° 42.801 del 18-01-2024.

Resolución n° 12 del MPP para la Educación Universitaria, mediante la cual se crea el programa nacional de formación avanzada en urología. G.O. n° 42.808 del 29-01-2024.

Resolución n° 22 del MPP para la Educación Universitaria, mediante la cual se crea el programa nacional de formación avanzada en enfermería en nefrología. G.O. n° 42.839 del 14-03-2024.

Resolución n° 23 del MPP para la Educación Universitaria, mediante la cual se crea el programa nacional de formación avanzada en medicina forense. G.O. n° 42.839 del 14-03-2024.

Resolución n° 24 del MPP para la Educación Universitaria, mediante la cual se crea el programa nacional de formación avanzada en medicina física y rehabilitación. G.O. n° 42.839 del 14-03-2024.

Resolución n° 25 del MPP para la Educación Universitaria, mediante la cual se crea el programa nacional de formación avanzada en psiquiatría y salud mental comunitaria. G.O. n° 42.839 del 14-03-2024.

Resolución n° 45 del MPP para la Educación Universitaria, mediante la cual se incorpora al contenido del Libro de Oportunidades de Estudios Universitarios, concebido desde la territorialización, las opciones que podrán desplegar las y los aspirantes a estudios de programas nacionales de formación, programas de formación de grado, carreras largas y cortas, en el Sistema Nacional de Ingreso que en ella se mencionan. G.O. n° 42.892 del 03-06-2024.

Resolución n° 87 del MPP para la Educación Universitaria, mediante la cual se crea el programa nacional de formación avanzada en telecomunicaciones. G.O. n° 42.983 del 11-10-2024.

Resolución n° 88 del MPP para la Educación Universitaria, mediante la cual se crea el programa nacional de formación en ingeniería biomédica. G.O. n° 42.983 del 11-10-2024.

Resolución n° 91 del MPP para la Educación Universitaria, mediante la cual se crea el programa nacional de formación avanzada en odontología forense. G.O. n° 42.994 del 28-10-2024.

Resolución n° 92 del MPP para la Educación Universitaria, mediante la cual se crea el programa nacional de formación avanzada en psicología forense. G.O. n° 42.994 del 28-10-2024.

Resolución n° 93 del MPP para la Educación Universitaria, mediante la cual se crea el programa nacional de formación avanzada en psiquiatría forense. G.O. n° 42.994 del 28-10-2024.

Resolución n° 94 del MPP para la Educación Universitaria, mediante la cual se crea el programa nacional de formación avanzada en antropología forense. G.O. n° 42.994 del 28-10-2024.

Resolución del MPP para la Educación Universitaria, mediante la cual se crea el programa nacional de formación avanzada en estudios nuestroamericanos. G.O. n° 43.000 del 05-11-2024.

Resolución del MPP para la Educación Universitaria, mediante la cual se crea el programa nacional de formación avanzada en cirugía pediátrica. G.O. n° 43.000 del 05-11-2024.

Resolución del MPP para la Educación Universitaria, mediante la cual se crea el programa nacional de formación avanzada en cirugía plástica, reconstructiva y estética. G.O. n° 43.020 del 03-12-2024.

III. Cultura[174]

1. Patrimonio

Decreto n° 4.133, mediante el cual se declara a los grupos raciales bovinos autóctonos conocidos con las denominaciones Criollo Limo-

[174] Véase también: § Fundaciones del Estado; Acuerdos e incorporaciones al ordenamiento jurídico.

nero y Mosaico Perijanero, como Raza Criollo Limonero y Raza Mosaico Perijanero, respectivamente. Asimismo, se declara al grupo racial caballar autóctono conocido con la denominación Caballo Criollo, como Raza Caballo Criollo Venezolano como patrimonio genético de la República. En todos los casos a los individuos de ambas especies se les considerará patrimonio genético de la República Bolivariana de Venezuela. G.O. n° 41.827 del 26-02-2020.

Ley de Reforma Parcial de la Ley de Idiomas Indígenas. G.O. n° 6.642 Extraordinario del 13-09-2021.

Ley para la Salvaguardia del Patrimonio Cultural Inmaterial. G.O. n° 6.652 Extraordinario del 22-09-2021.

Providencia n° 10 del IPC, mediante la cual se dictan las normas y procedimientos para realizar la solicitud de exportación temporal o definitiva de bienes culturales patrimoniales y no patrimoniales. G.O. n° 42.387 del 30-05-2022.

Providencia n° 6 del IPC, mediante la cual se dicta el instructivo que establece las condiciones de la cadena de custodia de los bienes culturales patrimoniales. G.O. n° 42.580 del 02-03-2023.

2. Bienes de interés cultural

Providencia n° 16 del IPC, mediante la cual se declara bien de interés cultural de la República los saberes y tradiciones relacionadas a las semillas de papas nativas en su diversidad. G.O. n° 40.810 del 15-12-2015.

Providencia n° 9 del IPC, mediante la cual se declara bien de interés cultural la vida y obras de César Rengifo. G.O. n° 40.845 del 10-02-2016.

Providencia n° 10 del IPC, mediante la cual se declara bien de interés cultural la memoria histórica de la denominada Ruta Heroica seguida por el Ejército Libertador desde las Sabanas de Taguanes hasta el Campo de Carabobo (1821). G.O. n° 40.845 del 10-02-2016.

Providencia n° 18 del IPC, mediante la cual se declara bien de interés cultural al carácter de práctica cultural de resistencia y pervivencia en el tiempo de los saberes ancestrales y su beneficio social de El Conuco. G.O. n° 40.875 del 30-03-2016.

Providencia n° 4 del IPC, mediante la cual se declara como bien de interés cultural de la República al Buque Escuela Simón Bolívar (BE-11) de la Armada. G.O. n° 40.915 del 31-05-2016.

Providencia n° 11 del IPC, mediante la cual se declara bien de interés cultural al conjunto de bienes presentes en el casco histórico de Maturín desplegados específicamente en la Avenida las Palmeras de Maturín, ubicada en la ciudad de Maturín, estado Monagas. G.O. n° 40.951 del 25-07-2016.

Providencia n° 24 del IPC, mediante la cual se declara bien de interés cultural del Pueblo Chaima los sitios sagrados, la etnocartografía social y los conocimientos relacionados a sus saberes, de los asentamientos de los municipios Caripe, Acosta, Piar y Punceres del estado Monagas, y los municipios Andrés Eloy Blanco y Rivero en el estado Sucre. G.O. n° 40.981 del 05-09-2016.

Providencia n° 35 del IPC, mediante la cual se declara bien de interés cultural la imagen del Niño Jesús de Escuque, así como la manifestación cultural religiosa que se realiza en torno a la imagen en Escuque, parroquia Escuque, municipio Escuque, estado Trujillo. G.O. n° 41.011 del 18-10-2016.

Providencia n° 23 del IPC, mediante la cual se declara bien de interés cultural la manifestación burras y burriquitas tradicionales. G.O. n° 41.012 del 19-10-2016.

Providencia n° 34 del IPC, mediante la cual se declara bien de interés cultural la vida y obras de José Francisco Pacheco Cróquer, voz esencial del canto popular venezolano. G.O. n° 41.012 del 19-10-2016.

Providencia n° 4 del IPC, mediante la cual se declara bien de interés cultural a la Agrupación Dimensión Latina, por su continua y gran trayectoria artística. G.O. n° 41.090 del 07-02-2017.

Providencia 6 IPC, mediante la cual se declara bien de interés cultural a la agrupación Sonero Clásico del Caribe, por su continua y gran trayectoria artística. G.O. n° 41.180 del 26-06-2017.

Providencia n° 16 del IPC, mediante la cual se declara bien de interés cultural la Agrupación Musical El Trabuco Venezolano y la vida y obra de Jorge Alberto Naranjo, iconos de la música popular venezolana. G.O. n° 41.241 del 21-09-2017.

Providencia n° 17 del IPC, mediante la cual se declara bien de interés cultural al Sistema Normativo del Pueblo Wayúu de Venezuela Aplicado por el Putchipü'u (Portador de la Palabra). G.O. n° 41.274 del 08-11-2017.

Providencia n° 25 del IPC, mediante la cual se declara como bien de interés cultural los diseños, símbolos, técnicas y saberes asociados al arte del tejido wayuu, que tienen su origen ancestral en la península de la Guajira. G.O. n° 41.542 del 10-12-2018.

Providencia n° 27 del IPC, mediante la cual se declara como bien de interés cultural, la trayectoria y las obras musicales y cinematográficas de Jesús Bernardo Sanoja Soteldo, mejor conocido como Chuchito Sanoja. G.O. n° 41.542 del 10-12-2018.

Providencia n° 28 del IPC, mediante la cual se declara bien de interés cultural la imagen y devoción a Nuestra Señora de la Paz, en el estado Trujillo. G.O. n° 41.542 del 10-12-2018.

Providencias n° 1, 2, 4, 5, 6, 7, 8, 9, 11, 12, 13 y 14 del IPC, mediante las cuales se declara como bien de interés cultural la Biblioteca Pública Carlos Rodríguez Jiménez; la Fundación El Cristo del Orinoco y su obra teatral El Cristo del Orinoco; el Barco Museo Leander; los Pastores del Niño Jesús de Los Teques; la Devoción a Nuestra Señora de Begoña, el himno, la novena, los ex votos, el closet de la virgen, la sociedad Nuestra Señora de Begoña y el reglamento de la sociedad; la vida y obra de sesenta y dos venezolanos; Fundación Movimiento Nacional de Teatro para Niñas, Niños y Jóvenes César Rengifo; Orquesta Sinsayé de Venezuela; Museo Cementerio Patrimonial de Independencia; Sitio Sagarado de la Abuela Kueka, del Abuelo Kako, Kakó Parú (Quebrada de Jaspe); Fundación Los Tucusitos; y la vida y obra de Armando Manuel Moreno. G.O. n° 42.387 del 30-05-2022.

Providencia n° 1 del IPC, mediante la cual se declara bien de interés cultural de la Casona Hacienda El Ancón y sus estructuras asociadas. G.O. n° 42.580 del 02-03-2023.

Providencia n° 2 del IPC, mediante la cual se declara bien de interés cultural de la creación artística Fogata del Cacao. G.O. n° 42.580 del 02-03-2023.

Providencia n° 3 del IPC, mediante la cual se declara bien de interés cultural a la agrupación musical Trío Venezuela, así como sus composiciones musicales y la vida y obra de sus integrantes. G.O. n° 42.580 del 02-03-2023.

Providencia n° 4 del IPC, mediante la cual se declara bien de interés cultural a las portadoras y portadores, su trayectoria cultural contentiva de los saberes, conocimientos, prácticas y técnicas de las venezolanas y venezolanos que en ella se indican. G.O. n° 42.580 del 02-03-2023.

Providencia n° 5 del IPC, mediante la cual se declara bien de interés cultural al Grupo de Teatro Infantil Los Compadritos; asimismo se declara en este acto como portador patrimonial al ciudadano José Manuel Barreto. G.O. n° 42.580 del 02-03-2023.

Providencia n° 15 del IPC, mediante la cual se declara bien de interés cultural a Radio América R.A. La Onda de la Alegría, C.A. 90.9 FM. G.O. n° 42.670 del 13-07-2023.

Providencia n° 16 del IPC, mediante la cual se declara bien de interés cultural, a la Orquesta de Instrumentos Latinoamericanos (ODILA), así como sus creaciones artísticas, sus producciones discográficas y su colección de instrumentos musicales tradicionales y propios de las culturas ancestrales de América Latina y El Caribe. G.O. n° 42.670 del 13-07-2023.

Providencia n° 14 del IPC, mediante la cual se dicta la declaratoria como bien de interés cultural la trayectoria cultural y artística del

Maestro Laudelino Mejías, Portador Patrimonial de la Nación en Homenaje Post Mortem. G.O. n° 42.743 del 26-10-2023.

Providencia n° 17 del IPC, mediante la cual se declara bien de interés cultural a la Romería del Santo Niño de la Parroquia Santuario de Nuestra Señora de la Candelaria de Bailadores. G.O. n° 42.745 del 30-10-2023.

Providencia n° 7 del IPC, mediante la cual se declara bien de interés cultural a los documentos audiovisuales y radiofónicos que se encuentran registrados en las redes y medios de comunicación social, así como los testimonios de los actores políticos protagonistas y testigos de los hechos sucedidos durante los días 11, 12, 13 y 14 de abril de 2002, así como la carta escrita de puño y letra en cautiverio por el Comandante Eterno Hugo Rafael Chávez Frías, en la cual desmiente su renuncia a la Presidencia de la República y la bibliografía histórica que recoge la gesta cívico-militar. G.O. n° 42.899 del 12-06-2024.

Providencia n° 11 del IPC, mediante la cual se declara bien de interés cultural la Tradición Oral en Torno a la Casa de Teresa de Jesús Bolívar, Viuda de Sánez. G.O. n° 42.899 del 12-06-2024.

3. Monumentos y sitios de interés[175]

Resolución n° 10 de la Vicepresidencia de la República, mediante la cual se nombra una Comisión Investigadora que se encargará de la activación del proceso de investigación científica e histórica sobre los hechos y acontecimientos relacionados con el fallecimiento de José Antonio Anzoátegui y la ubicación e identificación de sus restos mortales. G.O. n° 40.643 del 20-04-2015.

Resolución n° 76 del MPP para las Relaciones Exteriores, mediante la cual se crea el Centro Cultural Latinoamericano Simón Bolívar de Venezuela en la ciudad de Montreal, Canadá, como Unidad Ejecutora Local, del Consulado General de la República Bolivariana de Venezuela. G.O. n° 40.705 del 17-07-2015.

Resolución n° 164 de la Defensoría del Pueblo, mediante la cual se establece erigir o declarar espacios de memoria que guarden la historia para las nuevas generaciones de los hechos y acontecimientos que constituyan hitos invaluables en la defensa y promoción de derechos humanos, así como para conmemorar o solidarizarse con hechos o personajes mundiales que enaltezcan valores humanos o de trascendencia universal. G.O. n° 40.788 del 13-11-2015.

Resolución n° 165 de la Defensoría del Pueblo, mediante la cual se declara espacio de memoria y proponer erigir un monumento a los Mártires de Cantaura, en el sitio denominado Los Changurriales del

[175] Véase también: § Comisiones presidenciales.

Morocho Evans de la carretera nacional Cantaura-El Tigre, del Municipio Pedro María Freites del estado Anzoátegui, como Homenaje y memorial a los 23 mártires de la masacre de Cantaura y recordatorio del derecho humano al nunca más, que sirva como hito para las nuevas generaciones y recordatorio para que en nuestra patria no vuelvan a ocurrir masacres contra el pueblo. G.O. n° 40.788 del 13-11-2015.

Decreto con Rango, Valor y Fuerza de Ley para la Preservación del Cuartel de la Montaña y su Memoria Histórica. G.O. n° 6.209 Extraordinario del 29-12-2015.

Providencia n° 5 del IPC, mediante la cual se declara Zona de Interés Cultural la Sierra Falconiana. G.O. n° 40.951 del 25-07-2016.

Decreto n° 2.485, mediante el cual se declara Monumento Nacional la obra arquitectónica denominada Monumento Manto de María Divina Pastora. G.O. n° 41.009 del 14-10-2016.

Decreto n° 3.130, mediante el cual se asigna la edificación patrimonial conocida como Cuartel San Carlos como sede del Museo de la Memoria Histórica de las luchas populares del pueblo venezolano. G.O. n° 41.266 del 27-10-2017.

Resolución n° 5 del MPP para la Cultura, mediante la cual el Museo de Arte Contemporáneo de Caracas se denominará, en adelante, Museo de Arte Contemporáneo de Caracas Armando Reverón. G.O. n° 41.316 del 09-01-2018.

Decreto n° 3.825, mediante el cual se declara Monumento Natural Montecano, a la porción del territorio nacional, ubicada en jurisdicción del municipio Falcón en la Península de Paraguaná, estado Falcón. G.O. n° 41.617 del 22-04-2019.

Decreto n° 4.073, mediante el cual se declara Monumento Nacional el conjunto de bienes que integran la obra arquitectónica denominada Residencia Presidencial La Casona, ubicada en el municipio Sucre del estado Miranda, en conmemoración a los valores arquitectónicos, simbólicos y políticos que para la historia nacional tiene este preciado bien. G.O. n° 41.781 del 13-12-2019.

Resolución n° 71 del MPP para Relaciones Interiores, Justicia y Paz, mediante la cual se establece la normativa para el ingreso de la feligresía en general al Santuario de Nuestra Señora de La Candelaria, según horario que en ella se indica. G.O. n° 42.138 del 31-05-2021.

Decreto n° 4.549, mediante el cual se modifica la poligonal de la Zona Protectora de la Ciudad de Coro, ubicada en jurisdicción de los municipios Miranda y Colina del Estado Falcón, creada mediante el Decreto n° 1.485 del 04-03-1987. G.O. n° 42.182 del 03-08-2021.

4. Conmemoraciones[176]

Resolución n° DDPG-2015-017 de la Defensa Pública, mediante la cual se declara el día 22 de septiembre de cada año, como Día Nacional de la Defensa Pública. G.O. n° 40.595 del 04-02-2015.

Decreto n° 1.717, mediante el cual se declara el día 17 de abril Día de la Unión de Naciones Suramericanas. G.O. n° 40.641 del 16-04-2015.

Decreto n° 1.909, mediante el cual se declara el 4 de agosto Fecha Aniversario de la Guardia Nacional Bolivariana, como El Día de la Guardia, es el Día del Pueblo. G.O. n° 40.711 del 28-07-2015.

Decreto n° 2.129, mediante el cual se declara la ciudad de Cumaná, estado Sucre, como Capital de la República durante los días 26, 27 y 28-11-2015, a los fines de su constitución en Sede del Ejecutivo Nacional, en conmemoración de los 500 años de su fundación, acaecida el 27-11-1515, y como un reconocimiento a la grandeza, la valentía y la nobleza del Pueblo Cumanés. G.O. n° 40.796 del 25-11-2015.

Resolución n° 35 del MPP para la Mujer y la Igualdad de Género, mediante la cual se promueve la celebración del 25 de noviembre como Día Internacional de la Eliminación de la Violencia Contra la Mujer. G.O. n° 40.814 del 21-12-2015.

Resolución conjunta n° 548 y 76 de los MPP para Ecosocialismo y Aguas y para la Cultura, mediante la cual se realiza la Escuela Internacional de Formación Ecosocialista y Pensamiento Crítico Descolonial Nuestroamericano, durante el mes de octubre de cada año, en conmemoración del Día de la Resistencia Indígena, con la finalidad de lograr el intercambio de saberes para la formación profunda y consolidación de la Revolución Bolivariana. G.O. n° 40.816 del 23-12-2015.

Decreto n° 2.311, mediante el cual se establece que la ciudad de Santa Ana, capital del municipio Gómez del estado Nueva Esparta, el día 06-05-2016 será la capital de la República en conmemoración del bicentenario de la victoria de la Batalla Naval de Los Frailes y del reconocimiento de la gesta del Libertador Simón Bolívar como Jefe Supremo de la República y su proclama de inicio de la Tercera República. G.O. n° 40.896 del 04-05-2016.

Decreto n° 2.497, mediante el cual se conmemora el 24 de octubre Día Nacional Festivo Laborable en homenaje al prócer zuliano General en Jefe Rafael Urdaneta Faría; y se declara a la ciudad de Maracaibo, estado Zulia, Capital de la República todos los 24 de octubre de cada año. G.O. n° 6.267 Extraordinario del 23-10-2016.

Decreto n° 2.570, mediarle el cual se declaran tres días de duelo nacional, a partir el 26-11-2016 hasta el 28-11-2016, en conmemoración por la partida física del héroe de la patria Latinoamericana y amigo

176 Véase también: § Comisiones presidenciales.

eterno del pueblo venezolano, Fidel Alejandro Castro Ruz, Expresidente de la República de Cuba, con el fin de brindar al pueblo venezolano un espacio para la meditación y conmemoración de la vida y obra del Padre de la Revolución Cubana e incansable luchador a favor de las más justas y nobles causas para los pueblos oprimidos del mundo. G.O. n° 6.274 Extraordinario del 26-11-2016.

Decreto n° 2.740, mediante el cual se declara el 12 de marzo como el Día Nacional de los Comités Locales de Abastecimiento y Producción (CLAP). G.O. n° 6.288 Extraordinario del 10-03-2017.

Decreto n° 2.759, mediante el cual se declara el día 19 de marzo como Día Emblemático de la Llaneridad; y se constituye la ciudad de Elorza, municipio Rómulo Gallegos del estado Apure, como Capital de la República durante el día 19 de marzo del presente año. G.O. n° 6.289 Extraordinario del 17-03-2017.

Decreto n° 2.799, mediante el cual se declara la Ciudad de San Félix del estado Bolívar, como Capital de la República durante el día 11 de abril del presente año. G.O. n° 41.130 del 06-04-2017.

Decreto n° 3.334, mediante el cual se declaran tres días de duelo nacional entre los días 24, 25 y 26 de marzo, en el ámbito de la Administración Pública Nacional, por el lamentable fallecimiento del Maestro José Antonio De Jesús Abreu Anselmi, con el fin de meditar en el dolor acerca de la obra que en vida realizara este extraordinario venezolano. G.O. n° 6.368 Extraordinario del 24-03-2018.

Decreto n° 3.676, mediante el cual se declara el 20 de noviembre de cada año como Día Nacional de la Historia Insurgente y de los Derechos Soberanos del Pueblo Venezolano. G.O. n° 41.528 del 20-11-2018.

Decreto n° 3.775, mediante el cual se establece el 27 de febrero como Día Nacional de los Derechos Humanos. G.O. n° 41.594 del 26-02-2019.

Decreto n° 4.033, mediante el cual se establece el 15 de enero como Día Nacional de las Pastoras y Pastores Evangélicos. G.O. n° 41.775 del 05-12-2019.

Decreto n° 4.071, mediante el cual se instituye como Día Nacional del Teatro el 13 de noviembre de cada año. G.O. n° 41.781 del 13-12-2019.

Decreto n° 4.074, mediante el cual se declara el 17 de mayo de cada año Día Nacional de la Poesía. G.O. n° 41.781 del 13-12-2019.

Decreto n° 4.262, mediante el cual se declaran tres días de duelo nacional entre los días 13, 14 y 15-08-2020, en el ámbito de la Administración Pública Nacional, por el lamentable fallecimiento de Ramón Darío Vivas Velasco, con el fin de meditar en el dolor acerca de la obra que en vida realizara este extraordinario venezolano. G.O. n° 41.942 del 13-08-2020.

Decreto n° 4.349, mediante el cual se declara el 5 de octubre de cada año como Día Nacional de la Salsa, dedicado al reconocimiento y conmemoración de este importante género musical, y en honor al natalicio del caraqueño Phidias Danilo Escalona. G.O. n° 41.985 del 14-10-2020.

Decreto n° 4.359, mediante el cual se declara el 31 de octubre de cada año como Día Nacional de la Canción Necesaria dedicado al reconocimiento y conmemoración de este importante género musical, y en honor al natalicio de Alí Primera. G.O. n° 41.997 del 30-10-2020.

Decreto n° 4.455, mediante el cual se dicta la reforma del Decreto n° 6.634 publicado en la G.O. n° 39.239 del 16-03-2009, mediante el cual se conmemora el 14 de marzo de cada año el Día Nacional de la Pescadora y el Pescador Artesanal. G.O. n° 42.087 del 15-03-2021.

Acuerdo de la Asamblea Nacional, para declarar el 17 de mayo como el Día Nacional en Contra del Odio y Todo Tipo de Discriminación por Orientación Sexual, Identidad de Género y Expresión de Género. G.O. n° 42.126 del 13-05-2021.

Decreto n° 4.618, mediante el cual se declara el 21 de noviembre de cada año, Día Nacional del Estudiante Venezolano, en reconocimiento a su participación y contribución para el logro de los fines del Estado. G.O. n° 42.135 del 26-05-2021, reimpresión en G.O. n° 42.144 del 08-06-2021.

Decreto n° 4.729, mediante el cual se declaran tres días de duelo nacional entre los días 24, 25 y 26-08-2022, en el ámbito de la Administración Pública Nacional, por el lamentable fallecimiento de José Fructuoso Vivas Vivas, con el fin de meditar en el dolor acerca de la obra que en vida realizara este extraordinario venezolano. G.O. n° 6.716 Extraordinario del 24-08-2022.

Resolución n° 83 del MPP para Hábitat y Vivienda, mediante la cual se deroga en su totalidad el contenido de la Resolución n° 150 publicada en la G.O. n° 6.159 Extraordinario del 10-12-2014, sobre la construcción del Parque Monumental Ana María Campos en el estado Zulia. G.O. n° 42.682 del 01-08-2023.

Decreto n° 4.929, mediante el cual se declara el 19 de marzo de cada año como Día Nacional de los Artesanos y Artesanas de Venezuela. G.O. n° 6.797 Extraordinario del 15-03-2024.

Decreto n° 4.930, mediante el cual se declara el 2 de febrero de cada año como Día Nacional de las Muñecas y Muñecos de Trapo de Venezuela, dedicado al reconocimiento y conmemoración de esta ancestral actividad creativa, y en honor al natalicio de Zobeyda Jiménez representante del arte y la cultura popular del país. G.O. n° 6.797 Extraordinario del 15-03-2024.

Decreto n° 4.934, mediante el cual se instituye como Día Nacional del Cuatro el 4 de abril de cada año, en reconocimiento al instrumento musical que genera identidad cultural y tributa significativamente a la musicalidad del venezolano. G.O. n° 6.799 Extraordinario del 03-04-2024.

5. Simbología[177]

Resolución del MPP para Relaciones Interiores, Justicia y Paz, mediante la cual se dictan las normas que regulan el uso de la bandera nacional en el territorio de la República. G.O. n° 41.019 del 28-10-2016.

Decreto n° 2.760, mediante el cual se declara que la utilización del liqui liqui como traje nacional. G.O. n° 6.289 Extraordinario del 17-03-2017.

Resolución n° 39 del MPP del Despacho de la Presidencia y Seguimiento de la Gestión de Gobierno, mediante la cual se dictan las normas que regulan la creación del escudo y heráldica del Centro Estratégico de Seguridad y Protección de la Patria. G.O. n° 41.255 del 11-10-2017.

Resolución n° 340 del MPP para Relaciones Interiores, Justicia y Paz, mediante la cual se establece que la bandera nacional deberá ser enarbolada a toda asta, en todo el territorio nacional, en las edificaciones del Poder Público Nacional, dependencias militares, naves venezolanas; en las principales vías de transporte terrestre, puertos, aeropuertos y sistemas ferroviarios; establecimientos comerciales y casas o edificaciones particulares, el día 20-11-2017, desde las 6 am hasta las 6 pm, hora en la que deberá ser arriada, con motivo de la celebración del bicentenario de la publicación del Decreto del Libertador y Padre de la Patria Simón Bolívar mediante el cual se incorpora la Octava Estrella en la Bandera Nacional. G.O. n° 41.280 del 16-11-2017.

Resolución n° 351 del MPP para Relaciones Interiores, Justicia y Paz, mediante la cual se establece que la bandera nacional, deberá ser enarbolada en todo el territorio nacional, a media asta, en la edificaciones del Poder Público Nacional Estadal y Municipal; dependencias militares; naves venezolanas; en las principales vías de transporte del territorio, puertos, aeropuertos y sistemas ferroviarios; establecimientos comerciales, casas o edificaciones particulares y en todas las plazas Bolívar del país, el día 17-12-2017, en el horario que en ella se indica. G.O. n° 41.300 del 14-12-2017.

Resolución n° 238 del MPP para Relaciones Interiores, Justicia y Paz, mediante la cual se señalan los actos protocolares y ceremoniales para el 17-12-2018, con motivo de conmemorarse el 188° Aniversario

[177] Véase también: § Deporte.

de la muerte del Libertador y Padre de la Patria Simón Bolívar. G.O. n° 41.546 del 14-12-2018.

Ley que Regula el Uso del Nombre, Títulos, Firma y Efigie de El Libertador y Padre de la Patria Simón Bolívar. G.O. n° 6.718 Extraordinario del 28-10-2022.

6. Expresiones culturales

Ley para el Desarrollo y la Creación Artesanal. G.O. n° 6.184 Extraordinario del 03-06-2015.

Ley Orgánica de Recreación. G.O. n° 6.207 Extraordinario del 28-12-2015.

Decreto n° 4.072, mediante el cual se instruye al Ministro del Poder Popular para la Comunicación e Información y Vicepresidente Sectorial de Comunicación y Cultura; por medio de la CONATEL, realizar los trámites para la adecuación de la norma que regula la difusión de obras musicales venezolanas por parte de los prestadores de servicio de radio, televisión y medios electrónicos, a los fines de contribuir al reimpulso de nuestro acervo cultural. G.O. n° 41.781 del 13-12-2019.

Providencia n° 5 del Directorio de Responsabilidad Social, mediante la cual se dicta la norma técnica sobre la difusión de obras musicales en los servicios de radio y televisión. G.O. n° 41.816 del 06-02-2020.

Ley de Reforma Parcial de la Ley Orgánica de Recreación. G.O. n° 6.634 Extraordinario del 07-07-2021.

Ley del Teatro. G.O. n° 6.663 Extraordinario del 11-11-2021.

Providencia n° 102 del SAREN, mediante la cual se establece la tasa en cero Petros por concepto de prestación de servicios de registro de asociaciones civiles de carácter religioso. G.O. n° 6.796 Extraordinario del 08-03-2024.

IV. Deporte[178]

Providencia n° 2 del Instituto Nacional de Deportes, mediante la cual se exhorta a las Federaciones Deportivas Nacionales y las Asociaciones Deportivas Estatales, a efectuar las actuaciones y gestiones a que hubiere lugar, a los fines de adaptar los estatutos y reglamentos de cada organización y presentarlos por ante la consultoría jurídica del Instituto Nacional de Deportes, antes del 30-10-2016, tomando en cuenta que en el año 2017 inicia el nuevo Ciclo Olímpico y el Ciclo Paralímpico. G.O. n° 40.870 del 16-03-2016.

Resolución n° 24 del MPP para la Juventud y el Deporte, mediante la cual se crea la Comisión de seguimiento que se encargará de velar el

---

[178] Véase también: § Igualdad y no discriminación; Fundaciones del Estado; Tasas y contribuciones; Exoneraciones; Fármacos y otras sustancias.

uso debido de los símbolos de la patria, la Bandera, el Himno y el Escudo de Armas de la República Bolivariana de Venezuela, en el desarrollo actividades deportivas, así como también en las instalaciones para la práctica del deporte. G.O. n° 41.158 del 25-05-2017.

Providencia n° 9 del Instituto Nacional del Deporte, mediante la cual se autoriza el funcionamiento de los Registros Auxiliares del Registro Nacional del Deporte, Actividad Física y Educación Física en los municipios que conforman el territorio de la República. G.O. n° 41.960 del 08-09-2020.

Ley para la Promoción del Ciclismo Urbano. G.O. n° 6.664 Extraordinario del 11-11-2021.

v. Familia y maternidad

Resolución n° 71 del MPP para la Salud, mediante la cual se dicta las normas para el manejo de embriones y mortinatos en establecimientos de salud. G.O. n° 40.619 del 12-03-2015.

Ley de Reforma Parcial de la Ley Orgánica para la Protección de Niños, Niñas y Adolescentes. G.O. n° 6.185 Extraordinario del 08-06-2015.

Resolución conjunta n° 378 y 043 de los MPP para la Salud y para la Mujer y la Igualdad de Género, mediante la cual se protege a las mujeres en estado de gravidez de los hechos que puedan identificarse como violencia obstétrica en cualquier manifestación directa o indirecta, que ocurran en los Establecimientos de Salud a nivel Nacional a través de la creación de una instancia que conozca, canalice y gestione los casos que en ese sentido se denuncien. G.O. n° 40.988 del 14-09-2016.

Resolución n° 348 del MPP para la Salud, mediante la cual se crea el Comité Nacional de Vigilancia, Análisis y Respuesta para la Prevención y Control de la Morbilidad Materna Grave, la Mortalidad Materna y Mortalidad Neonatal. G.O. n° 41.553 del 27-12-2018.

Resolución n° 11 del MPP para la Salud, mediante la cual se establece la Ruta Materna como estrategia que contribuya al desarrollo de la maternidad deseada, segura y feliz y a la reducción de la morbilidad materna grave, la mortalidad materna y la mortalidad neonatal. G.O. n° 41.564 del 15-01-2019.

Resolución n° 41 del MPP para la Salud, mediante la cual se establece que los servicios de salud en el ámbito nacional deberán brindar atención inmediata a las mujeres gestantes o post eventos obstétricos, así como a los neonatos. G.O. n° 41.584 del 12-02-2019.

Resolución n° 38 del MPP para la Salud, mediante la cual se establece la asistencia técnico financiera que permite la materialización de la transferencia de los recursos destinados a la ejecución del proyecto denominado: reducción de la morbilidad grave y mortalidad materna, fortaleciendo la ruta materna y las salas de parto con enfoque de parto humanizado, celebrado entre el Fondo de Desarrollo Nacional Fonden, S.A., y la Fundación Misión Barrio Adentro. G.O. n° 41.587 del 15-02-2019.

Providencia n° 9 del Instituto Nacional de Servicios Sociales, mediante la cual se aprueba y autoriza el manual de normas y procedimientos de la sección de seguridad (sede central y/o sede alterna). G.O. n° 42.038 del 30-12-2020.

Ley Orgánica para la Atención y Desarrollo Integral de las Personas Adultas Mayores. G.O. n° 6.641 Extraordinario del 13-09-2021.

Ley de Reforma de la Ley para la Protección de las Familias, la Maternidad y la Paternidad. G.O. n° 6.686 Extraordinario del 15-02-2022.

VI. "Poder Popular"[179]

Ley de Comunicación del Poder Popular. G.O. n° 6.207 Extraordinario del 28-12-2015.

Decreto con Rango, Valor y Fuerza de Ley de los Consejos Presidenciales de Gobierno del Poder Popular. G.O. n° 6.209 Extraordinario del 29-12-2015.

Resolución n° 24 del MPP para las Comunas y los Movimientos Sociales, mediante la cual se dictan las normas para la constitución, organización, funcionamiento y disolución de la Gran Comunal de Producción, Acopio y Distribución. G.O. n° 40.939 del 07-07-2016.

Resolución n° 28 del MPP para las Comunas y los Movimientos Sociales, mediante la cual se suspende, por un lapso de 180 días hábiles, los procesos de emisión de los certificados de actualización de vocerías correspondiente a los períodos de los voceros y voceras de las instancias internas de las organizaciones del Poder Popular, que a la presente fecha estén vencidas o próximas a su vencimiento. G.O. n° 40.950 del 22-07-2016.

Resolución n° 1 del Comando para el Abastecimiento Soberano, mediante la cual se dicta el Reglamento de Organización y Funcionamiento del Comando para el Abastecimiento Soberano. G.O. n° 40.970 del 19-08-2016.

Decreto n° 2.511, mediante el cual se incrementa el monto único mensual que corresponda asignar a cada grupo familiar a través de la Tar-

[179] Véase también: § Comisiones presidenciales; Fundaciones del Estado; Misiones. *Cfr.* Gabriel Sira Santana, *Poder Popular, descentralización y participación ciudadana* (Caracas: CIDEP y FUNEDA, 2018); "El 'Poder Popular' y su desvinculación con la política nacional de descentralización", *Revista Electrónica de Derecho Administrativo Venezolano*, N° 22 (2021): 85-95.

jeta de las Misiones Socialistas para los Hogares de la Patria, a la cantidad de Bs. 39.000. G.O. n° 6.269 Extraordinario del 28-10-2016.

Decreto n° 2.834, mediante el cual se incrementa el monto único mensual que corresponda asignar a cada grupo familiar a través de la Tarjeta de las Misiones Socialistas para los Hogares de la Patria, a la cantidad de Bs. 70.000. G.O. n° 6.296 Extraordinario del 02-05-2017.

Decreto n° 3.077, mediante el cual se crea el Fondo Nacional para la Consolidación y Expansión de los Comités Locales de Abastecimiento y Producción (FONCLAP), como servicio desconcentrado sin personalidad jurídica. G.O. n° 41.234 del 12-09-2017.

Resolución n° 6 del MPP para las Comunas y los Movimientos Sociales, mediante la cual se prorroga, por un lapso de hasta 180 días hábiles, la vigencia de vocerías correspondiente a los períodos de los voceros de las instancias internas de las organizaciones del Poder Popular, que a la presente fecha estén vencidas o se encuentren próximas a su vencimiento. G.O. n° 41.323 del 18-01-2018.

Resolución n° 81 del MPP para las Comunas y los Movimientos Sociales, mediante la cual se implementa un nuevo Certificado de Registro de las Organizaciones de Base del Poder Popular, que contenga el código de seguridad constituido de la forma como en ella se indica. G.O. n° 41.779 del 11-12-2019.

Resolución n° 5 del MPP para las Comunas y los Movimientos Sociales, mediante la cual se establece el período de vigencia de los actuales miembros de las vocerías de todas las instancias de los Consejos Comunales como expresión del Poder Popular. G.O. n° 41.821 del 13-02-2020.

Resolución n° 23 del MPP para las Comunas y los Movimientos Sociales, mediante la cual se deroga la Resolución n° 5, que establece el periodo de vigencia de los actuales miembros de las vocerías de todas las instancias de los consejos comunales como expresión del Poder Popular, en el lapso comprendido del 15-01-2020 al 15-01-2022. G.O. n° 42.099 del 05-04-2021.

Ley de Reforma de la Ley Orgánica de Contraloría Social. G.O. n° 6.748 Extraordinario del 09-06-2023.

Ley Orgánica de Reforma de la Ley Orgánica de los Consejos Comunales. G.O. n° 6.759 Extraordinario del 25-10-2023 (Reimpresión).

Ley Orgánica de Reforma de la Ley Orgánica del Poder Popular. G.O. n° 6.812 Extraordinario del 06-06-2024.

Ley de Reforma Parcial de la Ley Orgánica de la Jurisdicción Especial de Justicia de Paz Comunal. G.O. n° 6.854 Extraordinario del 14-11-2024.

Ley de Reforma de la Ley Orgánica de las Comunas. G.O. n° 6.872 Extraordinario del 30-12-2024.

VII. Salud[180]

1. Consulta pública[181]

Resoluciones n° 150, 151, 152, 153, 154, 155, 156, 157, 158, 159, 160, 161, 162 y 163 del MPP para la Salud, mediante las cuales se ordena el inicio del proceso de consulta pública de los proyectos de las resoluciones que en ellas se señalan. G.O. n° 40.650 del 29-04-2015.

Resoluciones n° 227, 228, 229, 230, 231, 232, 233, 234, 235, 236, 237, 238, 239, 240 del MPP para la Salud, mediante las cuales se ordena el inicio de los procesos de consulta pública de los proyectos que en ellas se especifican. G.O. n° 40.672 del 01-06-2015.

Resolución n° 300 del MPP para la Salud, mediante la cual se ordena iniciar el proceso de consulta pública del proyecto de resolución de normativa para regular y controlar los productos alimenticios, a fin de proteger a los celíacos y personas sensibles al gluten. G.O. n° 40.934 del 29-06-2016.

Resolución n° 301 del MPP para la Salud, mediante la cual se ordena iniciar el proceso de consulta pública del proyecto de resolución de normativa para regular el etiquetado y rotulación de los envases de las bebidas gaseosas y azucaradas. G.O. n° 40.955 del 29-07-2016.

Resolución n° 415 del MPP para la Salud, mediante la cual se prorroga, por un período de 20 días hábiles, el lapso establecido en la Resolución n° 301. G.O. n° 40.965 del 12-08-2016.

Resolución n° 503 del MPP para la Salud, mediante la cual se ordena el inicio del proceso de consulta pública del proyecto de resolución de normas de condiciones arquitectónica e higiénico-sanitaria de los establecimientos de estética humana y los dedicados a la práctica del arte corporal. G.O. n° 41.018 del 27-10-2016.

Resolución n° 431 del MPP para la Salud, mediante la cual se ordena el inicio del proceso de consulta pública del proyecto de resolución de normas de buenas prácticas para almacenamiento de medicamentos, materiales médico-quirúrgicos, materias primas e insumos para acondicionamiento. G.O. n° 41.011 del 18-10-2016, reimpresión en G.O. n° 41.020 del 31-10-2016.

Resolución n° 353 del MPP para la Salud, mediante la cual se ordena el inicio del proceso de consulta pública del proyecto de resolución de

---

[180] Véase también: § Empresas del Estado; Fundaciones del Estado; Misiones; Acuerdos e incorporaciones al ordenamiento jurídico; Familia y maternidad.

[181] *Cfr.* Gabriel Sira Santana, "La obligación de consulta pública de normas: Ni tan obligatoria ni tan pública", *Revista de Derecho Público*, N° 142 (2015): 206–13.

prohibición total de publicidad, promoción y patrocinio de productos del tabaco. G.O. n° 41.549 del 19-12-2018.

Resolución n° 82 del MPP para la Salud, mediante la cual se ordena el inicio del proceso de consulta pública del proyecto de resolución para regular el etiquetado y consumo de alimentos manufacturados con alto contenido de sal y sodio. G.O. n° 41.629 del 09-05-2019.

Resolución n° 25 del MPP para la Salud, mediante la cual se ordena el inicio del proceso de consulta pública del proyecto de resolución de regulación de importación, exportación, distribución, comercialización, uso, publicidad y promoción de los sistemas electrónicos de administración de nicotina (SEAN), sistemas similares sin nicotina (SSSN) y demás accesorios. G.O. n° 42.096 del 26-03-2021.

Resolución n° 53 del MPP para la Salud, mediante la cual se ordena el proceso de consulta pública del proyecto de resolución para regular el etiquetado de alimentos manufacturados con alto contenido de azúcar, grasas saturadas y grasas trans. G.O. n° 42.125 del 12-05-2021.

2. Atención médica

Resolución n° 135 del MPP para la Salud, mediante la cual se establece que en nuestros centros de salud, se alejen del letargo de la burocracia, instaurando un servicio con altos niveles de educación y humanismo, estableciendo los valores fundamentales en materia la salud que en ella se indican. G.O. n° 40.644 del 21-04-2015.

Resolución n° 140 del MPP para la Salud, mediante la cual se establece las normas para regular el proceso para la legalización y vigilancia del libre ejercicio de los profesionales de la salud a través del Servicio Autónomo de Contraloría Sanitaria. G.O. n° 40.647 del 24-04-2015.

Resolución n° 267 del MPP para la Salud, mediante la cual se destaca la subordinación que regula el funcionamiento de las Coordinaciones Estadales de Contraloría Sanitaria, en relación a este Ministerio y el Servicio Autónomo de Contraloría Sanitaria. G.O. n° 40.678 del 09-06-2015.

Resolución n° 134 del MPP para la Salud, mediante la cual se establece que los Comités de Salud quedan facultados para ejercer la Contraloría Social sobre todas las instancias y niveles político-territoriales de la red de establecimientos, servicios y programas de salud, promoviendo un modelo de gestión humanizada, transparente y participativa. G.O. n° 40.708 del 22-07-2015.

Resolución n° 400 del MPP para la Salud, mediante la cual se establece la clasificación de los establecimientos de salud que conforman el Sistema Público Nacional de Salud, los cuales constituirán el primer nivel de atención médica e instaurarán la Red de Atención Comunal de Salud. G.O. n° 40.723 del 13-08-2015.

Resolución n° 427 del MPP para la Salud, mediante la cual se establece que serán implementados por la Red de Atención Comunal de Salud los programas de salud que en ella se mencionan. G.O. n° 40.724 del 14-08-2015.

Resolución n° 456 del MPP para la Salud, mediante la cual se crea la Comisión Nacional de Enfermería, con el objeto de diseñar e implementar mecanismos de supervisión que permitan el seguimiento y control del ejercicio de la enfermería en los establecimientos de salud. G.O. n° 40.738 del 03-09-2015.

Resolución n° 656 del MPP para la Salud, mediante la cual se conforma la Comisión Nacional de Donación y Trasplante de Órganos, Tejidos y Células, como instancia asesora y de consulta de este ministerio. G.O. n° 40.807 del 10-12-2015.

Ley de Telesalud. G.O. n° 6.207 Extraordinario del 28-12-2015.

Ley de Protección al Nombre y Emblema de la Cruz Roja. G.O. n° 6.207 Extraordinario del 28-12-2015.

Resolución n° 345 del MPP para la Salud, mediante la cual se crea la Comisión Nacional de Sangre, con el objeto de diseñar e implementar mecanismos de supervisión que permitan el seguimiento y control de la disponibilidad, acceso y uso de la sangre. G.O. n° 40.951 del 25-07-2016.

Providencia n° 120 del Servicio Autónomo de Contraloría Sanitaria, mediante la cual se dicta la regulación de la solicitud de certificado de salud como requisito para los trámites a realizar ante el Servicio Autónomo de Contraloría Sanitaria, nivel central y estadal. G.O. n° 40.953 del 27-07-2016.

Decreto n° 2.553, mediante el cual se crea las Autoridades Únicas de Salud en todas las entidades federales del país, para fortalecer el Sistema Público Nacional de Salud. G.O. n° 41.032 del 16-11-2016.

Resolución n° 532 del MPP para la Salud, mediante la cual se establece que los casos de violencia contra la mujer definida en la Ley Orgánica Sobre el Derecho de las Mujeres a una Vida Libre de Violencia, son de obligatorio registro como parte de la información epidemiológica en el Sistema Público Nacional de Salud (SPNS). G.O. n° 41.038 del 24-11-2016.

Resolución n° 188 del MPP para la Salud, mediante la cual se declara oficial el tomo del Anuario de Mortalidad correspondiente al año 2013. G.O. n° 41.115 del 16-03-2017.

Resolución n° 613 del MPP para la Salud, mediante la cual se crea la Oficina Sanitaria Internacional, como requisito fundamental dentro de la implementación del Reglamento Sanitario Internacional 2005, siendo este ministerio el ente rector en la materia. G.O. n° 41.283 del 21-11-2017.

Resolución n° 226 del MPP para la Salud, mediante la cual se declara oficial el Tomo del Anuario de Mortalidad del año 2014. G.O. n° 41.490 del 26-09-2018.

Resolución n° 7 del MPP para la Salud, mediante la cual se crea el Área de Salud Integral Comunitaria, definida como la unidad básica de integración y unificación del Sistema Público Nacional de Salud. G.O. n° 41.564 del 15-01-2019.

Resolución n° 88 del MPP para la Salud, mediante la cual se crea el Campus Virtual de Salud Pública Nodo Venezuela, como estrategia de cooperación técnica de la Organización Panamericana de la Salud. G.O. n° 41.673 del 12-07-2019.

Resolución n° 147 del MPP para la Salud, mediante la cual se declara oficial el Tomo del Anuario de Mortalidad del año 2015. G.O. n° 41.740 de 17-10-2019.

Resolución n° 215 del MPP para la Salud, mediante la cual se implementa la práctica de triaje para seleccionar, escoger o priorizar los procesos de clasificación preliminar a los pacientes antes de su valoración, diagnóstico y terapéutica completa, en el servicio de emergencia. G.O. n° 41.787 del 23-12-2019.

Resolución n° 1 del MPP para la Salud, mediante la cual se dictan las normas que establecen la clasificación de los espacios o establecimientos de Salud de la Red de Atención Integral del Sistema Público Nacional de Salud. G.O. n° 41.796 del 09-01-2020.

Resoluciones n° 8, 9 y 10 del MPP para la Salud, mediante las cuales se declara oficial el Tomo del Anuario de Natalidad de los años 2012, 2013 y 2014. G.O. n° 41.802 del 17-01-2020.

Resolución n° 33 del MPP para la Salud, mediante la cual se establece el Reglamento de Funcionamiento de las Áreas de Salud Integral Comunitaria. G.O. n° 41.886 del 25-05-2020.

Resolución n° 2 del MPP para la Salud, mediante la cual se declara oficial el Tomo del Anuario de Mortalidad del año 2016. G.O. n° 42.047 del 14-01-2021.

Resolución n° 27 del MPP para la Salud, mediante la cual se modifica el nombre del Hospital Dr. Leopoldo Manrique Terrero-Periférico de Coche a Hospital Universitario Periférico de Coche Dr. Miguel Ángel Rangel. G.O. n° 42.070 del 18-02-2021.

Resolución n° 38 del MPP para la Salud, mediante la cual se ordena al Despacho del Viceministro o Viceministra de Redes de Atención Ambulatoria de Salud, que realice todas las actuaciones tendentes a garantizar la protección de los trabajadores y trabajadoras de los distritos sanitarios. G.O. n° 42.096 del 26-03-2021.

Resolución conjunta n° 50 y 125 de los MPP para la Salud y para la Ciencia y Tecnología, mediante la cual se constituye el Comité Nacional de Vigilancia y Control de la Hylesia metabus y lepidopterismo que implementará una estrategia estructural para el control biológico y holístico del insecto nocturno conocido como Palometa Peluda. G.O. n° 42.112 del 23-04-2021.

Ley del Sistema de Cuidados para la Vida. G.O. n° 6.665 Extraordinario del 11-11-2021.

Decreto n° 4.678, mediante el cual se instruye al MPP para la Salud a que, en ejercicio de sus funciones de regulación y control del Sistema Público Nacional de Salud, proceda a la inmediata intervención de la prestación de los servicios públicos de salud en el estado Nueva Esparta, con el objeto de velar por la continuidad de la prestación del servicio de salud en los establecimientos públicos. G.O. n° 42.359 del 20-04-2022.

Resolución n° 382 del MPP para la Salud, mediante la cual se reactiva el Comité Terapéutico Nacional, como órgano asesor, colegiado, autónomo y de apoyo técnico científico. G.O. n° 43.025 del 10-12-2024.

3. Enfermedades y plagas[182]

Resolución n° 430 del MPP para la Salud, mediante la cual se aprueba la actualización del manual para el sistema de vigilancia epidemiológica de infecciones asociadas a la atención en salud. G.O. n° 40.736 del 01-09-2015.

Resolución n° 193 del MPP para la Salud, mediante la cual se declara la enfermedad de fiebre por virus zika, como evento de notificación obligatoria, por parte del personal de los establecimientos médicos asistenciales públicos y privados en todo el territorio de la República. G.O. n° 40.890 del 26-04-2016.

Resolución n° 612 del MPP para la Salud, mediante la cual se declaran como enfermedades y/o eventos de interés de salud pública que deben ser notificadas al Centro Nacional de Enlace del Reglamento Sanitario Internacional 2005 (CNERSI-2005) de la República, las que en ella se señalan. G.O. n° 41.283 del 21-11-2017.

Decreto n° 4.134, mediante el cual se declara zona libre de fiebre aftosa con vacunación a todo el territorio de la República Bolivariana de Venezuela, comprendiendo a todos los estados, municipios y parroquias del país, tanto el territorio continental como las islas y archipiélagos, considerándose en lo sucesivo a la República Bolivariana de

[182] Véase también: § Alimentación, agricultura, ganadería y pesca.

Venezuela como país libre fiebre aftosa con vacunación. G.O. n° 41.827 del 26-02-2020.

Resolución n° 1 del MPP para la Salud, mediante la cual se establece el Reglamento sobre Enfermedades o Eventos de Notificación Obligatoria. G.O. n° 42.553 del 20-01-2023.

Providencia n° 11 del INSAI, mediante la cual se establecen las medidas de bioseguridad para reducir el riesgo de introducción, radicación o establecimiento y propagación de las plagas y enfermedades cuarentenarias, emergentes y reemergentes, en la República Bolivariana de Venezuela. G.O. n° 42.777 del 13-12-2023.

Providencia n° 3 del INSAI, mediante la cual se establece el programa nacional de prevención, vigilancia y control de la rabia silvestre. G.O. n° 42.867 del 26-04-2024.

4. Fármacos y otras sustancias[183]

Resolución n° 587 del MPP para la Salud, mediante la cual se establece la Lista Nacional de Medicamentos Esenciales (LNME), la cual será de obligatorio cumplimiento para el Sistema Público Nacional de Salud. G.O. n° 40.777 del 29-10-2015.

Resolución n° 593 del MPP para la Salud, mediante la cual se suprime el artículo 3 de la Resolución n° 587, donde se establece la Lista Nacional de los Medicamentos Esenciales (LNME). G.O. n° 40.782 del 05-11-2015.

Providencia n° 125 del Servicio Autónomo de Contraloría Sanitaria, mediante la cual se dicta la medida para el cumplimiento de la prescripción de medicamentos por principio activo o denominación común internacional y prohibición de publicidad en los récipes. G.O. n° 40.953 del 27-07-2016.

Providencia n° 5 de la ONA, mediante la cual se dicta la creación de la Red Contra el Desvío de Sustancias Químicas Controladas. G.O. n° 41.063 del 29-12-2016.

Providencia n° 1 de la Comisión Nacional Antidopaje y Sustancias Nocivas a la Salud, mediante la cual se dictan las normas antidopaje en el deporte, de obligatoria aplicación por parte de la Comisión Nacional Antidopaje y Sustancias Nocivas a la Salud. G.O. n° 6.309 Extraordinario del 23-06-2017.

Resolución n° 322 del MPP para la Salud, mediante la cual se crea el Sistema de Gestión y Distribución de Medicamentos e Insumos Médicos Simón Bolívar, de carácter estratégico y de obligatorio cumpli-

---

183 *Cfr.* Gabriel Sira Santana, "El ordenamiento jurídico sectorial de medicamentos y la potestad de ordenación de la autoridad administrativa", *Revista Electrónica de Derecho Administrativo Venezolano*, N° 20 (2020): 31-89.

miento por la Red de Hospitales que integran el Sistema Público Nacional de Salud, interconectado con el Sistema Integral de Control de Medicamentos. G.O. n° 41.519 del 07-11-2018.

Resolución conjunta n° 331 y 3 de los MPP para la Salud y de Comercio Nacional, mediante la cual se establecen los lineamientos necesarios que deben cumplir los usuarios del Sistema Integral de Control de Medicamentos, los laboratorios, casas de representación, importadoras del sector público y privado, para la obtención de la información en relación con los procesos de producción e importación de medicamentos. G.O. n° 41.541 del 07-12-2018.

Resolución n° 346 del MPP para la Salud, mediante la cual se dictan las normas de buenas prácticas para almacenamiento de productos farmacéuticos, materiales médico-quirúrgicos, materias primas, productos intermedios, a granel e insumos para acondicionamiento. G.O. n° 41.545 del 13-12-2018.

Resolución n° 356 del MPP para la Salud, mediante la cual se establecen los lineamientos necesarios que deben cumplir los usuarios del Sistema Integral de Control de Medicamentos, los laboratorios, casas de representación, importadoras, droguerías, farmacias, centros de salud del sector público y privado. G.O. n° 41.546 del 14-12-2018.

Decreto n° 3.808, mediante el cual se ordena la supresión y liquidación del Servicio Autónomo de Elaboraciones Farmacéuticas (SEFAR); y se crea una Junta Liquidadora de carácter técnico-administrativo. G.O. n° 6.445 Extraordinario del 03-04-2019.

Resolución n° 75 del MPP para la Salud, mediante la cual se establece un régimen especial, de carácter transitorio, a través de la implementación de medidas dirigidas a las empresas farmacéuticas no domiciliadas en la República Bolivariana de Venezuela, para la importación y comercialización de productos farmacéuticos. G.O. n° 41.610 del 04-04-2019.

Decreto n° 4.009, mediante el cual se prorroga desde el 03-10-2019, el lapso para efectuar el proceso de supresión y liquidación del Servicio Autónomo de Elaboraciones Farmacéuticas (SEFAR). G.O. n° 41.741 de 18-10-2019.

Resolución n° 206 del MPP para la Salud, mediante la cual queda sujeto al Sistema Integral de Control de Medicamentos el gas medicinal fabricado industrialmente o en cuya fabricación intervenga un proceso industrial. G.O. n° 41.777 del 09-12-2019.

Resolución n° 213 del MPP para la Salud, mediante la cual la Junta Revisora de los Productos Farmacéuticos, podrá dictar las normas relativas a la vigilancia del registro, promoción y publicidad, prescripción, sustitución, dispensación, expendio, fármaco vigilancia ensayos clínicos de los medicamentos, así como otras dentro del ámbito de sus competencias y funciones conferidas por Ley, previa consideración del Ministro del Poder Popular para la Salud. G.O. n° 41.858 del 14-04-2020.

Providencia n° 65 del Servicio Autónomo de Contraloría Sanitaria, mediante la cual se dicta la norma que regula a los laboratorios y casa de representación públicos y privados, que se amparen al beneficio de supresión del empaque secundario y prospecto en la comercialización de medicamentos en el territorio nacional. G.O. n° 41.861 del 17-04-2020.

Resolución n° 20 del MPP para la Salud, mediante la cual se modifica la Resolución n° 152 publicada en G.O. n° 40.065 del 05-12-2012, en el cual se prohíbe el uso y aplicación de sustancias de relleno (biopolímeros, polímeros y otros afines) en tratamientos con fines estéticos. G.O. n° 42.068 del 12-02-2021, reimpresión en G.O. G.O. n° 42.096 del 26-03-2021.

Resolución n° 69 del MPP para la Salud, mediante la cual se declara concluido el proceso de supresión y liquidación del Servicio Autónomo de Elaboraciones Farmacéuticas (SEFAR). G.O. n° 42.139 del 01-06-2021.

Resolución conjunta de los MPP para Relaciones Interiores, Justicia y Paz y para la Defensa, mediante la cual se constituye el Comité Antidrogas. G.O. n° 42.393 del 07-06-2022.

Providencia n° 1 de la Comisión Nacional Antidopaje y Sustancias Nocivas a la Salud, mediante la cual se dictan las normas antidopaje de la Comisión Nacional Antidopaje y Sustancias Nocivas a la Salud. G.O. n° 42.731 del 09-10-2023.

5. Alimentos, bebidas y otros productos

Resolución n° 263 del MPP para la Salud, mediante la cual se dicta la lista de productos que, por su naturaleza, características propias, no requieren Registro Sanitario. G.O. n° 40.676 del 05-06-2015.

Resolución n° 547 del MPP para la Salud, mediante la cual se regula el etiquetado y rotulación de los envases de las bebidas gaseosas y azucaradas. G.O. n° 40.803 del 04-12-2015.

Resolución n° 287 del MPP para la Salud, mediante la cual se autoriza la libre venta y consumo en el territorio nacional de los alimentos y bebidas que en ella se mencionan. G.O. n° 40.959 del 04-08-2016.

Resolución n° 416 del MPP para la Salud, mediante la cual se dicta la normativa para regular y controlar los productos alimenticios a fin de proteger a los celíacos y personas sensibles al gluten. G.O. n° 40.965 del 12-08-2016.

Resolución n° 71 del MPP para la Salud, mediante la cual se establecen los lineamientos para la prohibición total de la publicidad, promoción y patrocinio y regulación de la venta de los productos del tabaco en todo el territorio nacional. G.O. n° 41.678 del 19-07-2019, reimpresión en G.O. n° 41.684 del 31-07-2019.

Resolución n° 11 del MPP para la Salud, mediante la cual se regula el etiquetado y consumo de alimentos manufacturados con alto contenido de sodio. G.O. n° 41.804 del 21-01-2020.

Resolución n° 137 del MPP para la Salud, mediante la cual se establece la regulación del etiquetado de alimentos manufacturados con alto contenido de azúcar, grasas saturadas y grasas trans. G.O. n° 42.270 del 06-12-2021, reimpresión en G.O. n° 42.271 del 07-12-2021.

Resolución n° 362 del MPP para la Salud, mediante la cual se establece la regulación de la fabricación, importación, exportación, distribución, comercialización, uso, publicidad y promoción de los Sistemas Electrónicos de Administración de Nicotina (SEAN), Sistemas Electrónicos Similares sin Nicotina (SSSN), consumibles y demás accesorios. G.O. n° 42.641 del 01-06-2023.

Resolución n° 414 del MPP para la Salud, mediante la cual se prohíbe la fabricación, almacenamiento, distribución, circulación, comercialización, importación, exportación, uso, consumo, publicidad, promoción, y patrocinio de los sistemas electrónicos de administración de nicotina (SEAN), sistemas electrónicos similares sin nicotina (SSSN), consumibles, depósitos o cartuchos, envases de consumibles de recarga y demás accesorios, productos de tabaco calentado convencionales (PTC convencionales y herbales) y productos análogos. G.O. n° 42.682 del 01-08-2023.

VIII. Trabajo

1. Normativa laboral[184]

Providencia n° M-3072 de IPASME, mediante la cual se dicta el Reglamento General de Créditos de este Instituto. G.O. n° 40.580 del 14-01-2015.

Resolución n° 9062 del MPP para el Proceso Social de Trabajo, mediante la cual se crea las Direcciones Estadales en el Distrito Capital y en cada entidad federal de la República, las cuales funcionarán como unidades desconcentradas territoriales de este ministerio. G.O. n° 40.598 del 09-02-2015.

Resolución n° 9108 del MPP para el Proceso Social de Trabajo, mediante la cual se regula el Registro Nacional de Entidades de Trabajo. G.O. n° 40.655 del 07-05-2015.

Providencia n° 16 del INPSASEL, mediante la cual se corrige por error material la Providencia n° 2 del 29-01-2014, donde se procede al cam-

[184] Véase también: § Créditos e intereses.

bio de denominación de las Direcciones Estadales de Salud de los Trabajadores, por las Gerencias Estadales de Salud de los Trabajadores. G.O. n° 40.754 del 25-09-2015.

Providencia n° 8-2015 de la Tesorería de Seguridad Social, mediante la cual se dicta el Reglamento Interno de este organismo. G.O. n° 40.772 del 22-10-2015.

Resolución n° 9365 del MPP para el Proceso Social de Trabajo, mediante la cual se crean en la ciudad de Valencia, estado Carabobo, las Inspectorías del Trabajo de Derecho Colectivo, de Sanciones, de Reclamos y de Inamovilidad. G.O. n° 40.808 del 11-12-2015.

Resolución n° 9588 del MPP para el Proceso Social de Trabajo, mediante la cual se dicta la norma técnica de los servicios de seguridad y salud en el trabajo. G.O. n° 40.973 del 24-08-2016.

Resolución n° 9589 del MPP para el Proceso Social de Trabajo, mediante la cual se dicta la norma técnica para el control en la manipulación, levantamiento y traslado manual de carga. G.O. n° 40.973 del 24-08-2016.

Decreto n° 2.535, mediante el cual se crea los Consejos Productivos de Trabajadores. G.O. n° 41.026 del 08-11-2016.

Providencia n° 2 del IVSS, mediante la cual se incorporan los avisos de intimación por concepto de aportes de cotización, multas, intereses y/o recargos, en las órdenes de pago publicadas a través del portal web www.ivss.gob.ve, las cuales estarán a disposición de los empleadores y empleadoras. G.O. n° 41.159 del 08-11-2016.

Providencia n° 5 del IVSS, mediante la cual se implementa el sistema de pago de indemnización diaria a través de orden de pago, a los empleadores y empleadoras del sector público con el objeto de que éstas sean acreditadas a la Orden de Pago generada por el IVSS, debiendo el empleador cancelarlas al asegurado. G.O. n° 41.195 del 18-07-2017.

Resolución n° 23 de la Vicepresidencia de la República, mediante la cual se constituye una instancia técnica de evaluación denominada Comisión Interministerial que se encargará de estudiar las posibles soluciones al caso de los ex trabajadores de los suprimidos institutos INOS, MOP, CADAFE, Acueductos Rurales del Zulia, Banco de Fomento Comercial de Venezuela, Instituto Nacional de Deportes, entre otros, con ocasión al exhorto realizado por la Asamblea Nacional al Ejecutivo Nacional. G.O. n° 41.456 del 08-08-2018.

Providencia n° 14del INPSASEL, mediante la cual se modifica el baremo nacional para la asignación del porcentaje de discapacidad por enfermedades ocupacionales y accidentes de trabajo. G.O. n° 41.543 del 11-12-2018.

Providencia n° 1 del Instituto para Capacitación y Recreación de los Trabajadores, mediante la cual se crea las Unidades Administradoras Desconcentradas de este Instituto, conformadas por los estados Táchira, Miranda y Vargas. G.O. n° 41.589 del 19-02-2019.

Reglamento de la Ley de Protección Social al Trabajador y a la Trabajadora Cultural. G.O. n° 41.661 del 25-06-2019.

Resolución n° 28 del MPP para el Proceso Social de Trabajo, mediante la cual se fusionan las Unidades de Supervisión de Capital (Norte y Sur) y la Unidad de Supervisión de Miranda Este, tanto en su área geográfica de competencia como del personal (servidores públicos) que las componen. G.O. n° 42.055 del 26-01-2021.

Providencia n° CJ-0037-2022 INPSASEL, mediante la cual se crea la Coordinación de Máquinas, Equipos y Herramientas, adscrita a la Gerencia de Seguridad e Higiene, para realizar y ejecutar el diagnóstico, evaluación y control del diseño, fabricación, instalaciones, operación e inspección de calderas y la inscripción de entidades de trabajo prestadoras de servicios. G.O. n° 42.371 del 06-05-2022.

Decreto n° 4.719, mediante el cual se instruye a las autoridades del IVSS, del Instituto Nacional de Capacitación y Educación Socialista (INCES), Fondo de Ahorro Obligatorio para la Vivienda (FAOV) y al MPP para el Proceso Social del Trabajo implementar mecanismos para afianzar el desarrollo productivo de los nuevos emprendimientos debidamente registrados por ante el Registro Nacional de Emprendimientos, para lo cual deberán dispensar del pago del registro o inscripción como entidades de trabajo en los referidos organismos. G.O. n° 42.432 del 03-08-2022.

Providencia n° CJ-010-2023 del INPSASEL, mediante la cual se establece como parámetros normativos los artículos que en ella se mencionan, para realizar y ejecutar el diagnóstico, evaluación y control del diseño, fabricación, instalaciones, operación e inspección de máquinas, equipos y herramientas y la inscripción de entidades de trabajo prestadoras de servicios y sus profesionales. G.O. n° 42.573 17-02-2023.

Decreto n° 4.783, mediante el cual se instruye a las autoridades del IVSS, del Instituto Nacional de Capacitación y Educación Socialista (INCES), Fondo de Ahorro Obligatorio para la Vivienda (FAOV) y al MPP para el Proceso Social de Trabajo, a implementar mecanismos para afianzar el desarrollo productivo de los nuevos emprendimientos debidamente registrados por ante el Registro Nacional de Emprendimiento (RNE), para lo cual deberán dispensar del pago del registro o inscripción como entidades de trabajo en los referidos organismos. G.O. n° 42.575 del 23-02-2023.

Resolución n° 648 del MPP para el Proceso Social de Trabajo, mediante la cual se deroga la norma técnica programa de seguridad y salud en el trabajo (NT-01-2008); y se dicta la nueva norma técnica programa de seguridad y salud en el trabajo (NT-04-2023). G.O. n° 42.712 del 12-09-2023.

Providencia n° 244-2023 del INPSASEL, mediante la cual se establece que los patronos y patronas de las entidades de trabajo, deben organizar los servicios de seguridad y salud en el trabajo propios o mancomunados, los cuales tienen como objetivo primordial la promoción, prevención y vigilancia en materia de seguridad, salud, condiciones y medio ambiente de trabajo, para proteger los derechos humanos a la vida, la salud y la integridad personal de los trabajadores y trabajadoras. G.O. n° 42.712 del 12-09-2023.

Providencia n° 245-2023 del INPSASEL, mediante la cual se establece que toda entidad de trabajo debe presentar el programa de seguridad y salud en el trabajo específico y adecuado a sus procesos de trabajo, el cual debe ser aprobado y registrado ante este Instituto. G.O. n° 42.712 del 12-09-2023.

Resolución n° 689 del MPP para el Proceso Social de Trabajo, mediante la cual se dicta el sistema de clasificación de categoría de riesgos para cada rama de actividad económica y su correspondiente reglamento especial de INPSASEL. G.O. n° 6.789 del 29-12-2023.

2. Inamovilidad laboral

Decreto con Rango, Valor y Fuerza de Ley de Inamovilidad Laboral. G.O. n° 6.207 Extraordinario del 28-12-2015.

Resolución n° 10.002 del MPP para el Proceso Social de Trabajo, mediante la cual se establece que los trabajadores y trabajadoras, integrantes de los Consejos Productivos de Trabajadores, no podrán ser despedidos, trasladados, desmejorados en sus condiciones de trabajo, por el lapso de un año, a partir del momento de su designación, sin justa causa previamente calificada por el Inspector o Inspectora del Trabajo, de conformidad con la Ley Orgánica del Trabajo, los Trabajadores y las Trabajadoras. G.O. n° 41.045 del 05-12-2016.

Decreto n° 3.708, mediante el cual se establece la inamovilidad laboral de las trabajadoras y trabajadores del sector público y privado regidos por el Decreto con Rango, Valor y Fuerza de Ley Orgánica del Trabajo, los Trabajadores y las Trabajadoras, por un lapso de dos años contados a partir de la entrada en vigencia de este Decreto. G.O. n° 6.419 Extraordinario del 28-12-2018.

Decreto n° 4.167, mediante el cual se ratifica la inamovilidad laboral de las trabajadoras y trabajadores del sector público y privado regidos por el Decreto con Rango, Valor y Fuerza de Ley Orgánica del Trabajo, los Trabajadores y las Trabajadoras, hasta el 31-12-2020, a partir de la entrada en vigencia de este decreto. G.O. n° 6.520 Extraordinario del 23-03-2020.

Decreto n° 4.414, mediante el cual se establece la inamovilidad laboral de las trabajadoras y trabajadores del sector público y privado regidos por el Decreto con Rango, Valor y Fuerza de Ley Orgánica del Trabajo, los Trabajadores y las Trabajadoras, por un lapso de dos años contados a partir de la entrada en vigencia de este Decreto. G.O. n° 6.611 Extraordinario del 31-12-2020.

Decreto n° 4.753, mediante el cual se establece la inamovilidad laboral a favor de las trabajadoras y los trabajadores de los sectores público y privado regidos por el Decreto con Rango, Valor y Fuerza de Ley Orgánica del Trabajo, los Trabajadores y las Trabajadoras por el lapso de dos años contados entre el 01-01-2023) y el 31-12-2024, ambas fechas inclusive. G.O. n° 6.723 Extraordinario del 20-12-2022.

Decreto n° 5.070, mediante el cual se establece la inamovilidad laboral a favor de los trabajadores y las trabajadoras de los sectores público y privado regidos por el Decreto con Rango, Valor y Fuerza de Ley Orgánica del Trabajo, los Trabajadores y las Trabajadoras, por el lapso de dos años contados entre el primero 01-01-2025 y el 31-12-2026, ambas fechas inclusive. G.O. n° 6.868 Extraordinario del 27-12-2024.

3. Salario y bonificaciones

A. Salario mínimo

Decreto n° 1.599, mediante el cual se fija un aumento del 15 % del salario mínimo nacional mensual obligatorio en todo el territorio de la República para los trabajadores que presten servicios en los sectores público y privado (Bs. 5.622,48). G.O. n° 40.597 del 06-02-2015.

Decreto n° 1.737, mediante el cual se fija un aumento del salario mínimo nacional mensual obligatorio en todo el territorio de la República para los trabajadores que presten servicios en los sectores público y privado, del 20 % a partir del 01-05-2015 (Bs. 6.746,98) y 10 % a partir del 01-07-2015 (Bs. 7.421,68). G.O. n° 6.181 Extraordinario del 08-05-2015.

Decreto n° 2.056, mediante el cual se fija el salario mínimo nacional mensual obligatorio en todo el territorio de la República para los trabajadores que participan en el proceso social de trabajo desde las entidades de trabajo públicas y privadas, a partir del 01-11-2015, en Bs. 9.648,18. G.O. n° 40.769 del 19-10-2015.

Decreto n° 2.243, mediante el cual se fija un aumento del salario mínimo nacional mensual obligatorio en todo el territorio de la República para los trabajadores que presten servicios en los sectores público y privado del 20 % a partir del 01-03-2016, estableciéndose la cantidad Bs.11.577,81. G.O. n° 40.852 del 19-02-2016.

Decreto n° 2.307, mediante el cual se fija un aumento del salario mínimo nacional mensual obligatorio en todo el territorio de la República para los trabajadores que presten servicios en los sectores público y privado, del 30 %, a partir del 01-05-2016 (Bs. 15.051,15). G.O. n° 40.893 del 29-04-2016, reimpresión en G.O. n° 40.895 del 03-05-2016.

Decreto n° 2.429, mediante el cual se aumenta en un 50 % el salario mínimo nacional mensual obligatorio en todo el territorio de la República para los trabajadores y las trabajadoras que presten servicios en los sectores público y privado, a partir del 01-09-2016, quedando fijado en Bs. 22.576,73. G.O. n° 40.965 del 12-08-2016.

Decreto n° 2.504, mediante el cual se aumenta en un 20 % el salario mínimo nacional mensual obligatorio en todo el territorio de la República para los trabajadores y las trabajadoras que presten servicios en los sectores públicos y privados, a partir del 01-11-2016, estableciéndose la cantidad de Bs. 27.092,10. G.O. n° 6.269 Extraordinario del 28-10-2016.

Decreto n° 2.660, mediante el cual se aumenta en un 50 % el salario mínimo nacional mensual obligatorio en todo el territorio de la República para los trabajadores y las trabajadoras que presten servicios en los sectores públicos y privados, a partir del 01-01-2017, por la cantidad de Bs. 40.638,15. G.O. n° 41.070 del 09-01-2017.

Decreto n° 2.832, mediante el cual se aumenta en un 60 % el salario mínimo nacional mensual obligatorio en todo el territorio de la República para los trabajadores y las trabajadoras que presten servicios en los sectores públicos y privados (Bs. 65.021,04). G.O. n° 6.296 Extraordinario del 02-05-2017.

Decreto n° 2.966, mediante el cual se aumenta en un 50 % el salario mínimo nacional mensual obligatorio en todo el territorio de la República para los trabajadores y las trabajadoras que presten servicios en los sectores público y privado, a partir del 01-07-2017, estableciéndose en Bs. 97.531,56. G.O. n° 6.313 Extraordinario del 02-07-2017.

Decreto n° 3.068, mediante el cual se incrementa en 40 % el salario mínimo nacional mensual obligatorio en todo el territorio de la República para los trabajadores y las trabajadoras que presten servicios en los sectores público y privado, a partir del 01-09-2017, estableciéndose en Bs. 136.544,18. G.O. n° 41.231 del 07-09-2017.

Decreto n° 3.138, mediante el cual se incrementa en un 30 % el salario mínimo nacional mensual obligatorio en todo el territorio de la República para las trabajadoras y los trabajadores que presten servicios en los sectores públicos y privados, a partir del 01-11-2017, estableciéndose la cantidad de Bs. 177.507,44. G.O. n° 41.269 del 01-11-2017.

Decreto n° 3.232, mediante el cual se incrementa en un 40 %, el salario mínimo mensual obligatorio en todo el territorio de la República para los trabajadores y las trabajadoras que presten servicios en los sectores público y privado, quedando fijado en la cantidad de Bs. 248.510,41, a partir del 01-01-2018. G.O. n° 6.354 Extraordinario del 31-12-2017.

Decreto n° 3.301, mediante el cual se incrementa en un 58 % el salario mínimo nacional mensual obligatorio en todo el territorio de la República para los trabajadores que presten servicios en los sectores públicos y privados, a partir del 15-02-2018, estableciéndose la cantidad de Bs. 392.646,46. G.O. n° 41.351 del 01-03-2018.

Decreto n° 3.392, mediante el cual se incrementa el salario mínimo nacional mensual obligatorio en todo el territorio de la República para los trabajadores que presten servicios en los sectores públicos y privados, quedando fijado en la cantidad de Bs. 1.000.000. G.O. n° 41.387 del 30-04-2018.

Decreto n° 3.478, mediante el cual se incrementa el salario mínimo nacional mensual obligatorio en todo el territorio de la República para los trabajadores que presten servicios en los sectores públicos y privados, a partir del 20-06-2018, estableciéndose la cantidad Bs. 3.000.000. G.O. n° 6.383 Extraordinario del 20-06-2018.

Decreto n° 3.601, mediante el cual se incrementa el salario mínimo mensual obligatorio en todo el territorio de la República para los trabajadores que presten servicios en los sectores público y privado, el cual se fija en la cantidad de Bs. 1.800 a partir del 01-09-2018. G.O. n° 6.403 Extraordinario del 31-08-2018.

Decreto n° 3.829, mediante el cual se incrementa el salario mínimo nacional mensual obligatorio en todo el territorio de la República para las trabajadoras y los trabajadores que presten servicios en los sectores públicos y privados, a partir del 16-04-2019, estableciéndose la cantidad de Bs. 40.000. G.O. n° 6.452 Extraordinario del 25-04-2019.

Decreto n° 3.997, mediante el cual se fija el salario mínimo nacional mensual, a partir del 01-10-2019, en Bs. 150.000, obligatorio en todo el territorio de la República a favor de las trabajadoras y los trabajadores que presten servicios en los sectores públicos y privados. G.O. n° 6.484 Extraordinario del 11-10-2019.

Decreto n° 4.093, mediante el cual se incrementa el salario mínimo nacional mensual obligatorio en todo el territorio de la República para los trabajadores y las trabajadoras que presten servicios en los sectores públicos y privados, a partir del 01-01-2020, estableciéndose la cantidad Bs. 250.000. G.O. n° 6.502 Extraordinario del 09-01-2020.

Decreto n° 4.193, mediante el cual se incrementa el ingreso mínimo mensual y la protección social (Bs. 400.000 de salario mínimo nacional mensual obligatorio; Bs. 400.000 de cestaticket socialista). G.O. n° 6.532 Extraordinario del 27-04-2020.

Decreto n° 4.502, mediante el cual se aumenta el salario mínimo mensual obligatorio, así como el monto de las pensiones, en el monto que en él se especifica (Bs. 7.000.000). G.O. n° 6.622 Extraordinario del 01-05-2021, reimpresión n° 6.629 del 03-06-2021.

Decreto n° 4.653, mediante el cual se aumenta el salario mínimo mensual obligatorio así como el monto de jubilaciones y pensiones (Bs. 130). G.O. n° 6.691 del 15-03-2022.

B. Obreros de la Administración Pública

Decreto n° 1.601, mediante el cual se establece el ajuste al sistema de remuneraciones de los obreros de la administración pública nacional. G.O. n° 40.597 del 06-02-2015.

Decreto n° 1.739, mediante el cual se dicta el ajuste al sistema de remuneraciones de los obreros de la Administración Pública Nacional. G.O. n° 40.660 del 14-05-2015.

Decreto n° 2.068, mediante el cual se establece el ajuste al sistema de remuneraciones de los obreros de la Administración Pública Nacional. G.O. n° 40.773 del 23-10-2015.

Decreto n° 2.275, mediante el cual se establece el ajuste al sistema de remuneraciones de los obreros de la Administración Pública Nacional. G.O. n° 40.867 del 11-03-2016.

Decreto n° 2.317, mediante el cual se establece el sistema de remuneraciones de los obreros de la Administración Pública Nacional. G.O. n° 40.899 del 09-05-2016.

Decreto n° 2.433, mediante el cual se establece el Ajuste al Sistema de Remuneraciones de las Obreras y Obreros de la Administración Pública Nacional. G.O. n° 40.966 del 15-08-2016.

Decreto n° 2.509, mediante el cual se establece el Ajuste al Sistema de Remuneraciones de las Obreras y Obreros de la Administración Pública Nacional. G.O. n° 6.269 Extraordinario del 28-10-2016.

Decreto n° 2.662, mediante el cual se regula y establece el tabulador general salarial para las obreras y los obreros que participan en el proceso social de trabajo desde la Administración Pública Nacional. G.O. n° 41.070 del 09-01-2017.

Decreto n° 2.836, mediante el cual se establece el ajuste al sistema de remuneraciones de las obreras y obreros de la Administración Pública Nacional. G.O. n° 6.296 Extraordinario del 02-05-2017.

Decreto n° 2.969, mediante el cual se establece el tabulador general salarial para las obreras y los obreros que participan en el proceso social de trabajo en la Administración Pública Nacional. G.O. n° 6.313 Extraordinario del 02-07-2017.

Decreto n° 3.070, mediante el cual se regula y establece el tabulador general salarial para las obreras y los obreros que participan en el proceso social de trabajo en la Administración Pública Nacional. G.O. n° 41.231 del 07-09-2017.

Decreto n° 3.140, mediante el cual se regula y establece el tabulador general salarial para las obreras y los obreros que participan en el proceso social de trabajo en la Administración Pública Nacional. G.O. n° 41.269 del 01-11-2017.

Decreto n° 3.235, mediante el cual se regula y establece el tabulador general salarial para las obreras y los obreros que participan en el proceso social de trabajo en la Administración Pública Nacional. G.O. n° 6.354 Extraordinario del 31-12-2017.

Decreto n° 3.303, mediante el cual se regula y establece el tabulador general salarial para los obreros que participan en el proceso social de trabajo en la Administración Pública Nacional. G.O. n° 41.351 del 01-03-2018.

Decreto n° 3.391, mediante el cual se regula y establece el tabulador general salarial para los obreros que participan en el proceso social de trabajo en la Administración Pública Nacional. G.O. n° 41.387 del 30-04-2018.

Decreto n° 3.479, mediante el cual se regula y establece el tabulador general salarial para los obreros que participan en el proceso social de trabajo en la Administración Pública Nacional. G.O. n° 6.383 Extraordinario del 20-06-2018.

Decreto n° 3.831, mediante el cual se regula y establece el tabulador general salarial para las obreras y los obreros que participan en el proceso social del trabajo en la Administración Pública. G.O. n° 6.452 Extraordinario del 25-04-2019.

C. Bono alimentación, pensionados y otros[185]

Decreto con Rango Valor y Fuerza de Ley del Cestaticket Socialista para los Trabajadores y Trabajadoras. G.O. n° 40.773 del 23-10-2015.

Decreto n° 2.091 mediante el cual se ordena el pago de tres meses a las pensionadas y los pensionados del IVSS, calculados con base al monto de la pensión que se les hubiere asignado al 01-11-2015. G.O. n° 40.783 del 06-11-2015.

Decreto n° 2.244, mediante el cual se ajusta el pago del cestaticket socialista para los trabajadores que presten servicios en los sectores público y privado, a 2,5 unidades tributarias por día, a razón de 30

[185] Véase también: § Salario mínimo.

días por mes, pudiendo percibir hasta un máximo del equivalente a 75 unidades tributarias al mes. G.O. n° 40.852 del 19-02-2016.

Decreto n° 2.308, mediante el cual se ajusta el pago del cestaticket socialista para los trabajadores que presten servicios en los sectores público y privado, a 3,5 unidades tributarias por día, a razón de 30 días por mes. G.O. n° 40.893 del 29-04-2016.

Decreto n° 2.430, mediante el cual se ajusta la base de cálculo para el pago del cestaticket socialista para los trabajadores y las trabajadoras que presten servicios en los sectores públicos y privados (8 unidades tributarias). G.O. n° 40.965 del 12-08-2016.

Decreto n° 2.505, mediante el cual se ajusta la base de cálculo para el pago del cestaticket socialista para los trabajadores y las trabajadoras que presten servicios en los sectores públicos y privados (12 unidades tributarias). G.O. n° 6.269 Extraordinario del 28-10-2016.

Decreto n° 2.506, mediante el cual se ordena el pago de tres meses a las pensionadas y los pensionados del IVSS, calculados con base al monto de la pensión que se les hubiere asignado al 01-11-2016 . G.O. n° 6.269 Extraordinario del 28-10-2016.

Decreto n° 2.833, mediante el cual se ajusta la base de cálculo para el pago del cestaticket socialista para los trabajadores y las trabajadoras que presten servicios en los sectores público y privado (15 unidades tributarias). G.O. n° 6.296 Extraordinario del 02-05-2017.

Decreto n° 2.967, mediante el cual se ajusta la base de cálculo para el pago del cestaticket socialista para los trabajadores y las trabajadoras que presten servicios en los sectores público y privado (17 unidades tributarias). G.O. n° 6.313 Extraordinario del 02-07-2017.

Decreto n° 3.069, mediante el cual se ajusta la base de cálculo para el pago del cestaticket socialista para los trabajadores y las trabajadoras que presten servicios en los sectores público y privado (21 unidades tributarias). G.O. n° 41.231 del 07-09-2017.

Decreto n° 3.139, mediante el cual se ajusta la base de cálculo para el pago del cestaticket socialista para las trabajadoras y los trabajadores que presten servicios en los sectores públicos y privados (31 unidades tributarias). G.O. n° 41.269 del 01-11-2017.

Decreto n° 3.143, mediante el cual se ordena el pago de tres meses a las pensionadas y los pensionados del IVSS, calculados con base al monto de la pensión que se le hubiere asignado al 01 -11-2017. A tales efectos, la base de cálculo estipulada en este artículo se corresponde con el salario mínimo nacional mensual más el bono especial de guerra económica. G.O. n° 41.270 del 02-11-2017.

Decreto n° 3.233, mediante el cual se ajusta la base de cálculo para el pago del cestaticket socialista para los trabajadores y las trabajadoras que presten servicios en los sectores público y privado (61 unidades tributarias). G.O. n° 6.354 Extraordinario del 31-12-2017.

Decreto n° 3.602, mediante el cual se fija el cestaticket socialista mensual para los trabajadores que presten servicios en los sectores público y privado, en la cantidad de Bs. 180. G.O. n° 6.403 Extraordinario del 31-08-2018.

Decreto n° 3.832, mediante el cual se fija el cestaticket socialista mensual para las trabajadoras y los trabajadores que presten servicios en los sectores público y privado en la cantidad de Bs. 25.000, vigente a partir del 16-04-2019. G.O. n° 6.452 Extraordinario del 25-04-2019.

Decreto n° 3.998, mediante el cual se fija el cestaticket socialista para las trabajadoras y los trabajadores de los sectores público y privado, en Bs. 150.000. G.O. n° 6.484 Extraordinario del 11-10-2019.

Decreto n° 4.094, mediante el cual se fija el cestaticket socialista mensual para los trabajadores y las trabajadoras que presten servicios en los sectores público y privado en la cantidad de Bs. 200.000. G.O. n° 6.502 Extraordinario del 09-01-2020.

Decreto n° 4.603, mediante el cual se incrementa el beneficio del cestaticket socialista, en Bs. 3.000.000. G.O. n° 6.622 Extraordinario del 01-05-2021, reimpresión n° 6.629 Extraordinario del 03-06-2021.

Decreto n° 4.654, mediante el cual se incrementa el beneficio del cestaticket socialista (Bs. 45). G.O. n° 6.691 Extraordinario del 15-03-2022.

Decreto n° 4.805, mediante el cual se establece el aumento del ingreso mínimo mensual para la protección del pueblo venezolano (Bs. 1.000 cestaticket socialista). G.O. n° 6.746 Extraordinario del 01-05-2023.

4. Jornada laboral

Decreto n° 2.276, mediante el cual se declaran días no laborables y, por tanto, considerados como feriados a los efectos de la Ley Orgánica del Trabajo, los Trabajadores y las Trabajadoras, los días 21, 22 y 23-03-2016. G.O. n° 40.868 del 14-03-2016.

Aviso Oficial del MPP para la Alimentación, mediante el cual se informa a la ciudadanía que durante los días correspondientes al asueto de Semana Santa 2016, de conformidad con el Decreto n° 2.276 del 14-03-2016, todas las actividades del sector público y del sector privado que conforman la cadena de alimentación a nivel nacional deberán operar con normalidad, sin interrupción alguna derivada de los efectos del mencionado Decreto. G.O. n° 40.871 del 17-03-2016.

Decreto n° 2.294, mediante el cual se declaran los días viernes como no laborables para el sector público, a partir del 08-04-2016 y mientras persistan los efectos del fenómeno climático El Niño sobre la Central Hidroeléctrica Simón Bolívar. G.O. n° 40.880 del 06-04-2016.

Decreto n° 2.300, mediante el cual se declara el 18-04-2016, como no laborable para la Administración Pública y para el sector educativo público y privado, como medida necesaria para disminuir los efectos del fenómeno climático El Niño sobre la Central Hidroeléctrica Simón Bolívar. G.O. n° 6.223 Extraordinario del 14-04-2016.

Decreto n° 2.303, mediante el cual se establece un régimen especial, transitorio, de días no laborables, mientras persistan los efectos del fenómeno climático El Niño, sobre la Central Hidroeléctrica Simón Bolívar, a partir del 27-04-2016 y hasta el 13-05-2016. G.O. n° 40.890 del 26-04-2016.

Decreto n° 2.319, mediante el cual se prorroga hasta el 27-05-2016 el régimen especial de días no laborables, de carácter transitorio, establecido mediante Decreto n° 2.303. G.O. n° 40.902 del 12-05-2016.

Decreto n° 2.337, mediante el cual se prorroga hasta el 10-06-016 el régimen especial de días no laborables de carácter transitorio. G.O. n° 40.913 del 27-05-2016.

Decreto n° 2.352, mediante el cual se establece para los órganos y entes de la Administración Pública Nacional un horario especial laboral desde las 8 am hasta la 1 pm, a partir del 13-06-2016 hasta el 24-06-2016; prorrogable por el período que acuerde el Ejecutivo Nacional. G.O. n° 40.923 del 10-06-2016.

Decreto n° 2.360, mediante el cual se prorroga hasta el 08-07-2016 el horario especial laboral establecido mediante Decreto n° 2.352. G.O. n° 40.932 del 23-06-2016.

Resolución n° 9855 del MPP para el Proceso Social de Trabajo, mediante la cual se establece un régimen laboral transitorio de carácter obligatorio y estratégico para todas las entidades de trabajo del país públicas, privadas, de propiedad social y mixtas, que contribuya con el reimpulso productivo del sector agroalimentario, estableciendo mecanismo de inserción temporal de trabajadores y trabajadoras en aquellas entidades objeto de medidas especiales implementadas para fortalecer su producción. G.O. n° 40.950 del 22-07-2016.

Decreto n° 2.705, mediante el cual se declara día de júbilo no laborable el 01-02-2017, a los fines de que los venezolanos y las venezolanas, a lo largo de todo el territorio nacional, puedan rendir dignos honores e incorporarse a las actividades de conmemoración y eventos alusivos al Bicentenario del nacimiento del General del Pueblo Soberano Ezequiel Zamora. G.O. n° 6.284 Extraordinario del 29-01-2017, reimpresión en G.O. n° 6.285 Extraordinario del 31-01-2017.

Decreto n° 2.798, mediante el cual se declaran como días no laborables los días 10, 11 y 12-04-2017 y, por tanto, se les otorga el carácter de feriados en el sentido del Decreto con Rango, Valor y Fuerza de Ley Orgánica del Trabajo, los Trabajadores y las Trabajadoras. G.O. n° 41.129 del 05-04-2017.

Decreto n° 3.583, mediante el cual se declara día no laborable y por tanto se le otorga el carácter de feriado a los efectos del Decreto con Rango, Valor y Fuerza de Ley Orgánica del Trabajo, los Trabajadores y las Trabajadoras, el día 20-08-2018. G.O. n° 6.395 Extraordinario del 17-08-2018.

Decreto n° 3.773, mediante el cual se declaran días no laborables y por tanto se les otorga el carácter de feriados a los efectos del Decreto con Rango, Valor y Fuerza de Ley Orgánica del Trabajo, los Trabajadores y las Trabajadoras, los días 28-02 y 01-03-2019. G.O. n° 41.594 del 26-02-2019.

Decreto n° 3.818, mediante el cual se establece, para el sector público y privado un horario especial laboral desde las 8 am hasta las 2 pm, a partir del 01-04-2019 hasta el 30-04-2019; prorrogable por el período que acuerde el Ejecutivo Nacional. G.O. n° 41.614 del 10-04-2019.

Decreto n° 3.822, mediante el cual se declaran días no laborables y, por tanto, considerados como feriados a los efectos del Decreto con Rango, Valor y Fuerza de Ley Orgánica del Trabajo, los Trabajadores y las Trabajadoras, los días 15, 16, y 17-04-2019. G.O. n° 6.448 Extraordinario del 13-04-2019.

Decreto n° 3.837, mediante el cual se establece, para el sector público y privado un horario especial laboral desde las 8 am hasta las 2 pm, a partir del 01-05-2019, hasta el periodo que acuerde el Ejecutivo Nacional. G.O. n° 41.623 del 30-04-2019.

5. Convenciones colectivas y reuniones normativas

Resolución n° 9178 del MPP para el Proceso Social de Trabajo, mediante la cual se procede a convocar formalmente a una reunión normativa laboral al MPP para la Educación Universitaria, Ciencia y Tecnología, así como a la Federación de Trabajadores Universitarios, entre otros. G.O. n° 40.668 del 26-05-2015.

Resolución n° 9340 del MPP para el Proceso Social de Trabajo, mediante la cual se convoca a una reunión normativa laboral aplicada a la actividad de la industria químico-farmacéutica (laboratorios, casas de representación y establecimientos farmacéuticos). G.O. n° 40.755 del 28-09-2015.

Resolución n° 9345 del MPP para el Proceso Social de Trabajo, mediante la cual se convoca a una reunión normativa laboral a escala regional, aplicada a la actividad de industria de la confección textil. G.O. n° 40.762 del 07-10-2015.

Resolución n° 9360 del MPP para el Proceso Social de Trabajo, mediante la cual se convoca a la instalación de la reunión normativa laboral con alcance nacional de trabajadores bolivarianos de la construcción, afines y conexos y la Federación Nacional de Trabajadores Profesionales, Empleados, Técnicos y Obreros de la Industria de la Construcción, Madera, Maquinarias Pesadas, Vialidades y Similares, conjuntamente con la Cámara Bolivariana de Construcción y la Cámara Venezolana de la Industria de la Construcción. G.O. n° 40.793 del 20-11-2015.

Resolución n° 9681 del MPP para el Proceso Social de Trabajo, mediante la cual se imparte la homologación de la convención colectiva de trabajo bajo el marco de reunión normativa laboral para las entidades de trabajo pertenecientes a la rama de actividad de la industria químico farmacéutico, laboratorios, casa de representación y establecimientos farmacéuticos que operan a escala nacional. G.O. n° 40.894 del 02-05-2016, reimpresión en G.O. n° 40.921 del 08-06-2016.

Resolución n° 9682 del MPP para el Proceso Social de Trabajo, mediante la cual se convoca a la instalación de la reunión normativa laboral con alcance regional, a los representantes del Sindicato Unificado de Trabajadores de Artes Gráficas Similares y Conexos del Distrito Federal y estado Miranda, conjuntamente con la Asociación de Industriales de Artes Gráficas y las entidades de trabajo que en ella se mencionan. G.O. n° 40.894 del 02-05-2016.

Resolución n° 9809 del MPP para el Proceso Social de Trabajo, mediante la cual se imparte la homologación de la convención colectiva de trabajo bajo el marco de una reunión normativa laboral para la rama de actividad del sector público universitario. G.O. n° 40.931 del 22-06-2016.

Resolución n° 9940 del MPP para el Proceso Social de Trabajo, mediante la cual se imparte la homologación de la convención colectiva de trabajo bajo el marco de reunión normativa laboral para la rama de actividad económica de la industria de artes gráficas, que opera a escala regional para el Distrito Capital y estado Miranda. G.O. n° 41.011 del 18-10-2016.

Convención colectiva marco socialista para regular el proceso social del trabajo en la Administración Pública Nacional. G.O. n° 6.268 del 26-10-2016.

Convención colectiva de trabajo del Instituto Nacional de Capacitación y Educación Socialista. G.O. n° 6.268 del 26-10-2016.

Convención mediante la cual se procede a la publicación de la XII convención colectiva socialista para regular el proceso social de trabajo en el Metro de Caracas 2016-2018. G.O. n° 6.306 del 16-06-2017.

Resolución n° 728 del MPP para el Proceso Social de Trabajo, mediante la cual, vista la convención colectiva de trabajo suscrita bajo el marco de una reunión normativa laboral para la rama de actividades de la industria químico-farmacéutica (laboratorios y casas de representación) de alcance nacional, entre las organizaciones sindicales que en ella se mencionan, se imparte la homologación en los términos acordados en la Ley que en ella se especifica, por no ser contrario al orden público. G.O. n° 41.313 del 04-01-2018.

Resolución n° 117 del MPP para el Proceso Social de Trabajo, mediante la cual se homologa la convención colectiva de trabajo bajo el marco de reunión normativa laboral para la rama de actividad del sector salud pública de alcance nacional. G.O. n° 41.367 del 23-03-2018.

Resolución n° 342 del MPP para el Proceso Social de trabajo, mediante la cual se homologa la convención colectiva de trabajo bajo el marco de reunión normativa laboral para la rama de actividad del sector público universitario que opera a escala nacional. G.O. n° 41.393 del 09-05-2018.

Resolución n° 500 del MPP para el Proceso Social de Trabajo, mediante la cual se homologa la convención colectiva de trabajo bajo el marco de una reunión normativa laboral para la rama de actividad de la industria de artes gráficas, que opera a escala regional para el Distrito Capital y estado Miranda. G.O. n° 41.762 del 18-11-2019.

Resolución n° 608 del MPP para el Proceso Social de Trabajo, mediante la cual se convoca a una reunión normativa laboral para la rama de la actividad del sector salud pública de alcance nacional. G.O. n° 41.246 del 28-09-2017.

Resolución n° 609 del MPP para el Proceso Social de Trabajo, mediante la cual se homologa la reunión normativa laboral para la rama de la actividad de la industria de la confección textil, que opera a escala regional para el Distrito Capital y estado Miranda. G.O. n° 41.246 del 28-09-2017.

Resolución n° 64 del MPP para el Proceso Social de Trabajo, mediante la cual se convoca a una reunión normativa laboral para la rama de actividades del sector de artes gráficas, de alcance regional en el Distrito Capital y estado Miranda. G.O. n° 41.589 del 19-02-2019.

Resolución n° 159 del MPP para el Proceso Social de Trabajo, mediante la cual se convoca a una reunión normativa laboral, para la rama de actividad de la industria de artes gráficas de alcance Regional en el Distrito Capital y estado Miranda. G.O. n° 41.620 del 25-04-2019.

Resolución n° 99 de la Dirección de Inspectoría Nacional y Otros Asuntos Colectivos de Trabajo del Sector Privado, mediante la cual se convoca a la instalación de la reunión normativa laboral con alcance nacional, a los representantes de la Organización Sindical Federación

Nacional de Sindicatos de Trabajadores de Productos Medicinales, Cosméticos y Perfumería. G.O. n° 42.352 del 05-04-2022.

Resolución n° 271 del MPP para el Proceso Social de Trabajo, mediante la cual se imparte la homologación y la normativa laboral para la rama de actividad de la industria químico farmacéutica (laboratorios farmacéuticos y casas de representación) de alcance nacional. G.O. n° 42.430 del 01-08-2022.

Resolución n° 279 del MPP para el Proceso Social de Trabajo, mediante la cual se imparte la homologación y la normativa laboral para la rama de actividad del sector público universitario, de la Federación de Trabajadores Universitarios de Venezuela, que operan a escala nacional. G.O. n° 42.436 del 09-08-2022.

Resolución n° 588 del MPP para el Proceso Social de Trabajo, mediante la cual se imparte la homologación y la normativa laboral para la rama de actividad del sector privado construcción, que operan a escala nacional. G.O. n° 6.752 Extraordinario del 06-07-2023.

IX. Vivienda y hábitat[186]

Resolución conjunta n° 469 y 351 de los MPP para Relaciones Interiores, Justicia y Paz y para el Ecosocialismo, Hábitat y Vivienda, mediante la cual se dicta los requisitos técnicos para el desarrollo de inspecciones de riesgo en viviendas y terrenos. G.O. n° 40.577 del 09-01-2015.

Resolución n° 350 del MPP para Ecosocialismo, Vivienda y Hábitat, mediante la cual se crea el Fondo de Protección al Inquilino o Inquilina y al Pequeño Arrendador. G.O. n° 40.580 del 14-01-2015.

Resolución n° 328 del MPP para Ecosocialismo, Hábitat y Vivienda, mediante la cual se establece que la propiedad y administración de los locales comerciales que se encuentran ubicados dentro de los Desarrollos Habitacionales construidos, o a ser construidos, por la Gran Misión Vivienda Venezuela, sea ejercida por la inmobiliaria que en ella se menciona, adscrita a este ministerio. G.O. n° 40.638 del 13-04-2015.

Resolución n° 38 del MPP para Hábitat y Vivienda, mediante la cual se establecen los lineamientos generales de racionalización de componentes constructivos para el diseño, estudio y construcción de viviendas y nuevos desarrollos habitacionales en el marco de la Gran Misión Vivienda Venezuela. G.O. n° 40.676 del 05-06-2015.

---

[186] Véase también: § Empresas del Estado; Misiones; Exoneraciones; Carteras de crédito. *Cfr.* Gabriel Sira Santana, "Potestades de la Administración contrarias al Derecho de Propiedad, 'en defensa' de la vivienda", *Revista Electrónica de Derecho Administrativo Venezolano*, N° 10 (2016): 41-67.

Resolución n° 141 del MPP para Hábitat y Vivienda, mediante la cual se declara concluido el proceso de supresión y liquidación del Instituto Nacional de la Vivienda (INAVI). G.O. n° 40.688 del 23-06-2015.

Resolución n° 142 del MPP para Hábitat y Vivienda, mediante la cual se delega en la Superintendencia Nacional de Arrendamientos de Vivienda, la competencia para la tramitación del procedimiento administrativo previo al ejercicio de cualquier otra acción judicial o administrativa que pudiera derivar en una decisión cuya práctica material comporte la pérdida de la posesión o tenencia de un inmueble destinado a vivienda principal. G.O. n° 40.694 del 02-07-2015.

Decreto n° 2.027 de la Presidencia de la República, mediante el cual se crea el Área Vital de Viviendas y de Residencias (AVIVIR) con una superficie total aproximada de 3,23ha, destinadas a la construcción de viviendas. G.O. n° 40.753 del 24-09-2015.

Providencia n° 30 del INTU, mediante la cual se delega en las Gerencias Estadales del Instituto Nacional de Tierras Urbanas, a través de las funcionarias y funcionarios designados como Gerentes Estadales del INTU, las atribuciones, celebración de actos y firmas de documentos inherentes al proceso de regularización de la tenencia de la tierra urbana y periurbana, correspondientes a los terrenos que pertenecieron al INAVI y que actualmente son propiedad del INTU. G.O. n° 40.790 del 17-11-2015.

Resolución conjunta n° 2 y 37 de los MPP para Relaciones Interiores, Justicia y Paz y para Hábitat y Vivienda, mediante la cual se dictan las normas para la protocolización de documentos en el marco de la Gran Misión Vivienda Venezuela. G.O. n° 40.838 del 28-01-2016.

Resolución n° 43 del MPP para Hábitat y Vivienda, mediante la cual se establece que los créditos para adquisición de vivienda principal que se otorguen en el marco del plan 0800-MIHOGAR, con recursos de la cartera de crédito que con carácter obligatorio deben colocar anualmente las instituciones del sector bancario, serán concedidos a familias cuyos ingresos estén comprendidos entre tres salarios mínimos y hasta veinte salarios mínimos. G.O. n° 40.853 del 22-02-2016.

Resolución n° 47 del MPP para Hábitat y Vivienda, mediante la cual se establece los lineamientos para la aplicación del Programa 0800-MIHOGAR, destinados a los créditos de adquisición de vivienda principal construidas con recursos públicos o privados en el marco de la Gran Misión Vivienda Venezuela. G.O. n° 40.865 del 09-03-2016.

Resolución n° 48 del MPP para Hábitat y Vivienda, mediante la cual se establece un método de selección de beneficiarios y beneficiarias aplicable a las viviendas construidas con recursos provenientes de la cartera hipotecaria en el marco de la Gran Misión Vivienda Venezuela, a través del Programa 0800 MIHOGAR. G.O. n° 40.865 del 09-03-2016.

Resolución n° 46 del MPP para Hábitat y Vivienda, mediante la cual se establecen los parámetros para la distribución del 25 % de la cartera hipotecaria obligatoria, destinado a créditos a corto plazo para la construcción de viviendas, que deberán cumplir las instituciones del sector bancario, de acuerdo a los montos y tipología establecidos por el Programa 0800-MIHOGAR. G.O. n° 40.868 del 14-03-2016.

Resolución n° 116 del MPP para Hábitat y Vivienda, mediante la cual se establecen las condiciones de financiamiento que regirán el otorgamiento de créditos para la adquisición, autoconstrucción, ampliación o mejoras de vivienda principal con recursos provenientes de los fondos regulados por el Decreto con Rango, Valor y Fuerza de Ley del Régimen Prestacional de Vivienda y Hábitat, y con recursos provenientes de los fondos que al efecto cree, administre o especifique el Órgano Superior del Sistema Nacional de Vivienda y Hábitat. G.O. n° 40.905 del 17-05-2016.

Resolución del MPP para Hábitat y Vivienda, mediante la cual se califica de urgente la ejecución de la obra denominada Ciudad Bicentenaria, donde se proyecta el diseño y ejecución de las unidades habitacionales, urbanismo e infraestructura que en ella se mencionan. G.O. n° 40.949 del 21-07-2016.

Providencia conjunta n° 164 y 1376 de la Superintendencia Nacional de Arrendamiento de Vivienda y Territorio Insular Francisco de Miranda, mediante la cual se establece un procedimiento administrativo expedito para formalizar los arrendamientos de inmuebles destinados a vivienda, habitación, residencia o pensión, ubicados en el Parque Nacional Archipiélago Los Roques. G.O. n° 41.006 del 10-10-2016.

Resolución n° 428 del MPP para Hábitat y Vivienda, mediante la cual se ordena a todas las personas naturales y jurídicas, nacionales y/o extranjeras, entes u organismos públicos y privados que se encuentren ejecutando y trabajando en obras de interés social, produciendo o comercializando materiales, componentes productivos, o prestando servicios dentro del marco de la Gran Misión Vivienda Venezuela, continuar ininterrumpidamente con las actividades involucradas, con el personal, maquinarias y equipos necesarios para el desarrollo de las actividades, durante los meses de noviembre y diciembre del corriente, salvo los días feriados establecidos en la Ley Orgánica del Trabajo, Trabajadores y Trabajadoras. G.O. n° 41.017 del 26-10-2016.

Resolución n° 451 del MPP para Hábitat y Vivienda, mediante la cual se corrige por error material la Resolución n° 48, donde se establece el método de selección de beneficiarios y beneficiarias aplicable a las viviendas construidas con recursos provenientes de la cartera hipotecaria en el marco de la Gran Misión Vivienda Venezuela, a través del Plan 0800-MIHOGAR. G.O. n° 41.068 del 05-01-2017.

Resolución n° 7 del MPP para Hábitat y Vivienda, mediante la cual se establecen las condiciones de financiamiento que regirán el otorgamiento de créditos para la adquisición, autoconstrucción, ampliación o mejoras de vivienda principal con recursos provenientes de los fondos regulados por el Decreto con Rango, Valor y Fuerza de Ley del Régimen Prestacional de Vivienda y Hábitat y, con recursos provenientes de los fondos que al efecto cree, administre o especifique el órgano superior del Sistema Nacional de Vivienda y Hábitat. G.O. n° 41.080 del 23-01-2017.

Resolución n° 26 del MPP para Hábitat y Vivienda, mediante la cual se dictan las normas de funcionamiento del fondo de garantía. G.O. n° 41.124 del 29-03-2017.

Decreto n° 2.807, mediante el cual se crea el Área Vital de Vivienda y de Residencias (AVIVIR), destinada a la construcción de viviendas. G.O. n° 41.132 del 17-04-2017.

Resolución n° 82 del MPP para Relaciones Interiores, Justicia y Paz, mediante la cual se establece el uso de los formatos únicos de los documentos de evaluación de vulnerabilidad de viviendas y del certificado de alto riesgo, que estandarizarán y regularán la entrega del Certificado Único de Alto Riesgo (PCAD-CUAR), emitido por la Organización Nacional de Protección Civil y Administración de Desastres, a las personas cuya evaluación de vulnerabilidad de viviendas unifamiliares, multifamiliares y plurifamiliares haya determinado la condición de Alto Riesgo. G.O. n° 41.135 del 21-04-2017.

Resolución n° 110 del MPP para Hábitat y Vivienda, mediante la cual se establecen las condiciones de financiamiento que regirán el otorgamiento de créditos para la adquisición, autoconstrucción, ampliación y mejoras de vivienda principal con recursos provenientes de los fondos regulados por el Decreto con Rango, Valor y Fuerza de Ley del Régimen Prestacional de Vivienda y Hábitat, con recursos provenientes de los fondos que al efecto cree, administre o especifique el órgano superior del Sistema Nacional de Vivienda y Hábitat. G.O. n° 41.267 del 30-10-2017.

Resolución n° 122 del MPP para Hábitat y Vivienda, mediante la cual se exhorta a todas las personas naturales y jurídicas, nacionales y/o extranjeras, entes u organismos públicos o privados que se encuentren ejecutando obras de interés social, produciendo o comercializando materiales y componentes productivos, o prestando servicio dentro del marco de la Gran Misión Vivienda Venezuela, continuar ininterrumpidamente con las actividades involucradas durante el mes de diciembre de 2017, salvo los días feriados establecidos en la Ley

Orgánica del Trabajo, los Trabajadores y las Trabajadoras. G.O. n° 41.279 del 15-11-2017.

Resolución n° 135 del MPP para Hábitat y Vivienda, mediante la cual se delega en la Superintendencia Nacional de Arrendamiento de Vivienda, la competencia para la tramitación del procedimiento administrativo previo al ejercicio de cualquier otra acción judicial o administrativa que pudiera derivar en una decisión cuya práctica material comporte la pérdida de la posesión o tenencia de un inmueble destinado a vivienda principal. G.O. n° 41.301 del 15-12-2017, reimpresión en G.O. n° 41.302 del 18-12-2017.

Decreto n° 3.330, mediante el cual se transfiere a la Empresa del Estado Inmobiliaria Nacional, S.A., la titularidad de la propiedad a modo gratuito y de manera irrevocable, de los terrenos pertenecientes a la República o entes de la Administración Pública Nacional, sobre los cuales se ha planificado construir viviendas para satisfacer la demanda generada del Registro de la Gran Misión Vivienda Venezuela y del Carnet de la Patria; así como los terrenos sobre los cuales se han construido desarrollos habitacionales, casas o apartamentos en el marco de la Gran Misión Vivienda Venezuela y que aún no han sido protocolizados y que alcanzan un total de 1.058 lotes de terrenos. G.O. n° 41.364 del 20-03-2018.

Resolución del MPP para Hábitat y Vivienda, mediante la cual se ordena la publicación de los listados anexos que se mencionan en los artículos 2, 3 y 5 del Decreto n° 3.330. G.O. n° 6.376 Extraordinario del 29-05-2018.

Resolución del MPP para Hábitat y Vivienda, mediante la cual se establece las condiciones de financiamiento que regirán el otorgamiento de créditos para la adquisición, autoconstrucción, ampliación o mejoras de vivienda principal con recursos provenientes de los fondos regulados por el Decreto con Rango, Valor y Fuerza de Ley del Régimen Prestacional de Vivienda y Hábitat y, con recursos provenientes de los fondos que al efecto cree, administre o especifique el órgano superior del Sistema Nacional de Vivienda y Hábitat. G.O. n° 41.525 del 15-11-2018.

Decreto n° 3.718, mediante el cual se autoriza a la Oficina Nacional del Tesoro para que capte, custodie, administre y efectúe los pagos que correspondan con los aportes y retenciones, cuya percepción está atribuida al IVSS, al Banco Nacional de Vivienda y Hábitat (BANAVIH) y al Instituto Nacional de Capacitación y Educación Socialista (Inces), como parte del Sistema de Seguridad Social. G.O. n° 6.420 Extraordinario del 28-12-2018.

Aviso Oficial del BCV, mediante el cual se informa al público en general que se fija, a partir del mes de febrero de 2019, la tasa de interés máxima aplicable a los créditos hipotecarios otorgados y por otorgarse para la adquisición, construcción, autoconstrucción, así como para mejora y ampliación de vivienda principal, en 12,66 %. G.O. n° 41.575 del 30-01-2019.

Resolución n° 51 del MPP para Hábitat y Vivienda, mediante la cual se establecen las condiciones de financiamiento que regirán el otorgamiento de créditos para adquisición, autoconstrucción, ampliación o mejoras de vivienda principal con recursos provenientes de los fondos regulados por el Decreto con Rango, Valor y Fuerza de Ley del Régimen Prestacional de Vivienda y Hábitat, y con recursos provenientes de los fondos que al efecto cree, administre o especifique el órgano superior del Sistema Nacional de Vivienda y Hábitat. G.O. n° 41.662 del 26-06-2019.

Decreto n° 3.990, mediante el cual se instruye al Instituto Nacional de Estadística la realización del XV Censo Nacional de Población y Vivienda, a través de las actividades de planificación, ejecución, procesamiento y divulgación, bajo la coordinación de la Vicepresidencia Sectorial de Planificación. G.O. n° 6.480 Extraordinario del 23-09-2019.

Resolución n° 32 del MPP para Hábitat y Vivienda, mediante la cual se suspende de manera especial y excepcional el pago de los cánones de arrendamientos de inmuebles utilizados para vivienda principal hasta el 02-03-2021. G.O. n° 41.971 del 23-09-2020.

Resolución n° 25 del MPP para Hábitat y Vivienda, mediante la cual se establecen las nuevas condiciones de financiamiento que regirán el otorgamiento de créditos para la adquisición, autoconstrucción, ampliación o mejoras de vivienda principal con recursos provenientes de los fondos regulados por el Decreto con Rango, Valor y Fuerza de Ley del Régimen Prestacional de Vivienda y Hábitat. G.O. n° 42.168 del 14-07-2021.

Ley de Reforma Parcial del Decreto con Rango, Valor y Fuerza de Ley del Régimen Prestacional de Vivienda y Hábitat. G.O. n° 6.805 Extraordinario del 01-05-2024.

Resolución n° 73 del MPP para Hábitat y Vivienda, mediante la cual se establecen los lineamientos sobre el funcionamiento territorial del órgano superior del Sistema Nacional de Vivienda y Hábitat. G.O. n° 42.887 del 27-05-2024.

x. Condecoraciones y premios

1. Panteón Nacional

Acuerdo de la Asamblea Nacional, mediante el cual se conceden los Honores del Panteón Nacional al insigne y gran artista venezolano Armando Reverón. G.O. n° 40.634 del 07-04-2015.

Acuerdo de la Asamblea Nacional, mediante el cual se conceden los Honores del Panteón Nacional al ilustre dramaturgo, pintor, muralista, poeta, pedagogo, comunicador visual y ensayista venezolano César Rengifo. G.O. n° 40.644 del 21-04-2015.

Acuerdo de la Asamblea Nacional, mediante el cual se conceden los Honores del Panteón Nacional a nuestro insigne héroe patrio Pedro Camejo, conocido como Negro Primero digno representante de la afrovenezolanidad. G.O. n° 40.663 del 19-05-2015.

Decreto n° 2.675, mediante el cual se ordena conferir los Honores del Panteón Nacional al ilustre luchador Fabricio Ojeda, quien fue ejemplo vivo de los ideales revolucionarios en el combate contra la dictadura Pérezjimenista y la funesta unión partidista que dio origen al pacto de Puntofijo. G.O. n° 41.076 del 17-01-2017.

Decreto n° 2.980, mediante el cual se ordena conferir los Honores del Panteón Nacional a Argimiro Enrique de La Santísima Trinidad Gabaldón Márquez. G.O. n° 41.188 del 07-07-2017.

Acuerdo de la Asamblea Nacional mediante el cual se ordena el traslado simbólico de los restos del prócer de la Independencia Juan Germán Roscio Nieves al Panteón Nacional. G.O. n° 42.087 del 15-03-2021.

Acuerdo de la Asamblea Nacional, mediante el cual se conceden los Honores del Panteón Nacional a nuestro insigne héroe patrio General en Jefe Manuel Piar. G.O. n° 42.364 del 27-04-2022.

Acuerdo de la Asamblea Nacional mediante el cual se aprueba el traslado al Panteón Nacional de los restos simbólicos del Teniente de Navío Pedro Lucas Urribarrí Prieto y las Heroínas Ana María Campos y Domitila Flores. G.O. n° 42.670 del 13-07-2023.

Acuerdo de la Asamblea Nacional mediante el cual se conceden los honores del Panteón Nacional al héroe de la patria General de Brigada Domingo Antonio Sifontes. G.O. n° 42.794 del 09-01-2024.

Acuerdo de la Asamblea Nacional mediante el cual se conceden los Honores del Panteón Nacional a nuestras insignes heroínas patriotas Josefa Joaquina Sánchez y Eulalia Buroz. G.O. n° 42.834 del 07-03-2024.

Acuerdo de la Asamblea Nacional mediante el cual se conceden los Honores del Panteón Nacional a José Cristóbal Hurtado de Mendoza y Montilla. G.O. n° 42.903 del 18-06-2024.

2. Reconocimientos

Providencia n° 1 de la ONA, mediante la cual se dicta las normas que regulan la creación e imposición del Botón de Antigüedad por Años de Servicio en la Oficina Nacional Antidrogas. G.O. n° 40.630 del 27-03-2015.

Ley de Creación de la Condecoración Orden Fabricio Ojeda. G.O. n° 6.185 Extraordinario del 08-06-2015.

Resolución n° 1-00-000467 CGR, mediante la cual se crea el Reconocimiento Dr. Clodosbaldo Russián de la CGR, en su primera y segunda clase. G.O. n° 41.001 del 01-10-2016.

Providencia n° 1 de la ONA, mediante la cual se dictan las normas que regulan la creación e imposición del reconocimiento Orden al Mérito en la Lucha Contra el Tráfico Ilícito y la Prevención del Consumo de Drogas, en su única clase. G.O. n° 41.080 del 23-01-2017.

Resolución n° 40 del MPP del Despacho de la Presidencia y Seguimiento de la Gestión de Gobierno, mediante la cual se dictan las normas que regulan la creación e imposición de reconocimientos Barra Honor al Mérito, Botón de Honor, Diploma de Reconocimiento, Botón de Antigüedad y Condecoración Estrella del Centro Estratégico de Seguridad y Protección de la Patria. G.O. n° 41.255 del 11-10-2017.

Decreto n° 3.251, mediante el cual se crea la Condecoración Luchador Fabricio Ojeda. G.O. n° 41.325 del 22-01-2018.

Decreto n° 3.366, mediante el cual se crea la Condecoración Maestro José Antonio De Jesús Abreu Anselmi, en su única clase. G.O. n° 41.375 del 11-04-2018.

Providencia n° 44 de la Fundación Misión Sucre, mediante la cual se crea el reconocimiento Orden al Mérito, Réplica de la Pluma del Gran Mariscal de Ayacucho, Antonio José de Sucre, con la finalidad de incentivar, enaltecer, premiar y estimular a los ciudadanos y ciudadanas ejemplares e integrales, así como a las organizaciones nacionales o internacionales que ponen la educación universitaria de calidad, la ciencia, la tecnología y la innovación al servicio del pueblo. G.O. n° 41.381 del 20-04-2018.

Decreto n° 3.689, mediante el cual se crea la Condecoración Orden Sable Victorioso de Carabobo. G.O. n° 41.533 del 27-11-2018.

Decreto n° 3.695, mediante el cual se crea la Condecoración Orden Espada del Libertador. G.O. n° 41.537 del 03-12-2018.

Providencia n° 35 de la SUDEBIP, mediante la cual se dicta la normativa interna sobre reconocimientos al personal de la SUDEBIP. G.O. n° 41.562 del 11-01-2019.

Ley Derogatoria de la Ley sobre la Condecoración Orden Francisco Fajardo. G.O. n° 6.709 del 01-07-2022.

Resolución n° 2243 del Ministerio Público, mediante la cual se crea la Medalla Padre Matías Camuñas, para exaltar a todos los funcionarios del Ministerio Público de Venezuela, que hayan realizado una sobresaliente labor en pro de la justicia en materia de derechos humanos, que destaquen por su lealtad a la legalidad, espíritu de sacrificio, desarrollo profesional, dedicación al trabajo, compromiso institucional y perseverancia en la lucha contra la impunidad. G.O. n° 42.497 del 03-11-2022.

Ley sobre la Condecoración Orden Gran Cacique Guaicaipuro Guapotori Guaicaipuro. G.O. n° 6.719 Extraordinario del 28-10-2022.

Ley de Creación de la Condecoración Orden Darío Vivas. G.O. n° 6.722 Extraordinario del 07-12-2022.

Resolución n° 2243 del Ministerio Público, mediante la cual se crea la Condecoración Orden al Mérito Padre Matías Camuñas en su única clase. G.O. n° 42.536 del 28-12-2022.

Resolución n° 2372 del Ministerio Público, mediante la cual se eleva de rango la Medalla Padre Matías Camuñas, en su única clase. G.O. n° 42.536 del 28-12-2022.

Resolución n° 11 del MPP para el Servicio Penitenciario, mediante la cual se crea la Orden al Mérito del Hombre Nuevo y la Mujer Nueva al Servicio del Sistema Penitenciario 26 de Julio, en su primera, segunda y tercera clase, como un reconocimiento de este ministerio a las personas naturales y/o jurídicas, que hayan realizado un aporte significativo en el ámbito del sistema del servicio penitenciario. G.O. n° 42.878 del 14-05-2024.

Resolución n° 14 del MPP para el Servicio Penitenciario, mediante la cual se crea el Reconocimiento Orden al Mérito por Años de Servicio y Lealtad Institucional. G.O. n° 42.892 del 03-06-2024.

Resolución n° 2 de la Vicepresidencia Sectorial de Defensa y Soberanía, mediante la cual se dicta la norma que regula la creación e imposición de la Barra Honor al Mérito, Botón Honor al Mérito, Botón Años de Servicio y Diploma de Reconocimiento de la Vicepresidencia Sectorial de Defensa y Soberanía. G.O. n° 42.982 del 10-10-2024.

Resolución n° 3 de la Vicepresidencia Sectorial de Defensa y Soberanía, mediante la cual se dicta la norma que regula la creación e imposición de la Medalla Orden al Mérito de la Vicepresidencia Sectorial de Defensa y Soberanía, en su Única Clase. G.O. n° 42.982 del 10-10-2024.

Ley de Creación de la Condecoración Orden Bicentenario Victoria de Ayacucho. G.O. n° 6.862 Extraordinario del 05-12-2024.

3. Concursos

Resolución n° 555 del MPP para Educación Universitaria, Ciencia y Tecnología, mediante la cual se dicta el Reglamento Operativo de los Premios Nacionales, Premio Nacional de Ciencia y Tecnología, Premio Nacional al Mejor Trabajo Científico, Tecnológico y de Innovación y Premio Nacional a la Inventiva Tecnológica Popular Luis Zambrano. G.O. n° 40.723 del 13-08-2015.

Decreto n° 2.657, mediante el cual se crea el Premio Nacional de Derechos Humanos, el cual será entregado cada año como parte de la conmemoración del Día Internacional de los Derechos Humanos, adoptado por Resolución 423 (V) de la Asamblea General de la Organización de Naciones Unidas. G.O. n° 41.069 del 06-01-2017.

Decreto n° 2.666, mediante el cual se crea el Premio Internacional Hugo Chávez a la Paz y la Soberanía de los Pueblos. G.O. n° 41.073 del 12-01-2017.

Decreto n° 2.979, mediante el cual se crea el Premio Nacional de Historia, el cual será entregado cada año con el propósito de reconocer la dilatada trayectoria de las personas que se han dedicado a la investigación, el estudio, la divulgación o la docencia de la Historia, contribuyendo a la formación y reafirmación de la conciencia histórica del pueblo venezolano. G.O. n° 41.187 del 06-07-2017.

Resolución n° 52-2017 del MPP para Industrias Básicas Estratégicas y Socialistas, mediante la cual se crea el Premio al Heroísmo Obrero, como estímulo para reconocer y honrar el trabajo, convicción, compromiso, esfuerzo, solidaridad, patriotismo y gestión de trabajadores de la industria nacional. G.O. n° 41.308 del 27-12-2017.

Resolución n° 133 del MPP para la Educación Universitaria, Ciencia y Tecnología, mediante la cual se dicta el Reglamento Operativo de los Premios Nacionales de Ciencia, Tecnología e Innovación que en ella se indican. G.O. n° 41.562 del 11-01-2019.

Resolución n° 23 del MPP para el Turismo, mediante la cual se crea el Premio Nacional de Turismo, con el objeto de reconocer a los prestadores de servicios turísticos que, en sintonía con los objetivos estratégicos del sector, fomentan la calidad, innovación, inclusión y democratización en la prestación de los servicios asociados con el turismo en Venezuela. G.O. n° 42.387 del 30-05-2022.

Resolución n° 17 del MPP para la Cultura, mediante la cual se dictan las normas aplicables al otorgamiento del Premio Nacional de Cultura. G.O. n° 42.410 del 01-07-2022.

Resolución n° 68 del MPP para el Ecosocialismo, mediante la cual se crea el Premio Nacional Ecosocialista Contra la Crisis Climática. G.O. n° 42.423 del 21-07-2022.

Resolución n° 10 del MPP para la Educación, mediante la cual se crea el Premio Nacional a la Investigación Educativa Simón Rodríguez, con el fin de reconocer la amplia y fructífera trayectoria y aportes de los trabajadores de la educación en el área de la investigación educativa fundamentados en propuestas novedosas, creativas, humanistas, artísticas, reflexivas, criticas, sistemáticas, integradoras y territorializadas que coadyuven a renovar y transformar la gestión de la praxis pedagógica en todo el subsistema de educación básica y misiones educativas. G.O. n° 42.615 del 25-04-2023.

Resolución n° 216 del MPP para la Ciencia y Tecnología, mediante la cual se dicta el Reglamento Operativo aplicable a los Premios Nacionales de Ciencia, Tecnología e Innovación. G.O. n° 42.662 del 30-06-2023.

Resolución n° 10 del MPP para la Cultura, mediante la cual se dictan las normas aplicables al otorgamiento del Premio Nacional de Cultura. G.O. n° 42.963 del 13-09-2024.

VII
ORDENACIÓN DEL TERRITORIO Y TRANSPORTE

I. Geografía

Decreto con Rango, Valor y Fuerza de Ley para la Soberanía Territorial y la Paz. G.O. n° 40.701 del 13-07-2015.

Providencia n° 35 del Instituto Geográfico de Venezuela Simón Bolívar, mediante la cual se dictan las normas técnicas para los nombres geográficos topónimos. G.O. n° 40.782 del 05-11-2015.

Decreto n° 2.301, mediante el cual se modifica el huso horario en todo el territorio de la República, entrando en vigencia el 01-05-2016. G.O. n° 6.224 Extraordinario del 20-04-2016.

Providencia n° 45 del Instituto Geográfico de Venezuela Simón Bolívar, mediante la cual se dicta la norma técnica para los levantamientos gravimétricos. G.O. n° 41.083 del 26-01-2017.

Providencia n° 46 del Instituto Geográfico de Venezuela Simón Bolívar, mediante la cual se dicta la norma técnica para la verificación y certificación de la base cartográfica de productos temáticos. G.O. n° 41.083 del 26-01-2017.

Decreto n° 3.732, mediante el cual tiene por objeto garantizarle a la República Bolivariana de Venezuela el ejercicio de los derechos de soberanía plena y jurisdicción exclusiva sobre toda la plataforma submarina, zócalo y subsuelo continental que proyecta el Delta del Orinoco hasta el borde continental hacia el Océano Atlántico o fachada atlántica del Delta del Orinoco. G.O. n° 6.422 Extraordinario del 28-12-2018.

Decreto n° 3.991, mediante el cual se crea el Consejo Nacional de Geografía y Estadística. G.O. n° 6.480 Extraordinario del 23-09-2019.

Providencia n° 26 del Instituto Geográfico de Venezuela Simón Bolívar, mediante la cual se dicta el reglamento interno del instituto. G.O. n° 41.782 del 16-12-2019.

Ley Orgánica para la Defensa de la Guayana Esequiba. G.O. n° 6.798 Extraordinario del 03-04-2024.

II. Distribución territorial

1. Fronteras[187]

Acuerdo Interadministrativo de Cooperación entre el Ministerio de Transporte de Colombia, el Instituto Nacional de Vías, el MPP para Transporte Terrestre y Obras Públicas de Venezuela y Vialidad y Construcciones Sucre, para la construcción del Centro Nacional de Atención Frontera-CENAF y su vía de acceso en el paso fronterizo del Puente Internacional Las Tienditas. G.O. n° 40.670 del 28-05-2015.

Resolución conjunta de los MPP para Relaciones Interiores, Justicia y Paz y para la Defensa, mediante la cual se ordena al CEOFANB que gire instrucciones pertinentes a los Comandantes de las Regiones de Defensa Integral, para restringir el desplazamiento fronterizo de personas, tanto por vía terrestre, aérea y marítima, así como el paso de vehículos, por un lapso de 72 horas, contadas a partir de la publicación de esta Resolución conjunta en la G.O. G.O. n° 40.728 del 20-08-2015.

Decreto n° 1.959, mediante el cual se crea el Registro Único para la Restitución de los Derechos Sociales y Económicos en la Frontera, con la finalidad de recabar y proporcionar información actualizada con respecto a la población, viviendas, establecimientos comerciales e industriales, infraestructura, servicios públicos, actividades económicas y áreas agrícolas, en los municipios que en él se mencionan, del estado Táchira, la cual permitirá elaborar estadísticas oportunas y confiables que orienten la toma de decisiones. G.O. n° 40.734 del 28-08-2015.

Resolución conjunta n° 137 y 11184 de los MPP para Relaciones Interiores, Justicia y Paz y para la Defensa, mediante la cual se prorroga hasta tanto el Ejecutivo Nacional decida levantar la medida, la vigencia de la Resolución conjunta del 20-08-2015, mediante el cual se ordena al CEOFANB que gire instrucciones pertinentes a los Comandantes de las Regiones de Defensa Integral, para restringir el desplazamiento fronterizo de personas, tanto por vía terrestre, aérea y marítima, así como el paso de vehículos. G.O. n° 40.734 del 28-08-2015.

Resolución conjunta n° 138 y 11185 de los MPP para Relaciones Interiores, Justicia y Paz y para la Defensa, mediante la cual se ordena al CEOFANB que gire instrucciones pertinentes a los Comandantes de las Regiones de Defensa Integral, para restringir el desplazamiento fronterizo de personas, tanto por vía terrestre, aérea y marítima, así como el paso de vehículos, en los municipios que en ella se especifican, del estado Táchira. G.O. n° 40.734 del 28-08-2015, reimpresión en G.O. n° 40.735 del 31-08-2015.

---

[187] Véase también: § Misiones; Cono monetario.

Resolución conjunta de los MPP para Relaciones Interiores, Justicia y Paz y para la Defensa, mediante la cual se ordena al CEOFANB que gire instrucciones pertinentes a los Comandantes de las Regiones de Defensa Integral, para restringir el desplazamiento fronterizo de personas, tanto por vía terrestre, aérea y marítima, así como el paso de vehículos, en los municipios que en ella se especifican del estado Zulia, a partir de la publicación de esta Resolución conjunta en la G.O. G.O. n° 40.740 del 07-09-2015.

Resoluciones conjuntas de los MPP para Relaciones Interiores, Justicia y Paz y para la Defensa, mediante las cuales se ordena al CEOFANB que gire las instrucciones pertinentes a los Comandantes de las Regiones de la Defensa Integral, para restringir el desplazamiento fronterizo de personas, tanto por vía terrestre, aérea y marítima, así como el paso de vehículos con el objeto de resguardar la inviolabilidad de las fronteras y prevenir las actividades de personas que pudiesen representar amenazas a la seguridad de la República, en los municipios que en ellas se mencionan de los estados Zulia y Apure. G.O. n° 40.746 del 15-09-2015.

Resolución conjunta n° 182 y 11960 de los MPP para Relaciones Interiores, Justicia y Paz y para la Defensa, mediante la cual se ordena al CEOFANB que gire las instrucciones pertinentes a los Comandantes de las Regiones de Defensa Integral, para restringir el desplazamiento fronterizo de personas, tanto por vía terrestre, aérea y marítima, así como el paso de vehículos, en el municipio Atures del estado Amazonas. G.O. n° 40.774 del 26-10-2015.

Decreto con Rango, Valor y Fuerza de Ley Orgánica de Fronteras. G.O. n° 6.210 Extraordinario del 30-12-2015.

Resolución conjunta n° 186 y 17112 de los MPP para Relaciones Interiores, Justicia y Paz y para la Defensa, mediante la cual se ordena al CEOFANB que gire instrucciones pertinentes a los Comandantes de las Regiones Estratégicas de Defensa Integral, para restringir el desplazamiento fronterizo de personas, tanto por vía terrestre, aérea y marítima, así como el paso de vehículos, durante un lapso de setenta y dos 72 horas contados a partir de la publicación de esta Resolución conjunta. G.O. n° 41.050 del 12-12-2016.

Resolución conjunta n° 189 y 17170 de los MPP para Relaciones Interiores, Justicia y Paz y para la Defensa, mediante la cual se prorroga por el lapso de 72 horas la vigencia de la Resolución conjunta n° 186 y 17112. G.O. n° 41.053 del 15-12-2016.

Resolución conjunta n° 191 y 17171 de los MPP para Relaciones Interiores, Justicia y Paz y para la Defensa, mediante la cual se ordena al CEOFANB que gire instrucciones pertinentes a los Comandantes de las Regiones Estratégicas de Defensa Integral, para restringir el desplazamiento fronterizo de personas, tanto por vía terrestre, aérea y marítima, así como el paso de vehículos, a partir de la publicación de esta Resolución conjunta hasta el día 02-01-2017. G.O. n° 6.278 Extraordinario del 17-12-2016.

Decreto n° 2.648, mediante el cual se decretan los establecimientos especiales para la comercialización de combustibles de las estaciones de servicio, distribuidoras y comercializadoras de combustibles ubicadas en las zonas fronterizas que en él se indican. G.O. n° 41.064 del 30-12-2016.

Resolución conjunta n° 20168 y 141 de los MPP para la Defensa y para Relaciones Interiores, Justicia y Paz, mediante la cual se ordena al CEOFANB que gire instrucciones pertinentes a los Comandantes de las Regiones Estratégicas de Defensa Integral, para establecer estricto control del desplazamiento fronterizo de personas, tanto por vía terrestre, aérea y marítima, así como el paso de vehículos; se mantiene la suspensión del porte de armas de fuego y armas blancas señalado en la Resolución conjunta de los ministerios que en ella se mencionan; se prohíbe el expendio y distribución de bebidas alcohólicas en todo el territorio nacional; se prohíbe en todo el territorio nacional las reuniones y manifestaciones públicas, concentraciones de personas y cualquier otro acto similar que pueda perturbar o afectar el normal desarrollo del proceso electoral; se prohíbe el traslado, desplazamiento, transporte, empleo u operación de maquinarias pesadas en todo el territorio nacional; y se mantiene la prohibición de la distribución y comercialización al mayor y detal de artificios pirotécnicos y de artefactos de elevación por combustible sólido en todo el territorio nacional, desde las 12:01 am del 28-07-2017, hasta las 11:59 pm del 01-08-2017, con el objeto de resguardar la inviolabilidad de las fronteras y prevenir actividades de personas que pudiesen representar amenazas a la seguridad de la República con motivo de las elecciones a la Asamblea Nacional Constituyente 2017. G.O. n° 41.201 del 27-07-2017.

Resolución conjunta n° 21347 y 279 de los MPP para la Defensa y para Relaciones Interiores, Justicia y Paz, mediante la cual se ordena al CEOFANB que gire instrucciones pertinentes a los Comandantes de la Regiones Estratégicas de Defensa Integral, para establecer estricto control del desplazamiento fronterizo de personas, tanto por vía terrestre, aérea y marítima, así como el paso de vehículos; se mantiene la suspensión del porte de armas de fuego y armas blancas señalado en la Resolución conjunta que en ella se menciona, de los ministerios que en ella se indican; se prohíbe el expendio y distribución de bebidas alcohólicas en todo el territorio nacional; se prohíbe las reuniones y manifestaciones públicas, concentraciones de personas y cualquier otro acto similar que pueda perturbar o afectar el normal desarrollo del proceso electoral; se prohíbe el traslado, desplazamiento, transporte, empleo u operación de maquinarias pesadas en todo el territorio nacional; y se mantiene la prohibición de la distribución y comercialización al mayor y detal de artificios pirotécnicos y de artefactos de elevación por combustible sólido en todo el territorio nacional, estrictamente con motivo del proceso electoral, desde las 12:01 am del 13-10-2017, hasta las 11:59 pm del 16-10-2017. G.O. n° 41.254 del 10-10-2017.

Resolución conjunta n° 22108 y de los MPP para la Defensa y para Relaciones Interiores, Justicia y Paz, mediante la cual se ordena al CEOFANB que gire instrucciones pertinentes a los Comandantes de la Regiones Estratégicas de Defensa Integral, para establecer estricto control del desplazamiento fronterizo de personas, tanto por vía terrestre, aérea y marítima, así como el paso de vehículos; se mantiene la suspensión del porte de armas de fuego y armas blancas señalado en la Resolución conjunta que en ella se menciona, de los ministerios que en ella se indican; se prohíbe el expendio y distribución de bebidas alcohólicas en todo el territorio nacional; se prohíbe las reuniones y manifestaciones públicas, concentraciones de personas y cualquier otro acto similar que pueda perturbar o afectar el normal desarrollo del proceso electoral; se prohíbe el traslado, desplazamiento, transporte, empleo u operación de maquinarias pesadas en todo el territorio nacional; y se prohíbe la distribución y comercialización al mayor y detal de artificios pirotécnicos y de artefactos de elevación por combustible sólido en todo el territorio nacional, estrictamente con motivo del proceso electoral, desde las 12:01 am del 08-12-2017, hasta las 11:59 pm del 11-12-2017. G.O. n° 41.295 del 07-12-2017.

Resolución conjunta n° 24160 y 98 del MPP para la Defensa y del MPP para Relaciones Interiores, Justicia y Paz, mediante la cual se ordena al CEOFANB que gire instrucciones pertinentes a los Comandantes de las Regiones Estratégicas de Defensa Integral, para establecer estricto control del desplazamiento fronterizo de personas, tanto por vía terrestre, aérea y marítima, así como el paso de vehículos; asimismo se mantiene la suspensión del porte de armas de fuego y armas blancas señaladas en la Resolución conjunta de los ministerios que en ella se mencionan; igualmente se prohíbe el expendio y distribución de bebidas alcohólicas; se prohíbe en todo el territorio nacional las reuniones y manifestaciones públicas, concentraciones de personas y cualquier otro acto similar que pueda perturbar o afectar el normal desarrollo del proceso electoral; y se prohíbe el traslado, desplazamiento, transporte, empleo u operación de maquinarias pesadas en todo el territorio nacional, desde las 12:01 am del 18-05-2018 hasta las 11:59 pm del lunes 21-05-2018. G.O. n° 41.397 del 15-05-2018.

Resolución conjunta de los MPP para la Defensa y para Relaciones Interiores, Justicia y Paz n° 27711 y 230, mediante la cual se ordena al

CEOFANB que gire instrucciones pertinentes a los Comandantes de las Regiones Estratégicas de Defensa Integral, para establecer estricto control del desplazamiento fronterizo de personas, tanto por vía terrestre, aérea y marítima, así como el paso de vehículos; se mantiene la suspensión del porte de armas de fuego y armas blancas señaladas en Resolución conjunta de los ministerios que en ella se indican; se prohíbe el expendio y distribución bebidas alcohólicas; se prohíbe en todo el territorio nacional las reuniones y manifestaciones públicas, concentraciones de personas y cualquier otro acto similar que pueda perturbar o afectar el normal desarrollo del proceso electoral; se prohíbe el traslado, desplazamiento, transporte, empleo u operación de maquinarias pesadas en todo el territorio nacional; se establece estricto control de la distribución y comercialización al mayor y detal de artificios pirotécnicos y de artefactos de elevación por combustible sólido en todo el territorio nacional con motivo del proceso electoral; y se acredita a los ciudadanos profesionales militares que en ella se mencionan, para ejercer la dirección y supervisión directa del Cuerpo de Policía Nacional Bolivariana y los Cuerpos de Policía Estadales y Municipales, desde las 12:01 am del 07-12-2018 hasta las 11:59 pm del 10-12-2018. G.O. n° 41.540 del 06-12-2018.

Resolución n° 109 del MPP para Relaciones Interiores, Justicia y Paz, mediante la cual se establece el Carnet de Movilidad Fronteriza, como instrumento para facilitar la movilización, admisión, ingreso periódico, permanencia temporal y salida del país, de los ciudadanos y ciudadanas de nacionalidad brasileña y colombiana, que acrediten su residencia en las zonas fronterizas de la República Federativa del Brasil o de la República de Colombia con la República Bolivariana de Venezuela. G.O. n° 41.669 del 08-07-2019.

Resolución conjunta n° 38527 y 152 de los MPP para la Defensa y Relaciones Interiores, Justicia y Paz, mediante la cual se ordena al CEOFANB que gire instrucciones pertinentes a los Comandantes de las Regiones Estratégicas de Defensa Integral, para establecer estricto control del desplazamiento fronterizo de personas, tanto por vía terrestre, aérea y marítima, así como el paso de vehículos, desde las 12:01 am del 04-12-2020 hasta las 11:59 pm del 07-12-2020, con motivo de las elecciones parlamentarias del próximo 06-12-2020. G.O. n° 42.017 del 27-11-2020.

Resolución conjunta n° 43488 y 1664 de los MPP para la Defensa y para Relaciones Interiores, Justicia y Paz, mediante la cual se ordena al CEOFANB que gire instrucciones pertinentes a los Comandantes de las Regiones Estratégicas de Defensa Integral, para establecer estricto control del desplazamiento fronterizo de personas, tanto por vía terrestre, aérea y marítima, así como el paso de vehículos; del horario desde las 12:01 am del 19-11-2021 hasta las 11:59 pm del 22-11-2021, con motivo de las elecciones regionales y municipales del próximo 21-11-2021. G.O. n° 42.255 del 15-11-2021.

Resolución conjunta n° 44201 y 192 de los MPP para la Defensa y para Relaciones Interiores, Justicia y Paz, mediante la cual se ordena al CEOFANB que gire instrucciones pertinentes a los Comandantes de las Regiones Estratégicas de Defensa Integral, para establecer estricto control del desplazamiento fronterizo de personas, tanto por vía terrestre, aérea y marítima, así como el paso de vehículos, desde las 12:01 am del 07-01-2022 hasta las 11:59 pm del 10-01-2022. G.O. n° 42.287 del 30-12-2021.

Resolución conjunta n° 53718 y 183 de los MPP para la Defensa y para Relaciones Interiores, Justicia y Paz, mediante la cual se ordena al CEOFANB que gire instrucciones pertinentes a los Comandantes de las Regiones Estratégicas de Defensa Integral, para establecer estricto control del desplazamiento fronterizo de personas, tanto por vía terrestre, aérea y marítima, así como el paso de vehículos; se mantiene la suspensión del porte de armas de fuego y armas blancas; se prohíbe el expendio y distribución de bebidas alcohólicas en todo el territorio nacional; se prohíbe en todo el territorio nacional las reuniones y manifestaciones públicas, concentraciones de personas y cualquier otro acto similar que pueda perturbar o afectar el normal desarrollo del proceso electoral; se prohíbe el traslado, desplazamiento, transporte, empleo u operación de maquinarias pesadas en todo el territorio nacional; se prohíbe la distribución y comercialización al mayor y detal de artificios pirotécnicos y de artefactos de elevación por combustible sólido en todo el territorio nacional; desde las 12:01 am del 01-12-2023 hasta las 11:59 p.m. del 04-12-2023 con motivo del referendo consultivo en defensa del territorio de la Guayana Esequiba del próximo 03-12-2023. G.O. n° 42.767 del 29-11-2023.

Resolución conjunta n° 56210 y 72 de los MPP para la Defensa y para Relaciones Interiores, Justicia y Paz, mediante la cual se ordena al CEOFANB que gire instrucciones pertinentes a los Comandantes de las Regiones Estratégicas de Defensa Integral, a los fines de establecer el cierre para el desplazamiento fronterizo de personas, tanto por vía terrestre, aérea y marítima, así como el paso de vehículos, desde las 12:01 am del 26-07-2024 hasta las 08:00 am del 29-07-2024, con motivo de la elección presidencial del próximo 28-07-2024. G.O. n° 6.825 Extraordinario del 23-07-2024.

Resolución conjunta n° 56306 y 086 de los MPP para la Defensa y para Relaciones Interiores, Justicia y Paz, mediante el cual se mantienen los períodos y horarios establecidos en la Resolución conjunta n° 56210 y 72. G.O. n° 6.826 Extraordinario del 29-07-2024.

2. Zonas estratégicas

Decreto n° 1.787, mediante el cual se crean y activan las Zonas Operativas de Defensa Integral Marítima e Insular (ZODIMAIN), bajo la circunscripción de la Región Estratégica de Defensa Integral Marítima e Insular (REDIMAIN), que en él se mencionan. G.O. n° 40.669 del 27-05-2015, reimpresión en G.O. n° 40.677 del 08-06-2015.

Decreto n° 1.859, mediante el cual se crean y activan las Zonas Operativas de Defensa Integral Marítimas e Insulares (ZODIMAIN), adscritas a la Región Estratégica de Defensa Integral Marítima e Insular (REDIMAIN) que en él se mencionan. G.O. n° 40.696 del 06-07-2015.

Decreto n° 2.022, mediante el cual se suprimen las Regiones Estratégicas de Desarrollo Integral, y se ordena la supresión de los órganos desconcentrados a cargo de dichas regiones estratégicas. G.O. n° 40.747 del 16-09-2015.

Resolución n° 7 de la Vicepresidencia de la República, mediante la cual se declara concluido el proceso de supresión de las Regiones Estratégicas de Desarrollo Integral (REDI) y de los órganos desconcentrados a cargo de dichas regiones estratégicas. G.O. n° 40.831 del 19-01-2016.

Decreto n° 2.379, mediante el cual se crea la Región Estratégica de Defensa Integral Capital (REDI CAPITAL), definida por el Distrito Capital y los estados Vargas y Miranda, como espacio geográfico delimitado en los cuales el Ejecutivo Nacional efectuará la coordinación, planificación, ejecución y seguimiento de las políticas públicas nacionales, atendiendo a las particularidades de la región y las necesidades de las venezolanas y los venezolanos. G.O. n° 40.943 del 13-07-2016.

Decreto n° 2.665, mediante el cual se declara Zona de Seguridad el área adyacente a la Dirección General de Contrainteligencia Militar del MPP para la Defensa, ubicada en jurisdicción de la Parroquia Leoncio Martínez, municipio Sucre del estado Miranda. G.O. n° 41.073 del 12-01-2017.

Resolución n° 39 del MPP para Relaciones Interiores, Justicia y Paz, mediante la cual se establecen las Regiones Estratégicas de Evaluación de Daños y Análisis de Necesidades (REDAN), del Servicio de Bombero y Administración de Emergencias de Carácter Civil y de la Dirección Nacional de Protección Civil y Administración de Desastres. G.O. n° 41.113 del 14-03-2017.

Decreto n° 2.992, mediante el cual se declaran Zonas de Protección Especial Temporal para la Garantía del Libre Ejercicio del Derecho al Voto, con ocasión de los comicios a efectuarse el 30-07-2017, para la elección de las representantes y los representantes a la Asamblea Nacional Constituyente, las instalaciones afectas al servicio electoral que en ella se mencionan. G.O. n° 6.317 Extraordinario del 19-07-2017.

Decreto n° 3.099, mediante el cual se declaran Zonas de Seguridad para la Protección y Garantía del Libre Ejercicio del Derecho al Sufragio, con carácter temporal, con ocasión de los comicios a efectuarse el 15-10-2017, para la elección de las gobernadoras y gobernadores de estados, las instalaciones involucradas y sus áreas adyacentes, al proceso electoral que en él se mencionan. G.O. n° 6.334 Extraordinario del 08-10-2017.

Decreto n° 3.194, mediante el cual se declaran Zonas de Seguridad para la Protección y Garantía del Libre Ejercicio del Derecho al Sufragio, con carácter temporal, con ocasión de los comicios a efectuarse el 10-12-2017, para la elección de los alcaldes en los 335 municipios, las instalaciones involucradas y sus áreas adyacentes, al proceso electoral que en él se mencionan. G.O. n° 6.345 Extraordinario del 07-12-2017.

Decreto n° 3.417, mediante el cual se declaran Zonas de Seguridad para la Protección y Garantía del Libre Ejercicio del Derecho al Sufragio, con carácter temporal, con ocasión de los comicios a efectuarse el 20-05-2018 para la elección del Presidente de la República, las instalaciones involucradas y sus áreas adyacentes al proceso electoral que en él se mencionan. G.O. n° 6.375 Extraordinario del 14-05-2018.

Resolución n° 117 del MPP para Relaciones Interiores, Justicia y Paz, mediante la cual se establecen las Zonas Operativas de Evaluación de Daños y Análisis de Necesidades (ZOEDAN), de la Dirección Nacional de Protección Civil y Administración de Desastres, dentro de los espacios geográficos de cada uno de los estados que componen la división político territorial de la República. G.O. n° 41.427 del 26-06-2018.

Decreto n° 3.688, mediante el cual se declaran Zonas de Seguridad para la Protección y Garantía del Libre Ejercicio del Derecho al Sufragio, de carácter temporal, con ocasión de los comicios a efectuarse el 09-12-2018 para la elección de los concejos municipales de la República, las instalaciones involucradas y sus áreas adyacentes. G.O. n° 41.532 del 26-11-2018.

Resolución n° 56 del MPP para Relaciones Interiores, Justicia y Paz, mediante la cual se establecen las Zonas Operativas de Evaluación de Daños y Análisis de Necesidades (ZOEDAN), del Servicio de Bombero y Administración de Emergencias de Carácter Civil, dentro de los espacios geográficos de cada uno de los estados que componen la división político territorial de la República. G.O. n° 41.947 del 20-08-2020.

Decreto n° 4.415, mediante el cual se crea una Zona Estratégica de Desarrollo Nacional denominada Territorio para el Desarrollo de la Fachada Atlántica, con el fin de brindar protección adecuada y salvaguardar los derechos de la República en los espacios bajo su soberanía y jurisdicción en dicha zona estratégica. G.O. n° 42.046 del 13-01-2021.

Decreto n° 4.419, mediante el cual se crea y activa el Área de Defensa Integral (ADI) Obrera Octava Estrella de Bolívar, de la Zona Operativa de Defensa Integral Bolívar, adscrita a la Región Estratégica de Defensa Integral Guayana, la cual tendrá como misión garantizar el cabal funcionamiento, seguridad y protección de las empresas y entes del Estado, en el municipio Caroní del estado Bolívar, en las cuales el Ejecutivo Nacional efectuará la coordinación, planificación, ejecución y seguimiento de las políticas públicas nacionales, atendiendo a las particularidades de la región y las necesidades de las venezolanas y los venezolanos. G.O. n° 42.048 del 15-01-2021.

Decreto n° 4.480, mediante el cual se crea y activa la Zona Operativa de Defensa Integral Temporal Especial (ZODITE), General de División José Cornelio Muñoz, bajo la circunscripción de la Región Estratégica de Defensa Integral (REDI) los Llanos, con jurisdicción en el municipio Páez del estado Apure como espacio geográfico delimitado para planificar, conducir y ejecutar operaciones de defensa integral, a fin de garantizar la independencia, la soberanía, la integridad del espacio geográfico y el desarrollo nacional. G.O. n° 42.104 del 12-04-2021, reimpresión en G.O. n° 6.628 Extraordinario del 02-06-2021.

Decreto n° 4.543, mediante el cual se desactiva la Zona Operativa de Defensa Integral Temporal Especial (ZODITE) General de División José Cornelio Muñoz, bajo la circunscripción de la Región Estratégica de Defensa Integral (REDI) los Llanos, definida por los municipios Páez, Rómulo Gallegos y Muñoz del estado Apure. G.O. n° 42.177 del 27-07-2021.

Decreto n° 4.810, mediante el cual se crea el Distrito Motor de Desarrollo Ciudad Tiuna. G.O. n° 42.651 del 15-06-2023.

3. Zonas económicas[188]

Decreto n° 3.148, mediante el cual se crea la ciudadela comercial y de servicios de la zona económica especial de Paraguaná, con condiciones especiales de comercio, aduana, fiscales, cambiarias y de exportación. G.O. n° 41.272 del 06-11-2017, reimpresión en G.O. n° 41.273 del 07-11-2017.

Decreto n° 3.426, mediante el cual se desafecta del régimen de uso agrario, un lote de terreno con una superficie de 569,3600 Has, y se crean las zonas económicas especiales del municipio Palavecino y del municipio Iribarren, del estado Lara. G.O. n° 41.397 del 15-05-2018.

[188] Véase también: § Superintendencias.

Decreto n° 3.440, mediante el cual se crea la zona económica especial Guarenas-Guatire. G.O. n° 41.427 del 26-06-2018.

Decreto n° 3.486, mediante el cual se crea la zona económica especial Tinaquillo-San Carlos, cuyo ámbito espacial se circunscribe al territorio de los municipios Tinaco; Tinaquillo; Ezequiel Zamora y Lima Blanco, del estado Cojedes. G.O. n° 6.387 Extraordinario del 03-07-2018.

Decreto n° 3.652, mediante el cual se crea las zonas económicas especiales del municipio Palavecino y del municipio Iribarren del estado Lara. G.O. n° 41.516 del 02-11-2018.

Decreto n° 3.936, mediante el cual se declara zona de aprovechamiento agrícola especial un área ubicada en la jurisdicción de los municipios Iribarren, Palavecino del estado Lara y municipio Peña del estado Yaracuy. G.O. n° 41.686 del 02-08-2019.

Decreto n° 3.937, mediante el cual se declara zona protectora del área metropolitana de la ciudad de Barquisimeto, una porción de territorio ubicada en jurisdicción de los municipios Iribarren y Palavecino del estado Lara. G.O. n° 41.686 del 02-08-2019.

Decreto n° 3.938, mediante el cual se crea la zona económica especial del municipio Palavecino del estado Lara. G.O. n° 41.686 del 02-08-2019.

Decreto n° 4.083, mediante el cual se crean como zonas económicas especiales del criptoactivo soberano (Petro), el área minera número 2, denominada Manuelita Sáenz, los bloques 1, 2, 3 y 4 con derecho minero en el Sector Maripa / El Sipao y el área minera número 1, denominada Juana La Avanzadora, específicamente el bloque 3 con derecho minero del sector Guaniamo, del estado Bolívar en el Arco Minero del Orinoco (AMO), destinadas para la exploración, explotación, beneficio y comercialización de oro, diamantes y demás minerales, a los fines de vincularlas al uso del criptoactivo soberano (Petro), como elementos estructurales de la diversificación de recursos, para el desarrollo nacional. G.O. n° 41.789 del 27-12-2019.

Decreto n° 4.340, mediante el cual se crea la zona del conocimiento productivo del Valle de Quíbor. G.O. n° 41.979 del 05-10-2020.

Decreto n° 4.391, mediante el cual se crea la zona económica especial militar n° 1 del estado Aragua. G.O. n° 42.034 del 22-12-2020.

Decreto n° 4.392, mediante el cual se crea la zona económica especial militar de desarrollo forestal. G.O. n° 42.034 del 22-12-2020.

Ley Orgánica de las Zonas Económicas Especiales. G.O. n° 6.710 Extraordinario del 20-07-2022.

Decreto n° 4.838, mediante el cual se crea la zona económica especial de la dependencia federal Isla La Tortuga. G.O. n° 6.756 Extraordinario del 10-08-2023.

Decreto n° 4.839, mediante el cual se adapta la zona económica especial militar n° 1 del estado Aragua. G.O. n° 6.756 Extraordinario del 10-08-2023.

Decreto n° 4.840, mediante el cual se adapta la zona económica especial de la Península de Paraguaná del estado Falcón. G.O. n° 6.756 Extraordinario del 10-08-2023.

Decreto n° 4.841, mediante el cual se crea la zona económica especial del estado La Guaira. G.O. n° 6.756 Extraordinario del 10-08-2023.

Decreto n° 4.884, mediante el cual se crea la zona económica especial del estado Nueva Esparta, con el objeto de establecer dentro de las poligonales que la conforman, un régimen socioeconómico especial y extraordinario, destinado a desarrollar, de acuerdo con las potencialidades nacionales y regionales que derivan de este ámbito territorial, actividades económicas estratégicas de los sectores productivos establecidos en el presente Decreto. G.O. n° 6.769 Extraordinario del 29-11-2023.

III. Ambiente, recursos y emergencias naturales[189]

Resolución n° 227 del MPP para Ecosocialismo y Agua, mediante la cual se dictan la normas sobre el control, importación y manejo de los hidrofluorocarbonos. G.O. n° 40.693 del 01-07-2015.

Decreto n° 1.861, mediante el cual se declara el estado de emergencia en todo el territorio del estado Falcón sobre la prestación del servicio público de agua potable y sus instalaciones y bienes asociados, por un lapso de 60 días. G.O. n° 40.696 del 06-07-2015.

Decreto n° 1.866, mediante el cual se declara el estado de emergencia en todo el territorio del municipio Páez del estado Apure, por un lapso de 60 días. G.O. n° 40.698 del 08-07-2015.

Resolución n° 544 del MPP para Ecosocialismo y Aguas, mediante la cual se crea la Comisión Coordinadora Intraministerial para el Manejo, Evaluación del Sistema Venezolano de Información sobre Diversidad Biológica, de duración anual y renovable por períodos iguales. G.O. n° 40.810 del 15-12-2015.

Ley de Calidad de las Aguas y del Aire. G.O. n° 6.207 Extraordinario del 28-12-2015.

[189] Véase también: § Comisiones presidenciales; Empresas del Estado; Fundaciones del Estado; Misiones; Bienes públicos; Alimentación, agricultura, ganadería y pesca; Energía, minas e hidrocarburos; Acuático.

Resolución n° 343 del MPP para Ecosocialismo y Aguas, mediante la cual se dictan las normas para la aplicación de la convención sobre el comercio internacional de especies amenazadas de fauna y flora silvestre. G.O. n° 40.934 del 29-06-2016.

Resolución n° 457 del MPP para Ecosocialismo y Aguas, mediante la cual se establece el formato oficial de la guía de circulación de los productos forestales, a efectos de controlar el transporte y depósito de productos forestales, procedentes de aprovechamientos debidamente autorizados por la Autoridad Nacional Ambiental, en cumplimiento de las disposiciones contenidas en la Ley de Bosques. G.O. n° 40.969 del 18-08-2016.

Decreto n° 2.556, mediante el cual se declara el estado de emergencia en el Archipiélago Los Roques, específicamente en la Isla de El Gran Roque, capital y sede de Gobierno del Territorio Insular Francisco de Miranda, por un lapso de 60 días, prorrogables por un lapso igual, para que la Jefatura de Gobierno por vía de excepción pueda adoptar las medidas especiales que se estimen pertinentes, a fin de garantizar a la población el suministro de alimentos, de energía eléctrica, agua potable, combustible y, en general, se restituya la prestación de los servicios básicos en dicho territorio. G.O. n° 41.035 del 21-11-2016.

Decreto n° 2.767, mediante el cual se crea el Parque Nacional Caura, en jurisdicción de los municipios Sucre, Cedeño y Bolivariano Angostura del estado Bolívar, y Manapiare del estado Amazonas. G.O. n° 41.118 del 21-03-2017.

Decreto n° 2.795, mediante el cual se reserva al Ejecutivo Nacional la compra de residuos sólidos de aluminio, cobre, hierro, bronce, acero, níquel u otro tipo de metal o chatarra ferrosa en cualquier condición; así como de residuos sólidos no metálicos, fibra óptica, y fibra secundaria producto del reciclaje del papel y cartón. Tales materiales se declaran de carácter estratégico y vital para el desarrollo sostenido de la industria nacional. G.O. n° 41.125 del 30-03-2017.

Reglamento de la Ley de Aguas. G.O. n° 41.376 del 12-04-2018, reimpresión en G.O. n° 41.377 del 13-04-2018.

Resolución n° 221 del MPP para Ecosocialismo y Aguas, mediante la cual se crea, con carácter permanente, el Comité de Coordinación Nacional de Lucha Contra la Desertificación. G.O. n° 41.418 del 13-06-2018.

Decreto n° 3.586, mediante el cual se reserva al Ejecutivo Nacional la compra de residuos sólidos de aluminio, cobre, hierro, bronce, acero, níquel u otro tipo de metal o chatarra ferrosa en cualquier condición; así como de residuos sólidos no metálicos, fibra óptica, y fibra secundaria producto del reciclaje del papel y cartón. Tales materiales se declaran de carácter estratégico y vital para el desarrollo sostenido de la industria nacional. G.O. n° 41.464 del 21-08-2018, reimpresión en G.O. n° 41.465 del 22-08-2018 y n° 41.492 del 28-09-2018.

Decreto n° 3.750, mediante el cual se cambia la denominación del Servicio Autónomo denominado Servicios Ambientales del Ministerio del Ambiente y de los Recursos Naturales, a Servicios Ambientales para el Ecosocialismo, servicio desconcentrado sin personalidad jurídica dependiente jerárquicamente del MPP para el Ecosocialismo. G.O. n° 41.575 del 30-01-2019.

Resolución n° 601 del MPP para el Ecosocialismo, mediante la cual se establecen las normas sobre diseño, emisión, utilización y canje de guías electrónicas de circulación de productos forestales, procedentes de aprovechamiento debidamente autorizados por este ministerio. G.O. n° 41.581 del 07-02-2019.

Resolución n° 686 del MPP para el Ecosocialismo, mediante la cual se dictan las normas para regular la actividad de cetrería en todo el territorio nacional. G.O. n° 41.620 del 25-04-2019.

Providencia n° 28/19 del INPARQUES, mediante la cual se dicta el Reglamento del Cuerpo Civil de Guardaparques. G.O. n° 41.620 del 25-04-2019.

Resolución n° 1202 del MPP para el Ecosocialismo, mediante la cual se dictan las normas para el funcionamiento de los Comités de Trabajo Central y Estadales de las Zonas Costeras. G.O. n° 41.677 del 18-07-2019.

Resolución n° 1349 del MPP para el Ecosocialismo, mediante la cual se establecen las normas sobre diseño, emisión, utilización y canje de guías electrónicas de circulación de productos forestales procedentes de aprovechamientos debidamente autorizados por este ministerio. G.O. n° 41.720 del 19-09-2019.

Resolución n° 1472 del MPP para el Ecosocialismo, mediante la cual se crea, con carácter permanente, la Comisión Estratégica Ambiental Nacional. G.O. n° 41.739 del 16-10-2019.

Providencia n° 6 del INSAI, mediante la cual se establecen las normas, medidas y procedimientos fitosanitarios para la adecuación y funcionamiento de viveros, expendios de plantas y ambientes protegidos. G.O. n° 41.754 del 06-11-2019.

Resolución n° 1548 del MPP para el Ecosocialismo, mediante la cual se establece las normas sobre diseño, emisión, utilización y canje de guías electrónicas de circulación de productos forestales procedentes de aprovechamientos debidamente autorizados por este ministerio. G.O. n° 41.765 del 21-11-2019.

Resolución n° 6 del MPP para el Ecosocialismo, mediante la cual se crea con carácter permanente el Comité Venezolano de Montaña. G.O. n° 41.805 del 22-01-2020.

Resolución n° 7 del MPP para el Ecosocialismo, mediante la cual se aprueba la Actualización y Reglamento Interno del Comité de Coordinación Nacional de Lucha Contra la Desertificación y Sequía. G.O. n° 41.808 del 27-01-2020.

Resolución n° 79 del MPP de Atención de las Aguas, mediante la cual se dicta el Reglamento Interno del Fondo Nacional para la Gestión Integral de las Aguas. G.O. n° 41.899 del 11-06-2020.

Resolución n° 36 del MPP para el Ecosocialismo, mediante la cual se aprueba el Reglamento Interno de Funcionamiento del Comité de Coordinación Nacional de Lucha Contra la Desertificación y Sequía. G.O. n° 42.070 del 18-02-2021.

Decreto n° 4.445, mediante el cual se declaran de carácter estratégico para el desarrollo de la economía nacional los desechos y residuos metálicos, ferrosos, de aluminio, cobre, hierro, bronce, acero, níquel u otro tipo de metal, la chatarra naval, aeronáutica, eléctrica y electrónica, en cualquier condición, así como los residuos sólidos no metálicos, fibra óptica y fibra secundaria, producto del reciclaje de papel y cartón, en cualquier condición, que a efectos de este Decreto se denominarán en su conjunto material estratégico susceptible de reciclaje. G.O. n° 6.617 Extraordinario del 24-02-2021, reimpresión en G.O. n° 42.092 del 22-03-2021.

Providencia n° 21 del Instituto Nacional de Canalizaciones, mediante la cual se dicta el reglamento interno del instituto. G.O. n° 42.140 del 02-06-2021.

Decreto n° 4.545, mediante el cual se declara Reserva de Fauna Silvestre Macanao, una porción del territorio nacional, ubicada en el municipio Península de Macanao del estado Nueva Esparta. G.O. n° 42.182 del 03-08-2021.

Decreto n° 4.546, mediante el cual se declara Parque Nacional Ramal de Calderas-Dr. José Gregorio Hernández, una porción del territorio nacional ubicado en los municipios Boconó y Urdaneta del estado Trujillo; Bolívar y Cruz Paredes del estado Barinas y Cardenal Quintero y Pueblo Llano del estado Mérida. G.O. n° 42.182 del 03-08-2021.

Decreto n° 4.547, mediante el cual se modifica la poligonal del Parque Nacional Península de Paria, ubicado en los municipios Arismendi, Mariño y Valdez del estado Sucre, creado mediante el Decreto n° 2.982 del 12-12-1978. G.O. n° 42.182 del 03-08-2021.

Decreto n° 4.548, mediante el cual se modifica la poligonal del Parque Nacional Médanos de Coro, ubicado en los municipios Carirubana,

Miranda, Colina y Falcón del estado Falcón, creado mediante Decreto n° 1.592 del 06-02-1974. G.O. n° 42.182 del 03-08-2021.

Decreto n° 4.550, mediante el cual se declara Reserva de Fauna Silvestre Bahía El Saco, una porción del territorio nacional ubicada en la zona costera del municipio Villalba, Isla de Coche, estado Nueva Esparta. G.O. n° 42.182 del 03-08-2021.

Decreto n° 4.551, mediante el cual se declara Reserva de Fauna Silvestre Punta El Palo, una porción del territorio nacional ubicada en la zona costera del municipio Villalba, Isla de Coche, estado Nueva Esparta. G.O. n° 42.182 del 03-08-2021.

Decreto n° 4.571, mediante el cual se declaran en estado de emergencia los estados Apure, Bolívar, Mérida, Yaracuy y Zulia, por un término de 90 días contados a partir de la publicación del presente Decreto en la G.O., como consecuencia de las intensas y recurrentes lluvias acaecidas en los referidos territorios. G.O. n° 42.198 del 25-08-2021.

Resolución n° 2 del MPP para el Ecosocialismo, mediante la cual se restringe el aprovechamiento forestal en los bosques plantados en la Zona Protectora del Macizo de Nirgua y Cuenca Alta del Río Cojedes, permitiendo sólo el manejo forestal convencional en las áreas con pendientes menores al 12 %. G.O. n° 42.263 del 25-11-2021.

Resolución n° 3 del MPP para el Ecosocialismo, mediante la cual se establecen las normas sobre diseño, emisión, utilización y canje de guías electrónicas de circulación de productos forestales procedentes de aprovechamientos debidamente autorizados por este ministerio. G.O. n° 42.264 del 26-11-2021.

Decreto n° 4.682, mediante el cual se declara el estado de emergencia en los estados Mérida, Zulia, Trujillo, Táchira, Municipio Bolivariano Libertador del Distrito Capital, y la Gran Caracas; como consecuencia de las intensas y recurrentes lluvias acaecidas en dichos territorios, por un lapso de 90 días. G.O. n° 42.364 del 27-04-2022.

Resolución n° 69 del MPP para el Ecosocialismo, mediante la cual se dicta el reglamento interno de funcionamiento del Comité Venezolano de Montañas. G.O. n° 42.432 del 03-08-2022.

Decreto n° 4.742, mediante el cual se declara Zona de Desastre y Catástrofe Natural la población de Las Tejerías, Municipio Santos Michelena del estado Aragua; se declaran 3 días de duelo nacional entre los días 9, 10 y 11-10-2022, en el Ámbito de la Administración Pública Nacional, en solidaridad y condolencias por las lamentables pérdidas humanas ocasionadas por el desastre y catástrofe natural ocurrida en Las Tejerías, capital del municipio Santos Michelena del estado Aragua. G.O. n° 6.717 Extraordinario del 09-10-2022.

Resolución n° 95 del MPP para el Ecosocialismo, mediante la cual se crea el Comité Nacional de Reserva de Biosfera de Venezuela o Comité Venezolano Pueblos por la Biosfera, el cual tiene como objeto asesorar en la gestión, promoción y coordinación del Programa Hombre y la Biosfera a nivel nacional. G.O. n° 42.485 del 18-10-2022.

Resolución n° 7 del MPP para el Ecosocialismo, mediante la cual se dictan las normas para regular y controlar, la importación, exportación, manejo y uso del gas refrigerante clorodiluorometano HCFC-22 (sustancia pura). G.O. n° 42.605 del 10-04-2023.

Resolución conjunta n° 23 y 89 de los MPP de Pesca y Acuicultura y para el Ecosocialismo, mediante la cual se regula el aprovechamiento, cultivo y actividades conexas de las especies de algas y cianobacterias para su desarrollo sustentable y sostenibilidad. G.O. n° 42.787 del 28-12-2023.

Resolución n° 22 del MPP para el Ecosocialismo, mediante la cual se dictan las normas para la gestión integral de los residuos de aparatos eléctricos y electrónicos. G.O. n° 42.871 del 03-05-2024.

IV. Transporte y tránsito[190]

1. Acuático[191]

Resolución n° 8723 del MPP para la Defensa, mediante la cual se editan las cartas náuticas que en ella se especifican. G.O. n° 40.591 del 29-01-2015.

Providencia n° 706 del INEA, mediante la cual se establece que las embarcaciones de pesca artesanal, con arqueo bruto menor o igual a veinte unidades que operen en aguas abiertas y en aguas interiores de la República, llevarán los distintivos que en ella se especifican. G.O. n° 40.616 del 09-03-2015.

Resolución n° 9 del MPP para Transporte Acuático y Aéreo, mediante la cual se establece y regula las tarifas a las cuales estarán sujetos los servicios portuarios proporcionados a personas naturales o jurídicas, en los puertos públicos de uso público administrados por el Poder Público Nacional, distintos a las facilidades y servicios portuarios previstos en el Decreto con Rango, Valor y Fuerza de Ley que en ella se indica. G.O. n° 40.618 del 11-03-2015.

Resolución n° 35 del MPP para Transporte Acuático y Aéreo, mediante la cual se crea la Capitanía de Puerto de Delta Amacuro. G.O. n° 40.686 del 19-06-2015.

Decreto n° 2.382, mediante el cual se crean las Autoridades Únicas del Sistema Portuario que en él se especifican. G.O. n° 6.242 Extraordinario del 22-07-2016.

---

[190] Véase también: § Empresas del Estado; Fundaciones del Estado; Misiones; Acuerdos e incorporaciones al ordenamiento jurídico.

[191] Véase también: § Aéreo.

Providencia n° 910 del INEA, mediante la cual se establece la norma técnica y los lineamientos para la certificación de la masa bruta verificada de los contenedores llenos. G.O. n° 40.952 del 26-07-2016.

Decreto n° 2.481, mediante el cual en el marco de acción de las Autoridades Únicas del Sistema Portuario a nivel nacional, se ordena la división específica del ámbito espacial denominado Región Oriental en dos regiones diferenciadas denominadas Región Oriental y Región Guayana, y se crean las Autoridades Únicas del Sistema Portuario que en él se mencionan. G.O. n° 41.005 del 07-10-2016, reimpresión en G.O. n° 41.006 del 10-10-2016.

Reglamento de la Ley de Faros y Boyas y del Sistema Nacional de Ayudas a la Navegación Acuática. G.O. n° 41.010 del 17-10-2016.

Decreto n° 3.014, mediante el cual se declara en emergencia el sistema integrado y multimodal de transporte, la infraestructura, equipamiento, funcionabilidad del sistema de movimiento, instalaciones y servicios afines del transporte nacional terrestre, acuático y aéreo y sus servicios conexos competencia del MPP para el Transporte. G.O. n° 6.319 Extraordinario del 01-08-2017.

Resolución conjunta de los MPP para el Transporte y de Economía y Finanzas, mediante la cual se establecen y regulan las tarifas a las cuales estarán sujetos los servicios portuarios proporcionados a personas naturales o jurídicas, en los puertos públicos de uso público de carácter comercial administrados por el Poder Ejecutivo Nacional. G.O. n° 41.227 del 01-09-2017.

Resolución conjunta de los MPP para el Transporte y de Economía y Finanzas, mediante la cual se reduce temporalmente las tarifas a ser pagadas por la Sociedad Anónima Corporación Venezolana de Navegación S.A., adscrita a este ministerio, por los servicios de pilotaje, remolcadores y lanchaje prestados por el INEA. G.O. n° 41.227 del 01-09-2017.

Resolución n° 33 del MPP para el Transporte, mediante la cual se establecen e implementan las tarifas sobre los servicios y actividades conexas al sector acuático que presta la Autoridad Acuática. G.O. n° 41.389 del 03-05-2018.

Decreto n° 3.401, mediante el cual se exime, por el lapso de 30 días continuos los controles, permisos, guías, tasas de aranceles, cobro de peaje por las Gobernaciones, procedimientos y cualquier tipo de control aplicables en los puertos, terminales e instalaciones portuarias ubicadas en el territorio nacional, para el ingreso y nacionalización de productos importados por el sector público, a los fines de garantizar su disponibilidad oportuna en las cadenas de distribución relativos a alimentos, fármacos y repuestos para el parque automotor. G.O. n° 41.391 del 07-05-2018, reimpresión en G.O. n° 41.392 del 08-05-2018.

Resolución n° 22 del MPP para el Transporte, mediante la cual se modifica el régimen de tarifas por la maniobra de custodio en los servicios de remolcadores prestados por el INEA. G.O. n° 41.889 del 28-05-2020.

Resolución n° 36906 del MPP para la Defensa, mediante la cual se aprueba y certifica la tabla de distancias que contiene la relación tabulada de los puertos y destinos marítimos de la República para calcular la distancia recorrida entre el puerto de salida y puerto de llegada, la cual será empleada por el Servicio Desconcentrado Oficina Coordinadora de Hidrografía y Navegación, para el cobro del tributo. G.O. n° 41.932 del 30-07-2020.

Decreto n° 4.270, mediante el cual se autoriza la creación del Terminal Intermodal Puerto Seco Batalla de Araure, el cual será operado y administrado por la empresa Bolipuertos, S.A., en terrenos ubicados en la jurisdicción del municipio Araure del estado Portuguesa. G.O. n° 41.947 del 20-08-2020.

Resolución n° 32 del MPP para el Transporte, mediante la cual se dictan los lineamientos generales para regular las inspecciones subacuáticas de buques. G.O. n° 42.433 del 04-08-2022.

Providencia n° 1 de la Oficina Coordinadora de Hidrografía y Navegación, mediante la cual se dicta el reglamento interno del servicio desconcentrado. G.O. n° 42.513 del 25-11-2022.

Resolución n° 49431 del MPP para la Defensa, mediante la cual se dicta el Reglamento Interno de la Unidad Naval Coordinadora de los Servicios de Carenado, Reparaciones de Casco, Reparaciones y Mantenimiento de Equipos y Sistemas de Buques. G.O. n° 42.550 del 17-01-2023.

Resolución conjunta n° 29, 159 y 18 de los MPP para el Transporte, para Relaciones Exteriores y para el Ecosocialismo, mediante la cual se crea el Comité Técnico Interinstitucional Marítimo. G.O. n° 42.630 del 17-05-2023.

Providencia n° 56 del INEA, mediante la cual se establecen los lineamientos para la revisión documental y física de los buques, a los fines de supervisar, prevenir y reducir la contaminación atmosférica producida por las emisiones de óxido de nitrógeno (NOx), óxido de azufre (SOx) y materias particuladas, las cuales causan efectos perjudiciales para la salud de los seres humanos y el medio ambiente. G.O. n° 42.954 del 02-09-2024.

2. Aéreo[192]

A. Administración aeronáutica

Resolución n° 6 de la Vicepresidencia de la República, mediante la cual se prorroga hasta el 28-05-2015, el lapso para efectuar el proceso de intervención del INAC. G.O. n° 40.630 del 27-03-2015.

Providencia n° PRE-CJU-GDA-033-16 del INAC, mediante la cual se regula el contenido de la credencial otorgada a los inspectores aeronáuticos autorizados por la Autoridad Aeronáutica para ejercer funciones de conformidad con la Ley de Aeronáutica Civil. G.O. n° 40.870 del 16-03-2016.

Decreto n° 2.341, mediante el cual se aprueba el plan nacional de seguridad de la aviación civil contra los actos de interferencia ilícita. G.O. n° 40.917 del 02-06-2016.

Decreto n° 2.342, mediante el cual se dicta el plan nacional de seguridad de la aviación civil contra los actos de interferencia ilícita. G.O. n° 40.917 del 02-06-2016.

Decreto n° 2.343, mediante el cual se dicta el plan nacional de facilitación. G.O. n° 40.917 del 02-06-2016.

Resolución n° 18 del MPP para Transporte y Obras Públicas, mediante la cual se dicta el programa estatal de seguridad operacional en la actividad aeronáutica desarrollada en todo el territorio de la República. G.O. n° 41.044 del 02-12-2016.

Resolución n° 36 del MPP para el Transporte, mediante la cual se constituye la Comandancia General de Bomberos Aeronáuticos dependiente jerárquicamente de BAER, S.A., conforme con la estructura organizativa y funcional que establece el ordenamiento jurídico vigente. G.O. n° 41.171 del 13-06-2017.

Providencia n° PRE-CJU-GDA-220-19 del INAC, mediante la cual se dictan las normas sobre protección y uso de la información sobre seguridad operacional. G.O. n° 41.634 del 16-05-2019.

Providencia n° PRE-CJU-GDA-557-19 del INAC, mediante la cual se dicta la normativa técnica aplicable para la planificación, ejecución, seguimiento, control y cierre de actividades de fiscalización, certificación, autorizaciones y aprobaciones, desarrolladas por la Autoridad Aeronáutica y demás funcionarios. G.O. n° 41.818 del 10-02-2020.

Resolución n° 12 del MPP para el Transporte, mediante la cual se dicta la normativa técnica aplicable para la investigación de accidentes, incidentes graves e incidentes de aviación civil. G.O. n° 41.828 del 27-02-2020.

---

192 Véase también: § Acuerdos e incorporaciones al ordenamiento jurídico; Acuático.

Providencia n° PRE-CJU-GDA-083-20 del INAC, mediante la cual se suspende temporalmente la normativa que restringe la modalidad de clases vía online o a distancia, por parte de los Centros de Instrucción de Aeronáutica Civil (CIAC), para la formación o capacitación de pilotos, tripulantes de vuelo, tripulantes de cabina, despachadores de vuelo, personal vinculado a la operación de RPA, controladores de tránsito aéreo y demás especialidades técnicas aeronáuticas. G.O. n° 41.845 del 23-03-2020.

Resolución n° 4 del MPP para el Transporte, mediante la cual se crea el Comité para la Reclasificación de la República Bolivariana de Venezuela de Estado Matrícula a Estado de Diseño y Fabricación de Aeronaves y Partes Aeronáuticas y su Declaración ante la Organización de Aviación Civil Internacional (OACI), el cual ejecutará los procedimientos administrativos, técnicos, jurídicos y financieros. G.O. n° 42.104 del 12-04-2021.

Providencia n° PRE-CJU-GDA-196-22 del INAC, mediante la cual se dicta el procedimiento técnico que regula el otorgamiento de licencias, habilitaciones y certificados médicos aeronáuticos en formato electrónico. G.O. n° 42.635 del 24-05-2023.

Providencia n° PRE-CJU-GDA-116-23 del INAC, mediante la cual se dicta el reglamento interno del instituto. G.O. n° 6.753 Extraordinario del 28-08-2023.

Resolución n° 9 del MPP para el Transporte, mediante la cual se dicta la normativa técnica aplicable para la investigación de accidentes, incidentes graves e incidentes de aviación civil. G.O. n° 42.832 del 05-03-2024.

B. Actividad aeronáutica

Providencia conjunta n° SNAT/2015/54 y PRE-CJU-459-15 del SENIAT e INAC, mediante la cual se prorroga a partir del 01-06-2015, la entrada en vigencia de la Providencia conjunta n° SNAT/2013-0078 y PRE/CJU-479-13 del 18-12-2013, donde se establecen las normas para la emisión de facturas, boletos aéreos y otros documentos por la prestación de servicios de transporte aéreo de pasajeros. G.O. n° 40.729 del 21-08-2015.

Providencia n° PRE-CJU-GDA-1054-15 del INAC, mediante la cual se dictan las condiciones generales que rigen la fiscalización y verificación de las operaciones, como la inscripción e inserción en los archivos del Registro Aeronáutico Nacional, de los procesos y los documentos relacionados con las concesiones o permisos emitidos por la Autoridad Aeronáutica Nacional a las organizaciones de mantenimiento aeronáutico. G.O. n° 40.782 del 05-11-2015.

Providencia n° PRE-CJU-GDA-398-16 del INAC, mediante la cual se dictan las condiciones generales del transporte aéreo. G.O. n° 6.228 Extraordinario del 18-05-2016.

Providencia n° PRE-CJU-GDA-560-16 del INAC, mediante la cual se dictan las condiciones generales para la certificación y operación en la prestación del servicio especializado de transporte aéreo en las modalidades de taxi aéreo y transporte aéreo de valores. G.O. n° 41.021 del 01-11-2016.

Providencia n° PRE-CJU-GDI-083-19 del INAC, mediante la cual se inicia el proceso de revisión, verificación y validación de las licencias aeronáuticas, convalidaciones, habilitaciones y certificados médicos aeronáuticos proveniente de este instituto. G.O. n° 41.595 del 27-02-2019.

Resolución n° 106 del MPP de Petróleo, mediante la cual el precio de los combustibles para aeronaves de uso privado, de bandera nacional que efectúen rutas nacionales será pagado a PDVSA, a precio internacional y el cobro se realizará en bolívares a la tasa cambiaria diaria fijada por el BCV o su contravalor en criptoactivos o criptomonedas. G.O. n° 41.758 del 12-11-2019.

Providencia n° PRE-CJU-GDA-084-20 del INAC, mediante la cual se suspende temporalmente la aplicación de los requerimientos para la renovación de licencia y certificado médico aeronáutico vigente que dispone la normativa técnica aplicable, para extender la su validez por el lapso de 30 días en virtud de estado de alarma, prorrogable según lo determine el Ejecutivo Nacional. G.O. n° 41.845 del 23-03-2020.

Providencia del INAC, mediante la cual se reinicia el proceso de revisión, verificación y validación de las licencias aeronáuticas, convalidaciones, habilitaciones y certificados médicos aeronáuticos y posterior actualización e inserción en los archivos físicos y digitales correspondientes de la totalidad de las documentales y datos que conforman los expedientes administrativos de todo el personal aeronáutico acreditado, certificado o convalidado por la Autoridad Aeronáutica de la República Bolivariana de Venezuela. G.O. n° 42.266 del 30-11-2021.

Providencia n° PRE-CJU-GDI-092-22 del INAC, mediante la cual se establecen las disposiciones complementarias de los requisitos y condiciones para el transporte de animales de servicio y animales de apoyo emocional. G.O. n° 42.451 del 30-08-2022.

Providencia n° PRE-CJU-GDA-308-24 del INAC, mediante la cual se dictan las condiciones generales de transporte aéreo. G.O. n° 43.000 del 05-11-2024.

C. Regulación Aeronáutica Venezolana

Providencia n° PRE-CJU-GDA-022-15 del INAC, mediante la cual se dicta la RAV 47, Registro Aeronáutico Nacional. G.O. n° 40.654 del 06-05-2015.

Providencias n° PRE-CJU-GDA-343-16, PRE-CJU-345-16, PRE-CJU-386-16, PRE-CJU-GDA-412-16 y PRE-CJU-417-16 del INAC, mediante las cuales se dictan las RAV 107, seguridad de la aviación civil en los aeródromos y aeropuertos; RAV 112, certificación de empresas de servicios de seguridad de la aviación civil; RAV 109, seguridad en las operaciones de carga, correo, provisiones y suministros en la aviación civil; RAV 9, inspección y fiscalización en materia de facilitación; RAV 108, seguridad de aeronaves en la aviación civil. G.O. n° 6.228 Extraordinario del 18-05-2016.

Providencia n° PRE-CJU-GDA-837-16 del INAC, mediante la cual se dicta la RAV 145, organizaciones de mantenimiento aeronáutico. G.O. n° 6.279 Extraordinario del 23-12-2016.

Providencia n° PRE-CJU-GDA-1644-16 del INAC, mediante la cual se dicta la RAV 5, sistema de control de gestión de la seguridad operacional (SMS). G.O. n° 6.279 Extraordinario del 23-12-2016.

Providencia n° PRE-CJU-GDA-1645-16 del INAC, mediante la cual se dicta la RAV 21, procedimiento para la certificación de productos y componentes. G.O. n° 6.279 Extraordinario del 23-12-2016.

Providencia n° PRE-CJU-GDA-1646-16 del INAC, mediante la cual se dicta la RAV 39, directivas de aeronavegabilidad. G.O. n° 6.279 Extraordinario del 23-12-2016.

Providencia n° PRE-CJU-GDA-1647-16 del INAC, mediante la cual se dicta la RAV 45, identificación de productos, marcas de nacionalidad, matrícula y uso de las aeronaves. G.O. n° 6.279 Extraordinario del 23-12-2016.

Providencia n° PRE-CJU-GDA-1648-16 del INAC, mediante la cual se dicta la RAV 47, Registro Aeronáutico Nacional. G.O. n° 6.279 Extraordinario del 23-12-2016.

Providencia n° PRE-CJU-GDA-1649-16 del INAC, mediante la cual se dicta la RAV 60, licencia al personal aeronáutico. G.O. n° 6.279 Extraordinario del 23-12-2016.

Providencia n° PRE-CJU-GDA-1650-16 del INAC, mediante la cual se dicta la RAV 67, normas para el otorgamiento del certificado médico aeronáutico. G.O. n° 6.279 Extraordinario del 23-12-2016.

Providencia n° PRE-CJU-GDA-1651-16 del INAC, mediante la cual se dicta la RAV 91, reglas de vuelo y operación general. G.O. n° 6.279 Extraordinario del 23-12-2016.

Providencia n° PRE-CJU-GDA-1652-16 del INAC, mediante la cual se dicta la RAV 130, trabajos aéreos. G.O. n° 6.279 Extraordinario del 23-12-2016.

Providencia n° PRE-CJU-GDA-1653-16 del INAC, mediante la cual se dicta la RAV 141, regulación aeronáutica venezolana sobre certificación de centros de instrucción aeronáutica (CIA) y las habilitaciones respectivas para la formación de tripulantes de vuelo, tripulantes de cabina, despachadores de vuelo, personal vinculado a la operación de RPA y demás especialidades técnicas aeronáuticas. G.O. n° 6.279 Extraordinario del 23-12-2016.

Providencia n° PRE-CJU-GDA-1654-16 del INAC, mediante la cual se dicta la RAV 273, servicios de información aeronáutica, cartas aeronáuticas y unidades de medidas que se emplean en las operaciones aéreas y terrestres. G.O. n° 6.279 Extraordinario del 23-12-2016.

Providencia n° PRE-CJU-GDA-1655-16 del INAC, mediante la cual se dicta la RAV 281, reglamento del aire. G.O. n° 6.279 Extraordinario del 23-12-2016.

Providencia n° PRE-CJU-GDA-125-19 del INAC, mediante la cual se dicta la RAV 60, licencias al personal aeronáutico. G.O. n° 6.462 Extraordinario del 01-07-2019.

Providencia n° PRE-CJU-GDA-124-19 del INAC, mediante la cual se dicta la RAV 67, normas para el otorgamiento del certificado médico aeronáutico. G.O. n° 6.462 Extraordinario del 01-07-2019.

Providencia n° PRE-CJU-GDA-169-19 del INAC, mediante la cual se dicta la RAV 107, seguridad de la aviación civil en los aeródromos y aeropuertos. G.O. n° 6.462 Extraordinario del 01-07-2019.

Providencia n° PRE-CJU-GDA-172-19 del INAC, mediante la cual se dicta la RAV 112, certificación y operación de empresas de servicios de seguridad de la aviación civil. G.O. n° 6.462 Extraordinario del 01-07-2019.

Providencia n° PRE-CJU-GDA-126-19 del INAC, mediante la cual se dicta la RAV 119, certificación de explotador del servicio público de transporte aéreo y de servicio especializado de transporte aéreo. G.O. n° 6.462 Extraordinario del 01-07-2019.

Providencia n° PRE-CJU-GDA-174-19 del INAC, mediante la cual se dicta la RAV 136, reglas de operación para explotadores del servicio especializado de transporte aéreo en las modalidades de taxi aéreo y transporte aéreo de valores, en operaciones nacionales e internacionales. G.O. n° 6.462 Extraordinario del 01-07-2019.

Providencia n° PRE-CJU-GDA-175-19 del INAC, mediante la cual se dicta la RAV 139, certificación de aeródromos. G.O. n° 6.462 Extraordinario del 01-07-2019.

Providencia n° PRE-CJU-GDA-180-19 del INAC, mediante la cual se dicta la RAV 273, unidades de medidas que se emplean en las operaciones aéreas y terrestres. G.O. n° 6.462 Extraordinario del 01-07-2019.

Providencia n° PRE-CJU-GDA-182-19 del INAC, mediante la cual se dicta la RAV 277, servicio meteorológico aeronáutico. G.O. n° 6.462 Extraordinario del 01-07-2019.

Providencia n° PRE-CJU-GDA-183-19 del INAC, mediante la cual se dicta la RAV 281, reglamento del aire. G.O. n° 6.462 Extraordinario del 01-07-2019.

Providencia n° PRE-CJU-GDA-168-19 del INAC, mediante la cual se dicta la RAV 14, diseño de aeródromos. G.O. n° 6.463 Extraordinario del 03-07-2019.

Providencia n° PRE-CJU-GDA-170-19 del INAC, mediante la cual se dicta la RAV 108, seguridad de aeronaves en la aviación civil. G.O. n° 6.463 Extraordinario del 03-07-2019.

Providencia n° PRE-CJU-GDA-171-19 del INAC, mediante la cual se dicta la RAV 109, seguridad en las operaciones de carga, correo, provisiones y suministros en la aviación civil. G.O. n° 6.463 Extraordinario del 03-07-2019.

Providencia n° PRE-CJU-GDA-127-19 del INAC, mediante la cual se dicta la RAV 269, sistemas de vigilancia radar. G.O. n° 6.463 Extraordinario del 03-07-2019.

Providencia n° PRE-CJU-GDA-173-19 del INAC, mediante la cual se dicta la RAV 114, operaciones de aeródromos. G.O. n° 6.467 Extraordinario del 18-07-2019.

Providencia n° PRE-CJU-GDA-176-19 del INAC, mediante la cual se dicta la RAV 204, cartas aeronáuticas. G.O. n° 6.467 Extraordinario del 18-07-2019.

Providencia n° PRE-CJU-GDA-177-19 del INAC, mediante la cual se dicta la RAV 214, diseño y operación de helipuertos. G.O. n° 6.467 Extraordinario del 18-07-2019.

Providencia n° PRE-CJU-GDA-128-19 del INAC, mediante la cual se dicta la RAV 215, servicios de información aeronáutica. G.O. n° 6.467 Extraordinario del 18-07-2019.

Providencia n° PRE-CJU-GDA-178-19 del INAC, mediante la cual se dicta la RAV 263, radioayudas para la navegación. G.O. n° 6.467 Extraordinario del 18-07-2019.

Providencia n° PRE-CJU-GDA-179-19 del INAC, mediante la cual se dicta la RAV 265, telecomunicaciones aeronáuticas. G.O. n° 6.467 Extraordinario del 18-07-2019.

Providencia n° PRE-CJU-GDA-181-19 del INAC, mediante la cual se dicta la RAV 275, servicios de tránsito aéreo. G.O. n° 6.467 Extraordinario del 18-07-2019.

Providencia n° PRE-CJU-GDA-136-20 del INAC, mediante la cual se dicta la RAV 111, operaciones de plataforma, certificación y operación de los servicios especializados aeroportuarios del INAC. G.O. n° 41.959 del 07-09-2020.

Providencia n° PRE-CJU-GDA-126-23 del INAC, mediante la cual se dicta la RAV 11, procedimientos para la elaboración de las regulaciones aeronáuticas venezolanas. G.O. n° 6.753 Extraordinario del 28-08-2023.

Providencia n° PRE-CJU-GDA-127-23 del INAC, mediante la cual se dicta la RAV 14, diseño de aeródromos. G.O. n° 6.753 Extraordinario del 28-08-2023.

Providencia n° PRE-CJU-GDA-143-23 del INAC, mediante la cual se dicta la RAV 38, emisión de CO2 de los aviones. G.O. n° 6.753 Extraordinario del 28-08-2023.

Providencia n° PRE-CJU-GDA-129-23 del INAC, mediante la cual se dicta la RAV 39, directivas de aeronavegabilidad. G.O. n° 6.753 Extraordinario del 28-08-2023.

Providencia n° PRE-CJU-GDA-138-23 del INAC, mediante la cual se dicta la RAV 43, mantenimiento. G.O. n° 6.753 Extraordinario del 28-08-2023.

Providencia n° PRE-CJU-GDA-132-23 del INAC, mediante la cual se dicta la RAV 60, licencias al personal aeronáutico. G.O. n° 6.753 Extraordinario del 28-08-2023.

Providencia n° PRE-CJU-GDA-133-23 del INAC, mediante la cual se dicta la RAV 67, normas para el otorgamiento del certificado médico aeronáutico. G.O. n° 6.753 Extraordinario del 28-08-2023.

Providencia n° PRE-CJU-GDA-134-23 del INAC, mediante la cual se dicta la RAV 103, vehículos ultralivianos y planeadores. G.O. n° 6.753 Extraordinario del 28-08-2023.

Providencia n° PRE-CJU-GDA-123-23 del INAC, mediante la cual se dicta la RAV 121, reglas de operación para explotadores de servicio público de transporte aéreo en operaciones regulares y no regulares nacionales e internacionales. G.O. n° 6.753 Extraordinario del 28-08-2023.

Providencia n° PRE-CJU-GDA-140-23 del INAC, mediante la cual se dicta la RAV 129, operaciones de explotadores aéreos extranjeros hacia y desde la República Bolivariana de Venezuela. G.O. n° 6.753 Extraordinario del 28-08-2023.

Providencia n° PRE-CJU-GDA-130-23 del INAC, mediante la cual se dicta la RAV 139, certificación de aeródromos. G.O. n° 6.753 Extraordinario del 28-08-2023.

Providencia n° PRE-CJU-GDA-135-23 del INAC, mediante la cual se dicta la RAV 141, certificación de centros de instrucción aeronáutica (CIA), para la formación de tripulantes de vuelos, tripulantes de cabina, despachadores de vuelos y personal vinculado a la operación RPA. G.O. n° 6.753 Extraordinario del 28-08-2023.

Providencia n° PRE-CJU-GDA-136-2023 del INAC, mediante la cual se dicta la RAV 142, centros de entrenamiento aeronáutico. G.O. n° 6.753 Extraordinario del 28-08-2023.

Providencia n° PRE-CJU-GDA-137-23 del INAC, mediante la cual se dicta la RAV 147, centros de instrucción aeronáutica (CIA), para la formación de técnicos en mantenimiento de aeronaves. G.O. n° 6.753 Extraordinario del 28-08-2023.

Providencia n° PRE-CJU-GDA-141-23 del INAC, mediante la cual se dicta la RAV 204, cartas aeronáuticas. G.O. n° 6.753 Extraordinario del 28-08-2023.

Providencia n° PRE-CJU-GDA-131-23 del INAC, mediante la cual se dicta la RAV 214, diseño y operación de helipuertos. G.O. n° 6.753 Extraordinario del 28-08-2023.

Providencia n° PRE-CJU-GDA-142-23 del INAC, mediante la cual se dicta la RAV 275, servicios de tránsito aéreo. G.O. n° 6.753 Extraordinario del 28-08-2023.

Providencia n° PRE-CJU-GDA-139-23 del INAC, mediante la cual se dicta la RAV 45, identificación de productos, marca de nacionalidad, matrícula y uso de las aeronaves. G.O. n° 6.753 Extraordinario del 28-08-2023.

Providencia n° PRE-CJU-GDA-263-23 del INAC, mediante la cual se dicta la RAV 45, identificación de productos, marca de nacionalidad, matrícula y uso de las aeronaves. G.O. n° 6.789 del 29-12-2023.

Providencia n° PRE-CJU-GDA-266-23 del INAC, mediante la cual se dicta la RAV 103, vehículos ultralivianos y planeadores. G.O. n° 6.789 del 29-12-2023.

Providencia n° PRE-CJU-GDA-346-24 del INAC, mediante la cual se dicta la RAV 110, Transporte sin riesgos de mercancías peligrosas por vía aérea. G.O. n° 43.004 del 11-11-2024.

Providencia n° PRE-CJU-GDA-411-24 del INAC, mediante la cual se dicta la RAV 39, directivas de aeronavegabilidad. G.O. n° 43.011 del 20-11-2024.

Providencia n° PRE-CJU-GDA-412-24 del INAC, mediante la cual se dicta la RAV 277, servicio meteorológico aeronáutico. G.O. n° 43.012 del 21-11-2024.

Providencia n° PRE-CJU-GDA-345-24 del INAC, mediante la cual se dicta la RAV 121, reglas de operación para explotadores de servicio público de transporte aéreo en operaciones regulares y no regulares nacionales e internacionales. G.O. n° 6.845 Extraordinario del 04-10-2024.

Providencia n° PRE-CJU-GDA-229-24 del INAC, mediante la cual se dicta la RAV 16, reducción de las emisiones de dióxido de carbono de la aviación civil de la República Bolivariana de Venezuela para la protección del medio ambiente. G.O. n° 6.844 Extraordinario del 25-09-2024.

Providencia n° PRE-CJU-GDA-344-24 del INAC, mediante la cual se dicta la RAV 21, certificación de productos y componentes. G.O. n° 6.844 Extraordinario del 25-09-2024.

Providencia n° PRE-CJU-GDA-243-24 del INAC, mediante la cual se dicta la RAV 38, emisión de CO2 de los aviones. G.O. n° 6.844 Extraordinario del 25-09-2024.

Providencia n° PRE-CJU-GDA-244-24 del INAC, mediante la cual se dicta la RAV 43, mantenimiento. G.O. n° 6.844 Extraordinario del 25-09-2024.

Providencia n° PRE-CJU-GDA-245-24 del INAC, mediante la cual se dicta la RAV 145, organizaciones de mantenimiento aeronáutico. G.O. n° 6.844 Extraordinario del 25-09-2024.

D. Tarifas y derechos aeronáuticos

Providencia n° PRE-CJU-GDA-502-14 de la Junta Interventora del INAC, mediante la cual se establece a los transportistas o explotadores aéreos, propietarios o tenedores legítimos de aeronaves de matrícula extranjera que presten o pretendan prestar el servicio de transporte aéreo no regular y servicio de transporte aéreo de carga, desde y hacia el territorio nacional, a los efectos de poder solicitar los respectivos permisos operacionales para realizar las operaciones que en ella se mencionan, el pago que deberán sufragar y cancelar en divisas, a saber en dólares de los Estados Unidos de América, las tarifas que en ella se señalan. G.O. n° 40.594 del 03-02-2015.

Resolución n° 11 del MPP para Transporte Acuático y Aéreo, mediante la cual se aprueba la actualización e implementación del sistema de tarifa para los trámites, derechos aeronáuticos y servicios prestados por el INAC, por el Instituto Aeropuerto Internacional de Maiquetía, así como en los aeropuertos administrados por BAER, S.A. G.O. n° 40.624 del 19-03-2015.

Resolución n° 45 del MPP para Transporte y Obras Públicas, mediante la cual se aprueba la actualización e implementación del sistema de tarifa para los trámites, derechos aeronáuticos y servicios prestados por el INAC, por el Instituto Aeropuerto Internacional de Maiquetía, así como en los aeropuertos administrados por BAER, S.A. G.O. n° 40.933 del 28-06-2016.

Resolución n° 11 del MPP de Transporte, mediante la cual se aprueba la actualización e implementación del sistema de tarifas e incentivos para los trámites, derechos aeronáuticos y servicios prestados por el INAC, por el Instituto Aeropuerto Internacional de Maiquetía, así como en los aeropuertos administrados por BAER, S.A. G.O. n° 41.102 del 23-02-2017.

Resolución n° 66 del MPP para el Transporte, mediante la cual se aprueba la actualización e implementación del sistema de tarifas e incentivos para los trámites, derechos aeronáuticos y servicios prestados por el INAC, por el Instituto Aeropuerto Internacional de Maiquetía, así como en los aeropuertos administrados por BAER, S.A. G.O. n° 41.223 del 28-08-2017.

Resolución n° 29 del MPP para el Transporte, mediante la cual se aprueba la actualización e implementación del sistema de tarifas e incentivos para los trámites, derechos aeronáuticos y servicios prestados por el Instituto Aeropuerto Internacional de Maiquetía, así como en los aeropuertos administrados por BAER, S.A. G.O. n° 41.372 del 06-04-2018.

Resolución n° 36 del MPP para el Transporte, mediante la cual se establece el sistema de tarifas e incentivos para los trámites, derechos aeronáuticos y servicios prestados por el Instituto Aeropuerto Internacional de Maiquetía (IAIM), así como en los aeropuertos administrados por BAER, S.A. G.O. n° 41.417 del 12-06-2018.

Resolución n° 37 del MPP para el Transporte, mediante la cual se establece el sistema de tarifas e incentivos para los trámites, derechos aeronáuticos y servicios prestados por INAC. G.O. n° 41.417 del 12-06-2018.

Resolución n° 3 del MPP para el Transporte, mediante la cual se establece la actualización e implementación del sistema de tarifas e incentivos para los trámites, derechos aeronáuticos y servicios prestados por el INAC. G.O. n° 6.429 Extraordinario del 08-02-2019.

Resolución n° 4 del MPP para el Transporte, mediante la cual se establece la actualización e implementación del sistema de tarifas e incentivos para los trámites y servicios prestados por el Instituto Aeropuerto Internacional de Maiquetía, así como en los aeropuertos administrado por BAER, S.A. G.O. n° 6.429 Extraordinario del 08-02-2019.

Resolución n° 9 del MPP para el Transporte, mediante la cual se establecen los derechos aeronáuticos para los trámites y servicios prestados por el INAC. G.O. n° 41.613 del 09-04-2019.

Resolución n° 13 del MPP para el Transporte, mediante la cual se establecen las tarifas por los derechos aeronáuticos, servicios aeronáuticos y cursos de capacitación, dictados por el Centro de Instrucción Aeronáutica Civil May. (Av) Miguel Rodríguez (CIAC). G.O. n° 41.647 del 04-06-2019.

Resolución n° 21 del MPP para el Transporte, mediante la cual se dicta el sistema de derechos aeronáuticos para los trámites y servicios prestados por el INAC. G.O. n° 41.884 del 21-05-2020.

Resolución n° 29 del MPP para el Transporte, mediante la cual se modifica parcialmente la Resolución n° 21, mediante la cual se dictó el sistema de derechos aeronáuticos para los trámites y servicios prestados por el INAC. G.O. n° 41.924 del 17-07-2020.

Resolución n° 37 del MPP para el Transporte, mediante la cual se dicta el sistema de derechos aeronáuticos para los trámites y servicios prestados por el INAC. G.O. n° 42.074 del 24-02-2021.

Resolución n° 38 del MPP para el Transporte, mediante la cual se establece e implementa el sistema de tarifas e incentivos para los trámites y servicios prestados por los administradores de aeródromos y aeropuertos, públicos o privados ubicados en el territorio nacional. G.O. n° 42.074 del 24-02-2021.

Decreto n° 4.611, mediante el cual se establece el mecanismo de coordinación para la fijación y cobro de los derechos por los servicios aeroportuarios. G.O. n° 42.242 del 27-10-2021.

Resolución n° 21 del MPP para el Transporte, mediante la cual se establece el sistema de tarifas e incentivos para los trámites y servicios prestados por los administradores de aeródromos y aeropuertos, públicos o privados ubicados en el territorio nacional. G.O. n° 42.304 del 25-01-2022, reimpresión en G.O. n° 42.311 del 03-02-2022.

Resolución n° 50113 del MPP para la Defensa, mediante la cual se designa al Servicio Autónomo de la Fuerza Aérea Venezolana, órgano desconcentrado que forma parte de la estructura organizativa de este ministerio, como encargado de la recaudación y cobro de las tarifas a ser fijadas a nivel nacional por la autoridad competente en la materia de transporte y aeronáutica civil, por la gestión y ejecución de los diferentes derechos operacionales por los servicios aeroportuarios que se generen por el uso de las infraestructuras, personal y equipos aeroportuarios en las bases aéreas militares que en ella se indican. G.O. n° 42.600 del 30-03-2023.

Resolución n° 51569 del MPP para la Defensa, mediante la cual se designa al Servicio Autónomo de la Fuerza Aérea Venezolana, Órgano

Desconcentrado que forma parte de la estructura organizativa de este ministerio, como encargado de la recaudación y cobro de las tarifas a ser fijadas a nivel nacional por la autoridad competente en materia de transporte y aeronáutica civil, por la gestión y ejecución de los diferentes derechos operacionales por los servicios aeroportuarios que se generen por el uso de las infraestructuras, personal y equipos aeroportuarios en la Base Aérea El Libertador, ubicada en Palo Negro, estado Aragua y en la Base Aérea Mayor Buenaventura Vivas Guerrero, ubicada en Santo Domingo, estado Táchira; y se autoriza para que pueda brindar servicios aeroportuarios y aeronáuticos, así como llevar a cabo la gestión de cobro por conceptos de derechos operacionales, prestación de servicios aeroportuarios, aeronáuticos y de base fija, que se generen del uso de la infraestructura y equipos en las bases aéreas indicadas. G.O. n° 42.672 del 17-07-2023.

Resolución n° 1 del MPP para el Transporte, mediante la cual se dicta el sistema de derechos aeronáuticos para los trámites y servicios prestados por el INAC. G.O. n° 42.802 del 19-01-2024.

E. Aeronaves

Providencia n° PRE-CJU-GDA-033-15 de la Junta Interventora del INAC, mediante la cual se dictan las normas que regulan las operaciones de aeronaves de aviación general con matrícula extranjera hacia y en el territorio nacional. G.O. n° 40.630 del 27-03-2015.

Resolución conjunta n° 80, 14245 y 5 de los MPP para Relaciones Interiores, Justicia y Paz, para la Defensa y para Transporte y Obras Públicas, mediante la cual se restringe la operación y circulación aérea en el territorio nacional y demás espacios geográficos de la República Bolivariana de Venezuela, de todo sistema de aeronaves pilotadas a distancia (RPAS), conocido comúnmente como DRON o DRONE, hasta tanto sean dictadas por la autoridad competente, las normas que regirán su operación y empleo. G.O. n° 40.976 del 29-08-2016.

Resolución n° 6 del MPP para Transporte y Obras Públicas, mediante la cual se prohíbe la operación y circulación aérea en el territorio nacional y demás espacios geográficos de la República, de las aeronaves clasificadas como de aviación general y privada de conformidad con lo dispuesto en los artículos 78 y 79 de la Ley de Aeronáutica Civil, así como de todo sistema de aeronaves pilotadas a distancia (RPAS), conocido comúnmente como DRON o DRONE, a partir del 27-08-2016 hasta el 05-09-2016, ambas fechas inclusive. G.O. n° 40.976 del 29-08-2016.

Providencia n° PRE-CJU-GDA-474-16 del INAC, mediante la cual se aprueba las normas que rigen el otorgamiento de permisos temporales para la realización de trabajos aéreos con el sistema de aeronave pilotada a distancia (RPAS), en el territorio nacional por personas jurídicas. G.O. n° 40.976 del 29-08-2016.

Resolución n° 14412 del MPP para la Defensa, mediante la cual se establecen los lineamientos y procedimientos que debe efectuar el interesado(a) para obtener la autorización de la operación de vuelo de los sistemas de aeronaves pilotadas a distancia RPAS conocidos como DRON o DRONE, en el territorio nacional y demás espacios geográficos de la República. G.O. n° 40.978 del 31-08-2016.

Resolución conjunta n° 9, 90 y 15852 de los MPP para Transporte y Obras Públicas, para Relaciones Interiores, Justicia y Paz y para la Defensa, mediante la cual se prohíbe la operación y circulación aérea desde y hacia el estado Nueva Esparta, de las aeronaves clasificadas como de aviación general y privada de conformidad con lo dispuesto en los artículos 78 y 79 de la Ley de Aeronáutica Civil, las operaciones en los helipuertos, aeropuertos y aeródromos controlados y no controlados del estado Nueva Esparta a las aeronaves de aviación general y privada, así como de todo sistema de aeronaves pilotadas a distancia (RPAS), conocido comúnmente como DRON o DRONE; y se prohíbe el zarpe, atraque y navegación de las embarcaciones deportivas y de recreación en la circunscripción acuática de Pampatar, desde y hacia dicha circunscripción, desde el 07-09-2016 hasta el 18-09-2016, ambas fechas inclusive. G.O. n° 6.254 del 07-09-2016.

Resolución n° 14 del MPP para Transporte y Obras Públicas, mediante la cual se prohíben las operaciones de aterrizaje y despegue nacionales e internacionales en el territorio nacional y demás espacios geográficos de la República; y se prohíben las operaciones en los helipuertos, aeropuertos y aeródromos controlados y no controlados, así como de las aeronaves clasificadas como de aviación general y privadas de conformidad con lo dispuesto en los artículos 78 y 79 de la Ley de Aeronáutica Civil, y de todo sistema de aeronaves pilotadas a distancia (RPAS), conocido comúnmente como DRON o DRONE, desde el 24 al 31-10-2016, ambas fechas inclusive. G.O. n° 41.015 del 24-10-2016.

Resolución n° 15 del MPP para Transporte y Obras Públicas, mediante la cual se prohíben las operaciones de aterrizaje y despegue nacionales e internacionales en el territorio nacional y demás espacios geográficos de la República, de las aeronaves clasificadas como de aviación general y privada, así como de todo el sistema de aeronaves pilotadas a distancia (RPAS), conocido comúnmente como DRON o DRONES, desde el 01 al 07-11-2016, ambas fechas inclusive. G.O. n° 41.021 del 01-11-2016.

Resolución n° 30 del MPP para Transporte y Obras Públicas, mediante la cual se prohíbe la operación y circulación aérea en el territorio nacional y demás espacios geográficos de la República, de las aeronaves clasificadas como de aviación general y privada de conformidad con lo dispuesto en los artículos 78 y 79 de la Ley de Aeronáutica Civil; y se prohíben las operaciones en los helipuertos, aeropuertos y aeródromos controlados y no controlados a las aeronaves de aviación general y privada, así como a todo el sistema de aeronaves pilotadas a distancias (RPAS), conocido comúnmente como DRON o DRONE, a partir del 11 hasta el 14-12-2016, ambas fechas inclusive. G.O. n° 41.050 del 12-12-2016.

Providencia n° PRE-CJU-GDA-1085-17 del INAC, mediante la cual se dicta las condiciones en las cuales se regulan las operaciones de aeronaves de aviación general con matrícula extranjera hacia y en el territorio nacional. G.O. n° 41.185 del 03-07-2017.

Providencia n° PRE-CJU-GDA-865-17 del INAC, mediante la cual se dictan las directrices que establecen los requisitos técnicos para la operación de aeronaves de aviación general y comercial, hacia los aeródromos en condiciones especiales de la República. G.O. n° 41.225 del 30-08-2017.

Providencia n° PRE-CJU-GDA-169-18 del INAC, mediante la cual se establecen los requisitos técnicos para la operación de aeronaves de aviación comercial hacia los aeródromos en condiciones especiales de la República. G.O. n° 41.460 del 14-08-2018.

Providencia n° PRE-CJU-GDA-041-21 del INAC, mediante la cual se establecen las disposiciones complementarias al cuerpo normativo técnico que regula las operaciones de aeronaves pilotadas a distancia en zonas de seguridad. G.O. n° 42.155 del 23-06-2021.

Providencia n° PRE-CJU-GDA-114-22 del INAC, mediante la cual se dictan las directrices para la identificación de las aeronaves de los explotadores aéreos certificados bajo la RAV 136 reglas de operación para explotadores del servicio especializado de transporte aéreo en las modalidades de taxi aéreo y transporte aéreo de valores, en operaciones nacionales e internacionales. G.O. n° 42.554 del 23-01-2023.

Providencia n° PRE-CJU-GDA-059-24 del INAC, mediante la cual se dicta las condiciones mediante las cuales se regulan las operaciones de aeronaves de aviación general con matrícula extranjera en el territorio nacional. G.O. n° 42.823 del 21-02-2024.

F. Aeropuertos y aeródromos

Providencia n° PRE-CJU-1295-16 del INAC, mediante la cual se dictan las directrices que establecen el funcionamiento y supervisión de los aeroclubes en los distintos aeródromos o aeropuertos de la República. G.O. n° 41.059 del 23-12-2016.

Decreto n° 2.914, mediante el cual se declara la reversión inmediata al Poder Ejecutivo Nacional, por órgano del MPP para el Transporte, de la administración, así como de la infraestructura por razones de interés general del Aeropuerto de Santa Elena de Uairén, ubicado en el estado Bolívar, y las competencias para su conservación, administración y aprovechamiento. G.O. n° 41.171 del 13-06-2017.

Providencia n° PRE-CJU-532-17 del INAC, mediante la cual se permiten las operaciones aéreas en el Aeropuerto Internacional Simón Bolívar de Maiquetía, para las aeronaves de aviación general propulsadas por los denominados motores turbohélice en el horario que en ella se establece. G.O. n° 41.122 del 27-03-2017.

Resoluciones n° 85 y 086 del MPP para el Transporte, mediante las cuales se declara la reversión inmediata al Poder Ejecutivo Nacional, por órgano de este ministerio, de la administración, así como de la infraestructura aeronáutica civil, con las respectivas competencias para la conservación, dirección y aprovechamiento del conjunto de sus instalaciones, bienes y servicios que sobre los mismos se ejercen, en los aeropuertos que en ellas se mencionan. G.O. n° 41.260 del 19-10-2017.

Resolución n° 2 del MPP para el Transporte, mediante la cual se declara la transferencia de la administración y operatividad inmediata de los Aeropuertos Internacional Arturo Michelena, ubicado en Valencia del estado Carabobo, y Nacional General Bartolomé Salom, ubicado en Puerto Cabello del mismo estado, a la Gobernación del Estado Carabobo, así como de la infraestructura aeronáutica civil, con las respectivas competencias para la conservación, dirección y aprovechamiento del conjunto de sus instalaciones, bienes y servicios que sobre los mismos se ejercen. G.O. n° 41.315 del 08-01-2018.

Resolución n° 23 del MPP para el Transporte, mediante la cual se declara la transferencia inmediata a la Gobernación del estado Monagas de la administración y operatividad, así como de la infraestructura aeronáutica civil, con las respectivas competencias para la conservación, dirección y aprovechamiento del conjunto de sus instalaciones, bienes y servicios que sobre los mismos se ejercen, en el Aeropuerto Internacional Gral. José Tadeo Monagas, y en el Aeropuerto Nacional Santa Bárbara de Monagas, ubicados en el estado Monagas. G.O. n° 41.361 del 15-03-2018.

Resolución n° 24 del MPP para el Transporte, mediante la cual se declara la transferencia inmediata a la Gobernación del estado Zulia de la administración y operatividad, así como de la infraestructura aeronáutica civil, con las respectivas competencias para la conservación, dirección y aprovechamiento del conjunto de sus instalaciones, bienes y servicios que sobre los mismos se ejercen, en el Aeropuerto Internacional La Chinita, y Aeropuertos Nacionales Dr. Miguel Ángel Urdaneta Fernández, y Oro Negro, ubicados en el estado Zulia. G.O. n° 41.361 del 15-03-2018.

Decreto n° 3.842, mediante el cual se ordena la reversión inmediata al Ejecutivo Nacional, por órgano del MPP para el Transporte, de la infraestructura aeronáutica y demás instalaciones y servicios que conforman el Aeropuerto Internacional Oscar Machado Zuloaga, ubicado en el estado Bolivariano de Miranda, así como las competencias para su conservación, administración y aprovechamiento. G.O. n° 6.455 Extraordinario del 07-05-2019.

Decreto n° 3.843, mediante el cual se ordena la reversión inmediata al Ejecutivo Nacional, por órgano del MPP para el Transporte, de la infraestructura aeronáutica y demás instalaciones y servicios que conforman el Aeropuerto Nacional Metropolitano, ubicado en el estado Bolivariano de Miranda, así como las competencias para su conservación, administración y aprovechamiento. G.O. n° 6.455 Extraordinario del 07-05-2019.

Providencia n° IAIM-CA-DG-013 del Instituto Aeropuerto Internacional de Maiquetía, mediante la cual se dicta el reglamento interno del instituto. G.O. n° 42.249 del 05-11-2021.

Resolución n° 12 del MPP para el Transporte, mediante la cual se ordena la transferencia inmediata al Ejecutivo Nacional por órgano del MPP para el Transporte, a través de BAER, S.A., la administración, así como de la infraestructura aeronáutica civil, con las respectivas competencias para la conservación, dirección y aprovechamiento del conjunto de sus instalaciones, bienes y servicios que sobre los mismos se ejercen, en los aeropuertos que en ella se mencionan. G.O. n° 42.261 del 23-11-2021.

Resolución n° 14 del MPP para el Transporte, mediante la cual se ordena la transferencia inmediata al Ejecutivo Nacional por órgano del MPP para el Transporte, a través de BAER, S.A., la administración, así como de la infraestructura aeronáutica civil, con las respectivas competencias para la conservación, dirección y aprovechamiento del conjunto de sus instalaciones, bienes y servicios que sobre los mismos se ejercen, en el Aeropuerto Nacional G/J Ezequiel Zamora, del estado Bolivariano de Cojedes. G.O. n° 42.262 del 24-11-2021.

Resolución n° 1 del MPP para el Transporte, mediante la cual se ordena la transferencia inmediata al Ejecutivo Nacional, por Órgano de este Ministerio, a través de BAER, S.A., la administración, así como de la infraestructura aeronáutica civil, con las respectivas competencias para la conservación, dirección y aprovechamiento del conjunto de sus instalaciones, bienes y servicios que sobre los mismos se ejercen, en el Aeropuerto Nacional Luisa Cáceres de Arismendi, ubicado en la ciudad de Barinas, en el estado Barinas. G.O. n° 42.293 del 10-01-2022.

Resolución n° 20 del MPP para el Transporte, mediante la cual se modifica el nombre del Aeropuerto Nacional Gral/Bgda Oswaldo Guevara Mujica para que en adelante sea nombrado Aeropuerto Nacional Batalla de Araure. G.O. n° 42.404 del 22-06-2022.

Providencia n° PRE-CJU-GDA-019-A-22 del INAC, mediante la cual se re-categoriza el Aeropuerto Internacional Josefa Camejo para su operación en las condiciones que en ella se especifican. G.O. n° 42.421 del 19-07-2022.

Resolución n° 77 del MPP para el Transporte, mediante la cual se modifica el nombre del Aeropuerto Internacional Juan Vicente Gómez para que en adelante sea nombrado Aeropuerto Internacional General Cipriano Castro, el cual se encuentra ubicado en San Antonio del Táchira, municipio Bolívar del estado Táchira. G.O. n° 42.724 del 28-09-2023.

Resolución n° 83 del MPP para el Transporte, mediante la cual se modifica el nombre del Aeropuerto Nacional Dr. Miguel Ángel Urdaneta Fernández para que en adelante sea nombrado Aeropuerto Nacional Relámpago del Catatumbo, el cual se encuentra ubicado en Santa Bárbara, municipio Colón del estado Zulia. G.O. n° 42.772 del 06-12-2023.

Resolución conjunta n° 965 y 39 de los MPP para el Ecosocialismo y para el Transporte, mediante la cual se dictan las normas para coordinar la gestión ambiental en la actividad aeronáutica civil que se realice en los aeródromos y aeropuertos nacionales e internacionales de la República. G.O. n° 42.983 del 11-10-2024.

3. Terrestre[193]

A. Registro de vehículos

Providencia n° 28 del INTT, mediante la cual se establece de forma provisional el procedimiento especial para llevar a cabo la inscripción ante el Registro del Sistema Nacional de Transporte Terrestre, única y exclusivamente en aquellos casos cuyos propietarios de vehículos a motor, no dispongan de todos los requisitos previstos en la Ley de Transporte y su Reglamento, para demostrar de forma auténtica la propiedad de dicho vehículo a motor ante este Instituto. G.O. n° 41.469 del 28-08-2018.

Resolución n° 64 del MPP para el Transporte, mediante la cual se modifica el formato del certificado de registro de vehículo y certificado de circulación, y se deroga la Resolución n° 66 del 27-11-2007. G.O. n° 41.470 del 29-08-2018.

Providencia n° 35 del INTT, mediante la cual se dicta la prórroga del procedimiento provisional especial para la inscripción ante el Regis-

[193] Véase también: § Exoneraciones; Acuático.

tro del Sistema Nacional de Transporte Terrestre de los vehículos a motor. G.O. n° 41.533 del 27-11-2018.

Providencia n° 2 del INTT, mediante la cual se prorroga el procedimiento provisional especial para la inscripción ante el Registro del Sistema Nacional de Transporte Terrestre de los Vehículos a Motor. G.O. n° 41.587 del 15-02-2019.

Providencia n° 4 del INTT, mediante la cual se prorroga el procedimiento provisional especial para la inscripción ante el Registro del Sistema Nacional de Transporte Terrestre de los Vehículos a Motor. G.O. n° 41.664 del 28-06-2019.

Providencia n° 27 del INTT, mediante la cual se prorroga el procedimiento provisional especial para la inscripción ante el Registro del Sistema Nacional de Transporte Terrestre de los Vehículos a Motor. G.O. n° 41.743 de 22-10-2019.

Providencia n° 44 del INTT, mediante la cual se prorroga el procedimiento provisional especial para la inscripción ante el Registro del Sistema Nacional de Transporte Terrestre de los Vehículos a Motor. G.O. n° 41.983 del 09-10-2020.

Providencia n° 82 INTT, mediante la cual se prorroga el procedimiento provisional especial para la inscripción ante el Registro del Sistema Nacional de Transporte Terrestre de los Vehículos a Motor G.O. n° 42.249 del 05-11-2021.

Providencia n° 93 del INTT, mediante la cual se prorroga el procedimiento provisional especial para la inscripción ante el Registro del Sistema Nacional de Transporte Terrestre de los Vehículos a Motor. G.O. n° 42.508 del 18-11-2022.

B. Vialidad y manufactura

Resolución conjunta de los MPP para Relaciones Interiores, Justicia y Paz y para la Defensa, mediante la cual se prohíbe el traslado, desplazamiento, transporte, empleo u operaciones de maquinarias pesadas que en ella se mencionan, en todo el territorio nacional, desde el 05-12-2015 a las 6 am hasta el 07-12-2015 a las 12 pm. G.O. n° 40.803 del 04-12-2015.

Resolución conjunta n° 234 y 31 de los MPP para Relaciones Interiores, Justicia y Paz y para Transporte Terrestre y Obras Públicas, mediante la cual se garantiza la libre circulación en todo el territorio nacional de vehículos dedicados al transporte terrestre de carga con peso bruto vehicular igual o superior a los 3.500 Kg. que transportan los rubros que en ella se mencionan. G.O. n° 40.818 del 29-12-2015.

Decreto n° 2.283, mediante el cual se aprueba el Plan Nacional de Transporte y Obras Públicas. G.O. n° 40.872 del 18-03-2016.

Resolución conjunta n° 103 y 15 del MPP para el Transporte y del MPP de Economía y Finanzas, mediante la cual se dicta el reglamento técnico, el cual tiene por objeto establecer los procedimientos y metodología para la asignación, configuración y suspensión del número de identificación vehicular. G.O. n° 41.371 del 05-04-2018.

Decreto n° 3.788, mediante el cual se centraliza el proceso de procura, recepción y administración de los bienes requeridos para el sector automotriz en la República, tanto por los órganos y entes del Poder Público Nacional, Estadal y Municipal, así como por las personas jurídicas del sector privado, en la Corporación Socialista del Sector Automotor, S.A. G.O. n° 41.603 del 21-03-2019.

Decreto n° 3.789, mediante el cual se ordena a las empresas ensambladoras, fabricantes de autopartes y metalmecánicas conexas, tanto públicas como privadas, a incorporar el material mínimo originario de la República en lo relativo a las partes y piezas fabricadas en el territorio nacional. G.O. n° 41.603 del 21-03-2019.

Decreto n° 3.790, mediante el cual se crea el Motor Automotriz para la reorganización, reimpulso, crecimiento y operatividad del sector, con el fin de fortalecer un nuevo modelo de gestión productivo, eficiente y sustentable que contribuya al fortalecimiento de las políticas dirigidas a la reactivación empresarial, para movilizar al pueblo de forma eficiente, efectiva y eficaz, y de esta forma romper el cerco económico mediante el empleo de tecnología propia y conocimiento de la masa trabajadora. G.O. n° 41.603 del 21-03-2019.

Resolución n° 13 del MPP de Industrias y Producción Nacional, mediante la cual en el marco del fortalecimiento del motor automotriz, las personales naturales podrán importar a la República, sin fines comerciales, los bienes que en ella se indican. G.O. n° 6.447 Extraordinario del 08-04-2019, reimpresión en G.O. n° 6.454 Extraordinario del 29-04-2019.

Providencia n° 13 del INTT, mediante la cual se dicta las normas sobre la prestación del servicio conexo de escuela de transporte y cursos obligatorios para la conducción de vehículos. G.O. n° 42.077 del 01-03-2021.

Providencia n° 1 del FONTUR, mediante la cual se dictan los lineamientos y requisitos técnicos para regular la ejecución del programa del sistema nacional de recaudación y compensación para el transporte de dominio público y privado. G.O. n° 42.106 del 14-04-2021.

Resolución conjunta n° 83 y 22 de los MPP para Relaciones Interiores, Justicia y Paz y para el Transporte, mediante la cual se prohíbe la circulación de vehículos de carga con peso bruto vehicular igual o superior a los 3.500 kg., y se informa a todas las personas naturales o jurídicas, propietarias y conductores de vehículos dedicados al transporte terrestre de carga, en los tramos viales, durante los días y horarios que en ella se señalan. G.O. n° 42.425 del 25-07-2022.

Decreto 4.735, mediante el cual se crea el servicio desconcentrado Fondo Nacional de Transporte. G.O. n° 42.458 del 08-09-2022.

Resolución n° 163 del MPP para Relaciones Interiores, justicia y Paz, mediante la cual se establece un límite máximo de velocidad permitida de 45Kms/h, así como el estricto uso del canal derecho, para vehículos de carga con peso bruto vehicular igual o superior a los 3.500 Kg, en el tramo vial de 17 kilómetros, correspondiente a la Autopista Caracas-La Guaira. G.O. n° 42.747 del 01-11-2023.

Resolución conjunta n° 88 y 190 de los MPP para el Transporte y para Relaciones Interiores, Justicia y Paz, mediante la cual se establece un límite máximo de velocidad permitida de 45 Kms/h, así como el estricto uso del canal derecho, para vehículos de carga con peso bruto vehicular igual o superior a los 3.500 kg, en el tramo vial correspondiente a las carreteras nacionales (troncales), carreteras panamericanas, autopistas, avenidas, vías urbanas y otros del país. G.O. n° 42.779 del 15-12-2023.

Resolución conjunta n° 199 y 89 de los MPP para Relaciones Interiores, Justicia y Paz y para el Transporte, mediante la cual se dicta los lineamientos para la habilitación de unidades de transporte terrestre público y privado de personas, para prestar servicio fuera de su ruta asignada. G.O. n° 42.788 del 29-12-2023.

C. Transporte público

Resolución conjunta n° 13 y 6 de los MPP para el Comercio y para Transporte Terrestre y Obras Públicas, mediante la cual se establece las condiciones de suministro de repuestos e insumos para el servicio público de transporte terrestre de pasajeros y de carga a través de las proveedurías del transporte y el sistema venezolano de repuestos e insumos para el sector transporte público terrestre. G.O. n° 40.622 del 17-03-2015.

Resolución conjunta n° 25, 67, 30 y 172 de los MPP para Transporte Terrestre y Obras Públicas, para Economía y Finanzas, para Industrias y para Relaciones Interiores, Justicia y Paz, mediante la cual se establecen los lineamientos relacionados con las condiciones de la adjudicación y comercialización de todos los vehículos importados o ensamblados en el país destinados al servicio público de transporte terrestre de pasajeras y pasajeros, otorgados en ejecución de la Misión Transporte. G.O. n° 40.768 del 16-10-2015.

Resolución n° 4 de la Vicepresidencia Sectorial de Obras Públicas y Servicios, mediante la cual se establecen las condiciones de suministro de repuestos e insumos para el servicio público de transporte de pasajeros y de carga, a través de las proveedurías del transporte y del registro nacional de operadores y unidades del sistema nacional del transporte terrestre. G.O. n° 41.100 del 21-02-2017.

Resolución n° 1 del Órgano Superior de la Misión Transporte, mediante la cual se establecen las condiciones para garantizar el suministro a precios justos de cauchos, materias primas, subproductos y componentes asociados al neumático para el servicio público de transporte de pasajeros y de carga, a través de mecanismos idóneos, líneas estratégicas para el seguimiento y control de políticas públicas inherentes a la Misión Transporte. G.O. n° 41.310 del 29-12-2017.

Resolución n° 4 del Órgano Superior de la Misión Transporte, mediante la cual se establecen las condiciones de suministro de repuesto e insumos para el servicio público de transporte terrestre de pasajeros y de carga, a través de las proveedurías del transporte, del Registro Nacional de Operaciones, unidades del sistema nacional del transporte terrestre y cualquier otra instancia que designe este organismo. G.O. n° 41.356 del 08-03-2018.

D. Peajes, fletes y tarifas

Resolución n° 2 del MPP para Transporte Terrestre y Obras Públicas, mediante la cual se regula lo relativo a la instalación, habilitación, operación, tarifas, infraestructura, equipamiento, servicios viales, sistemas de recaudación y ubicación de las estaciones recaudadoras de peajes en las vías nacionales, así como las encomiendas convenidas con las gobernaciones y/o entes públicos descentralizados para la administración de estaciones recaudadoras de peajes en vías nacionales. G.O. n° 40.577 del 09-01-2015.

Resolución conjunta de los MPP para Transporte Terrestre y Obras Públicas, para el Comercio y para Relaciones Interiores, Justicia y Paz, mediante la cual se establece la tarifa oficial para rutas interurbanas a ser cobradas a nivel nacional, por los prestadores del servicio público de transporte terrestre de pasajeras y pasajeros con vehículos colectivos, en las modalidades que en ella se mencionan. G.O. n° 6.172 Extraordinario del 12-02-2015.

Resolución conjunta de los MPP para Transporte Terrestre y Obras Públicas, para la Alimentación y para el Comercio, mediante la cual se establece la tarifa o flete a ser cobrado por las sociedades o asociaciones de carácter público, y regular la tarifa o el flete a ser cobrado por sociedades o asociaciones de carácter privados por la prestación del servicio de transporte terrestre de carga a nivel nacional de bienes que en ella se señalan. G.O. n° 40.623 del 18-03-2015.

Resolución conjunta de los MPP para Transporte Terrestre y Obras Públicas, para Hábitat y Vivienda y de Petróleo y Minería, mediante la cual se establecen las tarifas o fletes a ser cobrados por la prestación del servicio de transporte terrestre de carga de materiales, insumos y materia prima requerida para la ejecución de actividades de construcción en todo el territorio nacional. G.O. n° 40.659 del 13-05-2015.

Resolución conjunta de los MPP para Transporte Terrestre y Obras Públicas, para Hábitat y Vivienda y de Petróleo y Minería, mediante la cual se establecen las tarifas o fletes a ser cobrados por la prestación del servicio de transporte terrestre de carga de materiales, insumos y materia prima requerida para la ejecución de actividades de construcción en todo el territorio nacional. G.O. n° 40.694 del 02-07-2015.

Resolución conjuntas n° 14, 29, 7 de los MPP para Transporte y Obras Públicas, para Industria y Comercio y para Relaciones Interiores, Justicia y Paz, mediante las cuales se establecen las tarifas en las rutas interurbanas y suburbanas a nivel nacional, por los prestadores del servicio público de transporte terrestre de pasajeras y pasajeros, en modalidad colectivo. G.O. n° 6.221 Extraordinario del 17-03-2016.

Resolución conjunta n° 36, 114, 50 de los MPP para Transporte y Obras Públicas, para Hábitat y Vivienda y de Petróleo y Minería, mediante la cual se deroga la Resolución conjunta, donde se establecieron las tarifas o fletes a ser cobrados por la prestación del servicio de transporte terrestre de carga de materiales insumos y materia prima requerida para la ejecución de actividades de construcción en todo el territorio nacional. G.O. n° 40.891 del 27-04-2016.

Providencia n° 31 del INTTT, mediante la cual se fijan las nuevas tarifas únicas a ser cobradas por concepto de la prestación del servicio conexo de estacionamiento de guardia y custodia en materia de transporte terrestre. G.O. n° 41.047 del 07-12-2016.

Providencia n° 32 del INTTT, mediante la cual se fijan las nuevas tarifas únicas por concepto de la prestación del servicio conexo de transporte terrestre de servicio de grúa de arrastre y de plataforma. G.O. n° 41.047 del 07-12-2016.

Resoluciones n° 26 y 27 del MPP para el Transporte, mediante las cuales se establecen las tarifas oficiales para rutas interurbanas y suburbanas a ser cobradas a nivel nacional, por los prestadores del servicio público de transporte terrestre de pasajeras y pasajeros, respectivamente. G.O. n° 6.297 Extraordinario del 08-05-2017.

Resoluciones n° 31 y 32 del MPP para el Transporte, mediante las cuales se autoriza a los prestadores de servicios públicos de transporte terrestre de pasajeros y pasajeras en rutas interurbanas y suburbanas, conforme a lo establecido en el artículo 9 de la Resolución n° 26 y artículo 14 de la Resolución n° 27, el cobro del 20 % que en ellas se especifican. G.O. n° 41.171 del 13-06-2017.

Exhorto Oficial del MPP para el Transporte, mediante el cual se exhorta a los alcaldes a nivel nacional quienes tienen la competencia en materia de tarifa de transporte urbano, a los gremios de transportistas y a las autoridades competentes a respetar y mantener las tarifas en sus áreas de competencia por debajo de la cantidad de Bs. 280. G.O. n° 6.329 del 25-08-2017.

Resolución n° 16 del MPP para el Transporte, mediante la cual se suspende el cobro de peajes en todas las redes viales nacionales, a partir del 07-02-2018, por motivo de las fiestas carnestolendas hasta nuevo aviso G.O. n° 6.363 Extraordinario del 07-02-2018.

Resolución n° 25 del MPP para el Transporte, mediante la cual se establece la tarifa máxima oficial para las rutas urbanas a nivel nacional, a ser cobradas por los prestadores del servicio público de transporte terrestre de pasajeras y pasajeros, respectivamente, en la cantidad de Bs. 2.000, con la finalidad de concretar y equilibrar tanto a los transportistas como a los usuarios del servicio. G.O. n° 6.365 Extraordinario del 16-03-2018.

Exhorto Oficial del MPP para el Transporte a los alcaldes a nivel nacional quienes tienen la competencia en materia de tarifa de transporte urbano, a los gremios de transportistas y a las autoridades competentes a respetar y mantener como tarifas máximas en sus áreas de competencia para el transporte privado, la cantidad de Bs. 1, y para el transporte público en Bs. 0,50, a partir del 27-08-2018. G.O. n° 41.468 del 27-08-2018.

Resolución n° 32 del MPP para el Transporte, mediante la cual se ordena la activación de las estaciones recaudadoras de peajes de todas las redes viales a nivel nacional, a partir de la presente fecha. G.O. n° 41.388 del 02-05-2018.

Resolución n° 63 del MPP para el Transporte, mediante la cual se establece la tarifa máxima oficial para las rutas interurbanas y suburbanas a nivel nacional, a ser cobradas por los prestadores del servicio público de transporte terrestre de pasajeras y pasajeros, respectivamente, con la finalidad de concretar y equilibrar tanto a los transportistas como a los usuarios del servicio. G.O. n° 6.400 Extraordinario del 30-08-2018.

Resolución n° 66 del MPP para el Transporte, mediante la cual se establece el ajuste de las tarifas de los sistemas de transporte masivo Metro de Caracas; Metro Los Teques; Metro de Maracaibo; Metro de Valencia; incluyendo Metro Cable, Bus Caracas y Metrobús; Trolebús Mérida; Sistemas Ferroviarios Tuy Medio Ezequiel Zamora; Sistema Integral de Transporte Superficial S.A. (SITSSA) y todas las empresas de transporte público del Estado venezolano que en ella se especifican. G.O. n° 41.484 del 18-09-2018.

Exhorto Oficial del MPP para el Transporte, mediante el cual se exhorta a los alcaldes a nivel nacional, quienes tienen la competencia en materia de tarifas de transporte urbano, a los gremios de transportistas y a las autoridades competentes a respetar y mantener como tarifas máximas en sus áreas de competencia, las cantidades que en él se indican. G.O. n° 41.515 del 01-11-2018.

Resolución n° 75 del MPP para el Transporte, mediante la cual se establece la tarifa máxima oficial para las rutas suburbanas e interurbanas a nivel nacional, a ser cobrada por los prestadores del servicio público de transporte terrestre de pasajeras y pasajeros, respectivamente, con la finalidad de concretar y equilibrar tanto los transportista como a los usuarios del servicio. G.O. n° 6.412 Extraordinario del 12-11-2018.

Resolución n° 79 del MPP para el Transporte, mediante la cual se establece la tarifa máxima oficial para las rutas suburbanas e interurbanas a nivel nacional, a ser cobradas por los prestadores del servicio público de transporte terrestre de pasajeras y pasajeros. G.O. n° 6.415 Extraordinario del 12-12-2018.

Exhorto Oficial del MPP para el Transporte, mediante el cual se exhorta a los alcaldes a nivel nacional, a los gremios de transportistas y a las autoridades competentes a respetar y mantener como tarifas máximas en sus áreas de competencia las cantidades que en él se indican. G.O. n° 41.544 del 12-12-2018.

Resolución n° 11 del MPP para el Transporte, mediante la cual se establece la tarifa máxima oficial para las rutas suburbanas e interurbanas a nivel nacional, a ser cobradas por los prestadores del servicio público de transporte terrestre de pasajeras y pasajeros, respectivamente, con la finalidad de concretar y equilibrar tanto a los transportistas como a los usuarios del servicio. G.O. n° 6.457 Extraordinario del 23-05-2019.

Exhorto Oficial del MPP para el Transporte, mediante el cual se exhorta a los alcaldes a nivel nacional, quienes tienen la competencia en materia de tarifas del transporte urbano, a los gremios de transportistas y a las autoridades competentes a respetar y mantener como tarifas máximas en sus áreas de competencias, las cantidades que en él se señalan. G.O. n° 6.457 Extraordinario del 23-05-2019.

Resolución n° 25 del MPP para el Transporte, mediante la cual se establece la tarifa máxima oficial para las rutas suburbanas e interurbanas a nivel nacional, a ser cobradas por los prestadores del servicio público de transporte terrestre de pasajeras y pasajeros, respectivamente, con la finalidad de concretar y equilibrar tanto a los transportistas como a los usuarios del servicio. G.O. n° 6.475 Extraordinario del 26-08-2019.

Exhorto Oficial del MPP para el Transporte, mediante el cual se exhorta a los alcaldes a nivel nacional, quienes tienen la competencia en materia de tarifas del transporte urbano, a los gremios de transportistas y a las autoridades competentes a respetar y mantener como tarifas máximas en sus áreas de competencias, las cantidades que en él se mencionan. G.O. n° 41.702 del 26-08-2019.

Resolución n° 46 del MPP para el Transporte, mediante la cual se establece la tarifa máxima oficial para las rutas suburbanas e interurbanas a nivel nacional, a ser cobradas por los prestadores del servicio público de transporte terrestre de pasajeras y pasajeros, respectivamente. G.O. n° 6.490 Extraordinario del 22-11-2019.

Exhorto Oficial del MPP para el Transporte, mediante el cual se exhorta a los alcaldes a nivel nacional, quienes tienen competencia en la materia de tarifas en transporte a los gremios de transportistas y a las autoridades competentes a respetar y mantener como tarifas máximas en sus áreas de rutas el monto que en él se indican. G.O. n° 6.490 Extraordinario del 22-11-2019.

Exhorto Oficial del MPP para el Transporte, mediante el cual se exhorta a los alcaldes a nivel nacional, a los gremios de transportistas y a las autoridades competentes a respetar y mantener como tarifas mínimas en sus áreas de competencias, para el transporte privado que preste servicio de carácter público en las rutas que tengan el recorrido menor o igual a 20 kilómetros las cantidades que en él se indican. G.O. n° 41.805 del 22-01-2020.

Resolución n° 4 del MPP para el Transporte, mediante la cual se establece la tarifa oficial para las rutas suburbanas e interurbanas a nivel nacional, a ser cobradas por los prestadores del servicio público de transporte terrestre de pasajeras y pasajeros, respectivamente. G.O. n° 6.506 Extraordinario del 23-01-2020.

Exhorto Oficial del MPP para el Transporte, mediante el cual se exhorta a los alcaldes a nivel nacional, quienes tienen la competencia en materia de tarifas en transporte urbano, a los gremios de transportistas y a las autoridades competentes a respetar y mantener como tarifas en sus áreas de competencias, para el transporte privado que preste servicio de carácter público, en las rutas que tengan el recorrido menor o igual a 20 kilómetros y/o su característica sea troncal o periféricas, el monto del pasaje será de Bs. 30.000. G.O. n° 41.981 del 07-10-2020.

Exhorto Oficial del MPP para el Transporte, mediante el cual se exhorta a los alcaldes a nivel nacional, quienes tienen la competencia en materia de tarifas en transporte urbano, a los gremios de transportistas y a las autoridades competentes a respetar y mantener como tarifas en sus áreas de competencias, para el transporte privado que preste servicio de carácter público, en las rutas que tengan el recorrido menor o igual a 20 kilómetros y/o su característica sea troncal o periféricas, el monto del pasaje será de Bs. 0,50. G.O. n° 42.239 del 22-10-2021.

Resolución n° 80 del MPP para la Comunicación e Información, mediante la cual se fijan las tarifas del servicio de transporte, bajo la modalidad de servicio universal de telecomunicaciones, prestado por CANTV, sobre la Red Nacional de Transporte. G.O. n° 42.271 del 07-12-2021.

Resolución conjunta n° 41 y 105 de los MPP para el Transporte y para Relaciones Interiores, Justicia y Paz, mediante la cual se establecen, promueven y garantizan las normas generales que deberá seguir la autoridad competente para la organización y funcionamiento de las estaciones recaudadoras de peajes a nivel nacional. G.O. n° 42.451 del 30-08-2022.

Exhorto Oficial del MPP para el Transporte, mediante el cual se exhorta a las autoridades administrativas de los entes públicos que administren los terminales públicos y privados terrestres de pasajeros a aplicar el sistema de pago de tasas de salida, registro de unidades, chóferes y pago de listín, establecido conjuntamente con las alcaldías y demás autoridades competentes en coordinación con los lineamientos de este ministerio. G.O. n° 42.462 del 14-09-2022.

Resolución n° 46 del MPP para el Transporte, mediante la cual se establece la tarifa máxima oficial para las rutas suburbanas a nivel nacional, a ser cobradas por los prestadores de servicio público de transporte terrestre de pasajeras y pasajeros, respectivamente, con la finalidad de concretar y equilibrar tanto a los transportistas como a los usuarios del servicio, según se detalla en ella. G.O. n° 42.478 del 06-10-2022.

Exhorto Oficial del MPP para el Transporte, a los Alcaldes a nivel nacional, quienes tienen la competencia en materia de tarifas en transporte urbano, a los gremios de transportistas y a las autoridades competentes a respetar y mantener como tarifas en sus áreas de competencias, para el transporte privado que preste servicio de carácter público, en todas las rutas incluidas las que por su característica sea troncal o periféricas, el monto del pasaje será de Bs. 2,50. G.O. n° 42.478 del 06-10-2022.

Resolución n° 51 del MPP para el Transporte, mediante la cual se establecen las tarifas por categorías de vehículos a nivel nacional de las estaciones recaudadoras de peajes. G.O. n° 42.493 del 28-10-2022.

Resolución n° 61 del MPP para el Transporte, mediante la cual se establece la tarifa máxima oficial para las rutas suburbanas a nivel nacional, a ser cobradas por los prestadores del servicio público de transporte terrestre de pasajeras y pasajeros, respectivamente, con la finalidad de concretar y equilibrar tanto a los transportistas como a los usuarios del servicio, según se detalla en ella. G.O. n° 42.534 del 26-12-2022.

Exhorto Oficial del MPP para el Transporte, a los alcaldes a nivel nacional, quienes tienen la competencia en materias de tarifas en transporte urbano, según lo establecido en el numeral 2 del artículo 78 de la Constitución de la República Bolivariana de Venezuela, a los gremios de transportistas y a las autoridades competentes a respetar y mantener como tarifas en sus áreas de competencias, para el transporte privado que preste servicio de carácter público, en todas las rutas incluidas las que por su característica sea troncal o periféricas, el monto mínimo del pasaje urbano será de Bs. 4 y el pasaje máximo urbano será de Bs. 5. En el caso de las operadoras estadales de transporte el pasaje mínimo urbano será de Bs. 2. G.O. n° 42.534 del 26-12-2022.

Resolución n° 3 del MPP para el Transporte, mediante la cual se establecen las tarifas de las estaciones recaudadoras de peajes a nivel nacional; las gobernaciones y/o entes públicos descentralizados a los cuales sea encomendada la administración de estaciones recaudadoras de peajes, cobrarán las tarifas establecidas por este Ministerio que en ella se indican. G.O. n° 42.568 del 10-02-2023.

Resolución n° 20 del MPP para el Transporte, mediante la cual se establece la tarifa máxima oficial para las rutas suburbanas a nivel nacional a ser cobradas por los prestadores del servicio público de transporte terrestre de pasajeras y pasajeros, respectivamente. G.O. n° 42.583 del 07-03-2023.

Exhorto Oficial del MPP para el Transporte, mediante el cual se exhorta a los alcaldes a nivel nacional, quienes tienen la competencia en materia de tarifas en transporte urbano, según lo establecido en el numeral 2 del artículo 178 de la Constitución de la República Bolivariana de Venezuela, a los gremios de transportistas y a las autoridades competentes a respetar y mantener como tarifas en sus áreas de competencias, para el transporte privado que preste servicio de carácter público, en todas las rutas incluidas las que por su característica sea troncal o periféricas, el monto mínimo del pasaje urbano será de Bs. 6 y el pasaje máximo urbano será de Bs. 7. G.O. n° 42.583 del 07-03-2023.

Resolución n° 75 del MPP para el Transporte, mediante la cual se establece la tarifa máxima oficial para las rutas suburbanas a nivel nacional, a ser cobradas por los prestadores del servicio público de transporte terrestre de pasajeras y pasajeros, respectivamente, como en ella se señala. G.O. n° 42.713 del 13-09-2023.

Exhorto Oficial del MPP para el Transporte, mediante el cual se establece la tarifa mínima del pasaje urbano en Bs. 9 y el pasaje máximo urbano será de Bs. 10. En el caso de las operadoras estadales de transporte el pasaje mínimo urbano será de Bs. 5. G.O. n° 42.713 del 13-09-2023.

Resolución n° 14 del MPP para el Transporte, mediante la cual se establece la tarifa máxima oficial para las rutas suburbanas a nivel nacional, a ser cobradas por los prestadores del servicio público de transporte terrestre de pasajeras y pasajeros, respectivamente, con la finalidad de concretar y equilibrar tanto a los transportistas como a los usuarios del servicio; según como en ella se indica. G.O. n° 42.842 del 19-03-2024.

Exhorto Oficial del MPP para el Transporte, mediante el cual se establece la tarifa mínima del pasaje urbano en Bs. 12 y el pasaje máximo urbano será de Bs. 13. En el caso, de las operadoras estadales el pasaje mínimo urbano será de Bs. 10. G.O. n° 42.842 del 19-03-2024.

Resolución n° 49 del MPP para el Transporte, mediante la cual se establece la tarifa máxima oficial para las rutas suburbanas a nivel nacional, a ser cobradas por los prestadores del servicio público de transporte terrestre de pasajeras y pasajeros, respectivamente, con la finalidad de concretar y equilibrar tanto a los transportistas como a los usuarios del servicio. G.O. n° 43.013 del 22-11-2024.

Exhorto Oficial del MPP para el Transporte, mediante el cual se establece la tarifa mínima del pasaje urbano en Bs. 16 y el pasaje máximo urbano será de Bs. 18. En el caso de las operadoras de transporte público del Estado, el pasaje mínimo urbano será de Bs. 10. G.O. n° 43.013 del 22-11-2024.

VIII
ACTOS DE LA
"ASAMBLEA NACIONAL CONSTITUYENTE"[194]

I. Convocatoria

Decreto n° 2.830, mediante el cual se establece que en ejercicio de las atribuciones que me otorga la Constitución de la República Bolivariana de Venezuela, en su artículo 348 y fundamentado en los artículos 70, 236 numeral 1 y 347 ejusdem, Convoco una Asamblea Nacional Constituyente, ciudadana y de profunda participación popular, para que nuestro Pueblo, como depositario del Poder Constituyente Originario, con su voz suprema, pueda decidir el futuro de la Patria, reafirmando los principios de independencia, soberanía, igualdad, paz, democracia participativa y protagónica, multiétnica y pluricultural. G.O. n° 6.295 Extraordinario del 01-05-2017.

Decreto n° 2.831, mediante el cual se crea una Comisión Presidencial que tendrá a su cargo la elaboración de una propuesta para las base comiciales territoriales y sectoriales, así como para los principales aspectos que servirán de fundamento a la conformación y funcionamiento de la Asamblea Nacional Constituyente, previa consulta a los más amplios sectores del país, garantizando el principio de participación directa establecido en la Constitución de la República Bolivariana de Venezuela, integrada por las ciudadanas y ciudadanos que en él se mencionan. G.O. n° 6.295 Extraordinario del 01-05-2017.

Decreto n° 2.878, mediante el cual se establecen las Bases Comiciales para la Asamblea Nacional Constituyente. G.O. n° 41.156 del 23-05-2017.

Decreto n° 2.889, mediante el cual se complementa la propuesta de Bases Comiciales para la Asamblea Nacional Constituyente contenidas en el Decreto n° 2.878 del 23-05-2017. G.O. n° 6.303 Extraordinario del 04-06-2017.

Decreto n° 2.986, mediante el cual se convoca un proceso de consulta con todos los sectores de la sociedad, incluyendo especialmente a las víctimas de los distintos episodios de violencia política acaecidos en el país a partir del año 1999. G.O. n° 41.192 del 13-07-2017.

---

194 *Cfr.* Gabriel Sira Santana, "La asamblea nacional constituyente y la subversión del orden constitucional. El caso de Venezuela (2017-2020)", en *Estudios Constitucionales y Parlamentarios. Anuario* 2021-2022 (Caracas: CIDEP, IEPFT y UCAB, 2023), 449-66.

II. Aspectos internos

Acuerdo mediante el cual se elige a las ciudadanas y ciudadanos que en él se mencionan, como integrantes de la Junta Directiva de la Asamblea Nacional Constituyente. G.O. n° 6.320 Extraordinario del 04-08-2017.

Decreto Constituyente mediante el cual se dictan las normas para garantizar el pleno funcionamiento institucional de la Asamblea Nacional Constituyente en armonía con los Poderes Públicos constituidos. G.O. n° 6.323 Extraordinario del 08-08-2017.

Acuerdo mediante el cual se elige como integrante de la Junta Directiva de la Asamblea Nacional Constituyente, al ciudadano Elvis Amoroso, como Primer Vicepresidente de la Asamblea Nacional Constituyente. G.O. n° 41.216 del 17-08-2017.

Decreto Constituyente mediante el cual se eligen el Primer Vicepresidente y el Segundo Vicepresidente de la Junta Directiva de la Asamblea Nacional Constituyente. G.O. n° 41.265 del 26-10-2017.

Resolución n° 1-17, mediante la cual se designa al ciudadano Manuel Antonio Jiménez Herrera, como Director de Gestión Administrativa, en calidad de Encargado, de la Asamblea Nacional Constituyente. G.O. n° 41.298 del 12-12-2017.

Resolución n° 2-17, mediante la cual se aprueba la Estructura para la Ejecución Financiera del Presupuesto de Gastos de la Asamblea Nacional Constituyente que regirá durante el Ejercicio Fiscal 2017; y se designa al ciudadano Manuel Antonio Jiménez Herrera, como responsable de los fondos en anticipo y avance que serán girados a la Unidad Administradora a su cargo, para el Ejercicio Fiscal 2017. G.O. n° 41.299 del 13-12-2017.

Resolución n° 3-17, mediante la cual se aprueba la estructura para la ejecución financiera del presupuesto de gastos de la Asamblea Nacional Constituyente, que regirá durante el Ejercicio Fiscal 2018, conforme a la distribución administrativa, la cual estará constituida por la Unidad Administradora Central que en ella se indica; y se designa como responsable de los fondos en anticipo y avance, al ciudadano Manuel Antonio Jiménez Herrera. G.O. n° 41.308 del 27-12-2017.

Resolución n° 4-17, mediante la cual se dicta el Reglamento de Modificaciones Presupuestarias de la Asamblea Nacional Constituyente. G.O. n° 41.308 del 27-12-2017.

Acuerdo Constituyente de elección como integrante de la Junta Directiva de la Asamblea Nacional Constituyente a la ciudadana Tania Valentina Díaz, como Primera Vicepresidenta. G.O. n° 41.316 del 09-01-2018.

Resolución n° 1-18 mediante la cual se designa al ciudadano Manuel Antonio Jiménez Herrera, como Director de Gestión Administrativa, en calidad de Titular, y como Cuentadante de este Organismo. G.O. n° 41.366 del 22-03-2018.

Resolución n° 2-2018, mediante la cual se designa a la ciudadana Rosángel del Valle Gómez Ainaga, en su carácter de Directora Adjunta de Gestión Administrativa, como Encargada de la Dirección de Gestión Administrativa de la Asamblea Nacional Constituyente. G.O. n° 41.372 del 06-04-2018.

Resolución n° 3-2018, mediante la cual se extiende la designación de la ciudadana Rosángel del Valle Gómez Ainaga, en calidad de Directora Adjunta de Gestión Administrativa, como Encargada de la Dirección de Gestión Administrativa, de este Organismo. G.O. n° 41.419 del 14-06-2018.

Decreto Constituyente mediante el cual se elige al ciudadano Diosdado Cabello Rondón, como Presidente de la Asamblea Nacional Constituyente. G.O. n° 41.422 del 19-06-2018.

Resolución n° 4-2018, mediante la cual se designa a la ciudadana Yilda Marlene Plaza Zambrano, Directora de Gestión Administrativa; como Cuentadante Responsable de la Asamblea Nacional Constituyente; y se le delega las atribuciones y firma de los actos y documentos que en ella se indican. G.O. n° 41.445 del 23-07-2018, reimpresión en G.O. n° 41.451 del 01-08-2018.

Acuerdo Constituyente de elección como integrante de la Junta Directiva de la Asamblea Nacional Constituyente a la ciudadana Gladys del Valle Requena como Segunda Vicepresidenta. G.O. n° 41.508 del 23-10-2018.

Resolución mediante la cual se aprueba la estructura para la ejecución financiera del presupuesto de gastos de la Asamblea Nacional Constituyente para el ejercicio económico financiero del año 2019, y se designa a la ciudadana Yilda Marlene Plaza Zambrano como cuentadante responsable de los fondos de avance y anticipo que le sean girados a la Unidad Administradora Central, Código 21050. G.O. n° 41.552 del 26-12-2018.

Decreto Constituyente mediante el cual se establece la vigencia de funcionamiento de la Asamblea Nacional Constituyente. G.O. n° 41.636 del 20-05-2019.

Resolución n° 1-2019, mediante la cual se designa al ciudadano Luis Manuel Camargo Salazar como Director General del Despacho de la Presidencia de la Asamblea Nacional Constituyente. G.O. n° 41.636 del 20-05-2019.

Resolución n° 1-2020, mediante la cual se aprueba la estructura para la ejecución financiera del presupuesto de gastos de la Asamblea Nacional Constituyente, para el ejercicio económico financiero del año 2020. G.O. n° 41.795 del 08-01-2020.

III. Leyes constitucionales

Ley Constitucional de la Comisión para la Verdad, la Justicia, la Paz y la Tranquilidad Pública. G.O. n° 6.323 Extraordinario del 08-08-2017.

Ley Constituyente que crea el conglomerado Agrosur. G.O. n° 41.272 del 06-11-2017.

Ley Constitucional contra el odio, por la convivencia pacífica y la tolerancia. G.O. n° 41.274 del 08-11-2017, reimpresión en G.O. n° 41.276 del 10-11-2017.

Ley Constitucional de precios acordados. G.O. n° 6.342 Extraordinario del 22-11-2017.

Ley Constitucional sobre la creación de la Unidad Tributaria Sancionatoria. G.O. n° 41.305 del 21-12-2017.

Ley Constitucional del régimen tributario para el desarrollo soberano del Arco Minero. G.O. n° 41.310 del 29-12-2017.

Ley Constitucional de inversión extranjera productiva. G.O. n° 41.310 del 29-12-2017.

Ley Constitucional contra la guerra económica para la racionalidad y uniformidad en la adquisición de bienes, servicios y obras públicas. G.O. n° 41.318 del 11-01-2018.

Ley Constitucional del Comité Local de Abastecimiento y Producción. G.O. n° 41.330 del 29-01-2018.

Ley Constitucional de los Consejos Productivos de Trabajadoras y Trabajadores. G.O. n° 41.336 del 06-02-2018.

Ley Constituyente del Plan de la Patria, Proyecto Nacional Simón Bolívar, Tercer Plan Socialista de Desarrollo Económico y Social de la Nación 2019-2025. G.O. n° 6.442 Extraordinario del 03-04-2019.

Ley Constitucional que crea el Impuesto a los Grandes Patrimonios. G.O. n° 41.667 del 03-07-2019, reimpresión en G.O. n° 41.696 del 16-08-2019.

Ley Constitucional de la Fuerza Armada Nacional Bolivariana. G.O. n° 6.508 Extraordinario del 30-01-2020.

Ley Constitucional Antibloqueo para el Desarrollo Nacional y la Garantía de los Derechos Humanos. G.O. n° 6.583 Extraordinario del 12-10-2020.

Ley Constitucional que regula la vigencia de los actos emanados de la Asamblea Nacional Constituyente. G.O. n° 6.604 Extraordinario del 18-12-2020.

IV. Leyes y decretos constituyentes sobre presupuesto

Decreto Constituyente que aprueba la Ley de Presupuesto para el Ejercicio Económico Financiero 2018, la Ley Especial de Endeudamiento Anual para el Ejercicio Económico Financiero 2018 y el Plan Operativo Anual 2018. G.O. n° 41.293 del 05-12-2017.

Decreto Constituyente que aprueba el presupuesto de ingresos y gastos operativos del BCV para el ejercicio fiscal 2018. G.O. n° 41.300 del 14-12-2017.

Ley de Presupuesto para el Ejercicio Económico Financiero 2018. G.O. n° 6.347 Extraordinario del 15-12-2017.

Ley Especial de Endeudamiento Anual para el Ejercicio Económico Financiero 2018. G.O. n° 6.348 Extraordinario del 15-12-2017.

Decreto Constituyente que aprueba la Ley de Presupuesto para el Ejercicio Económico Financiero 2019, la Ley Especial de Endeudamiento Anual para el Ejercicio Económico Financiero 2019 y el Plan Operativo Anual 2019. G.O. n° 41.549 del 19-12-2018.

Decreto Constituyente que aprueba el presupuesto de ingresos y gastos operativos del BCV para el ejercicio fiscal 2019. G.O. n° 41.549 del 19-12-2018.

Ley de Presupuesto para el Ejercicio Económico Financiero 2019. G.O. n° 6.416 Extraordinario del 20-12-2018.

Ley Especial de Endeudamiento Anual para el Ejercicio Económico Financiero 2019. G.O. n° 6.417 Extraordinario del 20-12-2018.

Decreto Constituyente que aprueba la Ley de Presupuesto para el Ejercicio Económico Financiero 2020, la Ley Especial de Endeudamiento Anual para el Ejercicio Económico Financiero 2020 y el Plan Operativo Anual 2020. G.O. n° 41.782 del 16-12-2019.

Decreto Constituyente que aprueba el presupuesto de ingresos y gastos operativos del BCV para el ejercicio fiscal 2020. G.O. n° 41.782 del 16-12-2019.

Ley de Presupuesto para el Ejercicio Económico Financiero 2020. G.O. n° 6.495 Extraordinario del 17-12-2019.

Ley Especial de Endeudamiento Anual para el Ejercicio Económico Financiero 2020. G.O. n° 6.496 Extraordinario del 17-12-2019.

Decreto Constituyente que aprueba la Ley de Presupuesto para el Ejercicio Económico Financiero 2021, la Ley Especial de Endeudamiento Anual para el Ejercicio Económico Financiero 2021 y el Plan Operativo Anual 2021. G.O. n° 41.996 del 29-10-2020.

Decreto Constituyente que aprueba el presupuesto de ingresos y gastos operativos del BCV para el ejercicio fiscal 2021. G.O. n° 41.996 del 29-10-2020.

Ley de Presupuesto para el Ejercicio Económico Financiero 2021. G.O. n° 6.588 Extraordinario del 30-10-2020.

Ley Especial de Endeudamiento Anual para el Ejercicio Económico Financiero 2021. G.O. n° 6.589 Extraordinario del 30-10-2020.

v. Decretos constituyentes con contenido normativo

Decreto Constituyente sobre la emergencia y reestructuración del Ministerio Público. G.O. n° 6.322 Extraordinario del 05-08-2017.

Decreto Constituyente mediante el cual se suprime y ordena la liquidación de la Alcaldía Metropolitana, el Cabildo Metropolitano y la Contraloría Metropolitana, todas éstas del Área Metropolitana de Caracas y del Distrito del Alto Apure, sus órganos y entes adscritos, a partir de la publicación del presente Decreto Constituyente en la Gaceta Oficial de la República Bolivariana de Venezuela. G.O. n° 41.308 del 27-12-2017.

Decreto Constituyente para la participación en procesos electorales. G.O. n° 41.308 del 27-12-2017.

Decreto Constituyente sobre criptoactivos y la criptomoneda soberana. G.O. n° 6.370 Extraordinario del 09-04-2018.

Decreto Constituyente para la promoción y protección del parto y el nacimiento humanizado. G.O. n° 41.376 del 12-04-2018.

Decreto Constituyente mediante el cual se establece la derogatoria del régimen cambiario y sus ilícitos. G.O. n° 41.452 del 02-08-2018.

Decreto Constituyente mediante el cual se establece el régimen temporal de pago de anticipo del IVA e ISLR para los sujetos pasivos calificados como especiales que se dediquen a realizar actividad económica distinta de la explotación de minas, hidrocarburos y de actividades conexas, y no sean perceptores de regalías derivadas de dichas explotaciones. G.O. n° 6.396 Extraordinario del 21-08-2018.

Decreto Constituyente mediante el cual se reforma el Decreto con Rango, Valor y Fuerza de Ley de Impuesto a las Grandes Transacciones Financieras. G.O. n° 6.396 Extraordinario del 21-08-2018.

Decreto Constituyente mediante el cual se reforma la Ley que establece el IVA. G.O. n° 6.396 Extraordinario del 21-08-2018.

Decreto Constituyente mediante el cual se autoriza la prórroga de funcionamiento de la Comisión para la Verdad, la Justicia, la Paz y la Tranquilidad Pública. G.O. n° 41.466 del 23-08-2018.

Decreto Constituyente mediante el cual se prorroga hasta el 31-12-2019 el plazo otorgado a la Comisión para la Verdad, la Justicia, la Paz y la Tranquilidad Pública para el cumplimiento de su mandato. G.O. n° 41.559 del 08-01-2019.

Decreto Constituyente sobre el Sistema Integral de Criptoactivos. G.O. n° 41.575 del 30-01-2019.

Decreto Constituyente de modificación de la Ley Constitucional de la Comisión para la Verdad, la Justicia, la Paz y la Tranquilidad. G.O. n° 41.667 del 03-07-2019.

Decreto Constituyente mediante el cual se aprueba el Protocolo Modificatorio del Convenio entre la República Bolivariana de Venezuela y la Federación de Rusia, sobre Proyectos Estratégicos Conjuntos. G.O. n° 41.748 del 29-10-2019.

Decreto Constituyente mediante el cual se dicta el Código Orgánico Tributario. G.O. n° 6.507 Extraordinario del 29-01-2020.

Decreto Constituyente de Reforma del Decreto con Rango, Valor y Fuerza de Ley Orgánica de Aduanas. G.O. n° 6.507 Extraordinario del 29-01-2020.

Decreto Constituyente de reforma parcial del Decreto con Rango, Valor y Fuerza de Ley que establece el IVA. G.O. n° 6.507 Extraordinario del 29-01-2020.

Decreto Constituyente que crea la Cartera Productiva Única Nacional. G.O. n° 6.507 Extraordinario del 29-01-2020.

Decreto Constituyente mediante el cual se crea la Orden Héroes y Heroínas Batalla de los Puentes 23 de Febrero. G.O. n° 6.507 Extraordinario del 29-01-2020.

Decreto Constituyente que amplía el mandato otorgado a la Comisión para la Verdad, la Justicia, la Paz y la Tranquilidad Pública. G.O. n° 6.562 Extraordinario del 14-08-2020.

Decreto Constituyente de reforma de la Ley del Ejercicio de la Medicina. G.O. n° 41.984 del 13-10-2020.

Decreto Constituyente de reforma de la Ley del Ejercicio Profesional de la Enfermería. G.O. n° 41.984 del 13-10-2020.

Decreto Constituyente que crea el Centro Internacional de Inversión Productiva. G.O. n° 6.583 Extraordinario del 12-10-2020.

VI. Convocatorias a participar en el debate constituyente

Decreto Constituyente mediante el cual se instaura un gran diálogo Nacional Constituyente para el perfeccionamiento del modelo de economía productiva y diversificada que requiere la República Bolivariana de Venezuela. G.O. n° 41.226 del 31-08-2017.

Decreto Constituyente mediante el cual se convoca a todas las y los jóvenes venezolanos a participar ampliamente en la construcción activa del Capítulo de la Juventud de la nueva propuesta constitucional, como eje transversal de la Asamblea Nacional Constituyente, espacio creado para promover la paz y tranquilidad pública, y el encuentro entre todas las venezolanas y todos los venezolanos. G.O. n° 41.230 del 06-09-2017.

Decreto Constituyente mediante el cual se declara instalada la Constituyente Cultural en todo el territorio nacional para consolidar la identidad cultural venezolana y forjar las nuevas espiritualidades, valores y principios de nuestra sociedad necesarios para asegurar la paz, reivindicar el carácter pluricultural de la Patria, reconocer nuestra diversidad étnica y cultural, proteger los derechos humanos, conservar la vida en el planeta, garantizar la tranquilidad pública, preservar la soberanía y fortalecer la defensa integral de Nación. G.O. n° 41.236 del 14-09-2017.

Decreto Constituyente mediante el cual se declara instalada la Constituyente para Personas con Discapacidad. G.O. n° 41.246 del 28-09-2017.

Decreto Constituyente mediante el cual se declara instalada la Constituyente sobre la Mujer, Equidad e Igualdad de Género. G.O. n° 41.247 del 29-09-2017.

Decreto Constituyente mediante el cual se declara instalada la Constituyente Educativa en todo el Territorio Nacional, para consolidar el nuevo modelo educativo venezolano y forjar las nuevas espiritualidades, valores y principios de nuestra sociedad, necesarios para asegurar el desarrollo de las personas, la paz, la convivencia, la democracia, la soberanía e independencia de la nación. G.O. n° 41.252 del 06-10-2017.

Decreto Constituyente mediante el cual se declara instalada la Constituyente sobre Adultas y Adultos Mayores. G.O. n° 41.252 del 06-10-2017.

VII. Ratificaciones, remociones, designaciones y aprobaciones

Decreto Constituyente de la remoción de la ciudadana Luisa Marvelia Ortega Díaz como Fiscal General de la República. G.O. n° 6.322 Extraordinario del 05-08-2017.

Decreto Constituyente de la designación provisional del cargo de Fiscal General de la República Tarek Wiilians Saab. G.O. n° 6.322 Extraordinario del 05-08-2017.

Decreto Constituyente mediante el cual se ratifica al ciudadano Nicolás Maduro Moros, como Presidente Constitucional de la República Bolivariana de Venezuela, Jefe de Estado y de Gobierno, Comandante en Jefe de la Fuerza Armada Nacional Bolivariana, para el cual fue electo por decisión del soberano Pueblo de Venezuela. G.O. n° 6.325 Extraordinario del 10-08-2017.

Decreto Constituyente mediante el cual se ratifica a las ciudadanas Tibisay Lucena Ramírez, Sandra Oblitas Ruzza, Socorro Elizabeth

Hernández y Tania D'Amelio Cardiet, como Rectoras del CNE. G.O. n° 6.326 Extraordinario del 11-08-2017.

Decrcto Constituyente mediante el cual se ratifica en el ejercicio de sus funciones constitucionales a los Magistrados y Magistradas Principales del TSJ. G.O. n° 41.214 del 15-08-2017.

Decreto Constituyente mediante el cual se ratifica al ciudadano Luis Emilio Rondón González, como Rector Principal del CNE. G.O. n° 41.214 del 15-08-2017.

Decreto Constituyente mediante el cual se designan como integrantes de la Comisión para la Verdad, la Justicia, la Paz y la Tranquilidad Pública, a las ciudadanas y ciudadanos que en él se mencionan. G.O. n° 41.214 del 15-08-2017.

Decreto Constituyente mediante el cual se ratifica en el ejercicio de sus funciones constitucionales a los ciudadanos Tarek William Saab, Fiscal General de la República y Presidente del Consejo Moral Republicano; Manuel Galindo Ballesteros, Contralor General de la República y Alfredo Ruiz Angulo, Defensor del Pueblo. G.O. n° 41.216 del 17-08-2017.

Decreto Constituyente que autoriza la designación del Presidente del BCV. G.O. n° 41.265 del 26-10-2017.

Resolución n° 1/17, mediante la cual se designan como integrantes de la Junta de Liquidación del Distrito del Alto Apure, a las ciudadanas y ciudadanos que en ella se señalan, con el carácter que en ella se especifica. G.O. n° 41.315 del 08-01-2018.

Resolución n° 2/17, mediante la cual se designan como integrantes de la Junta de Liquidación del Nivel Metropolitano de Caracas, a las ciudadanas y ciudadanos que en ella se mencionan. G.O. n° 41.315 del 08-01-2018.

Acto Constituyente mediante el cual se ratifican en el ejercicio de sus funciones Constitucionales a los Magistrados y Magistradas Principales del TSJ. G.O. n° 41.355 del 07-03-2018.

Decreto Constituyente que autoriza la designación del ciudadano Calixto José Ortega Sánchez, como Presidente del BCV. G.O. n° 41.422 del 19-06-2018.

Decreto Constituyente mediante el cual se designa al ciudadano Tarek William Saab Halabi, Fiscal General de la República, como Presidente de la Comisión para la Verdad, la Justicia, la Paz y la Tranquilidad Pública. G.O. n° 41.423 del 20-06-2018.

Decreto Constituyente con el cual se crea el Comité de Evaluación y Méritos para designar las vacantes del Directorio del BCV. G.O. n° 41.427 del 26-06-2018.

Decreto Constituyente mediante el cual se designa al ciudadano Elvis Eduardo Hidrobo Amoroso como Contralor General de la República; y se aprueba la solicitud de jubilación del ciudadano Manuel Galindo Ballesteros. G.O. n° 41.508 del 23-10-2018.

Decreto Constituyente mediante el cual se designa a la ciudadana Beysce Pilar Loreto Duben como Vice Fiscal General de la República Bolivariana de Venezuela, en calidad de Encargada. G.O. n° 41.508 del 23-10-2018.

Decreto Constituyente mediante el cual se ratifica en el ejercicio de sus funciones al ciudadano Alfredo José Ruiz Ángelo como Defensor del Pueblo de la República Bolivariana de Venezuela. G.O. n° 41.529 del 21-11-2018.

Decreto Constituyente mediante el cual se designa a la ciudadana Carmen Marisela Castro Gilly como Defensora Pública General de la República Bolivariana de Venezuela. G.O. n° 41.559 del 08-01-2019.

Decreto Constituyente de ratificación, reafirmación y reconocimiento al ciudadano Nicolás Maduro Moros como Presidente Constitucional de la República Bolivariana de Venezuela, Jefe de Estado, de Gobierno y Comandante en Jefe de la Fuerza Armada Nacional Bolivariana para el Período Constitucional 2019-2025. G.O. n° 41.563 del 14-01-2019.

Acuerdo Constituyente mediante el cual se aprueba en todas y cada una de sus partes, la estimación de población general al 31-12-2020, realizada por el Instituto Nacional de Estadísticas (INE). G.O. n° 41.911 del 30-06-2020.

VIII. Autorizaciones de enjuiciamiento e investigaciones penales

Acto Constituyente que autoriza la continuación del enjuiciamiento del ciudadano Freddy Alejandro Guevara Cortez. G.O. n° 41.272 del 06-11-2017.

Decreto Constituyente mediante el cual se autoriza la continuación del enjuiciamiento del ciudadano diputado de la Asamblea Nacional Julio Andrés Borges. G.O. n° 41.456 del 08-08-2018.

Decreto Constituyente mediante el cual se autoriza la continuación del enjuiciamiento del ciudadano diputado de la Asamblea Nacional Juan Requesens. G.O. n° 41.456 del 08-08-2018.

Decreto Constituyente mediante el cual se autoriza la continuación de la investigación penal del ciudadano Diputado de la Asamblea Nacional Juan Gerardo Guaidó Márquez, y en consecuencia se aprueba el allanamiento de la Inmunidad Parlamentaria y la aplicación en todas sus partes del artículo 200 de la Constitución de la República Bolivariana de Venezuela. G.O. n° 41.609 del 03-04-2019.

Decreto Constituyente que autoriza la continuación de la investigación penal al ciudadano Diputado de la Asamblea Nacional Amerigo

Giuseppe de Grazia Veltri, y en consecuencia se aprueba el allanamiento de la inmunidad parlamentaria y la aplicación en todas sus partes del artículo 200 de la Constitución de la República Bolivariana de Venezuela. G.O. n° 41.627 del 07-05-2019.

Decreto Constituyente que autoriza la continuación de la investigación penal del ciudadano Diputado de la Asamblea Nacional Edgar José Zambrano Ramírez, y en consecuencia se aprueba el allanamiento de la inmunidad parlamentaria la aplicación en todas sus partes del artículo 200 de la Constitución de la República Bolivariana de Venezuela. G.O. n° 41.627 del 07-05-2019.

Decreto Constituyente que autoriza la continuación de la investigación penal del ciudadano Diputado de la Asamblea Nacional Henry Ramos Allup y en consecuencia se aprueba el allanamiento de la inmunidad parlamentaria y la aplicación en todas sus partes del artículo 200 de la Constitución de la República Bolivariana de Venezuela. G.O. n° 41.627 del 07-05-2019.

Decreto Constituyente que autoriza la continuación de la investigación penal al ciudadano Diputado de la Asamblea Nacional, José Simón Calzadilla Peraza, y en consecuencia se aprueba el allanamiento de la inmunidad parlamentaria y la aplicación en todas sus partes del artículo 200 de la Constitución de la República Bolivariana de Venezuela. G.O. n° 41.627 del 07-05-2019.

Decreto Constituyente que autoriza la continuación de la investigación penal del ciudadano Diputado de la Asamblea Nacional Luis Germán Florido Barreto, y en consecuencia se aprueba el allanamiento de la inmunidad parlamentaria y la aplicación en todas sus partes del artículo 200 de la Constitución de la República Bolivariana de Venezuela. G.O. n° 41.627 del 07-05-2019.

Decreto Constituyente que autoriza la continuación de la investigación penal de la ciudadana Diputada de la Asamblea Nacional Marianela Magallanes López, y en consecuencia se aprueba el allanamiento de la inmunidad parlamentaria y la aplicación en todas sus partes del artículo 200 de la Constitución de la República Bolivariana de Venezuela. G.O. n° 41.627 del 07-05-2019.

Decreto Constituyente que autoriza la continuación de la investigación penal del ciudadano Diputado de la Asamblea Nacional Richard José Blanco Delgado, y en consecuencia se aprueba el allanamiento de la inmunidad parlamentaria y la aplicación en todas sus partes del artículo 200 de la Constitución de la República Bolivariana de Venezuela. G.O. n° 41.627 del 07-05-2019.

Decreto Constituyente que autoriza la continuación de la investigación penal del ciudadano Diputado de la Asamblea Nacional Juan Andrés Mejía Szilard, y en consecuencia se aprueba el allanamiento de la inmunidad parlamentaria y la aplicación en todas sus partes del artículo 200 de la Constitución de la República Bolivariana de Venezuela. G.O. n° 41.632 del 14-05-2019, reimpresión en G.O. n° 41.637 del 21-05-2019.

Decreto Constituyente que autoriza la continuación de la investigación penal del ciudadano Diputado de la Asamblea Nacional Sergio de Jesús Vergara González, y en consecuencia se aprueba el allanamiento de la inmunidad parlamentaria y la aplicación en todas sus partes del artículo 200 de la Constitución de la República Bolivariana de Venezuela. G.O. n° 41.632 del 14-05-2019, reimpresión en G.O. n° 41.637 del 21-05-2019.

Decreto Constituyente que autoriza la continuación de la investigación penal del ciudadano Diputado de la Asamblea Nacional Carlos Alberto Paparoni Ramírez, y en consecuencia se aprueba el allanamiento de la inmunidad parlamentaria y la aplicación en todas sus partes del artículo 200 de la Constitución de la República Bolivariana de Venezuela. G.O. n° 41.632 del 14-05-2019, reimpresión en G.O. n° 41.637 del 21-05-2019.

Decreto Constituyente que autoriza la continuación de la investigación penal del ciudadano Diputado de la Asamblea Nacional Freddy Francisco Superlano Salinas, y en consecuencia se aprueba el allanamiento de la inmunidad parlamentaria y la aplicación en todas sus partes del artículo 200 de la Constitución de la República Bolivariana de Venezuela. G.O. n° 41.632 del 14-05-2019, reimpresión en G.O. n° 41.637 del 21-05-2019.

Decreto Constituyente que autoriza la continuación de la investigación penal del ciudadano Diputado de la Asamblea Nacional Miguel Alejandro Armando Pizarro Rodríguez, y en consecuencia se aprueba el allanamiento de la inmunidad parlamentaria y la aplicación en todas sus partes del artículo 200 de la Constitución de la República Bolivariana de Venezuela. G.O. n° 41.632 del 14-05-2019, reimpresión en G.O. n° 41.637 del 21-05-2019.

Decreto Constituyente que autoriza la continuación de la investigación penal del ciudadano Diputado de la Asamblea Nacional José Ángel Guerra, y en consecuencia se aprueba el allanamiento de la inmunidad parlamentaria y la aplicación en todas sus partes del artículo 200 de la Constitución de la República Bolivariana de Venezuela. G.O. n° 41.692 del 12-08-2019.

Decreto Constituyente que autoriza la continuación de la investigación penal del ciudadano Diputado de la Asamblea Nacional Juan Pablo García Canales, y en consecuencia se aprueba el allanamiento de la inmunidad parlamentaria y la aplicación en todas sus partes del artículo 200 de la Constitución de la República Bolivariana de Venezuela. G.O. n° 41.692 del 12-08-2019.

Decreto Constituyente que autoriza la continuación de la investigación penal del ciudadano Diputado de la Asamblea Nacional Tomás Ignacio Guanipa Villalobos, y en consecuencia se aprueba el allanamiento de la inmunidad parlamentaria y la aplicación en todas sus partes del artículo 200 de la Constitución de la República Bolivariana de Venezuela. G.O. n° 41.692 del 12-08-2019.

Decreto Constituyente que autoriza la continuación de la investigación penal del ciudadano Diputado de la Asamblea Nacional Rafael David Guzmán Reverón, y en consecuencia se aprueba el allanamiento de la inmunidad parlamentaria y la aplicación en todas sus partes del artículo 200 de la Constitución de la República Bolivariana de Venezuela. G.O. n° 41.692 del 12-08-2019.

Decreto Constituyente que autoriza la continuación de la investigación penal del ciudadano Diputado de la Asamblea Nacional Juan Pablo Guanipa Villalobos, y en consecuencia se aprueba el allanamiento de la inmunidad parlamentaria y la aplicación en todas sus partes del artículo 200 de la Constitución de la República Bolivariana de Venezuela. G.O. n° 41.744 del 23-10-2019.

Decreto Constituyente que autoriza la continuación de la investigación penal del ciudadano diputado de la Asamblea Nacional Luis Stefanelli Barjacoba, cédula de identidad número V-7.003.258, y en consecuencia se aprueba el allanamiento de la inmunidad parlamentaria y la aplicación en todas sus partes del artículo 200 de la Constitución de la República Bolivariana de Venezuela. G.O. n° 41.782 del 16-12-2019.

Decreto Constituyente que autoriza la continuación de la investigación penal del ciudadano diputado de la Asamblea Nacional Jorge Alberto Millán Torrealba, cédula de identidad número V-10.872.536, y en consecuencia se aprueba el allanamiento de la inmunidad parlamentaria y la aplicación en todas sus partes del artículo 200 de la Constitución de la República Bolivariana de Venezuela. G.O. n° 41.782 del 16-12-2019.

Decreto Constituyente que autoriza la continuación de la investigación penal del ciudadano diputado de la Asamblea Nacional Carlos Alberto Lozano Parra, cédula de identidad número V-11.348.296, y en consecuencia se aprueba el allanamiento de la inmunidad parlamentaria y la aplicación en todas sus partes del artículo 200 de la Constitución de la República Bolivariana de Venezuela. G.O. n° 41.782 del 16-12-2019.

Decreto Constituyente que autoriza la continuación de la investigación penal del ciudadano diputado de la Asamblea Nacional Hernán

Claret Alemán Pérez, cédula de identidad número V-4.016.977, y en consecuencia se aprueba el allanamiento de la inmunidad parlamentaria y la aplicación en todas sus partes del artículo 200 de la Constitución de la República Bolivariana de Venezuela. G.O. n° 41.782 del 16-12-2019.

IX. Convocatoria a elecciones y juramentaciones

Decreto Constituyente mediante el cual se reprograma para el mes de octubre del 2017, el proceso electoral para la escogencia de gobernadoras y gobernadores de estados, en el marco del cronograma electoral ya anunciado por el Poder Electoral, en ejercicio de sus funciones constitucionales. G.O. n° 6.327 Extraordinario del 12-08-2017.

Decreto Constituyente mediante el cual se declaran juramentados ante esta soberana Asamblea Nacional Constituyente las gobernadoras y gobernadores de cada estado a las ciudadanas y ciudadanos que en él se indican. G.O. n° 41.259 del 18-10-2017.

Acto Constituyente mediante el cual se juramentan la Gobernadora proclamada y Gobernadores proclamados. G.O. n° 41.262 del 23-10-2017.

Decreto Constituyente de convocatoria y programación de las elecciones de Alcaldesas y Alcaldes, para el mes de diciembre del año 2017. G.O. n° 41.265 del 26-10-2017.

Decreto Constituyente de convocatoria y programación de la elección de la Gobernadora o Gobernador del estado Zulia, para el mes de diciembre de 2017. G.O. n° 41.265 del 26-10-2017.

Decreto Constituyente mediante el cual se juramenta el Gobernador proclamado del estado Zulia. G.O. n° 41.300 del 14-12-2017.

Decreto Constituyente mediante el cual se delega la juramentación de las Alcaldesas proclamadas y Alcaldes proclamados. G.O. n° 41.300 del 14-12-2017.

Decreto Constituyente sobre la convocatoria de las elecciones para la Presidencia de la República Bolivariana de Venezuela. G.O. n° 6.361 del 23-01-2018.

Decreto Constituyente sobre convocatoria a elecciones en la República Bolivariana de Venezuela. G.O. n° 41.351 del 01-03-2018.

X. Pronunciamientos sobre el acontecer nacional e internacional

Resolución mediante la cual se rechaza enfáticamente la írrita e ilegal declaración de los cancilleres de Argentina, canciller de facto de Brasil, Paraguay y Uruguay, mediante la cual pretenden suspender a la República Bolivariana de Venezuela en todos los derechos y obligaciones inherentes a su condición de Estado Parte del Mercosur. G.O. n° 6.322 Extraordinario del 05-08-2017.

Acuerdo mediante el cual se rechaza los actos ilegítimos y violentos contra el pueblo venezolano y sus instituciones, dirigidos por centros imperiales destinados a vulnerar nuestra soberanía y menoscabar las conquistas sociales alcanzadas para beneficio de las mayorías nacionales, con el fin de intervenir nuestra patria. G.O. n° 6.323 Extraordinario del 08-08-2017.

Acuerdo mediante el cual se rechaza la vil campaña contra el ciudadano Nicolás Maduro Moros, Presidente Constitucional de la República Bolivariana de Venezuela, Jefe de Estado y de Gobierno, Comandante en Jefe de la Fuerza Armada Nacional Bolivariana y como dirigente político, y nos solidarizamos con el pueblo de Venezuela, su familia, sus amigos y sus millones de compañeros y compañeras de Militancia Revolucionaria en Venezuela y el Mundo. G.O. n° 6.323 Extraordinario del 08-08-2017.

Acuerdo mediante el cual se rechaza de manera categórica la infeliz, ofensiva y temeraria amenaza militar del señor Donald Trump, Presidente de los Estados Unidos de América contra la República Bolivariana de Venezuela. G.O. n° 6.327 Extraordinario del 12-08-2017.

Decreto Constituyente contra el bloqueo financiero del Gobierno de los Estados Unidos de América contra el Pueblo Venezolano. G.O. n° 41.224 del 29-08-2017.

Acuerdo Constituyente para expresar su pesar ante el sensible fallecimiento de la Constituyente Dionicia de Jesús Mijoba Juárez, del Sector Pensionados por la Región Andina. G.O. n° 41.234 del 12-09-2017.

Acuerdo Constituyente mediante el cual se conmemora el Día Internacional de la Paz en la República Bolivariana de Venezuela. G.O. n° 41.246 del 28-09-2017.

Decreto Constituyente de rechazo a las nuevas sanciones injerencistas, unilaterales e ilícitas adoptadas por los gobiernos de Canadá y Estados Unidos de América en contra de la República Bolivariana de Venezuela. G.O. n° 41.246 del 28-09-2017.

Acuerdo Constituyente de rechazo al criminal bloqueo económico del Gobierno de los Estados Unidos de América Contra la República de Cuba. G.O. n° 41.270 del 02-11-2017.

Acuerdo mediante el cual se respalda y acompaña el proceso de refinanciamiento de la deuda venezolana emprendido por el Presidente de la República Bolivariana de Venezuela, Nicolás Maduro Moros, bajo los principios de soberanía e independencia, a los fines de fortalecer el desarrollo económico y social de la Nación, así como la paz y tranquilidad pública. G.O. n° 41.284 del 22-11-2017.

Acuerdo mediante el cual se rechaza de manera categórica las nuevas sanciones injerencistas, coercitivas y unilaterales adoptadas por la Unión Europea en contra de la República Bolivariana de Venezuela, con la finalidad de intervenir sobre asuntos internos que son de la competencia exclusiva del Pueblo e instituciones el Estado venezolano, en abierta contravención a los valores y principios fundamentales del Derecho Internacional, entre ellos, la igualdad soberana de los Estados. G.O. n° 41.284 del 22-11-2017.

Acuerdo Constituyente en rechazo a la violencia de la derecha fascista, los poderes imperiales y repudio ante el vil asesinato del Constituyente Tomás Daniel Lucena Briceño. G.O. n° 41.318 del 11-01-2018.

Acuerdo Constituyente en respaldo al lanzamiento de la Criptomoneda el Petro. G.O. n° 41.354 del 06-03-2018.

Acuerdo Constituyente para repudiar la extensión de la Orden Ejecutiva del Gobierno de los Estados Unidos de Norteamérica que califica a la República Bolivariana de Venezuela como una Amenaza Inusual y Extraordinaria. G.O. n° 41.355 del 07-03-2018.

Acuerdo Constituyente sobre el reconocimiento al Maestro José Antonio Abreu fundador del Sistema Nacional de Orquestas y Coros Juveniles e Infantiles de Venezuela. G.O. n° 6.370 Extraordinario del 09-04-2018.

Acuerdo Constituyente para repudiar las sanciones de los Estados Unidos de América contra la Criptomoneda el Petro. G.O. n° 41.375 del 11-04-2018.

Acuerdo Constituyente en solidaridad y apoyo al Pueblo de Brasil y al ex Presidente Luiz Inácio Lula Da Silva. G.O. n° 41.376 del 12-04-2018.

Decreto Constituyente mediante el cual se celebra la voluntad democrática del Pueblo venezolano expresada el 20 de mayo de 2018 de elegir mediante votación universal, directa y secreta al Presidente de la República Bolivariana de Venezuela, Nicolás Maduro Moros, para el ejercicio del cargo durante el período constitucional 2019-2025, tal y como fue proclamado por el CNE el 22 de mayo de 2018. G.O. n° 41.405 del 25-05-2018.

Acuerdo Constituyente en rechazo a las injerencistas, coercitivas y unilaterales sanciones impuestas por la Unión Europea a funcionarios del gobierno democrático y constitucionalmente electo de la República Bolivariana de Venezuela. G.O. n° 41.427 del 26-06-2018.

Acuerdo Constituyente en conmemoración del bicentenario de la creación del Semanario Correo del Orinoco. G.O. n° 41.427 del 26-06-2018, reimpresión en G.O. n° 41.428 del 27-06-2018.

Acuerdo en ocasión del secuestro judicial al Expresidente de la República Federativa de Brasil, Luiz Inácio Lula Da Silva. G.O. n° 41.437 del 11-07-2018.

Decreto Constituyente mediante el cual se respalda el inicio del nuevo Cono Monetario a partir del día lunes 20 de agosto de 2018 y la supresión de cinco ceros en las denominaciones del Cono Monetario actual, a objeto de brindar mayor fortaleza y estabilidad del Bolívar Soberano, cuyo valor referencial estará anclado al valor del Petro, el cual estará asociado al precio del barril de petróleo venezolano. G.O. n° 41.452 del 02-08-2018.

Acuerdo Constituyente en conmemoración del Primer Aniversario de haberse instalado nuestra soberana y plenipotenciaria Asamblea Nacional Constituyente. G.O. n° 41.454 del 06-08-2018.

Decreto Constituyente de respaldo y acompañamiento al Plan Vuelta a la Patria, y de repudio a los nuevos planes injerencistas contra el pueblo y las instituciones democráticas de la República Bolivariana de Venezuela. G.O. n° 41.475 del 05-09-2018.

Acuerdo Constituyente de rechazo a las recientes agresiones del gobierno de los Estados Unidos de América contra el pueblo y las instituciones democráticas de la República Bolivariana de Venezuela. G.O. n° 41.485 del 19-09-2018.

Acuerdo Constituyente de repudio a las declaraciones de Luis Almagro por constituirse en amenaza contra la paz y la estabilidad de la República Bolivariana de Venezuela, de América Latina y del Caribe. G.O. n° 41.485 del 19-09-2018.

Acuerdo Constituyente en rechazo al informe final del Ex Alto Comisionado de Derechos Humanos, Zeid Ra'Ad Al Hussein, presentado ante el Consejo de Derechos Humanos de las Naciones Unidas. G.O. n° 41.495 del 03-10-2018.

Acuerdo Constituyente mediante el cual se declara Hijo Ilustre de la República Bolivariana de Venezuela al hermano de luchas bolivarianas y latinoamericanas Evo Morales Ayma, Presidente del Estado Plurinacional de Bolivia. G.O. n° 41.495 del 03-10-2018.

Acuerdo Constituyente en memoria de nuestros jóvenes combatientes, chavistas y antiimperialistas, ejemplo de lucha revolucionaria, Robert Serra y María Herrera. G.O. n° 41.495 del 03-10-2018.

Acuerdo Constituyente de respaldo al mensaje del Presidente de la República, Nicolás Maduro Moros, en la Asamblea General de Naciones Unidas, por llevar la posición firme, digna, democrática y de paz de la República Bolivariana de Venezuela al Mundo. G.O. n° 41.495 del 03-10-2018.

Acuerdo Constituyente en reconocimiento a la trayectoria personal, política, social, moral y espiritual de Haydeé Josefina Machín Ferrer. G.O. n° 41.508 del 23-10-2018.

Acuerdo Constituyente en honor al joven bolivariano y revolucionario Xoan Noya, ejemplo de integridad, disciplina, capacidad y firmeza socialista entregada en amor a su patria Venezuela. G.O. n° 41.508 del 23-10-2018.

Acuerdo Constituyente de rechazo al criminal bloqueo económico, comercial y financiero del gobierno de los Estados Unidos a la República de Cuba. G.O. n° 41.514 del 31-10-2018.

Acuerdo Constituyente en rechazo a las acciones injerencistas del Parlamento Europeo en contra de la paz, la democracia, nuestro pueblo y las instituciones de la República Bolivariana de Venezuela. G.O. n° 41.514 del 31-10-2018.

Acuerdo Constituyente en honor a Alí Rafael Primera Rossell en ocasión de los 77 años del nacimiento del Cantor del Pueblo Venezolano. G.O. n° 41.518 del 06-11-2018.

Acuerdo Constituyente en rechazo a los nuevos ataques y bloqueos del gobierno de los Estados Unidos de América y de la prórroga de las mismas por parte de algunos gobiernos que integran la Unión Europea, contra el pueblo venezolano. G.O. n° 41.518 del 06-11-2018.

Acuerdo Constituyente en honor al compatriota revolucionario Alí Rodríguez Araque, hombre leal, guerrero de mil batallas y ejemplo de lucha incansable para las presentes y futuras generaciones en pro de la causa libertaria del pueblo venezolano y el compromiso indeclinable por construir un mundo mejor. G.O. n° 41.528 del 20-11-2018.

Acuerdo Constituyente de felicitación al pueblo venezolano y a las instituciones de la República Bolivariana de Venezuela por la jornada electoral democrática, pacífica, libre, soberana e independiente del 09-12-2018. G.O. n° 41.542 del 10-12-2018.

Acuerdo Constituyente para expresar nuestro pesar por el sensible fallecimiento del constituyente Eduardo Rodríguez, por el municipio Silva del estado Falcón. G.O. n° 41.549 del 19-12-2018.

Acuerdo Constituyente de rechazo a los nuevos planes intervencionistas del gobierno de los Estados Unidos de América en contra del pueblo y el sistema democrático de la República Bolivariana de Venezuela. G.O. n° 41.549 del 19-12-2018.

Decreto Constituyente en rechazo al injerencista, inmoral e ilegal llamado a alterar el orden constitucional de la República Bolivariana de Venezuela por parte de un grupo de gobiernos que integran el autodenominado Grupo de Lima y gobiernos que lo conforman. G.O. n° 41.559 del 08-01-2019, reimpresión en G.O. n° 41.560 del 09-01-2019.

Acuerdo Constituyente en conmemoración de la gesta histórica de la juventud militar bolivariana del 04-02-1992. G.O. n° 41.580 del 06-02-2019.

Acuerdo Constituyente de reconocimiento ante la democrática, soberana, e independiente acción de defensa realizada por la diplomacia bolivariana de paz, de nuestra sagrada integridad nacional para derrotar el golpe de Estado en contra del Gobierno y las instituciones constitucionales de la República Bolivariana de Venezuela. G.O. n° 41.580 del 06-02-2019.

Acuerdo Constituyente de reconocimiento y felicitación al pueblo venezolano, a la Fuerza Armada Nacional Bolivariana, a los trabajadores y trabajadoras y al Gobierno Bolivariano del Presidente Constitucional de la República Bolivariana de Venezuela, Nicolás Maduro Moros, por la victoria popular ante el golpe eléctrico a través de un ciber ataque terrorista al Sistema Eléctrico Nacional ejecutado por el imperio estadounidense y sus lacayos del oposicionismo venezolano el pasado 07-03-2019. G.O. n° 41.601 del 19-03-2019, reimpresión en G.O. n° 41.603 del 21-03-2019.

Decreto Constituyente mediante el cual se decide celebrar el 27 de abril como Día de Júbilo Nacional y de la Patria Bolivariana ante nuestra decisión soberana de retiramos de la Organización de Estados Americanos (OEA). G.O. n° 41.627 del 07-05-2019.

Acuerdo Constituyente de celebración por el primer aniversario de la victoria heroica del pueblo venezolano y de la revolución bolivariana en las elecciones presidenciales del 20-05-2018. Nicolás Maduro es pueblo insurgente libre y soberano gobernando la patria. G.O. n° 41.636 del 20-05-2019.

Acuerdo Constituyente en el Marco del Día Nacional de las Adultas y los Adultos Mayores. G.O. n° 41.667 del 03-07-2019.

Acuerdo Constituyente en Conmemoración de los 208° Años de la Declaración de la Independencia de Venezuela y Día de Nuestra Gloriosa Fuerza Armada Nacional Bolivariana. G.O. n° 41.670 del 09-07-2019.

Acuerdo Constituyente en ocasión del Segundo Aniversario de la Victoria Democrática y Electoral del Pueblo Venezolano en la Elección de la Asamblea Nacional Constituyente. G.O. n° 41.683 del 30-07-2019.

Acuerdo Constituyente de repudio a la nueva orden ejecutiva del gobierno de Donald Trump en contra de los derechos fundamentales y la paz del valiente pueblo democrático de la República Bolivariana de Venezuela. G.O. n° 41.692 del 12-08-2019.

Acuerdo Constituyente en ocasión de conmemorarse el 74 aniversario de la independencia de la República Socialista de Vietnam. G.O. n° 41.733 del 08-10-2019.

Acuerdo Constituyente en ocasión de la conmemoración de los 71 años de la fundación de la República Democrática Popular de Corea. G.O. n° 41.733 del 08-10-2019.

Acuerdo Constituyente en conmemoración de los 70 años de la fundación de la República Popular China. G.O. n° 41.733 del 08-10-2019.

Acuerdo Constituyente por el Día del Guerrillero Heroico en ocasión de Conmemorarse los 52 años de la herida en combate y posterior asesinato en Bolivia del comandante revolucionario Ernesto Ché Guevara. G.O. n° 41.733 del 08-10-2019.

Acuerdo Constituyente de los adultos y las adultas mayores en el marco del Día Internacional de las Personas de Edad. G.O. n° 41.733 del 08-10-2019.

Acuerdo Constituyente en respaldo a la diplomacia bolivariana de paz y de salutación por las recientes victorias de la revolución bolivariana en su agenda internacional en pro de la defensa de la integridad nacional y el bienestar del pueblo venezolano. G.O. n° 41.733 del 08-10-2019.

Acuerdo Constituyente en solidaridad con las justas luchas del pueblo hermano de Ecuador y en rechazo al paquete económico neoliberal de Lennin Moreno. G.O. n° 41.739 del 16-10-2019.

Acuerdo Constituyente de salutación ante la nueva victoria de la diplomacia de paz al resultar la República Bolivariana de Venezuela electa como miembro del Consejo de Derechos Humanos de Naciones Unidas. G.O. n° 41.744 del 23-10-2019.

Acuerdo Constituyente en conmemoración de los 231 años del natalicio del General en Jefe Rafael Urdaneta. G.O. n° 41.744 del 23-10-2019.

Acuerdo Constituyente de salutación en ocasión de cumplirse catorce años de la declaración de la República Bolivariana de Venezuela como territorio libre de analfabetismo. G.O. n° 41.748 del 29-10-2019.

Acuerdo Constituyente en ocasión de conmemorarse los 54 años del asesinato del líder sindical, obrero y miembro del Buró Político del Partido Comunista de Venezuela, Alberto Lovera. G.O. n° 41.748 del 29-10-2019.

Acuerdo Constituyente en salutación al pueblo argentino por la victoria de Alberto Fernández y Cristina Fernández de Kirchner en la elección presidencial del 27 octubre de 2019 y la derrota del neoliberalismo criminal. G.O. n° 41.748 del 29-10-2019.

Acuerdo Constituyente en Repudio al golpe de estado fascista contra el pueblo y el Presidente Constitucional del Estado Plurinacional de Bolivia, hermano Evo Morales Ayma. G.O. n° 6.489 Extraordinario del 11-11-2019.

Acuerdo Constituyente en conmemoración de los veinte años del referéndum aprobatorio donde el pueblo dio su respaldo democrático y libre a la Constitución de la República Bolivariana de Venezuela. G.O. n° 41.782 del 16-12-2019.

Acuerdo Constituyente en honor a la patriota Yahirys Karminia Rivas Freites, luchadora social y constituyente por el sector de trabajadores y trabajadoras. G.O. n° 41.782 del 16-12-2019.

Pronunciamiento al Pueblo Venezolano y a nuestra Fuerza Armada Nacional Bolivariana, en unión cívico-militar con ocasión de celebrarse el vigésimo primer año de la Revolución Bolivariana al asumir el Comandante de todos los tiempos, Hugo Chávez, la Presidencia de la República Bolivariana de Venezuela. G.O. n° 6.509 Extraordinario del 02-01-2020.

Acuerdo Constituyente con ocasión de conmemorarse el 15 de enero el Día del Maestro y la Maestra en la República Bolivariana de Venezuela. G.O. n° 41.800 del 15-01-2020.

Acuerdo Constituyente de Salutación ante el exitoso Encuentro Mundial Contra el Imperialismo, realizado en Caracas del 22 al 24 de enero del 2020. G.O. n° 6.507 Extraordinario del 29-01-2020.

Pronunciamiento respaldo irrestricto al Pueblo Venezolano, las trabajadoras y los trabajadores de la Aerolínea Bandera de Venezuela, Conviasa, propiedad de todo el pueblo venezolano, ante otra nueva agresión del fascista, criminal y supremacista gobierno imperialista de Donald Trump. G.O. n° 6.511 Extraordinario del 08-02-2020.

Pronunciamiento de la Asamblea Nacional Constituyente de la República Bolivariana de Venezuela en ocasión de conmemorarse 31 años de la rebelión popular del heroico pueblo venezolano en contra del neoliberalismo el 27-02-1989. G.O. n° 41.829 del 28-02-2020.

Pronunciamiento al pueblo venezolano la Asamblea Nacional Constituyente ante la detección del coronavirus en la República Bolivariana de Venezuela y el decreto de estado de alarma constitucional emitido por el Gobierno Bolivariano que preside Nicolás Maduro Moros, Comandante en Jefe de la FANB, Jefe de Estado y de Gobierno, para proteger al pueblo, prevenir, enfrentar, confrontar y derrotar esta pandemia mundial. G.O. n° 41.840 del 16-03-2020.

Acuerdo Constituyente en Conmemoración de los 199° años de la Gloriosa Batalla de Carabobo del 24-06-1821, fecha en la cual el Ejército Libertador al mando de Simón Bolívar derrotó al infame imperio español, dándole la Libertad y la Independencia a Venezuela. G.O. n° 6.549 Extraordinario del 24-06-2020.

Acuerdo Constituyente en respaldo a la soberana decisión del Presidente de la República Bolivariana de Venezuela, Nicolás Maduro Moros, de expulsar a la Embajadora de la Unión Europea en nuestro país por la constante y conspirativa injerencia en los asuntos internos de nuestra Patria. G.O. n° 41.911 del 30-06-2020.

Acuerdo Constituyente en ocasión de la conmemoración de los 209 años de la Firma del Acta de Nuestra Independencia Nacional. G.O. n° 6.552 Extraordinario del 04-07-2020.

Acuerdo Constituyente en ocasión del tercer aniversario de la instalación por la paz y la estabilidad republicana de la originaria y plenipotenciaria Asamblea Nacional Constituyente. G.O. n° 6.559 Extraordinario del 01-08-2020.

Acuerdo Constituyente ante el sensible fallecimiento del historiador patriota de la hermana República de Cuba, Eusebio Leal Spengler. G.O. n° 6.559 Extraordinario del 01-08-2020.

Acuerdo Constituyente ante el fallecimiento del camarada, luchador incansable y compatriota leal al proyecto bolivariano Darío Vivas Velazco. G.O. n° 6.562 Extraordinario del 14-08-2020.

Pronunciamiento de la Asamblea Nacional Constituyente al Pueblo Venezolano y a los Pueblos Libres del mundo en ocasión de la medida de indulto presidencial decretado por el ciudadano Presidente Nicolás Maduro Moros a ciudadanos procesados por hechos punibles contra la Constitución Nacional, las Leyes, los Derechos Humanos y los sagrados intereses de nuestro Pueblo. G.O. n° 41.955 del 01-09-2020.

Pronunciamiento de la Asamblea Nacional Constituyente que rechaza las nuevas agresiones del imperialismo estadounidense en contra del Presidente Constitucional de la República Bolivariana de Venezuela, Nicolás Maduro Moros, el pueblo y las instituciones democráticas de la Patria. G.O. n° 41.970 del 22-09-2020.

Pronunciamiento de la Asamblea Nacional Constituyente al Pueblo Venezolano y a los Pueblos Libres del Mundo en ocasión del panfletario informe presentado por una falsa e inmoral Misión Internacional en materia de derechos humanos que atenta contra la verdad, la integridad y la dignidad de la República Bolivariana de Venezuela. G.O. n° 41.970 del 22-09-2020.

Acuerdo Constituyente de felicitación al pueblo del Estado Plurinacional de Bolivia que en unidad, conciencia y de la mano de nuestro Jefe Indio del Sur Evo Morales, derrotó la dictadura fascista, a los golpistas y el imperialismo, obteniendo una aplastante victoria donde resultaron electos como Presidente Luis Arce y Vicepresidente David Choquehuanca, en las elecciones generales del domingo 18-10-2020. G.O. n° 41.989 del 20-10-2020.

Acuerdo Constituyente en honor al socialista, bolivariano, revolucionario, político, abogado, y periodista José Vicente Rangel, camarada de intachable trayectoria política e inquebrantable accionar ante cada batalla librada al lado de las causas del pueblo de Venezuela y de América Latina en su lucha de más de 500 años por un futuro justo, libre, soberano e independiente. G.O. n° 6.604 Extraordinario del 18-12-2020.

XI. Actos de la Covejuspaz

Resolución n° 1 de la Comisión para la Verdad, la Justicia, la Paz y la Tranquilidad Pública, mediante la cual se dicta el Reglamento Interno de la Comisión para la Verdad, la Justicia, la Paz y la Tranquilidad Pública. G.O. n° 6.338 del 03-11-2017.

ANEXO LEYES, DECRETOS CON FUERZA DE LEY Y REGLAMENTOS POR ORDEN CRONOLÓGICO

I. Leyes y decretos con fuerza de ley[195]

Ley que Autoriza al Presidente de la República para Dictar Decretos con Rango, Valor y Fuerza de Ley en las Materias que se Delegan para la Garantía Reforzada de los Derechos de Soberanía y Protección del Pueblo Venezolano y el Orden Constitucional de la República. G.O. n° 6.178 Extraordinario del 15-03-2015.

Ley de Reforma Parcial de la Ley de los Consejos Locales de Planificación Pública. G.O. n° 6.184 Extraordinario del 03-06-2015.

Ley de Reforma Parcial de los Consejos Estadales de Planificación y Coordinación de Políticas Públicas. G.O. n° 6.184 Extraordinario del 03-06-2015.

Ley para el Desarrollo y la Creación Artesanal. G.O. n° 6.184 Extraordinario del 03-06-2015.

Ley de Reforma Parcial de la Ley Orgánica para la Protección de Niños, Niñas y Adolescentes. G.O. n° 6.185 Extraordinario del 08-06-2015.

Ley de Creación de la Condecoración Orden Fabricio Ojeda. G.O. n° 6.185 Extraordinario del 08-06-2015.

Decreto con Rango, Valor y Fuerza de Ley para la Soberanía Territorial y la Paz. G.O. n° 40.701 del 13-07-2015.

Decreto con Rango Valor y Fuerza de Ley del Cestaticket Socialista para los Trabajadores y Trabajadoras. G.O. n° 40.773 del 23-10-2015.

Decreto con Rango, Valor y Fuerza de Ley Orgánica de Precios Justos G.O. n° 6.202 Extraordinario del 08-11-2015, reimpresión en G.O. n° 40.787 del 12-11-2015.

Código Orgánico Penitenciario. G.O. n° 6.207 Extraordinario del 28-12-2015.

Código de Ética del Juez Venezolano y Jueza Venezolana. G.O. n° 6.207 Extraordinario del 28-12-2015.

Ley Orgánica de Recreación. G.O. n° 6.207 Extraordinario del 28-12-2015.

---

195 No se incluyen en este listado las leyes aprobatorias de tratados y convenios internacionales, leyes en materia presupuestaria, decretos con fuerza de ley con motivo de estados de excepción, ni los actos de la "Asamblea Nacional Constituyente".

Ley Orgánica del Servicio de Bombero y de los Cuerpos de Bomberos y Bomberas y Administración de Emergencias de Carácter Civil. G.O. n° 6.207 Extraordinario del 28-12-2015.

Ley de Reforma Parcial de la Ley Orgánica de la Defensa Pública. G.O. n° 6.207 Extraordinario del 28-12-2015.

Ley de Creación de la Comisión Nacional de Derecho Internacional Humanitario. G.O. n° 6.207 Extraordinario del 28-12-2015.

Ley de Semillas. G.O. n° 6.207 Extraordinario del 28-12-2015.

Ley de Comunicación del Poder Popular. G.O. n° 6.207 Extraordinario del 28-12-2015.

Ley de Telesalud. G.O. n° 6.207 Extraordinario del 28-12-2015.

Ley de Protección al Nombre y Emblema de la Cruz Roja. G.O. n° 6.207 Extraordinario del 28-12-2015.

Decreto con Rango, Valor y Fuerza de Ley de Inamovilidad Laboral. G.O. n° 6.207 Extraordinario del 28-12-2015.

Ley de Calidad de las Aguas y del Aire. G.O. n° 6.207 Extraordinario del 28-12-2015.

Ley de Disciplina Militar. G.O. n° 6.207 Extraordinario del 28-12-2015, reimpresión en G.O. n° 40.833 del 21-01-2016.

Decreto con Rango, Valor y Fuerza de Ley Orgánica de Seguridad Social de la Fuerza Armada Nacional Bolivariana, Ley Negro Primero. G.O. n° 6.209 Extraordinario del 29-12-2015.

Decreto con Rango, Valor y Fuerza de Ley de los Consejos Presidenciales de Gobierno del Poder Popular. G.O. n° 6.209 Extraordinario del 29-12-2015.

Decreto con Rango, Valor y Fuerza de Ley para la Preservación del Cuartel de la Montaña y su Memoria Histórica. G.O. n° 6.209 Extraordinario del 29-12-2015.

Decreto con Rango, Valor y Fuerza de Ley Orgánica de la Administración Financiera del Sector Público. G.O. n° 6.210 Extraordinario del 30-12-2015.

Decreto con Rango, Valor y Fuerza de Ley Orgánica que Reserva al Estado las Actividades de Exploración y Explotación del Oro y demás Minerales Estratégicos. G.O. n° 6.210 Extraordinario del 30-12-2015.

Decreto con Rango, Valor y Fuerza de Ley Orgánica para el Desarrollo de las Actividades Petroquímicas. G.O. n° 6.210 Extraordinario del 30-12-2015.

Decreto con Rango Valor y Fuerza de Ley Orgánica de la PGR. G.O. n° 6.210 Extraordinario del 30-12-2015, reimpresión en G.O. n° 6.220 Extraordinario del 15-03-2016.

Decreto con Rango, Valor y Fuerza de Ley Orgánica de Fronteras. G.O. n° 6.210 Extraordinario del 30-12-2015.

Decreto con Rango, Valor y Fuerza de Ley de Reforma Parcial del Decreto con Rango Valor y Fuerza de Ley de ISLR. G.O. n° 6.210 Extraordinario del 30-12-2015.

Decreto con Rango, Valor y Fuerza de Ley de Impuesto a las Grandes Transacciones Financieras. G.O. n° 6.210 Extraordinario del 30-12-2015.

Decreto con Rango, Valor y Fuerza de Ley del Estatuto de la Función Policial. G.O. n° 6.210 Extraordinario del 30-12-2015.

Decreto con Rango, Valor y Fuerza de Ley del Régimen Cambiario y sus Ilícitos. G.O. n° 6.210 Extraordinario del 30-12-2015.

Decreto con Rango, Valor y Fuerza de Ley del Servicio Nacional Integrado de Administración Aduanera y Tributaria (SENIAT). G.O. n° 6.211 Extraordinario del 30-12-2015.

Decreto con Rango, Valor y Fuerza de Ley Orgánica de Reforma de la Ley del BCV. G.O. n° 6.211 Extraordinario del 30-12-2015.

Decreto con Rango, Valor y Fuerza de Ley de Mercado de Valores. G.O. n° 6.211 Extraordinario del 30-12-2015.

Decreto con Rango, Valor y Fuerza de Ley de la Actividad Aseguradora. G.O. n° 6.211 Extraordinario del 30-12-2015, reimpresión en G.O. n° 6.220 Extraordinario del 15-03-2016.

Ley que Regula el Uso de la Telefonía Celular y la Internet en el Interior de los Establecimientos Penitenciarios. G.O. n° 6.240 Extraordinario del 15-07-2016.

Ley Derogatoria de la Ley de Regularización de los Períodos Constitucionales y Legales de los Poderes Públicos Estadales y Municipales. G.O. n° 42.082 del 08-03-2021.

Ley de la Gran Misión Chamba Juvenil. G.O. n° 6.633 Extraordinario del 07-07-2021.

Ley de Reforma Parcial de la Ley Orgánica de Recreación. G.O. n° 6.634 Extraordinario del 07-07-2021.

Ley Orgánica para la Atención y Desarrollo Integral de las Personas Adultas Mayores. G.O. n° 6.641 Extraordinario del 13-09-2021.

Ley de Reforma Parcial de la Ley de Idiomas Indígenas. G.O. n° 6.642 Extraordinario del 13-09-2021.

Ley de Reforma del Decreto con Rango, Valor y Fuerza de Ley del Estatuto de la Función de la Policía de Investigación. G.O. n° 6.643 Extraordinario del 17-09-2021.

Ley Orgánica de Reforma del Código Orgánico Procesal Penal. G.O. n° 6.644 Extraordinario del 17-09-2021.

Ley de Reforma de la Ley de Protección de Víctimas, Testigos y Demás Sujetos Procesales. G.O. n° 6.645 Extraordinario del 17-09-2021.

Ley Orgánica de Reforma Parcial del Código Orgánico de Justicia Militar. G.O. n° 6.646 Extraordinario del 17-09-2021.

Ley de Reforma del Código Orgánico Penitenciario. G.O. n° 6.647 Extraordinario del 17-09-2021.

Ley de Transparencia y Acceso a la Información de Interés Público. G.O. n° 6.649 Extraordinario del 20-09-2021.

Ley de Reforma del Decreto con Rango, Valor y Fuerza de Ley del Estatuto de la Función Policial. G.O. n° 6.650 Extraordinario del 22-09-2021.

Ley Orgánica de Amparo a la Libertad y Seguridad Personal. G.O. n° 6.651 Extraordinario del 22-09-2021.

Ley para la Salvaguardia del Patrimonio Cultural Inmaterial. G.O. n° 6.652 Extraordinario del 22-09-2021.

Ley para la Promoción y uso del Lenguaje con Enfoque de Género. G.O. n° 6.654 Extraordinario del 07-10-2021.

Ley para la Prevención y Erradicación del Abuso Sexual contra Niñas, Niños y Adolescentes. G.O. n° 6.655 Extraordinario del 07-10-2021.

Ley para el Fomento y Desarrollo de Nuevos Emprendimientos. G.O. n° 6.656 Extraordinario del 15-10-2021.

Ley Orgánica de Reforma Parcial de la Ley Orgánica contra la Discriminación Racial. G.O. n° 6.657 Extraordinario del 28-10-2021.

Ley para el Respeto de los Derechos Humanos en el Ejercicio de la Función Pública. G.O. n° 6.658 Extraordinario del 28-10-2021.

Ley de Juramento Público. G.O. n° 6.660 Extraordinario del 04-11-2021.

Ley del Teatro. G.O. n° 6.663 Extraordinario del 11-11-2021.

Ley para la Promoción del Ciclismo Urbano. G.O. n° 6.664 Extraordinario del 11-11-2021.

Ley del Sistema de Cuidados para la Vida. G.O. n° 6.665 Extraordinario del 11-11-2021.

Ley Orgánica de Reforma del Decreto con Rango, Valor y Fuerza de Ley Orgánica de Misiones, Grandes Misiones y Micromisiones. G.O. n° 6.666 Extraordinario del 11-11-2021.

Ley Orgánica de Reforma a la Ley Orgánica sobre el Derecho de las Mujeres a una Vida Libre de Violencia. G.O. n° 6.667 Extraordinario del 16-12-2021.

Ley de Registros y Notarías. G.O. n° 6.668 Extraordinario del 16-12-2021.

Ley de la Comisión para la Garantía de Justicia y Reparación de las Víctimas de Delitos Contra los Derechos Humanos. G.O. n° 6.678 Extraordinario del 27-12-2021.

Ley Orgánica de Reforma de la Ley Orgánica del TSJ. G.O. n° 6.684 Extraordinario del 19-01-2022.

Ley de Reforma de la Ley para la Protección de las Familias, la Maternidad y la Paternidad. G.O. n° 6.686 Extraordinario del 15-02-2022.

Ley de Reforma Parcial del Decreto con Rango, Valor y Fuerza de Ley de Impuesto a las Grandes Transacciones Financieras. G.O. n° 6.687 Extraordinario del 25-02-2022.

Ley de Publicaciones Oficiales. G.O. n° 6.688 Extraordinario del 25-02-2022.

Ley Orgánica de Reforma Parcial del Decreto con Rango, Valor y Fuerza de Ley Orgánica de Ciencia, Tecnología e Innovación. G.O. n° 6.693 Extraordinario del 01-04-2022.

Ley de Reforma del Decreto con Rango, Valor y Fuerza de ley Contra la Corrupción. G.O. n° 6.699 Extraordinario del 02-05-2022.

Ley Orgánica de Reforma Parcial de la Ley Orgánica de La Defensa Pública. G.O. n° 6.702 Extraordinario del 25-05-2022.

Ley de Intérpretes Públicos. G.O. n° 6.703 Extraordinario del 25-05-2022.

Ley Derogatoria de la Ley sobre la Condecoración Orden Francisco Fajardo. G.O. n° 6.709 del 01-07-2022.

Ley Orgánica de las Zonas Económicas Especiales. G.O. n° 6.710 Extraordinario del 20-07-2022.

Ley de Sellos. G.O. n° 6.711 Extraordinario del 20-07-2022.

Ley de Registro de Antecedentes Penales. G.O. n° 6.712 Extraordinario del 20-07-2022.

Ley de Archivos Nacionales. G.O. n° 6.714 Extraordinario del 26-07-2022.

Ley que Regula el Uso del Nombre, Títulos, Firma y Efigie de El Libertador y Padre de la Patria Simón Bolívar. G.O. n° 6.718 Extraordinario del 28-10-2022.

Ley sobre la Condecoración Orden Gran Cacique Guaicaipuro Guapotori Guaicaipuro. G.O. n° 6.719 Extraordinario del 28-10-2022.

Ley de Creación de la Condecoración Orden Darío Vivas. G.O. n° 6.722 Extraordinario del 07-12-2022.

Ley Especial para las Trabajadoras y Trabajadores con Discapacidad. G.O. n° 6.735 Extraordinario del 27-01-2023.

Ley de Participación Estudiantil en el Subsistema de Educación Básica. G.O. n° 6.737 Extraordinario del 23-02-2023.

Ley para la Protección y Promoción de la Producción del Agave Cocui, del Cocuy y sus Derivados Artesanales. G.O. n° 6.742 Extraordinario del 03-04-2023.

Ley para la Atención Integral a las Personas con Trastorno del Espectro Autista. G.O. n° 6.744 Extraordinario del 24-04-2023.

Ley Orgánica de Extinción de Dominio. G.O. n° 6.745 Extraordinario del 28-04-2023.

Ley para la Protección de los Activos, Derechos e Intereses de la República y sus Entidades en el Extranjero. G.O. n° 6.747 Extraordinario del 22-05-2023.

Ley de Reforma de la Ley Orgánica de Contraloría Social. G.O. n° 6.748 Extraordinario del 09-06-2023.

Ley Orgánica de Coordinación y Armonización de las Potestades Tributarias de los Estados y Municipios. G.O. n° 6.755 Extraordinario del 10-08-2023.

Ley Orgánica de Reforma de la Ley Orgánica de los Consejos Comunales. G.O. n° 6.759 Extraordinario del 25-10-2023 (Reimpresión).

Ley de Reforma del Decreto con Rango, Valor y Fuerza de Ley de la Actividad Aseguradora. G.O. n° 6.770 Extraordinario del 29-11-2023.

Ley Orgánica para la Defensa de la Guayana Esequiba. G.O. n° 6.798 Extraordinario del 03-04-2024.

Ley de Reforma Parcial del Decreto con Rango, Valor y Fuerza de Ley del Régimen Prestacional de Vivienda y Hábitat. G.O. n° 6.805 Extraordinario del 01-05-2024.

Ley de Protección de las Pensiones de Seguridad Social Frente al Bloqueo Imperialista. G.O. n° 6.806 Extraordinario del 08-05-2024.

Ley Orgánica de Reforma de la Ley Orgánica del Poder Popular. G.O. n° 6.812 Extraordinario del 06-06-2024.

Ley Orgánica para la Inclusión, Igualdad y Desarrollo Integral de las Personas con Discapacidad. G.O. n° 6.817 Extraordinario del 27-06-2024.

Ley de Fomento de las Exportaciones No Petroleras. G.O. n° 6.824 Extraordinario del 18-07-2024.

Ley de Reforma de la Ley para el Fomento y Desarrollo de Nuevos Emprendimientos. G.O. n° 6.842 Extraordinario del 16-09-2024.

Ley de Reforma Parcial de la Ley Orgánica de la Jurisdicción Especial de Justicia de Paz Comunal. G.O. n° 6.854 Extraordinario del 14-11-2024.

Ley de Fiscalización, Regularización, Actuación y Financiamiento de las Organizaciones no Gubernamentales y Organizaciones Sociales sin Fines de Lucro. G.O. n° 6.855 Extraordinario del 15-11-2024.

Ley Orgánica Libertador Simón Bolívar contra el Bloqueo Imperialista y en Defensa de la República Bolivariana de Venezuela. G.O. n° 6.859 Extraordinario del 29-11-2024.

Ley de Creación de la Condecoración Orden Bicentenario Victoria de Ayacucho. G.O. n° 6.862 Extraordinario del 05-12-2024.

Ley de Reforma de la Ley Orgánica de las Comunas. G.O. n° 6.872 Extraordinario del 30-12-2024.

II. Reglamentos[196]

Reglamento Parcial del Decreto con Rango, Valor y Fuerza de Ley Orgánica de Misiones, Grandes Misiones y Micro Misiones, sobre el Fondo Nacional de Misiones. G.O. n° 40.872 del 18-03-2016.

Reglamento de la Ley de Faros y Boyas y del Sistema Nacional de Ayudas a la Navegación Acuática. G.O. n° 41.010 del 17-10-2016.

Reglamento del Decreto con Rango, Valor y Fuerza de Ley del Estatuto de la Función Policial sobre el Régimen Disciplinario. G.O. n° 41.101 del 22-02-2017.

Reglamento del Decreto con Rango, Valor y Fuerza de Ley del Estatuto de la Función Policial en Materia de Administración de Personal y Desarrollo de la Carrera Policial. G.O. n° 41.101 del 22-02-2017.

Reglamento General de la Ley Orgánica del Servicio de Policía y del Cuerpo de Policía Nacional Bolivariana. G.O. n° 6.290 Extraordinario del 21-03-2017.

Reglamento de la Ley de Aguas. G.O. n° 41.376 del 12-04-2018, reimpresión en G.O. n° 41.377 del 13-04-2018.

Reglamento de la Ley de Protección Social al Trabajador y a la Trabajadora Cultural. G.O. n° 41.661 del 25-06-2019.

Reglamento Parcial del Decreto con Rango, Valor y Fuerza de Ley del Estatuto de la Función de la Policía de Investigación, en materia del Sistema de Personal. G.O. n° 41.761 del 15-11-2019.

Reglamento de la Ley Orgánica de Telecomunicaciones sobre el Servicio Universal de Telecomunicaciones y su Fondo. G.O. n° 42.059 del 01-02-2021.

Reglamento Parcial del Decreto con Rango, Valor y Fuerza de Ley de Reforma de la Ley Orgánica de Identificación, relativo a la Expedición, Renovación y Prórroga de Pasaportes. G.O. n° 42.092 del 22-03-2021, reimpresión en G.O. n° 6.626 Extraordinario del 01-06-2021.

[196] No se incluyen en este listado los reglamentos orgánicos, reglamentos internos y otros supuestos similares.

Reglamento Parcial del Decreto con Rango, Valor y Fuerza de Ley del Estatuto de la Función de la Policía de Investigación, en Materia Disciplinaria. G.O. n° 42.173 del 21-07-2021.

www.ingramcontent.com/pod-product-compliance
Lightning Source LLC
LaVergne TN
LVHW050300210926
848481LV00014BA/86
* 9 7 9 8 9 0 5 2 9 0 0 2 2 *